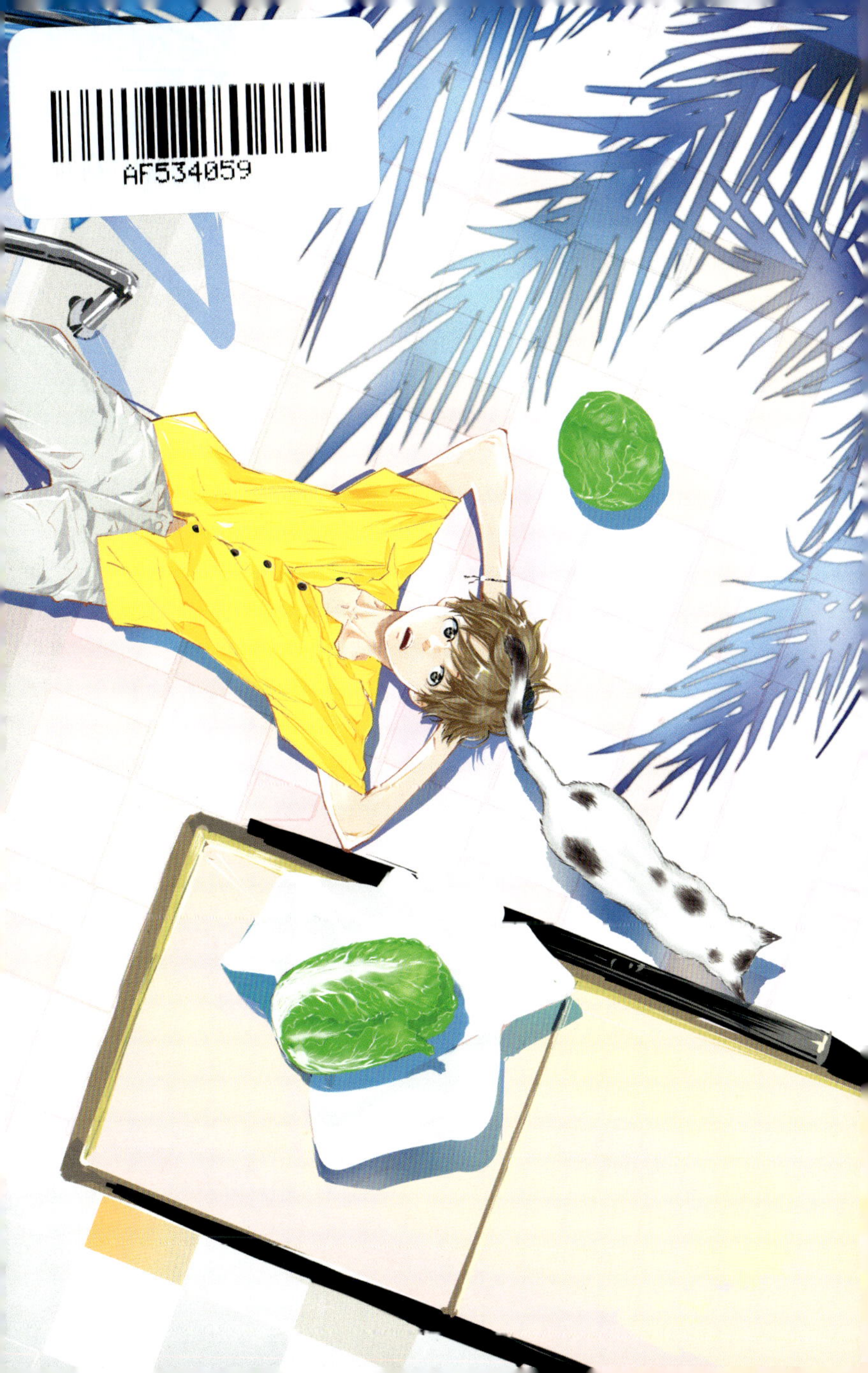

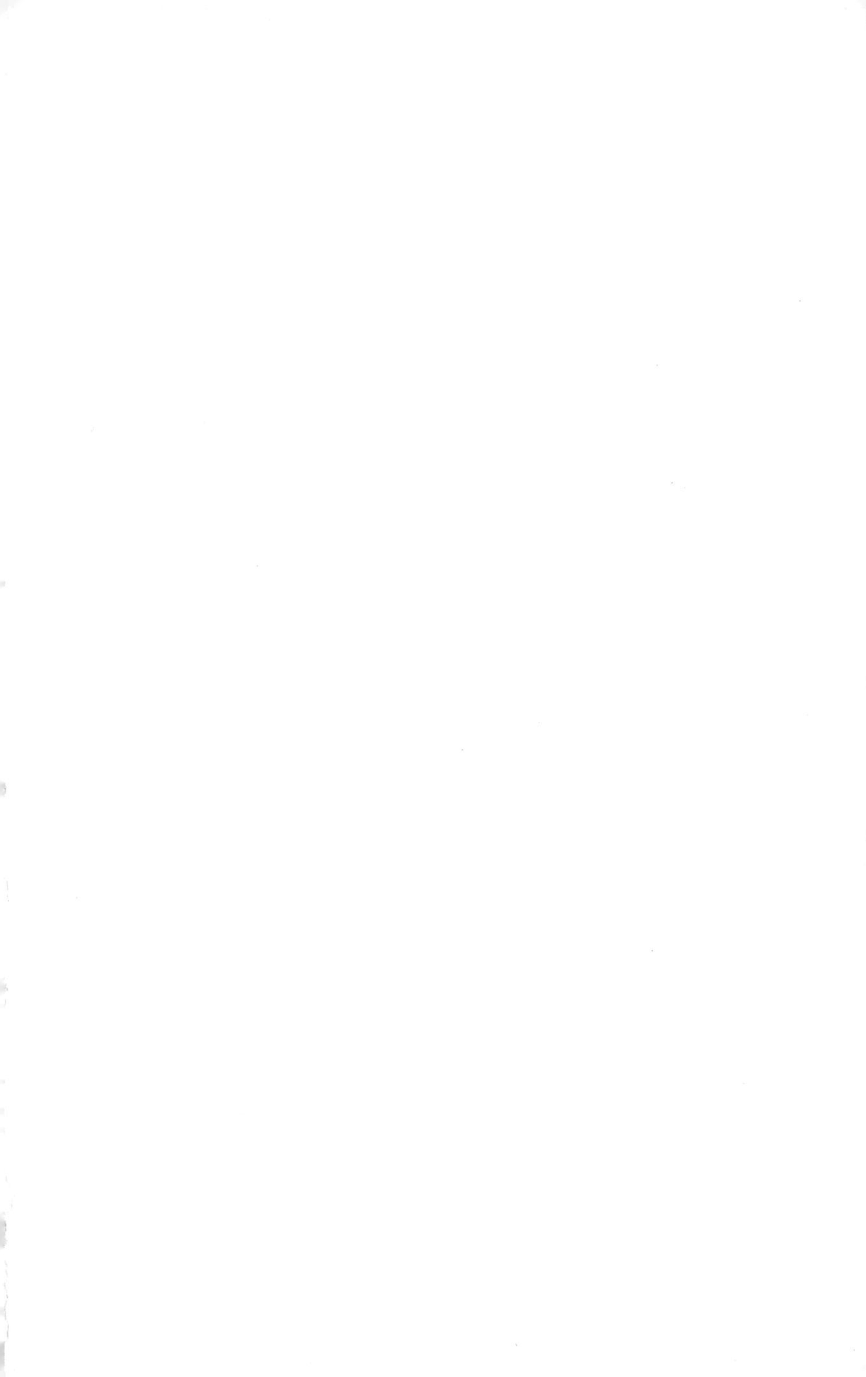

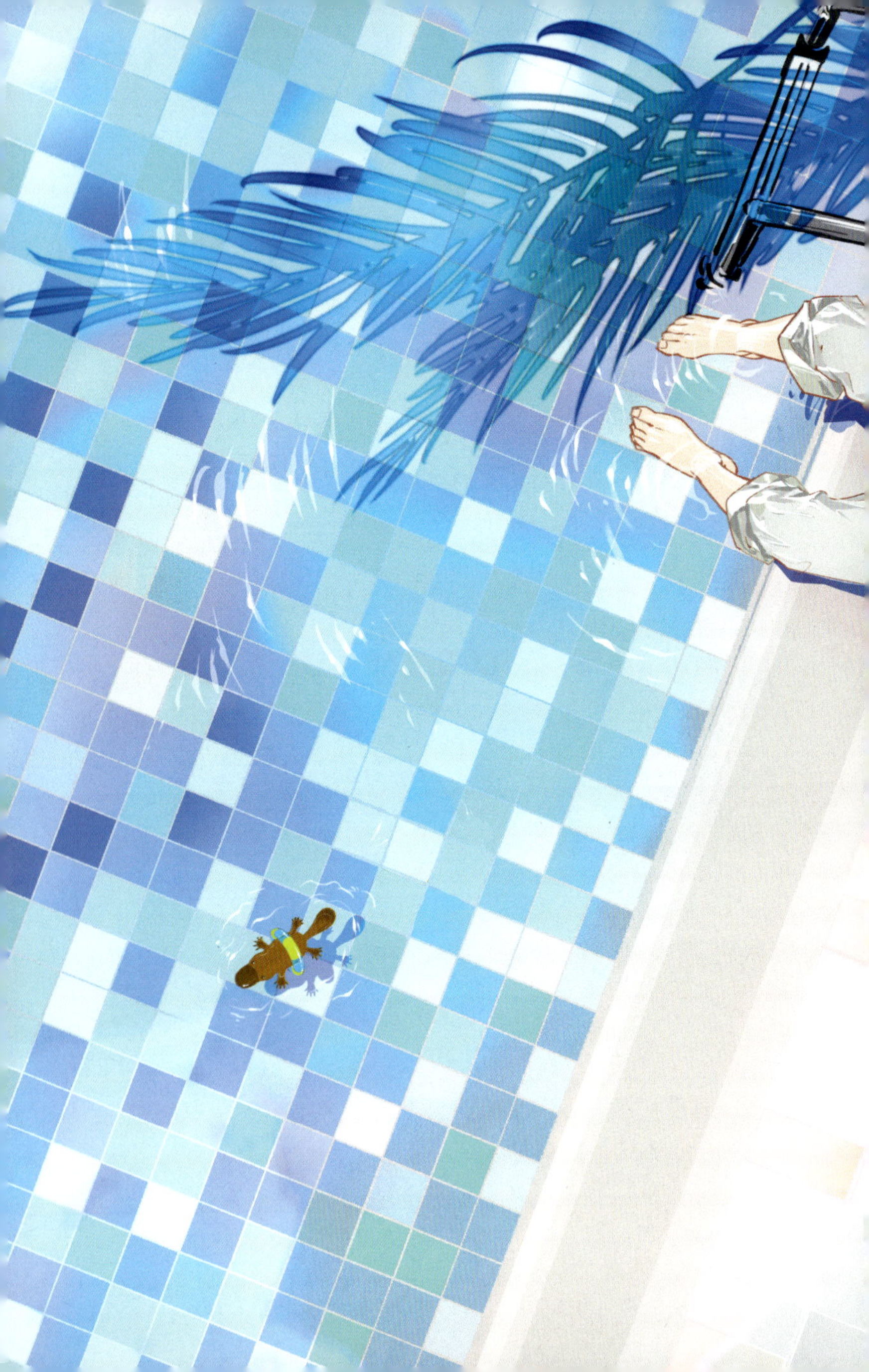

7

MEISTERDETEKTIV
RON KAMONOHASHI

AKIRA AMANO

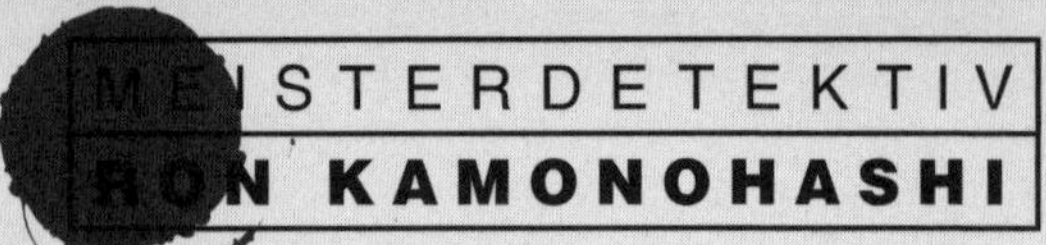

Ron Kamonohashi

Ehemals das größte Genie der Detektiv-Akademie BLUE, von dem es hieß, es wäre so talentiert, dass kein Fall mehr ungelöst bleiben würde. Doch da er nach dem Lösen eines Falles jedes Mal wie von Sinnen den Täter in den Tod treibt, wurde er aus der Akademie ausgeschlossen und ihm jede weitere Detektivarbeit verboten. Als Toto sein Partner wird, nimmt er sie aber wieder auf. Seine Lieblingsspeise ist brauner Zuckersirup.

Totomaru Isshiki (Toto)

Mitglied des Ermittlerteams der Kriminalpolizei. Er zeigt großen Enthusiasmus bei der Verbrecherjagd, seine naiv-dümmliche Vorgehensweise macht ihn allerdings ungeeignet für die Ermittlerarbeit. Seine Vorgesetzte sieht ihn als Nichtsnutz an. Gemeinsam mit Ron löst er einen Fall nach dem anderen und macht sich allmählich einen Namen mit seinen Erfolgen.

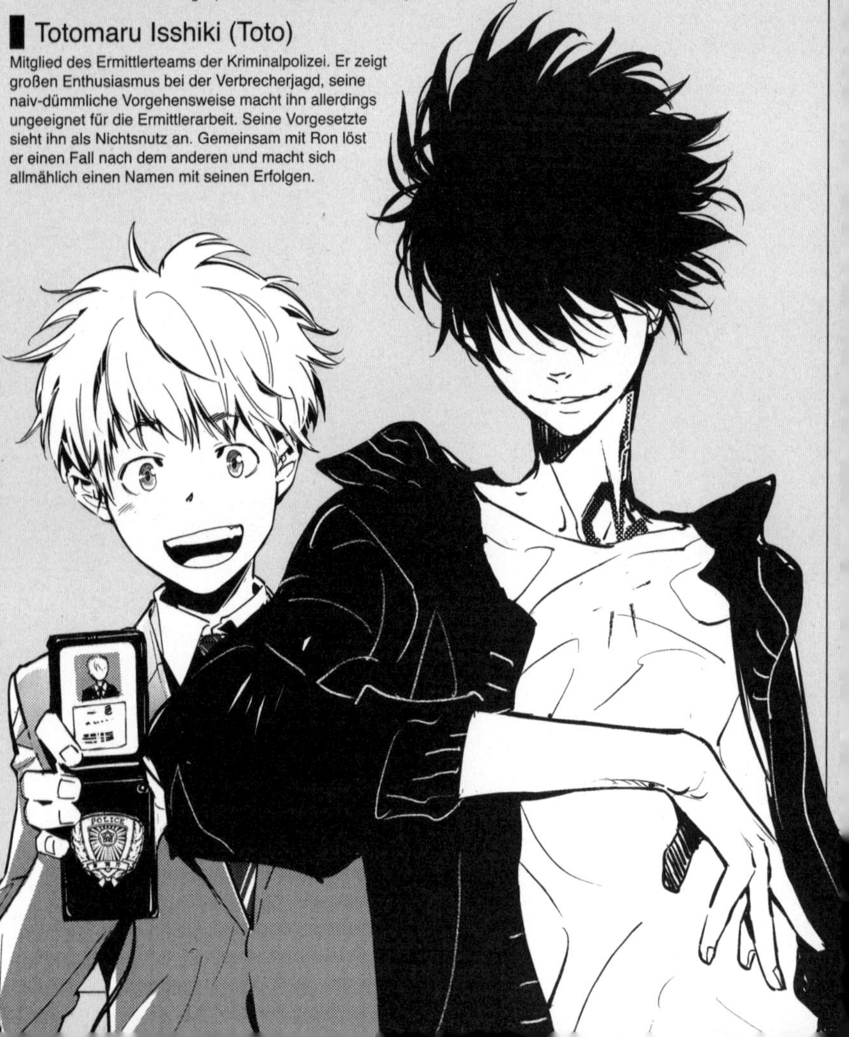

CHARAKTERE

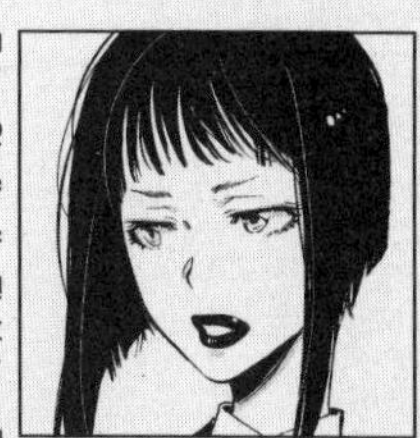

FRAU AMAMIYA

Totos Chefin. Ihr Ziel ist es, Polizeipräsidentin zu werden. Vergöttert Ron, behandelt Toto wie Müll.

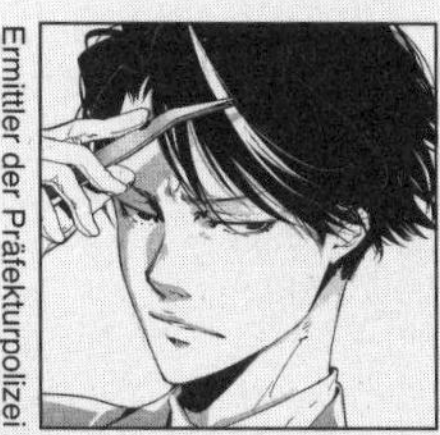

OMITO KAWASEMI

Ermittler der Präfekturpolizei Aichi. Landesweite Nummer 1 in Sachen Mordaufklärungsrate. „Adlerauge".

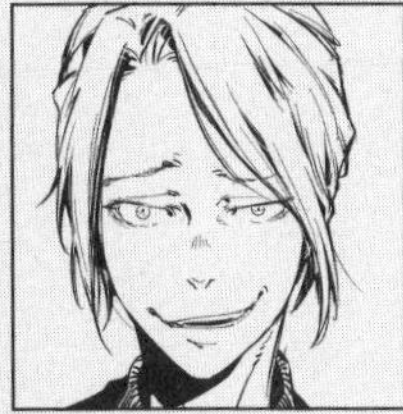

SPITZ FEIER

Dozent für Beschattungen an der BLUE-Akademie. Hilft Ron, weil er ihm einiges zu verdanken hat.

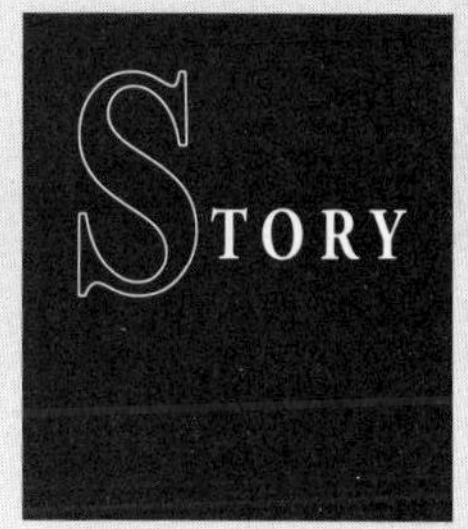

MOFU USAKI

Geniale Neurochirurgin mit den „Zauberhänden". Außerhalb ihres Jobs ist sie extrem ungeschickt.

CHIKORY MONKI

Reporterin der Weekly Lime und großer Fan von Toto.

STORY

Siebzehn Jahre nach der Ermordung von Dr. Gore, einer Koryphäe in der Erforschung pathogener Keime, werden alle in die Tat verwickelten Personen in eine Herberge auf einem Hochplateau eingeladen und einer nach dem anderen ermordet. Nachdem Ron erfahren hat, dass sein Vater Eliot Moriarty der Mörder von Dr. Gore war und Ron durch ihn mit der Verbrecherfamilie des M-Clans verwandt ist, ist er fest entschlossen, nach diesem Fall nie wieder als Detektiv tätig zu werden. Er entlarvt schließlich Herrn Tiger, einen der Gäste, als von dem M-Clan beauftragten Mörder. Während eines Gesprächs mit Herrn Tiger erinnert Ron sich daran, dass er als Kind mitansehen musste, ...

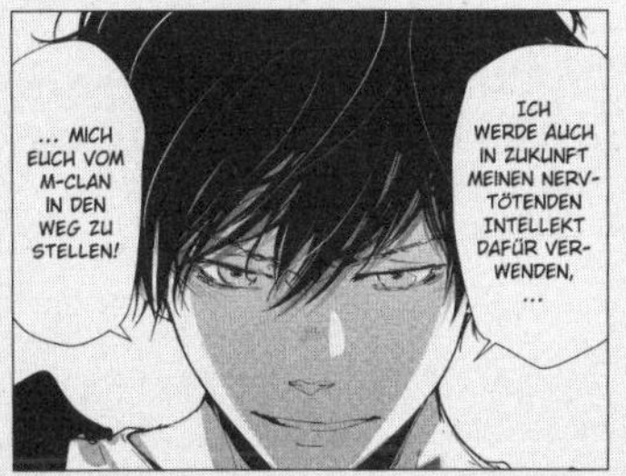

... wie sein Vater erschossen wurde. Nun wird ihm klar, dass der M-Clan Eliot umbrachte, weil er die Entführung von Dr. Gore verhindern wollte und den Mord an ihm nur vorgetäuscht hat. Der M-Clan hat inzwischen herausgefunden, dass Dr. Gore am Leben ist, und alle Beteiligten von damals zusammengebracht hat, um sie aus dem Weg zu räumen. Zu diesem Zweck lässt er in der Herberge eine Bombe hochgehen, doch Ron und die anderen werden in letzter Sekunde von Spitz Feier gerettet.

★ DIESE GESCHICHTE IST FIKTION. ÄHNLICHKEITEN MIT REAL EXISTIERENDEN PERSONEN, GRUPPIERUNGEN ODER VORFÄLLEN SIND REIN ZUFÄLLIG UND NICHT BEABSICHTIGT.

MEISTERDETEKTIV RON KAMONOHASHI

7

INHALT

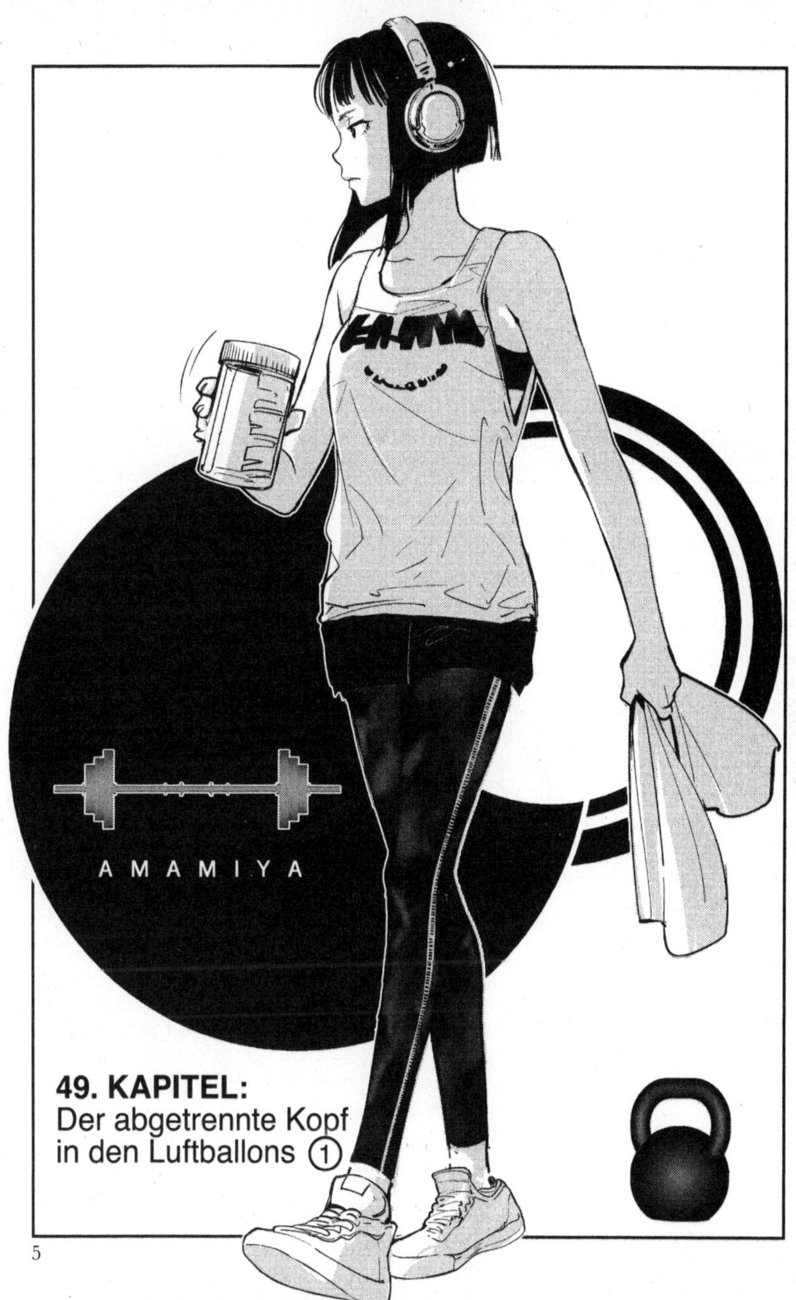
AMAMIYA
49. KAPITEL:
Der abgetrennte Kopf
in den Luftballons ①

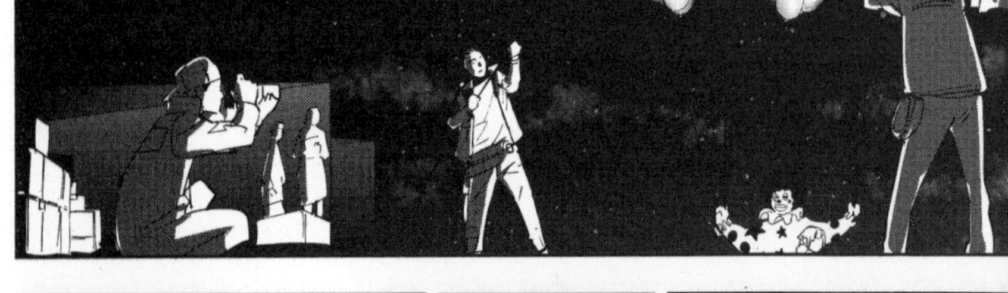

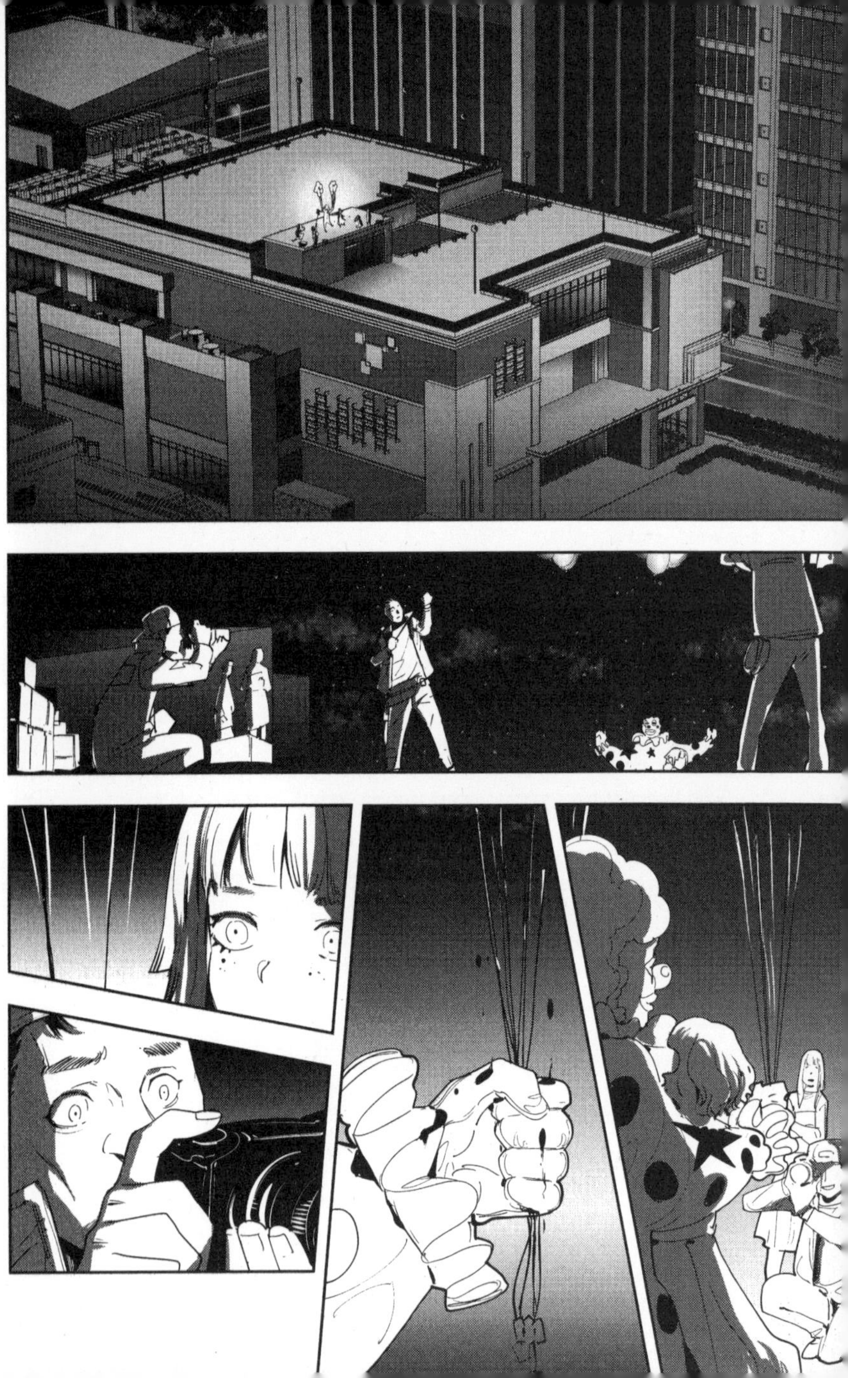

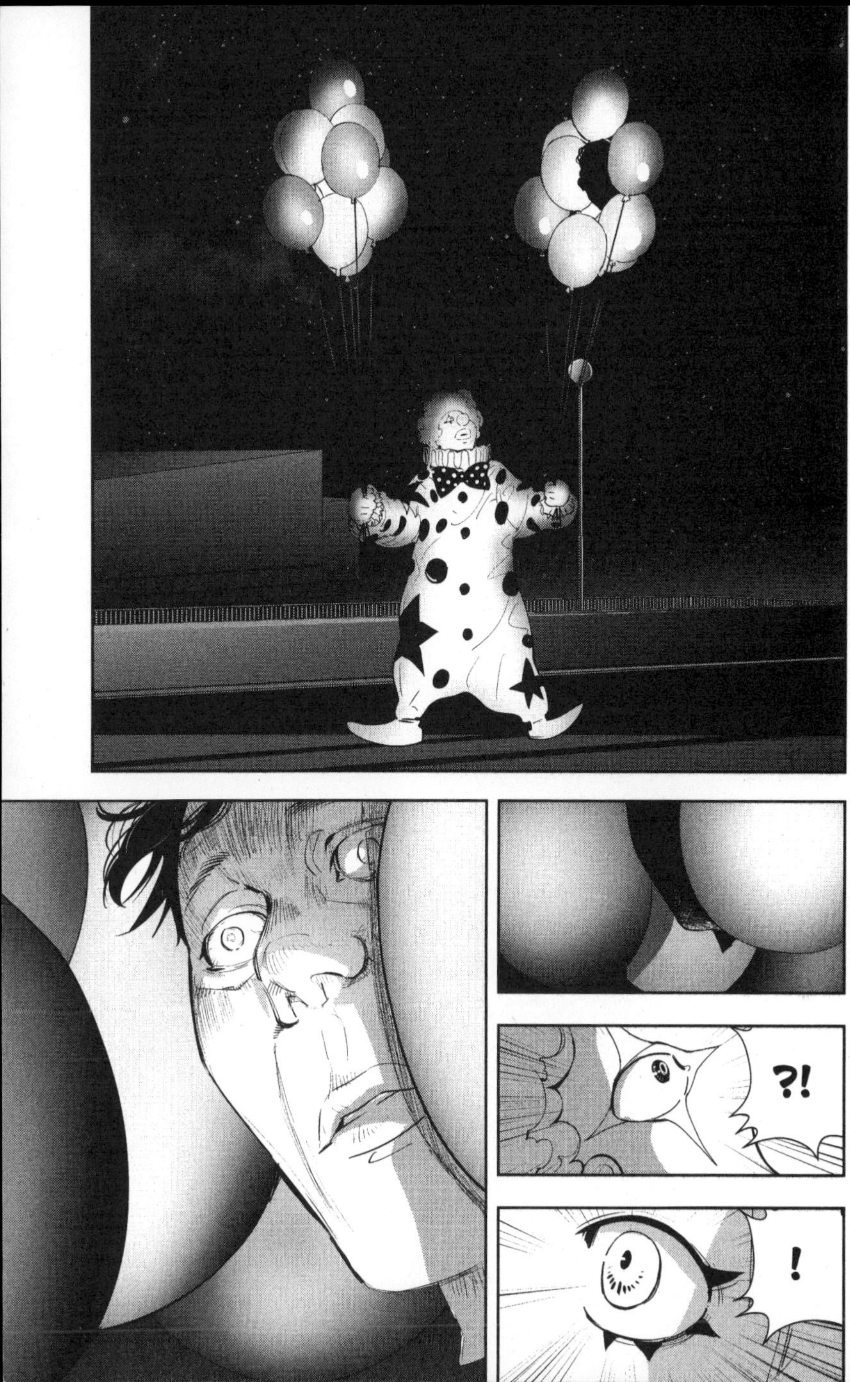

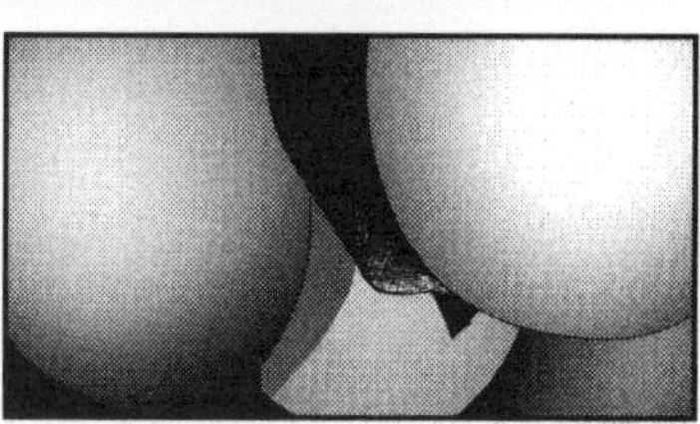

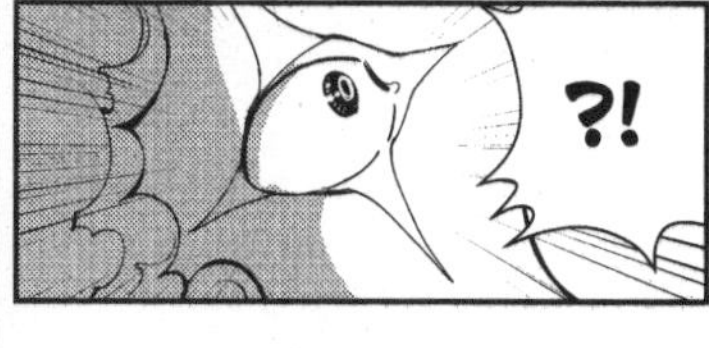

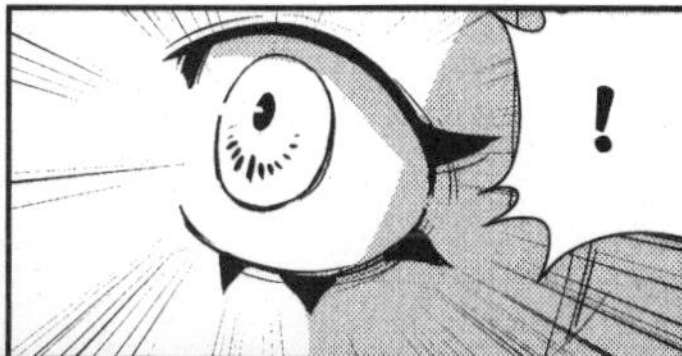

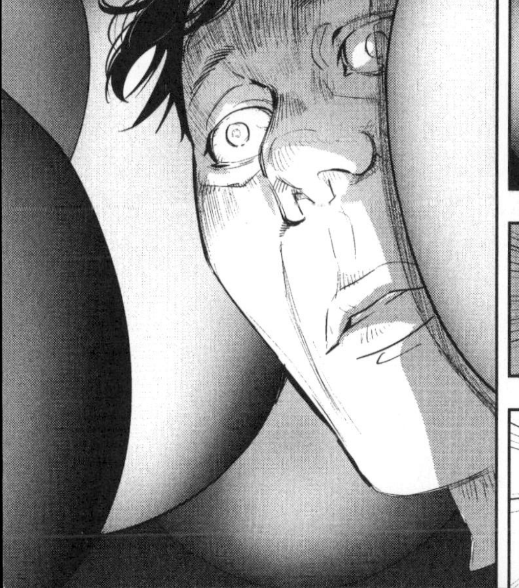

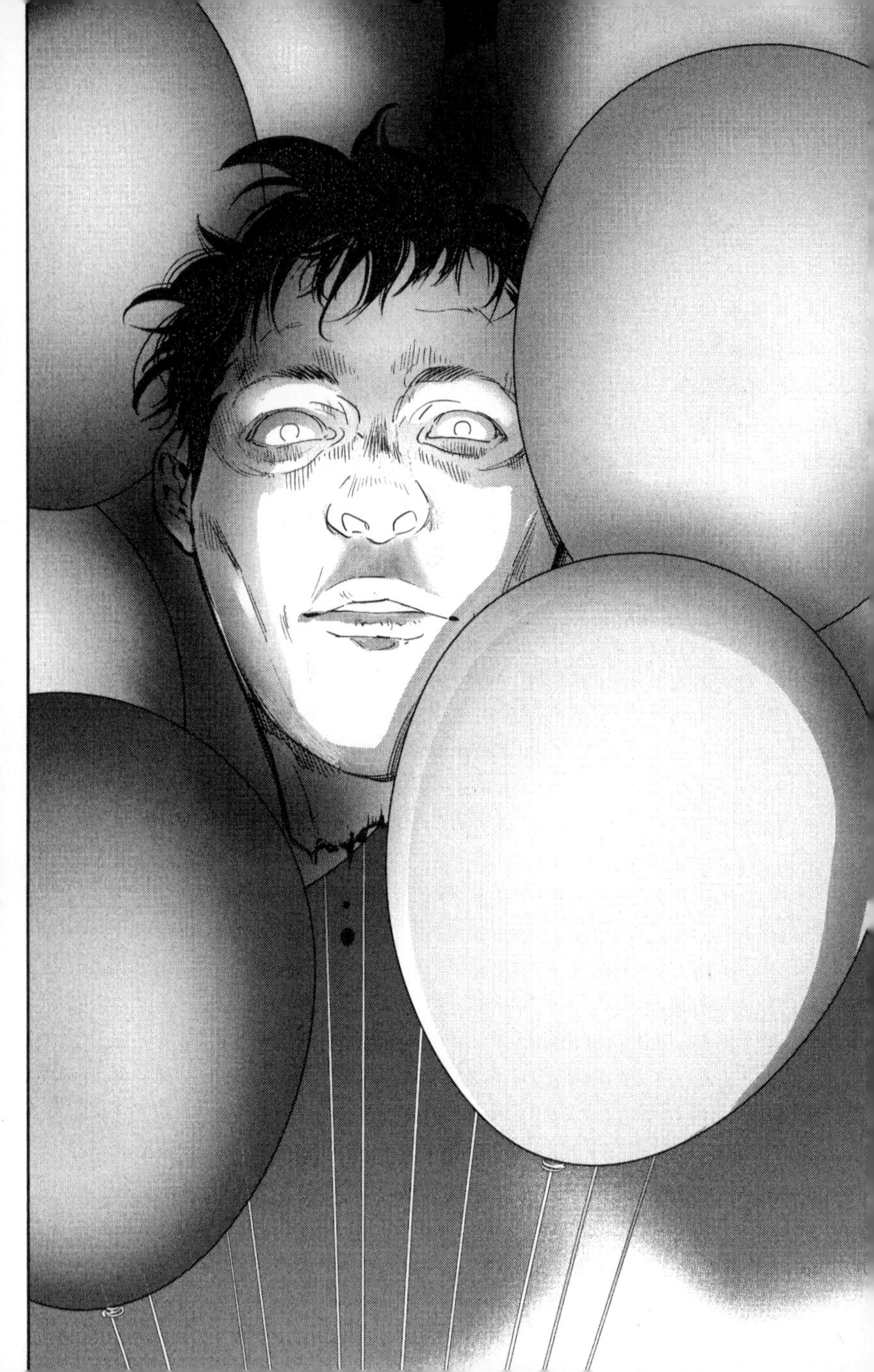

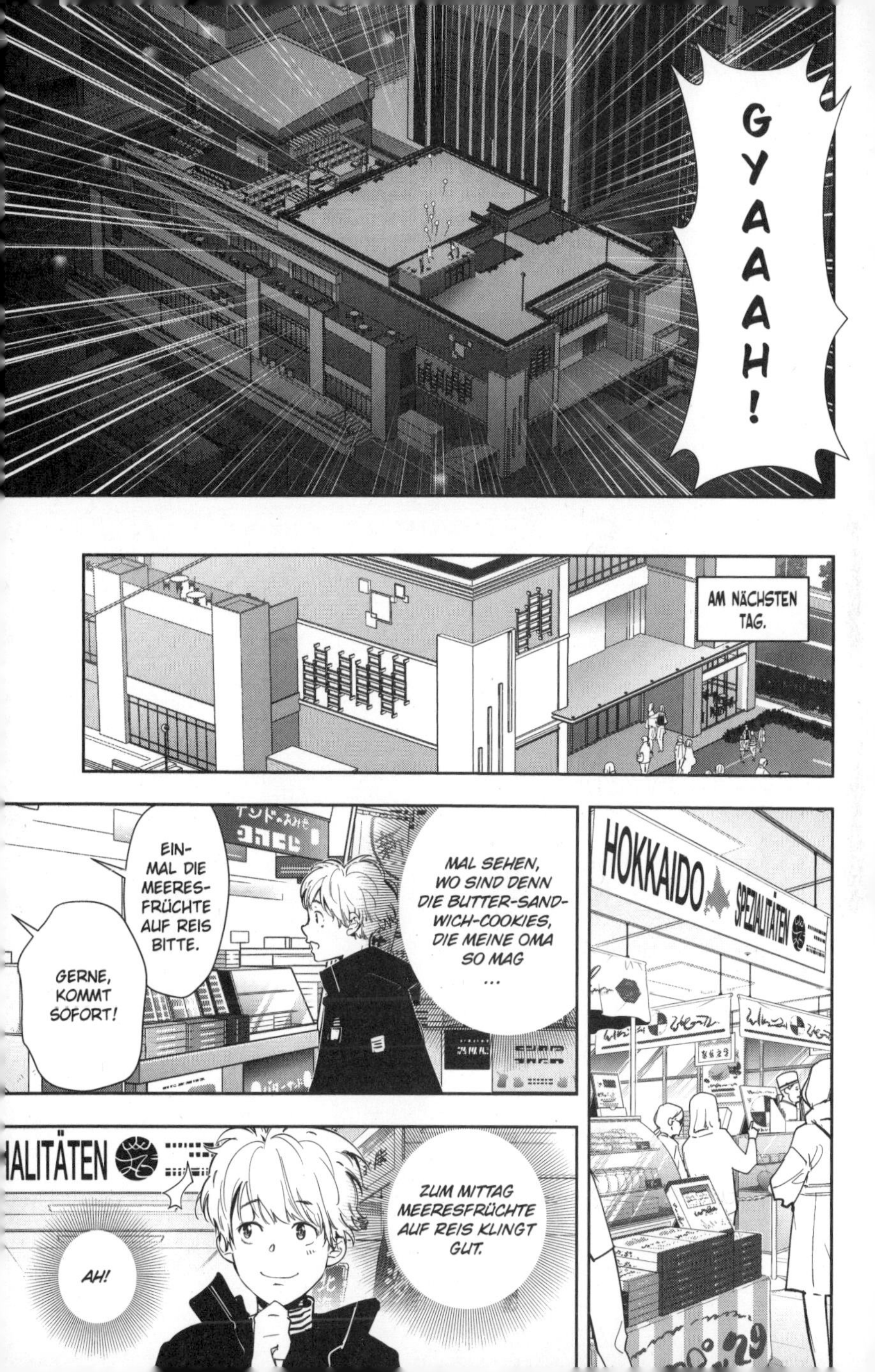

GYAAAH!

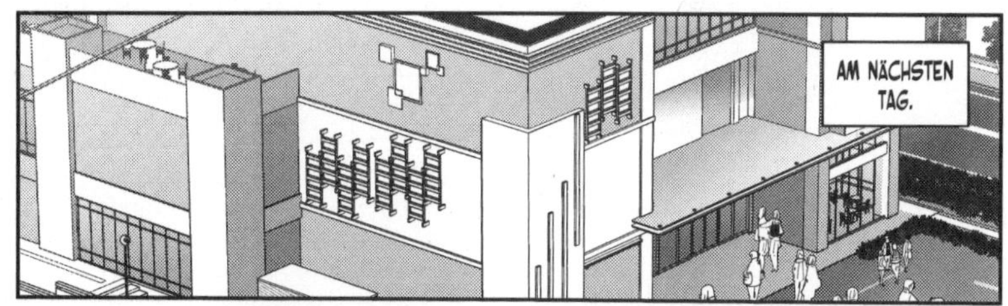
AM NÄCHSTEN TAG.

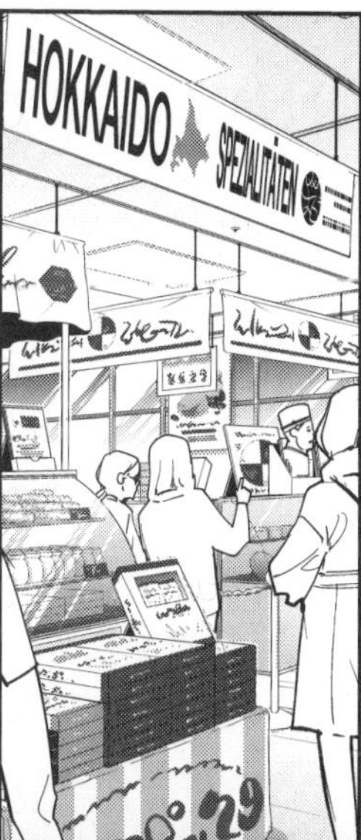
HOKKAIDO
SPEZIALITÄTEN

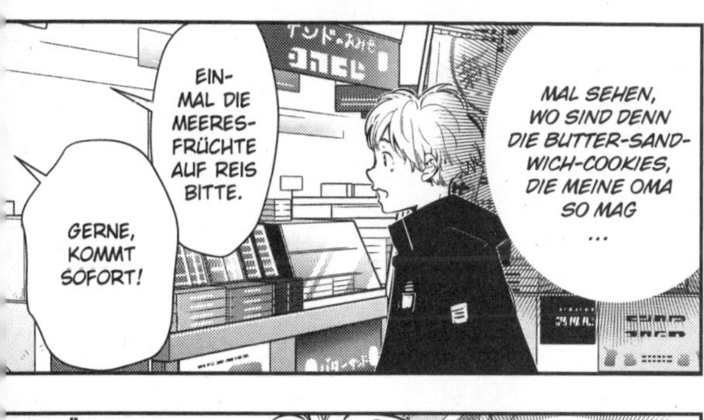
MAL SEHEN, WO SIND DENN DIE BUTTER-SANDWICH-COOKIES, DIE MEINE OMA SO MAG …
EINMAL DIE MEERESFRÜCHTE AUF REIS BITTE.
GERNE, KOMMT SOFORT!

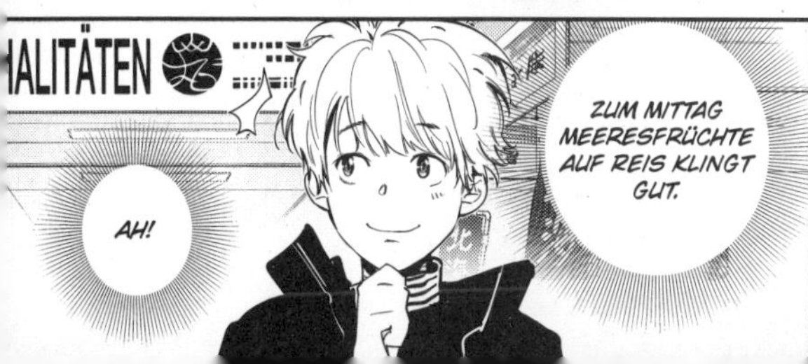
HALITÄTEN
ZUM MITTAG MEERESFRÜCHTE AUF REIS KLINGT GUT.
AH!

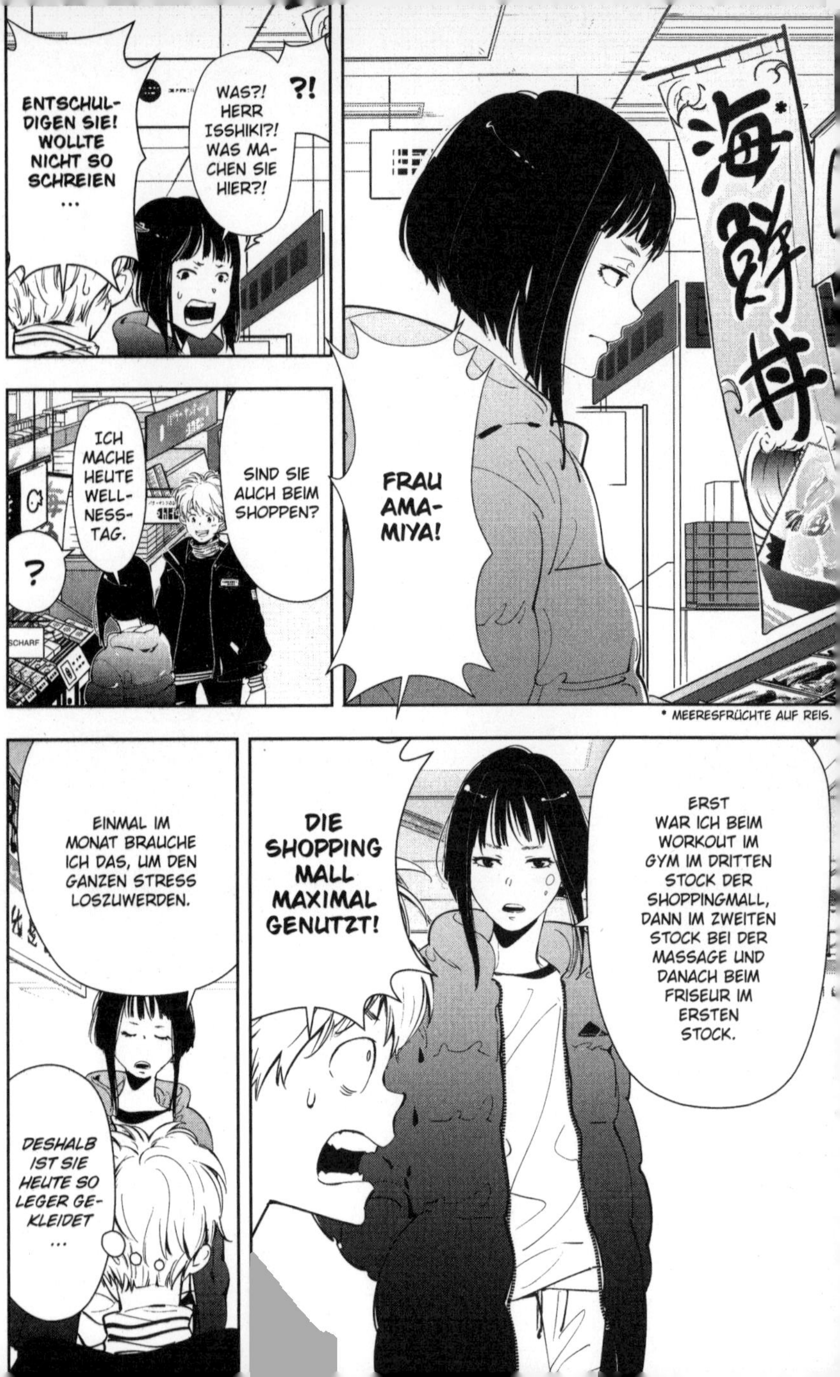

海鮮丼*

FRAU AMAMIYA!

WAS?! HERR ISSHIKI?! WAS MACHEN SIE HIER?!

?!

ENTSCHULDIGEN SIE! WOLLTE NICHT SO SCHREIEN …

SIND SIE AUCH BEIM SHOPPEN?

?

ICH MACHE HEUTE WELLNESSTAG.

SCHARF

* MEERESFRÜCHTE AUF REIS.

ERST WAR ICH BEIM WORKOUT IM GYM IM DRITTEN STOCK DER SHOPPINGMALL, DANN IM ZWEITEN STOCK BEI DER MASSAGE UND DANACH BEIM FRISEUR IM ERSTEN STOCK.

DIE SHOPPING MALL MAXIMAL GENUTZT!

EINMAL IM MONAT BRAUCHE ICH DAS, UM DEN GANZEN STRESS LOSZUWERDEN.

DESHALB IST SIE HEUTE SO LEGER GEKLEIDET …

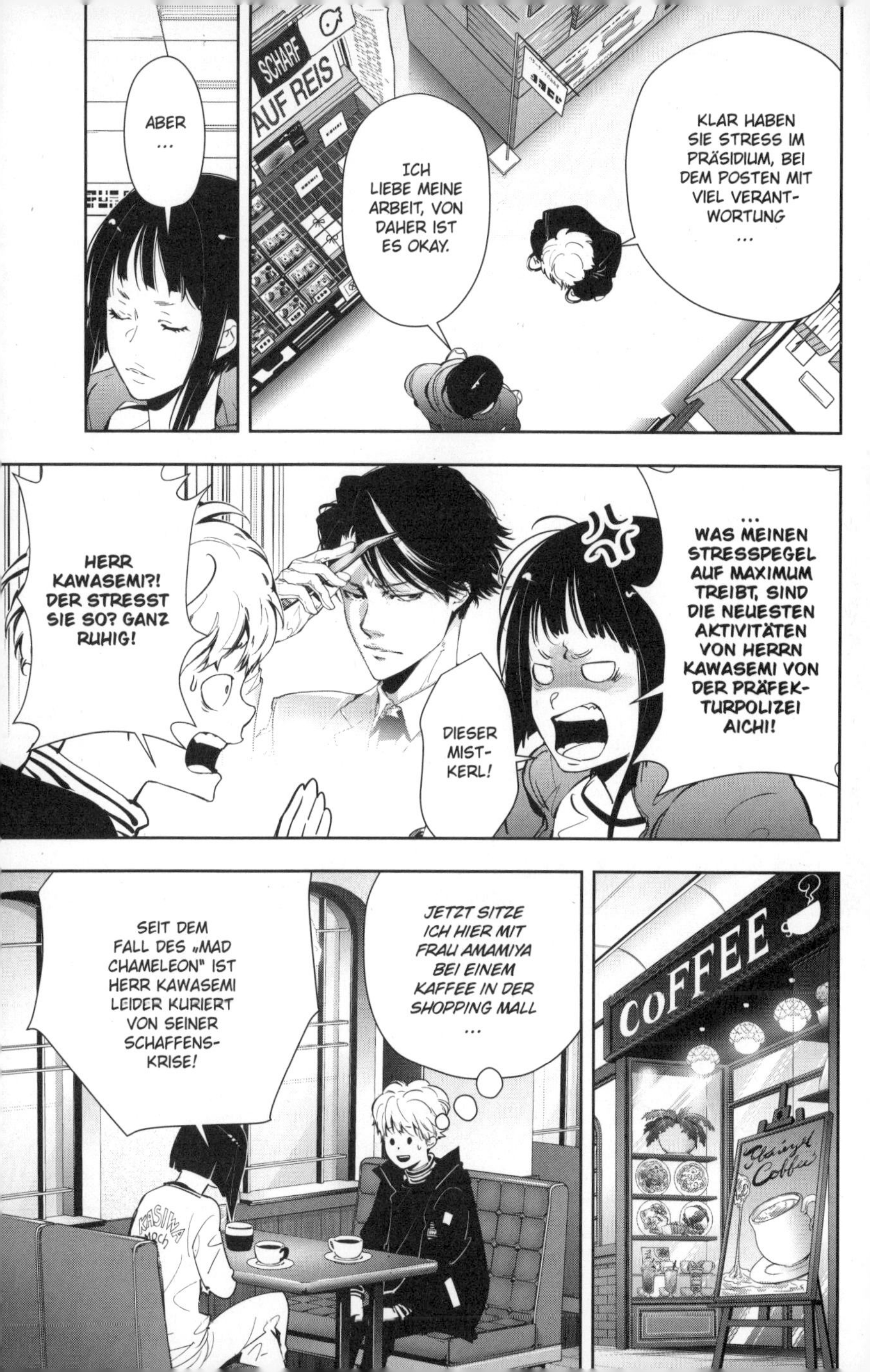

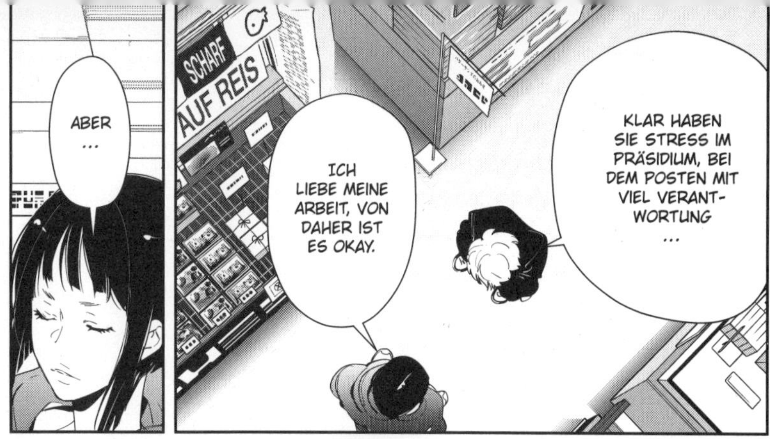

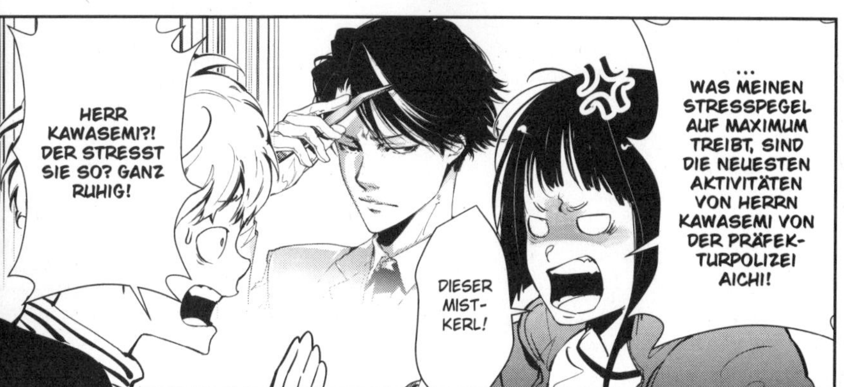

COFFEE

JETZT SITZE ICH HIER MIT FRAU AMAMIYA BEI EINEM KAFFEE IN DER SHOPPING MALL …

SEIT DEM FALL DES „MAD CHAMELEON" IST HERR KAWASEMI LEIDER KURIERT VON SEINER SCHAFFENSKRISE!

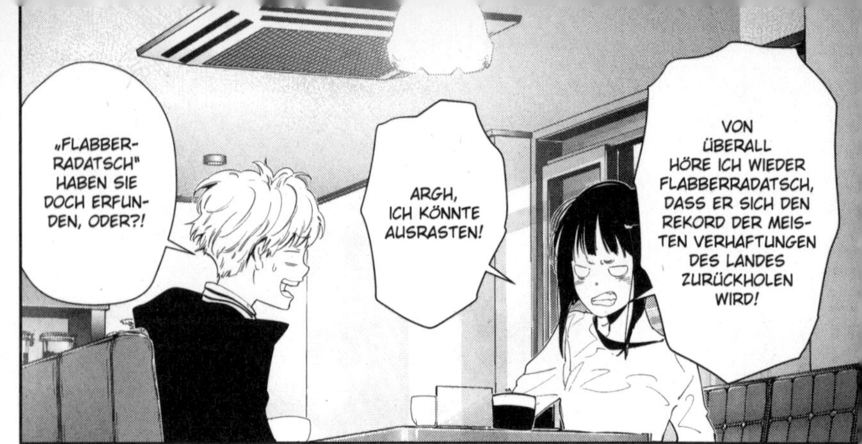
VON ÜBERALL HÖRE ICH WIEDER FLABBERRADATSCH, DASS ER SICH DEN REKORD DER MEIS-TEN VERHAFTUNGEN DES LANDES ZURÜCKHOLEN WIRD!
ARGH, ICH KÖNNTE AUSRASTEN!
„FLABBER-RADATSCH" HABEN SIE DOCH ERFUN-DEN, ODER?!

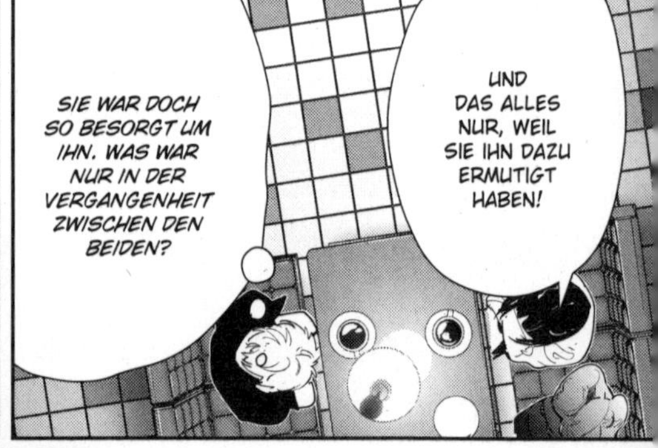
UND DAS ALLES NUR, WEIL SIE IHN DAZU ERMUTIGT HABEN!
SIE WAR DOCH SO BESORGT UM IHN. WAS WAR NUR IN DER VERGANGENHEIT ZWISCHEN DEN BEIDEN?

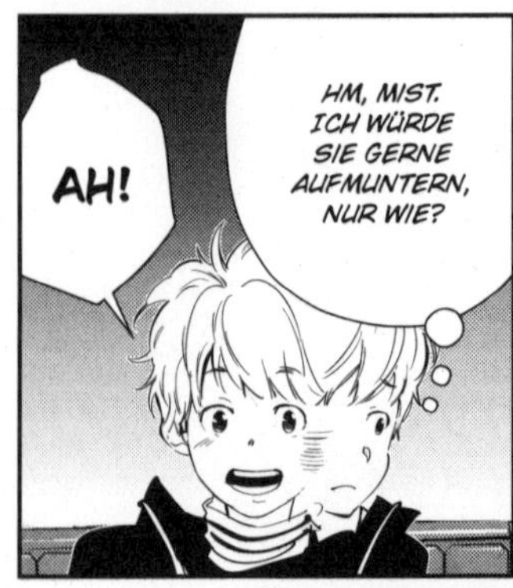
HM, MIST. ICH WÜRDE SIE GERNE AUFMUNTERN, NUR WIE?
AH!

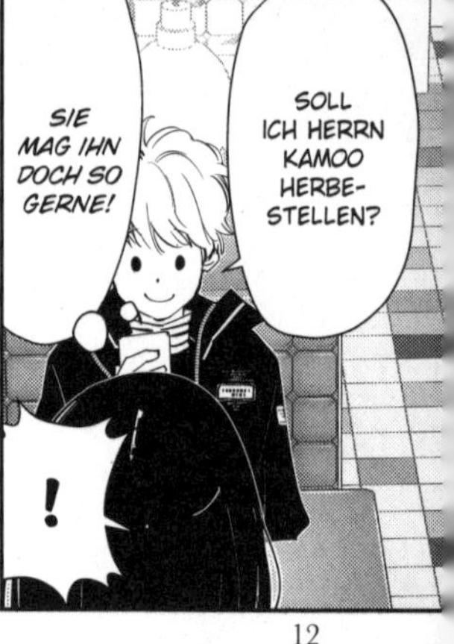
SOLL ICH HERRN KAMOO HERBE-STELLEN?
SIE MAG IHN DOCH SO GERNE!
!

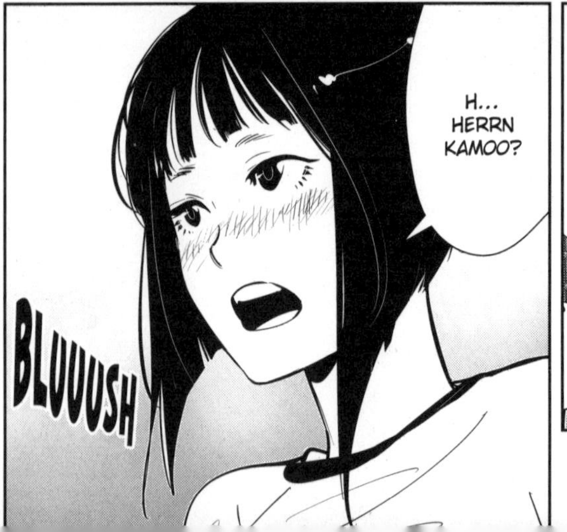
H... HERRN KAMOO?
BLUUUSH

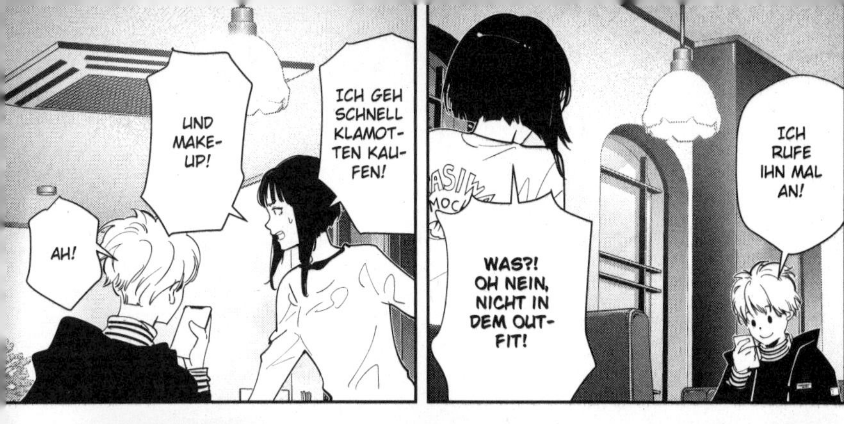
ICH RUFE IHN MAL AN!
WAS?! OH NEIN, NICHT IN DEM OUTFIT!
ICH GEH SCHNELL KLAMOTTEN KAUFEN!
UND MAKE-UP!
AH!

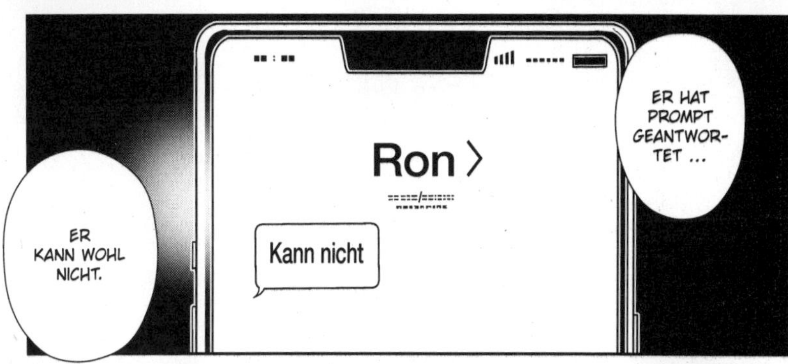
ER HAT PROMPT GEANTWORTET ...
Ron
Kann nicht
ER KANN WOHL NICHT.

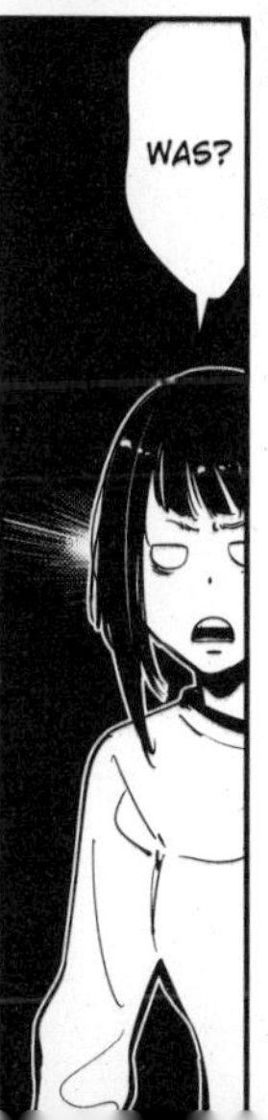
WAS?

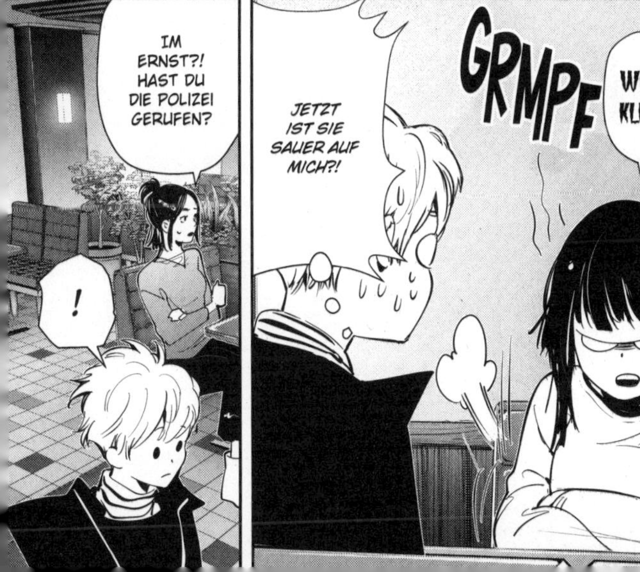
WAR KLAR.
GRMPF
JETZT IST SIE SAUER AUF MICH?!
IM ERNST?! HAST DU DIE POLIZEI GERUFEN?
!

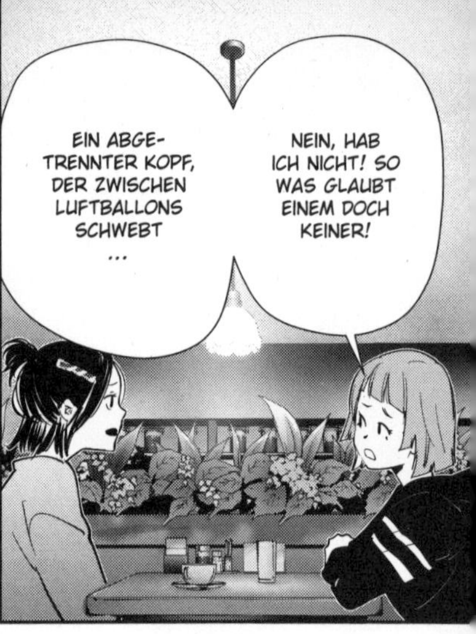
NEIN, HAB ICH NICHT! SO WAS GLAUBT EINEM DOCH KEINER!
EIN ABGE-TRENNTER KOPF, DER ZWISCHEN LUFTBALLONS SCHWEBT …

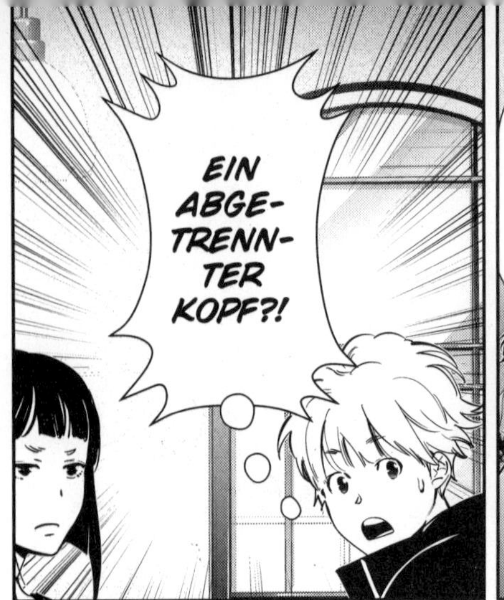
EIN ABGE-TRENNTER KOPF?!

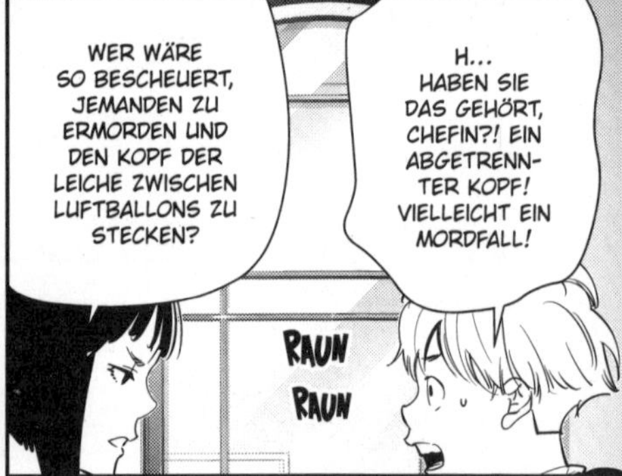
H… HABEN SIE DAS GEHÖRT, CHEFIN?! EIN ABGETRENNTER KOPF! VIELLEICHT EIN MORDFALL!
WER WÄRE SO BESCHEUERT, JEMANDEN ZU ERMORDEN UND DEN KOPF DER LEICHE ZWISCHEN LUFTBALLONS ZU STECKEN?
RAUN
RAUN

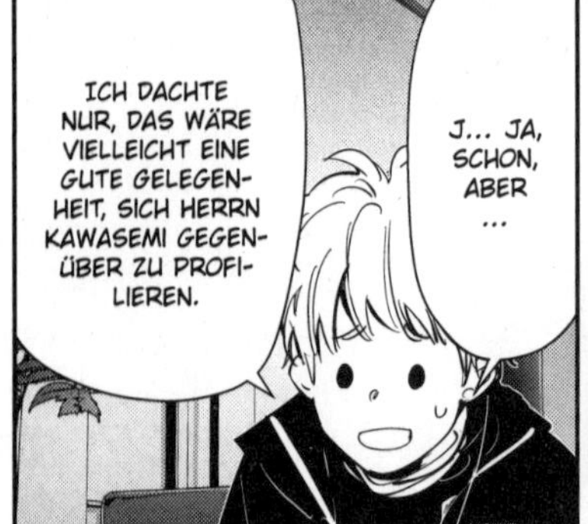
J… JA, SCHON, ABER …
ICH DACHTE NUR, DAS WÄRE VIELLEICHT EINE GUTE GELEGENHEIT, SICH HERRN KAWASEMI GEGENÜBER ZU PROFILIEREN.

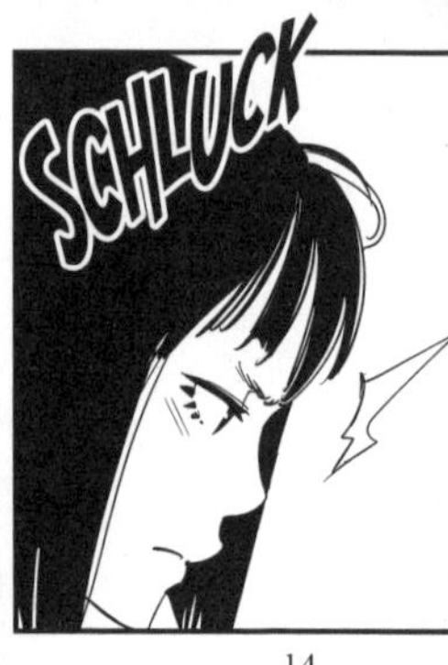
SCHLUCK

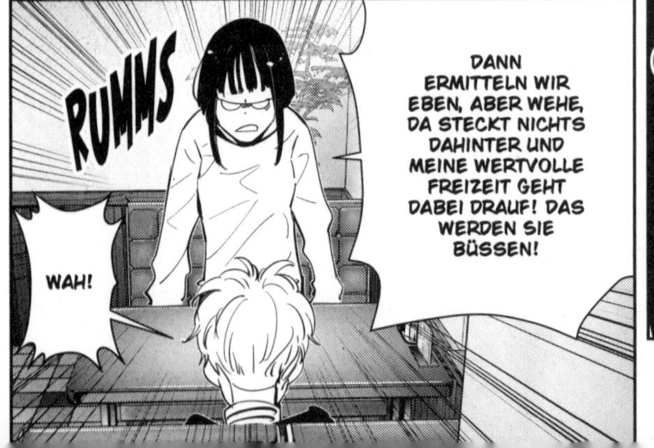
DANN ERMITTELN WIR EBEN, ABER WEHE, DA STECKT NICHTS DAHINTER UND MEINE WERTVOLLE FREIZEIT GEHT DABEI DRAUF! DAS WERDEN SIE BÜSSEN!
RUMMS
WAH!

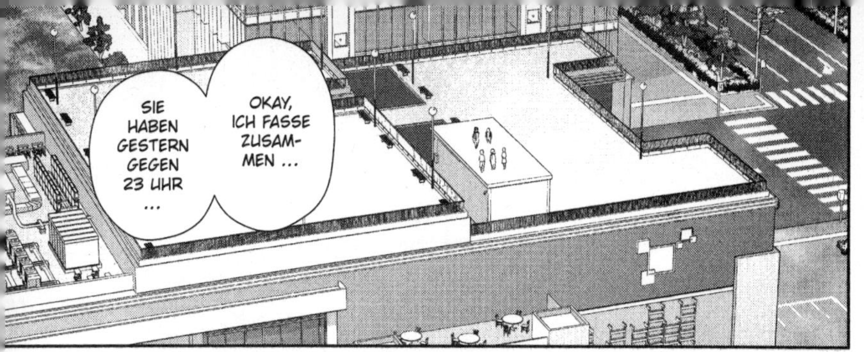
OKAY, ICH FASSE ZUSAMMEN …
SIE HABEN GESTERN GEGEN 23 UHR …

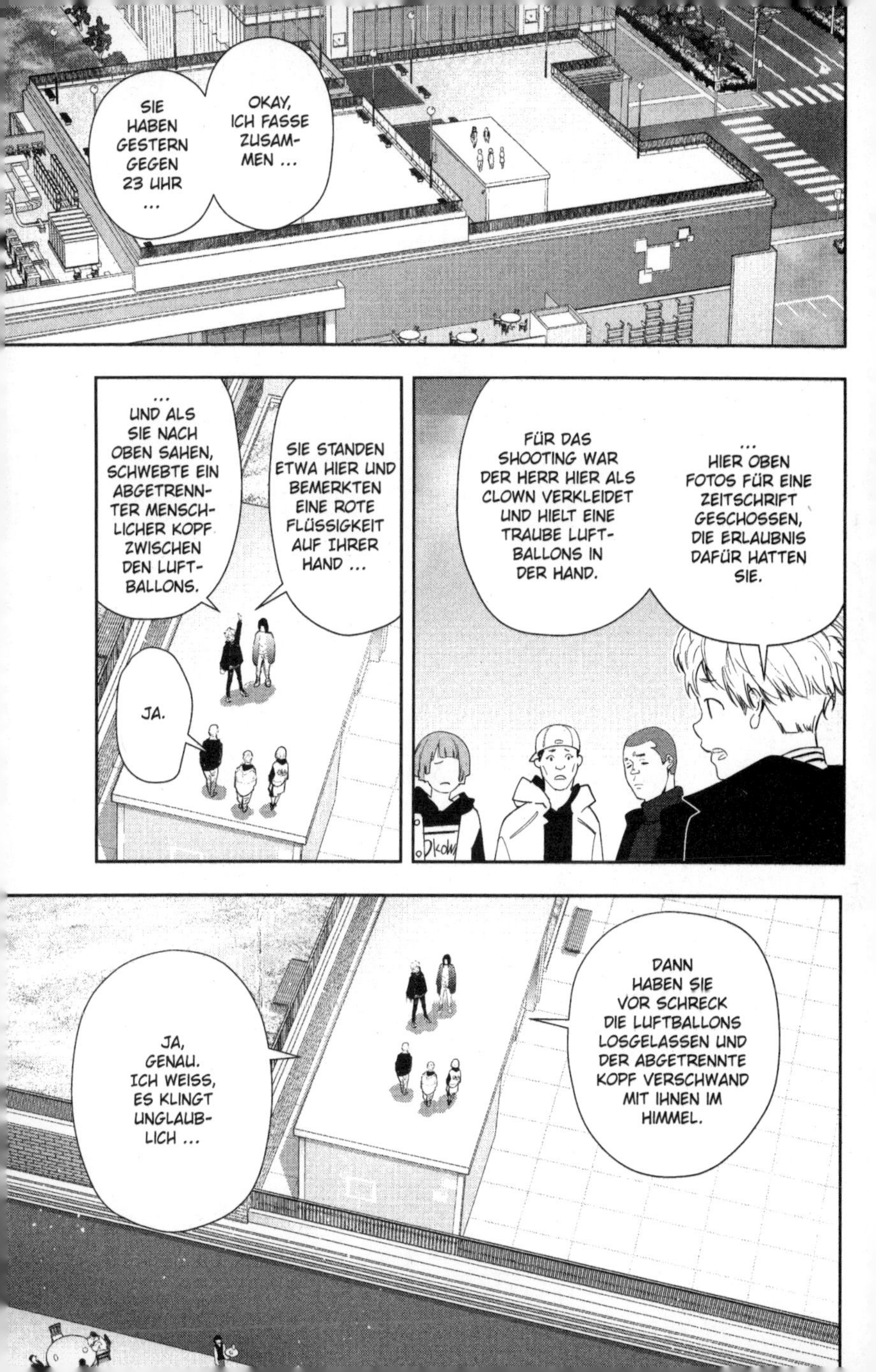

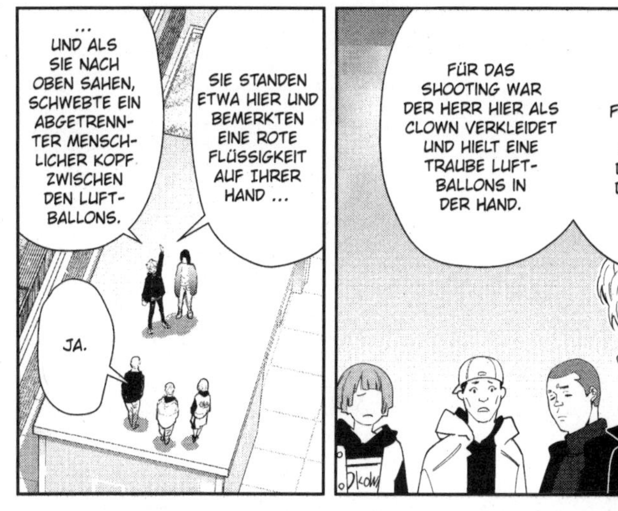
… HIER OBEN FOTOS FÜR EINE ZEITSCHRIFT GESCHOSSEN, DIE ERLAUBNIS DAFÜR HATTEN SIE.
FÜR DAS SHOOTING WAR DER HERR HIER ALS CLOWN VERKLEIDET UND HIELT EINE TRAUBE LUFT-BALLONS IN DER HAND.
SIE STANDEN ETWA HIER UND BEMERKTEN EINE ROTE FLÜSSIGKEIT AUF IHRER HAND …
… UND ALS SIE NACH OBEN SAHEN, SCHWEBTE EIN ABGETRENN-TER MENSCH-LICHER KOPF ZWISCHEN DEN LUFT-BALLONS.
JA.
DANN HABEN SIE VOR SCHRECK DIE LUFTBALLONS LOSGELASSEN UND DER ABGETRENNTE KOPF VERSCHWAND MIT IHNEN IM HIMMEL.
JA, GENAU. ICH WEISS, ES KLINGT UNGLAUB-LICH …

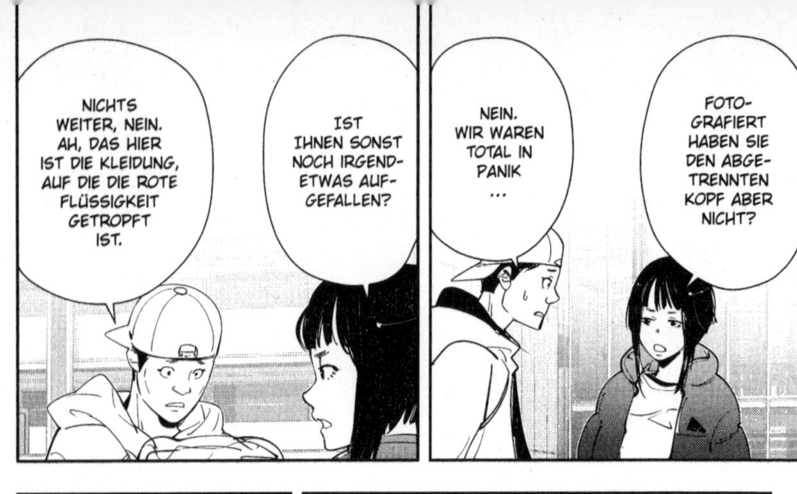
FOTOGRAFIERT HABEN SIE DEN ABGETRENNTEN KOPF ABER NICHT?
NEIN. WIR WAREN TOTAL IN PANIK …
IST IHNEN SONST NOCH IRGENDETWAS AUFGEFALLEN?
NICHTS WEITER, NEIN. AH, DAS HIER IST DIE KLEIDUNG, AUF DIE DIE ROTE FLÜSSIGKEIT GETROPFT IST.

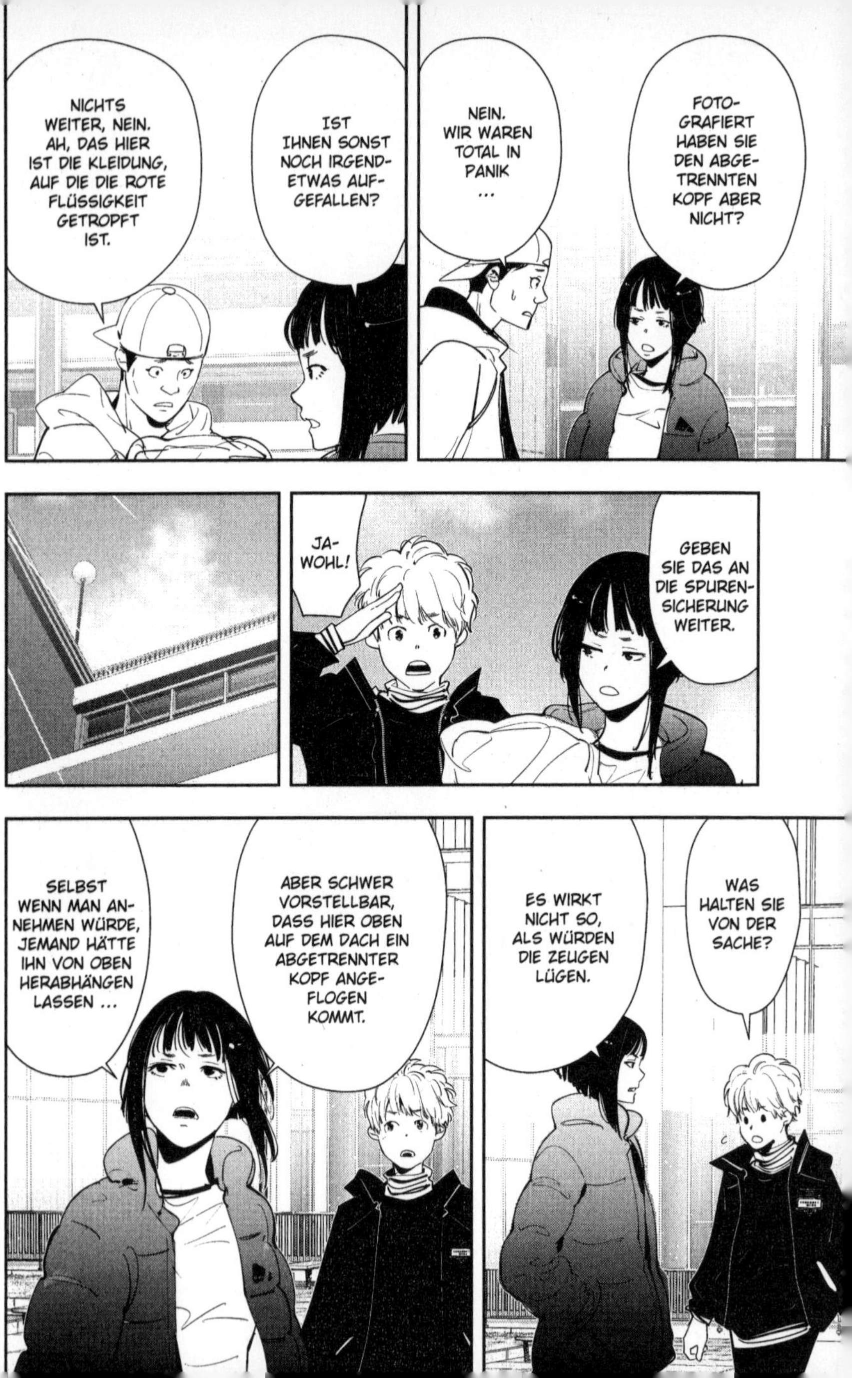

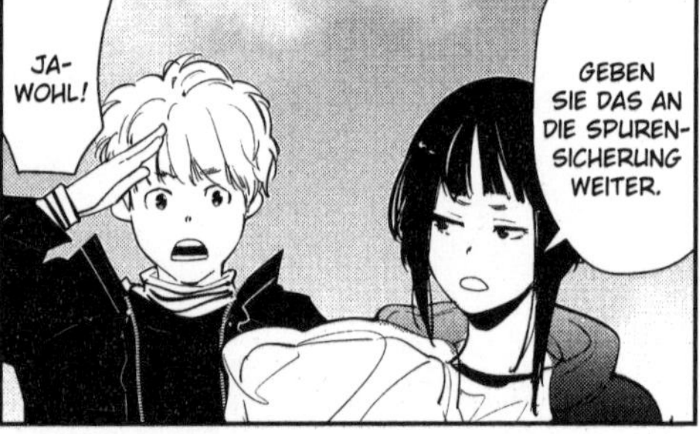
GEBEN SIE DAS AN DIE SPURENSICHERUNG WEITER.
JAWOHL!

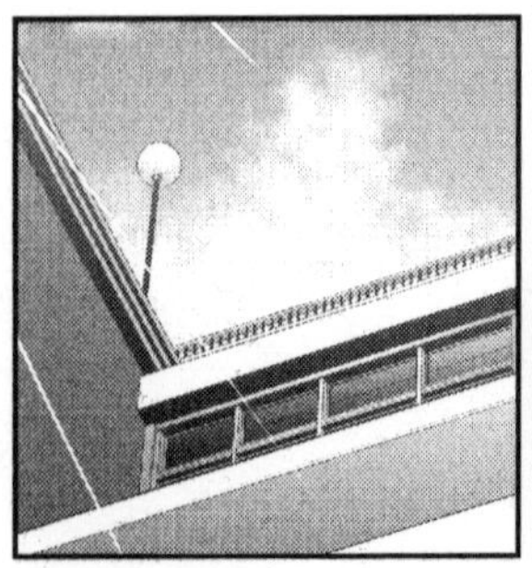

WAS HALTEN SIE VON DER SACHE?
ES WIRKT NICHT SO, ALS WÜRDEN DIE ZEUGEN LÜGEN.
ABER SCHWER VORSTELLBAR, DASS HIER OBEN AUF DEM DACH EIN ABGETRENNTER KOPF ANGEFLOGEN KOMMT.
SELBST WENN MAN ANNEHMEN WÜRDE, JEMAND HÄTTE IHN VON OBEN HERABHÄNGEN LASSEN …

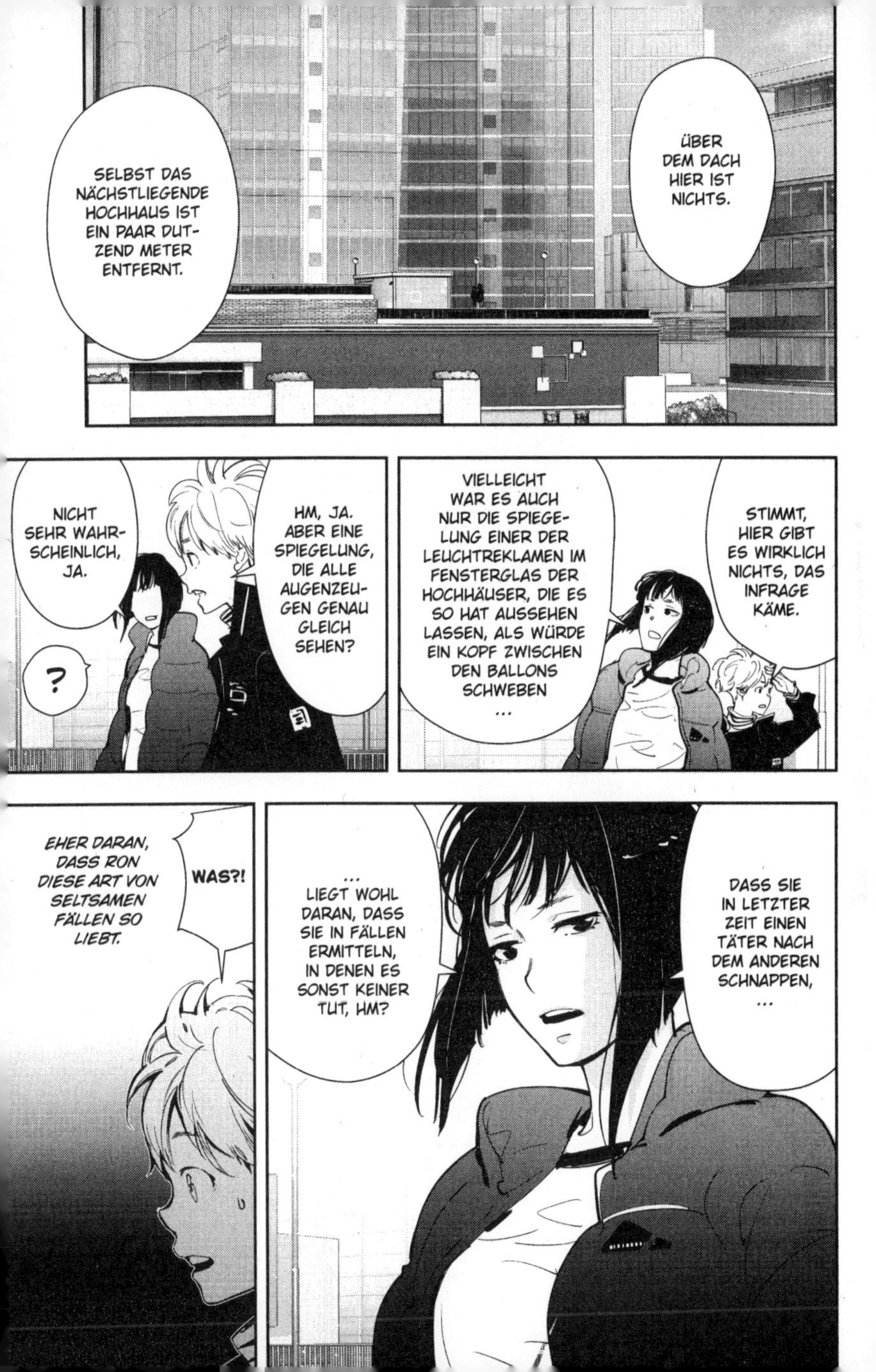

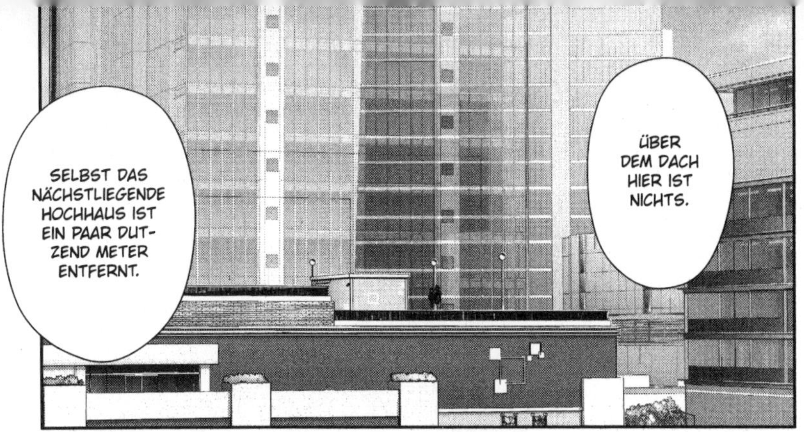

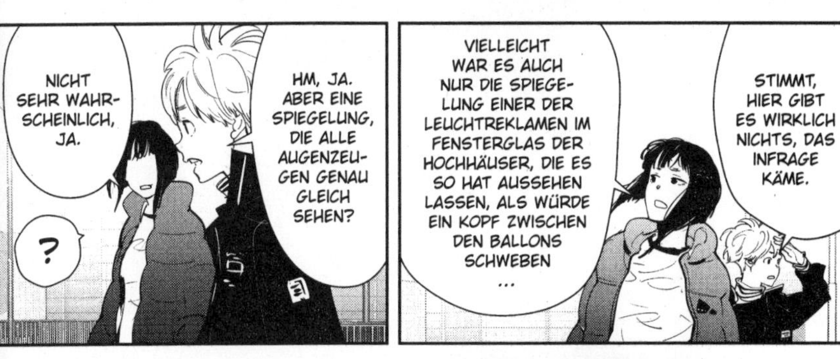

DASS SIE IN LETZTER ZEIT EINEN TÄTER NACH DEM ANDEREN SCHNAPPEN, …

… LIEGT WOHL DARAN, DASS SIE IN FÄLLEN ERMITTELN, IN DENEN ES SONST KEINER TUT, HM?

WAS?!

EHER DARAN, DASS RON DIESE ART VON SELTSAMEN FÄLLEN SO LIEBT.

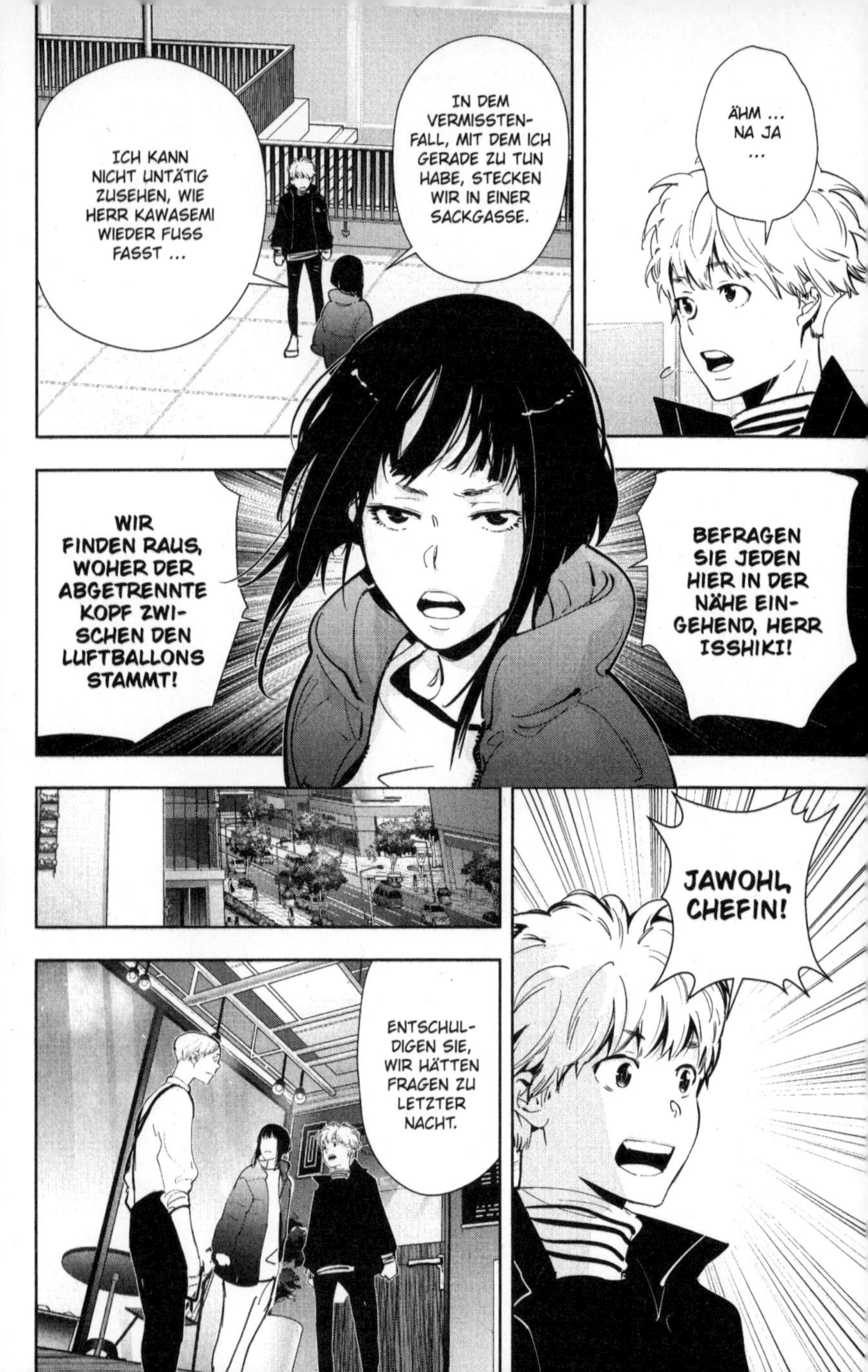
ÄHM … NA JA …
IN DEM VERMISSTEN-FALL, MIT DEM ICH GERADE ZU TUN HABE, STECKEN WIR IN EINER SACKGASSE.
ICH KANN NICHT UNTÄTIG ZUSEHEN, WIE HERR KAWASEMI WIEDER FUSS FASST …
BEFRAGEN SIE JEDEN HIER IN DER NÄHE EIN-GEHEND, HERR ISSHIKI!
WIR FINDEN RAUS, WOHER DER ABGETRENNTE KOPF ZWI-SCHEN DEN LUFTBALLONS STAMMT!
JAWOHL, CHEFIN!
ENTSCHUL-DIGEN SIE, WIR HÄTTEN FRAGEN ZU LETZTER NACHT.

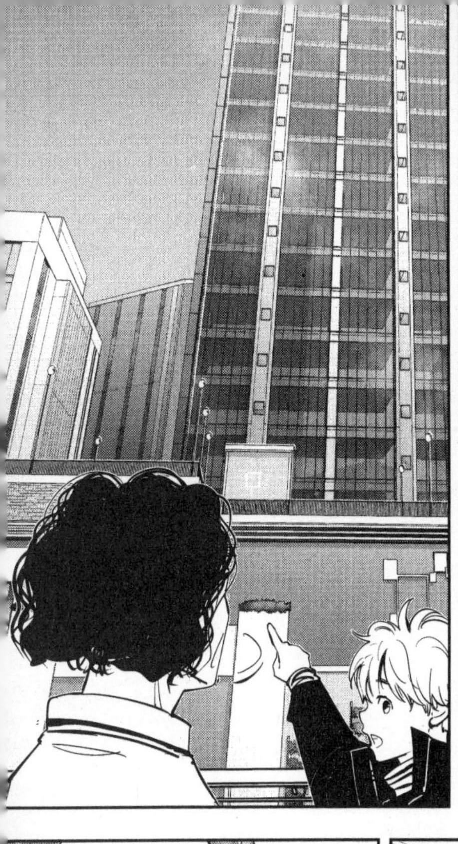
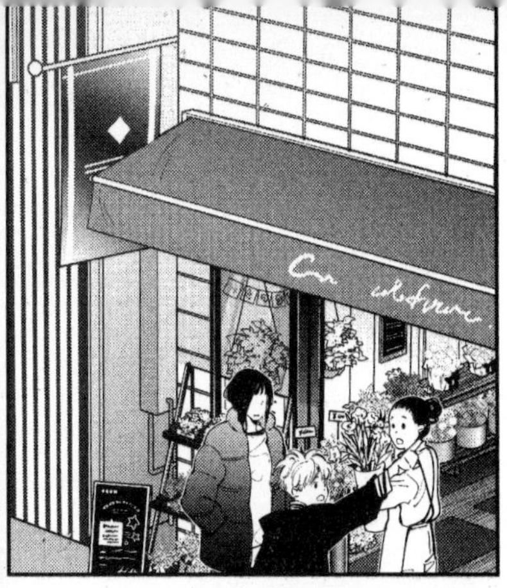
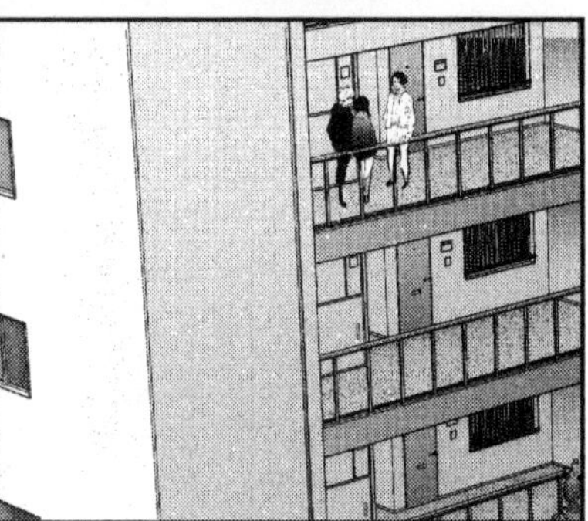
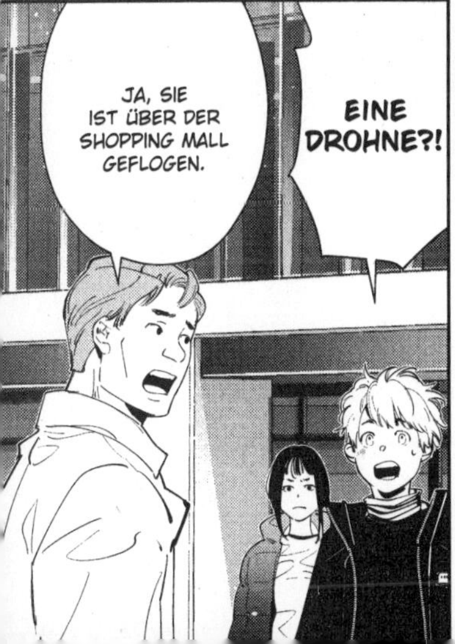
EINE DROHNE?!
JA, SIE IST ÜBER DER SHOPPING MALL GEFLOGEN.
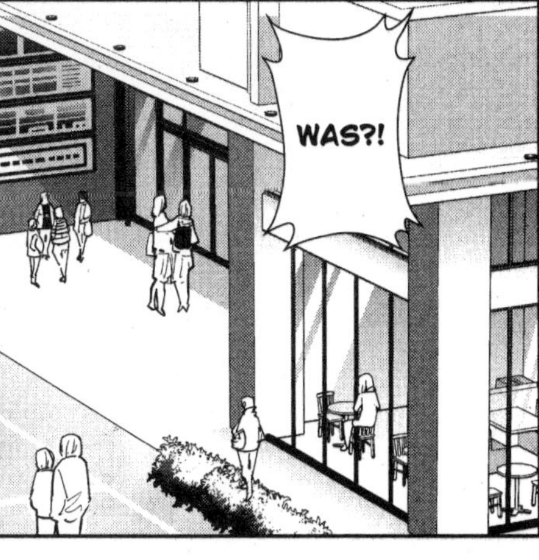
WAS?!

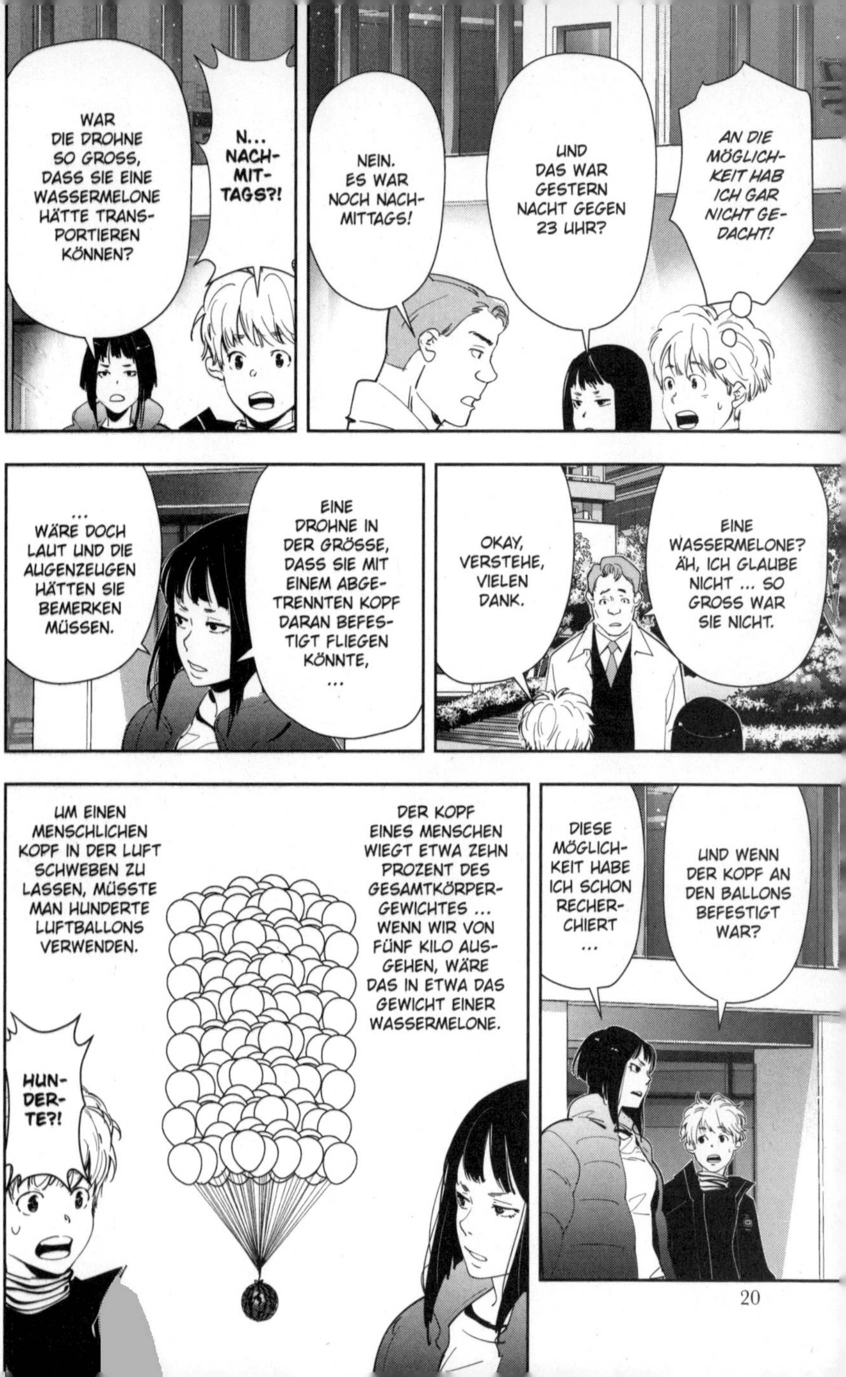

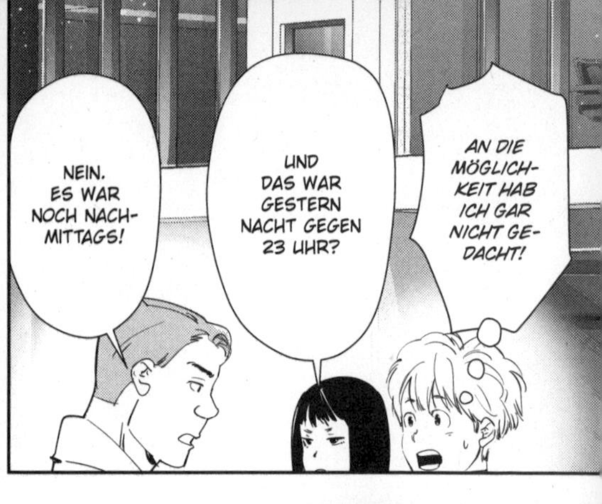

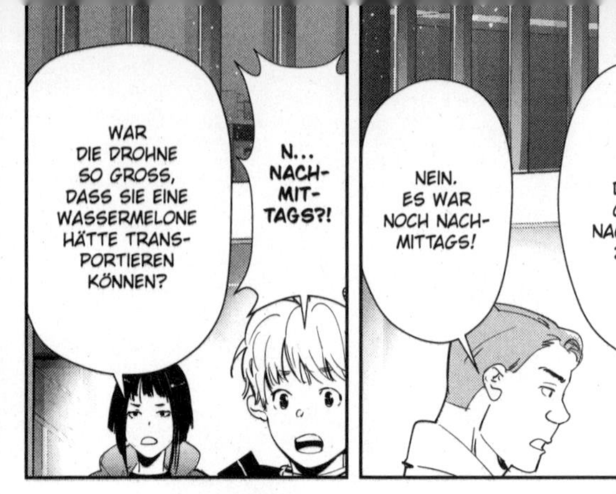

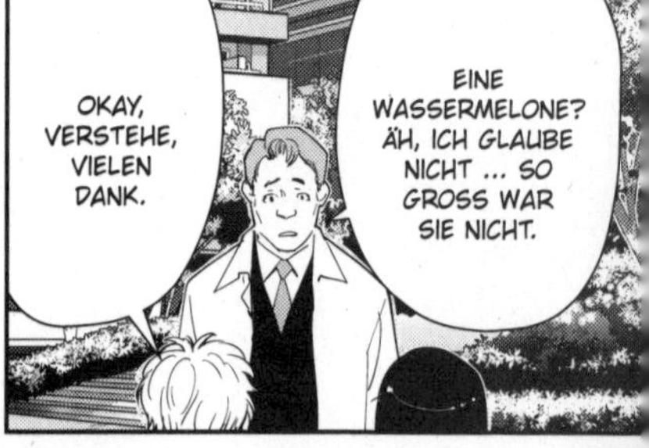

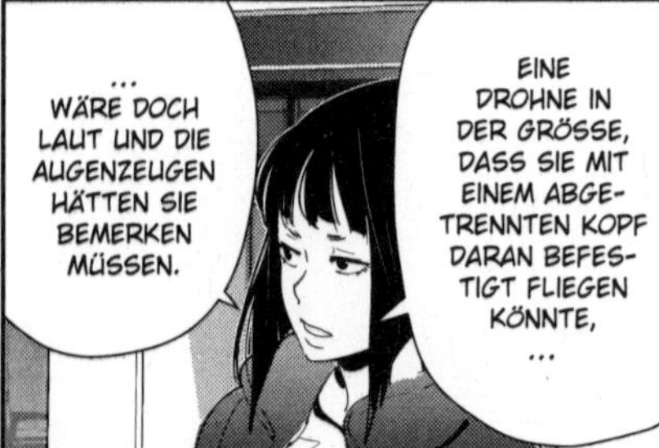

UND WENN DER KOPF AN DEN BALLONS BEFESTIGT WAR?

DIESE MÖGLICHKEIT HABE ICH SCHON RECHERCHIERT ...

DER KOPF EINES MENSCHEN WIEGT ETWA ZEHN PROZENT DES GESAMTKÖRPERGEWICHTES ... WENN WIR VON FÜNF KILO AUSGEHEN, WÄRE DAS IN ETWA DAS GEWICHT EINER WASSERMELONE.

UM EINEN MENSCHLICHEN KOPF IN DER LUFT SCHWEBEN ZU LASSEN, MÜSSTE MAN HUNDERTE LUFTBALLONS VERWENDEN.

HUNDERTE?!

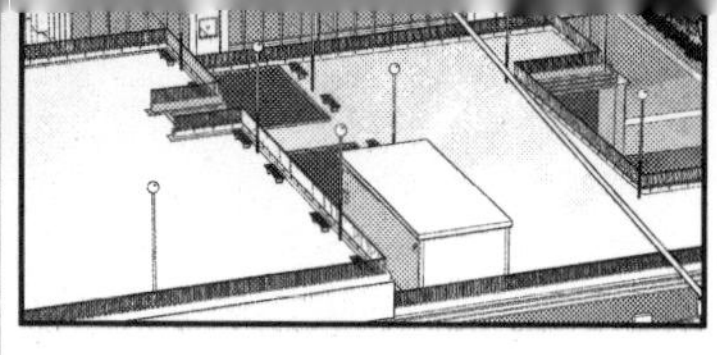

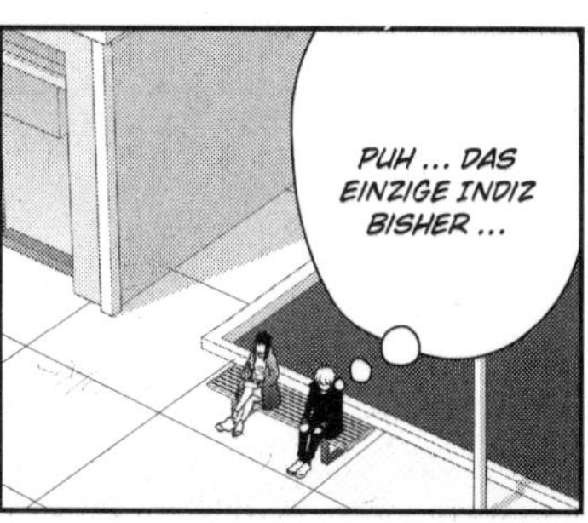
PUH ... DAS EINZIGE INDIZ BISHER ...

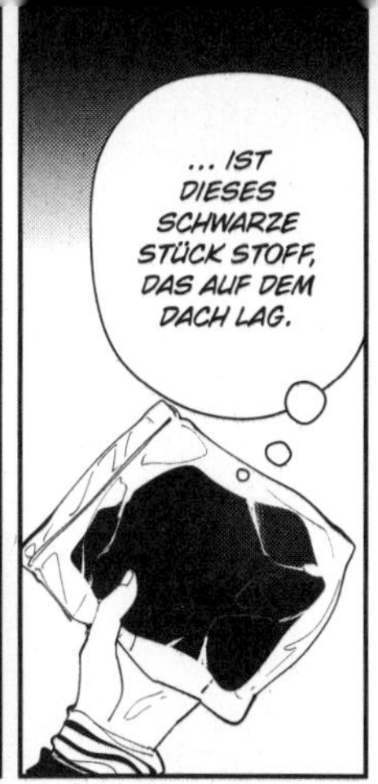
... IST DIESES SCHWARZE STÜCK STOFF, DAS AUF DEM DACH LAG.

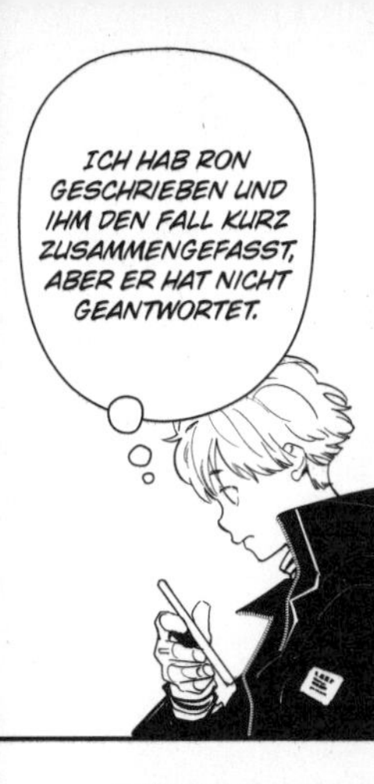
ICH HAB RON GESCHRIEBEN UND IHM DEN FALL KURZ ZUSAMMENGEFASST, ABER ER HAT NICHT GEANTWORTET.

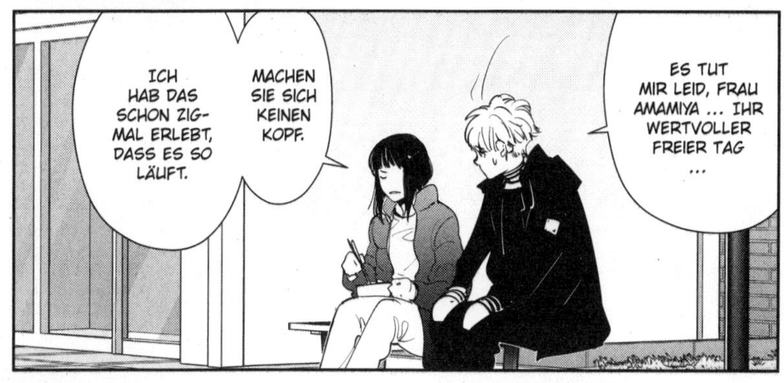
ES TUT MIR LEID, FRAU AMAMIYA ... IHR WERTVOLLER FREIER TAG ...
MACHEN SIE SICH KEINEN KOPF.
ICH HAB DAS SCHON ZIG-MAL ERLEBT, DASS ES SO LÄUFT.

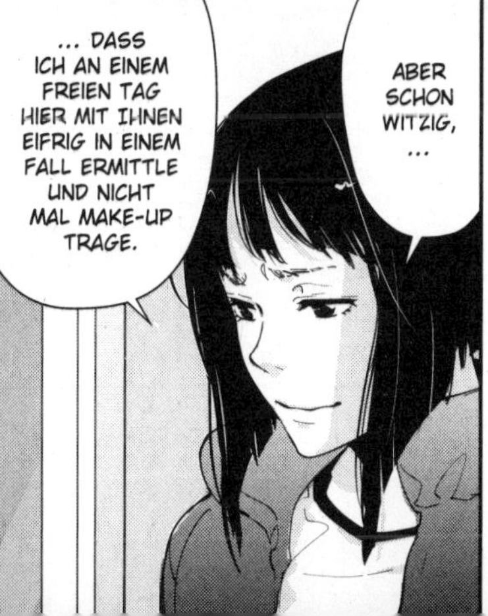
ABER SCHON WITZIG, ...
... DASS ICH AN EINEM FREIEN TAG HIER MIT IHNEN EIFRIG IN EINEM FALL ERMITTLE UND NICHT MAL MAKE-UP TRAGE.

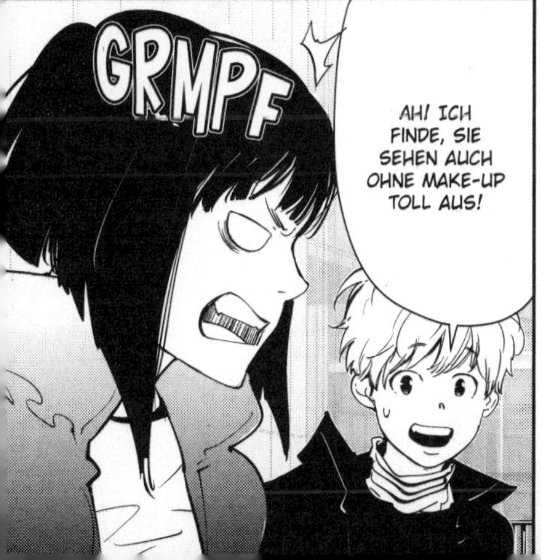
AH! ICH FINDE, SIE SEHEN AUCH OHNE MAKE-UP TOLL AUS!
GRMPF

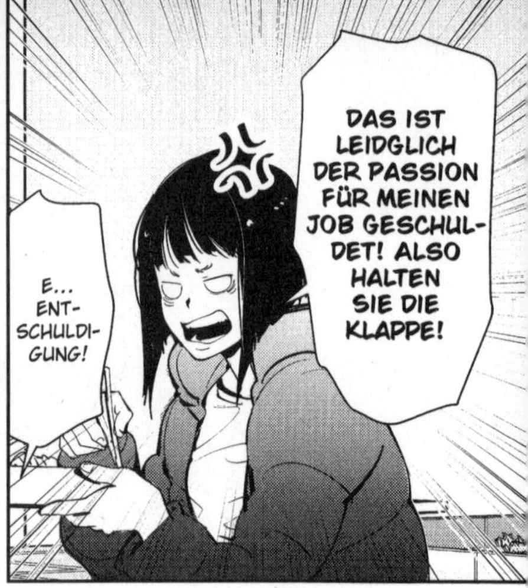
DAS IST LEIDGLICH DER PASSION FÜR MEINEN JOB GESCHULDET! ALSO HALTEN SIE DIE KLAPPE!
E... ENT-SCHULDI-GUNG!

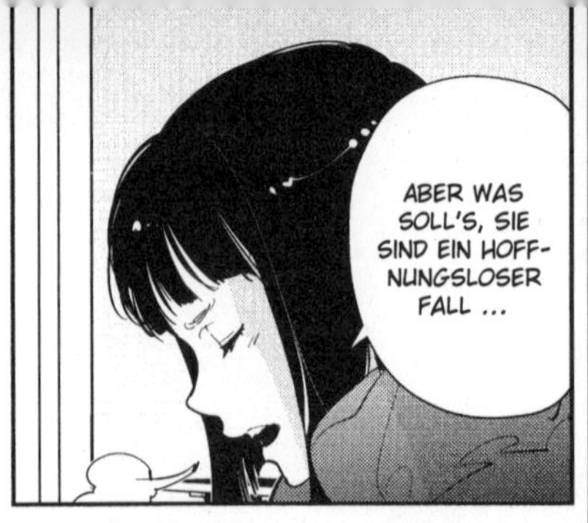
ABER WAS SOLL'S, SIE SIND EIN HOFF-NUNGSLOSER FALL ...

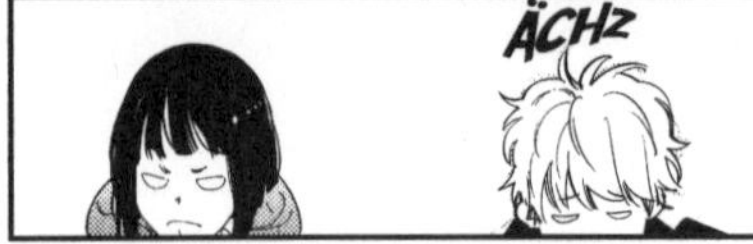
ÄCHZ

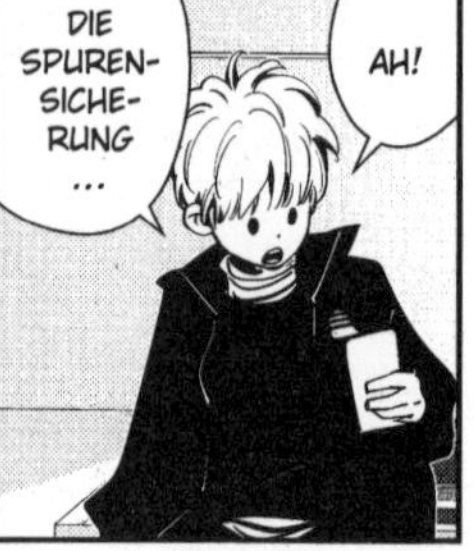
AH!
DIE SPUREN-SICHE-RUNG ...

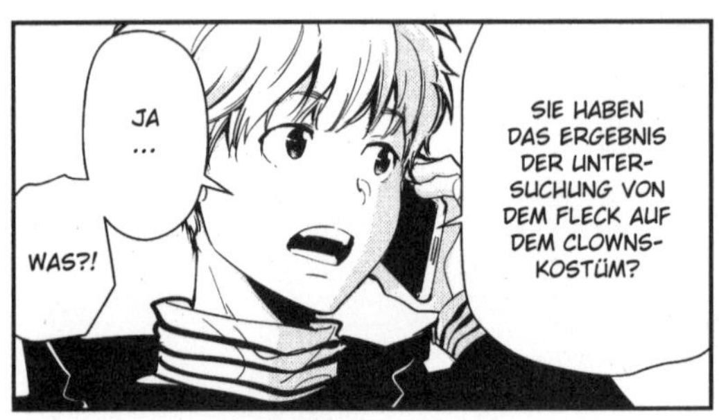
SIE HABEN DAS ERGEBNIS DER UNTER-SUCHUNG VON DEM FLECK AUF DEM CLOWNS-KOSTÜM?
JA ...
WAS?!

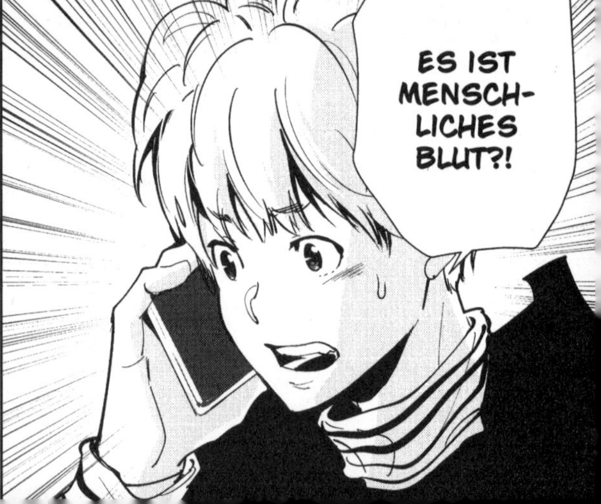
ES IST MENSCH-LICHES BLUT?!

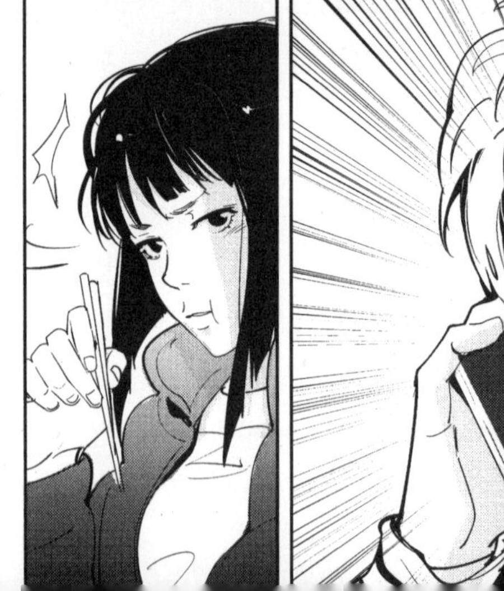

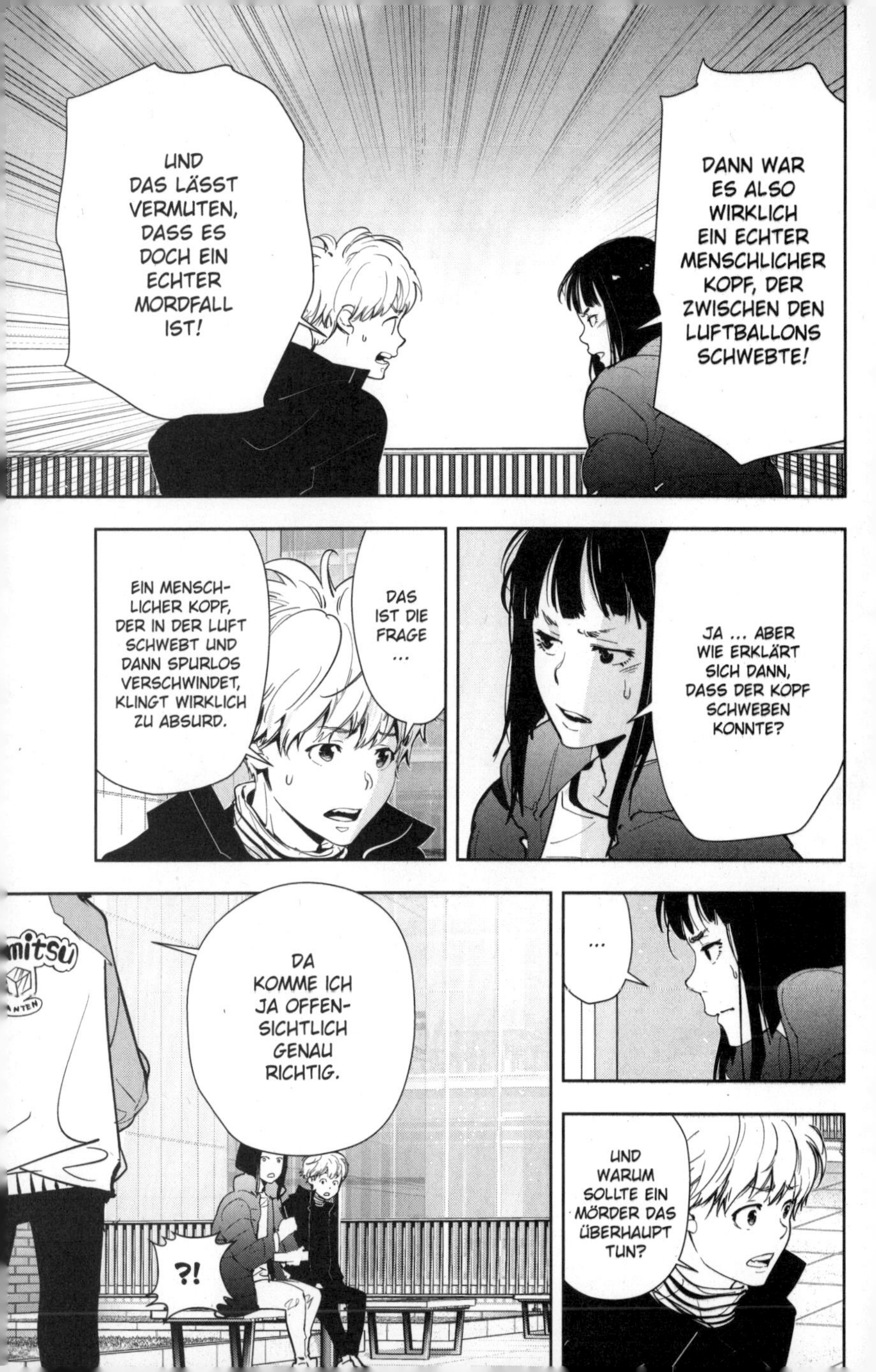

DANN WAR ES ALSO WIRKLICH EIN ECHTER MENSCHLICHER KOPF, DER ZWISCHEN DEN LUFTBALLONS SCHWEBTE!

UND DAS LÄSST VERMUTEN, DASS ES DOCH EIN ECHTER MORDFALL IST!

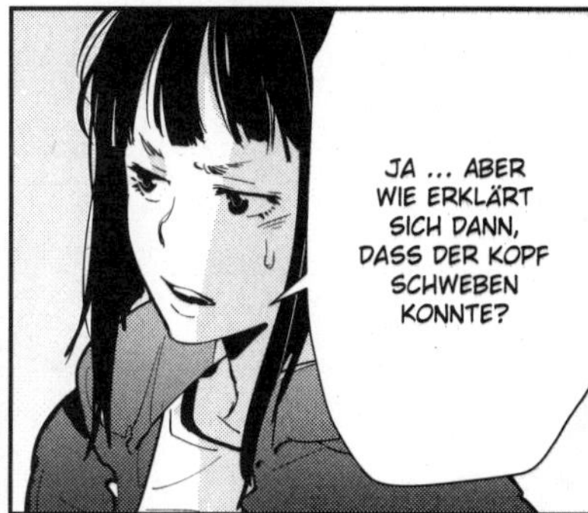

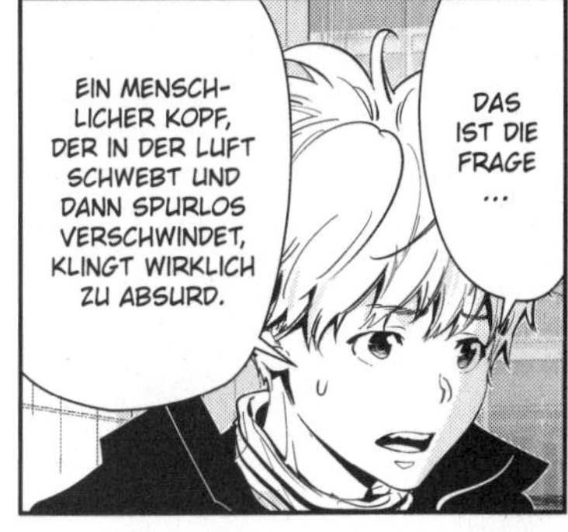

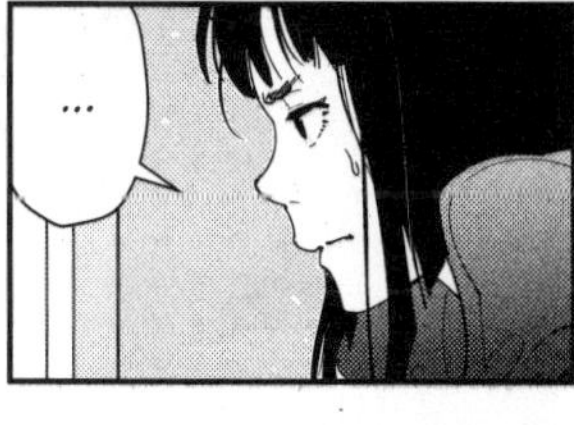

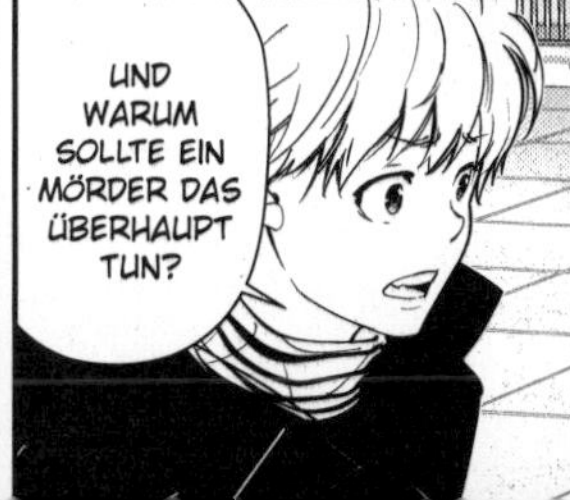

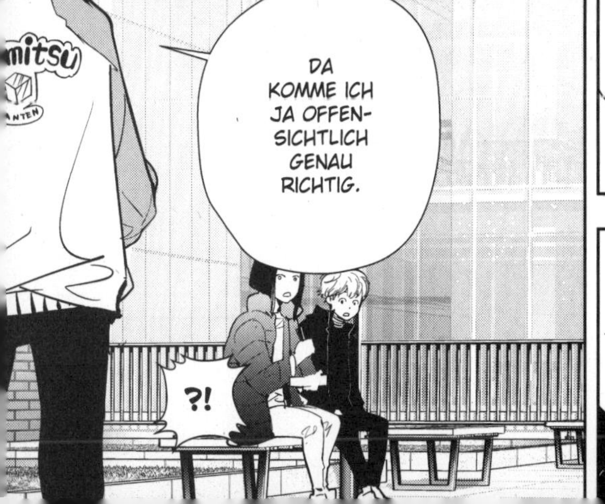

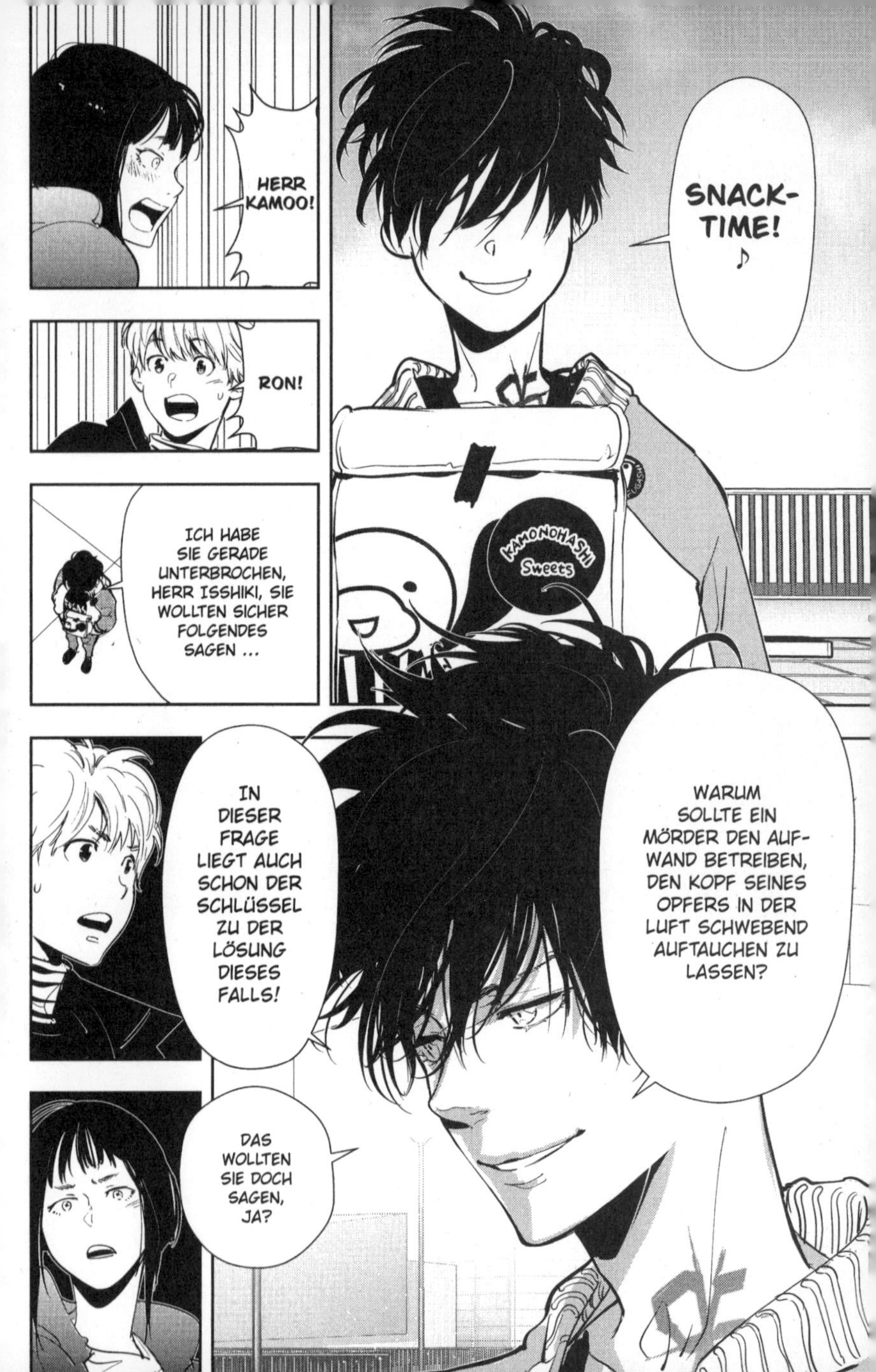
SNACK-TIME! ♪
KAMONOHASHI Sweets
HERR KAMOO!
RON!
ICH HABE SIE GERADE UNTERBROCHEN, HERR ISSHIKI, SIE WOLLTEN SICHER FOLGENDES SAGEN …
WARUM SOLLTE EIN MÖRDER DEN AUF-WAND BETREIBEN, DEN KOPF SEINES OPFERS IN DER LUFT SCHWEBEND AUFTAUCHEN ZU LASSEN?
IN DIESER FRAGE LIEGT AUCH SCHON DER SCHLÜSSEL ZU DER LÖSUNG DIESES FALLS!
DAS WOLLTEN SIE DOCH SAGEN, JA?

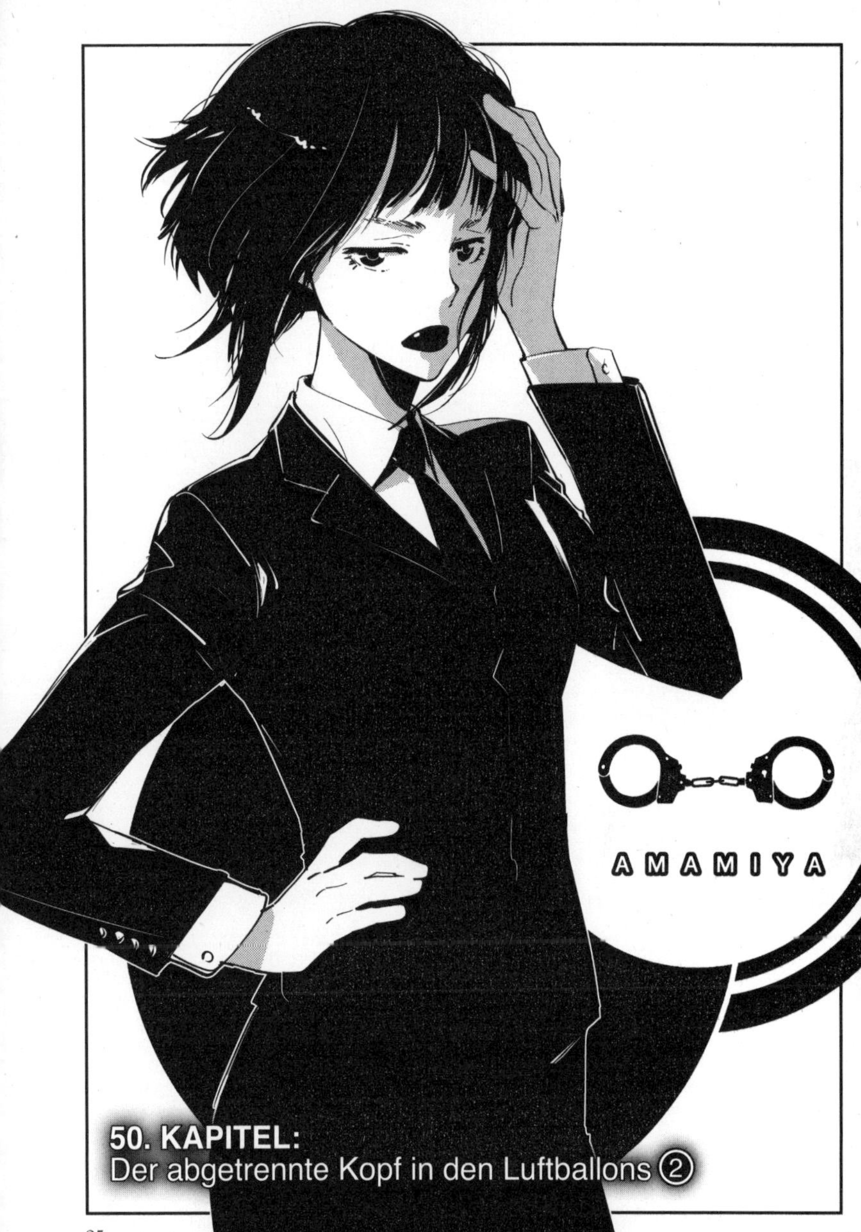

50. KAPITEL:
Der abgetrennte Kopf in den Luftballons ②

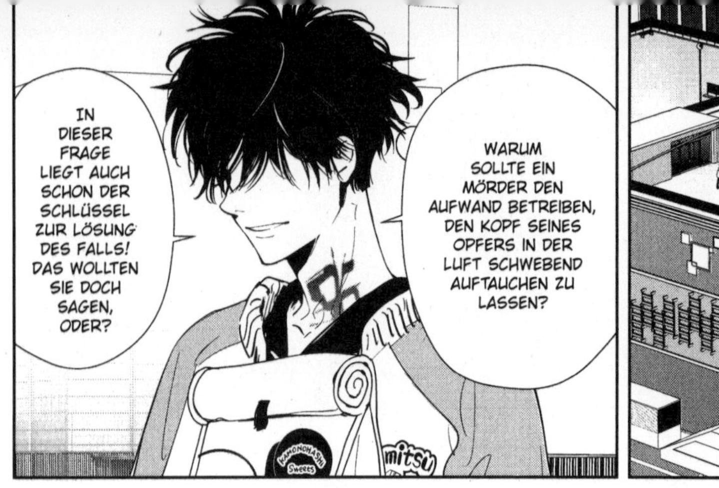
WARUM SOLLTE EIN MÖRDER DEN AUFWAND BETREIBEN, DEN KOPF SEINES OPFERS IN DER LUFT SCHWEBEND AUFTAUCHEN ZU LASSEN?
IN DIESER FRAGE LIEGT AUCH SCHON DER SCHLÜSSEL ZUR LÖSUNG DES FALLS! DAS WOLLTEN SIE DOCH SAGEN, ODER?
KAMONOHASHI Sweets
mitsu

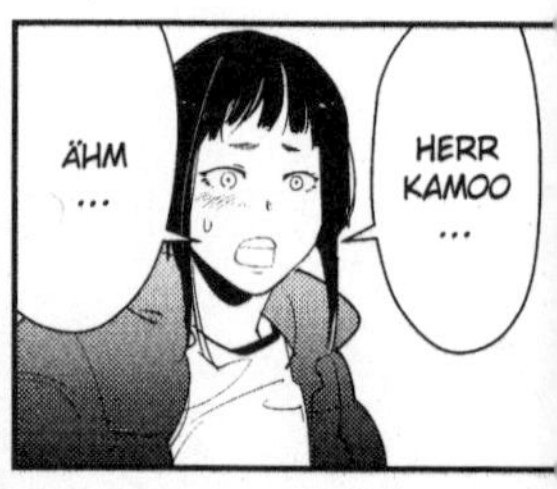
HERR KAMOO ...
ÄHM ...

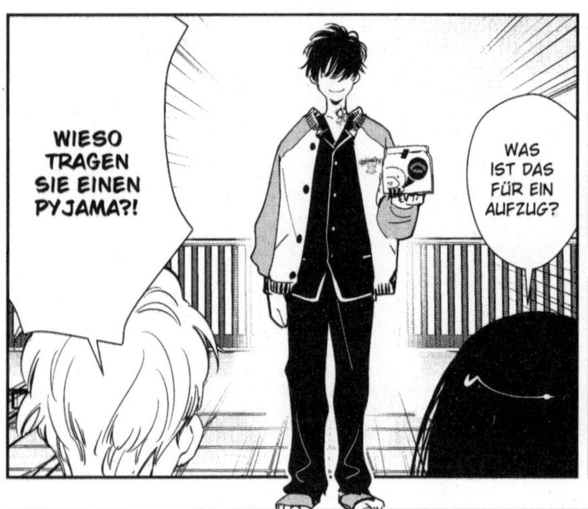
WAS IST DAS FÜR EIN AUFZUG?

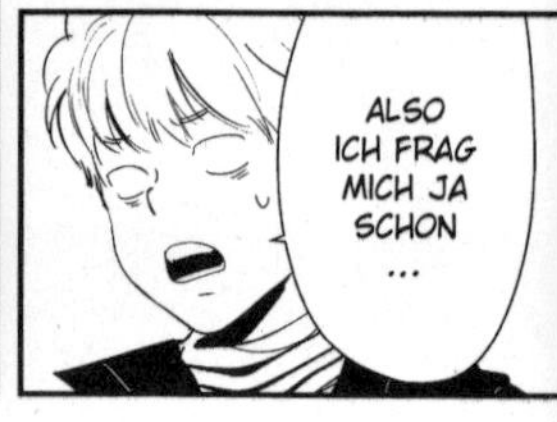
ALSO ICH FRAG MICH JA SCHON ...

WIESO TRAGEN SIE EINEN PYJAMA?!

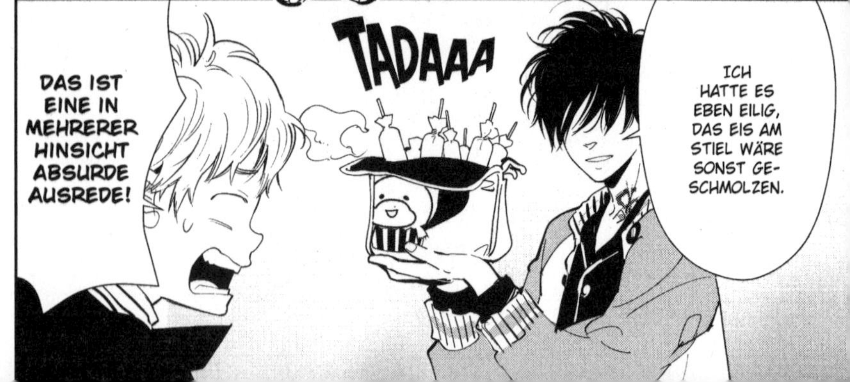
ICH HATTE ES EBEN EILIG, DAS EIS AM STIEL WÄRE SONST GE-SCHMOLZEN.
TADAAA
DAS IST EINE IN MEHRERER HINSICHT ABSURDE AUSREDE!

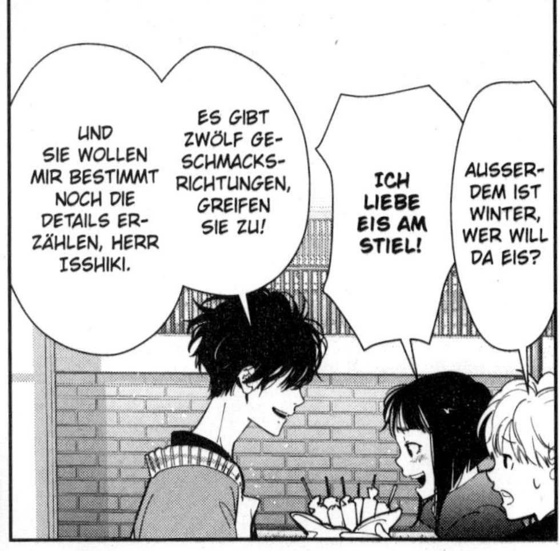

AUSSERDEM IST WINTER, WER WILL DA EIS?
ICH LIEBE EIS AM STIEL!
ES GIBT ZWÖLF GESCHMACKSRICHTUNGEN, GREIFEN SIE ZU!
UND SIE WOLLEN MIR BESTIMMT NOCH DIE DETAILS ERZÄHLEN, HERR ISSHIKI.

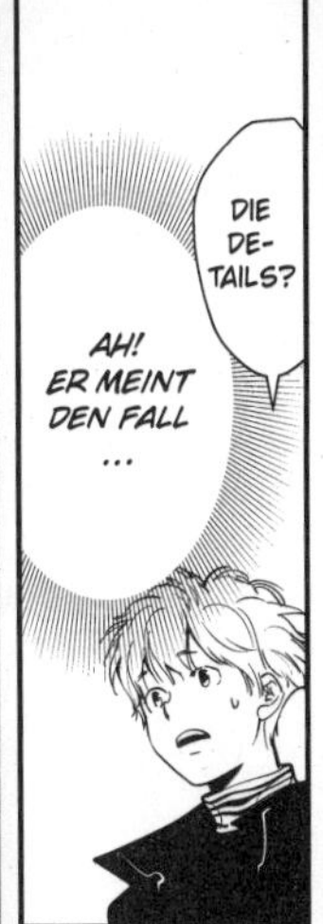

DIE DETAILS?
AH! ER MEINT DEN FALL …

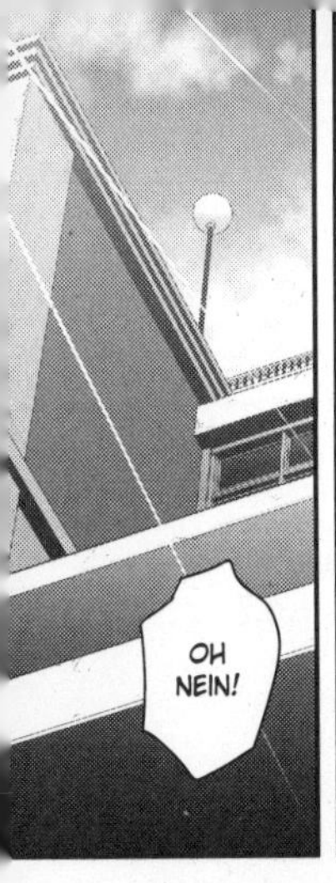

OH NEIN!

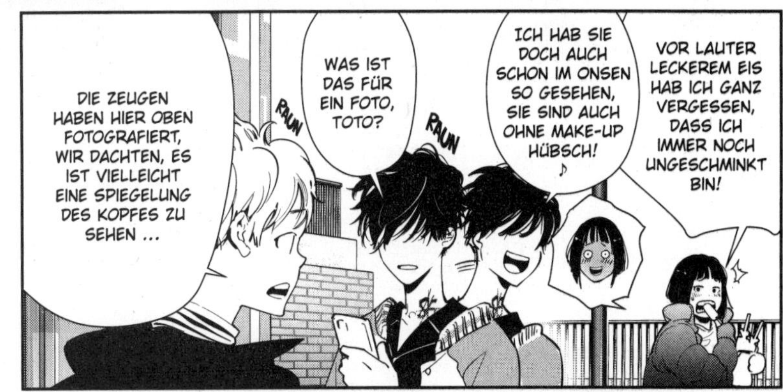

VOR LAUTER LECKEREM EIS HAB ICH GANZ VERGESSEN, DASS ICH IMMER NOCH UNGESCHMINKT BIN!
ICH HAB SIE DOCH AUCH SCHON IM ONSEN SO GESEHEN, SIE SIND AUCH OHNE MAKE-UP HÜBSCH! ♪
RAUN
RAUN
WAS IST DAS FÜR EIN FOTO, TOTO?
DIE ZEUGEN HABEN HIER OBEN FOTOGRAFIERT, WIR DACHTEN, ES IST VIELLEICHT EINE SPIEGELUNG DES KOPFES ZU SEHEN …

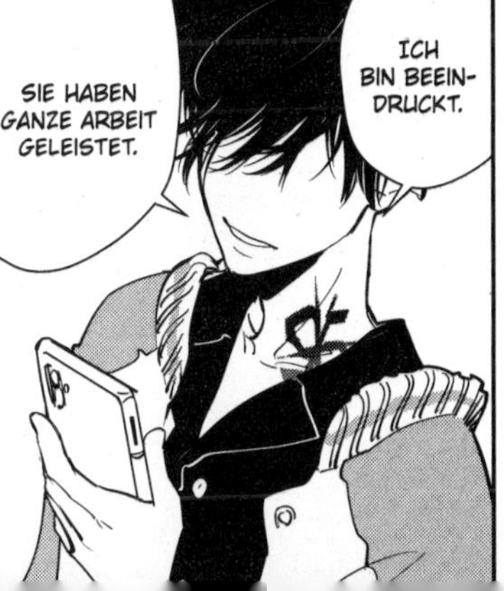

ICH BIN BEEINDRUCKT.
SIE HABEN GANZE ARBEIT GELEISTET.

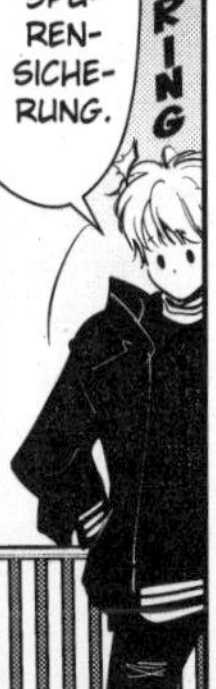

RRRRING
DIE SPURENSICHERUNG.

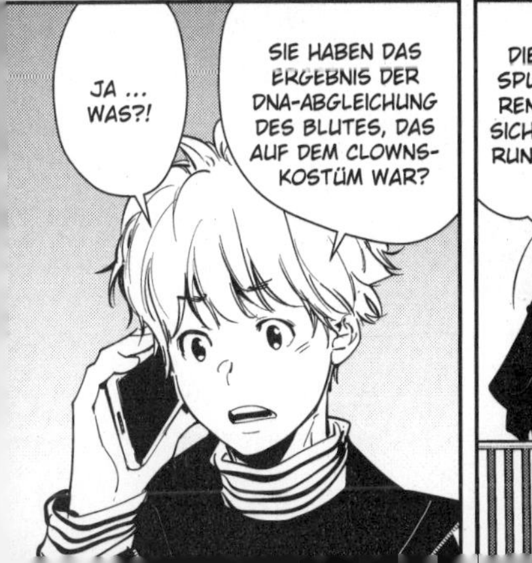

SIE HABEN DAS ERGEBNIS DER DNA-ABGLEICHUNG DES BLUTES, DAS AUF DEM CLOWNSKOSTÜM WAR?
JA … WAS?!

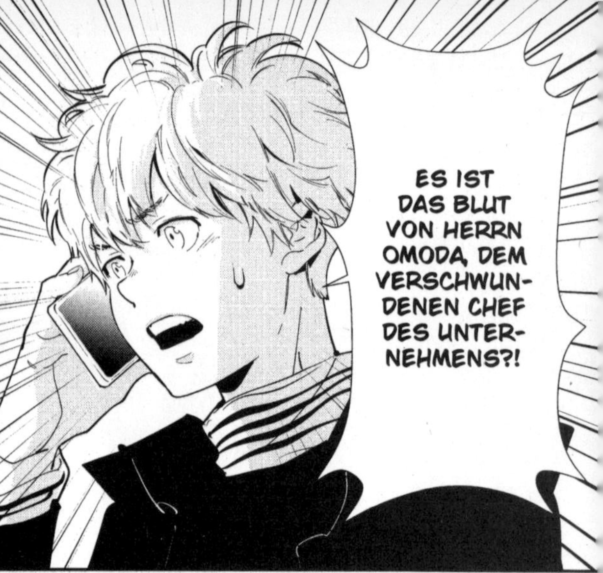
ES IST DAS BLUT VON HERRN OMODA, DEM VERSCHWUNDENEN CHEF DES UNTERNEHMENS?!

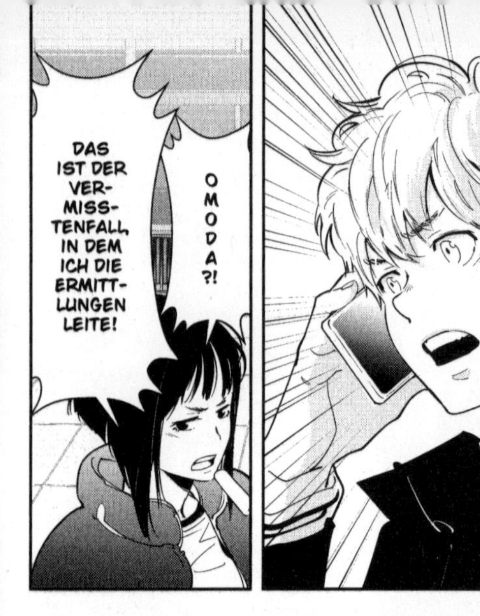
OMODA?!
DAS IST DER VERMISSTENFALL, IN DEM ICH DIE ERMITTLUNGEN LEITE!

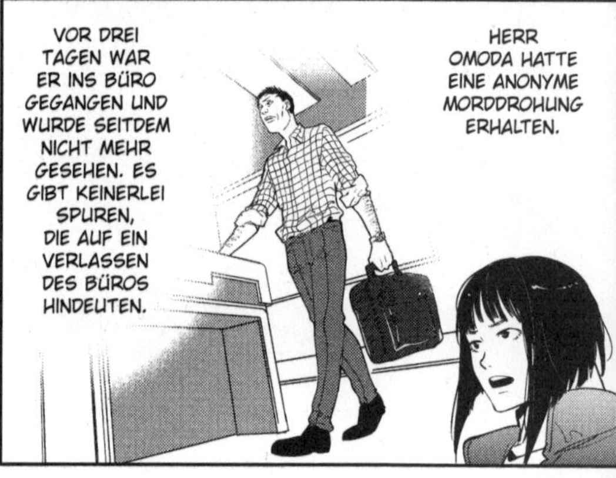
HERR OMODA HATTE EINE ANONYME MORDDROHUNG ERHALTEN.
VOR DREI TAGEN WAR ER INS BÜRO GEGANGEN UND WURDE SEITDEM NICHT MEHR GESEHEN. ES GIBT KEINERLEI SPUREN, DIE AUF EIN VERLASSEN DES BÜROS HINDEUTEN.

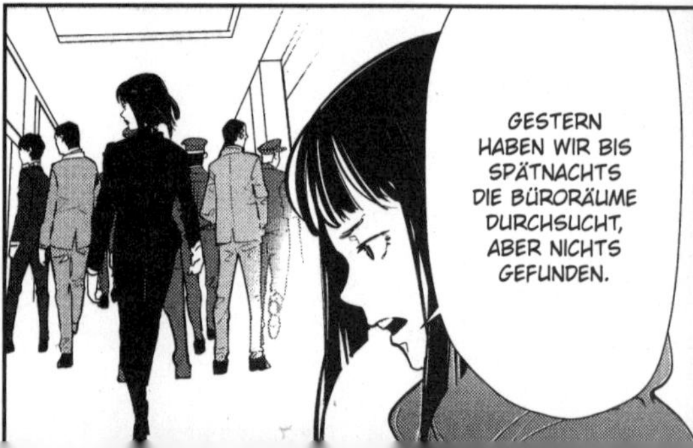
GESTERN HABEN WIR BIS SPÄTNACHTS DIE BÜRORÄUME DURCHSUCHT, ABER NICHTS GEFUNDEN.

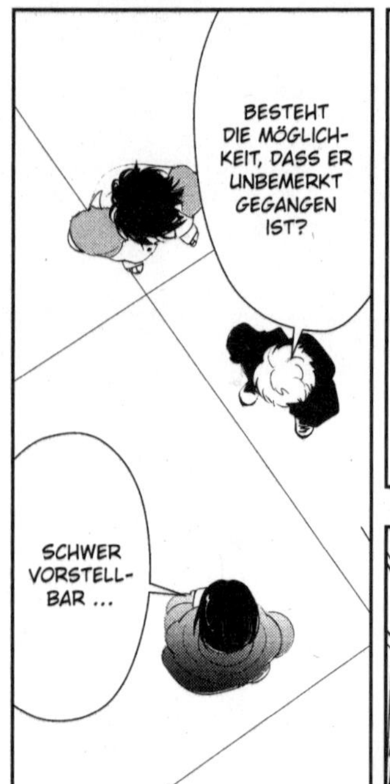
BESTEHT DIE MÖGLICHKEIT, DASS ER UNBEMERKT GEGANGEN IST?
SCHWER VORSTELLBAR ...

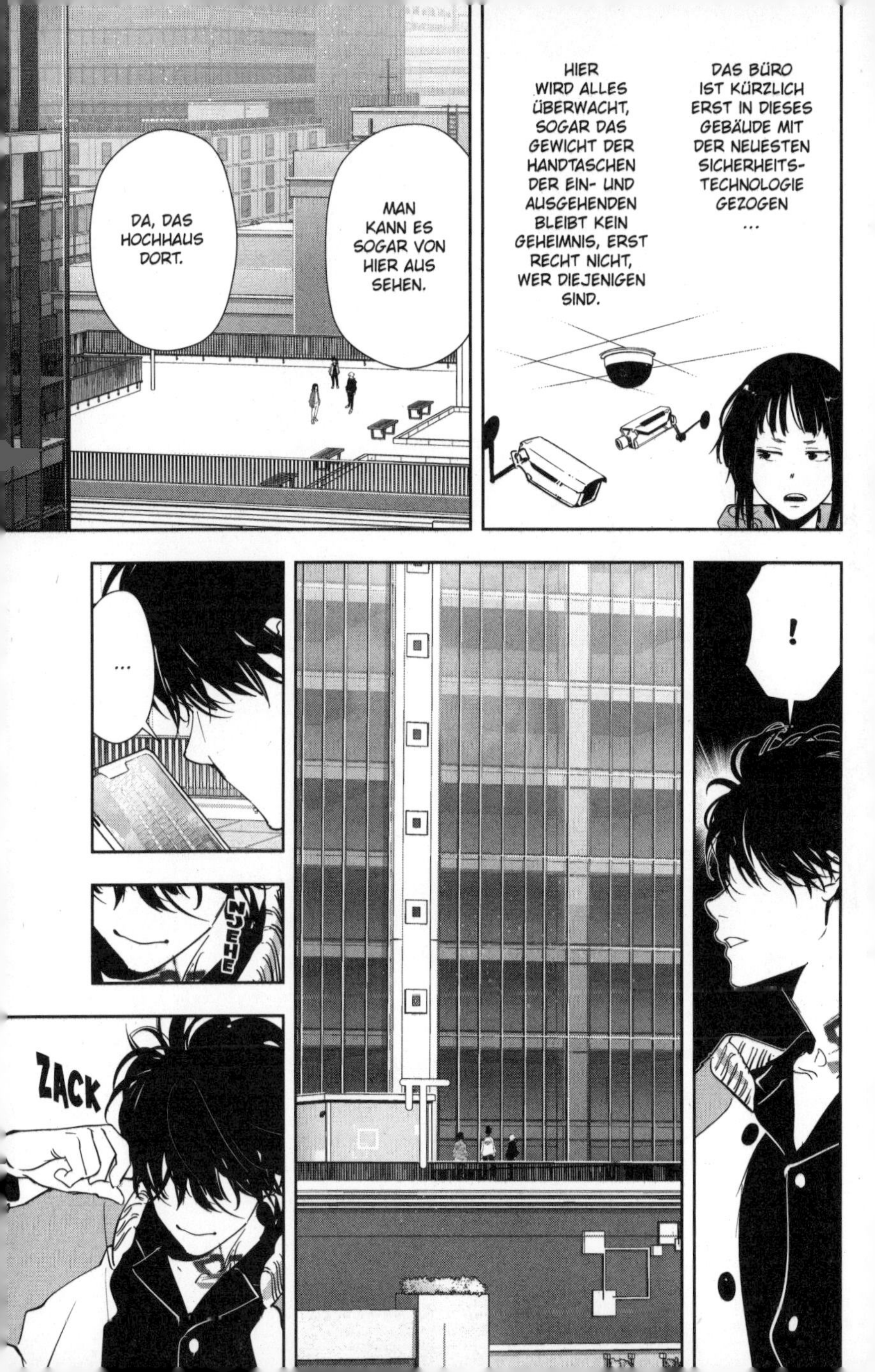

DAS BÜRO IST KÜRZLICH ERST IN DIESES GEBÄUDE MIT DER NEUESTEN SICHERHEITS-TECHNOLOGIE GEZOGEN ...

HIER WIRD ALLES ÜBERWACHT, SOGAR DAS GEWICHT DER HANDTASCHEN DER EIN- UND AUSGEHENDEN BLEIBT KEIN GEHEIMNIS, ERST RECHT NICHT, WER DIEJENIGEN SIND.

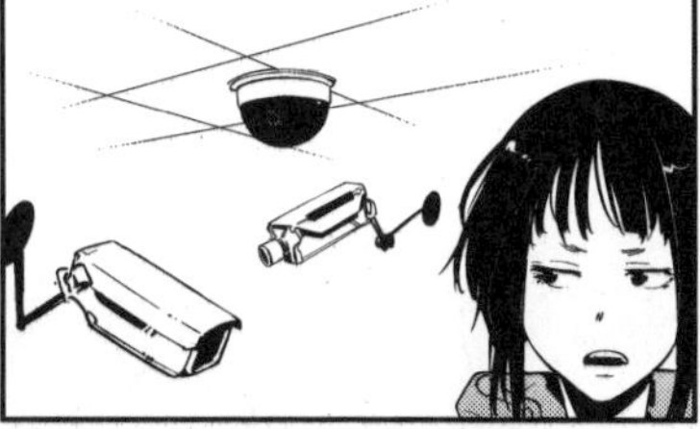

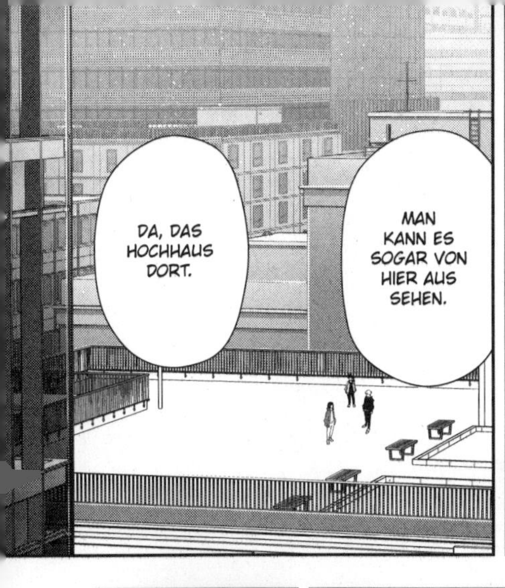

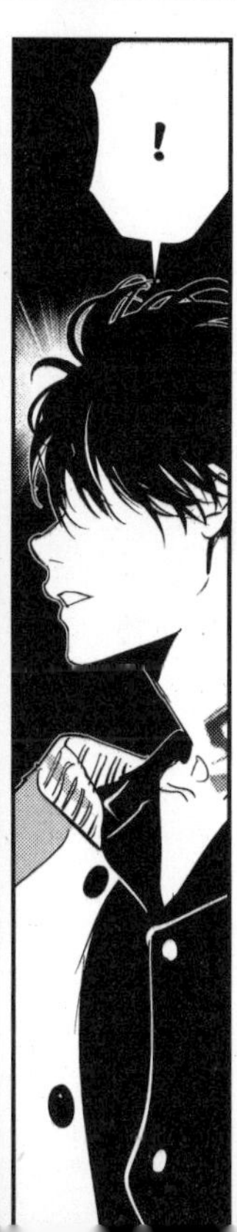

...

NJEHE

ZACK

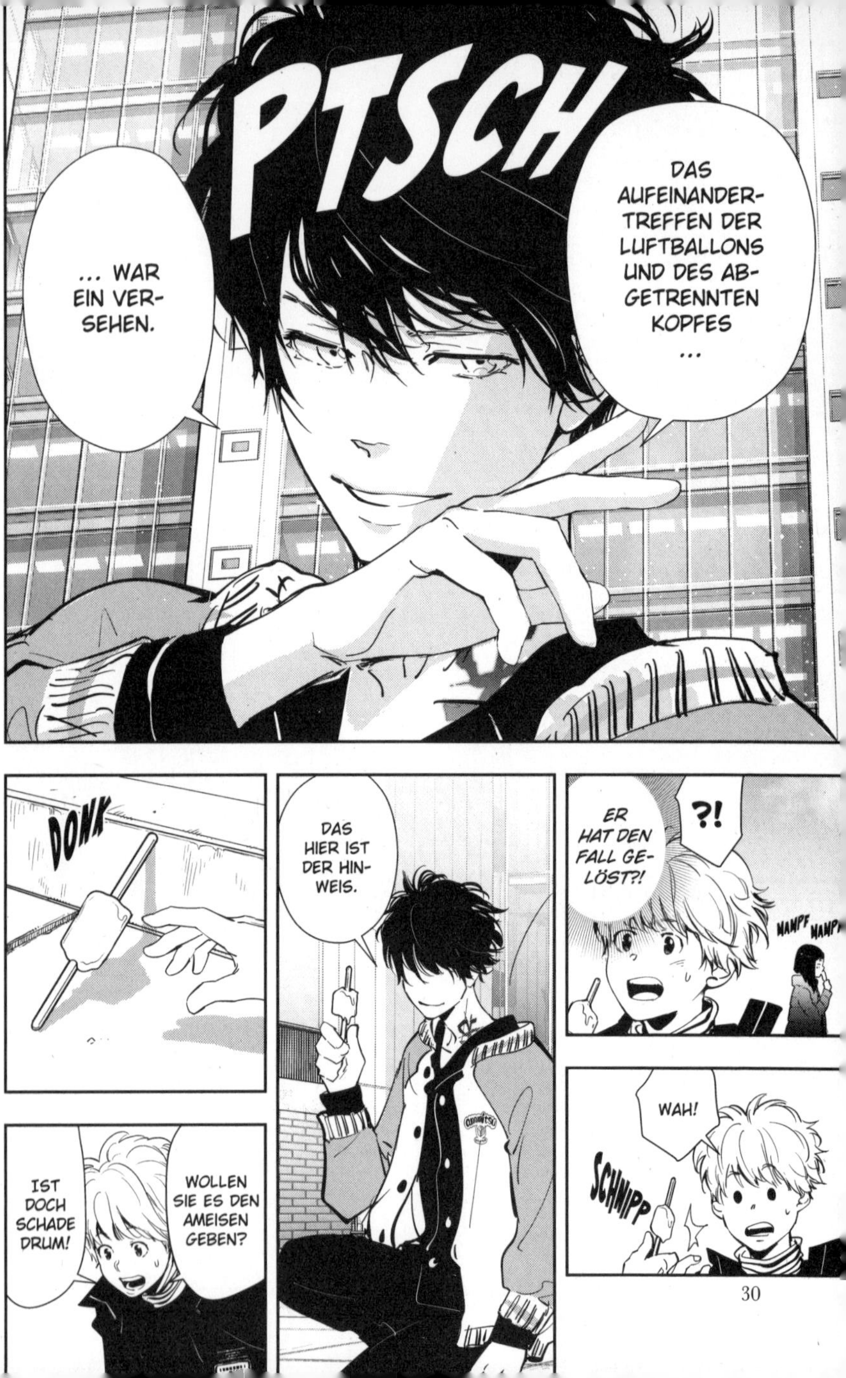

PTSCH

DAS AUFEINANDER-TREFFEN DER LUFTBALLONS UND DES AB-GETRENNTEN KOPFES ...

... WAR EIN VER-SEHEN.

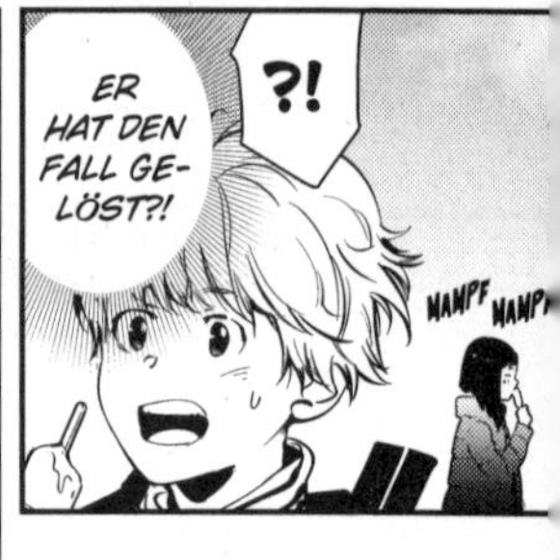

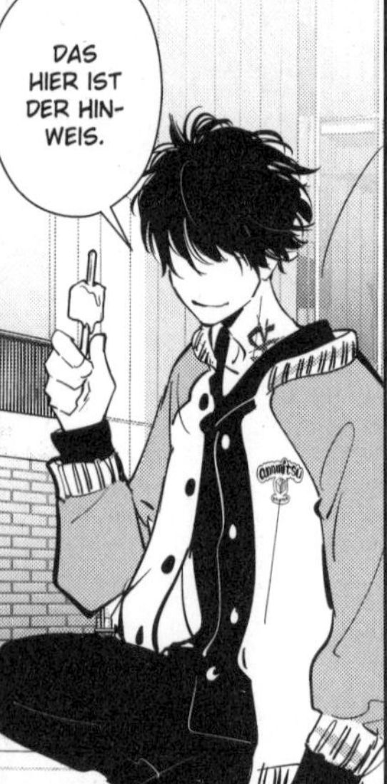

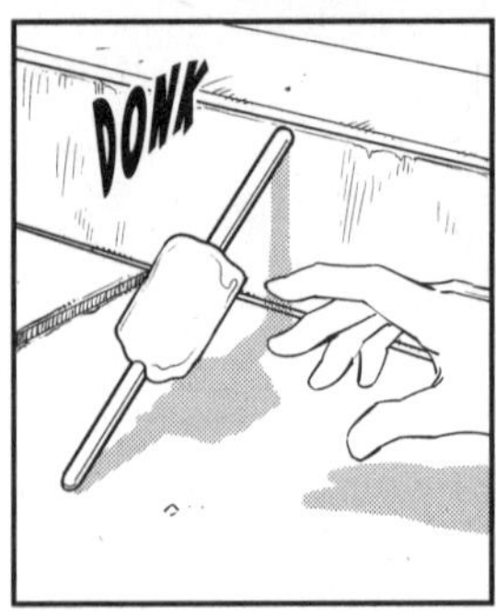

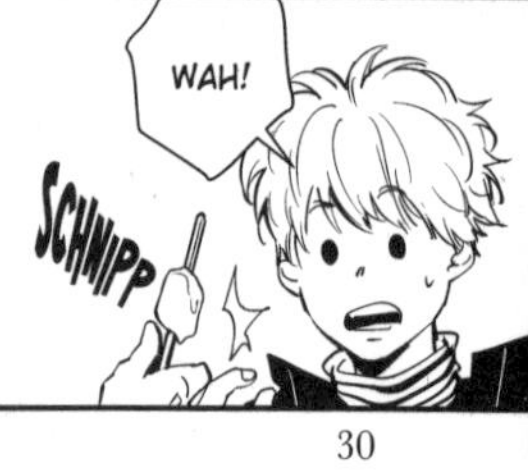

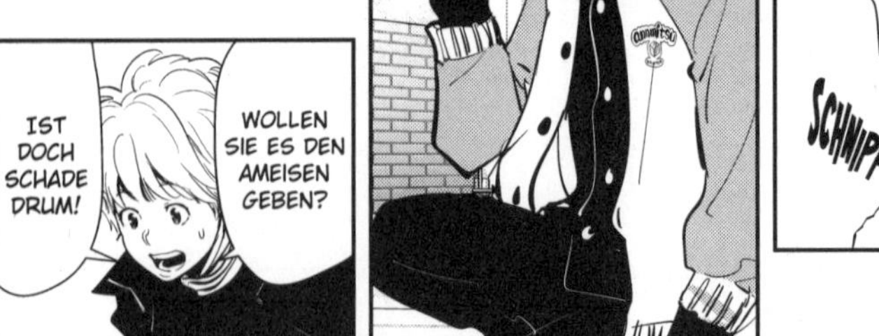

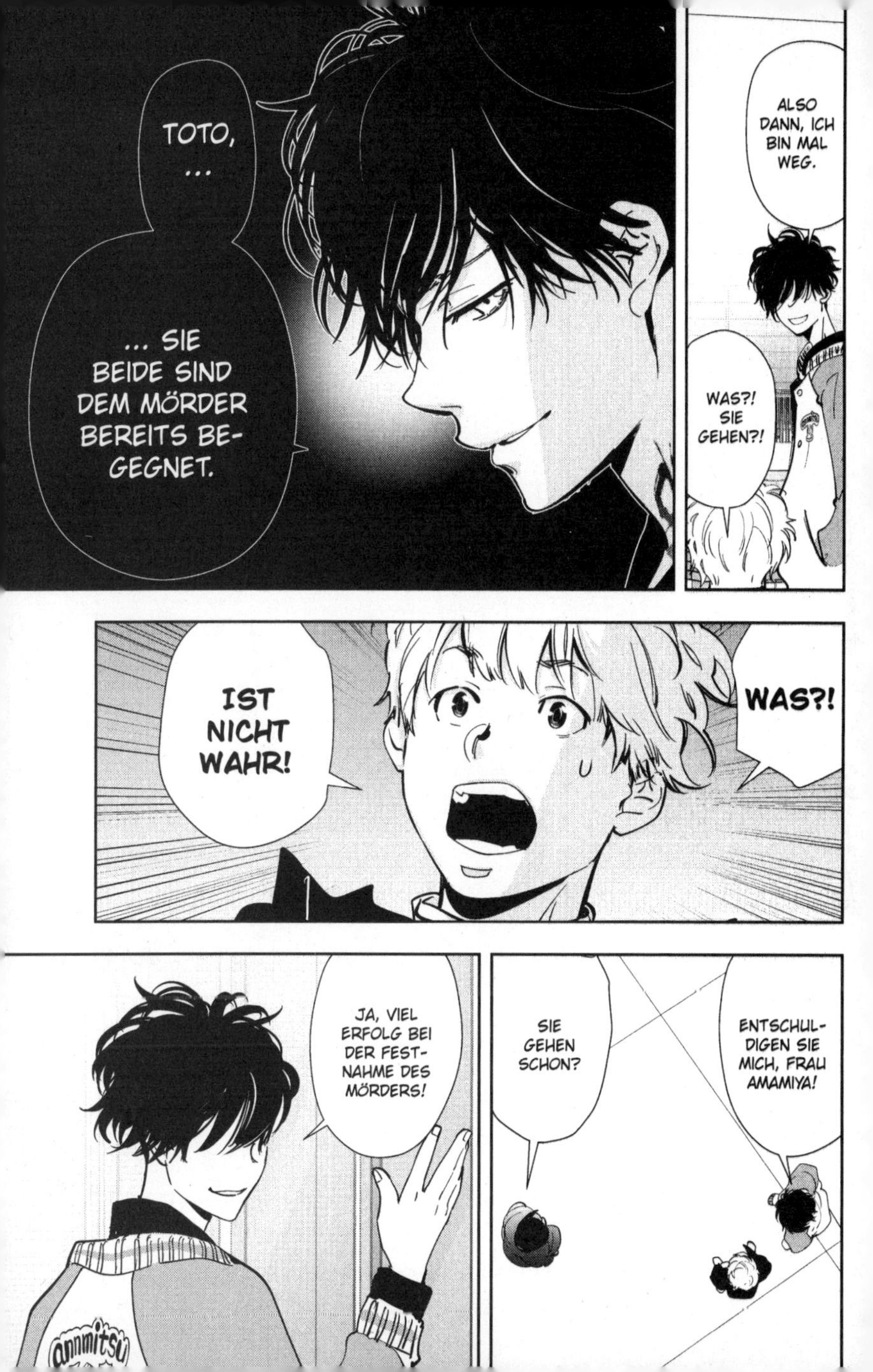

ALSO DANN, ICH BIN MAL WEG.

WAS?! SIE GEHEN?!

TOTO, ...

... SIE BEIDE SIND DEM MÖRDER BEREITS BE-GEGNET.

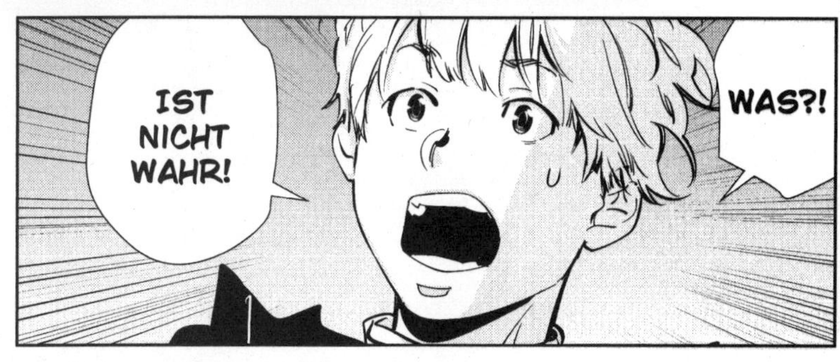

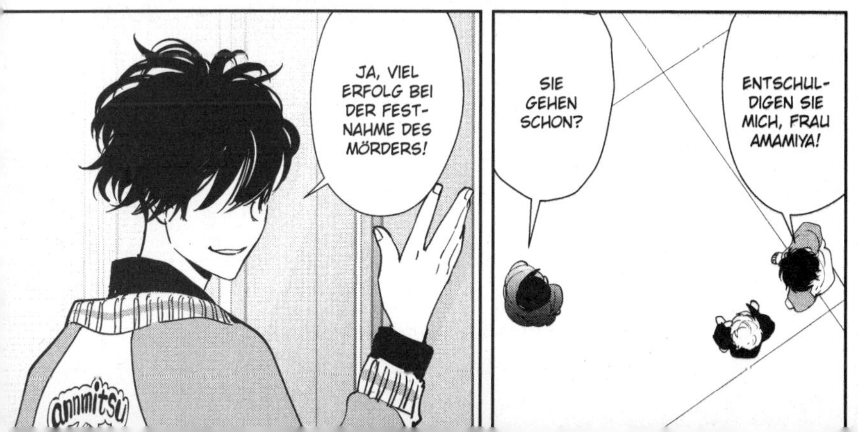

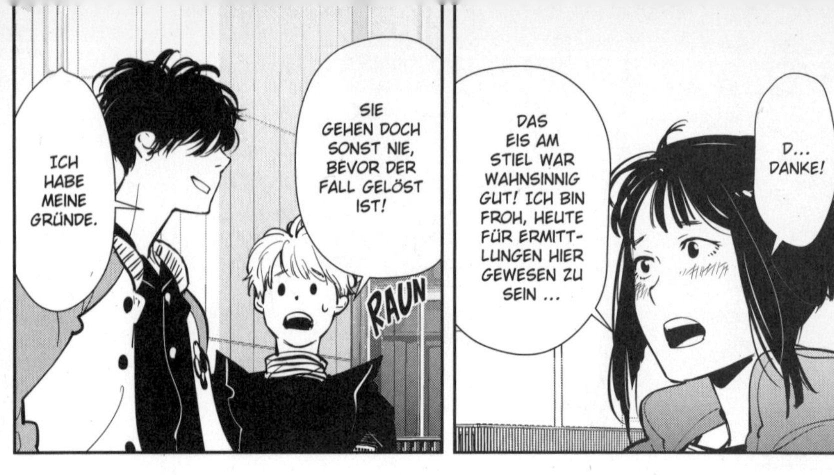
D... DANKE!
DAS EIS AM STIEL WAR WAHNSINNIG GUT! ICH BIN FROH, HEUTE FÜR ERMITT-LUNGEN HIER GEWESEN ZU SEIN ...
SIE GEHEN DOCH SONST NIE, BEVOR DER FALL GELÖST IST!
RAUN
ICH HABE MEINE GRÜNDE.

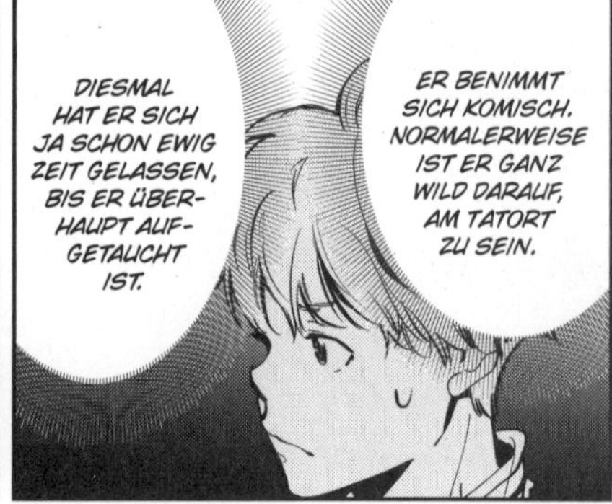
ER BENIMMT SICH KOMISCH. NORMALERWEISE IST ER GANZ WILD DARAUF, AM TATORT ZU SEIN.
DIESMAL HAT ER SICH JA SCHON EWIG ZEIT GELASSEN, BIS ER ÜBER-HAUPT AUF-GETAUCHT IST.

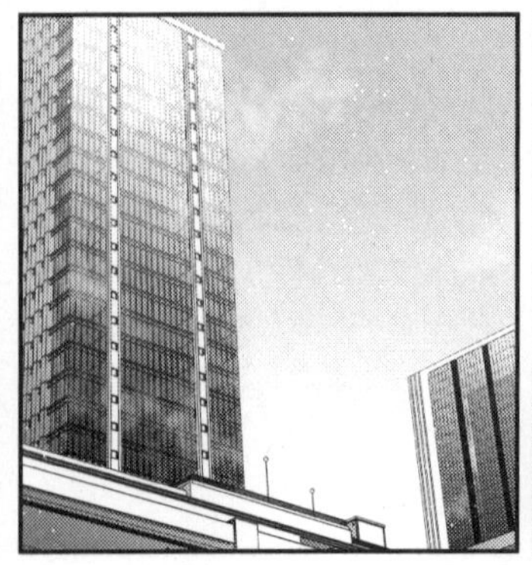

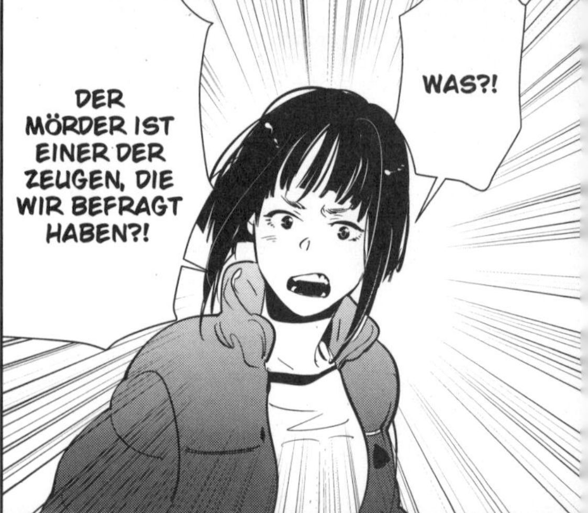
WAS?!
DER MÖRDER IST EINER DER ZEUGEN, DIE WIR BEFRAGT HABEN?!

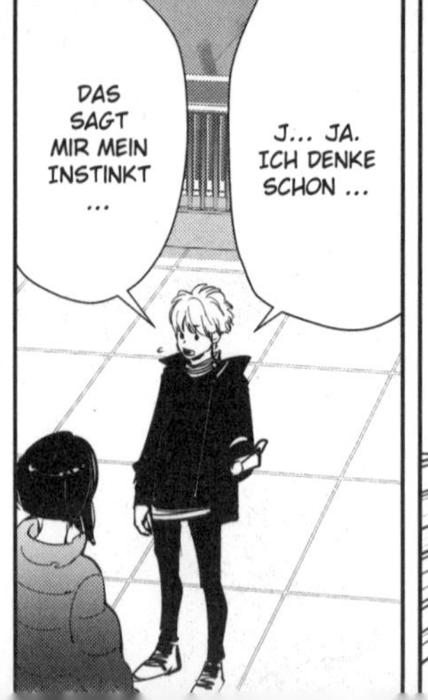
J... JA. ICH DENKE SCHON ...
DAS SAGT MIR MEIN INSTINKT ...

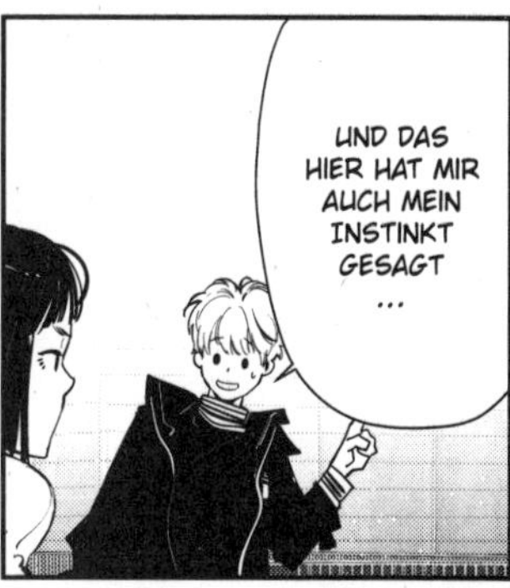
UND DAS HIER HAT MIR AUCH MEIN INSTINKT GESAGT …

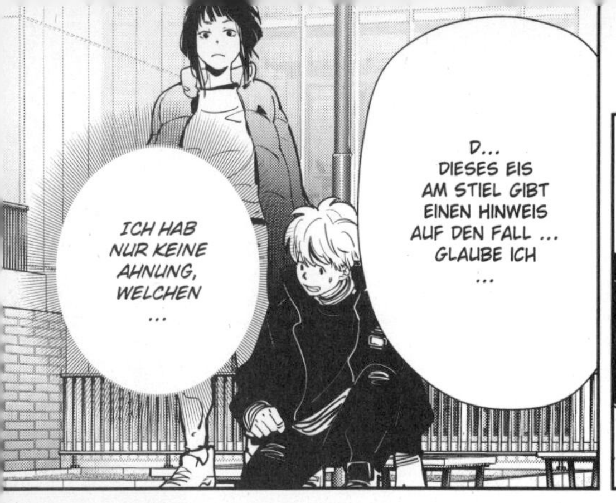
D… DIESES EIS AM STIEL GIBT EINEN HINWEIS AUF DEN FALL … GLAUBE ICH …
ICH HAB NUR KEINE AHNUNG, WELCHEN …

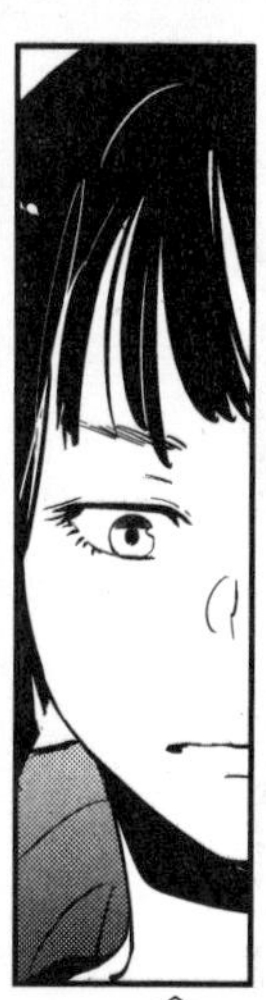

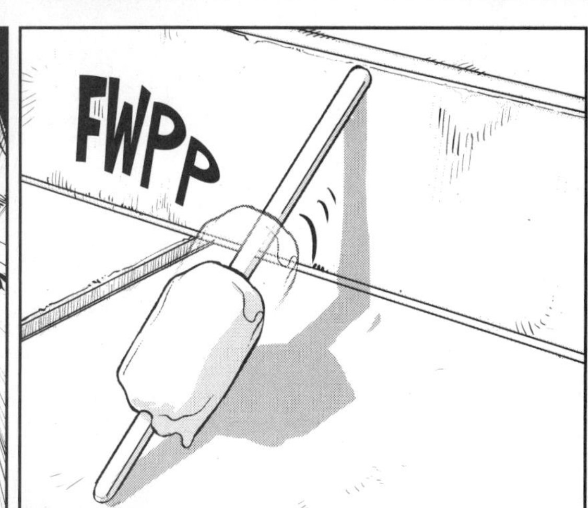
FWPP

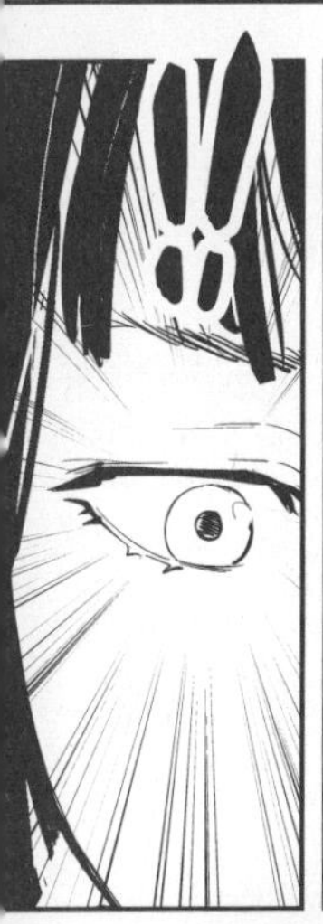

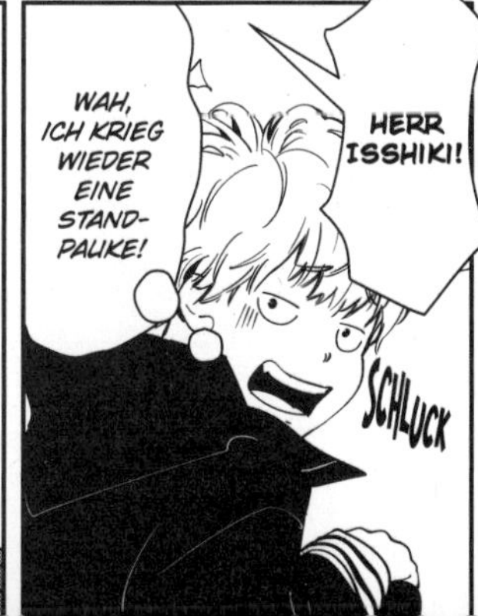
HERR ISSHIKI!
WAH, ICH KRIEG WIEDER EINE STAND-PAUKE!
SCHLUCK

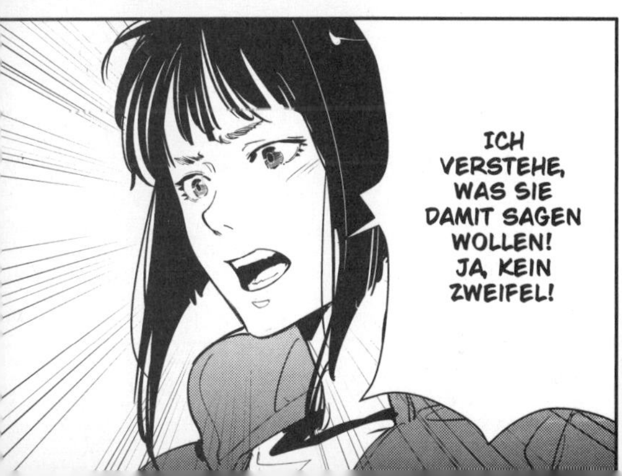
ICH VERSTEHE, WAS SIE DAMIT SAGEN WOLLEN! JA, KEIN ZWEIFEL!

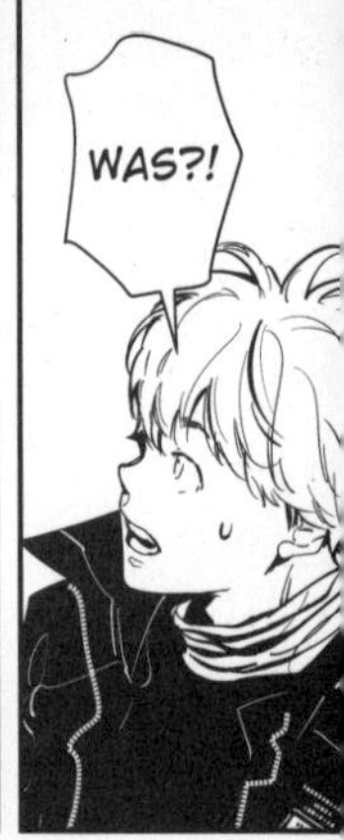
WAS?!

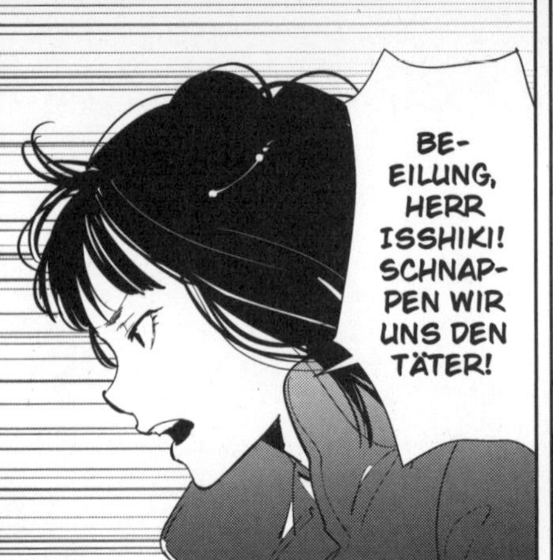
BE-
EILUNG,
HERR
ISSHIKI!
SCHNAP-
PEN WIR
UNS DEN
TÄTER!

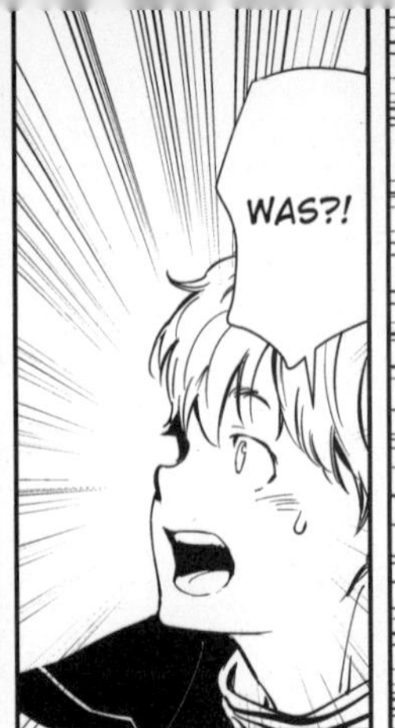
WAS?!

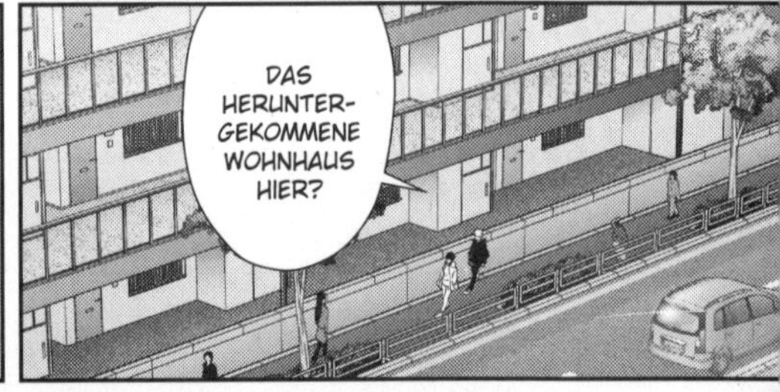
DAS
HERUNTER-
GEKOMMENE
WOHNHAUS
HIER?

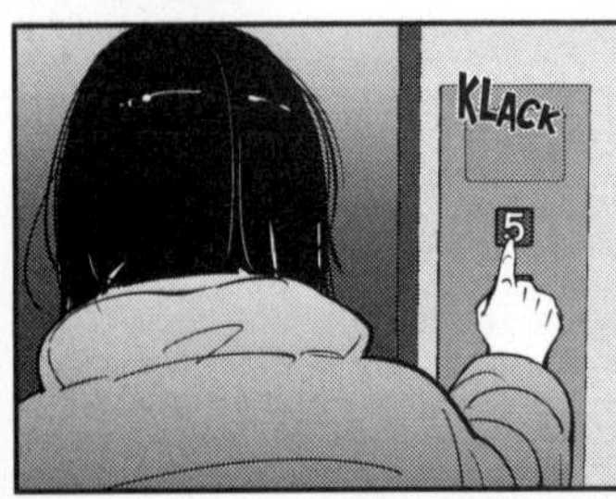
KLACK
5

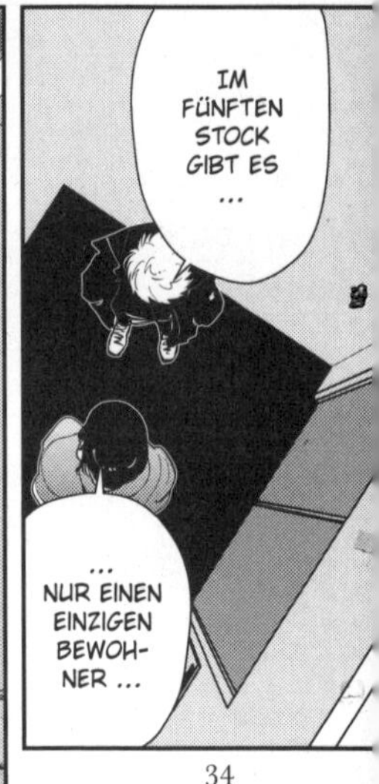
IM
FÜNFTEN
STOCK
GIBT ES
...
... NUR EINEN
EINZIGEN
BEWOH-
NER ...

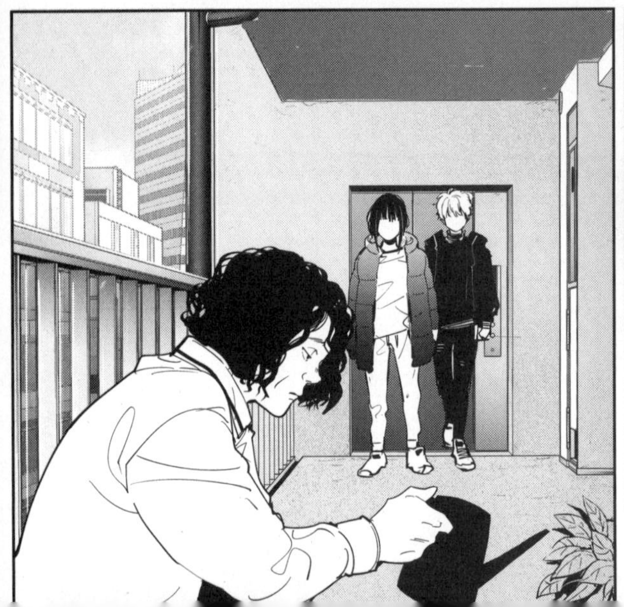

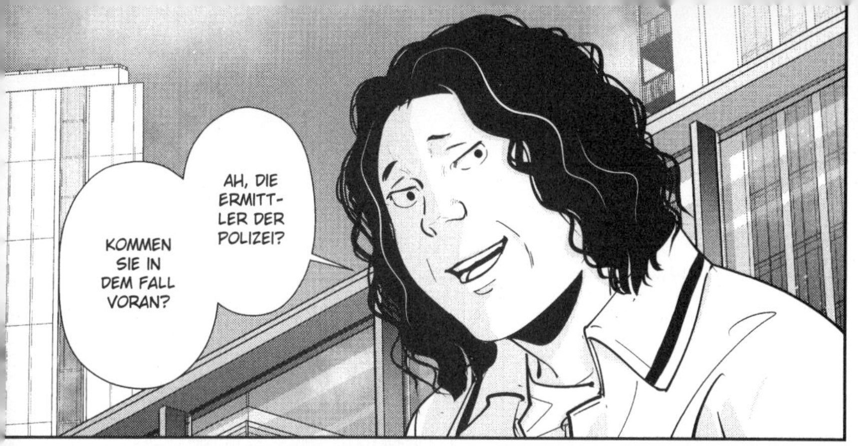
AH, DIE ERMITT-
LER DER
POLIZEI?
KOMMEN
SIE IN
DEM FALL
VORAN?

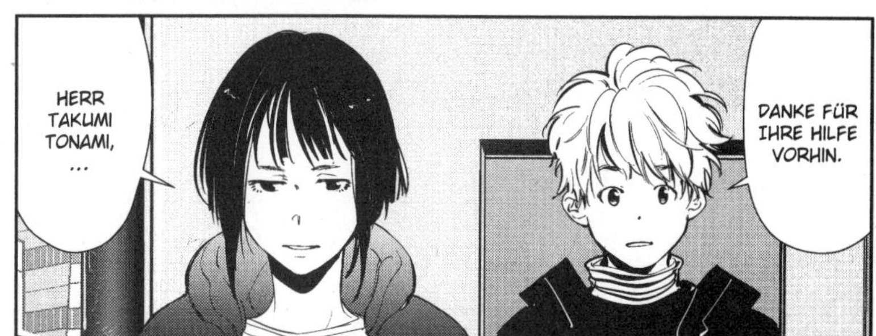
DANKE FÜR
IHRE HILFE
VORHIN.
HERR
TAKUMI
TONAMI,
...

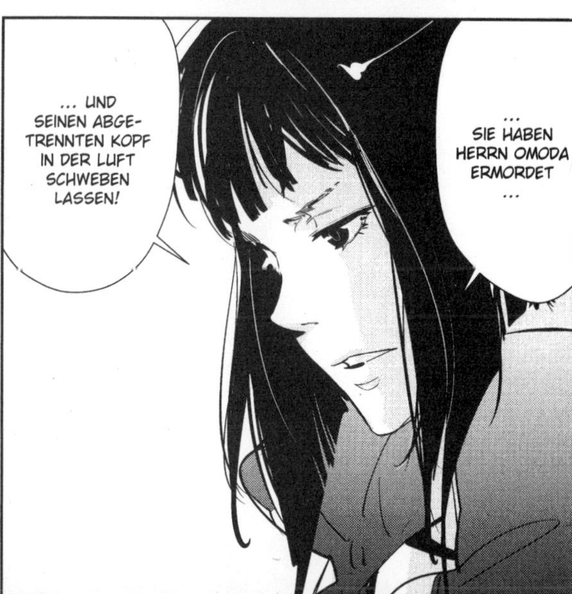
...
SIE HABEN
HERRN OMODA
ERMORDET
...
... UND
SEINEN ABGE-
TRENNTEN KOPF
IN DER LUFT
SCHWEBEN
LASSEN!

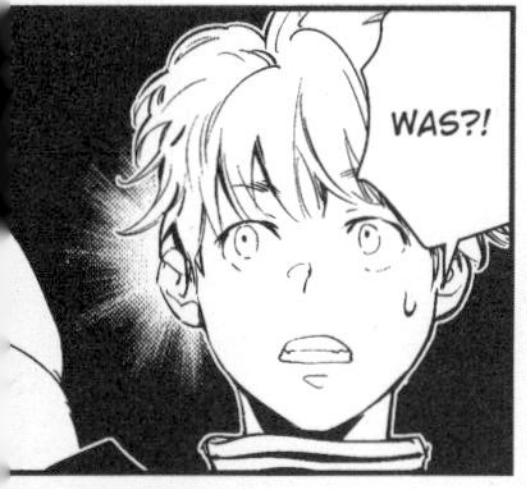
WAS?!

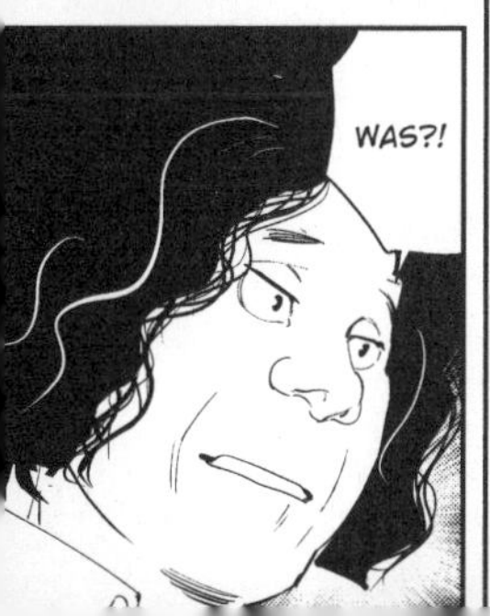
WAS?!

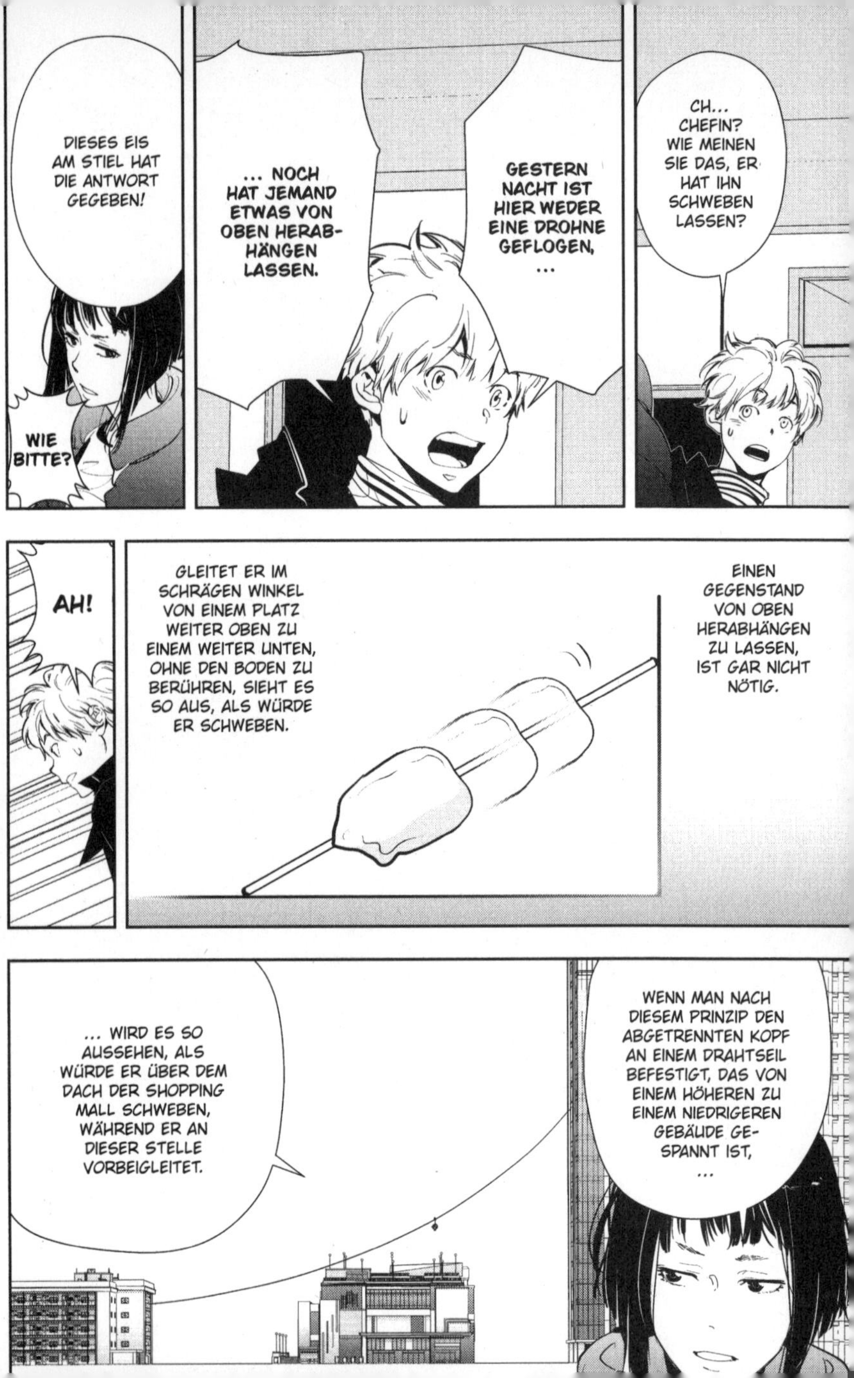

CH... CHEFIN? WIE MEINEN SIE DAS, ER HAT IHN SCHWEBEN LASSEN?

GESTERN NACHT IST HIER WEDER EINE DROHNE GEFLOGEN, ...

... NOCH HAT JEMAND ETWAS VON OBEN HERAB-HÄNGEN LASSEN.

DIESES EIS AM STIEL HAT DIE ANTWORT GEGEBEN!

WIE BITTE?

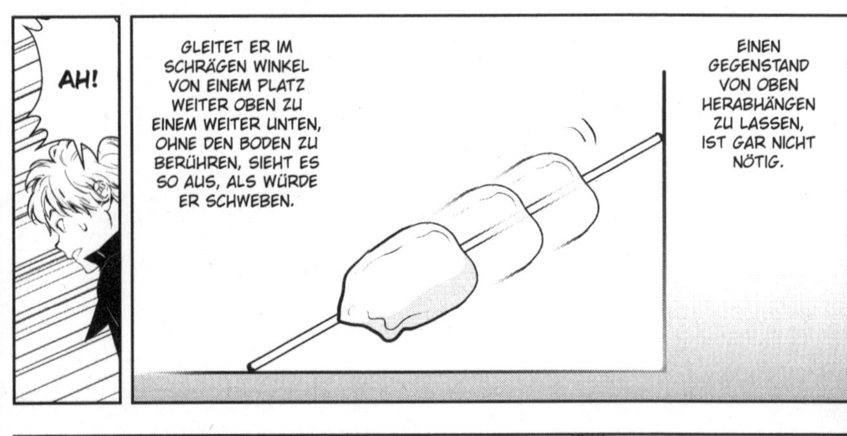

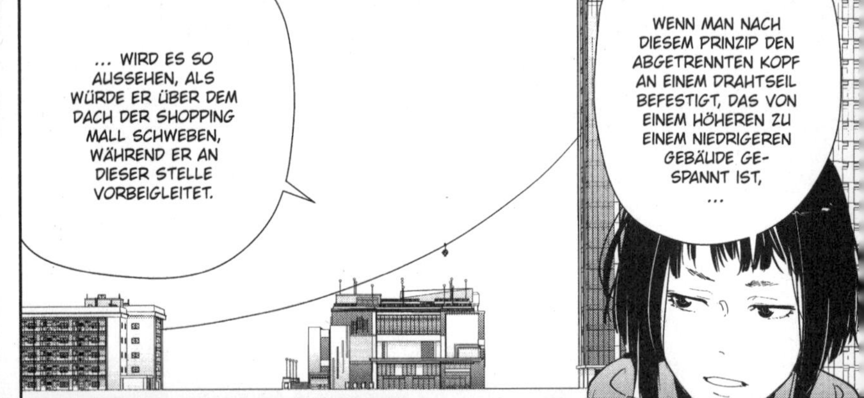

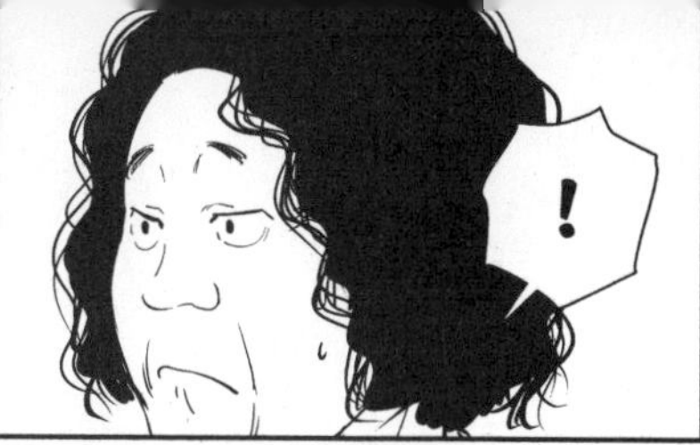
!

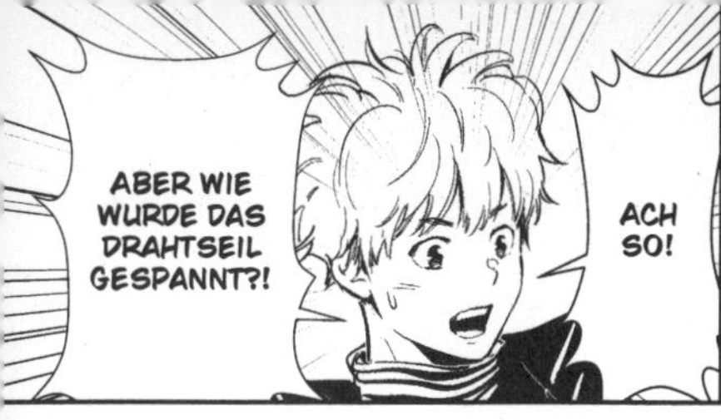
ACH SO!
ABER WIE WURDE DAS DRAHTSEIL GESPANNT?!

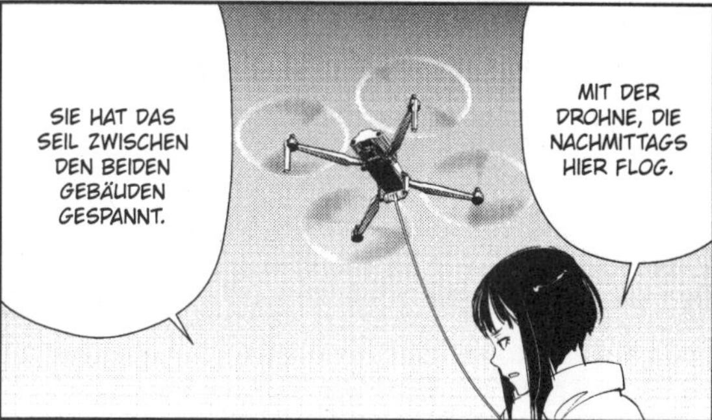
MIT DER DROHNE, DIE NACHMITTAGS HIER FLOG.
SIE HAT DAS SEIL ZWISCHEN DEN BEIDEN GEBÄUDEN GESPANNT.

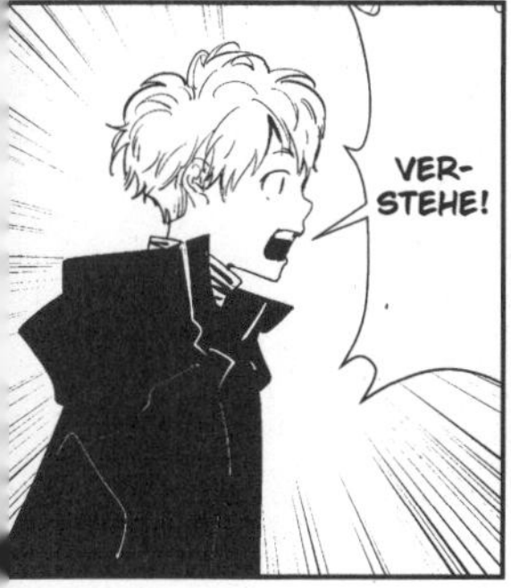
VER-STEHE!

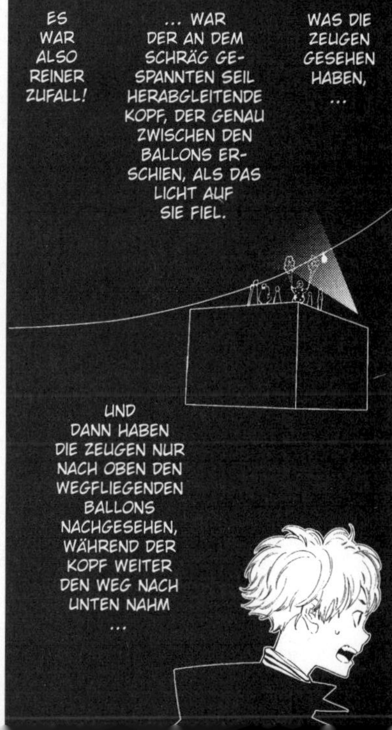
WAS DIE ZEUGEN GESEHEN HABEN, ...
... WAR DER AN DEM SCHRÄG GE-SPANNTEN SEIL HERABGLEITENDE KOPF, DER GENAU ZWISCHEN DEN BALLONS ER-SCHIEN, ALS DAS LICHT AUF SIE FIEL.
ES WAR ALSO REINER ZUFALL!
UND DANN HABEN DIE ZEUGEN NUR NACH OBEN DEN WEGFLIEGENDEN BALLONS NACHGESEHEN, WÄHREND DER KOPF WEITER DEN WEG NACH UNTEN NAHM ...

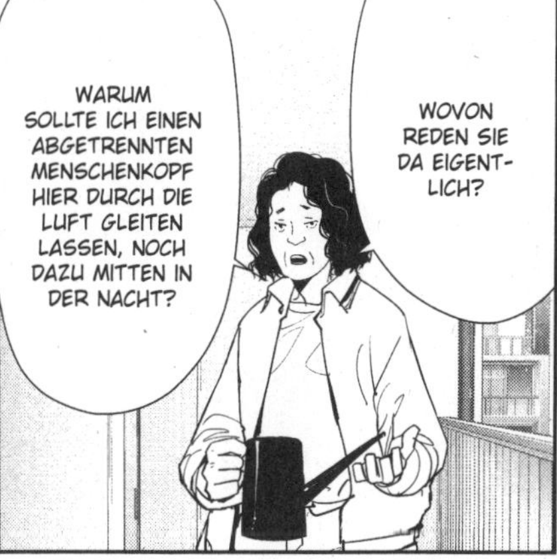
WOVON REDEN SIE DA EIGENT-LICH?
WARUM SOLLTE ICH EINEN ABGETRENNTEN MENSCHENKOPF HIER DURCH DIE LUFT GLEITEN LASSEN, NOCH DAZU MITTEN IN DER NACHT?

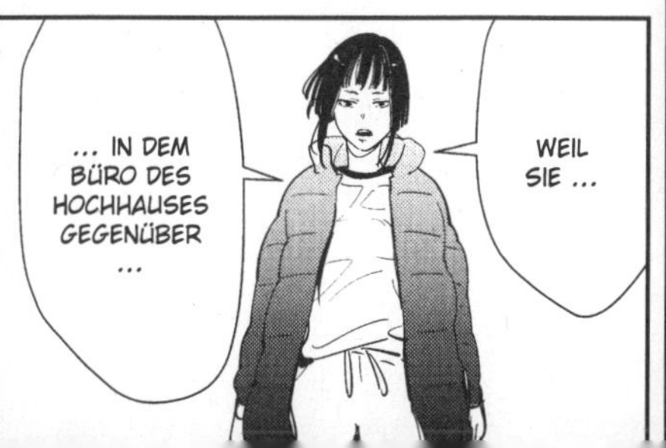
WEIL SIE ...
... IN DEM BÜRO DES HOCHHAUSES GEGENÜBER ...

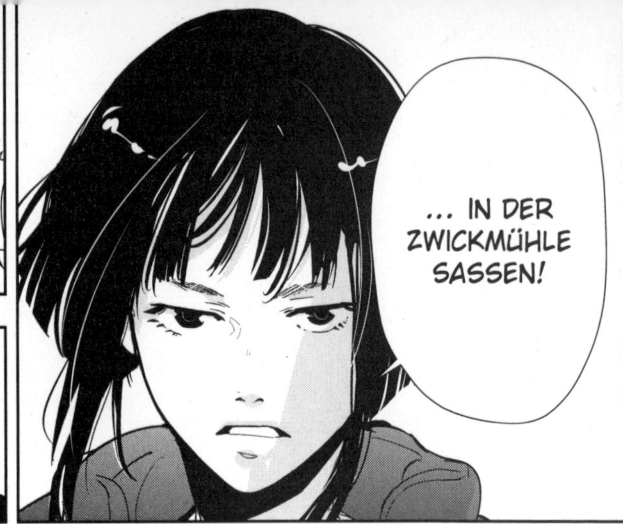
... IN DER ZWICKMÜHLE SASSEN!

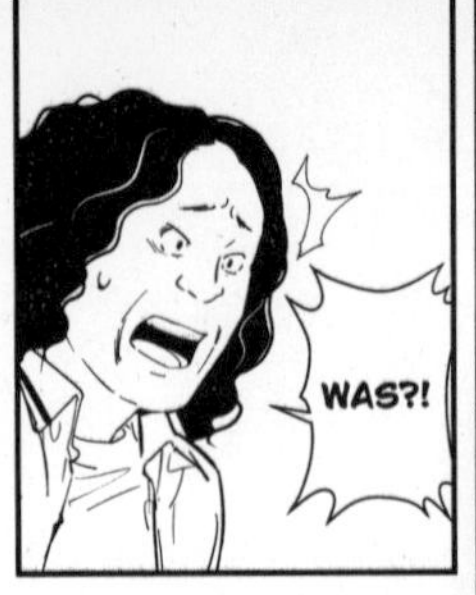
WAS?!

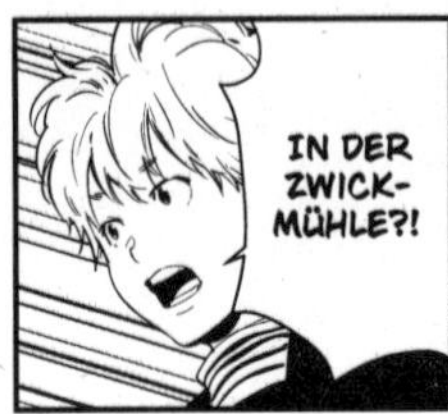
IN DER ZWICKMÜHLE?!

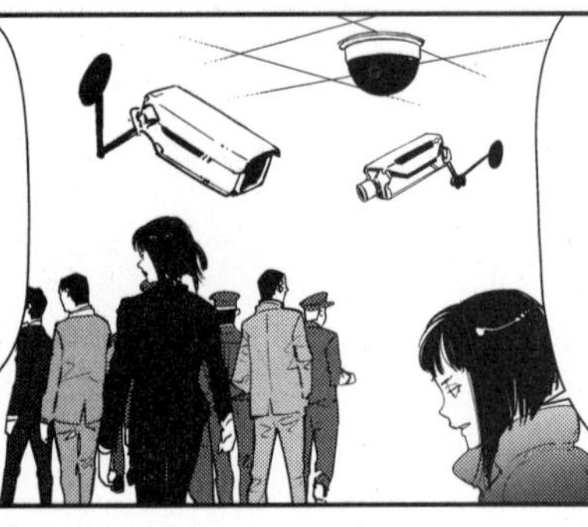
SIE HABEN DORT HERRN OMODA ERMORDET UND KONNTEN DIE LEICHE WEGEN DER SICHERHEITS-VORKEHRUNGEN NICHT AUS DEM BÜRO SCHAFFEN.
WÄHREND-DESSEN ERFUHREN SIE, DASS EINE SUCHAKTION LIEF UND DIE POLIZEI DAS GEBÄUDE AM ABEND DURCHSUCHEN WÜRDE.

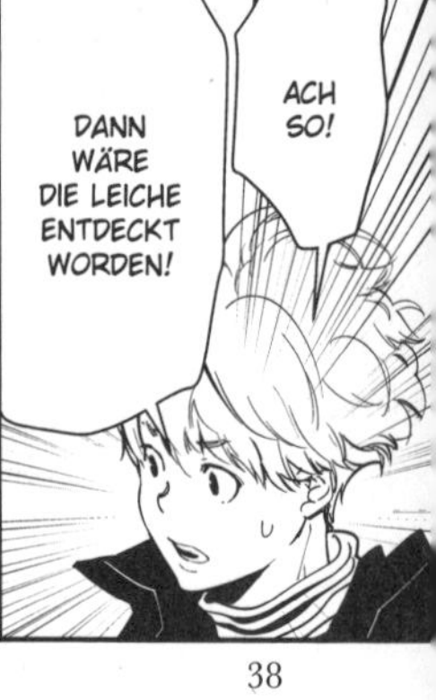
ACH SO!
DANN WÄRE DIE LEICHE ENTDECKT WORDEN!

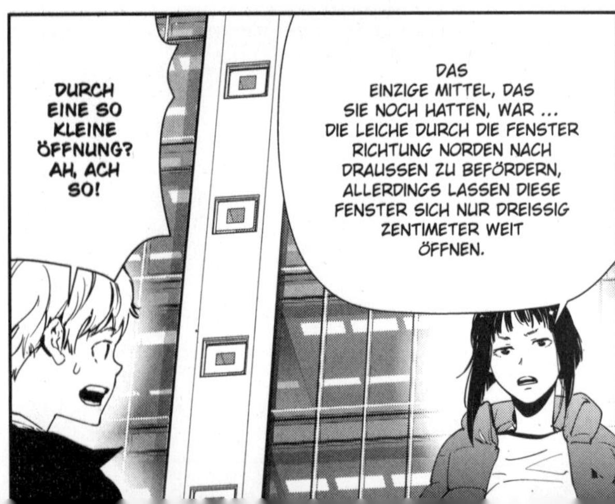
DAS EINZIGE MITTEL, DAS SIE NOCH HATTEN, WAR ... DIE LEICHE DURCH DIE FENSTER RICHTUNG NORDEN NACH DRAUSSEN ZU BEFÖRDERN, ALLERDINGS LASSEN DIESE FENSTER SICH NUR DREISSIG ZENTIMETER WEIT ÖFFNEN.
DURCH EINE SO KLEINE ÖFFNUNG? AH, ACH SO!

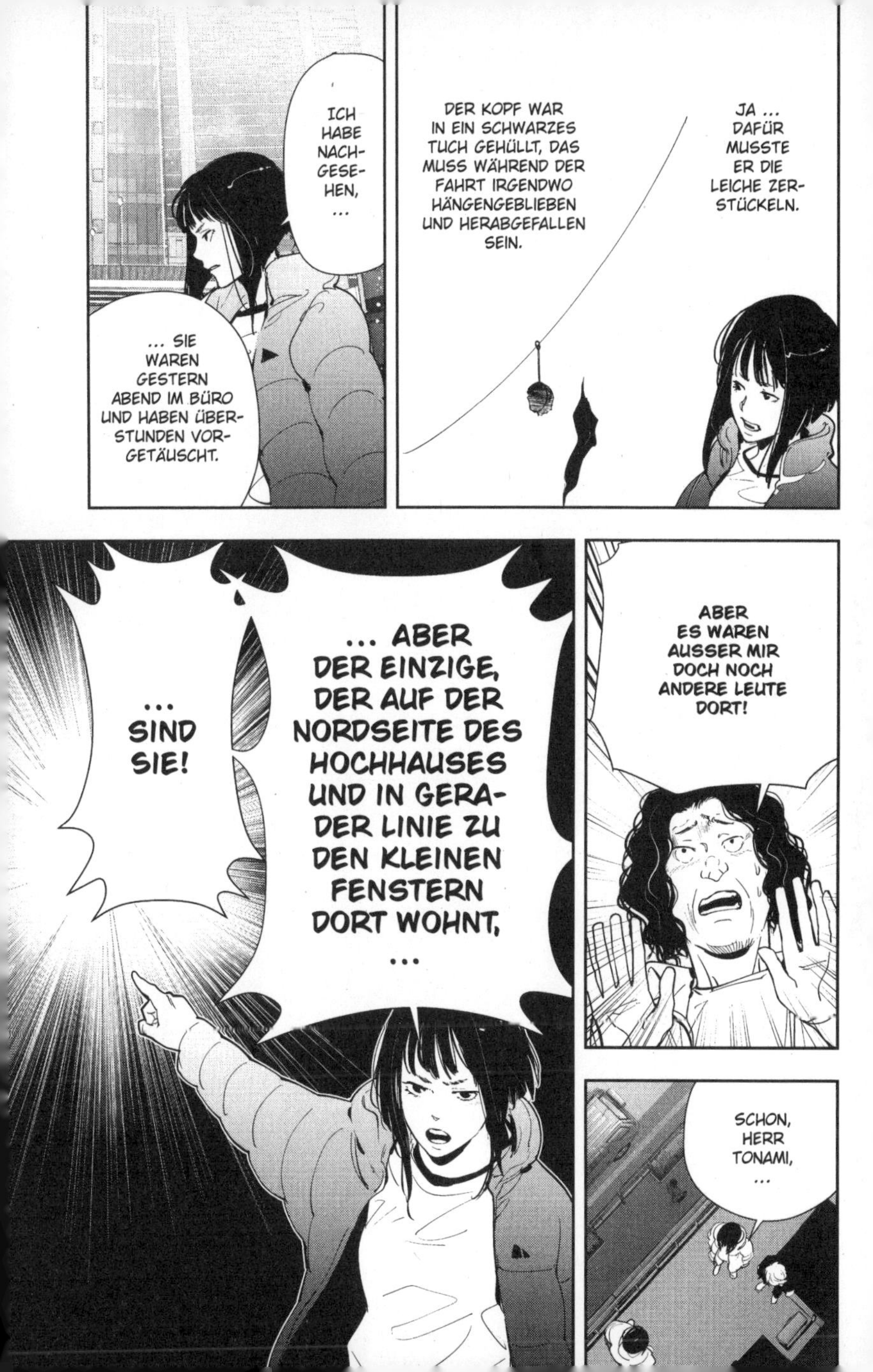

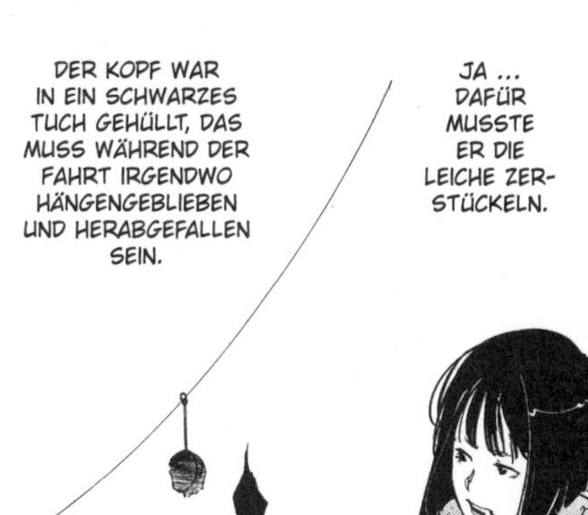

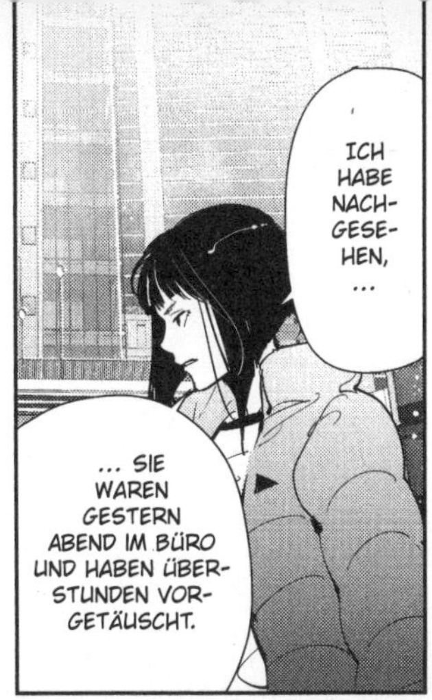

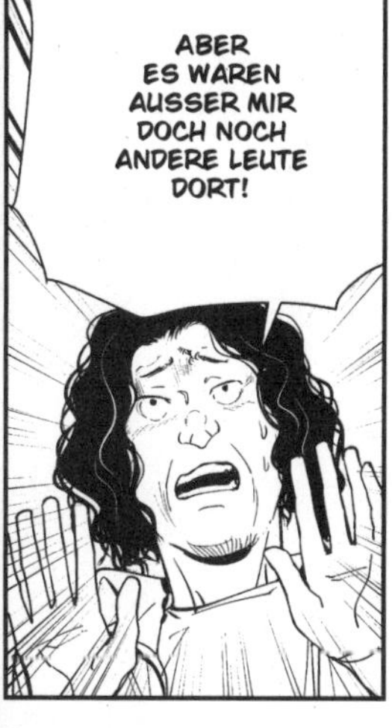

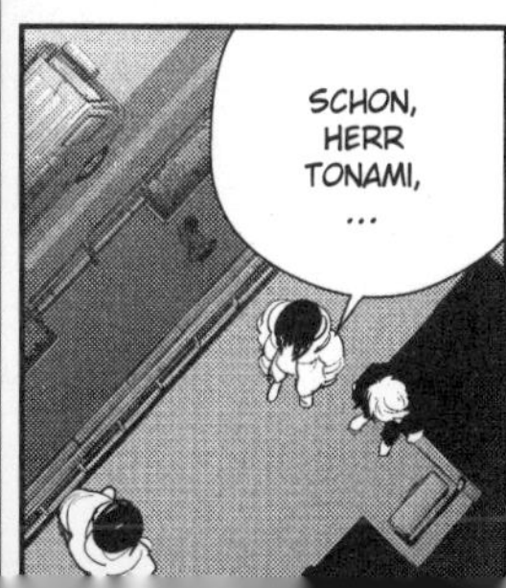

... ABER DER EINZIGE, DER AUF DER NORDSEITE DES HOCHHAUSES UND IN GERADER LINIE ZU DEN KLEINEN FENSTERN DORT WOHNT, ...

... SIND SIE!

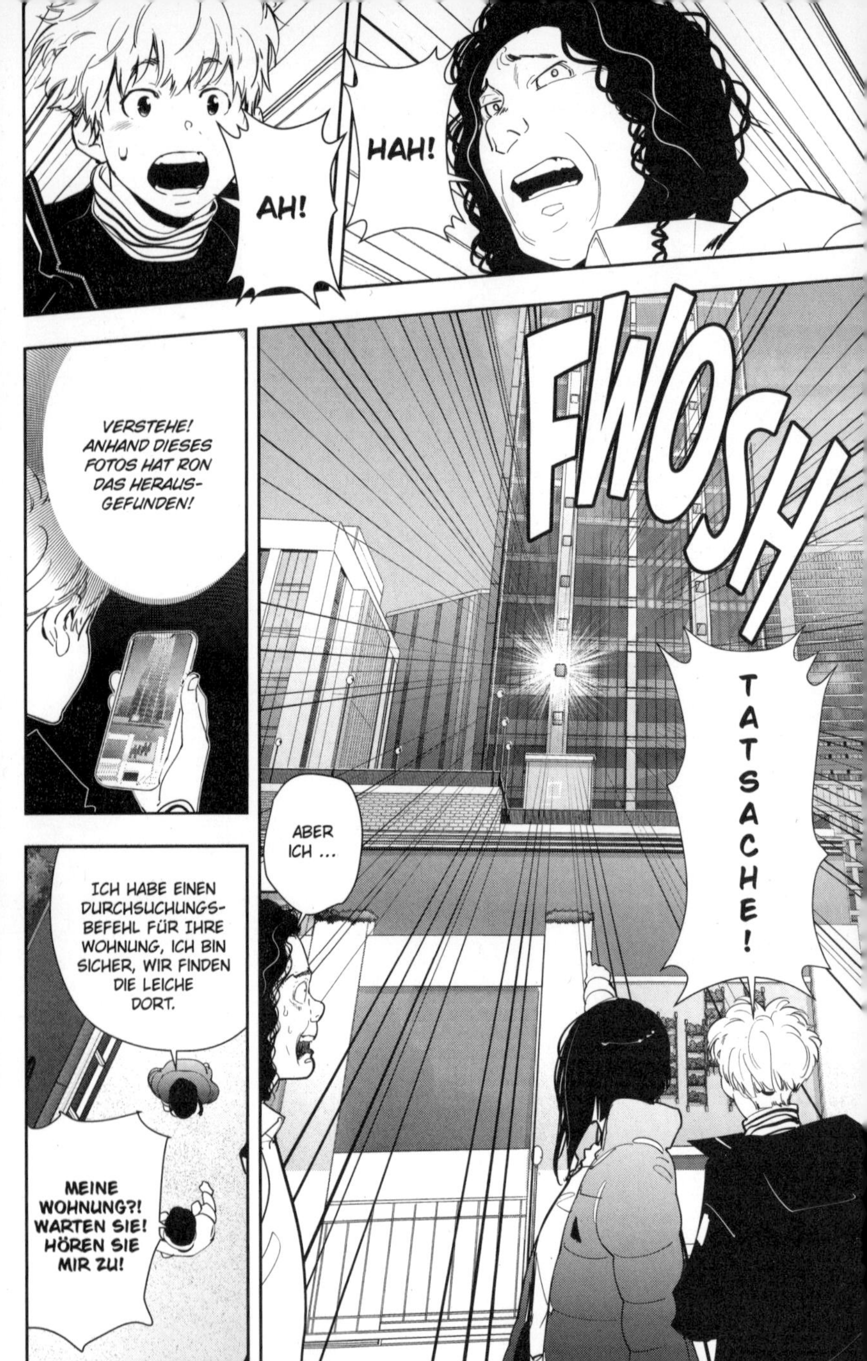
HAH!
AH!
FWOSH
VERSTEHE! ANHAND DIESES FOTOS HAT RON DAS HERAUS-GEFUNDEN!
TATSACHE!
ABER ICH …
ICH HABE EINEN DURCHSUCHUNGS-BEFEHL FÜR IHRE WOHNUNG, ICH BIN SICHER, WIR FINDEN DIE LEICHE DORT.
MEINE WOHNUNG?! WARTEN SIE! HÖREN SIE MIR ZU!

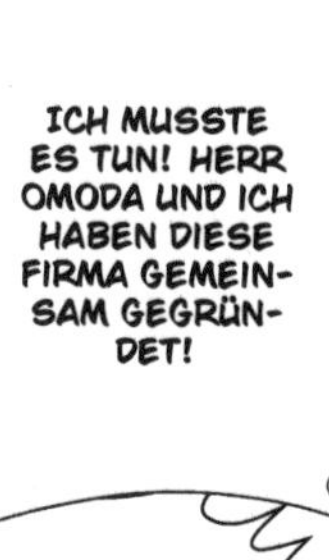
ICH MUSSTE ES TUN! HERR OMODA UND ICH HABEN DIESE FIRMA GEMEINSAM GEGRÜNDET!
ABER ER WOLLTE MICH RAUSWERFEN!

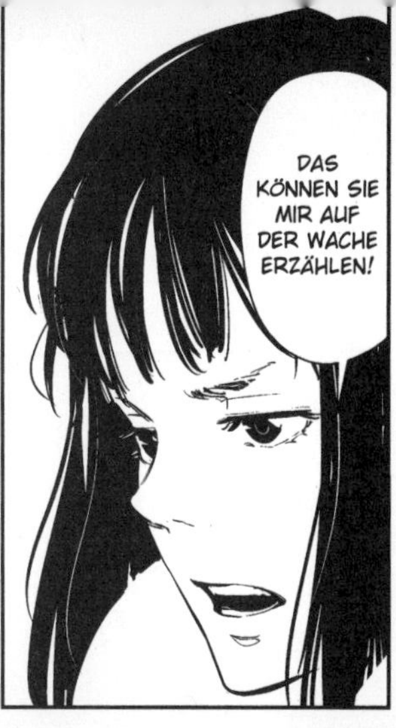
DAS KÖNNEN SIE MIR AUF DER WACHE ERZÄHLEN!

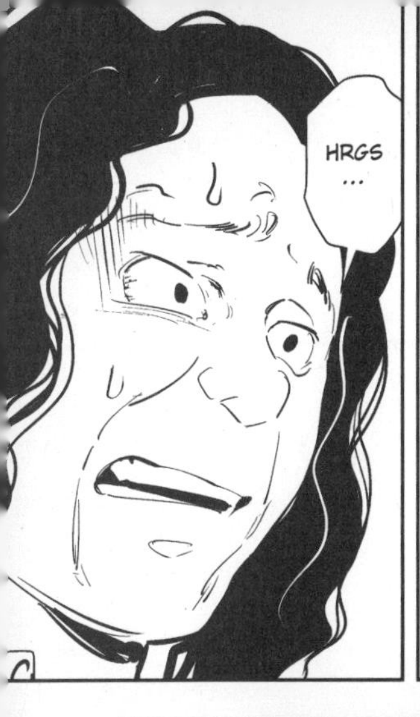
HRGS …

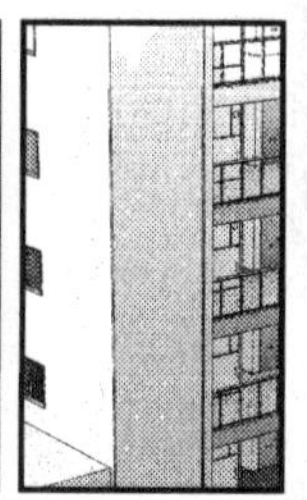

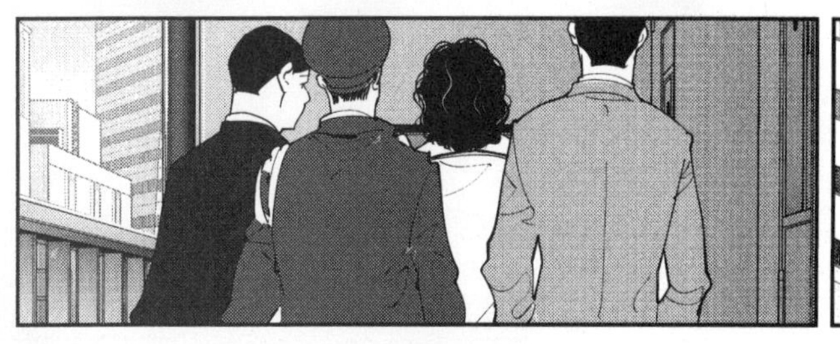

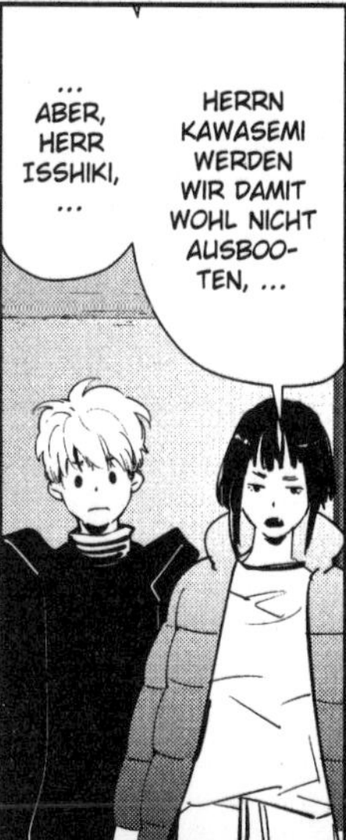
HERRN KAWASEMI WERDEN WIR DAMIT WOHL NICHT AUSBOOTEN, …
… ABER, HERR ISSHIKI, …

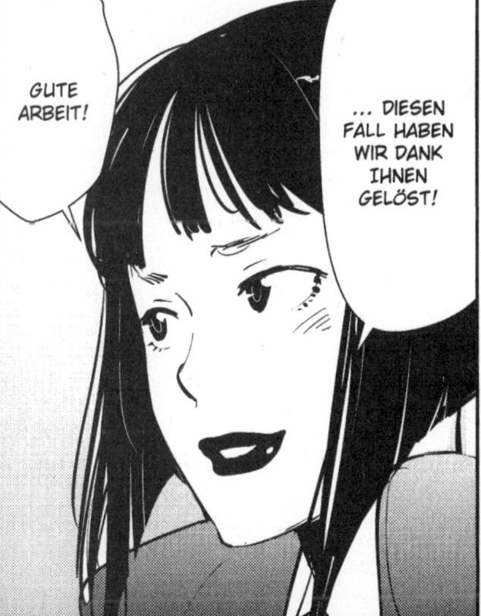
… DIESEN FALL HABEN WIR DANK IHNEN GELÖST!
GUTE ARBEIT!

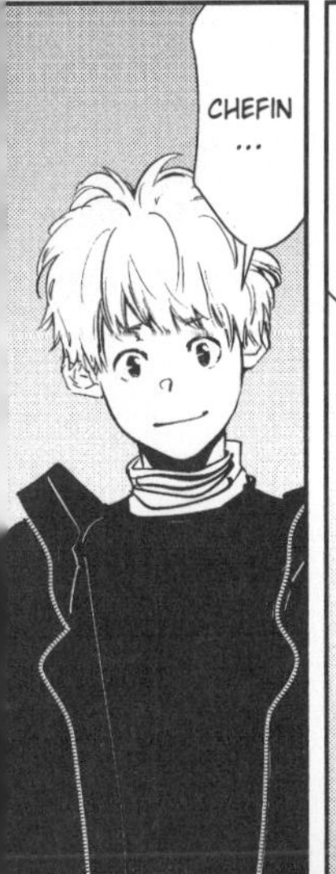
CHEFIN …

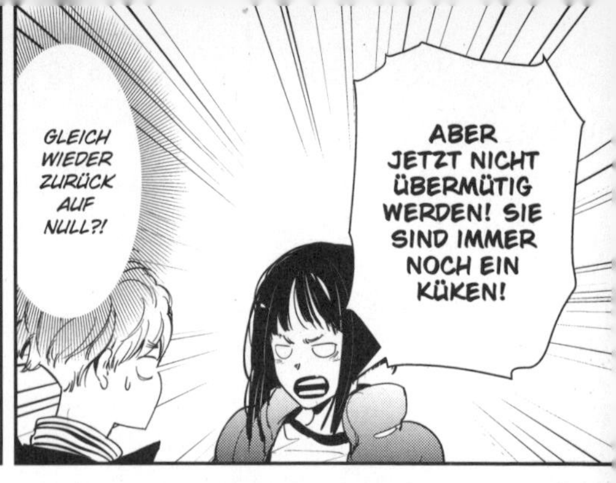
ABER JETZT NICHT ÜBERMÜTIG WERDEN! SIE SIND IMMER NOCH EIN KÜKEN!
GLEICH WIEDER ZURÜCK AUF NULL?!

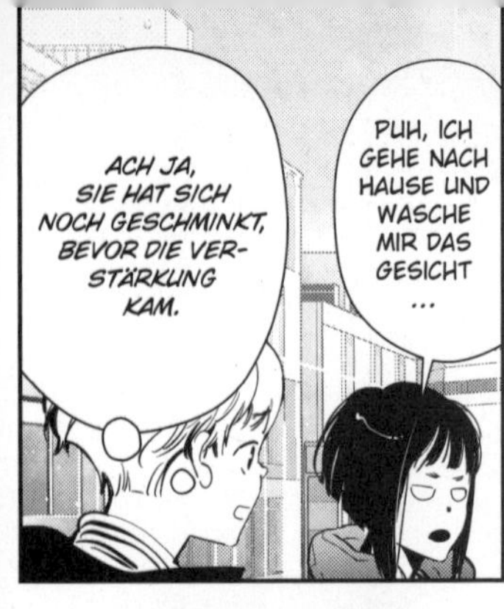
PUH, ICH GEHE NACH HAUSE UND WASCHE MIR DAS GESICHT ...
ACH JA, SIE HAT SICH NOCH GESCHMINKT, BEVOR DIE VERSTÄRKUNG KAM.

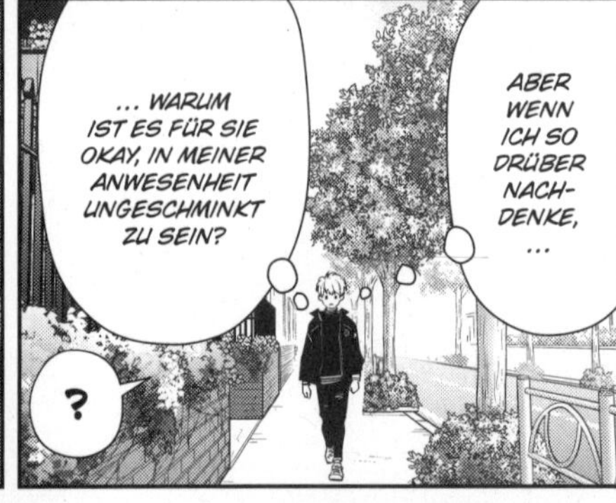
ABER WENN ICH SO DRÜBER NACHDENKE, ...
... WARUM IST ES FÜR SIE OKAY, IN MEINER ANWESENHEIT UNGESCHMINKT ZU SEIN?
?

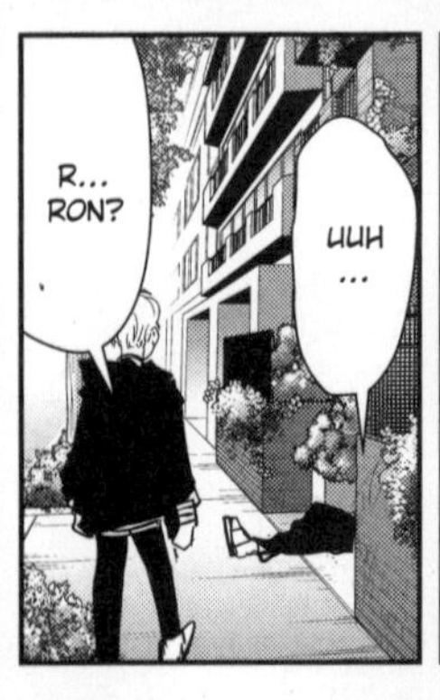
UUH ...
R... RON?

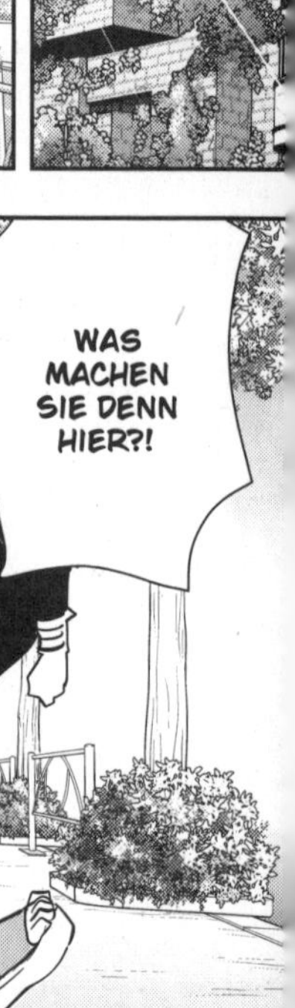
WAS MACHEN SIE DENN HIER?!
WHUPP
AH ... HAB ECHT TIEF GESCHLAFEN.
HAB ES WOHL NICHT MEHR IN MEINE WOHNUNG GESCHAFFT.

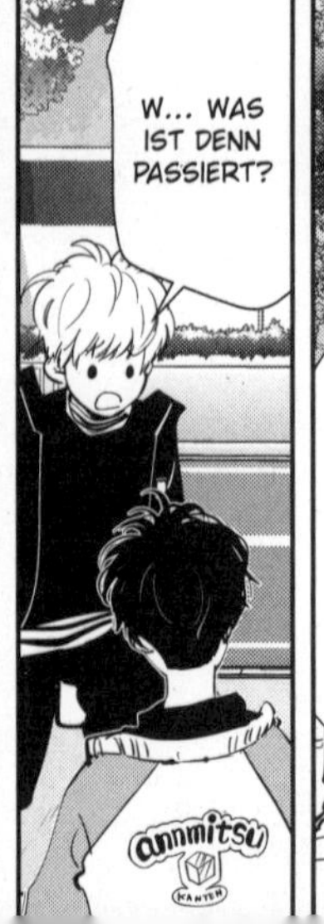
W... WAS IST DENN PASSIERT?
annmitsu
KANTEN

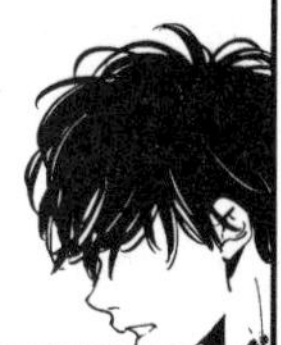
ES LIEGT AN DEN MEDIKAMENTEN GEGEN MEINEN ZWANG, DEN TÄTER IN DEN TOD ZU TREIBEN.

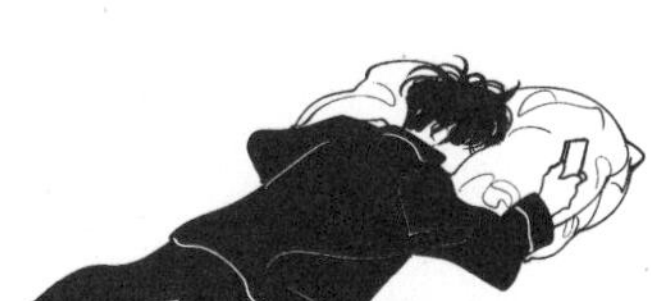
DIE NEBENWIRKUNGEN LEGEN SICH NUR, WENN ICH EINEN GANZEN TAG SCHLAFE.
HEUTE BIN ICH DURCH IHRE NACHRICHT AUFGEWACHT UND HAB MICH DAZU GEZWUNGEN, HERZUKOMMEN.

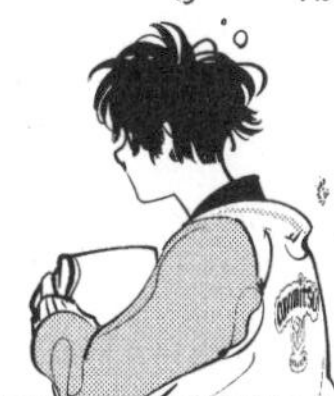
AUF DEM RÜCKWEG HAT MICH DANN WOHL DIE MÜDIGKEIT ÜBERMANNT.

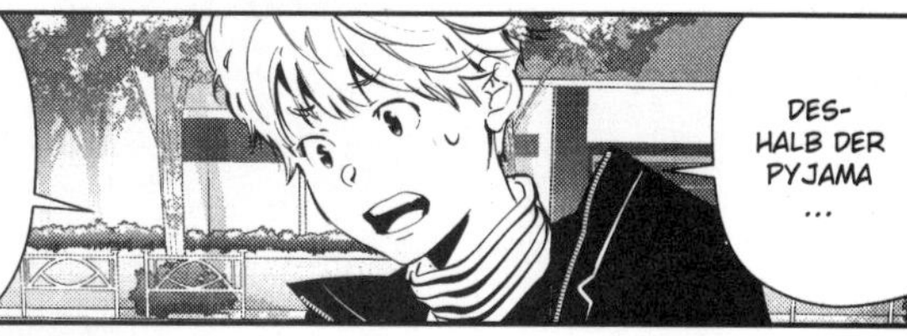
DESHALB DER PYJAMA ...
ABER DIE NEBENWIRKUNGEN SIND JA GANZ SCHÖN HEFTIG! SOLLTEN SIE DIE MEDIKAMENTE VIELLEICHT BESSER NICHT MEHR NEHMEN?

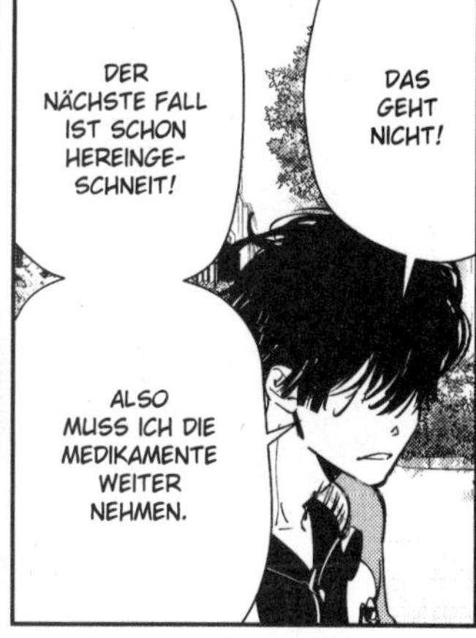
DAS GEHT NICHT!
DER NÄCHSTE FALL IST SCHON HEREINGESCHNEIT!
ALSO MUSS ICH DIE MEDIKAMENTE WEITER NEHMEN.

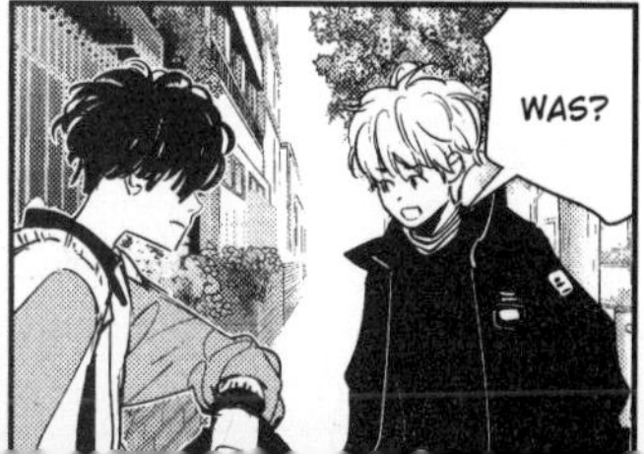
WAS?

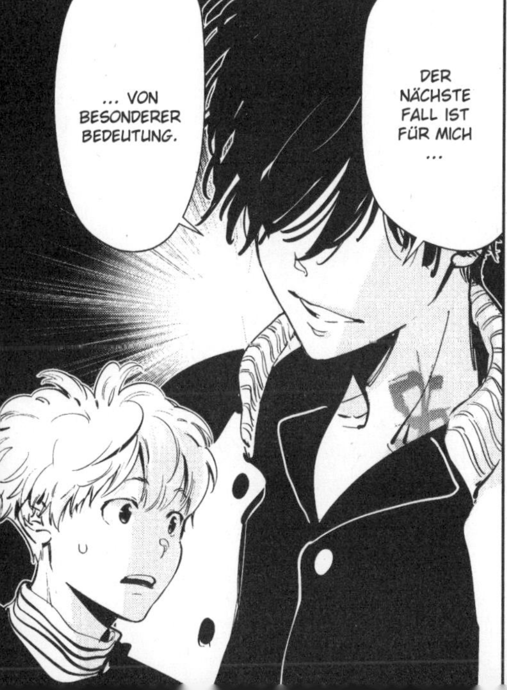
DER NÄCHSTE FALL IST FÜR MICH ...
... VON BESONDERER BEDEUTUNG.

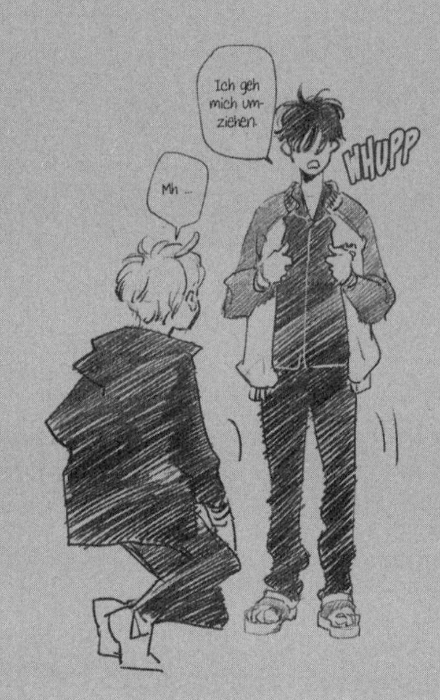
Ich geh mich um-ziehen.
WHUPP
Mh ...

51. KAPITEL:
Mord im verschlossenen Raum „Zwillingskerker“ ①

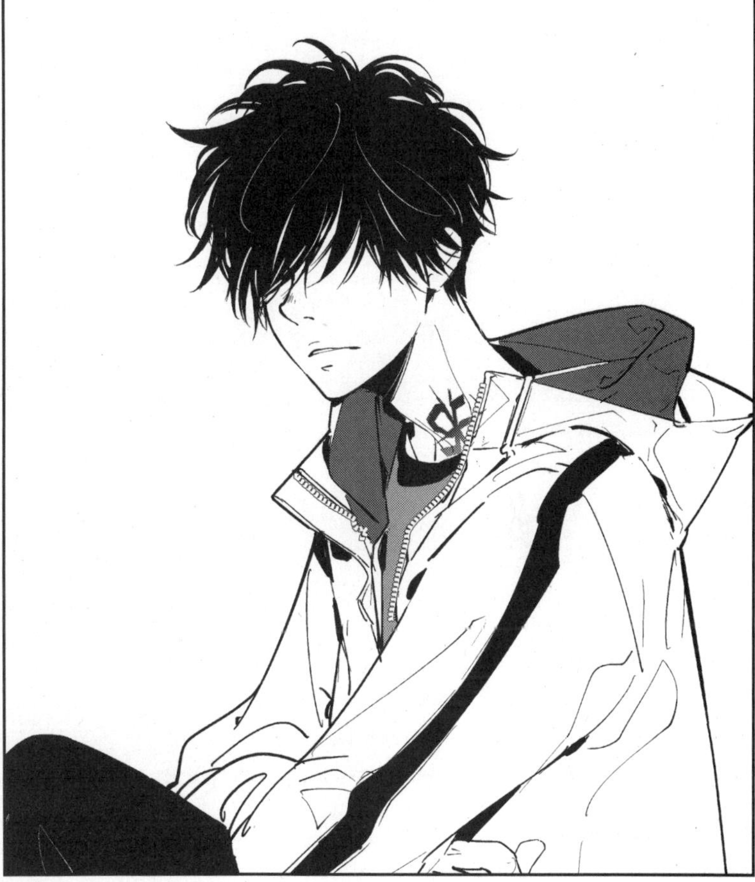

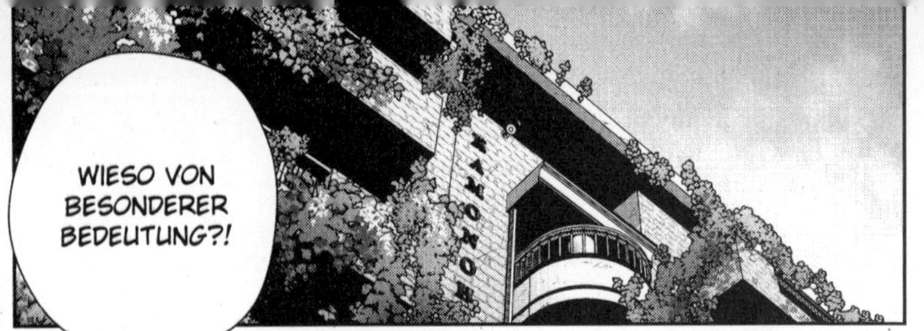
WIESO VON BESONDERER BEDEUTUNG?!

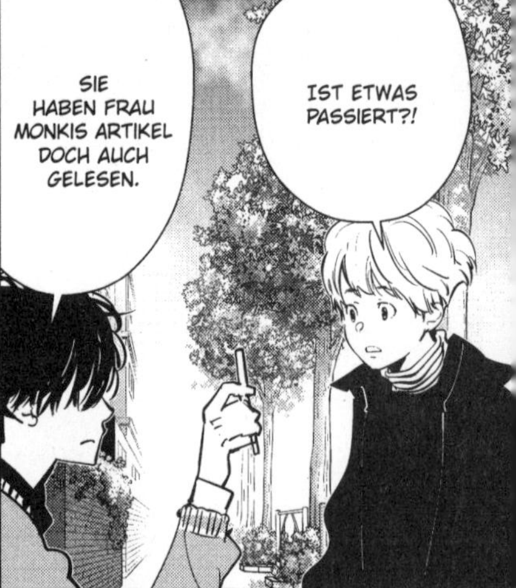
IST ETWAS PASSIERT?!
SIE HABEN FRAU MONKIS ARTIKEL DOCH AUCH GELESEN.

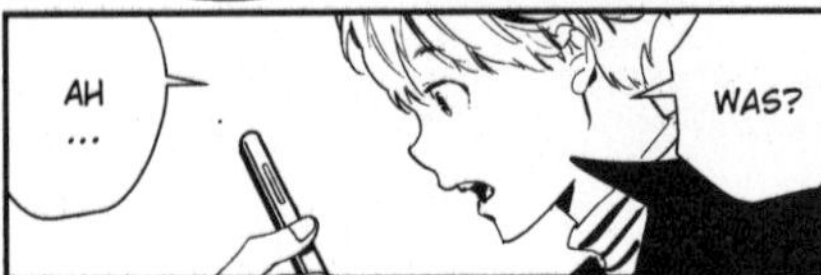
WAS?
AH ...

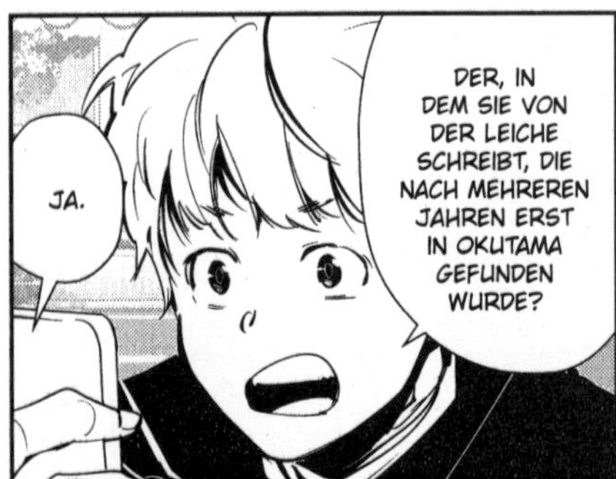
DER, IN DEM SIE VON DER LEICHE SCHREIBT, DIE NACH MEHREREN JAHREN ERST IN OKUTAMA GEFUNDEN WURDE?
JA.

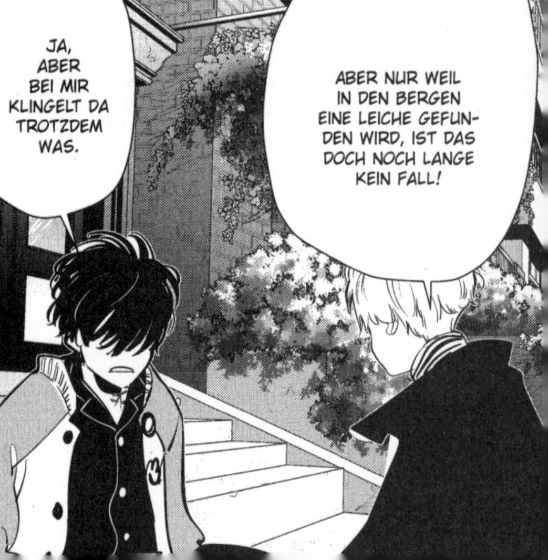
ABER NUR WEIL IN DEN BERGEN EINE LEICHE GEFUNDEN WIRD, IST DAS DOCH NOCH LANGE KEIN FALL!
JA, ABER BEI MIR KLINGELT DA TROTZDEM WAS.

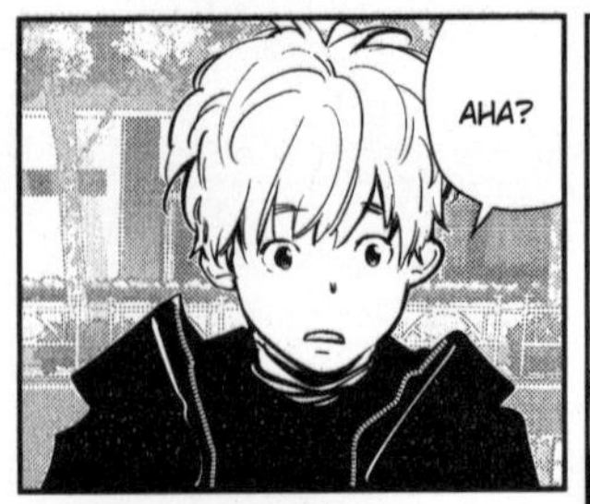
AHA?

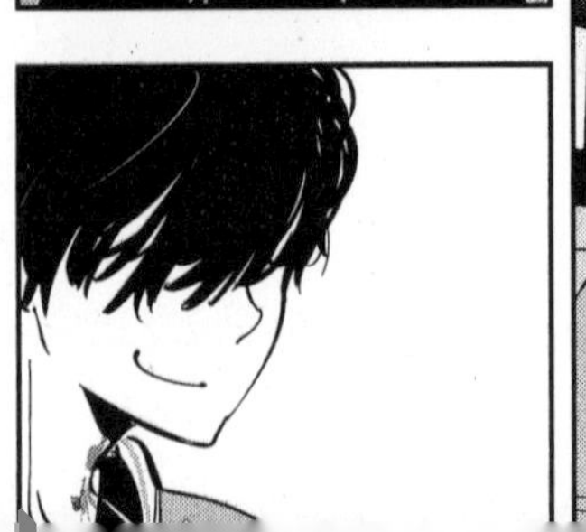

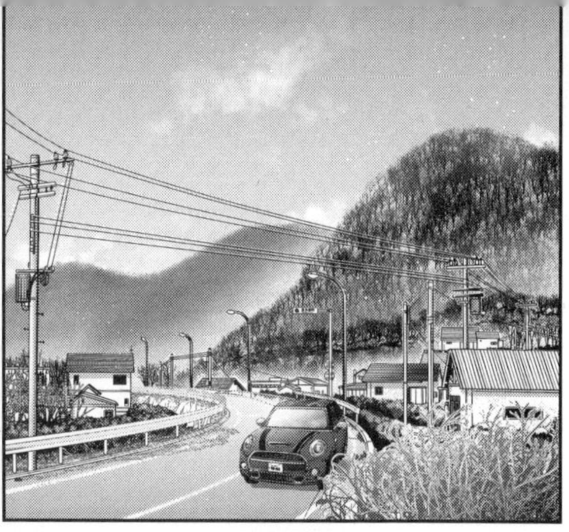
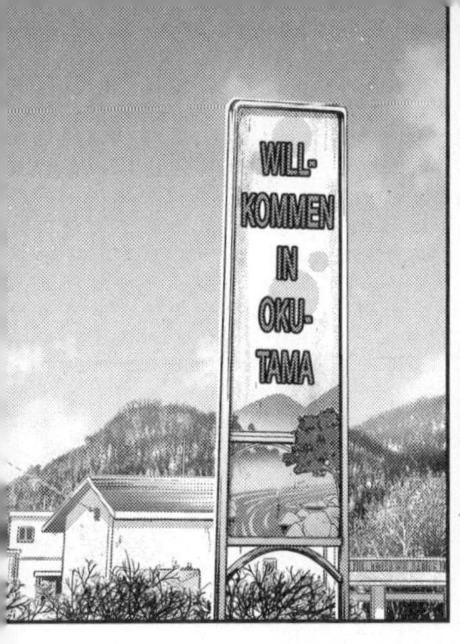
WILL-
KOMMEN
IN
OKU-
TAMA
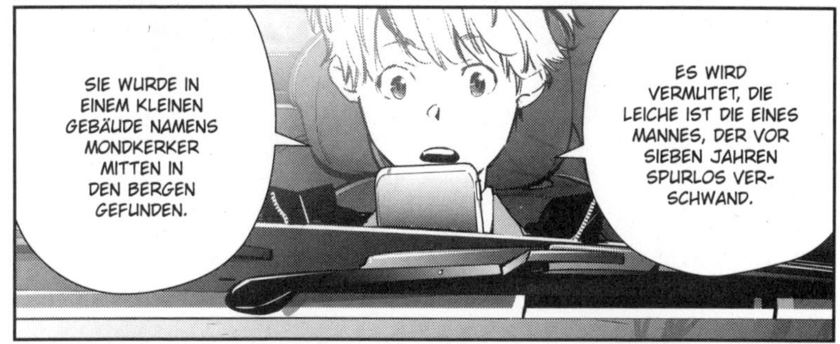
ES WIRD VERMUTET, DIE LEICHE IST DIE EINES MANNES, DER VOR SIEBEN JAHREN SPURLOS VER-SCHWAND.
SIE WURDE IN EINEM KLEINEN GEBÄUDE NAMENS MONDKERKER MITTEN IN DEN BERGEN GEFUNDEN.
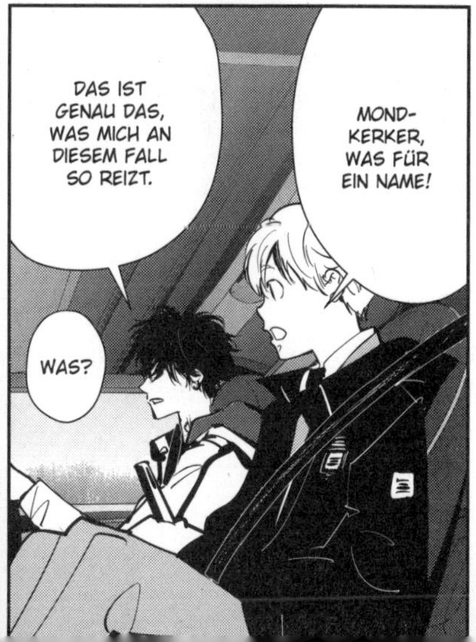
MOND-KERKER, WAS FÜR EIN NAME!
DAS IST GENAU DAS, WAS MICH AN DIESEM FALL SO REIZT.
WAS?
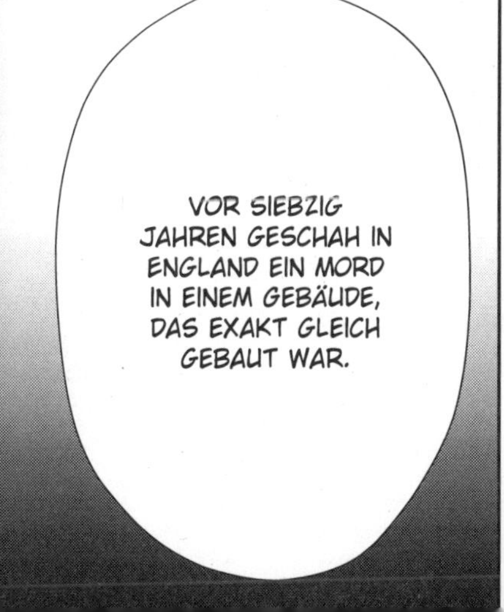
VOR SIEBZIG JAHREN GESCHAH IN ENGLAND EIN MORD IN EINEM GEBÄUDE, DAS EXAKT GLEICH GEBAUT WAR.

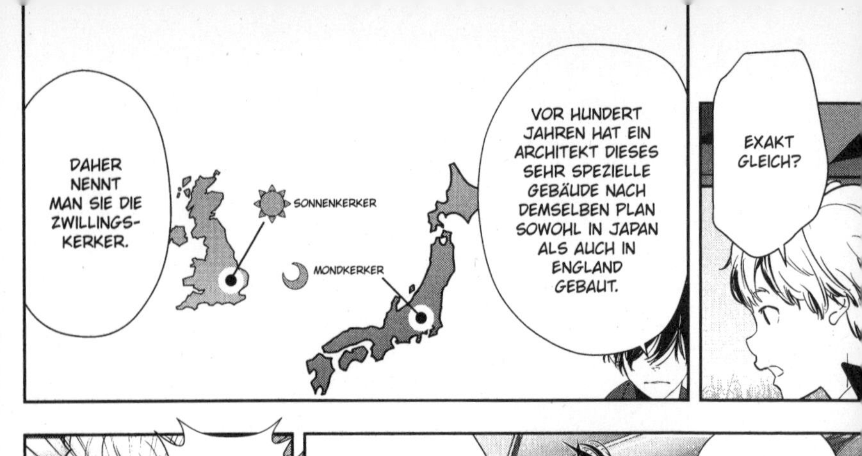
EXAKT GLEICH?
VOR HUNDERT JAHREN HAT EIN ARCHITEKT DIESES SEHR SPEZIELLE GEBÄUDE NACH DEMSELBEN PLAN SOWOHL IN JAPAN ALS AUCH IN ENGLAND GEBAUT.
SONNENKERKER
MONDKERKER
DAHER NENNT MAN SIE DIE ZWILLINGS-KERKER.

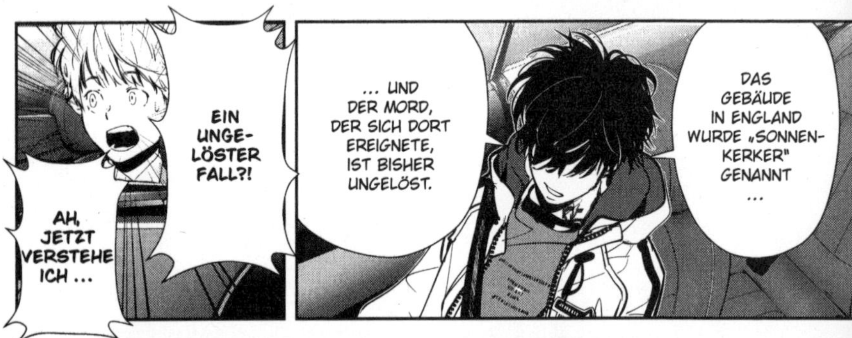
DAS GEBÄUDE IN ENGLAND WURDE „SONNEN-KERKER" GENANNT …
… UND DER MORD, DER SICH DORT EREIGNETE, IST BISHER UNGELÖST.
EIN UNGE-LÖSTER FALL?!
AH, JETZT VERSTEHE ICH …

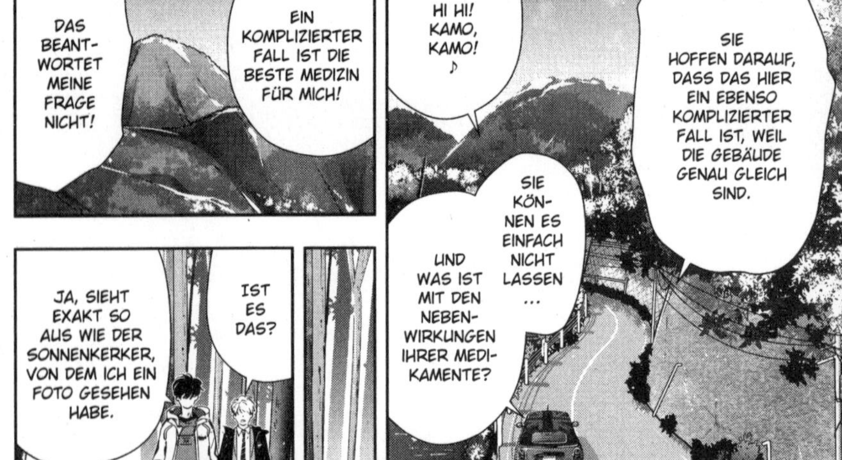
SIE HOFFEN DARAUF, DASS DAS HIER EIN EBENSO KOMPLIZIERTER FALL IST, WEIL DIE GEBÄUDE GENAU GLEICH SIND.
HI HI! KAMO, KAMO! ♪
SIE KÖN-NEN ES EINFACH NICHT LASSEN …
UND WAS IST MIT DEN NEBEN-WIRKUNGEN IHRER MEDI-KAMENTE?
EIN KOMPLIZIERTER FALL IST DIE BESTE MEDIZIN FÜR MICH!
DAS BEANT-WORTET MEINE FRAGE NICHT!
IST ES DAS?
JA, SIEHT EXAKT SO AUS WIE DER SONNENKERKER, VON DEM ICH EIN FOTO GESEHEN HABE.

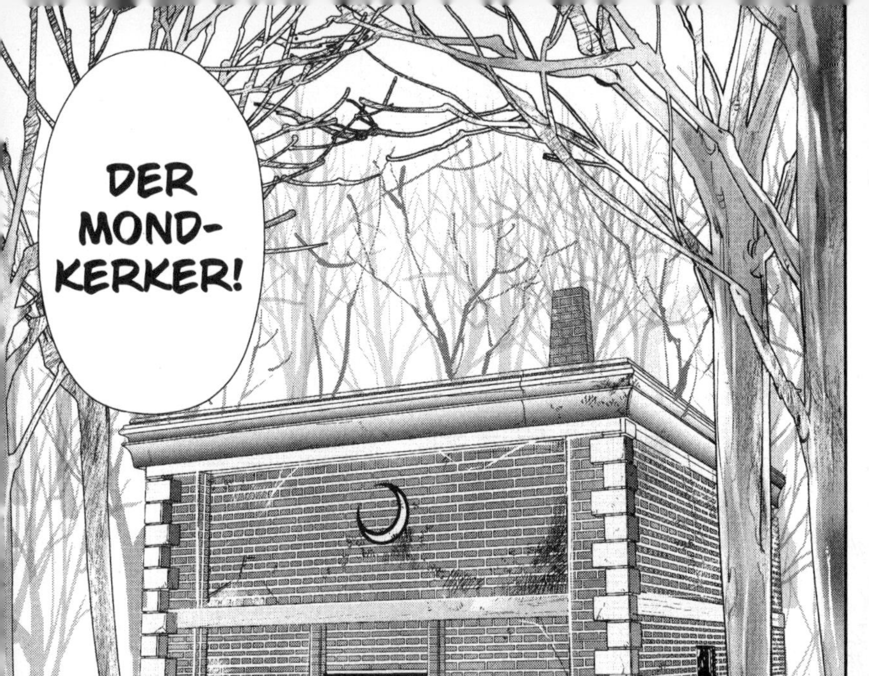

DER MOND-KERKER!

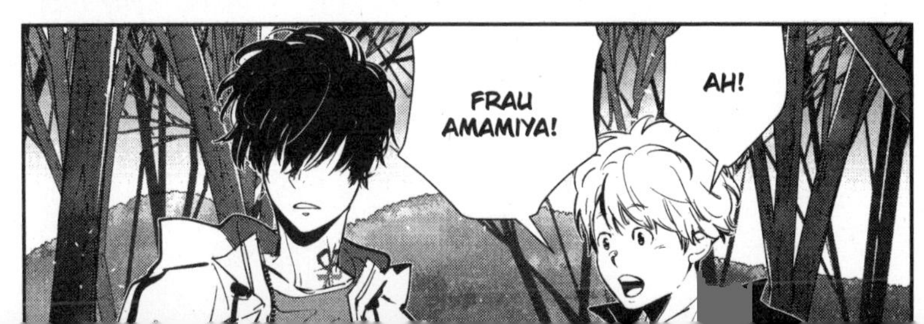

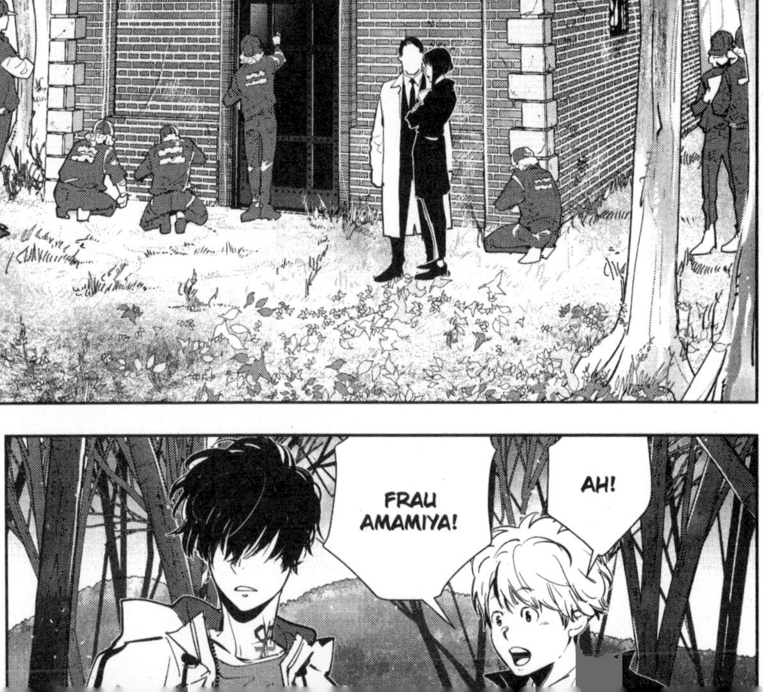

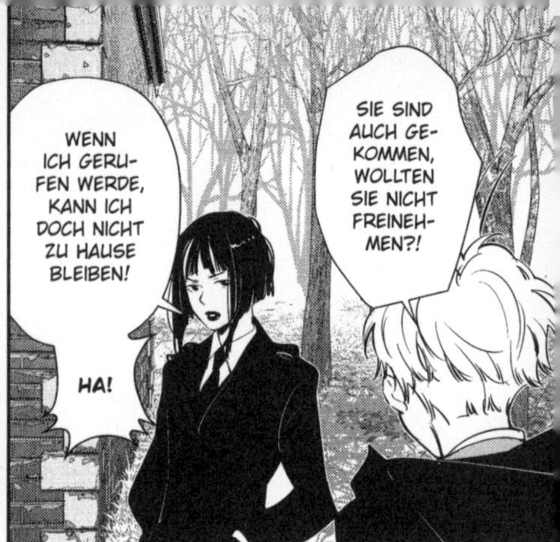
SIE SIND AUCH GEKOMMEN, WOLLTEN SIE NICHT FREINEHMEN?!
WENN ICH GERUFEN WERDE, KANN ICH DOCH NICHT ZU HAUSE BLEIBEN!
HA!

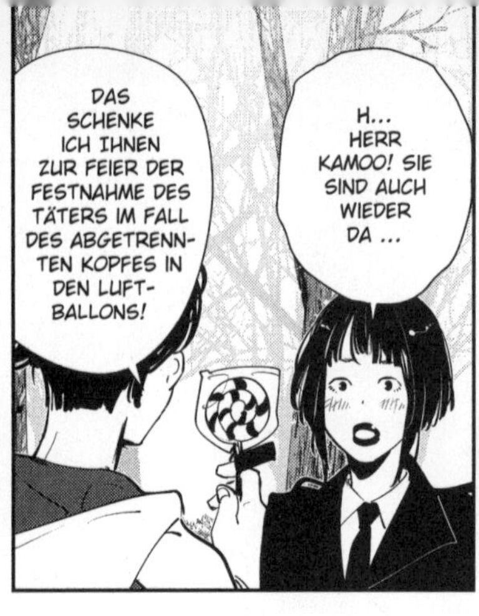
H… HERR KAMOO! SIE SIND AUCH WIEDER DA …
DAS SCHENKE ICH IHNEN ZUR FEIER DER FESTNAHME DES TÄTERS IM FALL DES ABGETRENNTEN KOPFES IN DEN LUFTBALLONS!

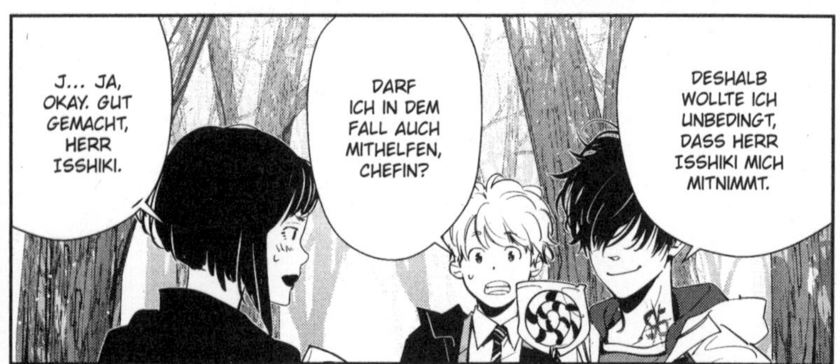
DESHALB WOLLTE ICH UNBEDINGT, DASS HERR ISSHIKI MICH MITNIMMT.
DARF ICH IN DEM FALL AUCH MITHELFEN, CHEFIN?
J… JA, OKAY. GUT GEMACHT, HERR ISSHIKI.

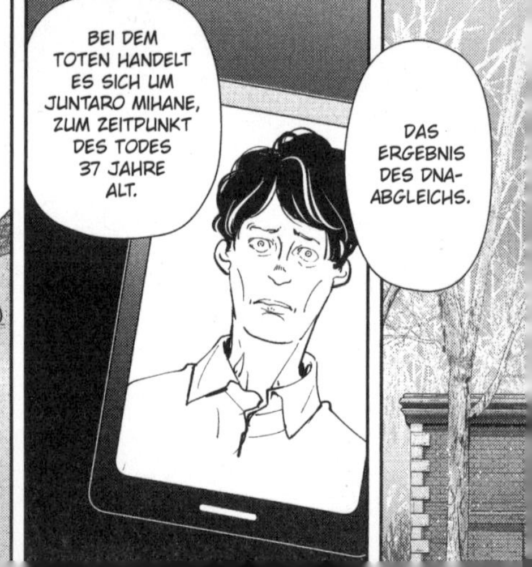
DAS ERGEBNIS DES DNA-ABGLEICHS.
BEI DEM TOTEN HANDELT ES SICH UM JUNTARO MIHANE, ZUM ZEITPUNKT DES TODES 37 JAHRE ALT.

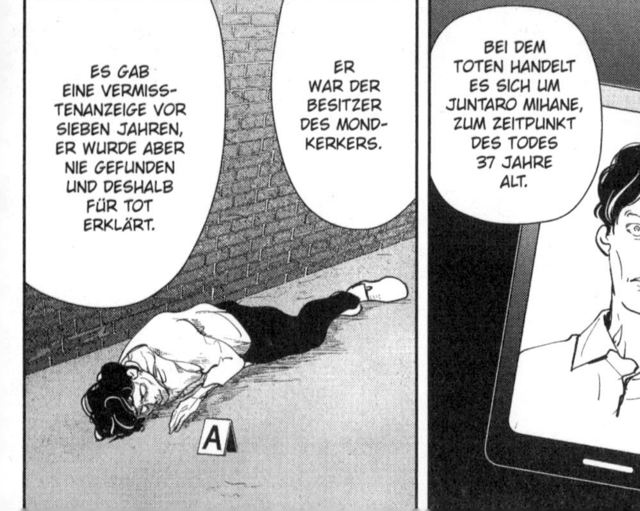
ER WAR DER BESITZER DES MONDKERKERS.
ES GAB EINE VERMISSTENANZEIGE VOR SIEBEN JAHREN, ER WURDE ABER NIE GEFUNDEN UND DESHALB FÜR TOT ERKLÄRT.
A

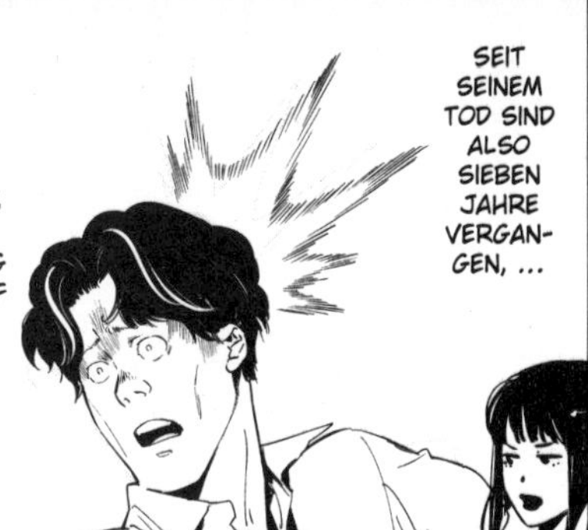
SEIT SEINEM TOD SIND ALSO SIEBEN JAHRE VERGAN-GEN, …
… ABER ANHAND DER SCHÄDEL-FRAKTUR LÄSST SICH SAGEN, DASS ER DURCH EINEN SCHLAG AUF DEN KOPF STARB.

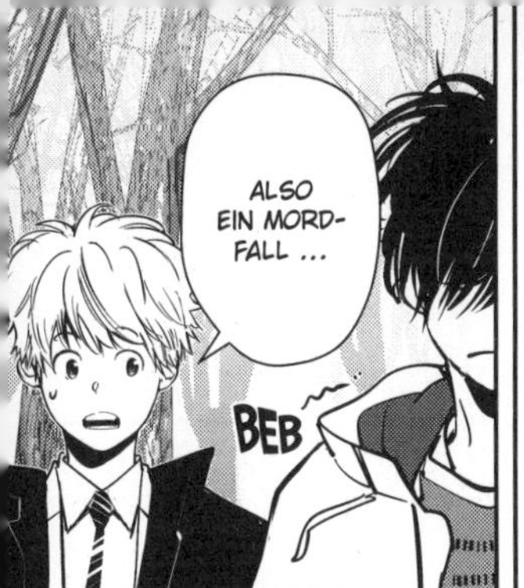
ALSO EIN MORD-FALL …
BEB

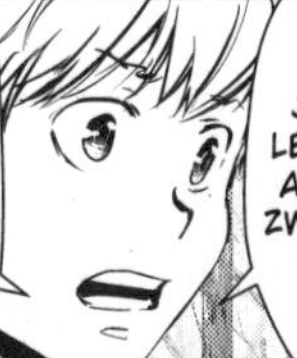
NACH SIEBEN JAHREN TAUCHT EINE LEICHE IM MONDKERKER AUF, DER EIN EXAKTER ZWILLING DES TATORTES EINES UNGELÖSTEN FALLES IST …
RIECHT NACH EINEM KNIFFELIGEN FALL …

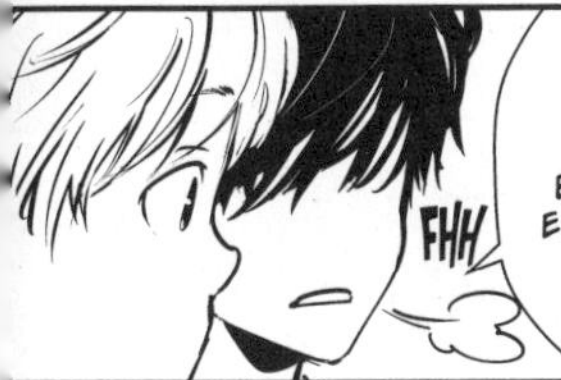
SIE WIRKEN ERFREUT, ERMITTLER ISSHIKI.
FHH

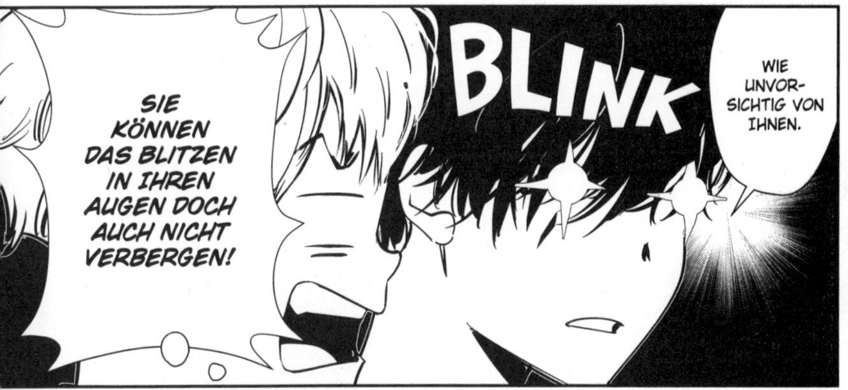
WIE UNVOR-SICHTIG VON IHNEN.
BLINK
SIE KÖNNEN DAS BLITZEN IN IHREN AUGEN DOCH AUCH NICHT VERBERGEN!

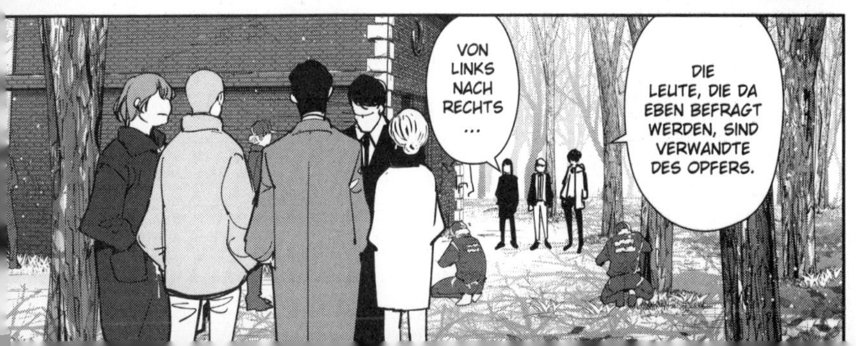
DIE LEUTE, DIE DA EBEN BEFRAGT WERDEN, SIND VERWANDTE DES OPFERS.
VON LINKS NACH RECHTS …

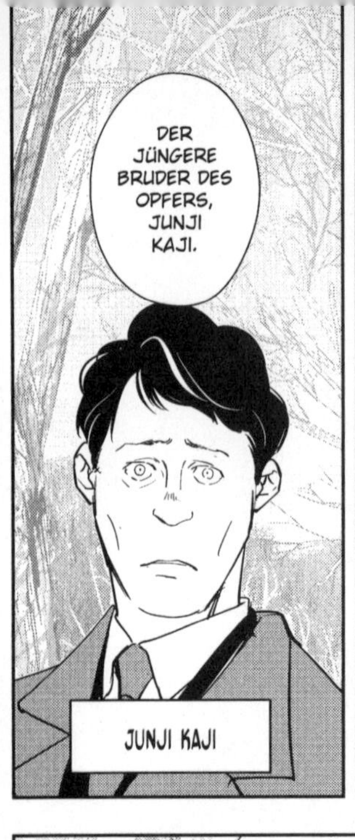
DER JÜNGERE BRUDER DES OPFERS, JUNJI KAJI.
JUNJI KAJI

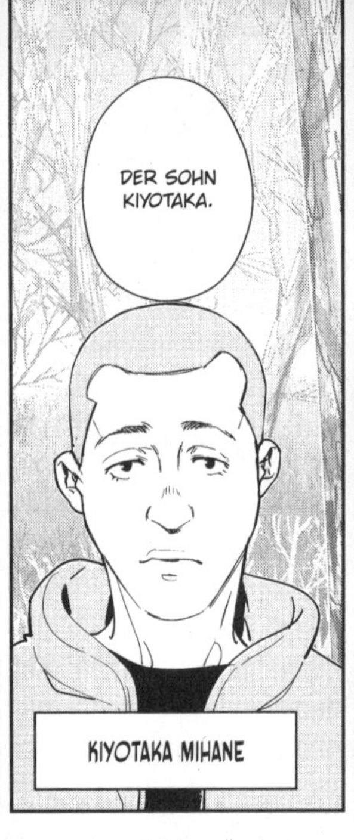
DER SOHN KIYOTAKA.
KIYOTAKA MIHANE

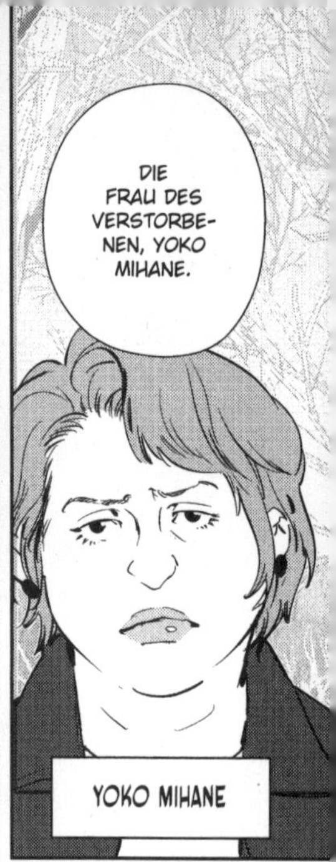
DIE FRAU DES VERSTORBE-NEN, YOKO MIHANE.
YOKO MIHANE

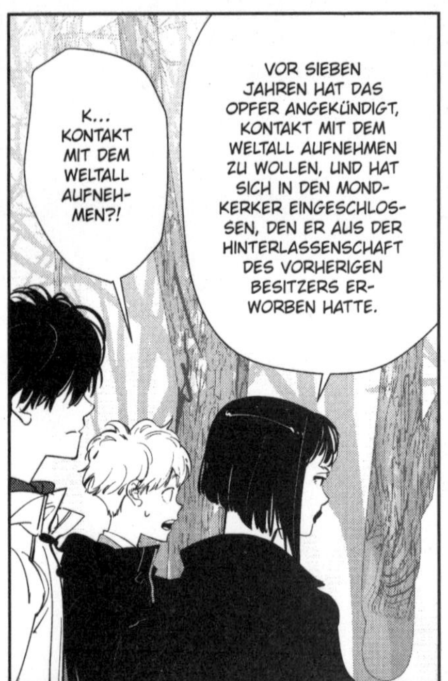
VOR SIEBEN JAHREN HAT DAS OPFER ANGEKÜNDIGT, KONTAKT MIT DEM WELTALL AUFNEHMEN ZU WOLLEN, UND HAT SICH IN DEN MOND-KERKER EINGESCHLOS-SEN, DEN ER AUS DER HINTERLASSENSCHAFT DES VORHERIGEN BESITZERS ER-WORBEN HATTE.
K... KONTAKT MIT DEM WELTALL AUFNEH-MEN?!

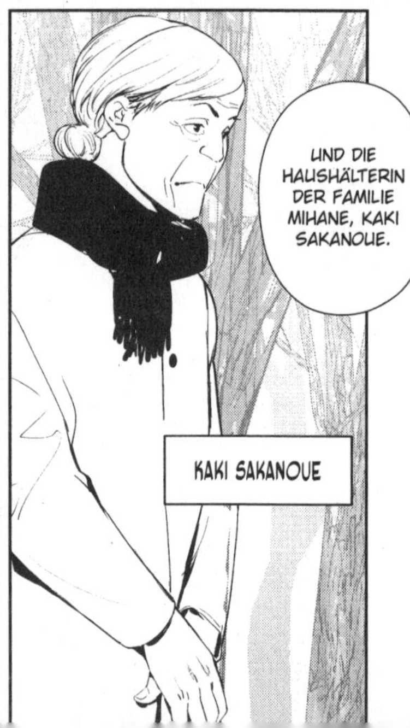
UND DIE HAUSHÄLTERIN DER FAMILIE MIHANE, KAKI SAKANOUE.
KAKI SAKANOUE

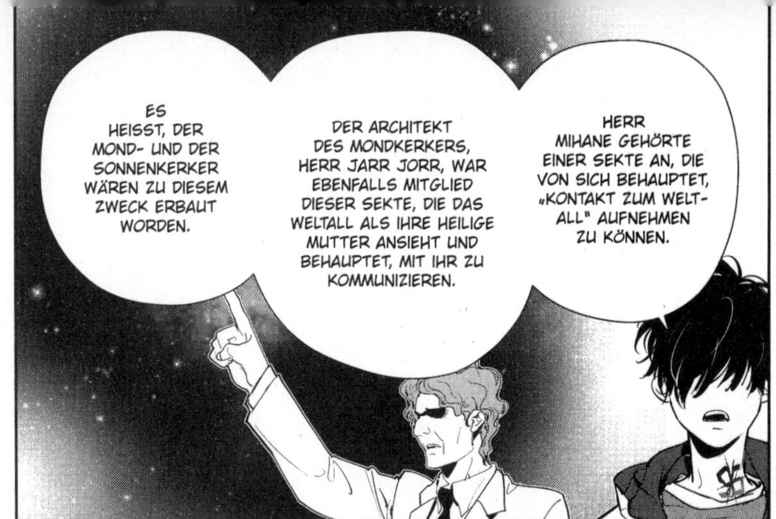
HERR MIHANE GEHÖRTE EINER SEKTE AN, DIE VON SICH BEHAUPTET, „KONTAKT ZUM WELTALL" AUFNEHMEN ZU KÖNNEN.
DER ARCHITEKT DES MONDKERKERS, HERR JARR JORR, WAR EBENFALLS MITGLIED DIESER SEKTE, DIE DAS WELTALL ALS IHRE HEILIGE MUTTER ANSIEHT UND BEHAUPTET, MIT IHR ZU KOMMUNIZIEREN.
ES HEISST, DER MOND- UND DER SONNENKERKER WÄREN ZU DIESEM ZWECK ERBAUT WORDEN.

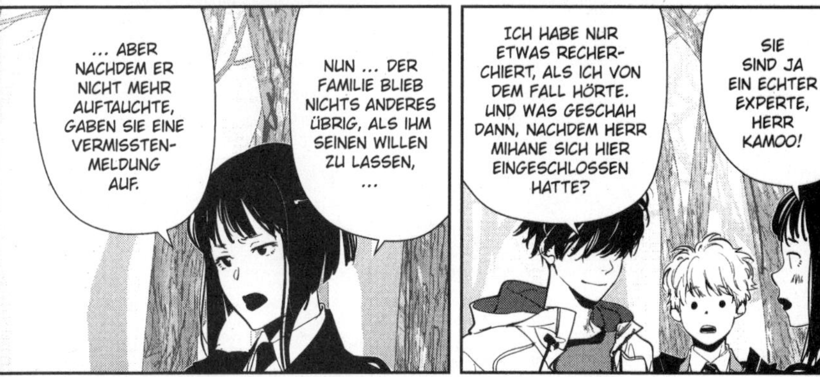
SIE SIND JA EIN ECHTER EXPERTE, HERR KAMOO!
ICH HABE NUR ETWAS RECHERCHIERT, ALS ICH VON DEM FALL HÖRTE. UND WAS GESCHAH DANN, NACHDEM HERR MIHANE SICH HIER EINGESCHLOSSEN HATTE?
NUN … DER FAMILIE BLIEB NICHTS ANDERES ÜBRIG, ALS IHM SEINEN WILLEN ZU LASSEN, …
… ABER NACHDEM ER NICHT MEHR AUFTAUCHTE, GABEN SIE EINE VERMISSTENMELDUNG AUF.

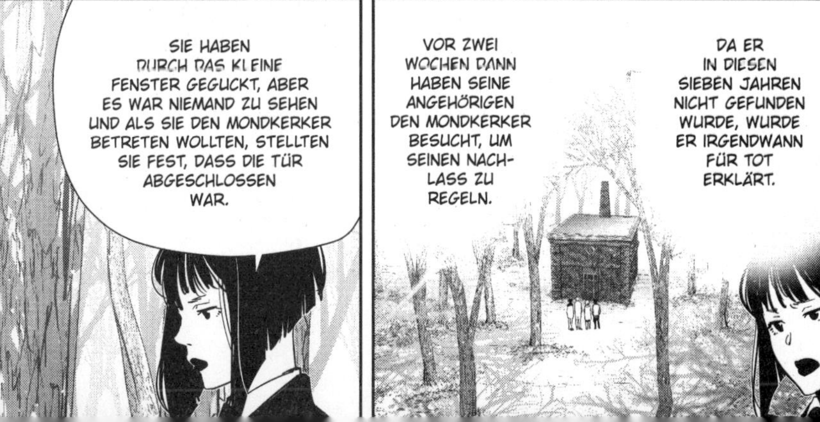
DA ER IN DIESEN SIEBEN JAHREN NICHT GEFUNDEN WURDE, WURDE ER IRGENDWANN FÜR TOT ERKLÄRT.
VOR ZWEI WOCHEN DANN HABEN SEINE ANGEHÖRIGEN DEN MONDKERKER BESUCHT, UM SEINEN NACHLASS ZU REGELN.
SIE HABEN DURCH DAS KLEINE FENSTER GEGUCKT, ABER ES WAR NIEMAND ZU SEHEN UND ALS SIE DEN MONDKERKER BETRETEN WOLLTEN, STELLTEN SIE FEST, DASS DIE TÜR ABGESCHLOSSEN WAR.

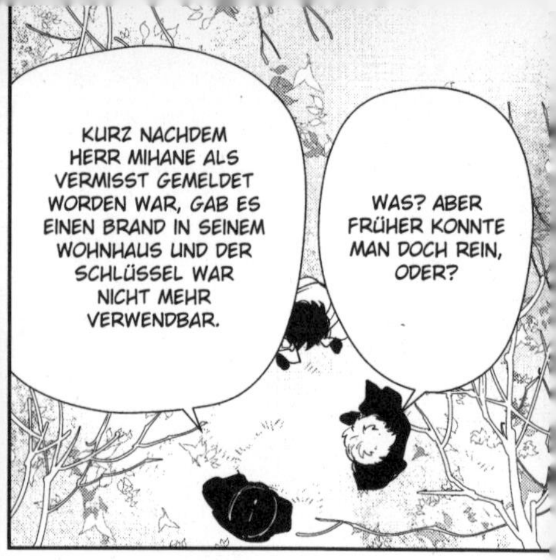
WAS? ABER FRÜHER KONNTE MAN DOCH REIN, ODER?
KURZ NACHDEM HERR MIHANE ALS VERMISST GEMELDET WORDEN WAR, GAB ES EINEN BRAND IN SEINEM WOHNHAUS UND DER SCHLÜSSEL WAR NICHT MEHR VERWENDBAR.

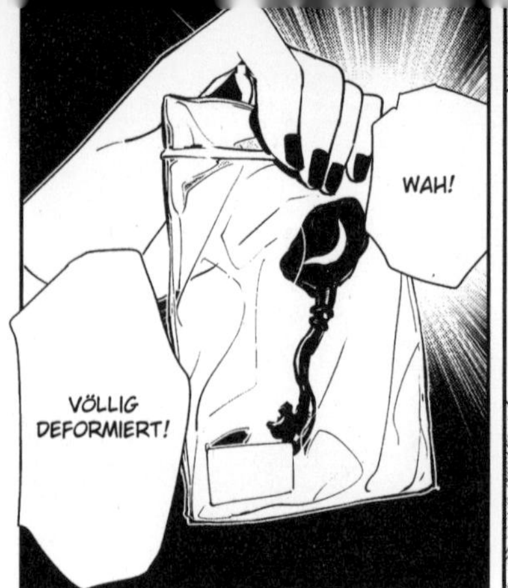
WAH!
VÖLLIG DEFORMIERT!

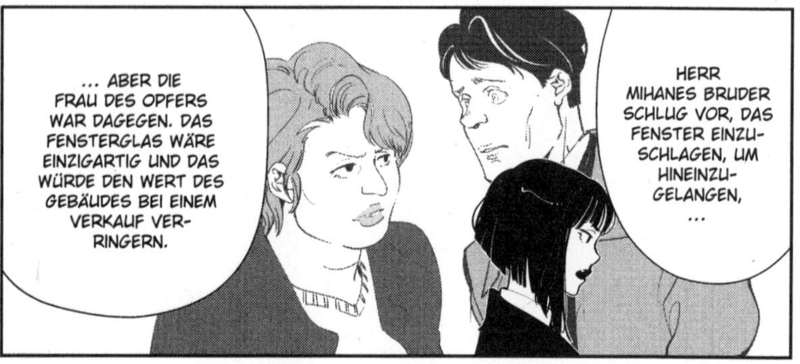
HERR MIHANES BRUDER SCHLUG VOR, DAS FENSTER EINZU-SCHLAGEN, UM HINEINZU-GELANGEN, ...
... ABER DIE FRAU DES OPFERS WAR DAGEGEN. DAS FENSTERGLAS WÄRE EINZIGARTIG UND DAS WÜRDE DEN WERT DES GEBÄUDES BEI EINEM VERKAUF VER-RINGERN.

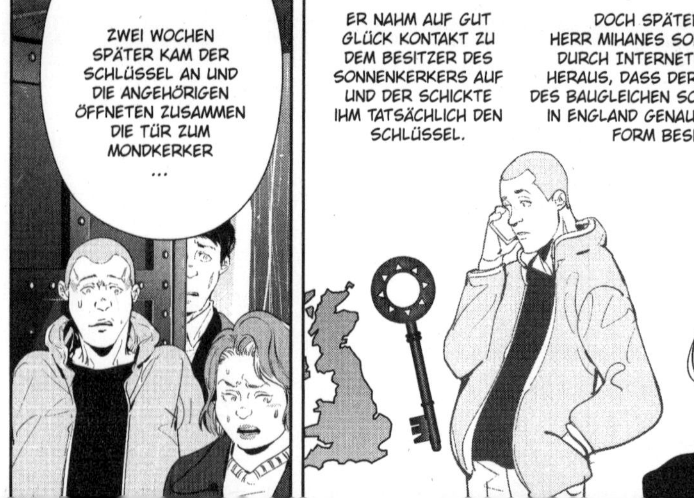
DOCH SPÄTER FAND HERR MIHANES SOHN KIYOTAKA DURCH INTERNETRECHERCHE HERAUS, DASS DER SCHLÜSSEL DES BAUGLEICHEN SONNENKERKERS IN ENGLAND GENAU DIE GLEICHE FORM BESITZT.
ER NAHM AUF GUT GLÜCK KONTAKT ZU DEM BESITZER DES SONNENKERKERS AUF UND DER SCHICKTE IHM TATSÄCHLICH DEN SCHLÜSSEL.
ZWEI WOCHEN SPÄTER KAM DER SCHLÜSSEL AN UND DIE ANGEHÖRIGEN ÖFFNETEN ZUSAMMEN DIE TÜR ZUM MONDKERKER ...

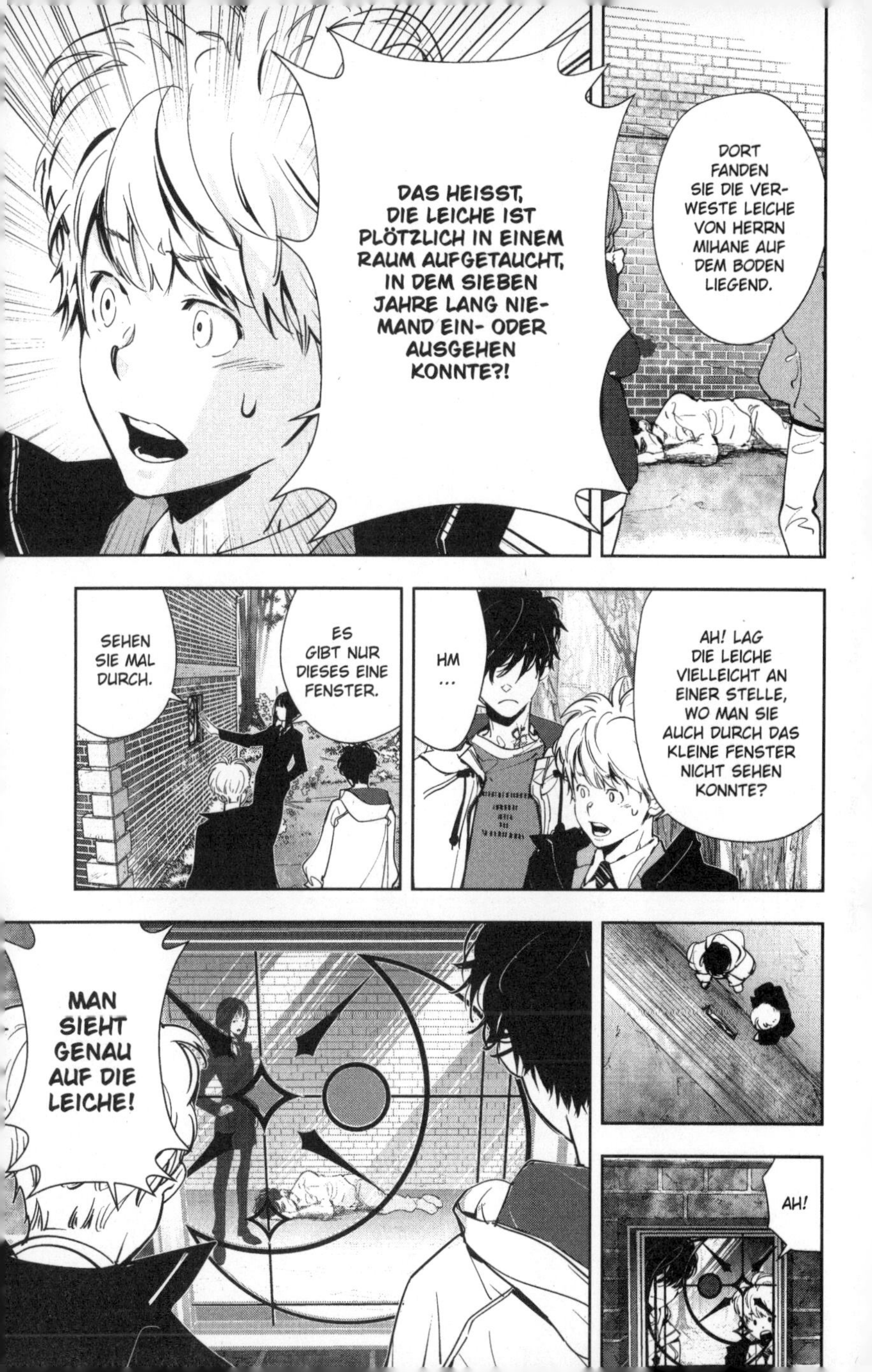

DORT FANDEN SIE DIE VERWESTE LEICHE VON HERRN MIHANE AUF DEM BODEN LIEGEND.

DAS HEISST, DIE LEICHE IST PLÖTZLICH IN EINEM RAUM AUFGETAUCHT, IN DEM SIEBEN JAHRE LANG NIEMAND EIN- ODER AUSGEHEN KONNTE?!

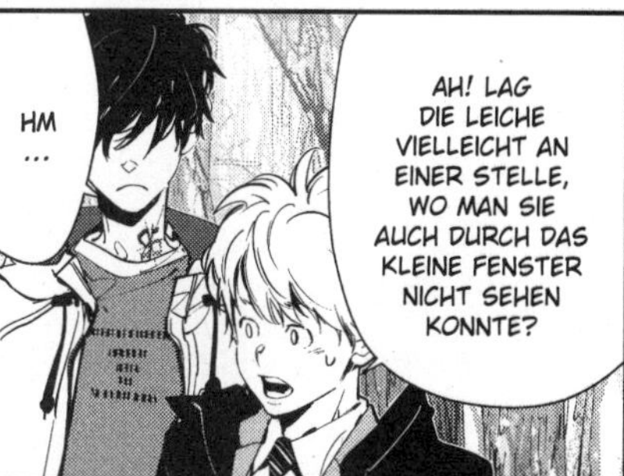

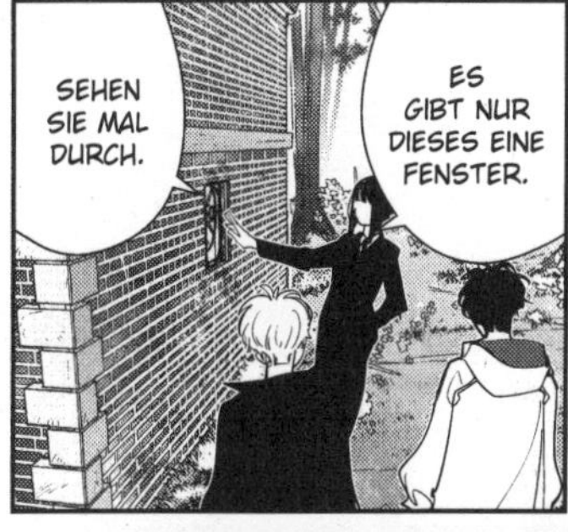

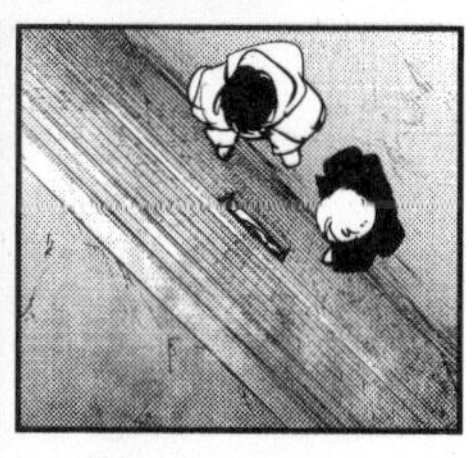

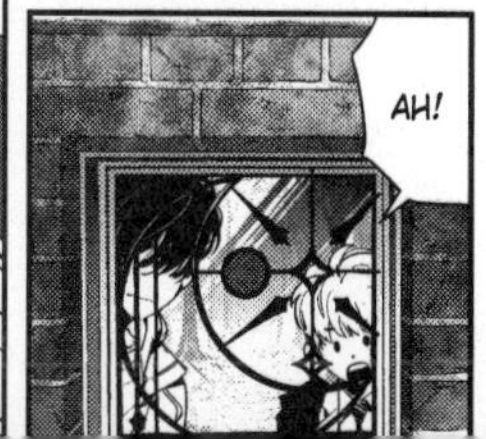

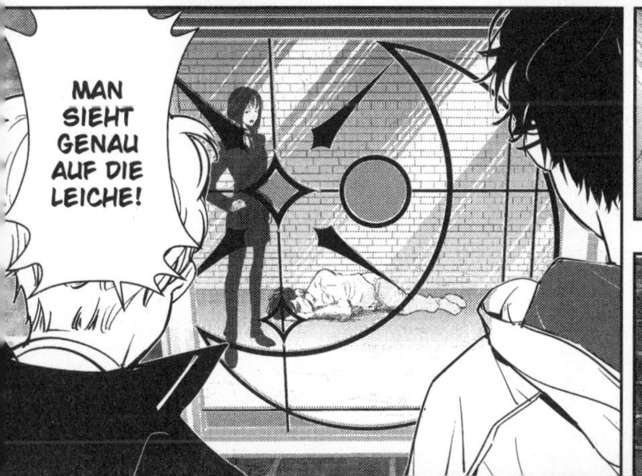

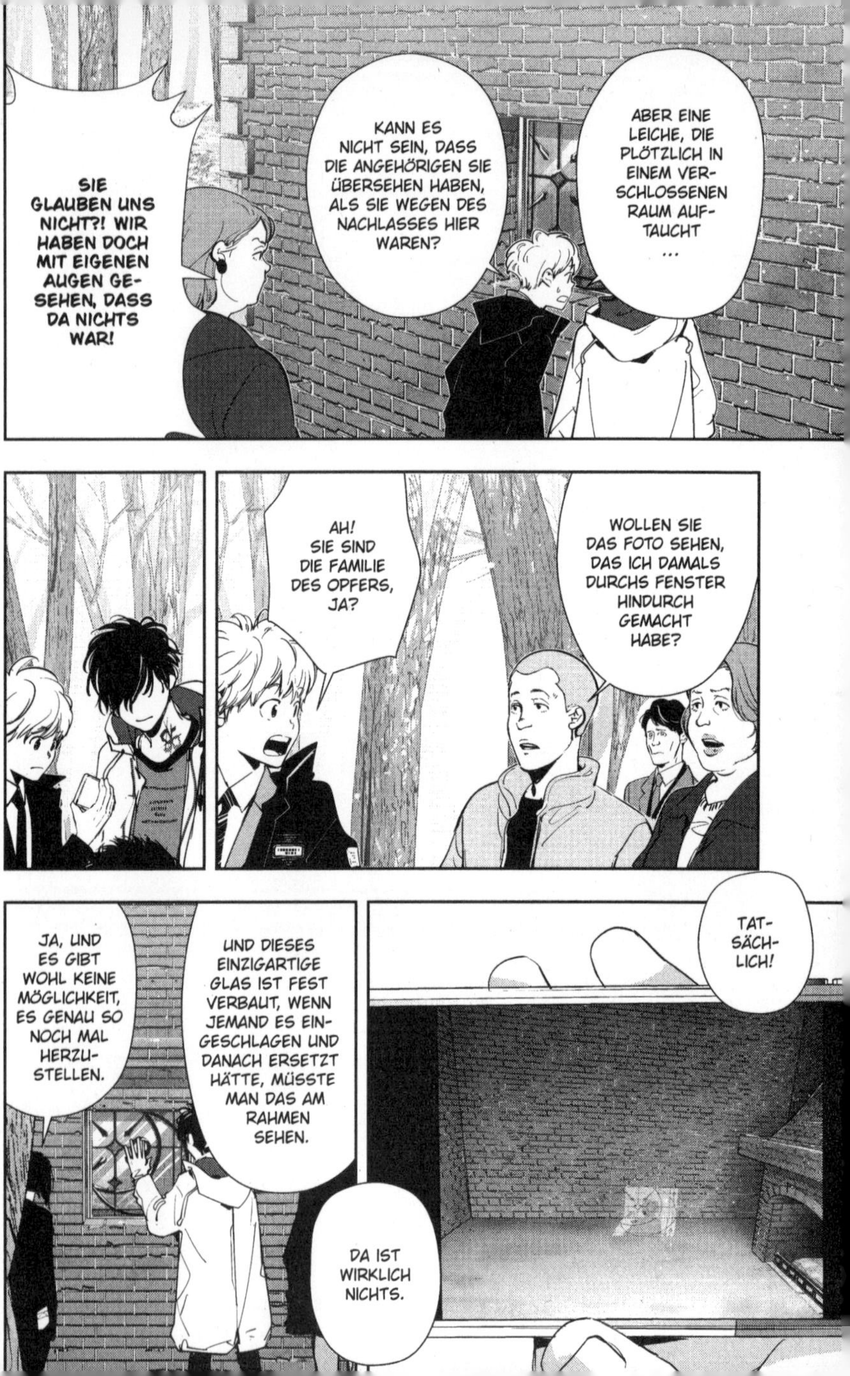

Aber eine Leiche, die plötzlich in einem verschlossenen Raum auftaucht …

Kann es nicht sein, dass die Angehörigen sie übersehen haben, als sie wegen des Nachlasses hier waren?

Sie glauben uns nicht?! Wir haben doch mit eigenen Augen gesehen, dass da nichts war!

Wollen Sie das Foto sehen, das ich damals durchs Fenster hindurch gemacht habe?

Ah! Sie sind die Familie des Opfers, ja?

Tat-sächlich!

Da ist wirklich nichts.

Und dieses einzigartige Glas ist fest verbaut, wenn jemand es eingeschlagen und danach ersetzt hätte, müsste man das am Rahmen sehen.

Ja, und es gibt wohl keine Möglichkeit, es genau so noch mal herzustellen.

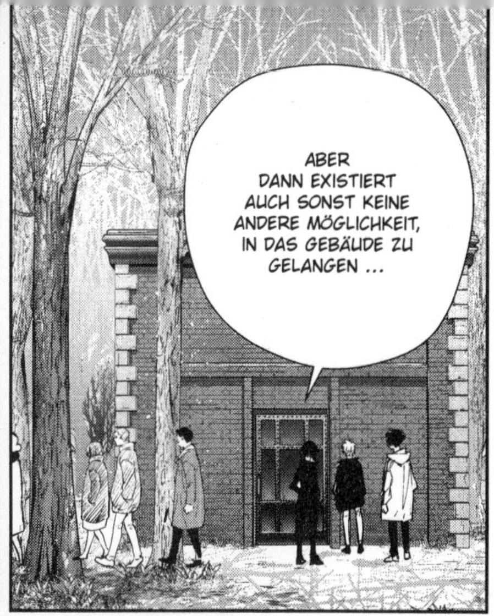
ABER DANN EXISTIERT AUCH SONST KEINE ANDERE MÖGLICHKEIT, IN DAS GEBÄUDE ZU GELANGEN …

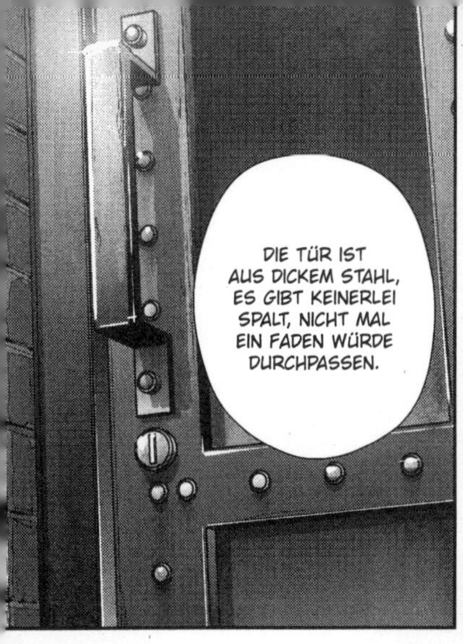
DIE TÜR IST AUS DICKEM STAHL, ES GIBT KEINERLEI SPALT, NICHT MAL EIN FADEN WÜRDE DURCHPASSEN.

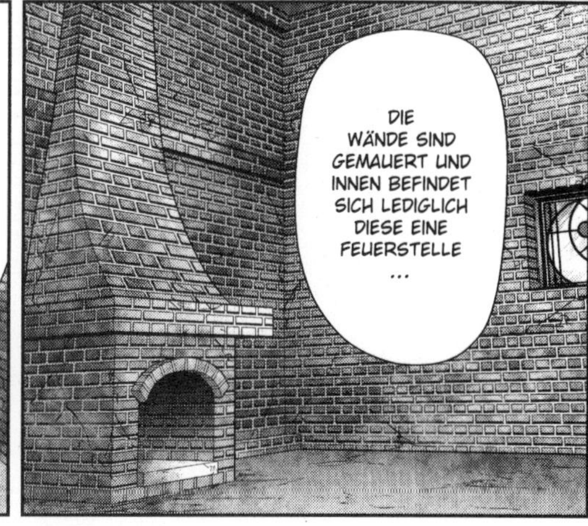
DIE WÄNDE SIND GEMAUERT UND INNEN BEFINDET SICH LEDIGLICH DIESE EINE FEUERSTELLE …

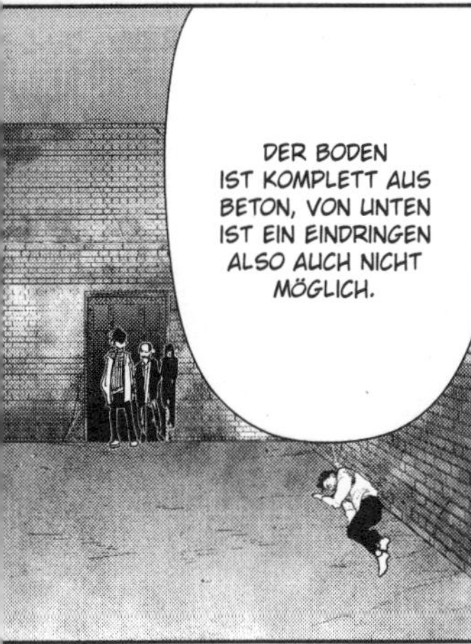
DER BODEN IST KOMPLETT AUS BETON, VON UNTEN IST EIN EINDRINGEN ALSO AUCH NICHT MÖGLICH.

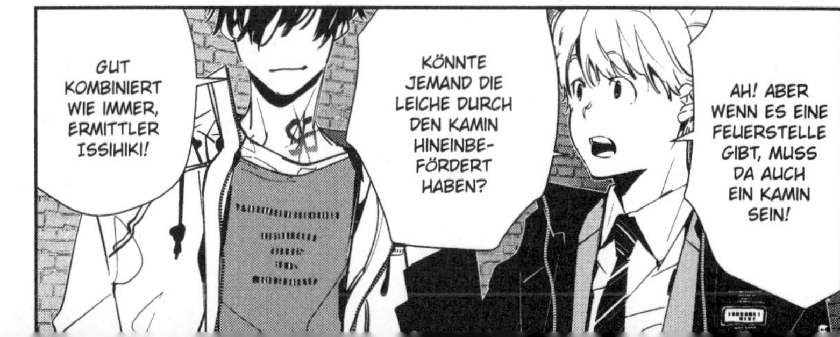
AH! ABER WENN ES EINE FEUERSTELLE GIBT, MUSS DA AUCH EIN KAMIN SEIN!
KÖNNTE JEMAND DIE LEICHE DURCH DEN KAMIN HINEINBE-FÖRDERT HABEN?
GUT KOMBINIERT WIE IMMER, ERMITTLER ISSIHIKI!

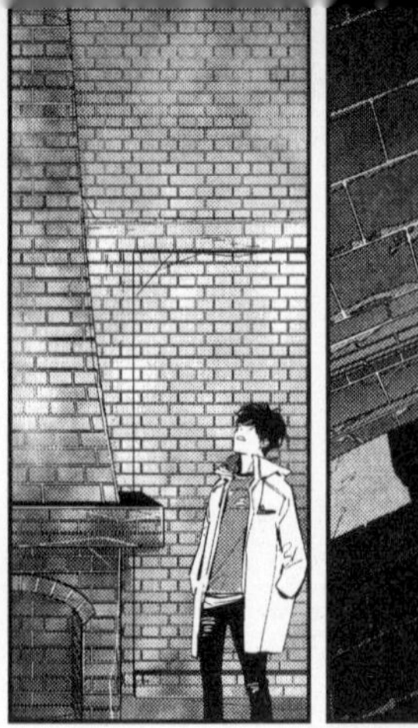

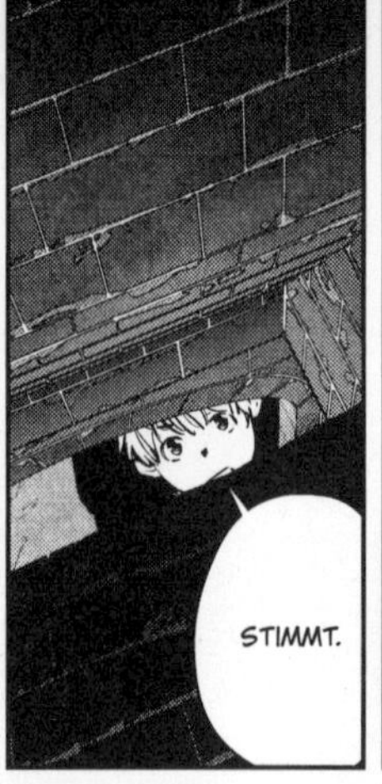
STIMMT.

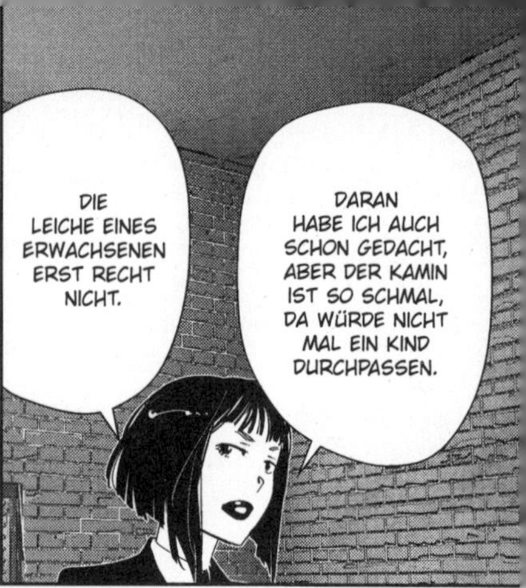
DARAN HABE ICH AUCH SCHON GEDACHT, ABER DER KAMIN IST SO SCHMAL, DA WÜRDE NICHT MAL EIN KIND DURCHPASSEN.
DIE LEICHE EINES ERWACHSENEN ERST RECHT NICHT.

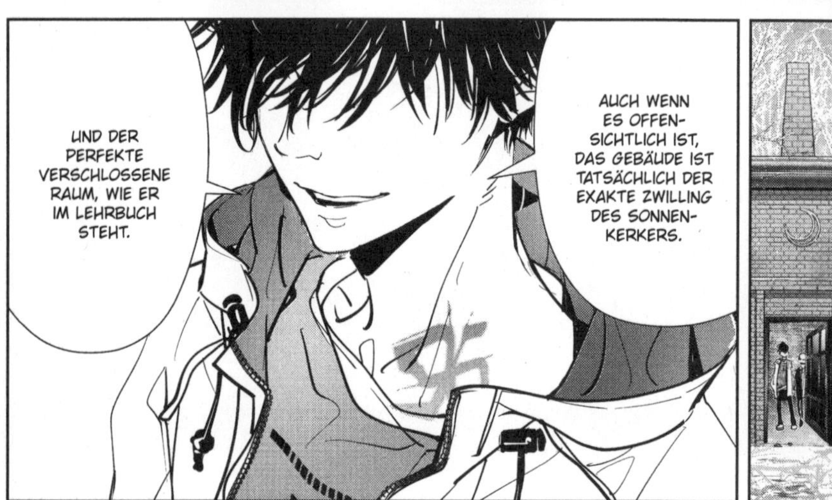
AUCH WENN ES OFFEN-SICHTLICH IST, DAS GEBÄUDE IST TATSÄCHLICH DER EXAKTE ZWILLING DES SONNEN-KERKERS.
UND DER PERFEKTE VERSCHLOSSENE RAUM, WIE ER IM LEHRBUCH STEHT.

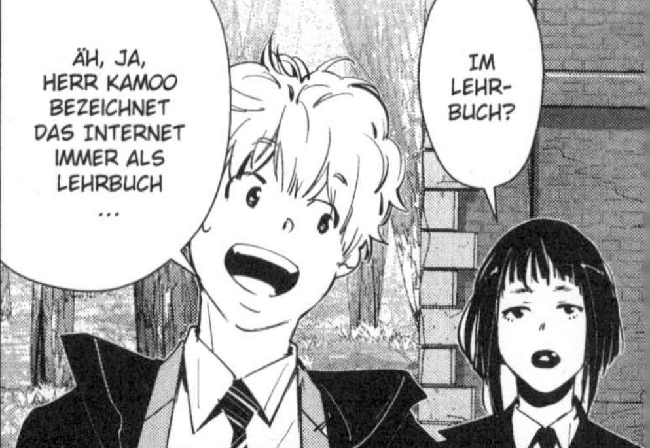
IM LEHR-BUCH?
ÄH, JA, HERR KAMOO BEZEICHNET DAS INTERNET IMMER ALS LEHRBUCH …

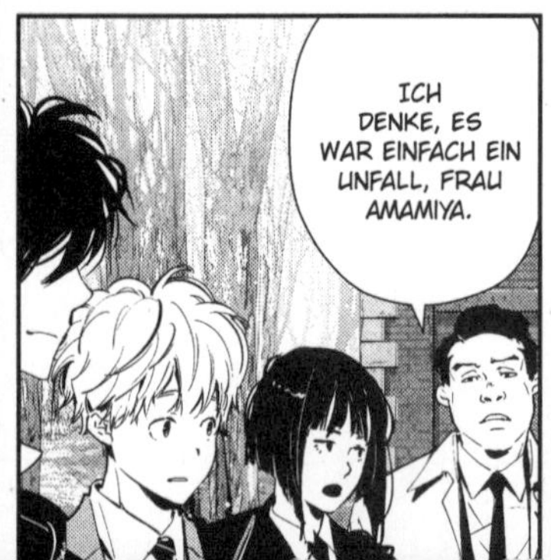
ICH DENKE, ES WAR EINFACH EIN UNFALL, FRAU AMAMIYA.

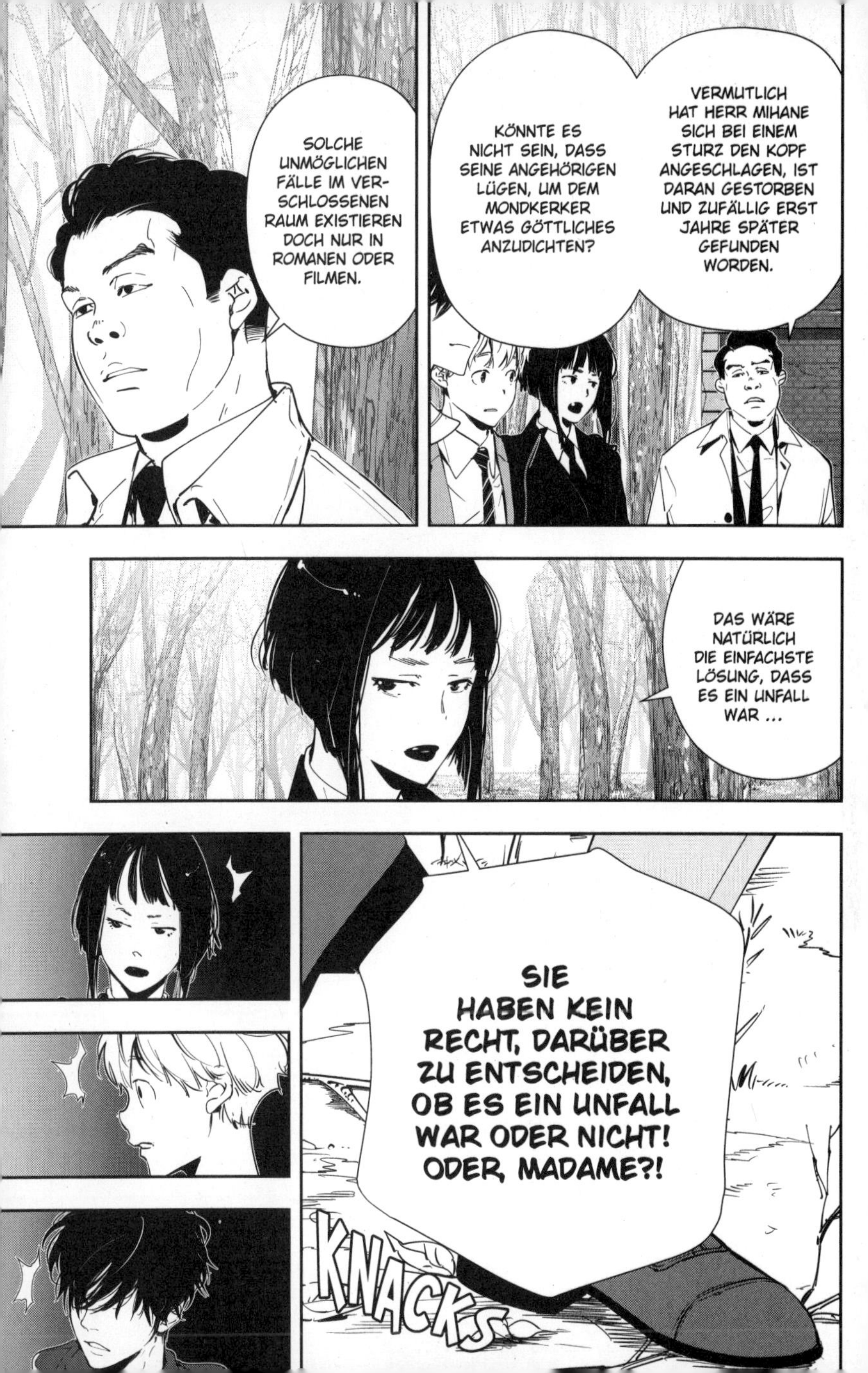

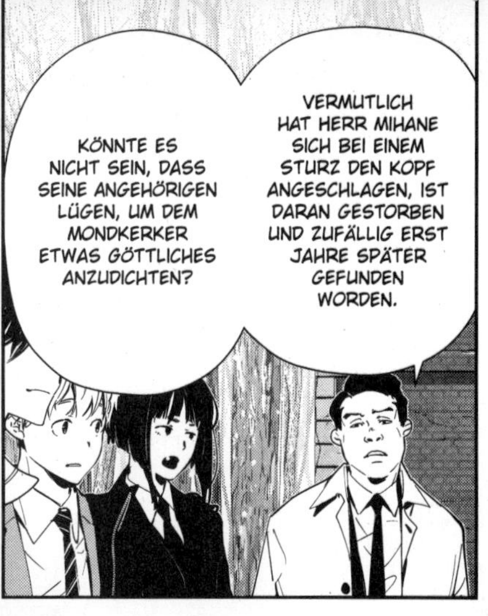
VERMUTLICH HAT HERR MIHANE SICH BEI EINEM STURZ DEN KOPF ANGESCHLAGEN, IST DARAN GESTORBEN UND ZUFÄLLIG ERST JAHRE SPÄTER GEFUNDEN WORDEN.
KÖNNTE ES NICHT SEIN, DASS SEINE ANGEHÖRIGEN LÜGEN, UM DEM MONDKERKER ETWAS GÖTTLICHES ANZUDICHTEN?

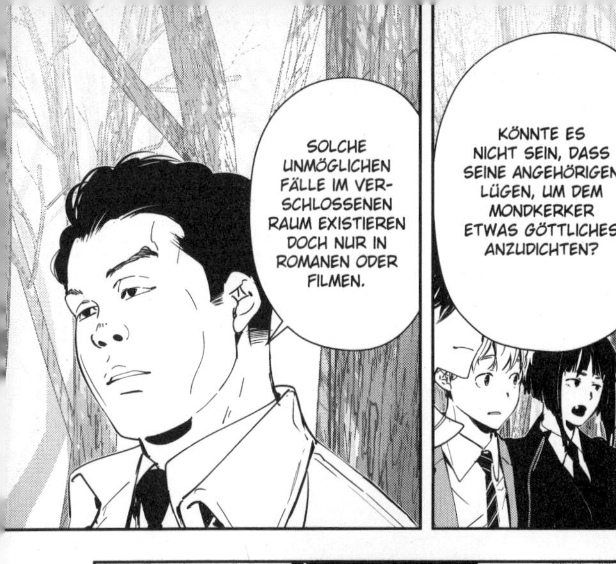
SOLCHE UNMÖGLICHEN FÄLLE IM VERSCHLOSSENEN RAUM EXISTIEREN DOCH NUR IN ROMANEN ODER FILMEN.

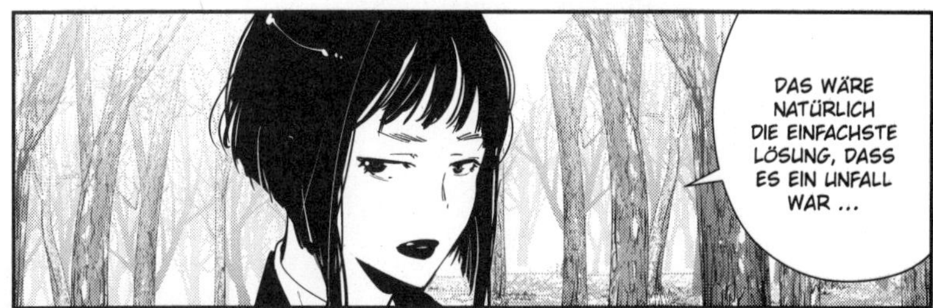
DAS WÄRE NATÜRLICH DIE EINFACHSTE LÖSUNG, DASS ES EIN UNFALL WAR …
SIE HABEN KEIN RECHT, DARÜBER ZU ENTSCHEIDEN, OB ES EIN UNFALL WAR ODER NICHT! ODER, MADAME?!
KNACKS

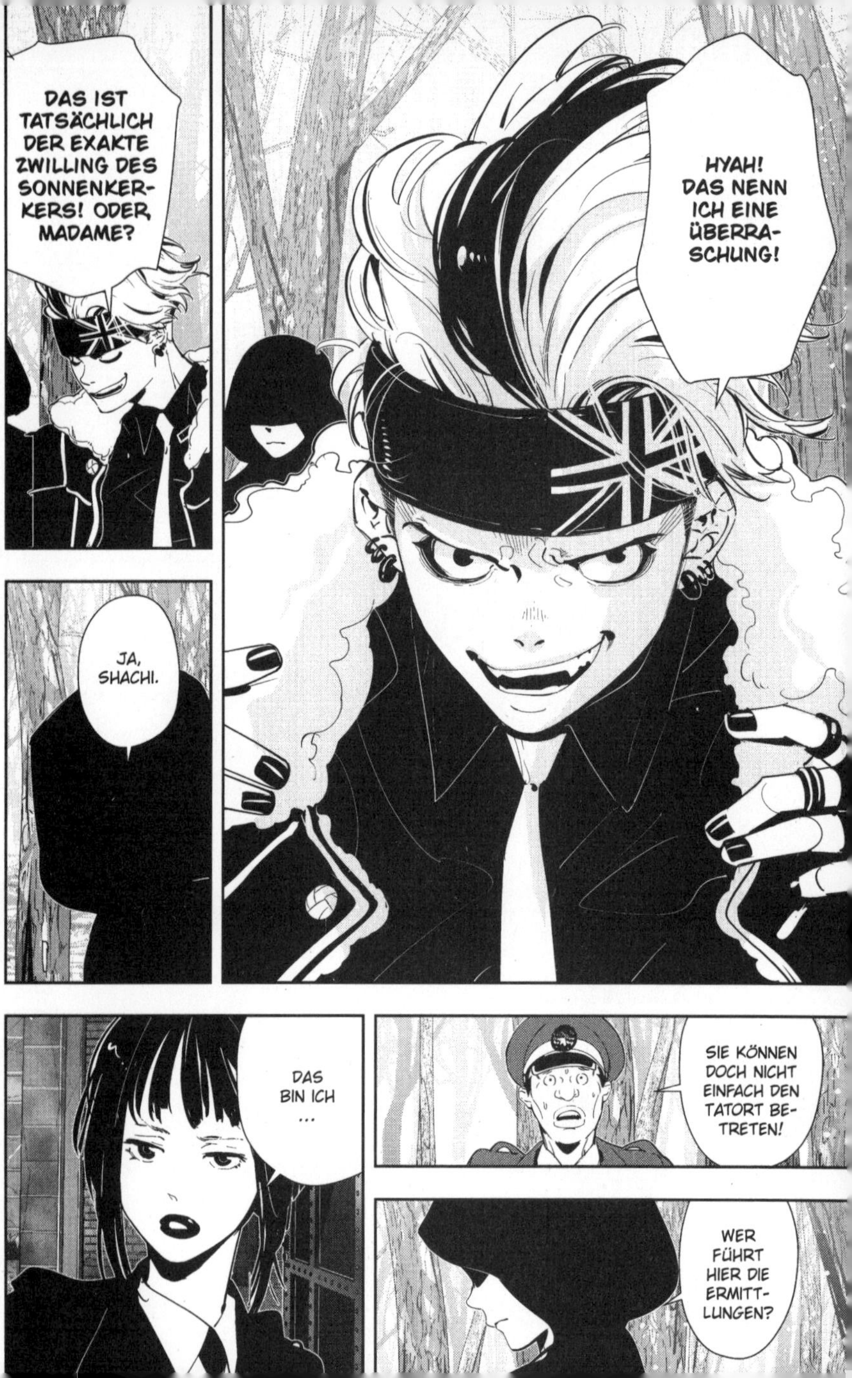

HYAH! DAS NENN ICH EINE ÜBERRA-SCHUNG!

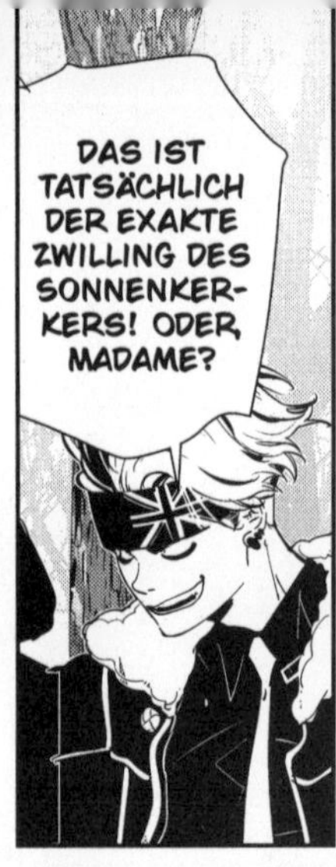

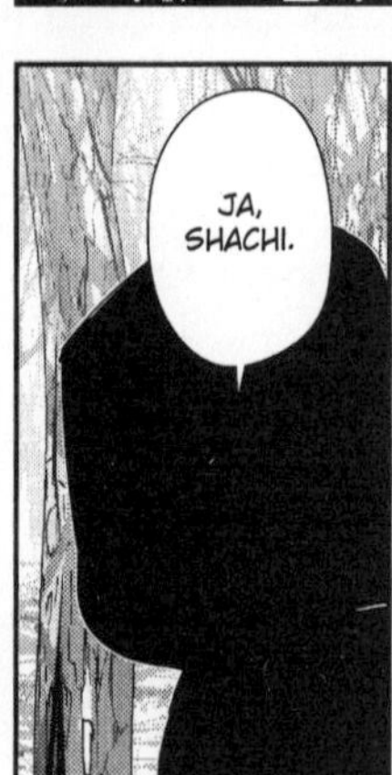

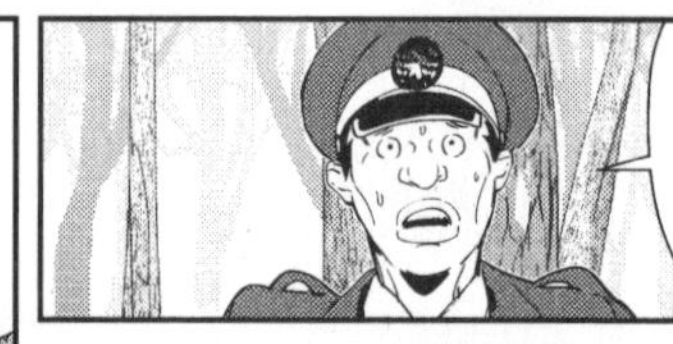

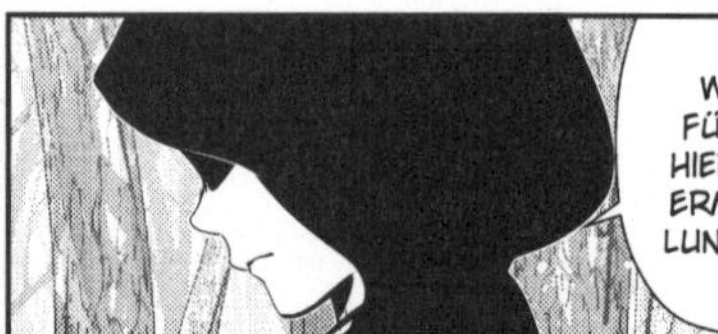

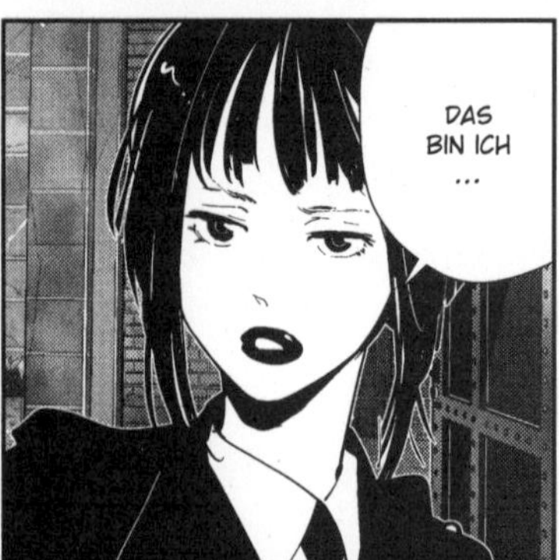

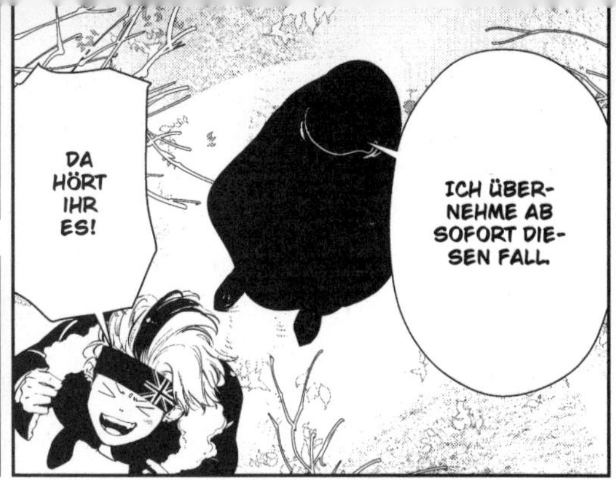
ICH ÜBERNEHME AB SOFORT DIESEN FALL.
DA HÖRT IHR ES!
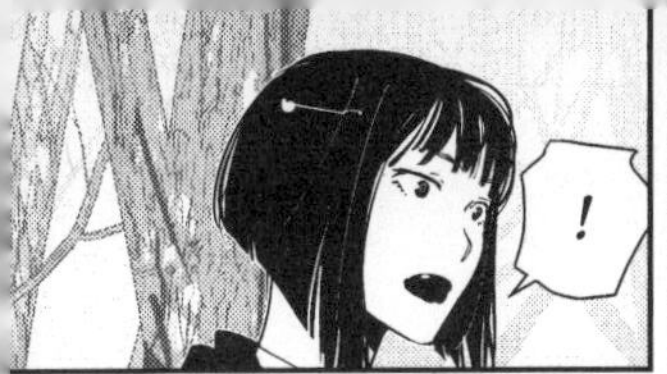
!
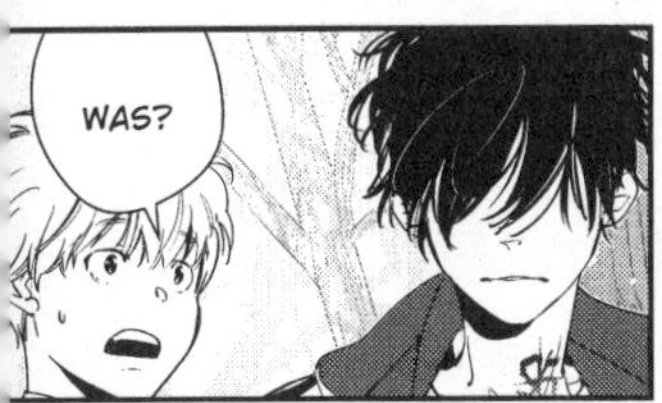
WAS?
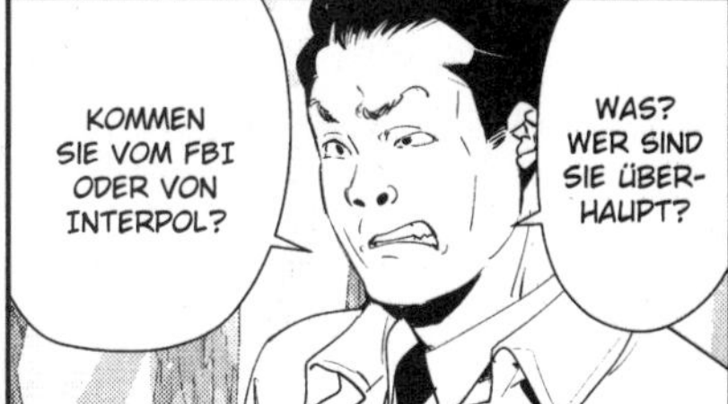
WAS? WER SIND SIE ÜBERHAUPT?
KOMMEN SIE VOM FBI ODER VON INTERPOL?
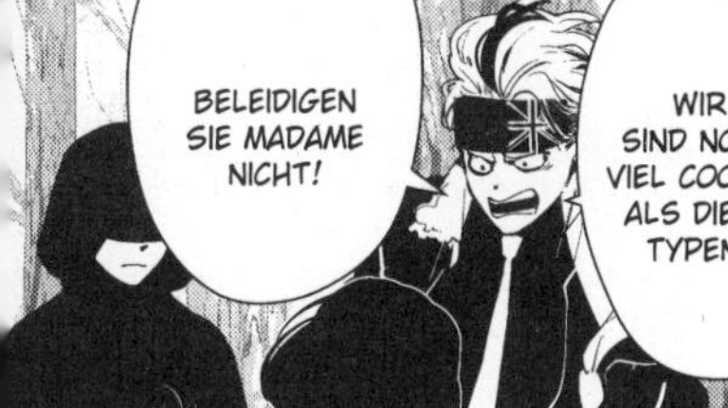
WIR SIND NOCH VIEL COOLER ALS DIESE TYPEN!
BELEIDIGEN SIE MADAME NICHT!
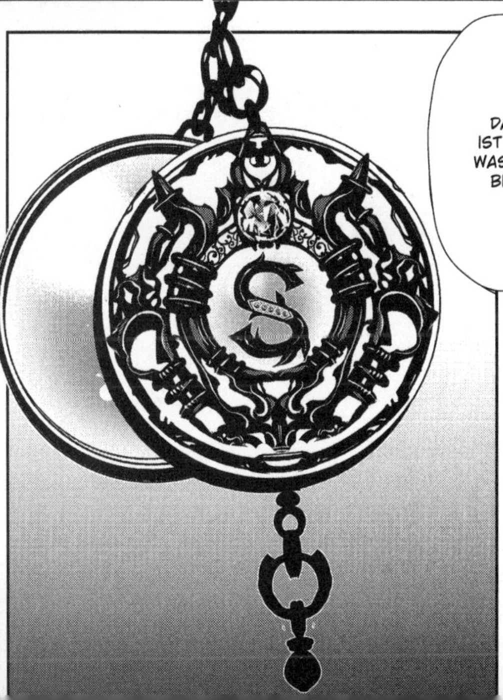
KLIRR
DAS IST ES, WAS ICH BIN.
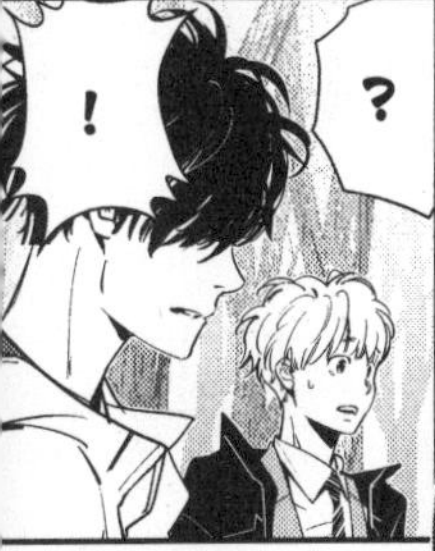
?
!
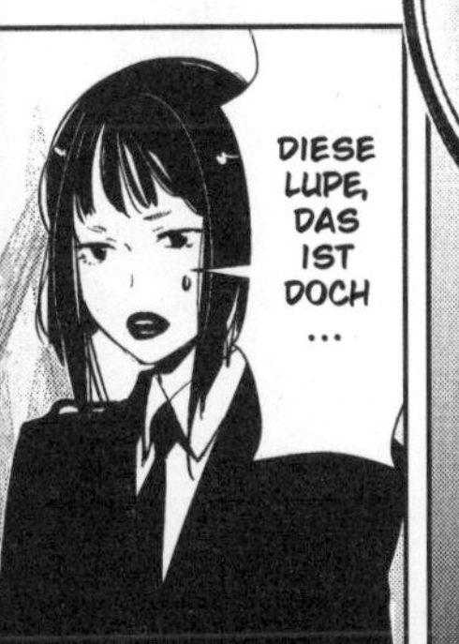
DIESE LUPE, DAS IST DOCH ...

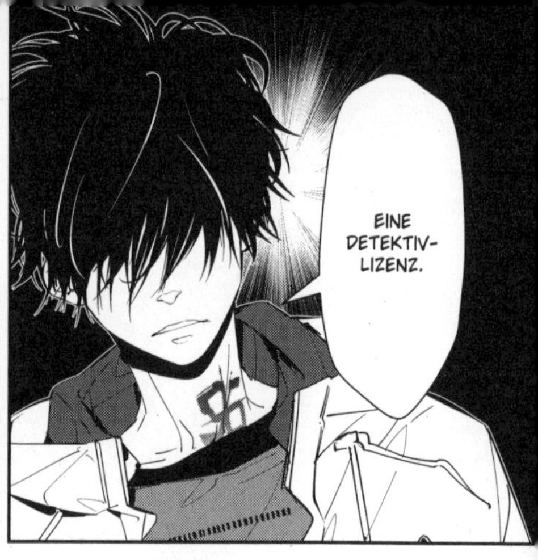
EINE DETEKTIV-LIZENZ.

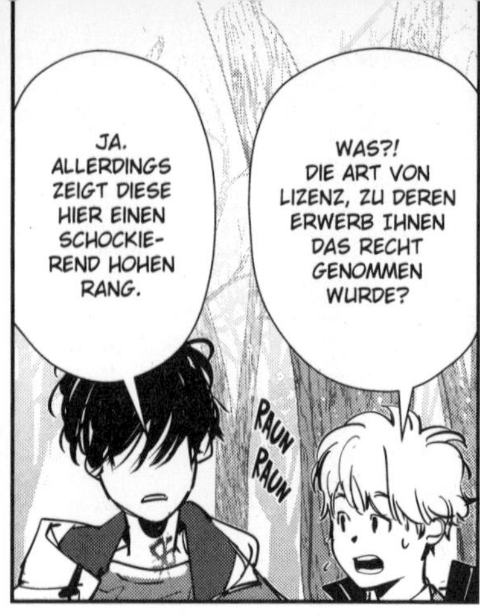
WAS?! DIE ART VON LIZENZ, ZU DEREN ERWERB IHNEN DAS RECHT GENOMMEN WURDE?
JA. ALLERDINGS ZEIGT DIESE HIER EINEN SCHOCKIE-REND HOHEN RANG.
RAUN RAUN

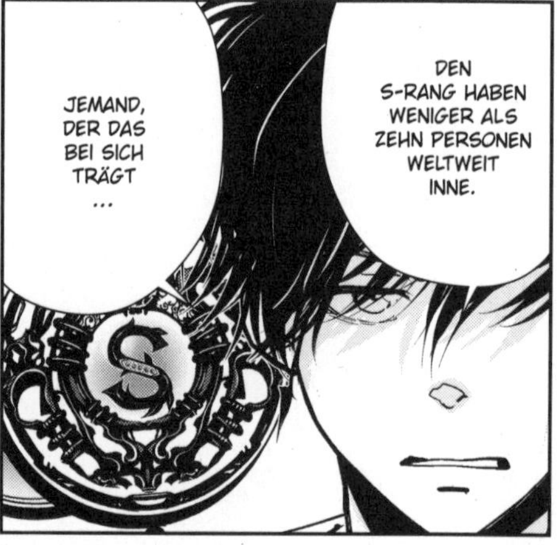
DEN S-RANG HABEN WENIGER ALS ZEHN PERSONEN WELTWEIT INNE.
JEMAND, DER DAS BEI SICH TRÄGT …

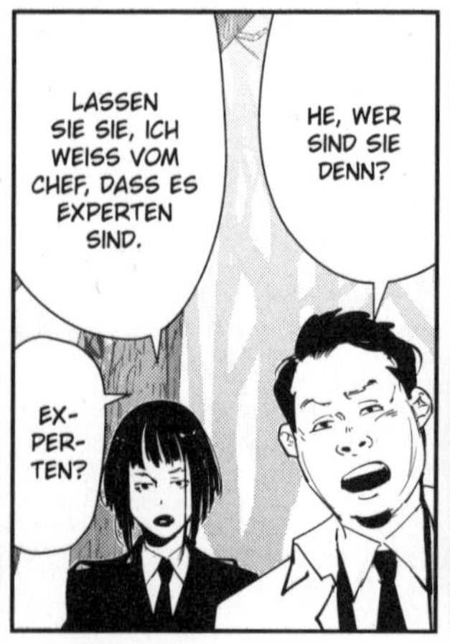
HE, WER SIND SIE DENN?
LASSEN SIE SIE, ICH WEISS VOM CHEF, DASS ES EXPERTEN SIND.
EX-PER-TEN?

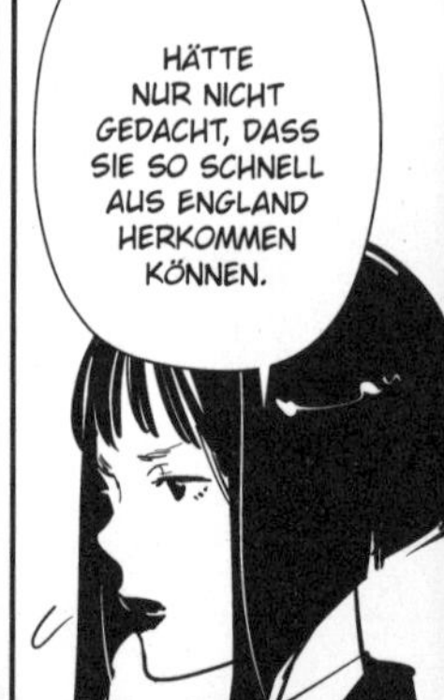
HÄTTE NUR NICHT GEDACHT, DASS SIE SO SCHNELL AUS ENGLAND HERKOMMEN KÖNNEN.

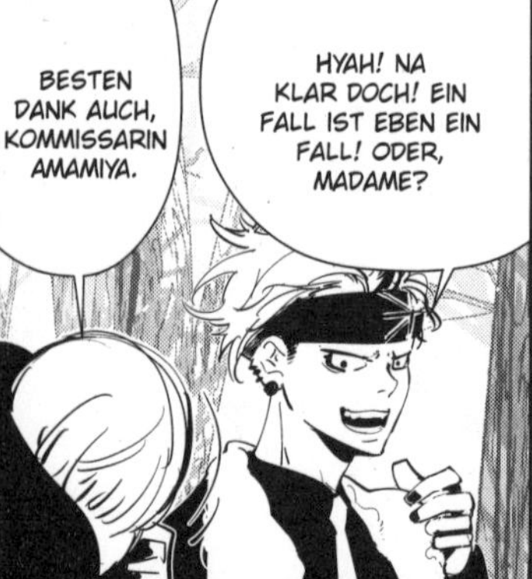
HYAH! NA KLAR DOCH! EIN FALL IST EBEN EIN FALL! ODER, MADAME?
BESTEN DANK AUCH, KOMMISSARIN AMAMIYA.

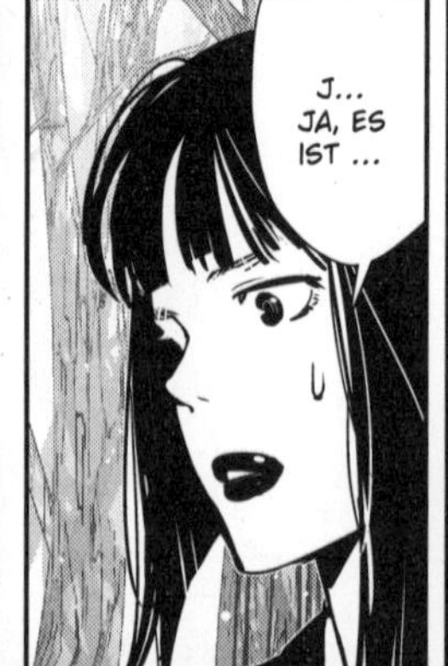
J… JA, ES IST …

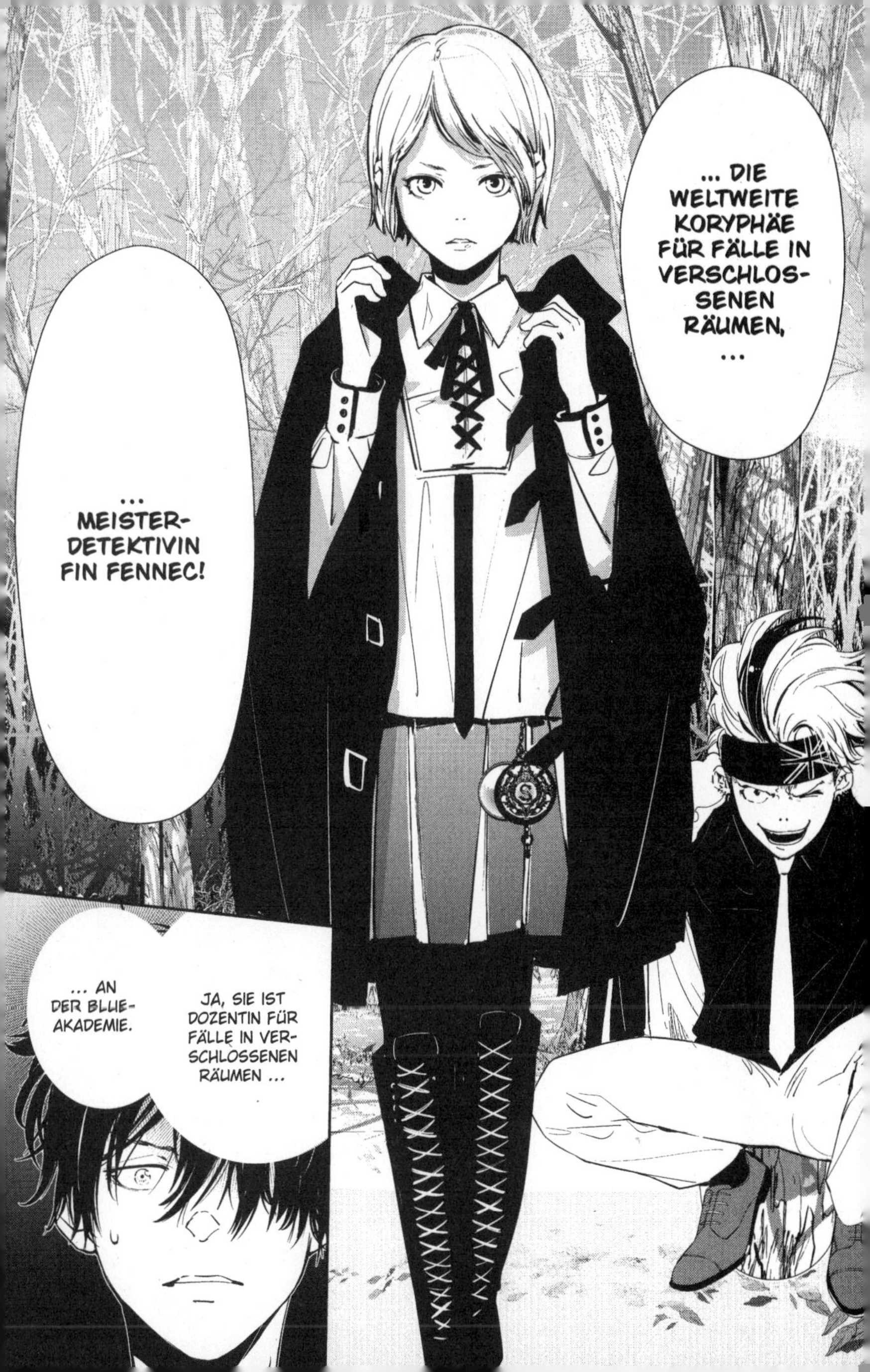
... DIE WELTWEITE KORYPHÄE FÜR FÄLLE IN VERSCHLOSSENEN RÄUMEN, ...
... MEISTER-DETEKTIVIN FIN FENNEC!
JA, SIE IST DOZENTIN FÜR FÄLLE IN VERSCHLOSSENEN RÄUMEN ...
... AN DER BLUE-AKADEMIE.

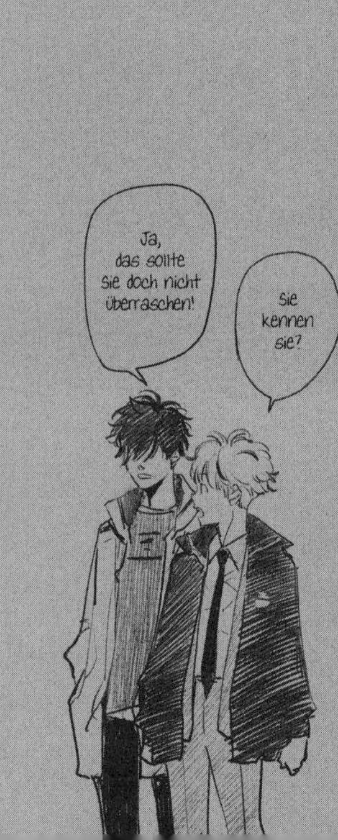
Sie kennen sie?
Ja, das sollte sie doch nicht überraschen!

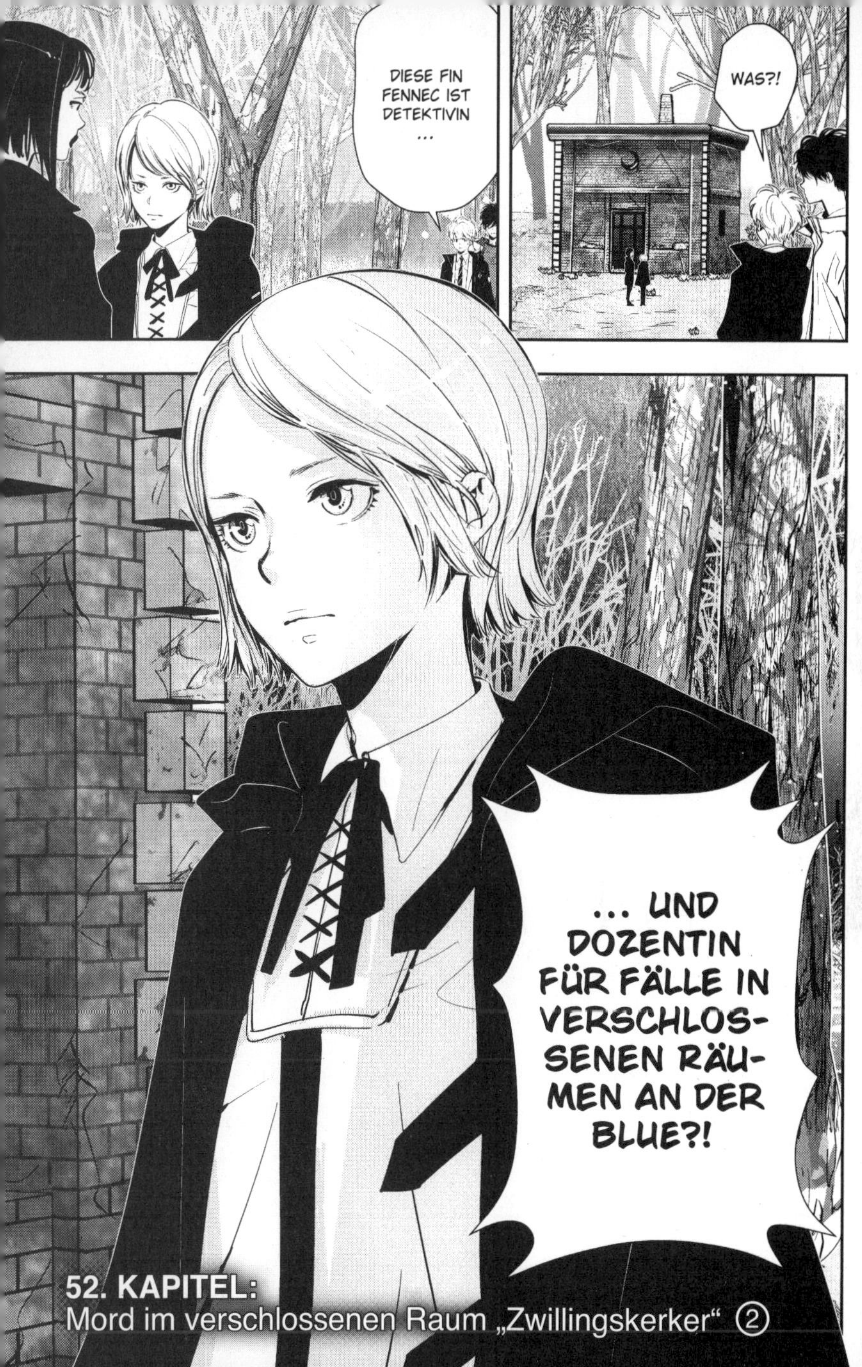

52. KAPITEL:
Mord im verschlossenen Raum „Zwillingskerker" ②

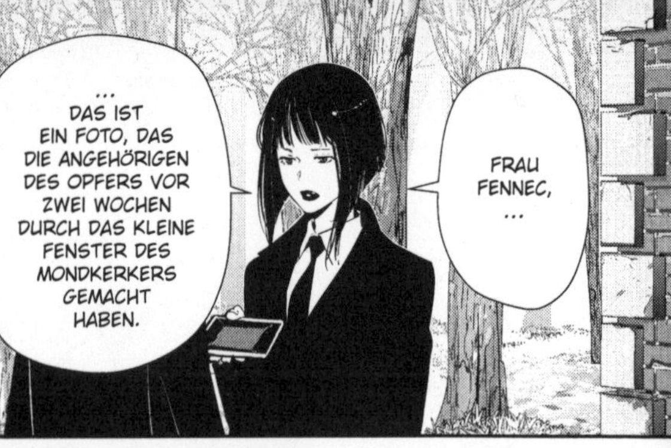
FRAU FENNEC, ...
... DAS IST EIN FOTO, DAS DIE ANGEHÖRIGEN DES OPFERS VOR ZWEI WOCHEN DURCH DAS KLEINE FENSTER DES MONDKERKERS GEMACHT HABEN.

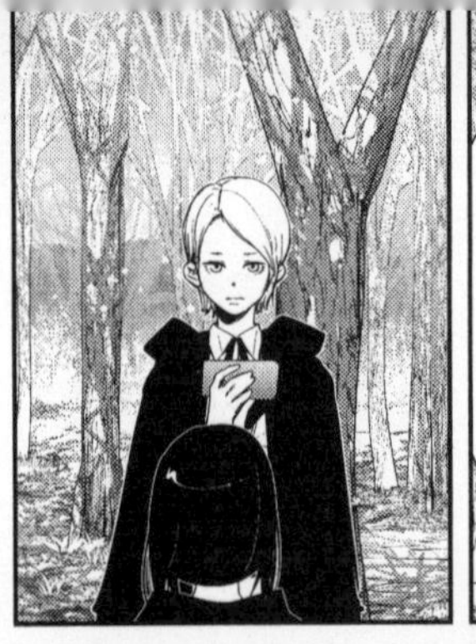

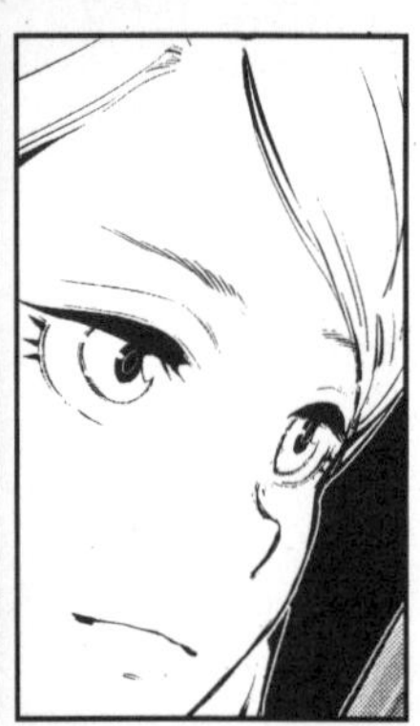

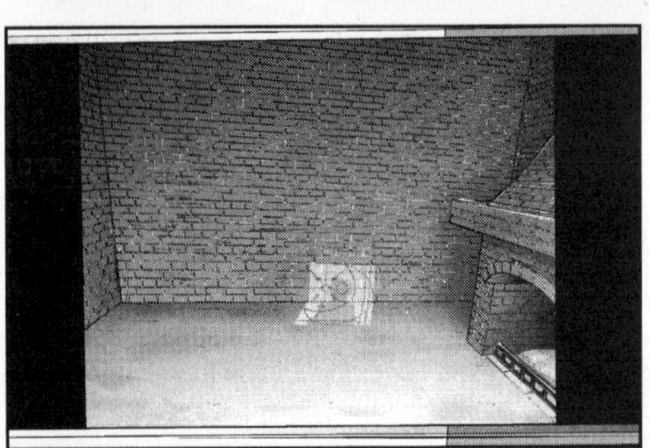

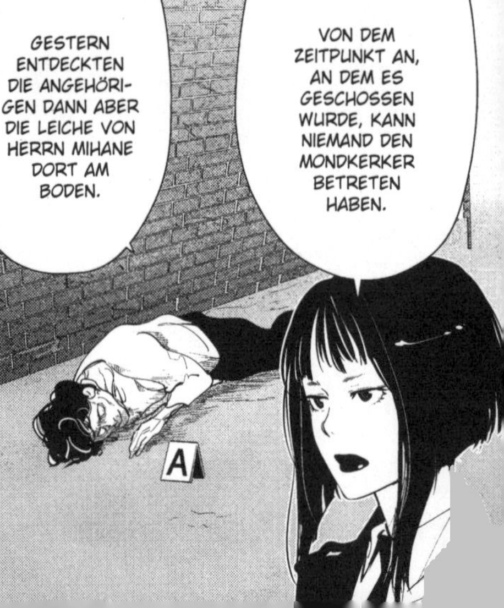
VON DEM ZEITPUNKT AN, AN DEM ES GESCHOSSEN WURDE, KANN NIEMAND DEN MONDKERKER BETRETEN HABEN.
GESTERN ENTDECKTEN DIE ANGEHÖRIGEN DANN ABER DIE LEICHE VON HERRN MIHANE DORT AM BODEN.
A

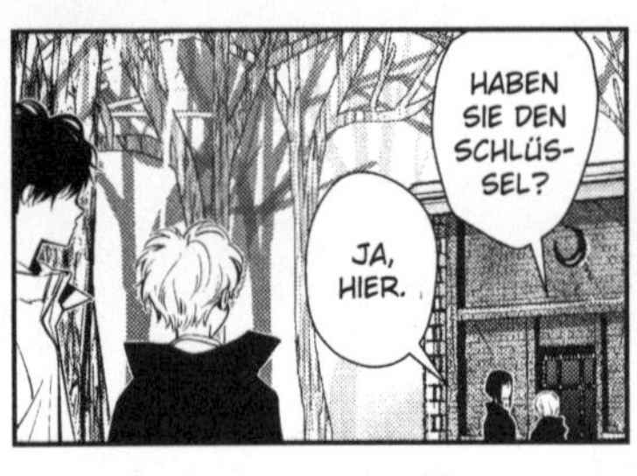
HABEN SIE DEN SCHLÜSSEL?
JA, HIER.

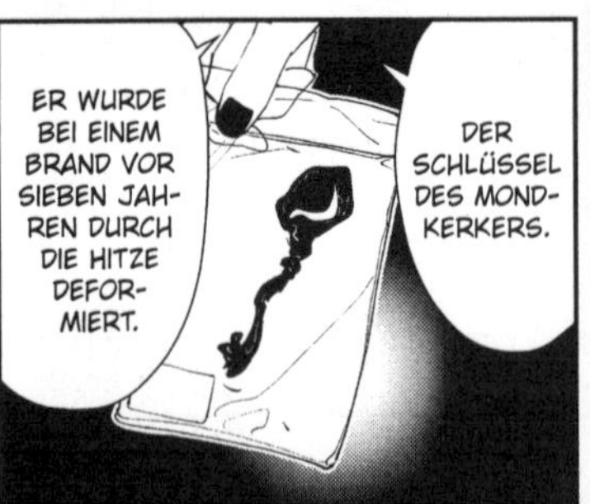
DER SCHLÜSSEL DES MONDKERKERS.
ER WURDE BEI EINEM BRAND VOR SIEBEN JAHREN DURCH DIE HITZE DEFORMIERT.

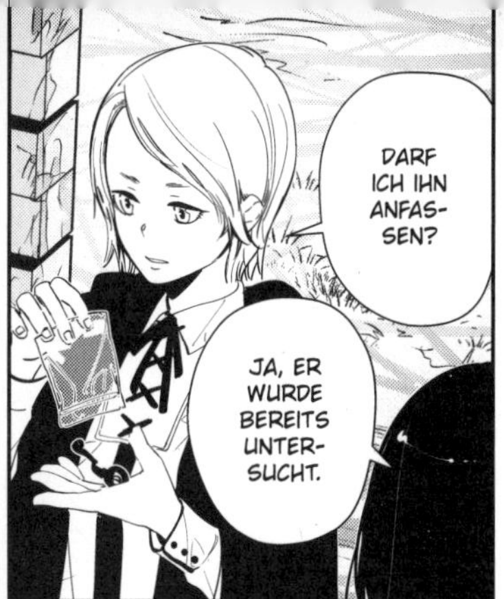
DARF ICH IHN ANFASSEN?
JA, ER WURDE BEREITS UNTERSUCHT.

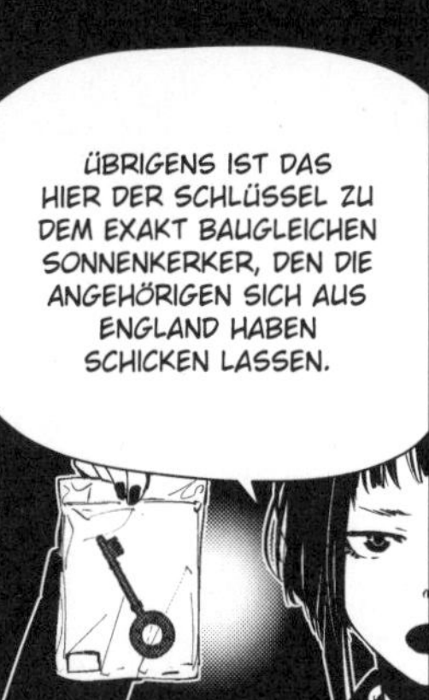
ÜBRIGENS IST DAS HIER DER SCHLÜSSEL ZU DEM EXAKT BAUGLEICHEN SONNENKERKER, DEN DIE ANGEHÖRIGEN SICH AUS ENGLAND HABEN SCHICKEN LASSEN.

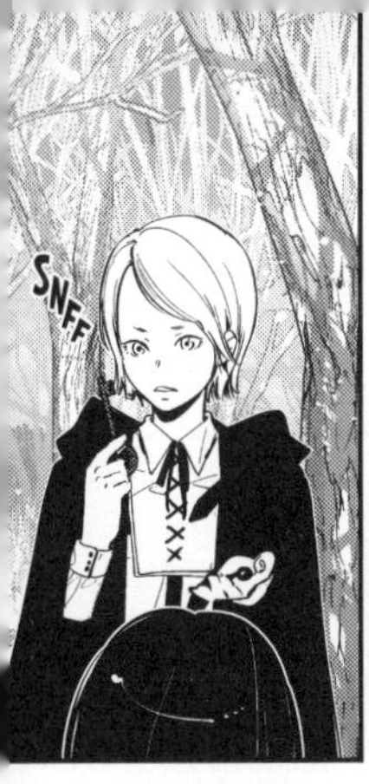
SNFF

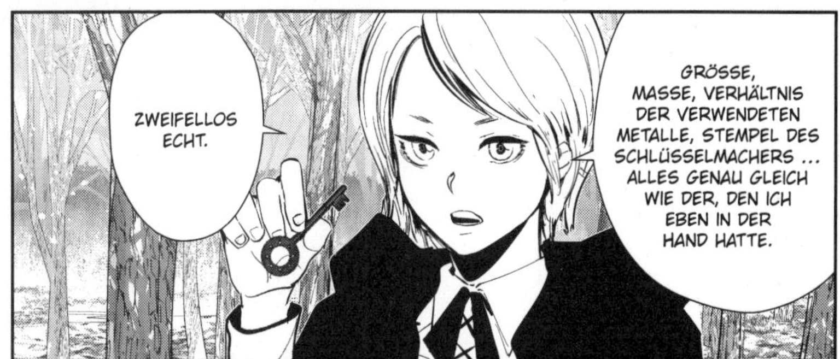
GRÖSSE, MASSE, VERHÄLTNIS DER VERWENDETEN METALLE, STEMPEL DES SCHLÜSSELMACHERS … ALLES GENAU GLEICH WIE DER, DEN ICH EBEN IN DER HAND HATTE.
ZWEIFELLOS ECHT.

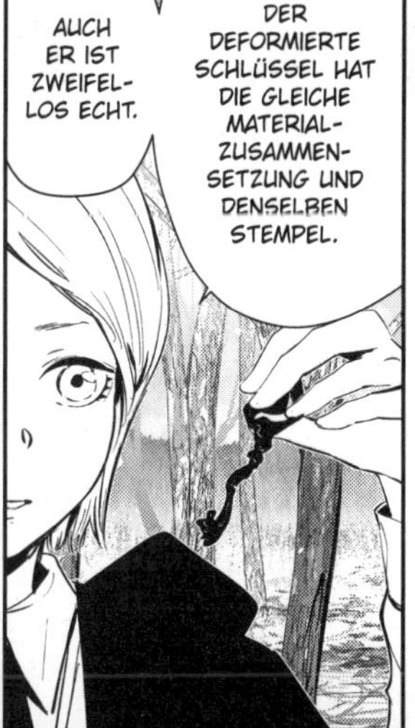
DER DEFORMIERTE SCHLÜSSEL HAT DIE GLEICHE MATERIALZUSAMMENSETZUNG UND DENSELBEN STEMPEL.
AUCH ER IST ZWEIFELLOS ECHT.

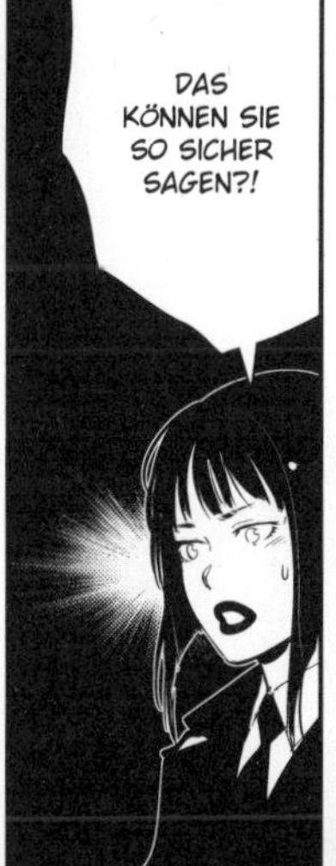
DAS KÖNNEN SIE SO SICHER SAGEN?!

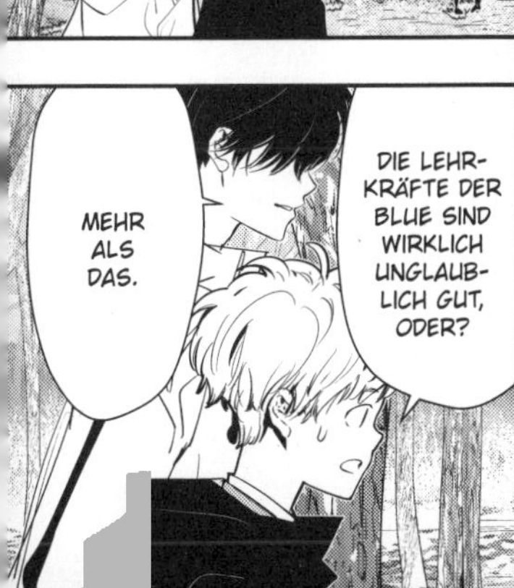
DIE LEHRKRÄFTE DER BLUE SIND WIRKLICH UNGLAUBLICH GUT, ODER?
MEHR ALS DAS.

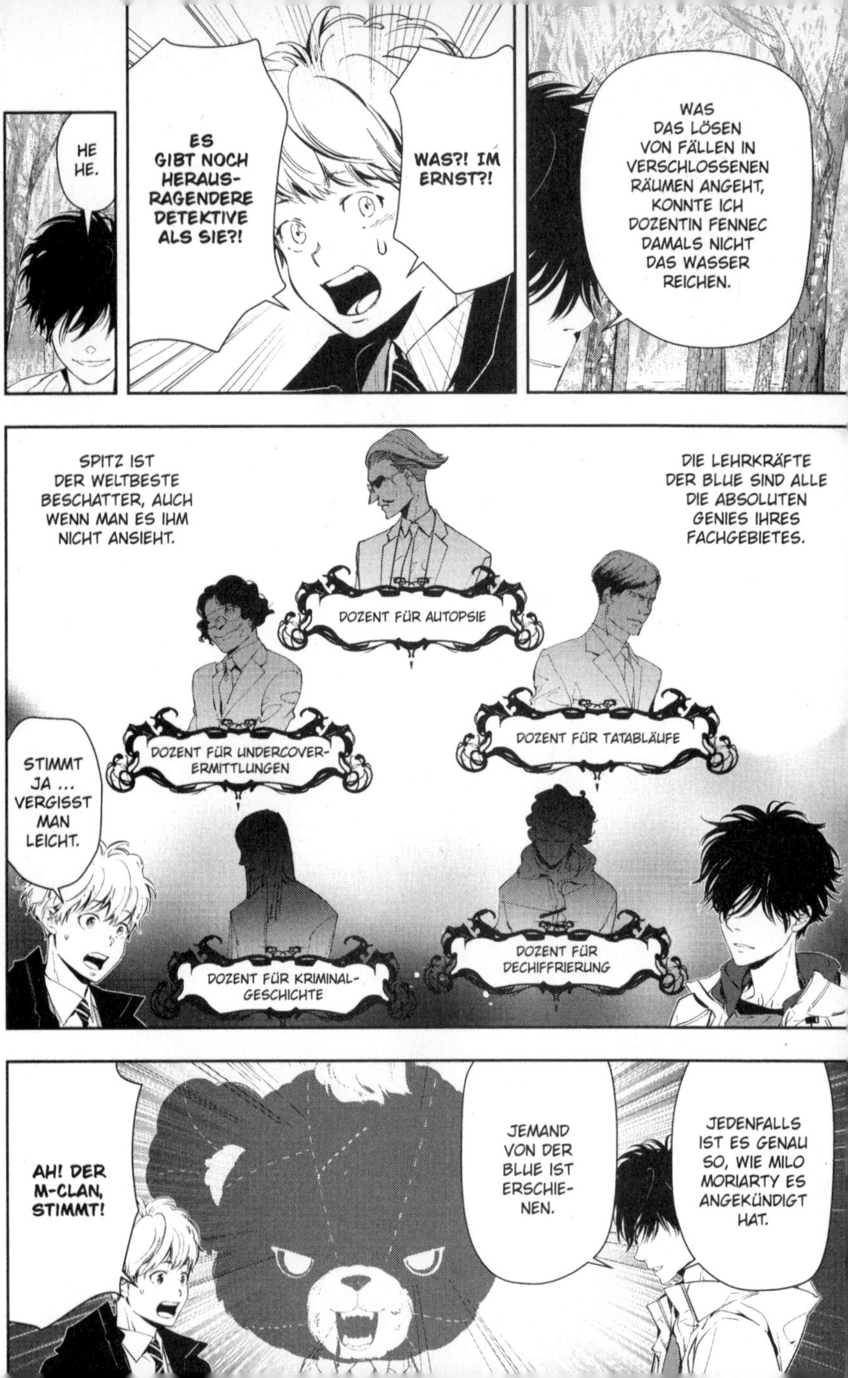

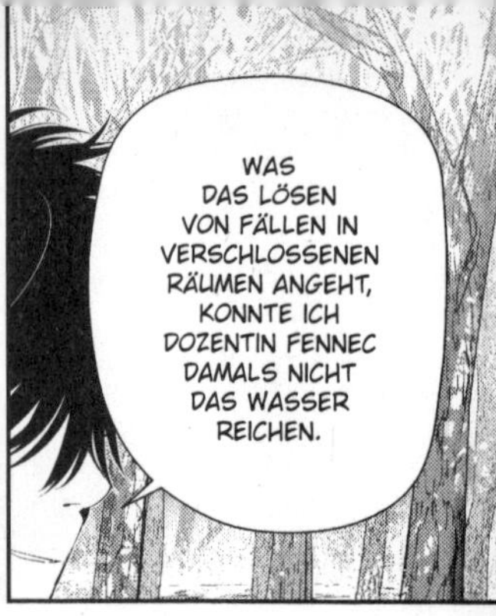

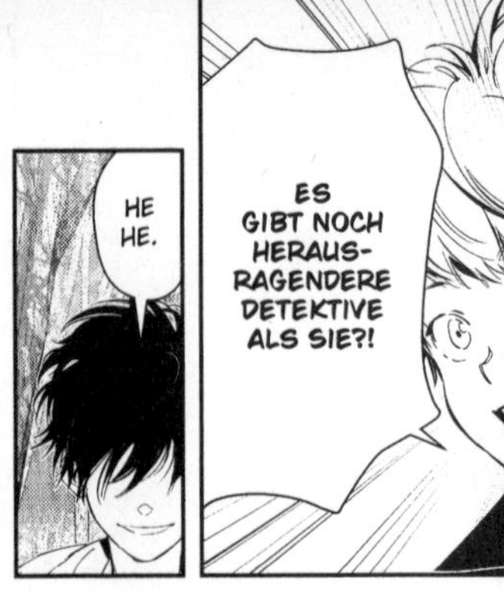

DIE LEHRKRÄFTE DER BLUE SIND ALLE DIE ABSOLUTEN GENIES IHRES FACHGEBIETES.

SPITZ IST DER WELTBESTE BESCHATTER, AUCH WENN MAN ES IHM NICHT ANSIEHT.

DOZENT FÜR AUTOPSIE

DOZENT FÜR TATABLÄUFE

DOZENT FÜR UNDERCOVER-ERMITTLUNGEN

DOZENT FÜR DECHIFFRIERUNG

DOZENT FÜR KRIMINAL-GESCHICHTE

STIMMT JA … VERGISST MAN LEICHT.

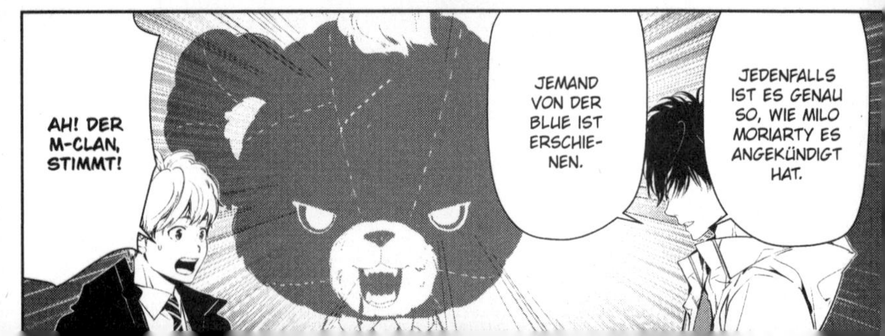

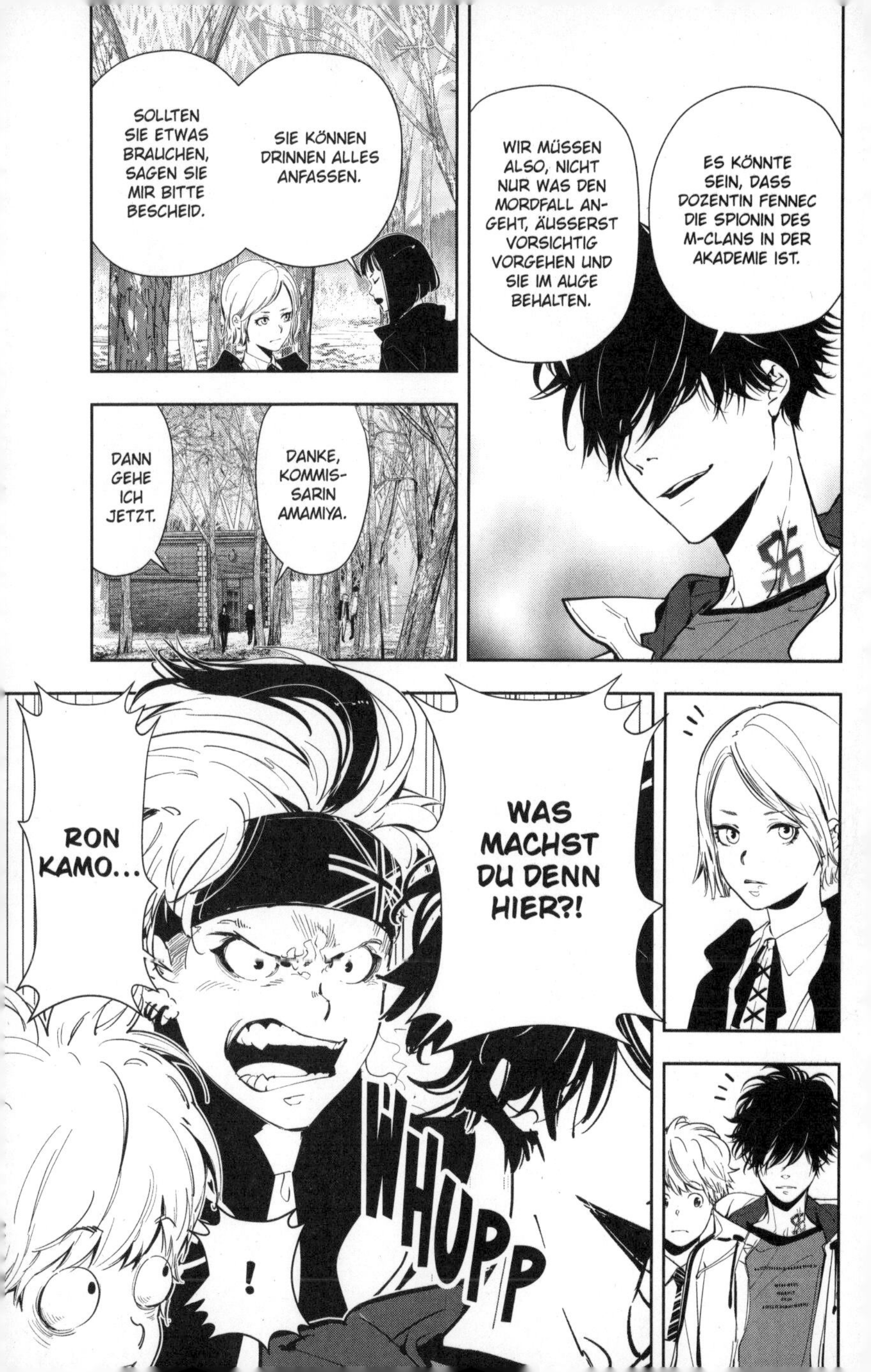

SIE KÖNNEN DRINNEN ALLES ANFASSEN.
SOLLTEN SIE ETWAS BRAUCHEN, SAGEN SIE MIR BITTE BESCHEID.
DANKE, KOMMISSARIN AMAMIYA.
DANN GEHE ICH JETZT.
ES KÖNNTE SEIN, DASS DOZENTIN FENNEC DIE SPIONIN DES M-CLANS IN DER AKADEMIE IST.
WIR MÜSSEN ALSO, NICHT NUR WAS DEN MORDFALL ANGEHT, ÄUSSERST VORSICHTIG VORGEHEN UND SIE IM AUGE BEHALTEN.
RON KAMO...
WAS MACHST DU DENN HIER?!
WHUPP
!

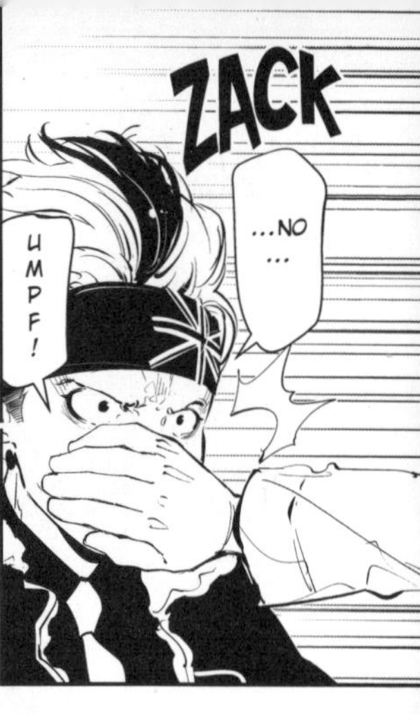
ZACK
...NO ...
UMPF!

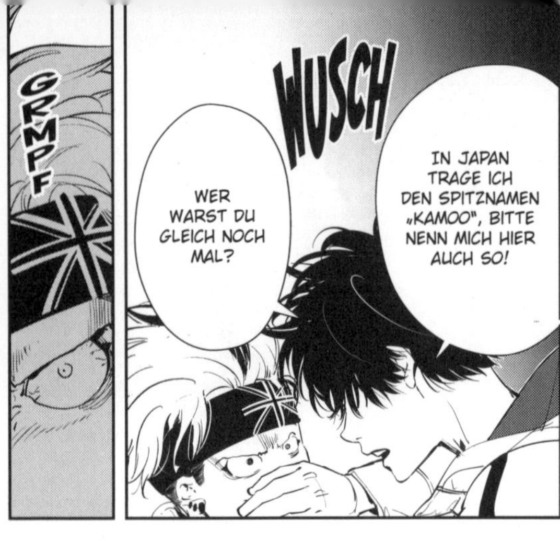
IN JAPAN TRAGE ICH DEN SPITZNAMEN „KAMOO“, BITTE NENN MICH HIER AUCH SO!
WUSCH
WER WARST DU GLEICH NOCH MAL?
GRMPF

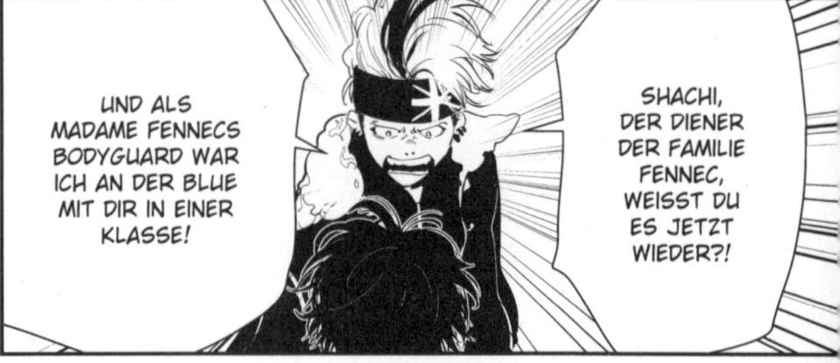
SHACHI, DER DIENER DER FAMILIE FENNEC, WEISST DU ES JETZT WIEDER?!
UND ALS MADAME FENNECS BODYGUARD WAR ICH AN DER BLUE MIT DIR IN EINER KLASSE!

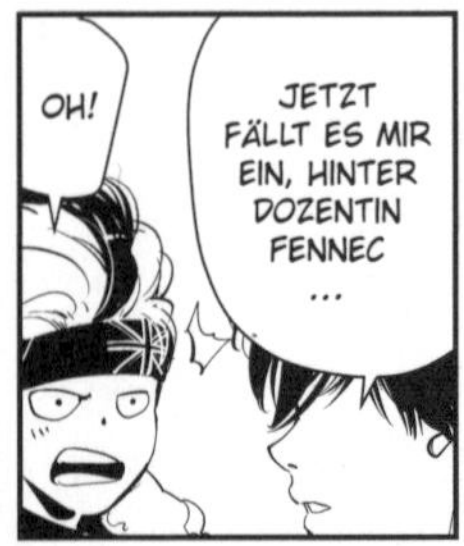
JETZT FÄLLT ES MIR EIN, HINTER DOZENTIN FENNEC ...
OH!

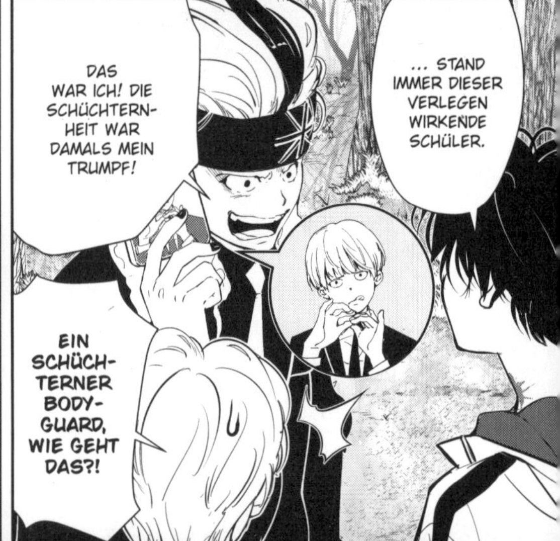
... STAND IMMER DIESER VERLEGEN WIRKENDE SCHÜLER.
DAS WAR ICH! DIE SCHÜCHTERNHEIT WAR DAMALS MEIN TRUMPF!
EIN SCHÜCHTERNER BODYGUARD, WIE GEHT DAS?!

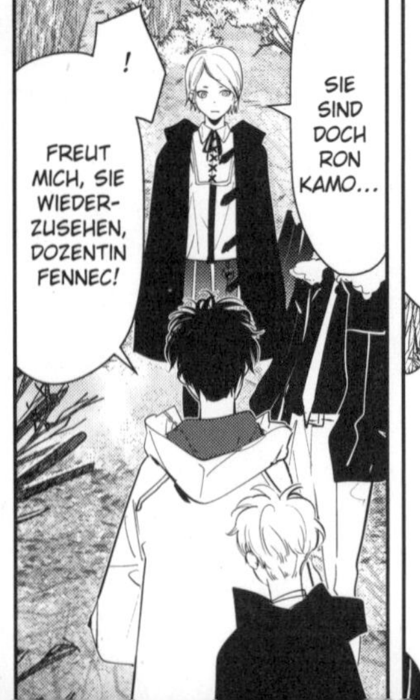
SIE SIND DOCH RON KAMO...
!
FREUT MICH, SIE WIEDERZUSEHEN, DOZENTIN FENNEC!

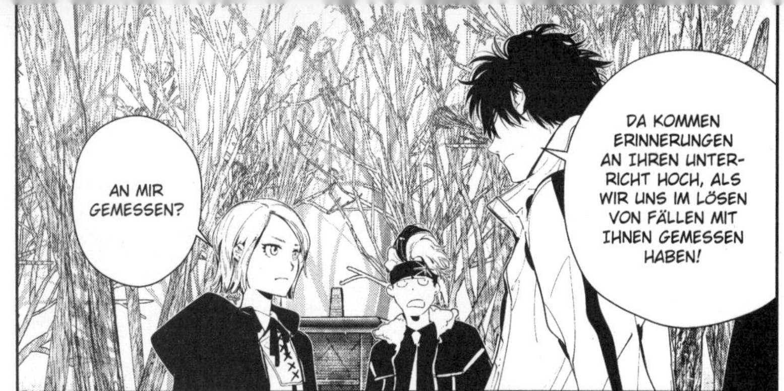
DA KOMMEN ERINNERUNGEN AN IHREN UNTER-RICHT HOCH, ALS WIR UNS IM LÖSEN VON FÄLLEN MIT IHNEN GEMESSEN HABEN!
AN MIR GEMESSEN?

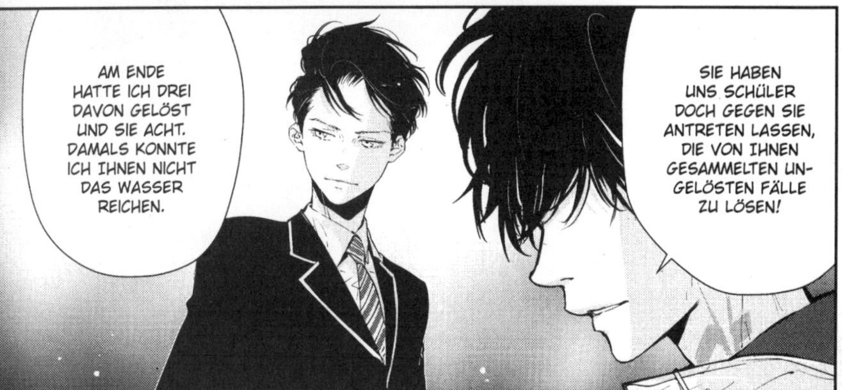
SIE HABEN UNS SCHÜLER DOCH GEGEN SIE ANTRETEN LASSEN, DIE VON IHNEN GESAMMELTEN UN-GELÖSTEN FÄLLE ZU LÖSEN!
AM ENDE HATTE ICH DREI DAVON GELÖST UND SIE ACHT. DAMALS KONNTE ICH IHNEN NICHT DAS WASSER REICHEN.

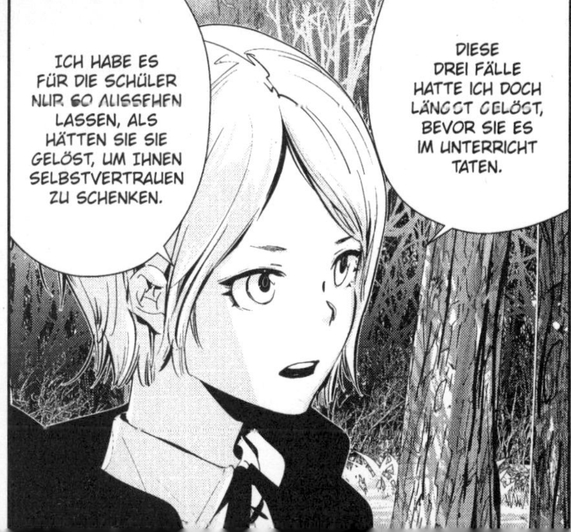
DIESE DREI FÄLLE HATTE ICH DOCH LÄNGST GELÖST, BEVOR SIE ES IM UNTERRICHT TATEN.
ICH HABE ES FÜR DIE SCHÜLER NUR SO AUSSEHEN LASSEN, ALS HÄTTEN SIE SIE GELÖST, UM IHNEN SELBSTVERTRAUEN ZU SCHENKEN.

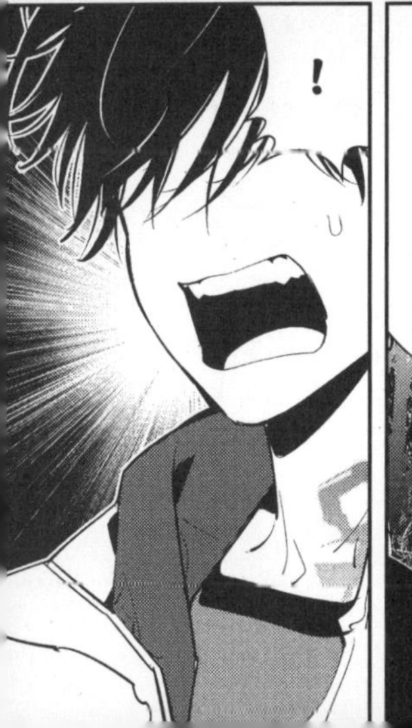
!

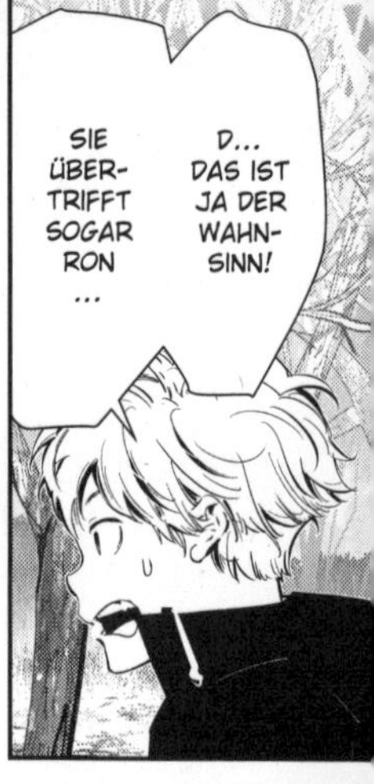
D... DAS IST JA DER WAHNSINN!
SIE ÜBERTRIFFT SOGAR RON ...

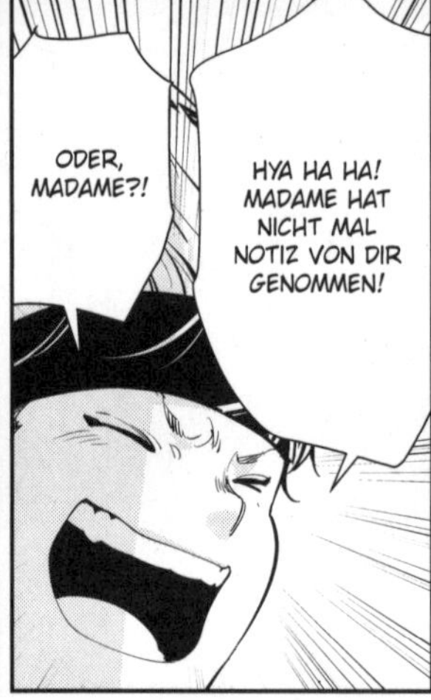
HYA HA HA! MADAME HAT NICHT MAL NOTIZ VON DIR GENOMMEN!
ODER, MADAME?!

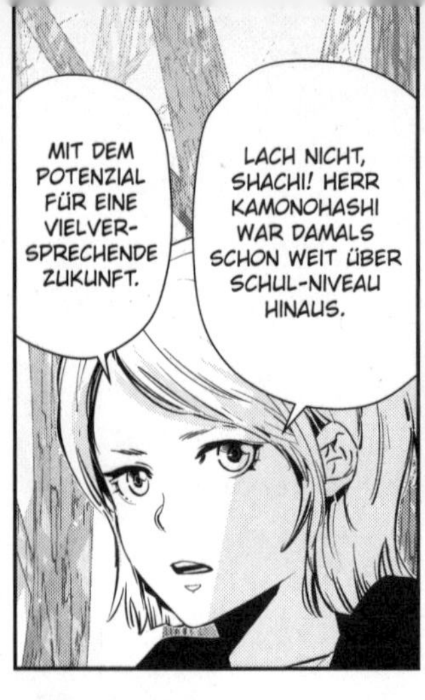
LACH NICHT, SHACHI! HERR KAMONOHASHI WAR DAMALS SCHON WEIT ÜBER SCHUL-NIVEAU HINAUS.
MIT DEM POTENZIAL FÜR EINE VIELVERSPRECHENDE ZUKUNFT.

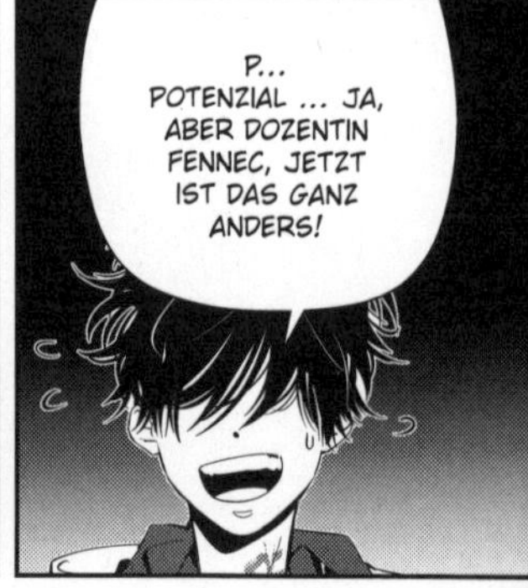
P... POTENZIAL ... JA, ABER DOZENTIN FENNEC, JETZT IST DAS GANZ ANDERS!

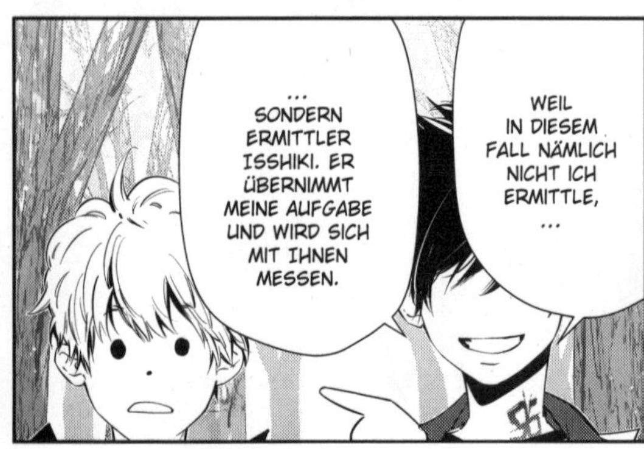
WEIL IN DIESEM FALL NÄMLICH NICHT ICH ERMITTLE, ...
... SONDERN ERMITTLER ISSHIKI. ER ÜBERNIMMT MEINE AUFGABE UND WIRD SICH MIT IHNEN MESSEN.

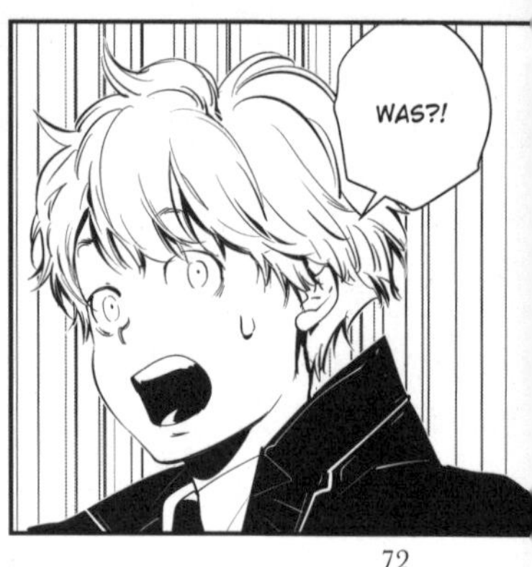
WAS?!

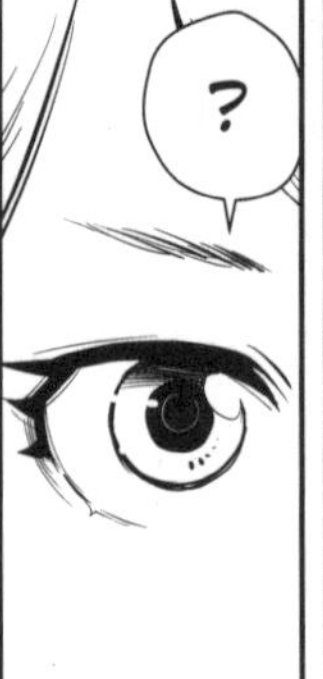
?

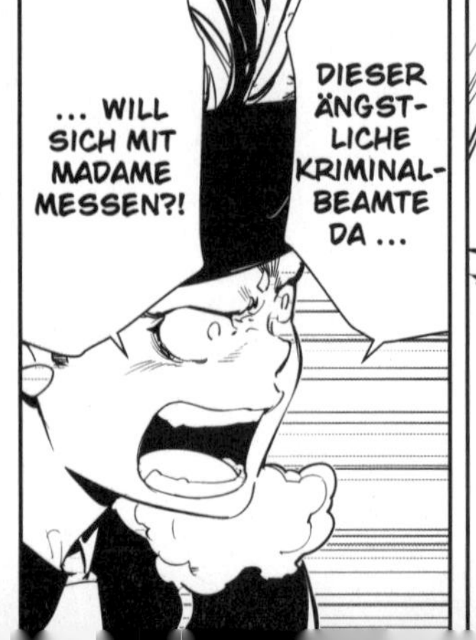
DIESER ÄNGSTLICHE KRIMINALBEAMTE DA ...
... WILL SICH MIT MADAME MESSEN?!

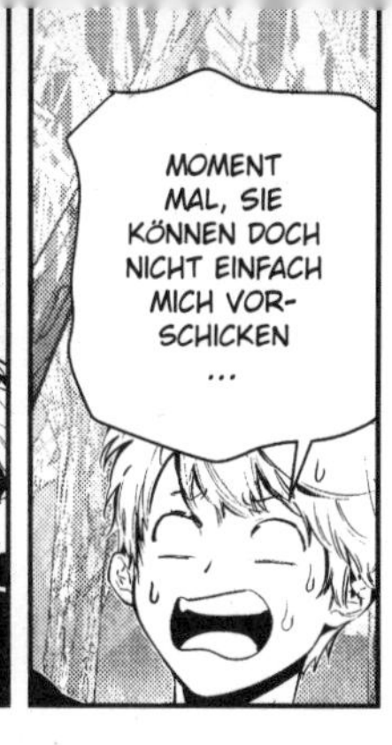
MOMENT MAL, SIE KÖNNEN DOCH NICHT EINFACH MICH VORSCHICKEN …

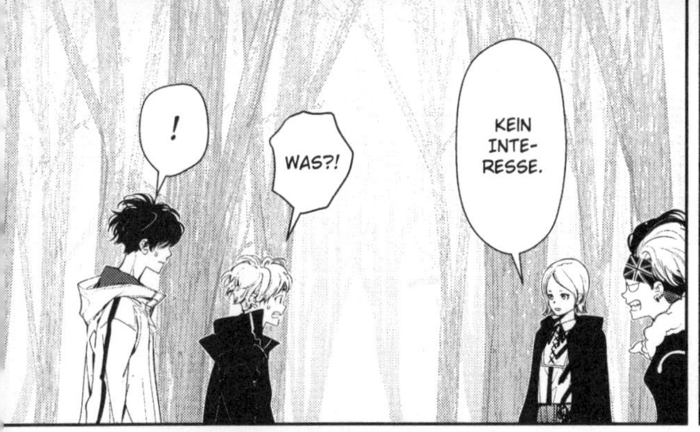
KEIN INTERESSE.
WAS?!
!

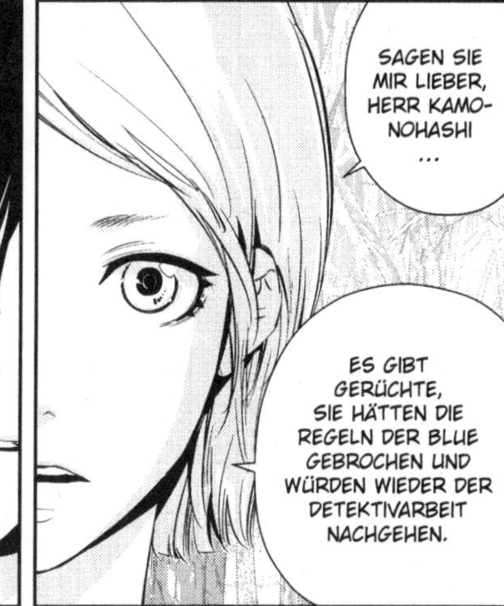
SAGEN SIE MIR LIEBER, HERR KAMONOHASHI …
ES GIBT GERÜCHTE, SIE HÄTTEN DIE REGELN DER BLUE GEBROCHEN UND WÜRDEN WIEDER DER DETEKTIVARBEIT NACHGEHEN.

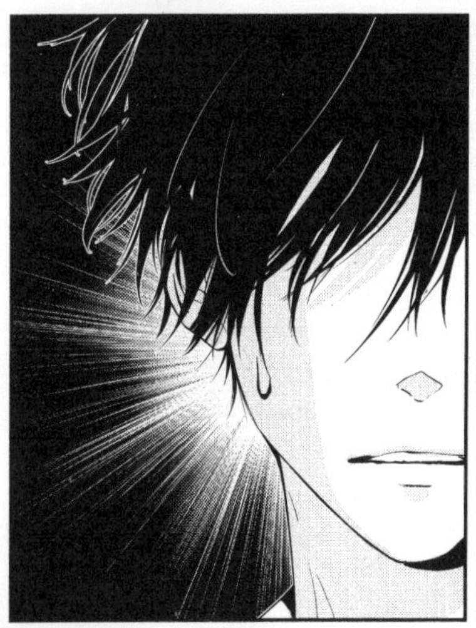

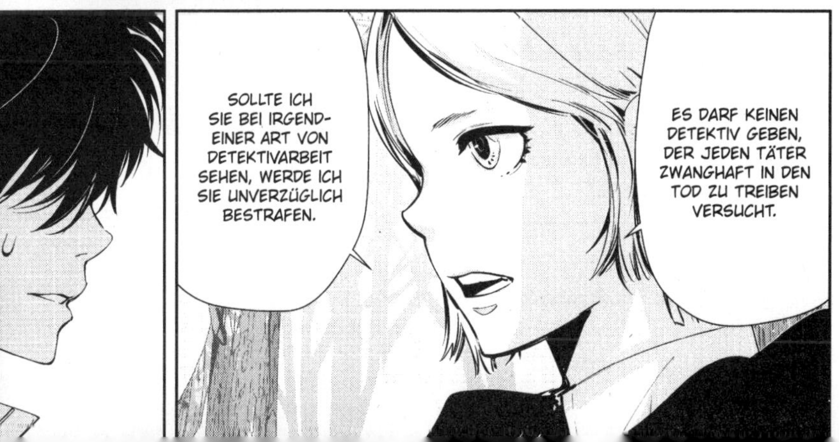
ES DARF KEINEN DETEKTIV GEBEN, DER JEDEN TÄTER ZWANGHAFT IN DEN TOD ZU TREIBEN VERSUCHT.
SOLLTE ICH SIE BEI IRGENDEINER ART VON DETEKTIVARBEIT SEHEN, WERDE ICH SIE UNVERZÜGLICH BESTRAFEN.

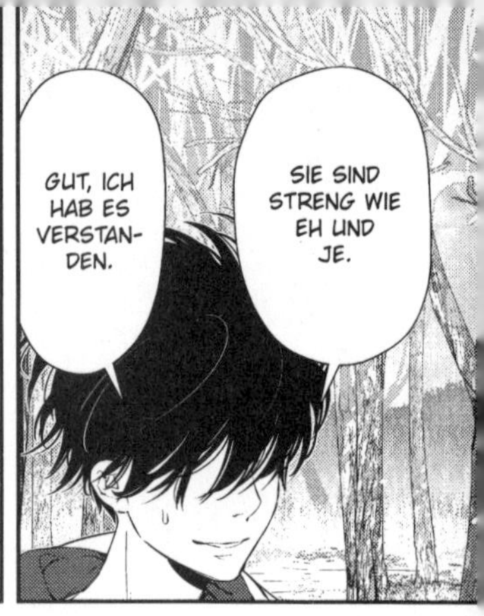
SIE SIND STRENG WIE EH UND JE.
GUT, ICH HAB ES VERSTANDEN.

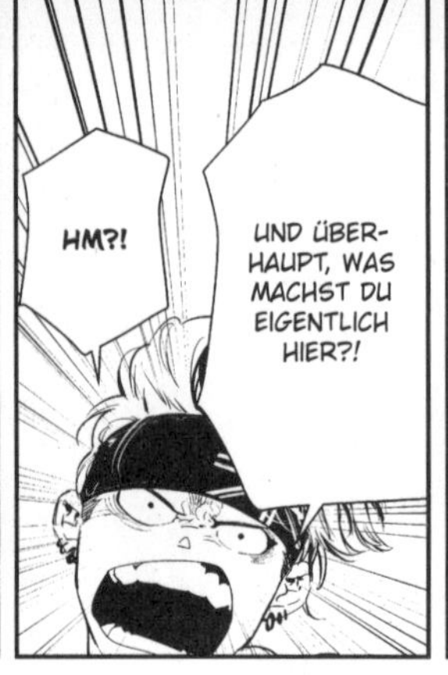
UND ÜBERHAUPT, WAS MACHST DU EIGENTLICH HIER?!
HM?!

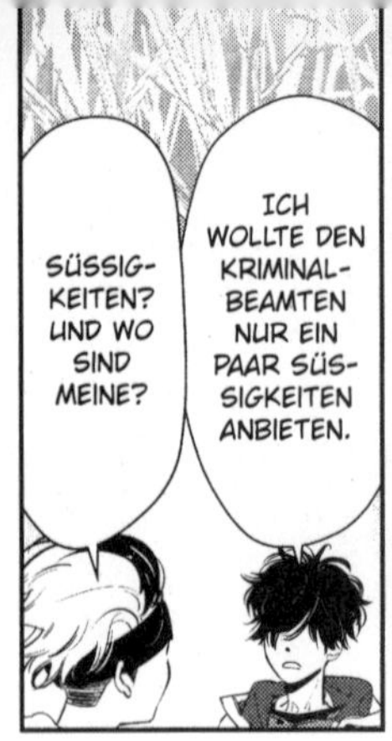
ICH WOLLTE DEN KRIMINALBEAMTEN NUR EIN PAAR SÜSSIGKEITEN ANBIETEN.
SÜSSIGKEITEN? UND WO SIND MEINE?

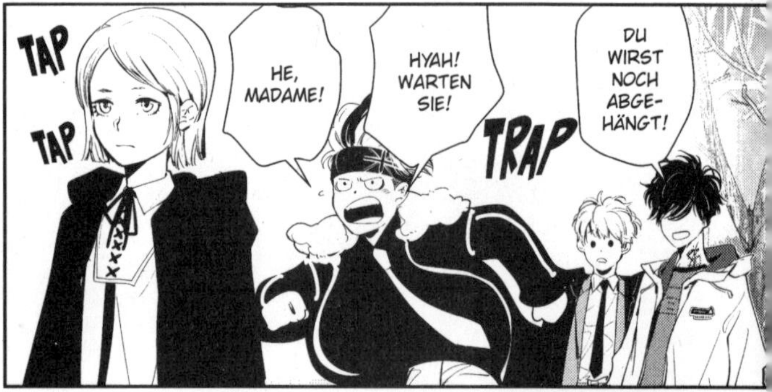
DU WIRST NOCH ABGEHÄNGT!
TRAP
HYAH! WARTEN SIE!
HE, MADAME!
TAP
TAP

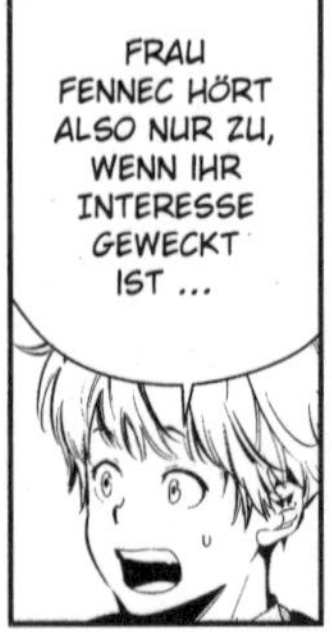
FRAU FENNEC HÖRT ALSO NUR ZU, WENN IHR INTERESSE GEWECKT IST …

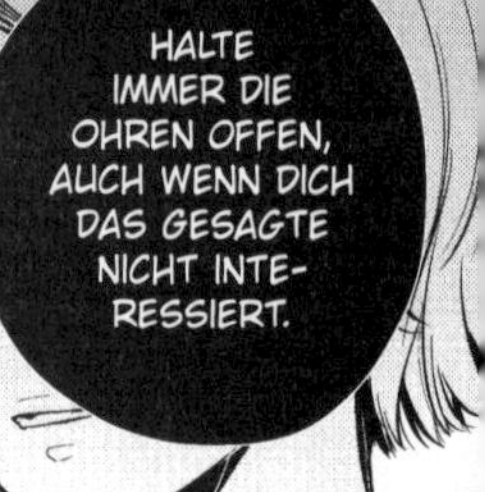
HALTE IMMER DIE OHREN OFFEN, AUCH WENN DICH DAS GESAGTE NICHT INTERESSIERT.

?

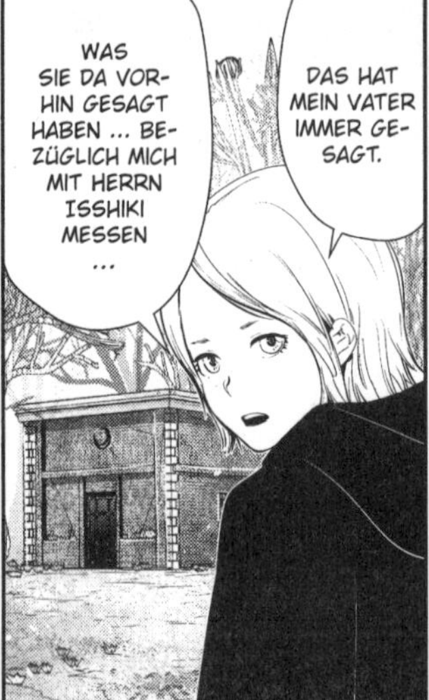
DAS HAT MEIN VATER IMMER GESAGT.
WAS SIE DA VORHIN GESAGT HABEN … BEZÜGLICH MICH MIT HERRN ISSHIKI MESSEN …

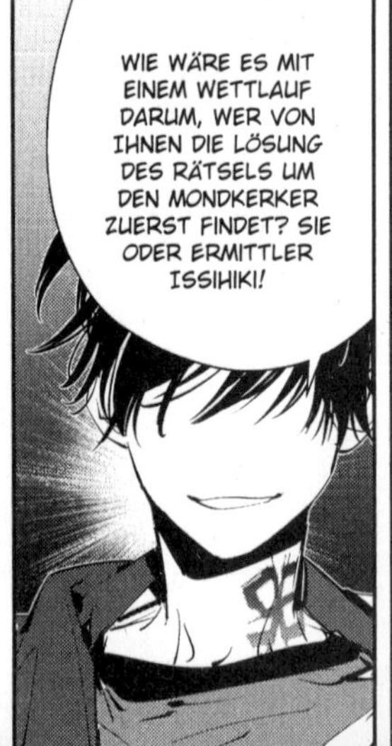
WIE WÄRE ES MIT EINEM WETTLAUF DARUM, WER VON IHNEN DIE LÖSUNG DES RÄTSELS UM DEN MONDKERKER ZUERST FINDET? SIE ODER ERMITTLER ISSIHIKI!

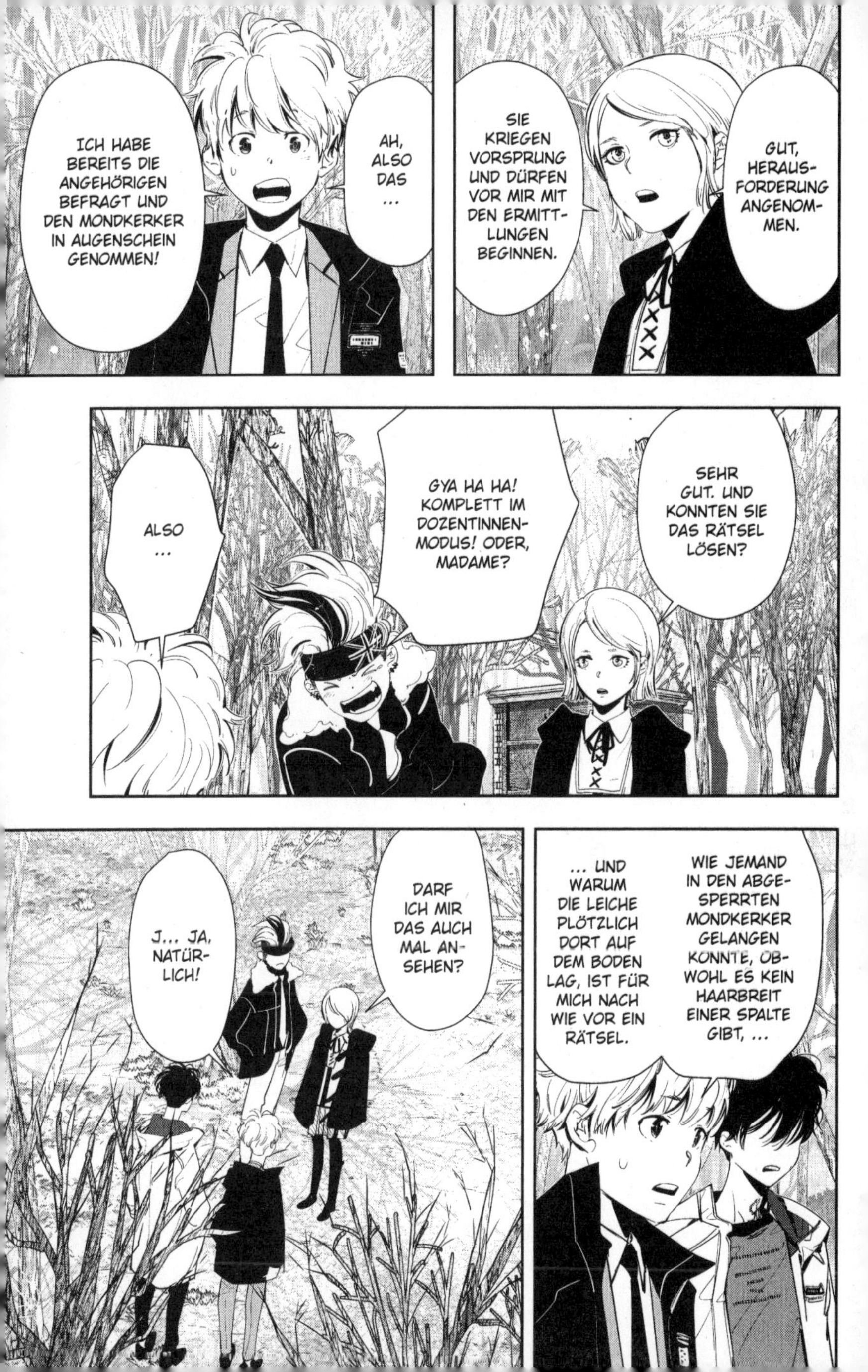

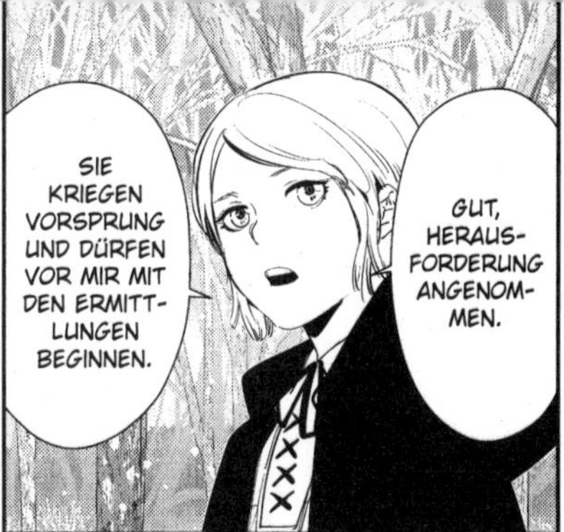
GUT, HERAUS-FORDERUNG ANGENOM-MEN.
SIE KRIEGEN VORSPRUNG UND DÜRFEN VOR MIR MIT DEN ERMITT-LUNGEN BEGINNEN.

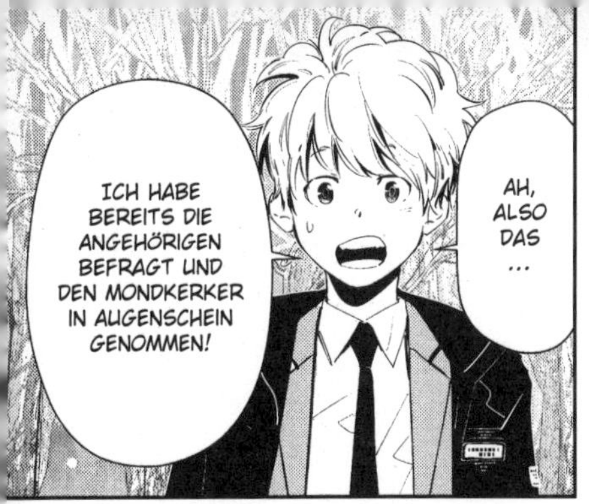
AH, ALSO DAS ...
ICH HABE BEREITS DIE ANGEHÖRIGEN BEFRAGT UND DEN MONDKERKER IN AUGENSCHEIN GENOMMEN!

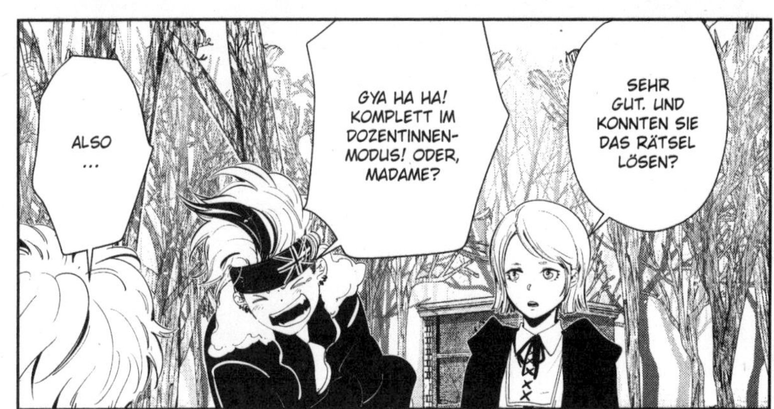
SEHR GUT. UND KONNTEN SIE DAS RÄTSEL LÖSEN?
GYA HA HA! KOMPLETT IM DOZENTINNEN-MODUS! ODER, MADAME?
ALSO ...

WIE JEMAND IN DEN ABGE-SPERRTEN MONDKERKER GELANGEN KONNTE, OB-WOHL ES KEIN HAARBREIT EINER SPALTE GIBT, ...
... UND WARUM DIE LEICHE PLÖTZLICH DORT AUF DEM BODEN LAG, IST FÜR MICH NACH WIE VOR EIN RÄTSEL.
DARF ICH MIR DAS AUCH MAL AN-SEHEN?
J... JA, NATÜR-LICH!

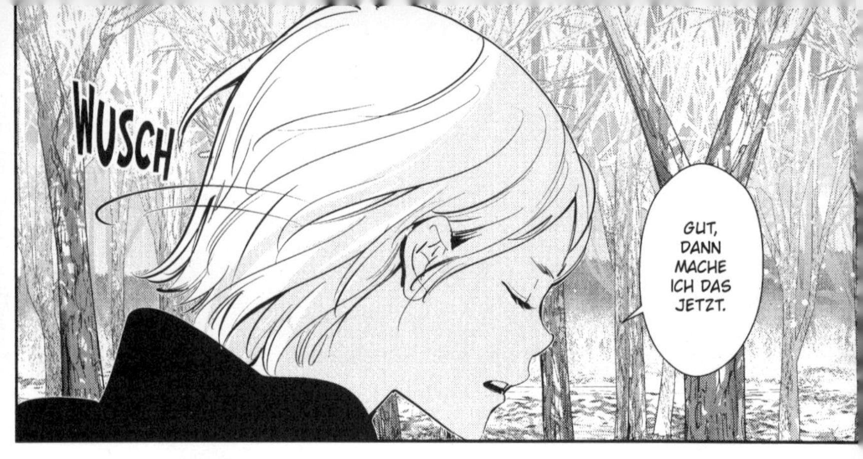
WUSCH
GUT, DANN MACHE ICH DAS JETZT.

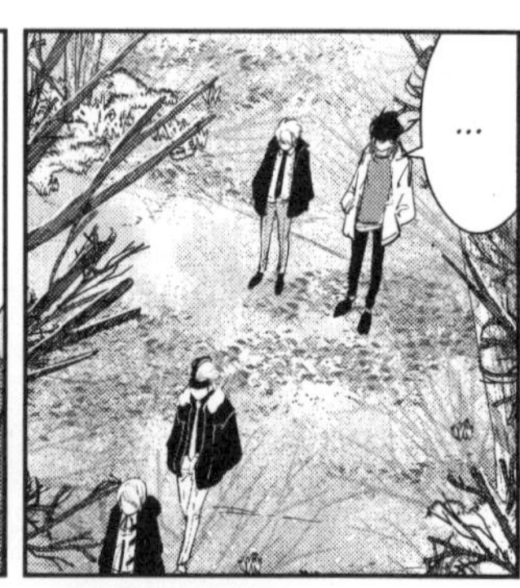
…

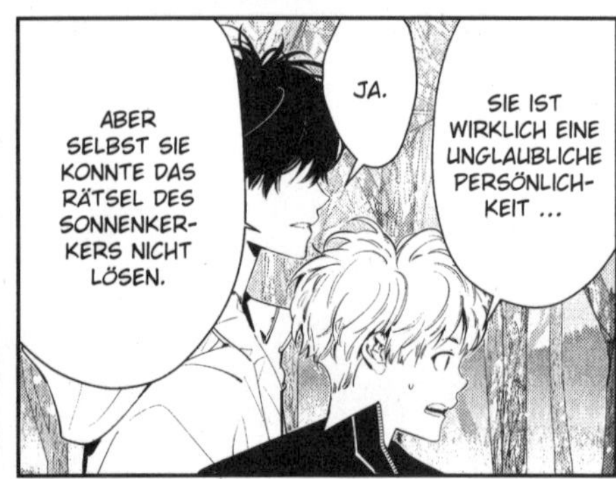
SIE IST WIRKLICH EINE UNGLAUBLICHE PERSÖNLICH-KEIT …
JA.
ABER SELBST SIE KONNTE DAS RÄTSEL DES SONNENKER-KERS NICHT LÖSEN.

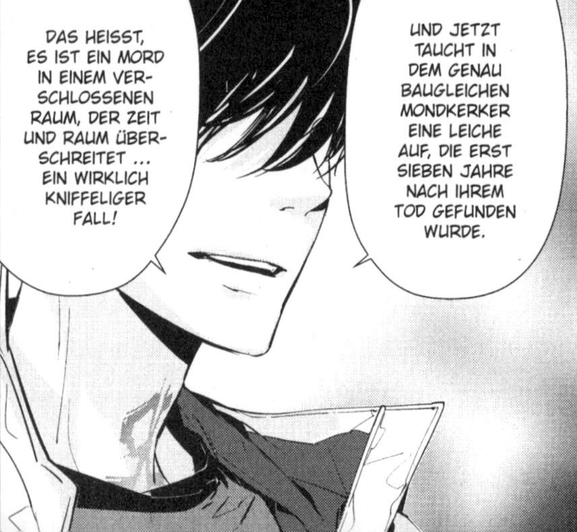
UND JETZT TAUCHT IN DEM GENAU BAUGLEICHEN MONDKERKER EINE LEICHE AUF, DIE ERST SIEBEN JAHRE NACH IHREM TOD GEFUNDEN WURDE.
DAS HEISST, ES IST EIN MORD IN EINEM VER-SCHLOSSENEN RAUM, DER ZEIT UND RAUM ÜBER-SCHREITET … EIN WIRKLICH KNIFFELIGER FALL!

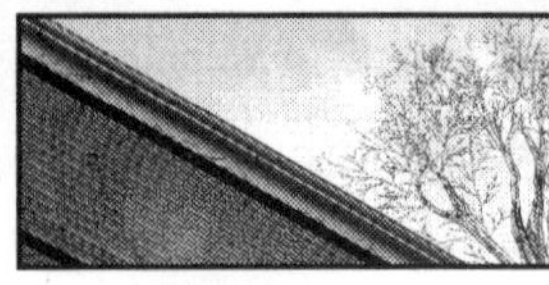

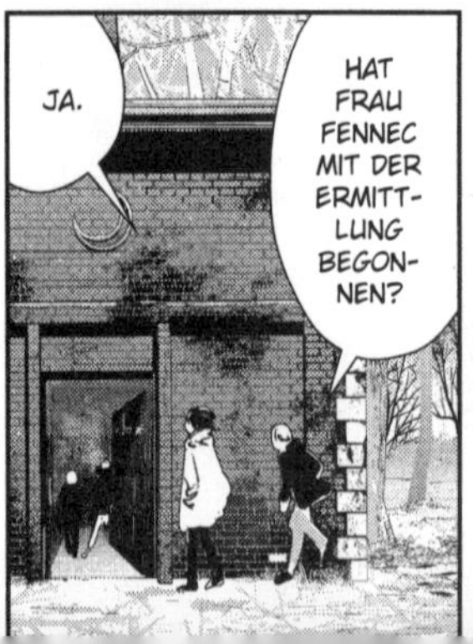
HAT FRAU FENNEC MIT DER ERMITT-LUNG BEGON-NEN?
JA.

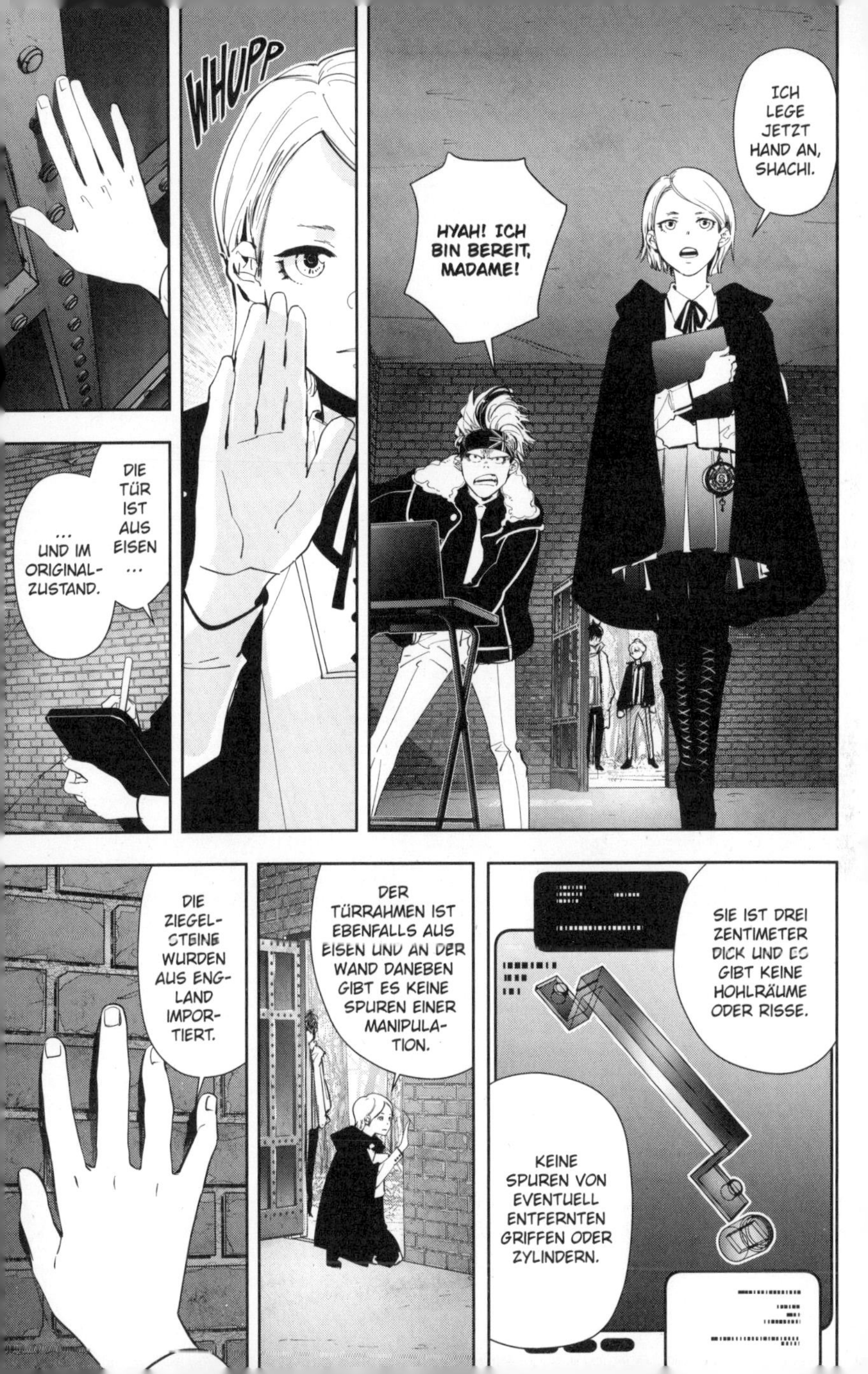

ICH LEGE JETZT HAND AN, SHACHI.
HYAH! ICH BIN BEREIT, MADAME!

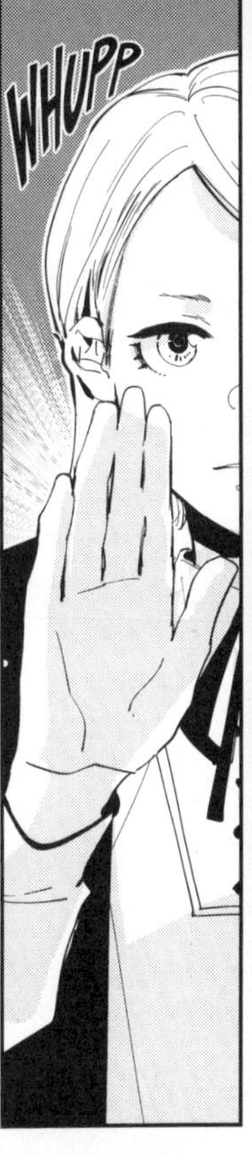

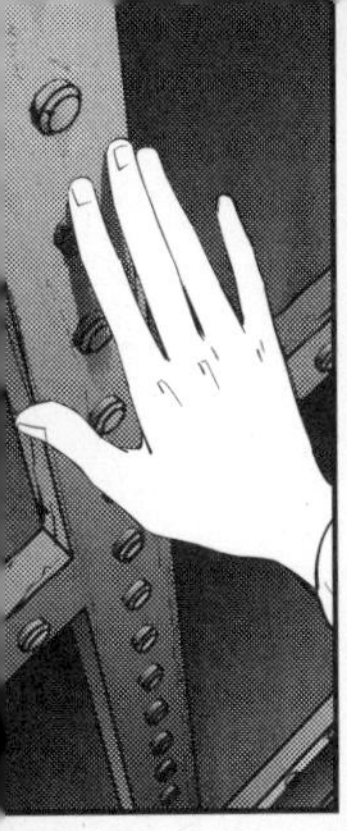

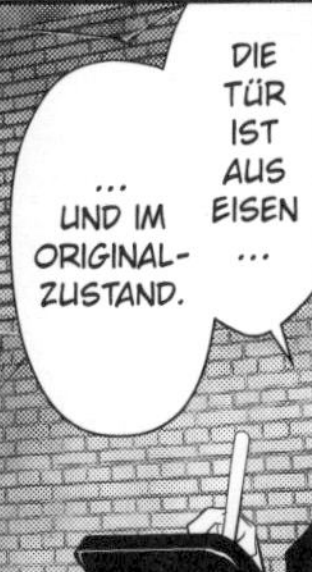

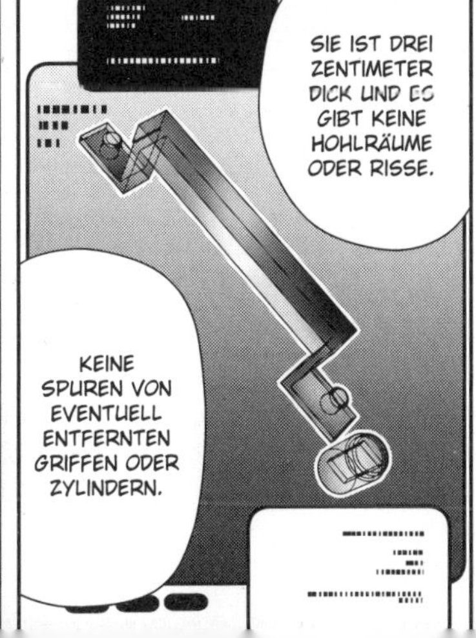

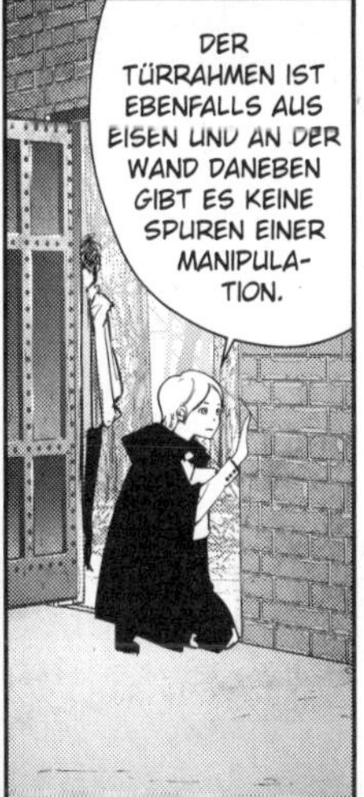

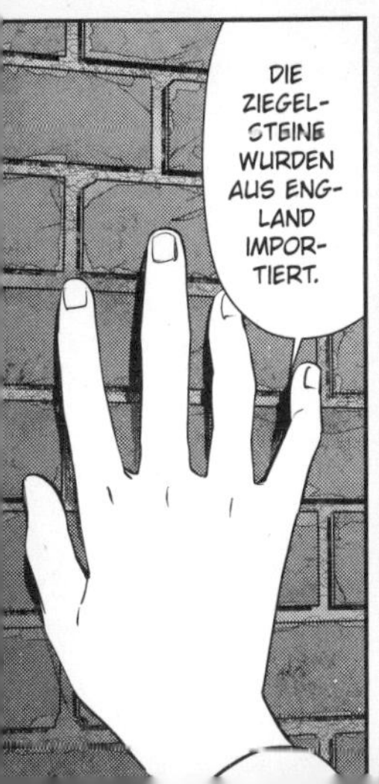

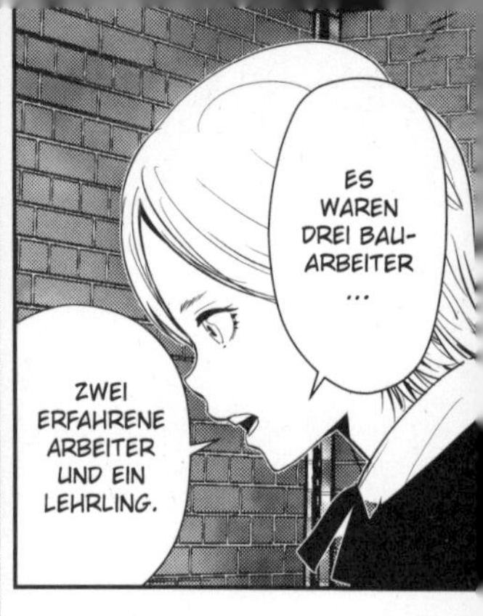
ES WAREN DREI BAU-ARBEITER ...
ZWEI ERFAHRENE ARBEITER UND EIN LEHRLING.

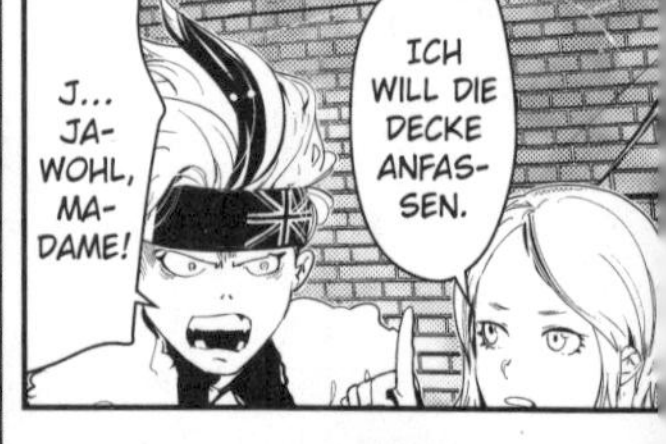
ICH WILL DIE DECKE ANFAS-SEN.
J... JA-WOHL, MA-DAME!

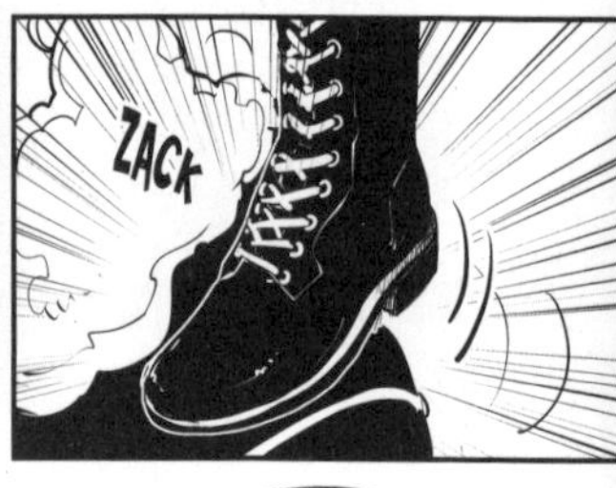
ZACK

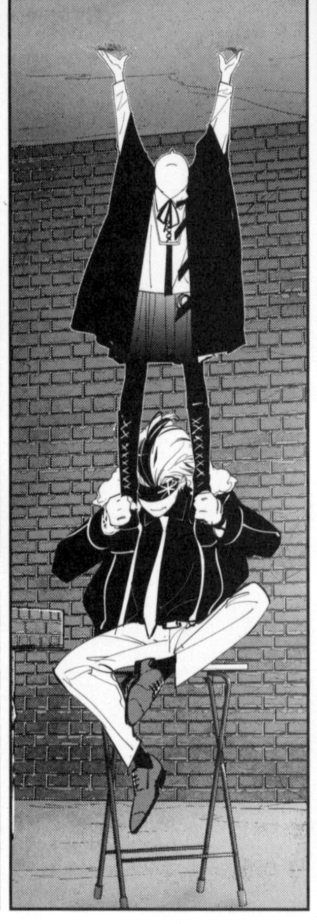

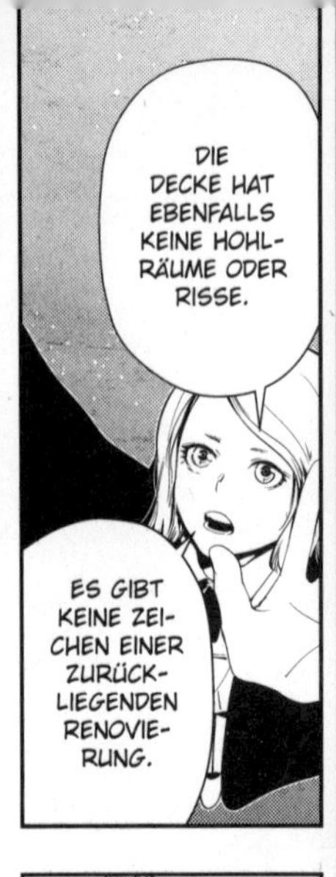
DIE DECKE HAT EBENFALLS KEINE HOHL-RÄUME ODER RISSE.
ES GIBT KEINE ZEI-CHEN EINER ZURÜCK-LIEGENDEN RENOVIE-RUNG.

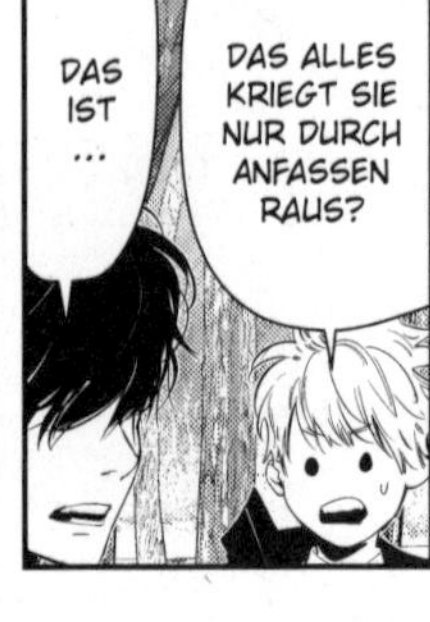
DAS ALLES KRIEGT SIE NUR DURCH ANFASSEN RAUS?
DAS IST ...

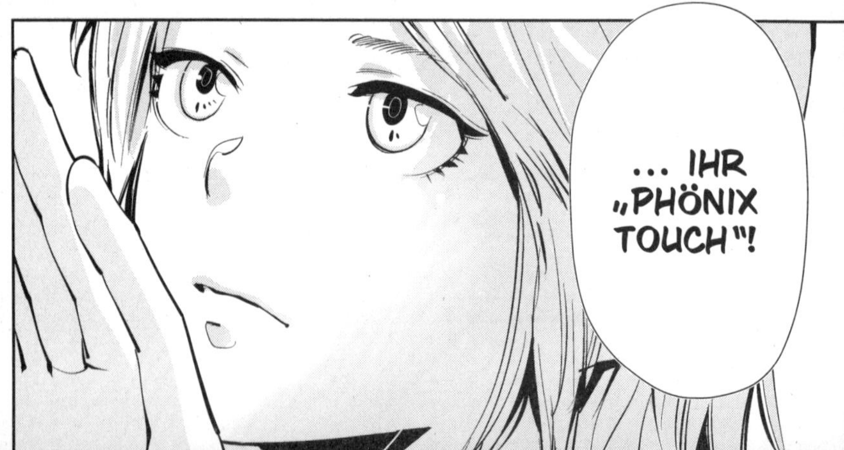
... IHR „PHÖNIX TOUCH"!

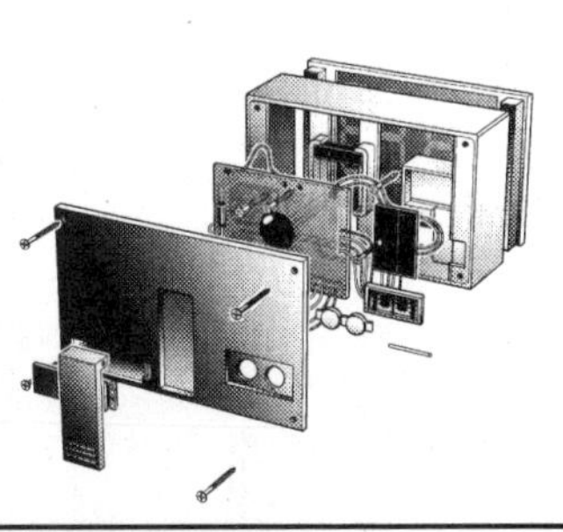
MIT IHREN HÄNDEN KANN SIE DIE BESCHAFFENHEIT UND DIE KONSTRUKTION EINES RAUMS ERGRÜNDEN …
… UND UNREGEL-MÄSSIGKEITEN DARIN OFFEN-LEGEN.

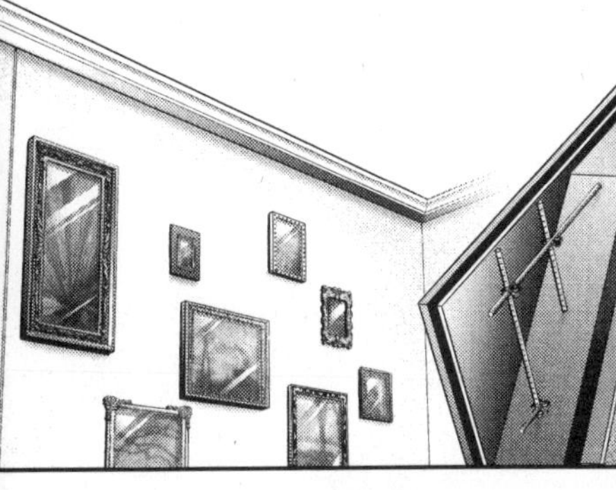
ZUM BEISPIEL UNNATÜRLICHE HOHLRÄUME HINTER EINER WAND …
… ODER VERMEINTLICH ZUFÄLLIG ANGEBRACHTE DEKORATION, DIE EIN VERBORGENES MUSTER ERGEBEN.

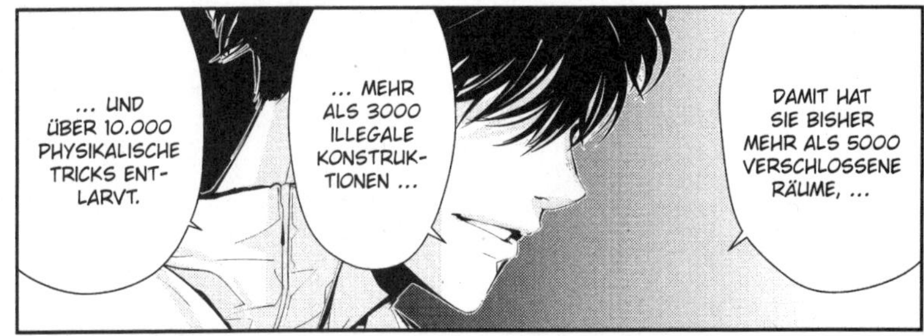
DAMIT HAT SIE BISHER MEHR ALS 5000 VERSCHLOSSENE RÄUME, …
… MEHR ALS 3000 ILLEGALE KONSTRUK-TIONEN …
… UND ÜBER 10.000 PHYSIKALISCHE TRICKS ENT-LARVT.

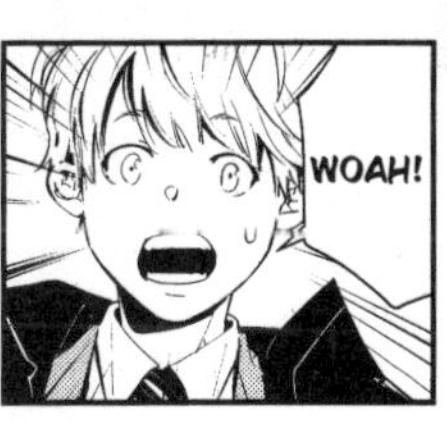
WOAH!

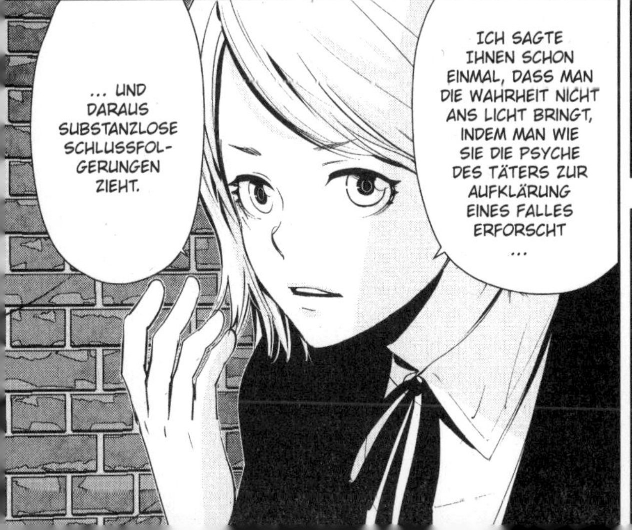
ICH SAGTE IHNEN SCHON EINMAL, DASS MAN DIE WAHRHEIT NICHT ANS LICHT BRINGT, INDEM MAN WIE SIE DIE PSYCHE DES TÄTERS ZUR AUFKLÄRUNG EINES FALLES ERFORSCHT …
… UND DARAUS SUBSTANZLOSE SCHLUSSFOL-GERUNGEN ZIEHT.

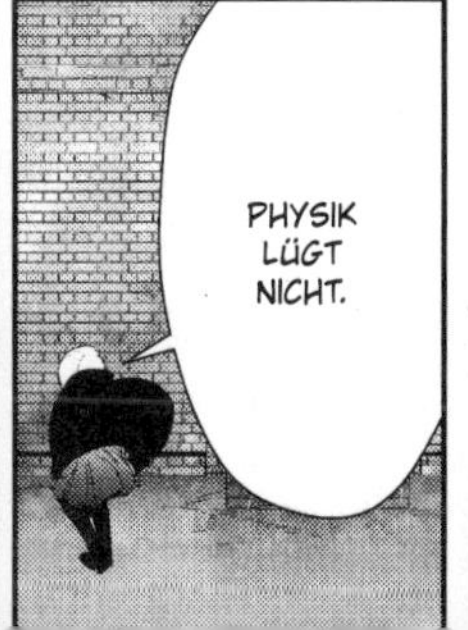
PHYSIK LÜGT NICHT.

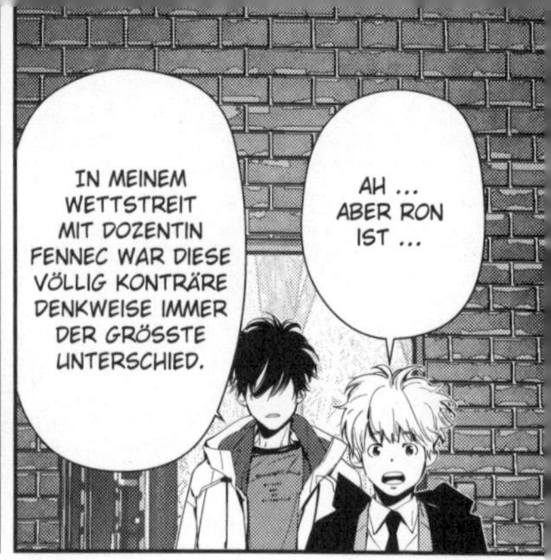
AH … ABER RON IST …
IN MEINEM WETTSTREIT MIT DOZENTIN FENNEC WAR DIESE VÖLLIG KONTRÄRE DENKWEISE IMMER DER GRÖSSTE UNTERSCHIED.
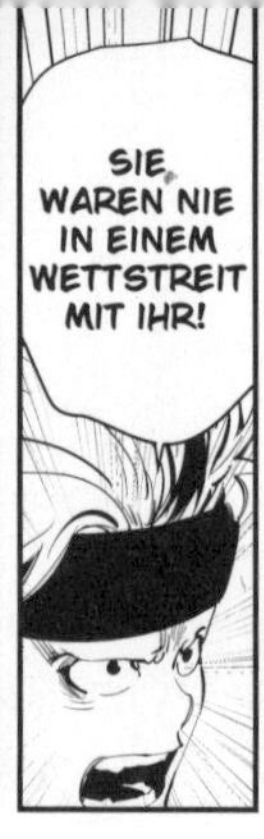
SIE WAREN NIE IN EINEM WETTSTREIT MIT IHR!
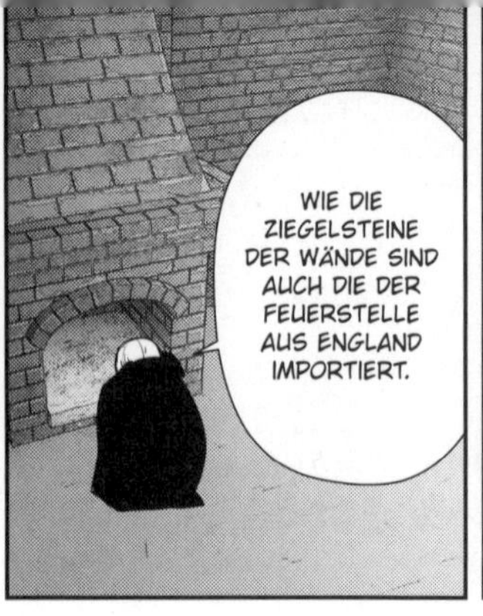
WIE DIE ZIEGELSTEINE DER WÄNDE SIND AUCH DIE DER FEUERSTELLE AUS ENGLAND IMPORTIERT.
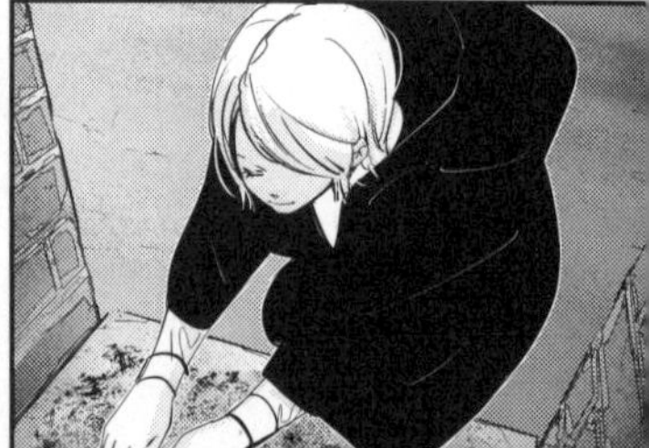
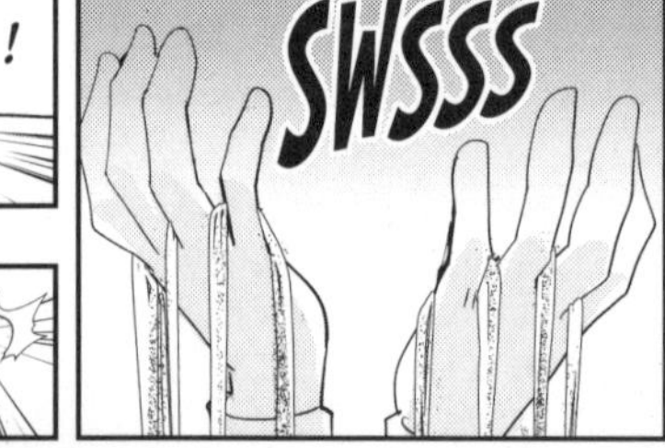
SWSSS
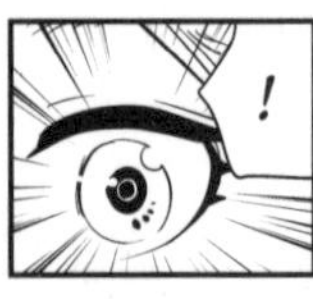
!
SCHNIPP
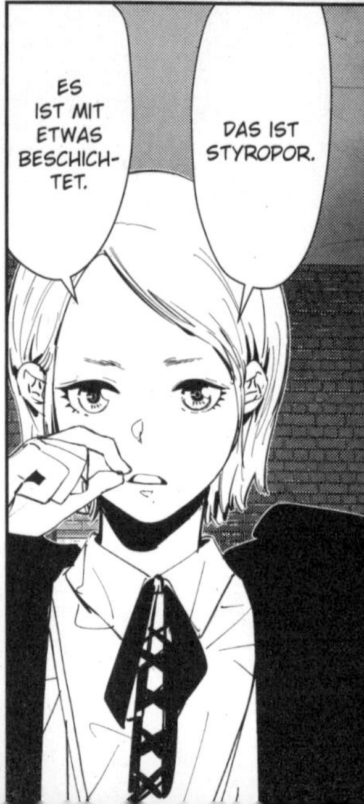
DAS IST STYROPOR.
ES IST MIT ETWAS BESCHICH-TET.
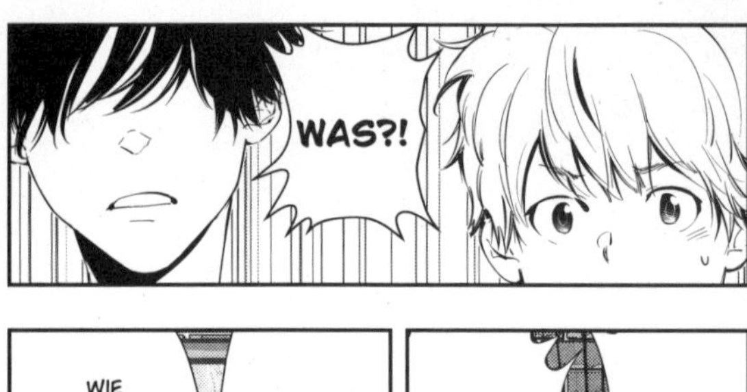
WAS?!
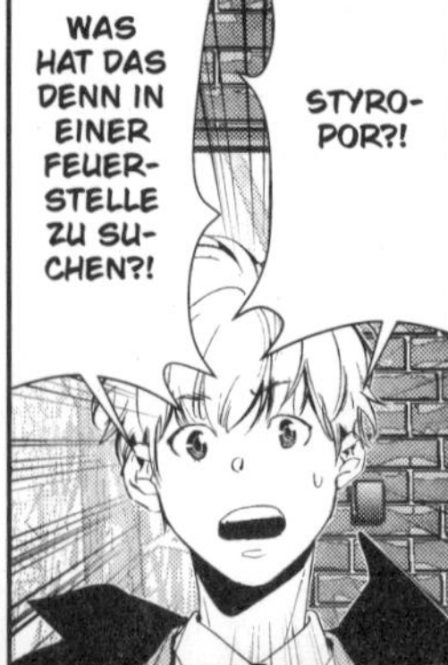
STYRO-POR?!
WAS HAT DAS DENN IN EINER FEUER-STELLE ZU SU-CHEN?!
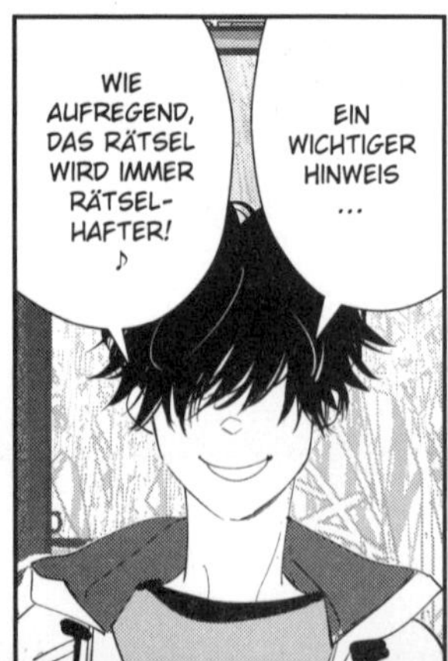
EIN WICHTIGER HINWEIS …
WIE AUFREGEND, DAS RÄTSEL WIRD IMMER RÄTSEL-HAFTER! ♪

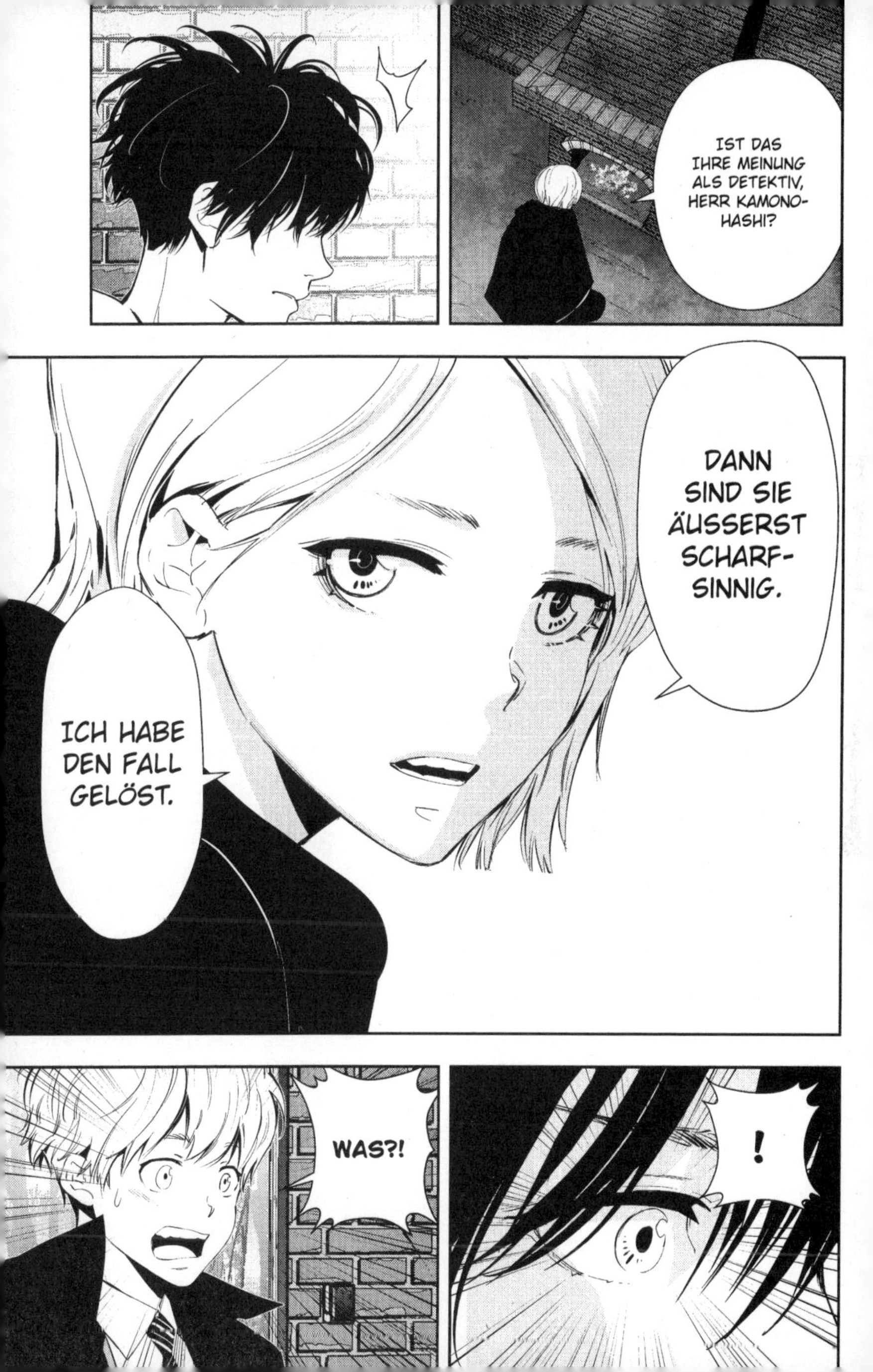

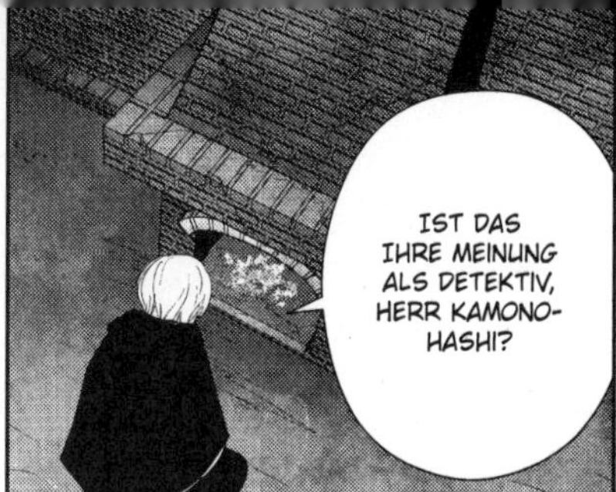

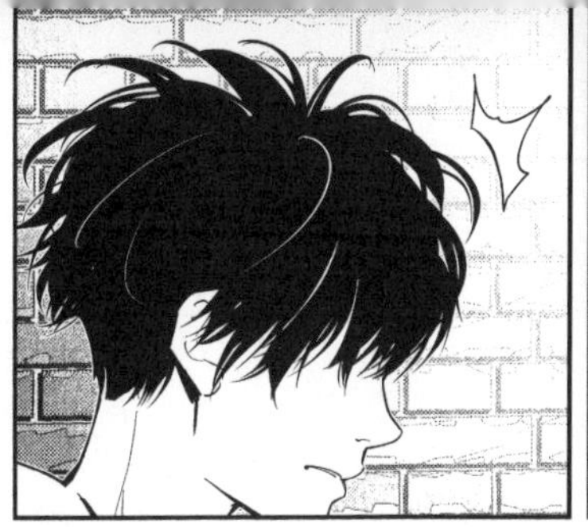

DANN SIND SIE ÄUSSERST SCHARF-SINNIG.

ICH HABE DEN FALL GELÖST.

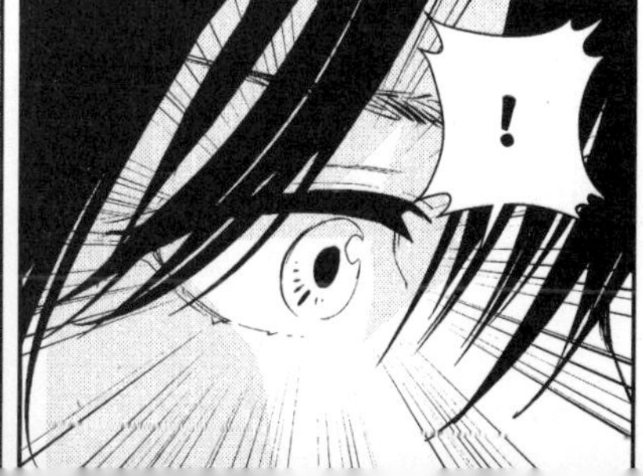

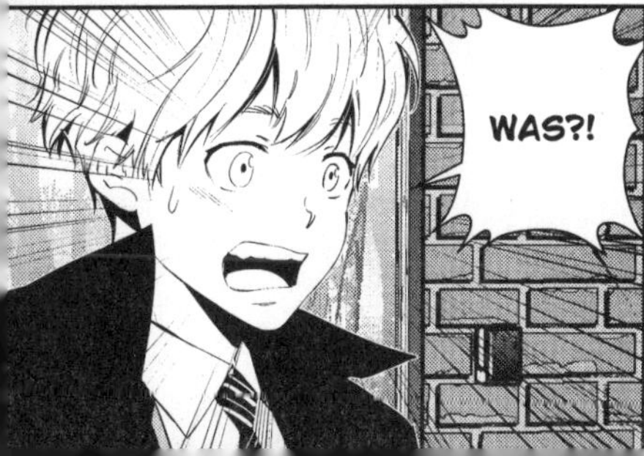

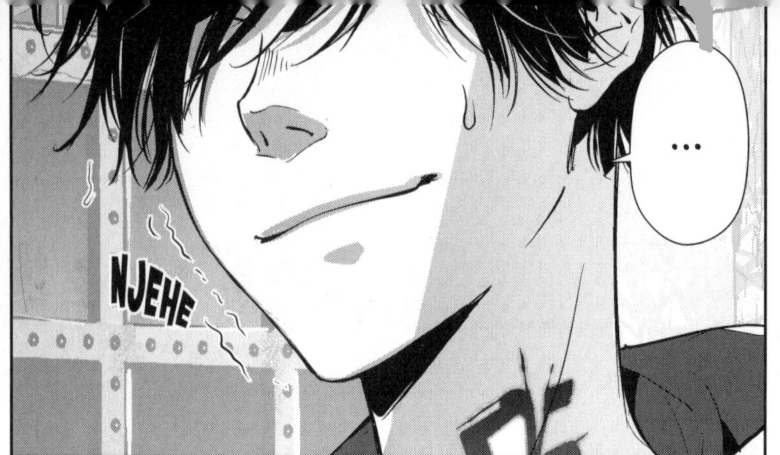

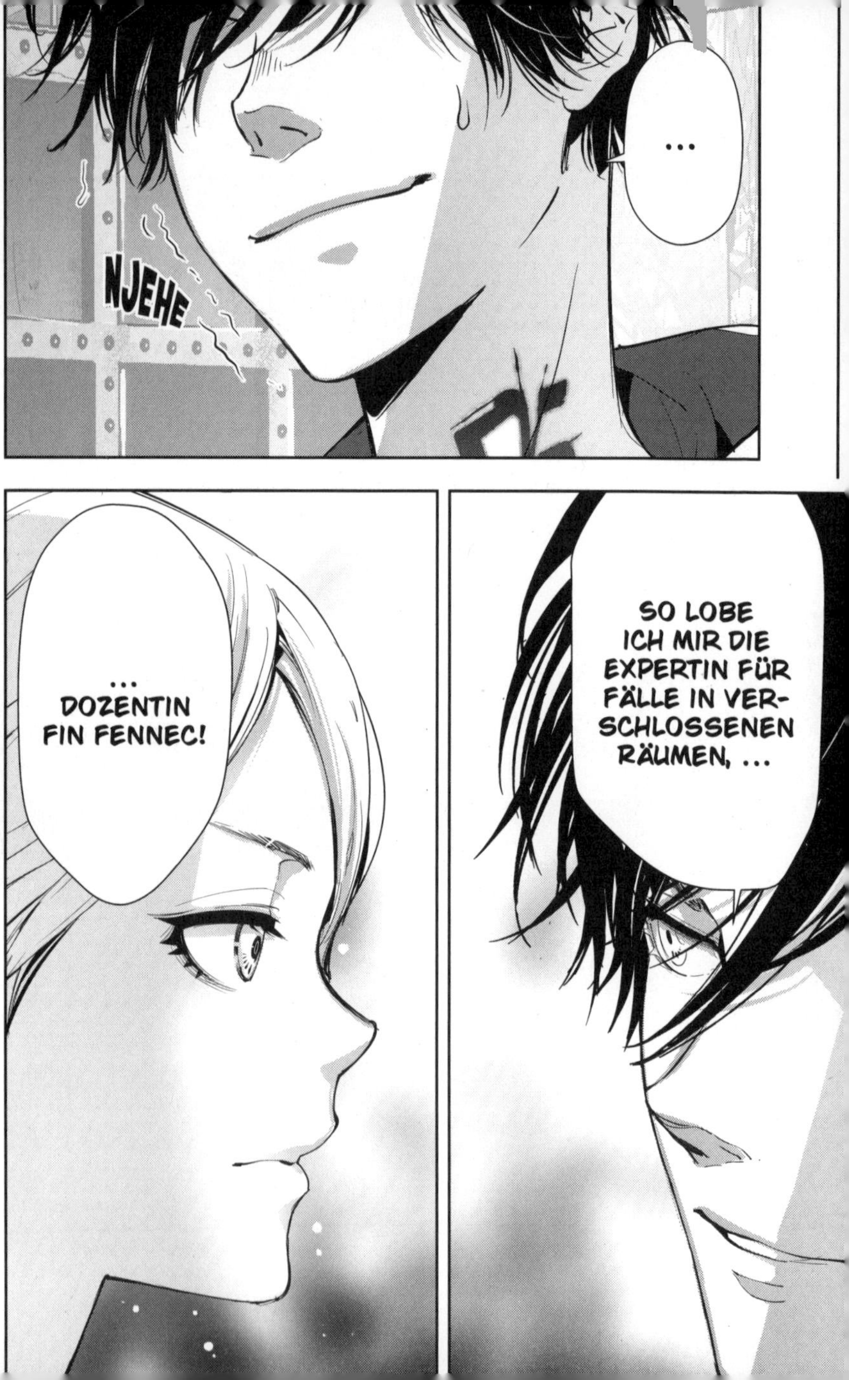

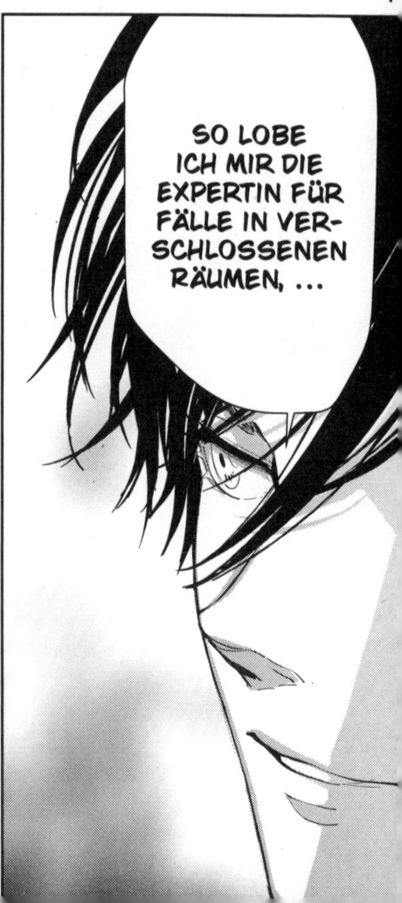

... DOZENTIN FIN FENNEC!

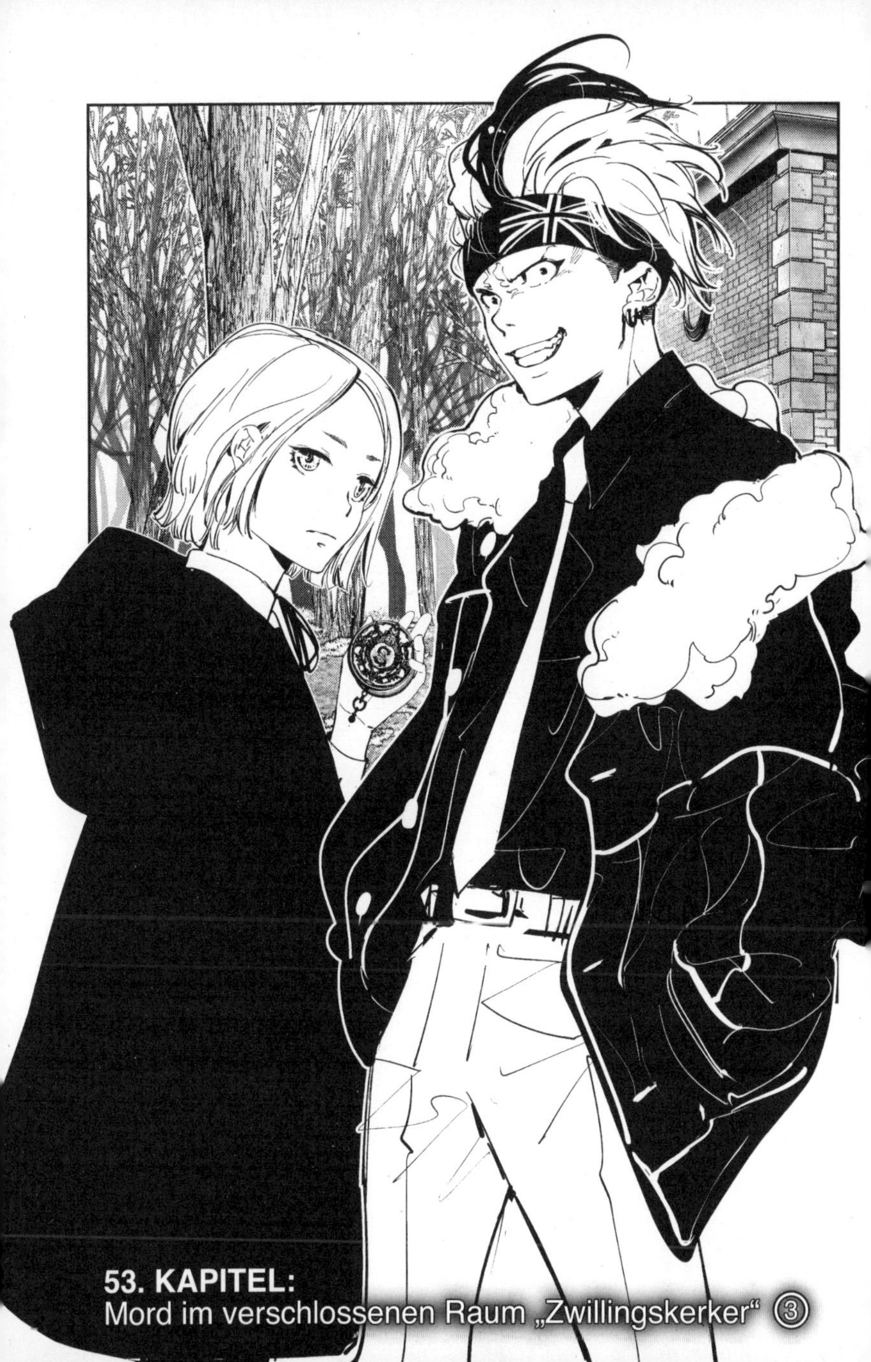

53. KAPITEL:
Mord im verschlossenen Raum „Zwillingskerker“ ③

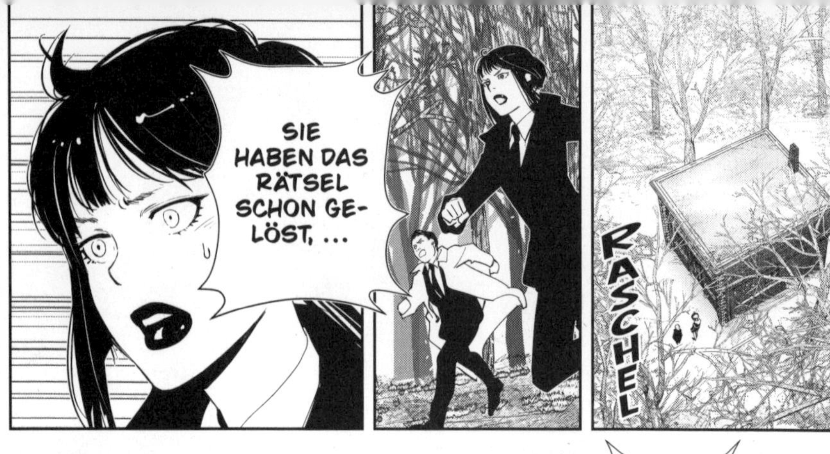
SIE HABEN DAS RÄTSEL SCHON GE-LÖST, ...
RASCHEL

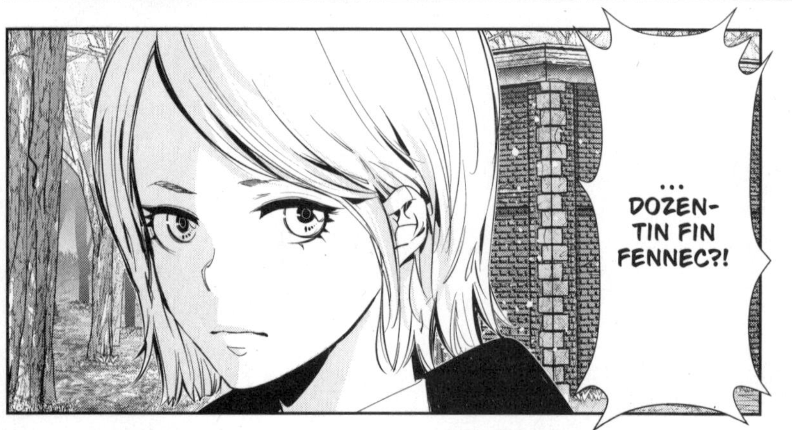
... DOZEN-TIN FIN FENNEC?!

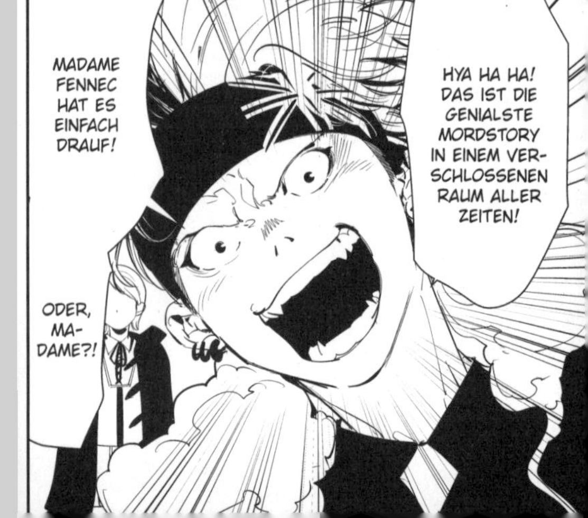
HYA HA HA! DAS IST DIE GENIALSTE MORDSTORY IN EINEM VER-SCHLOSSENEN RAUM ALLER ZEITEN!
MADAME FENNEC HAT ES EINFACH DRAUF!
ODER, MA-DAME?!

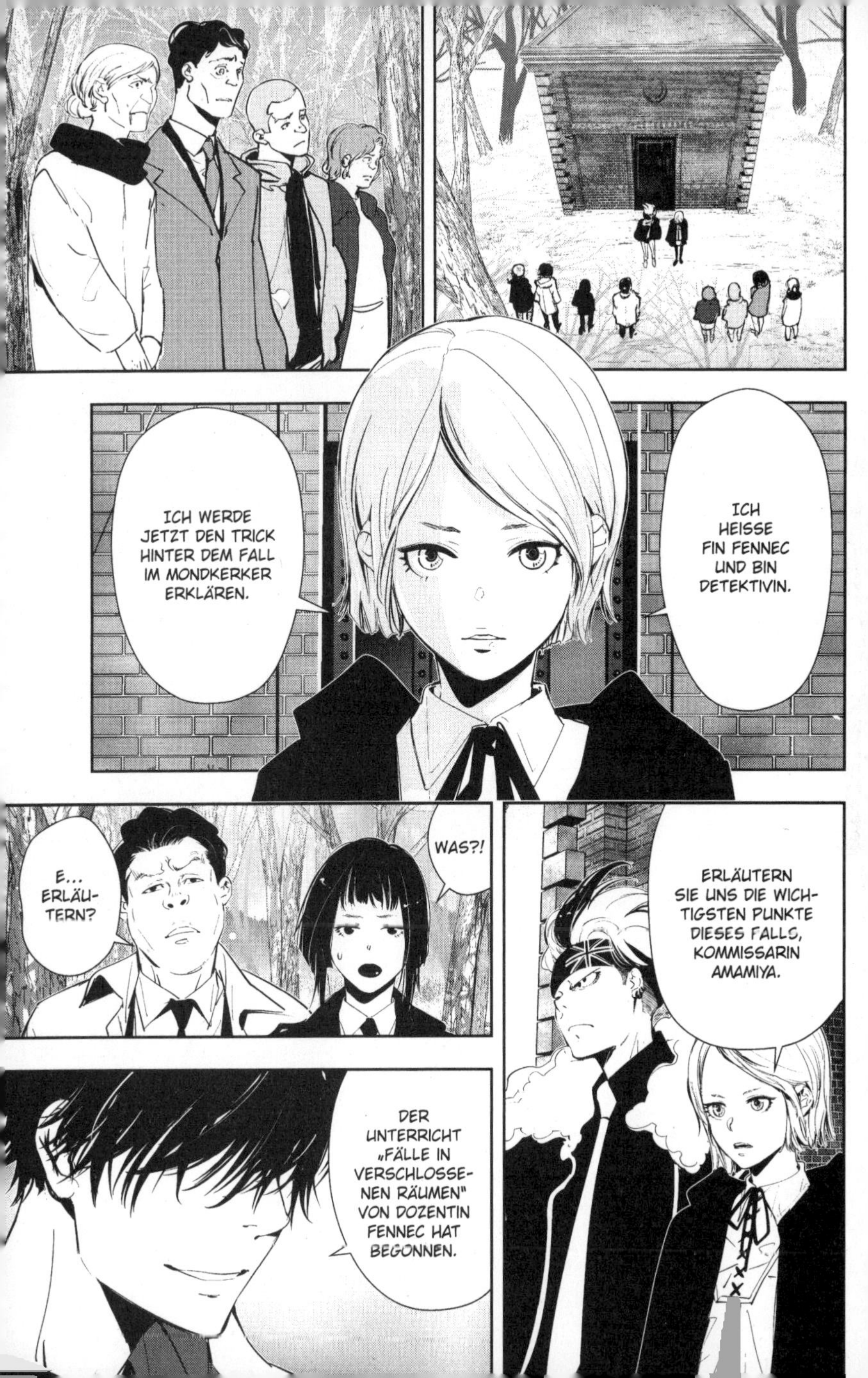
ICH HEISSE FIN FENNEC UND BIN DETEKTIVIN.
ICH WERDE JETZT DEN TRICK HINTER DEM FALL IM MONDKERKER ERKLÄREN.
ERLÄUTERN SIE UNS DIE WICHTIGSTEN PUNKTE DIESES FALLS, KOMMISSARIN AMAMIYA.
WAS?!
E... ERLÄUTERN?
DER UNTERRICHT „FÄLLE IN VERSCHLOSSENEN RÄUMEN" VON DOZENTIN FENNEC HAT BEGONNEN.

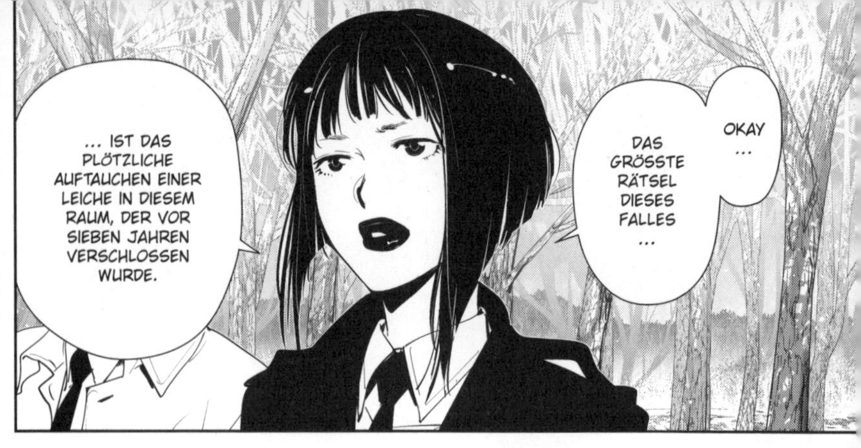
OKAY …
DAS GRÖSSTE RÄTSEL DIESES FALLES …
… IST DAS PLÖTZLICHE AUFTAUCHEN EINER LEICHE IN DIESEM RAUM, DER VOR SIEBEN JAHREN VERSCHLOSSEN WURDE.

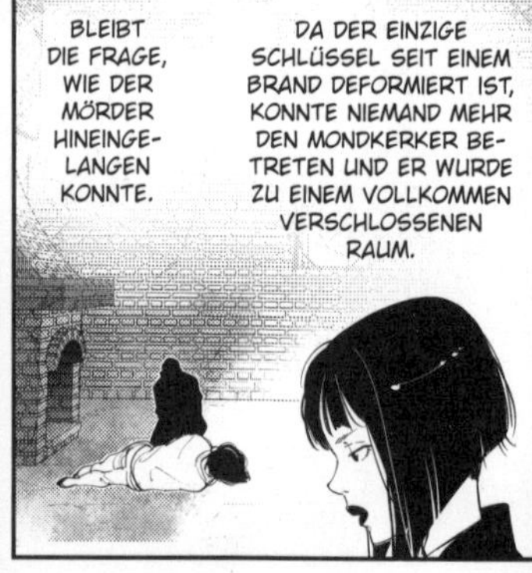
DA DER EINZIGE SCHLÜSSEL SEIT EINEM BRAND DEFORMIERT IST, KONNTE NIEMAND MEHR DEN MONDKERKER BETRETEN UND ER WURDE ZU EINEM VOLLKOMMEN VERSCHLOSSENEN RAUM.
BLEIBT DIE FRAGE, WIE DER MÖRDER HINEINGELANGEN KONNTE.

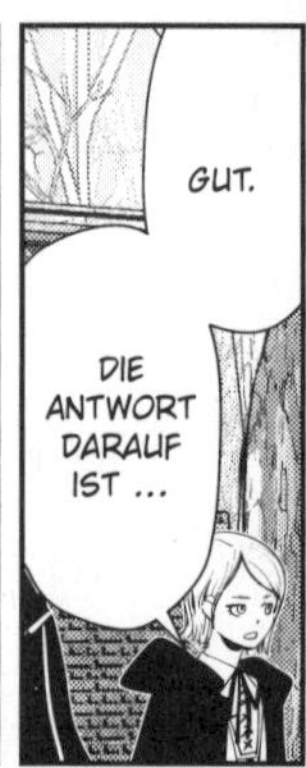
GUT.
DIE ANTWORT DARAUF IST …

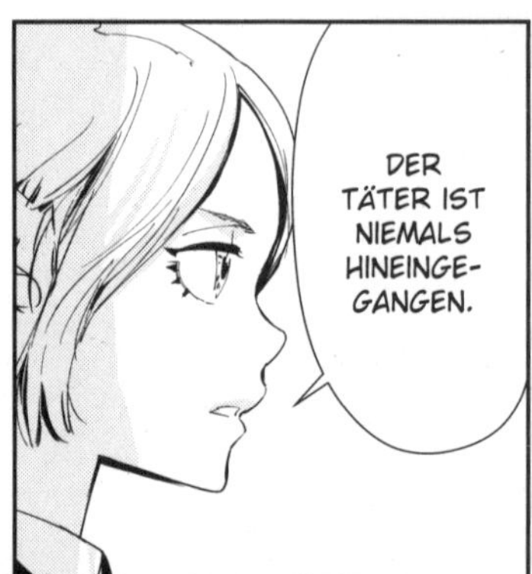
DER TÄTER IST NIEMALS HINEINGEGANGEN.

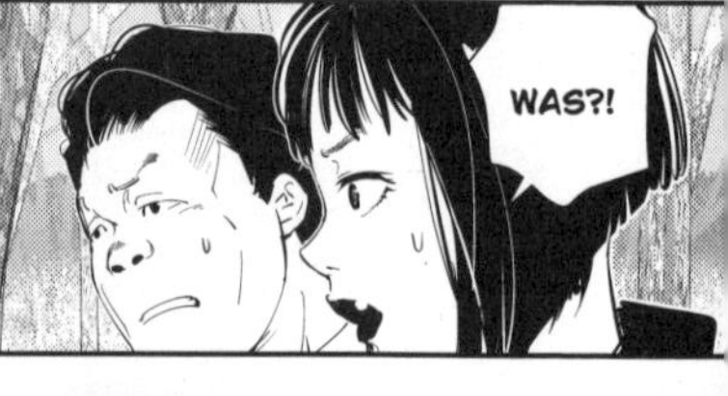
WAS?!

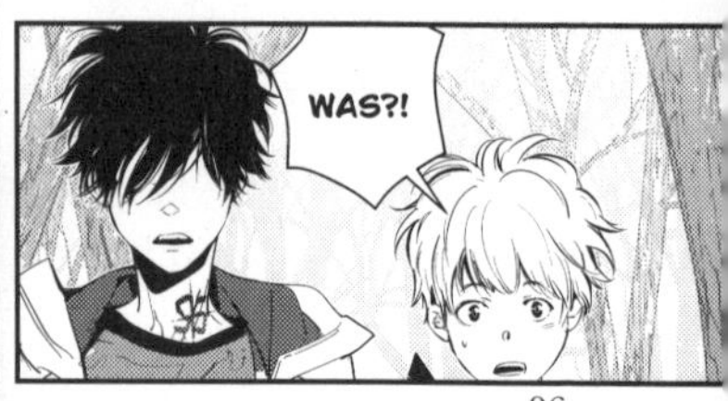
WAS?!

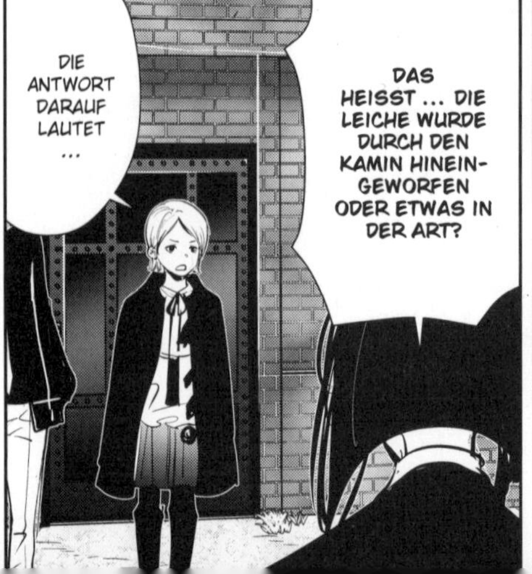
DAS HEISST … DIE LEICHE WURDE DURCH DEN KAMIN HINEINGEWORFEN ODER ETWAS IN DER ART?
DIE ANTWORT DARAUF LAUTET …

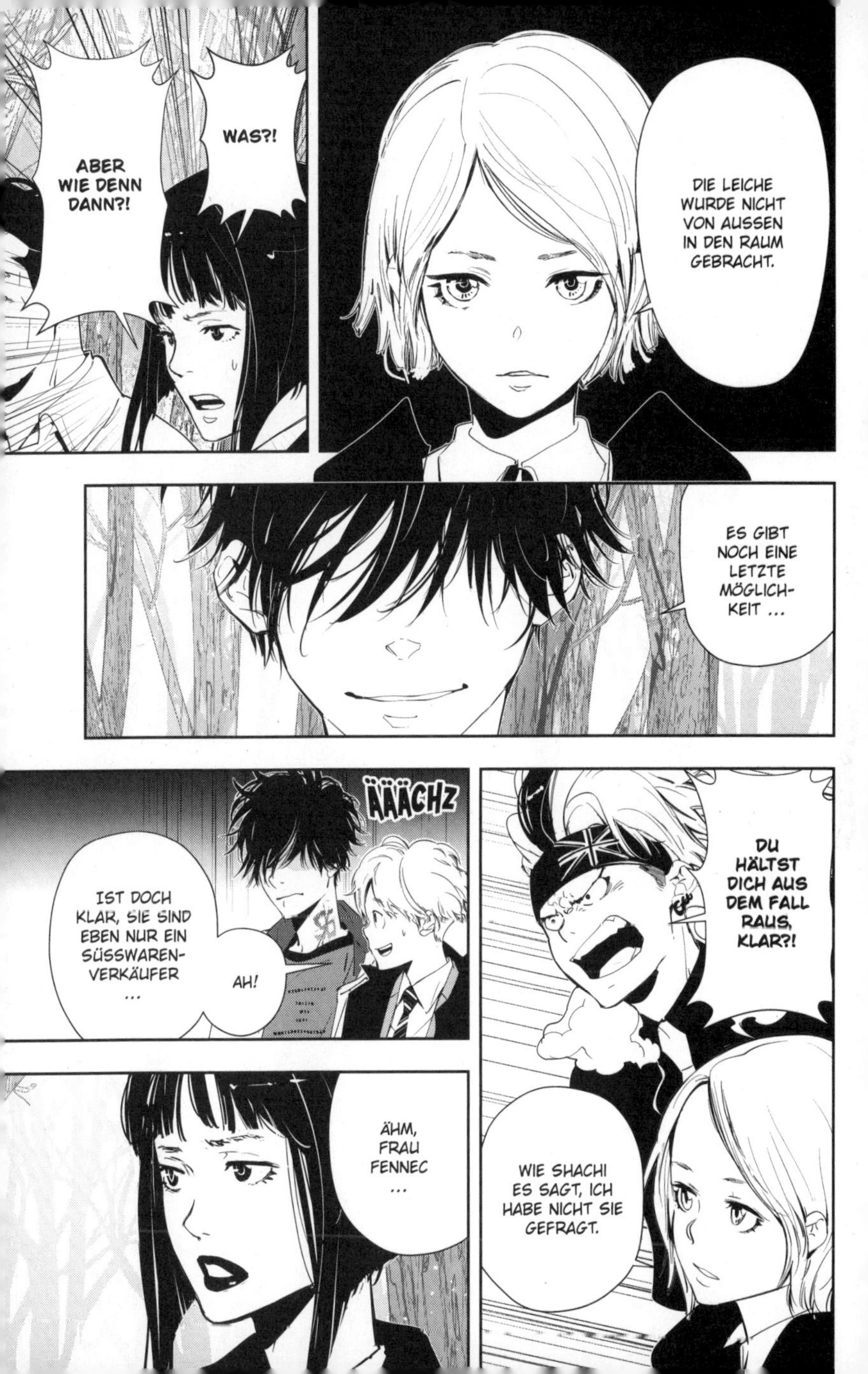

DIE LEICHE WURDE NICHT VON AUSSEN IN DEN RAUM GEBRACHT.

WAS?!

ABER WIE DENN DANN?!

ES GIBT NOCH EINE LETZTE MÖGLICH-KEIT ...

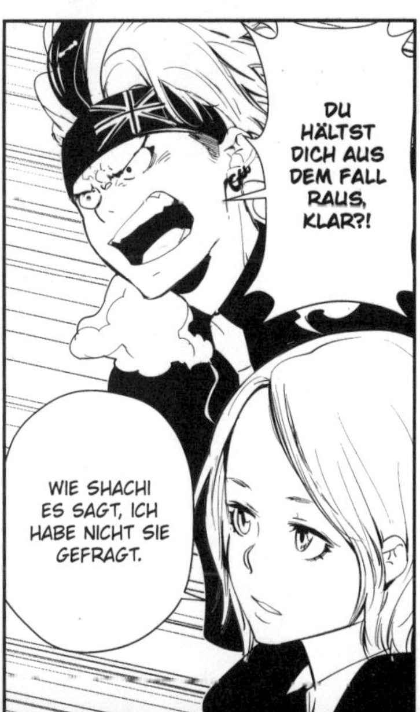

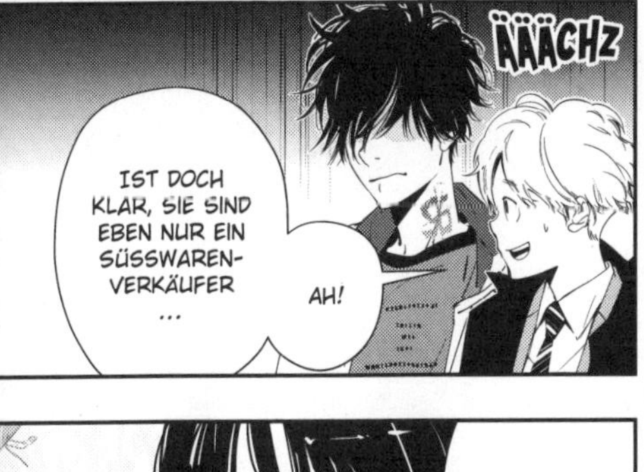

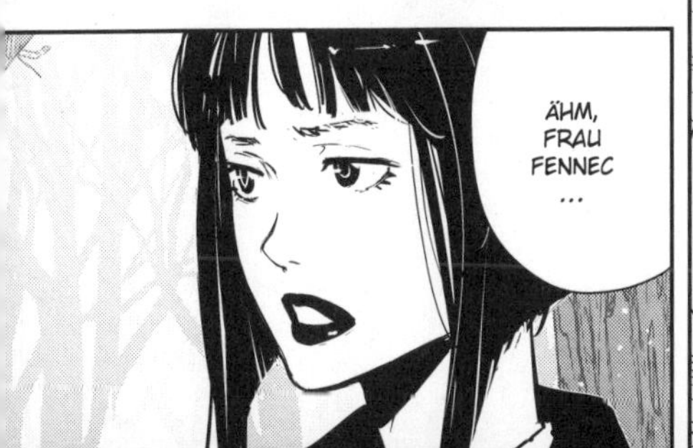

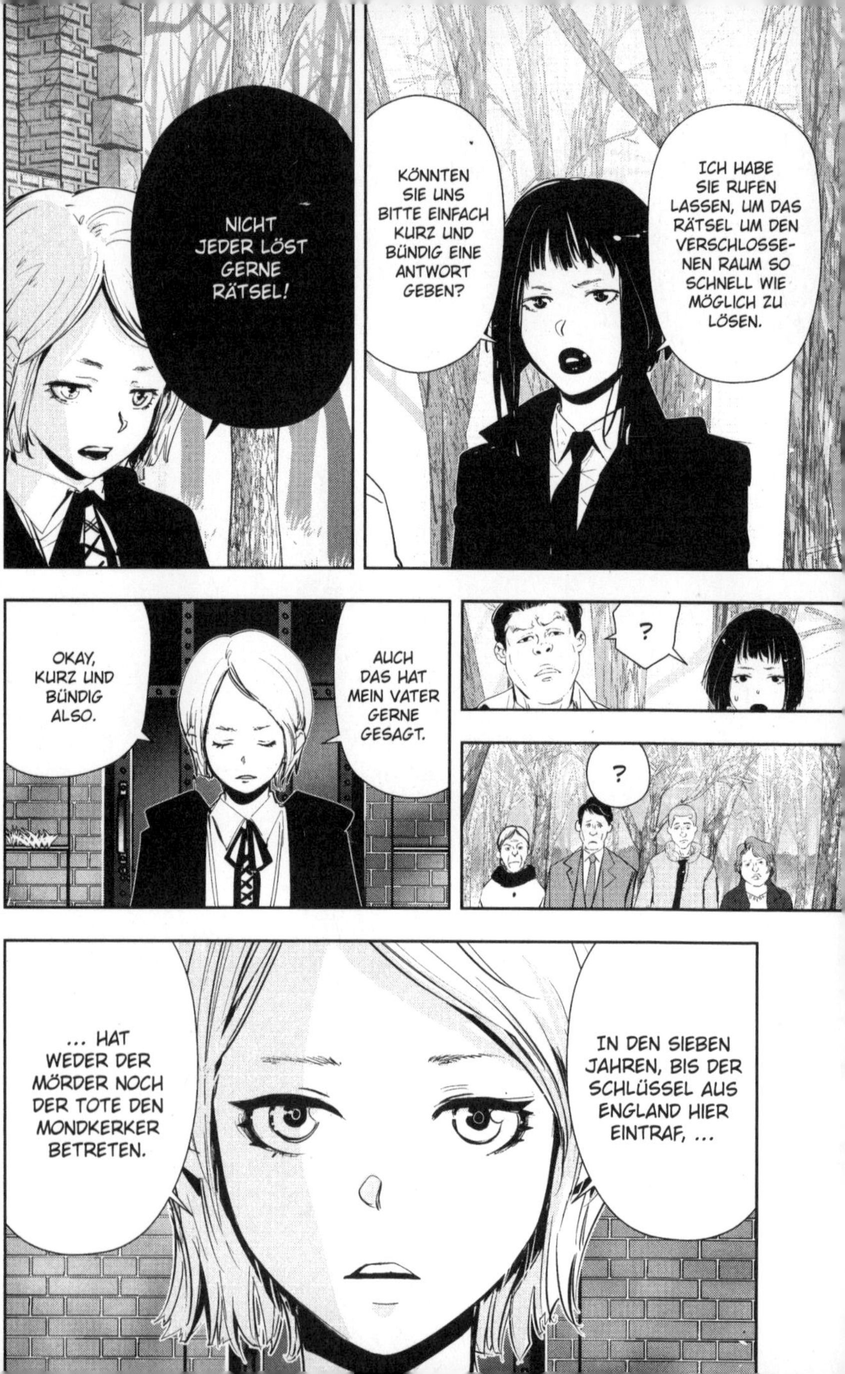

ICH HABE SIE RUFEN LASSEN, UM DAS RÄTSEL UM DEN VERSCHLOSSENEN RAUM SO SCHNELL WIE MÖGLICH ZU LÖSEN.
KÖNNTEN SIE UNS BITTE EINFACH KURZ UND BÜNDIG EINE ANTWORT GEBEN?
NICHT JEDER LÖST GERNE RÄTSEL!

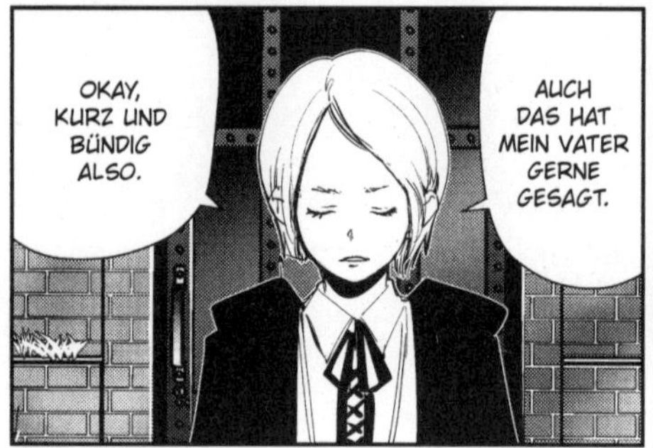

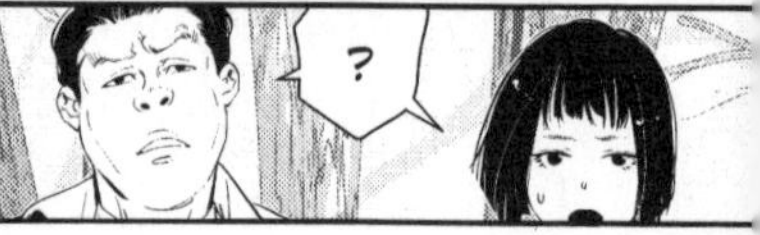

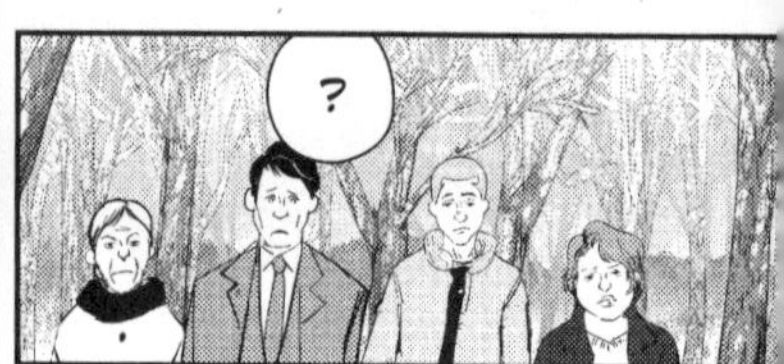

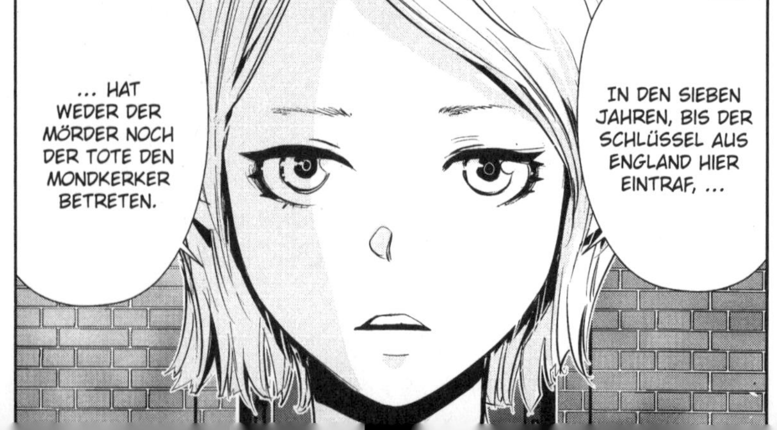

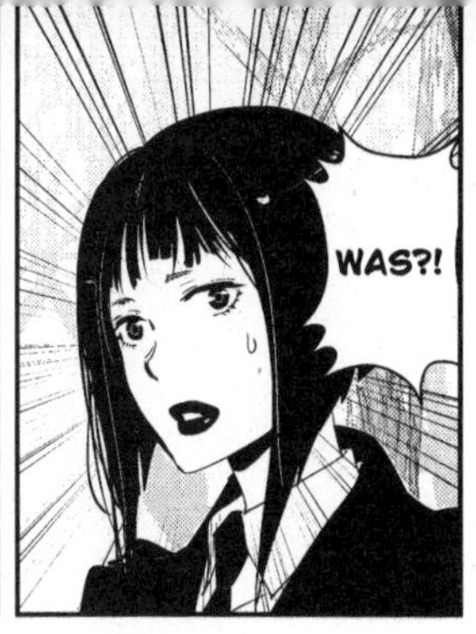
WAS?!

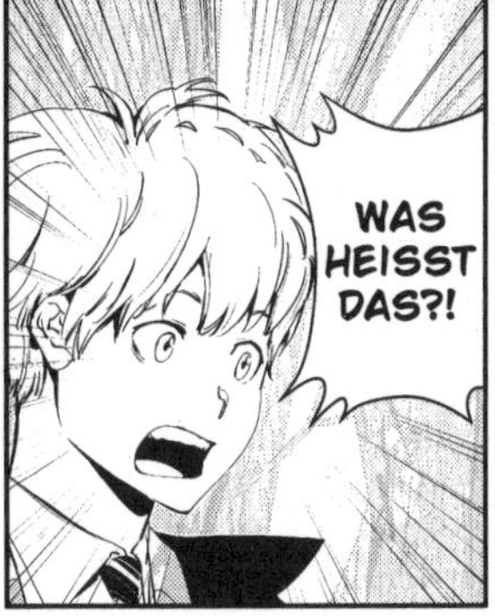
WAS HEISST DAS?!

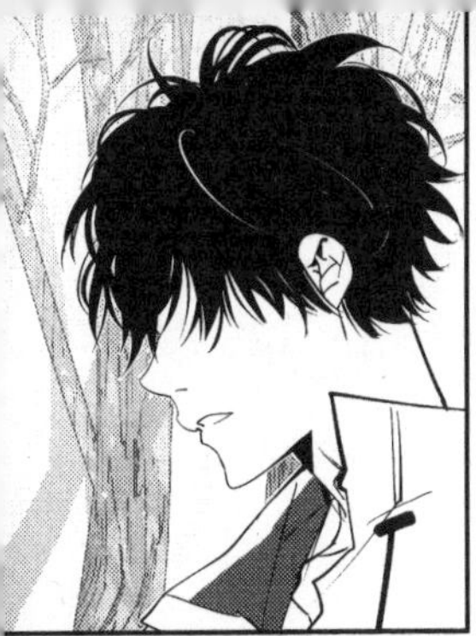

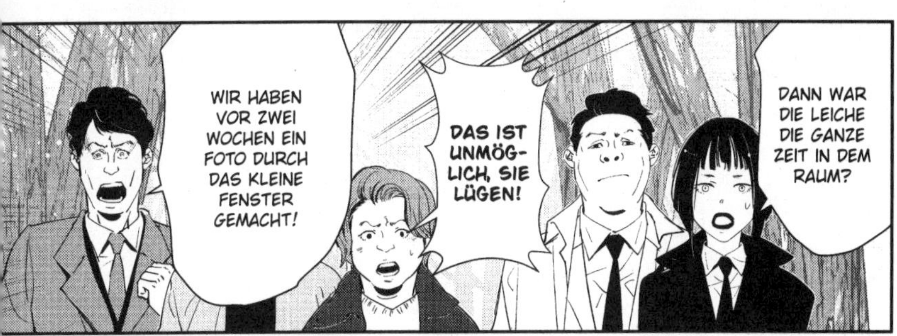
DANN WAR DIE LEICHE DIE GANZE ZEIT IN DEM RAUM?
DAS IST UNMÖG-LICH, SIE LÜGEN!
WIR HABEN VOR ZWEI WOCHEN EIN FOTO DURCH DAS KLEINE FENSTER GEMACHT!

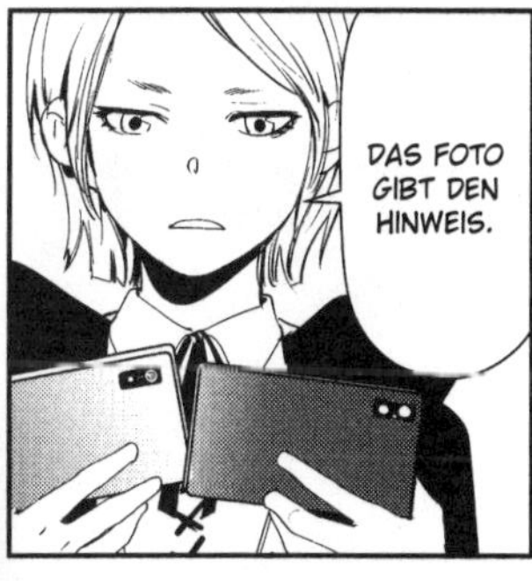
DAS FOTO GIBT DEN HINWEIS.

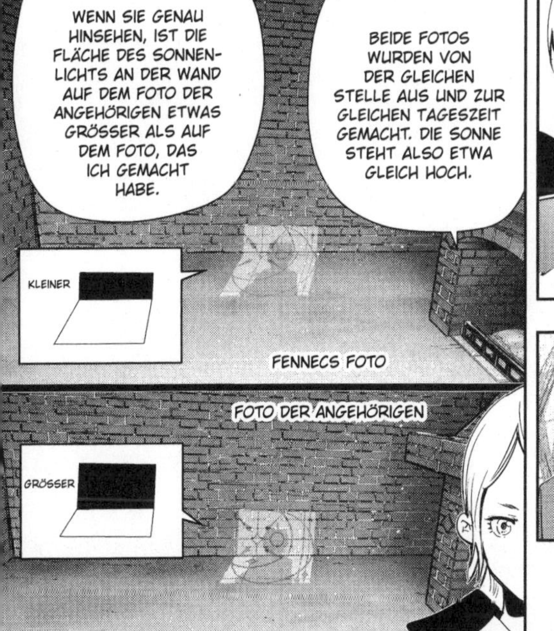
BEIDE FOTOS WURDEN VON DER GLEICHEN STELLE AUS UND ZUR GLEICHEN TAGESZEIT GEMACHT. DIE SONNE STEHT ALSO ETWA GLEICH HOCH.
WENN SIE GENAU HINSEHEN, IST DIE FLÄCHE DES SONNEN-LICHTS AN DER WAND AUF DEM FOTO DER ANGEHÖRIGEN ETWAS GRÖSSER ALS AUF DEM FOTO, DAS ICH GEMACHT HABE.
KLEINER
FENNECS FOTO
FOTO DER ANGEHÖRIGEN
GRÖSSER

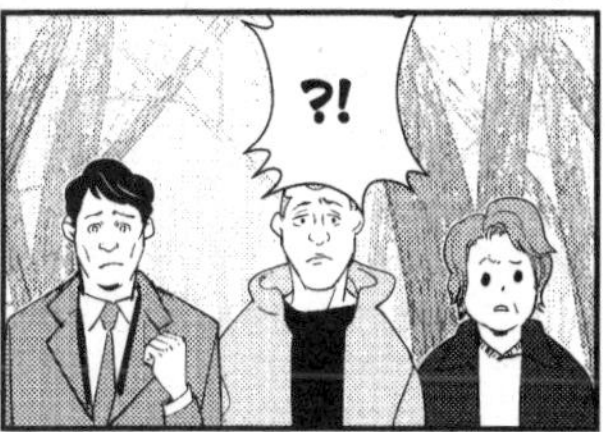
?!

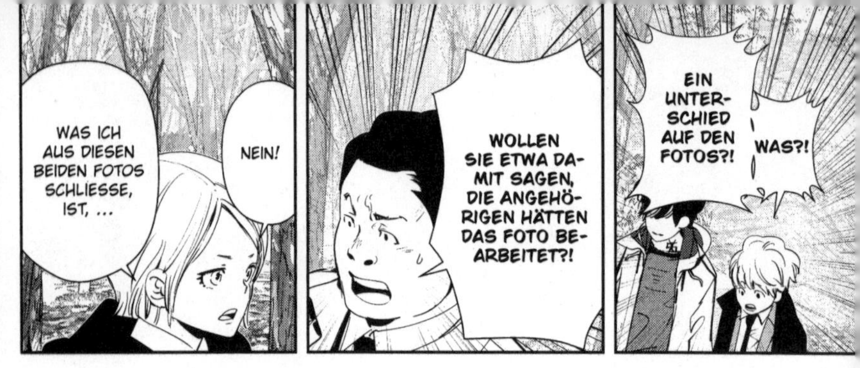
WAS?!
EIN UNTERSCHIED AUF DEN FOTOS?!
WOLLEN SIE ETWA DAMIT SAGEN, DIE ANGEHÖRIGEN HÄTTEN DAS FOTO BEARBEITET?!
NEIN!
WAS ICH AUS DIESEN BEIDEN FOTOS SCHLIESSE, IST, …

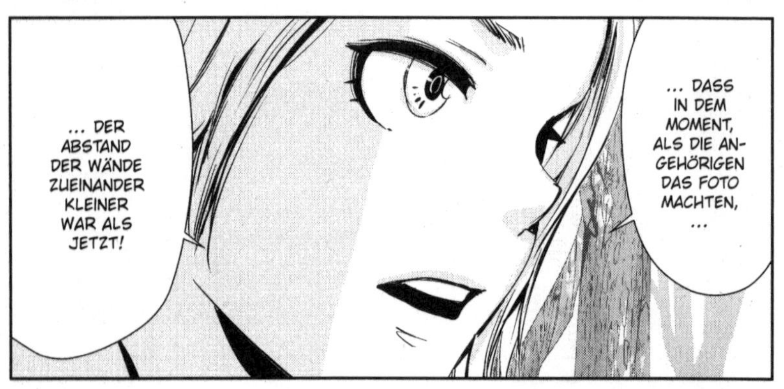
… DASS IN DEM MOMENT, ALS DIE ANGEHÖRIGEN DAS FOTO MACHTEN, …
… DER ABSTAND DER WÄNDE ZUEINANDER KLEINER WAR ALS JETZT!

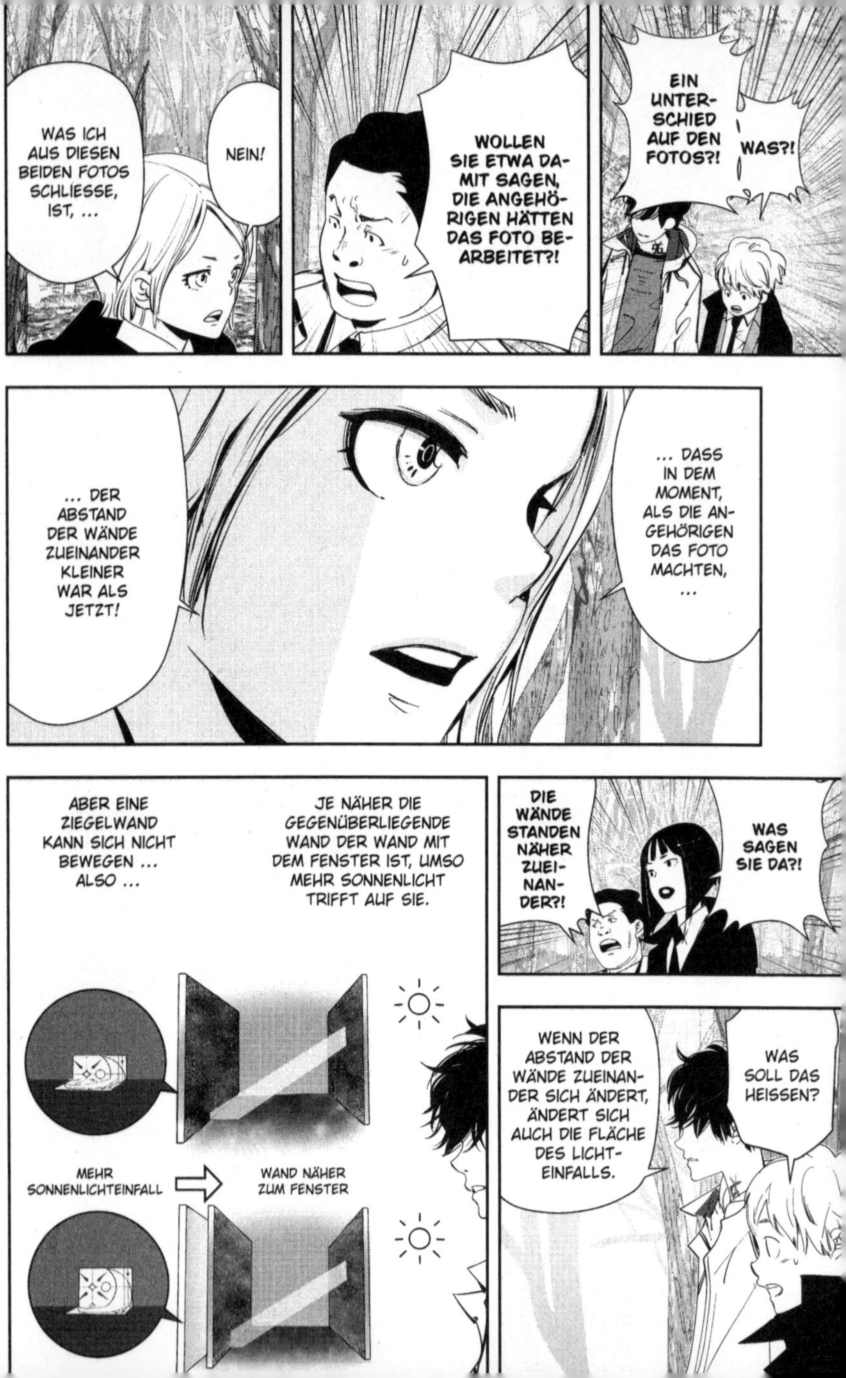

WAS SAGEN SIE DA?!
DIE WÄNDE STANDEN NÄHER ZUEINANDER?!
WAS SOLL DAS HEISSEN?
WENN DER ABSTAND DER WÄNDE ZUEINANDER SICH ÄNDERT, ÄNDERT SICH AUCH DIE FLÄCHE DES LICHTEINFALLS.
JE NÄHER DIE GEGENÜBERLIEGENDE WAND DER WAND MIT DEM FENSTER IST, UMSO MEHR SONNENLICHT TRIFFT AUF SIE.
ABER EINE ZIEGELWAND KANN SICH NICHT BEWEGEN … ALSO …
MEHR SONNENLICHTEINFALL
WAND NÄHER ZUM FENSTER

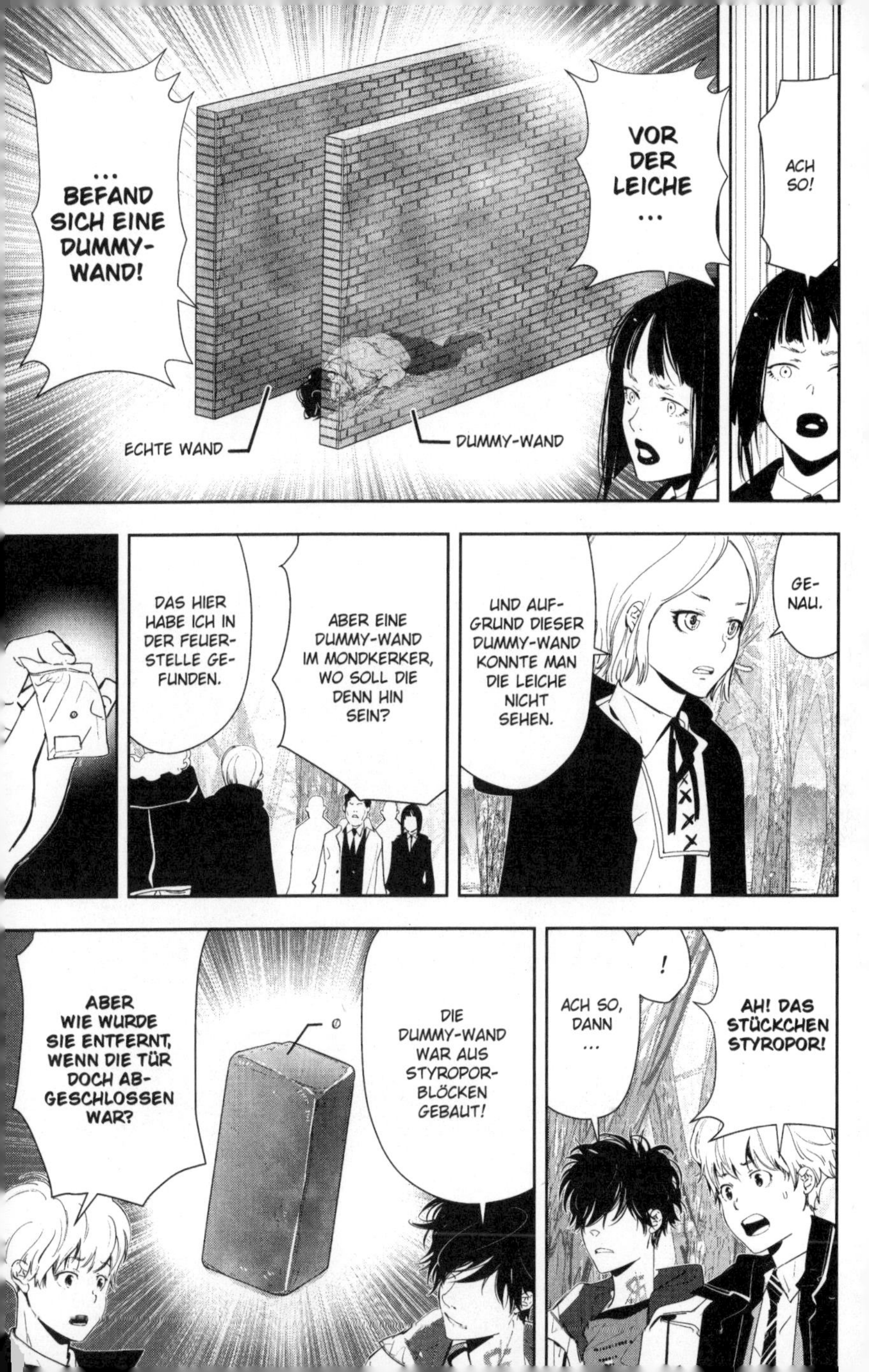

ACH SO!
VOR DER LEICHE …
… BEFAND SICH EINE DUMMY-WAND!
DUMMY-WAND
ECHTE WAND

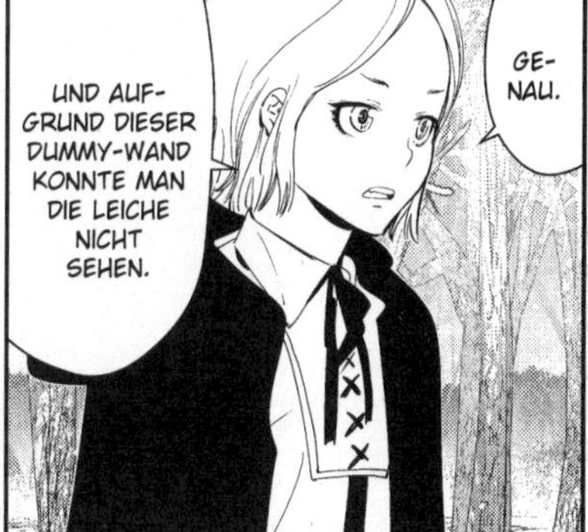
GE-NAU.
UND AUF-GRUND DIESER DUMMY-WAND KONNTE MAN DIE LEICHE NICHT SEHEN.

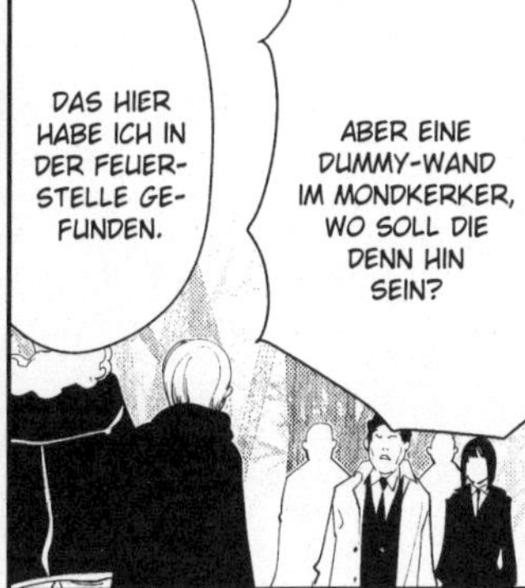
ABER EINE DUMMY-WAND IM MONDKERKER, WO SOLL DIE DENN HIN SEIN?
DAS HIER HABE ICH IN DER FEUER-STELLE GE-FUNDEN.

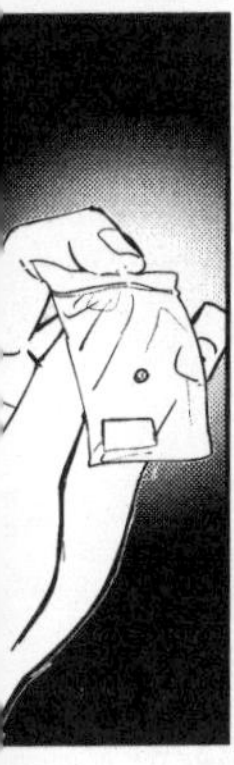

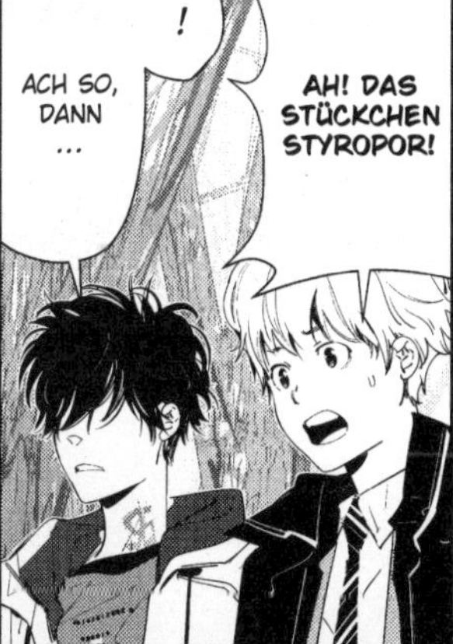
!
AH! DAS STÜCKCHEN STYROPOR!
ACH SO, DANN …

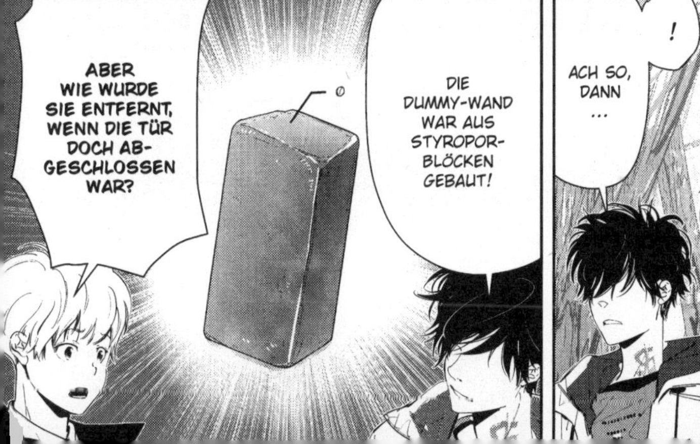
DIE DUMMY-WAND WAR AUS STYROPOR-BLÖCKEN GEBAUT!
ABER WIE WURDE SIE ENTFERNT, WENN DIE TÜR DOCH AB-GESCHLOSSEN WAR?

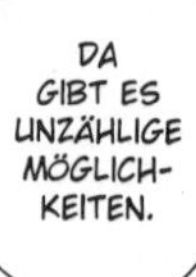
DA GIBT ES UNZÄHLIGE MÖGLICH-KEITEN.
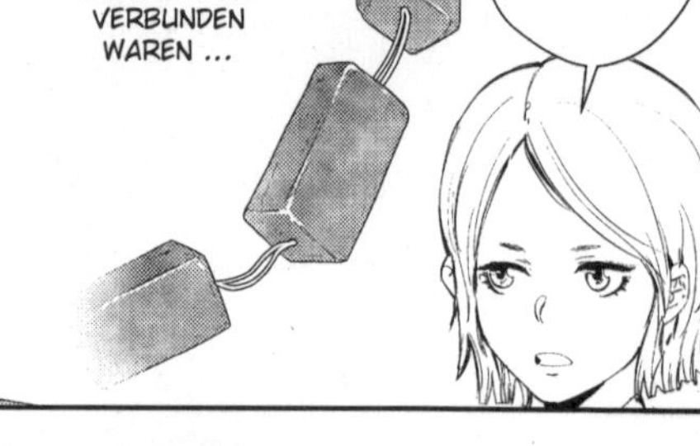
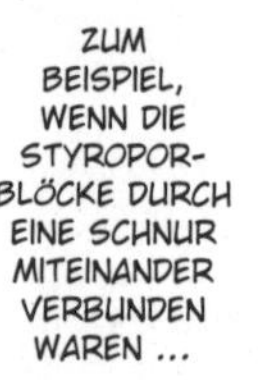
ZUM BEISPIEL, WENN DIE STYROPOR-BLÖCKE DURCH EINE SCHNUR MITEINANDER VERBUNDEN WAREN ...
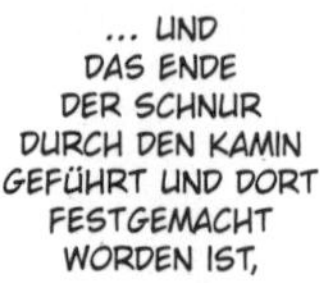
... UND DAS ENDE DER SCHNUR DURCH DEN KAMIN GEFÜHRT UND DORT FESTGEMACHT WORDEN IST, ...
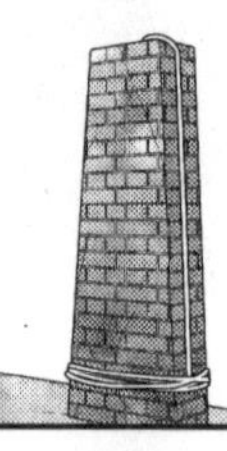
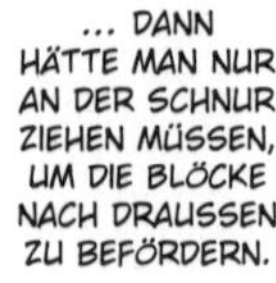
... DANN HÄTTE MAN NUR AN DER SCHNUR ZIEHEN MÜSSEN, UM DIE BLÖCKE NACH DRAUSSEN ZU BEFÖRDERN.
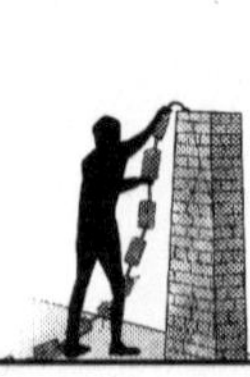
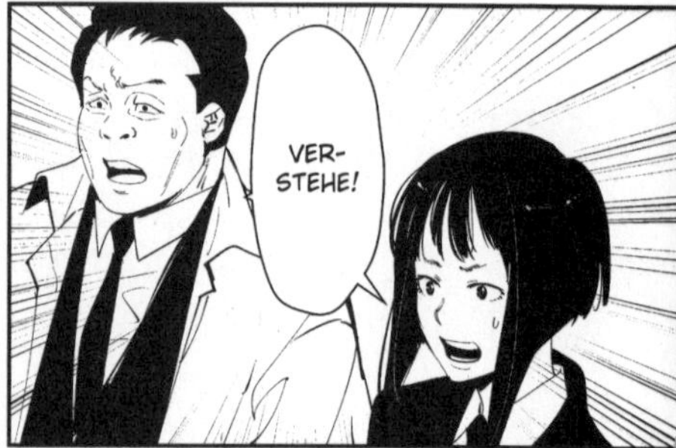
VER-STEHE!
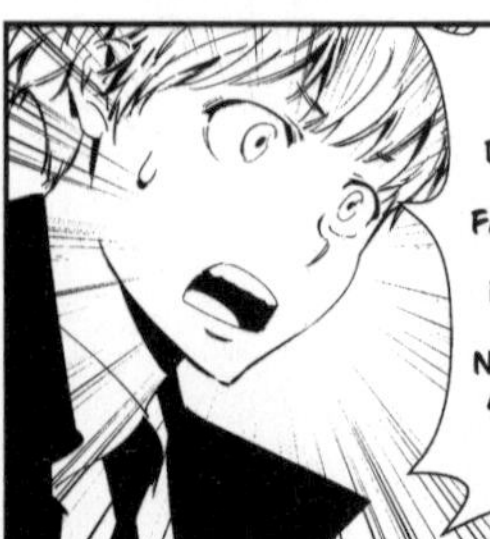
DAS STÜCK STYROPOR, DAS SIE IN DER FEUERSTELLE FANDEN, KÖNNTE ALSO BEI DER BEFÖRDERUNG DER BLÖCKE NACH DRAUSSEN ABGEBROCHEN SEIN!
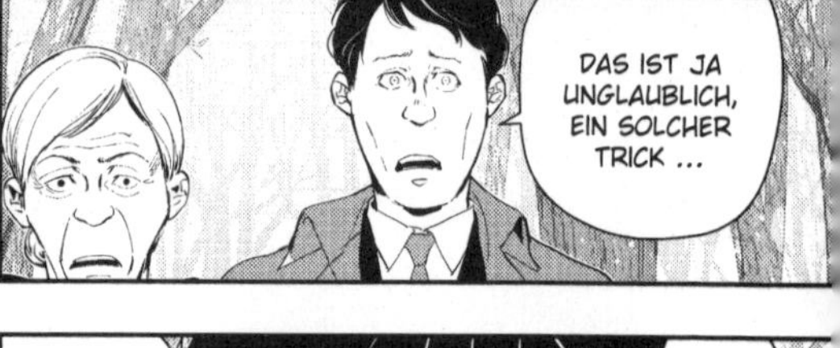
DAS IST JA UNGLAUBLICH, EIN SOLCHER TRICK ...
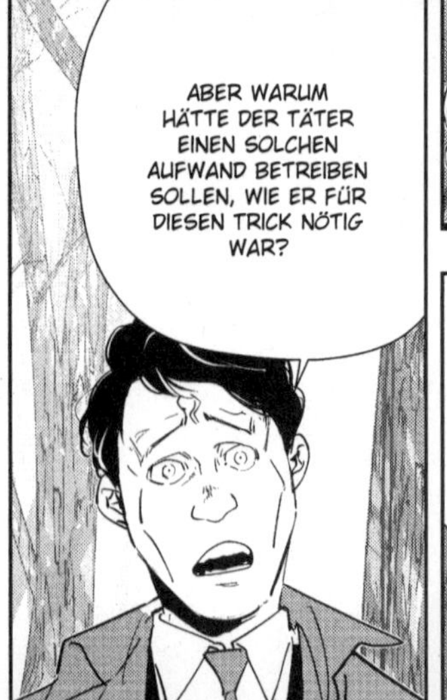
ABER WARUM HÄTTE DER TÄTER EINEN SOLCHEN AUFWAND BETREIBEN SOLLEN, WIE ER FÜR DIESEN TRICK NÖTIG WAR?
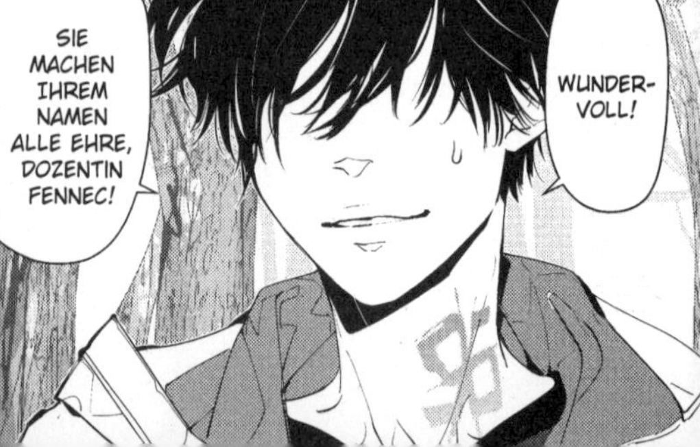
WUNDER-VOLL!
SIE MACHEN IHREM NAMEN ALLE EHRE, DOZENTIN FENNEC!

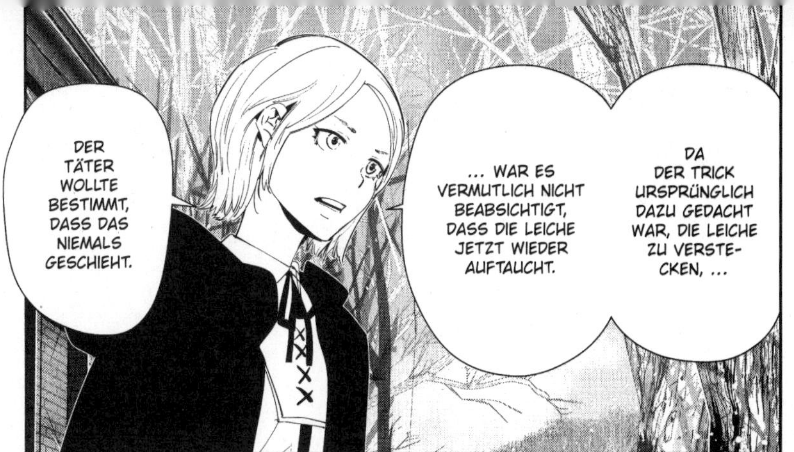
DA DER TRICK URSPRÜNGLICH DAZU GEDACHT WAR, DIE LEICHE ZU VERSTE-CKEN, ...
... WAR ES VERMUTLICH NICHT BEABSICHTIGT, DASS DIE LEICHE JETZT WIEDER AUFTAUCHT.
DER TÄTER WOLLTE BESTIMMT, DASS DAS NIEMALS GESCHIEHT.

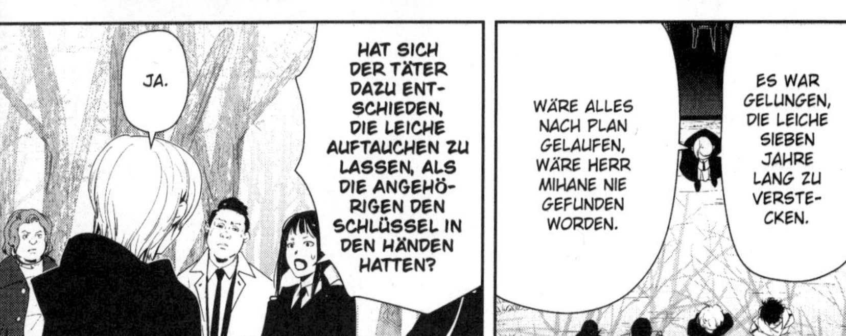
ES WAR GELUNGEN, DIE LEICHE SIEBEN JAHRE LANG ZU VERSTE-CKEN.
WÄRE ALLES NACH PLAN GELAUFEN, WÄRE HERR MIHANE NIE GEFUNDEN WORDEN.
HAT SICH DER TÄTER DAZU ENT-SCHIEDEN, DIE LEICHE AUFTAUCHEN ZU LASSEN, ALS DIE ANGEHÖ-RIGEN DEN SCHLÜSSEL IN DEN HÄNDEN HATTEN?
JA.

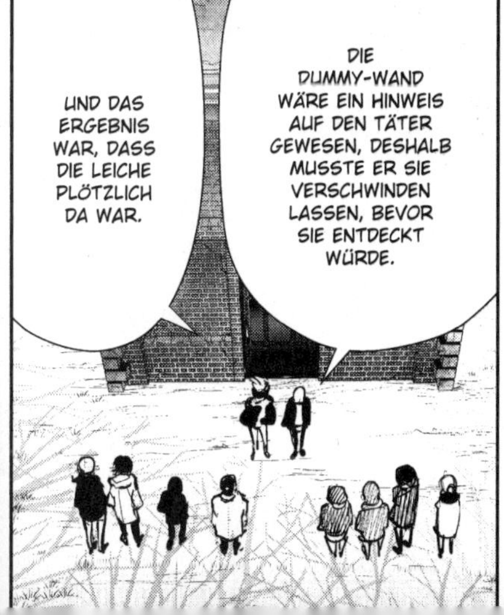
DIE DUMMY-WAND WÄRE EIN HINWEIS AUF DEN TÄTER GEWESEN, DESHALB MUSSTE ER SIE VERSCHWINDEN LASSEN, BEVOR SIE ENTDECKT WÜRDE.
UND DAS ERGEBNIS WAR, DASS DIE LEICHE PLÖTZLICH DA WAR.

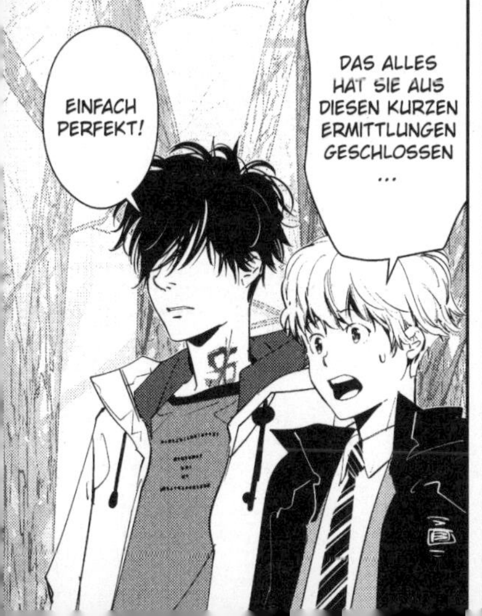
DAS ALLES HAT SIE AUS DIESEN KURZEN ERMITTLUNGEN GESCHLOSSEN ...
EINFACH PERFEKT!

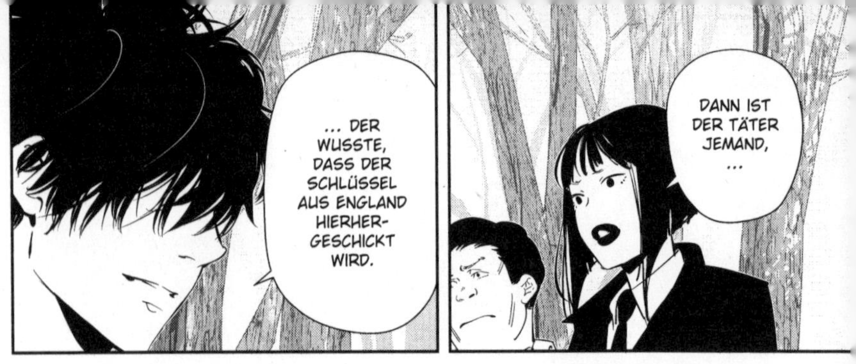

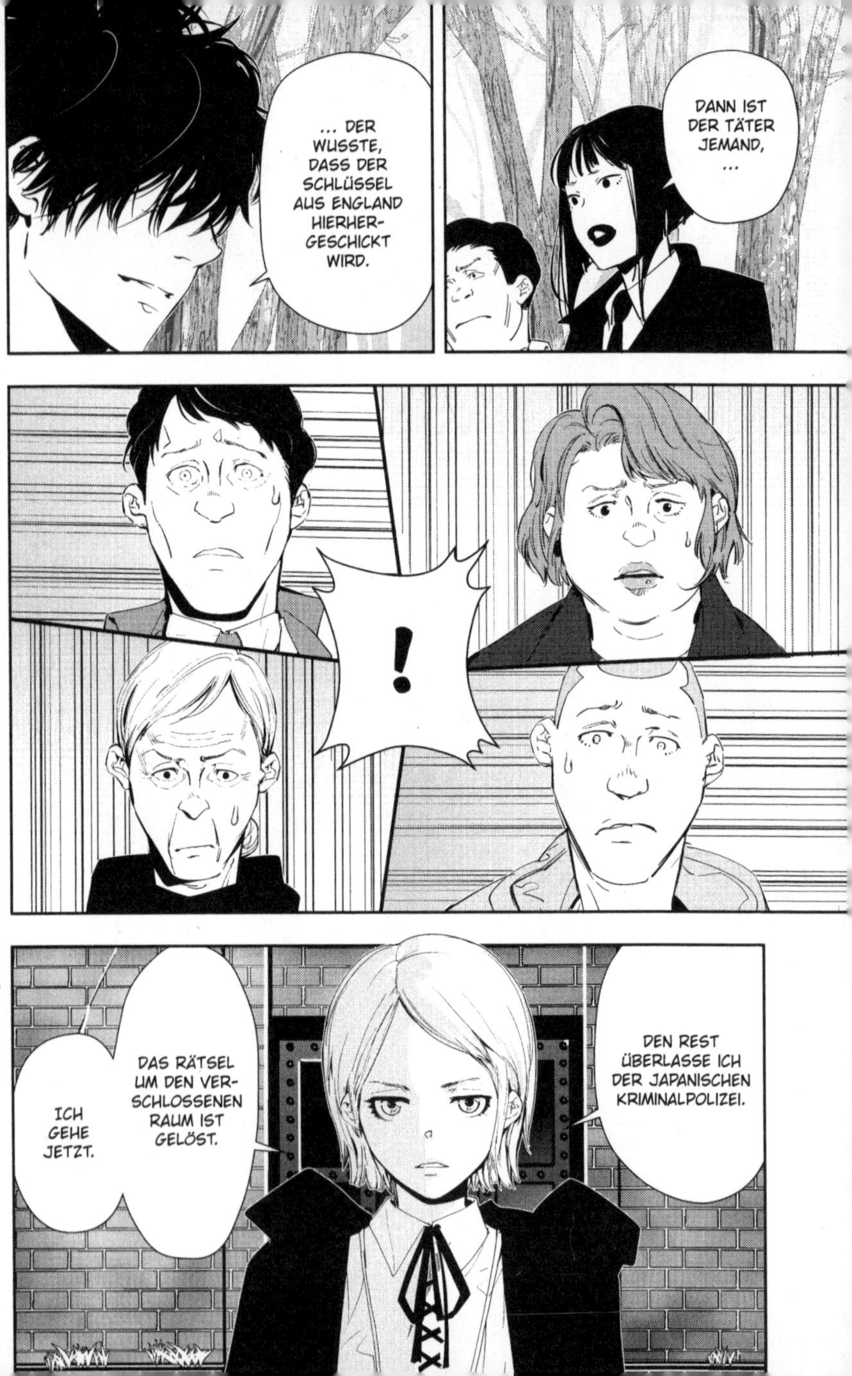

DANN IST DER TÄTER JEMAND, ...
... DER WUSSTE, DASS DER SCHLÜSSEL AUS ENGLAND HIERHERGESCHICKT WIRD.

!

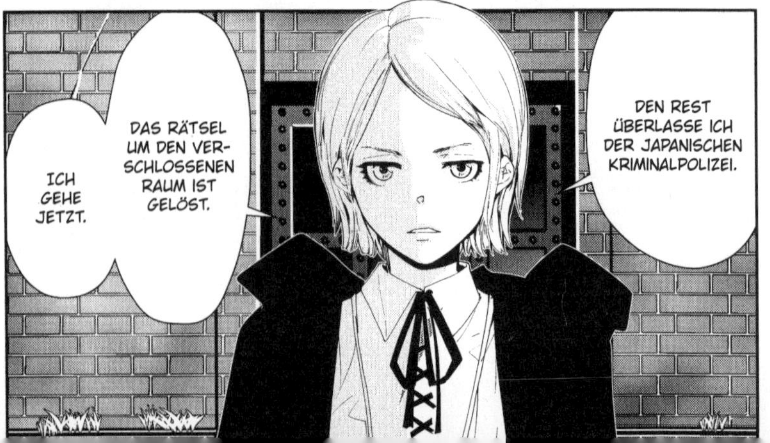

DEN REST ÜBERLASSE ICH DER JAPANISCHEN KRIMINALPOLIZEI.
DAS RÄTSEL UM DEN VERSCHLOSSENEN RAUM IST GELÖST.
ICH GEHE JETZT.

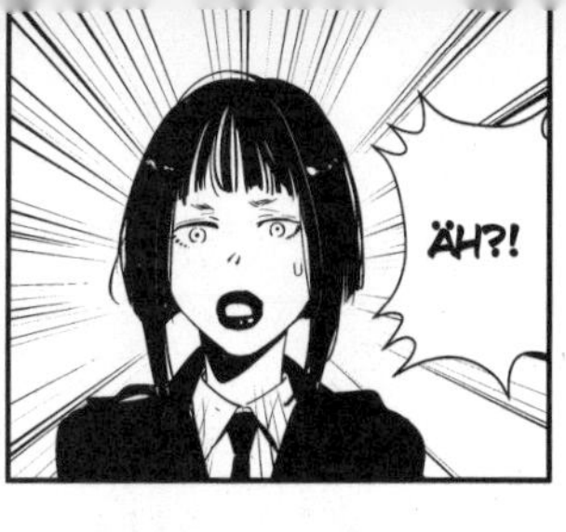
ÄH?!

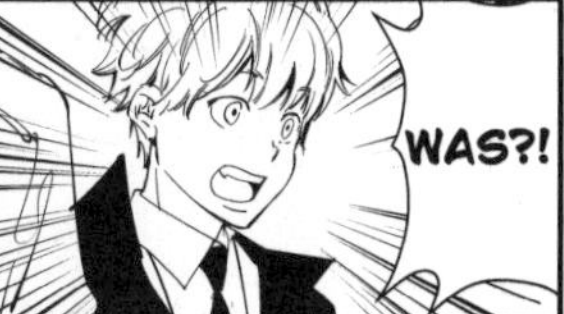
WAS?!

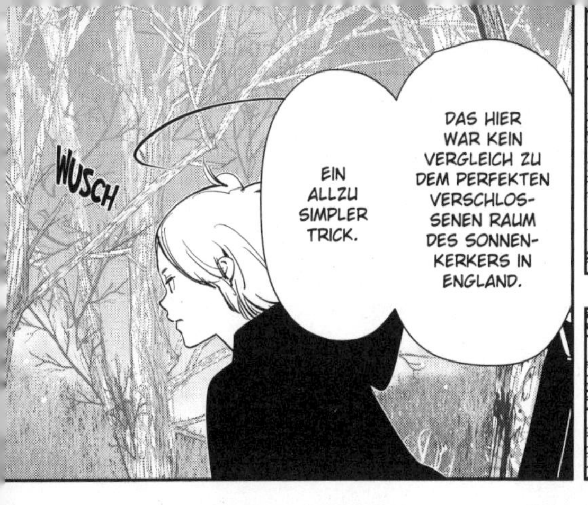
DAS HIER WAR KEIN VERGLEICH ZU DEM PERFEKTEN VERSCHLOSSENEN RAUM DES SONNENKERKERS IN ENGLAND.
EIN ALLZU SIMPLER TRICK.
WUSCH

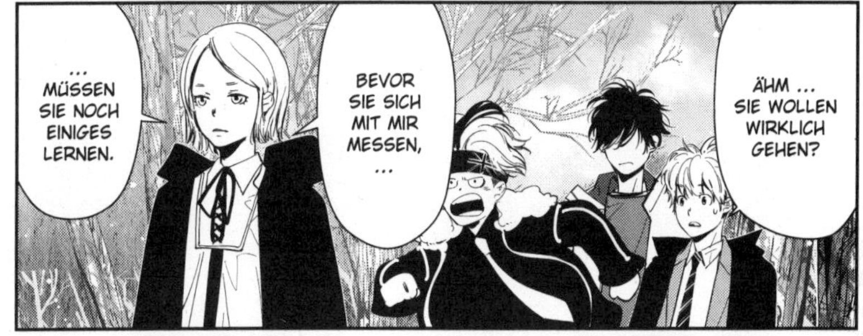
ÄHM … SIE WOLLEN WIRKLICH GEHEN?
BEVOR SIE SICH MIT MIR MESSEN, …
… MÜSSEN SIE NOCH EINIGES LERNEN.

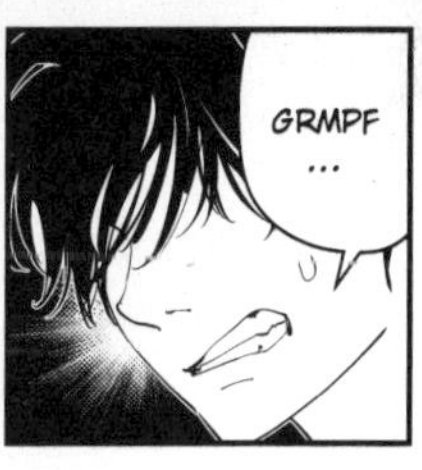
GRMPF …

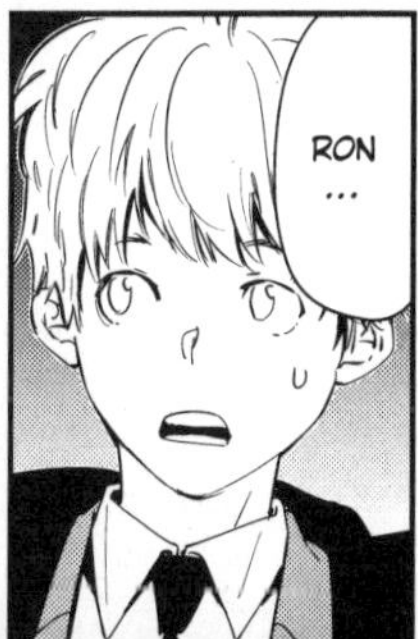
RON …

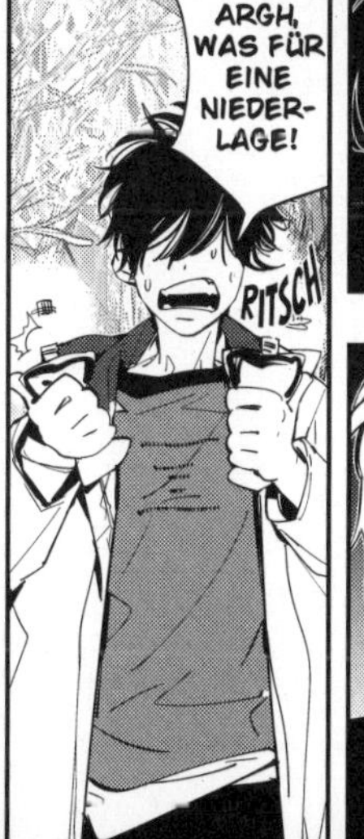
ARGH, WAS FÜR EINE NIEDERLAGE!
RITSCH

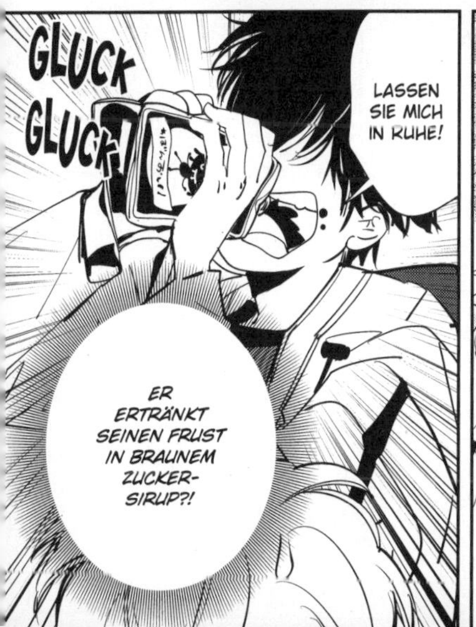
LASSEN SIE MICH IN RUHE!
GLUCK
GLUCK
ER ERTRÄNKT SEINEN FRUST IN BRAUNEM ZUCKERSIRUP?!

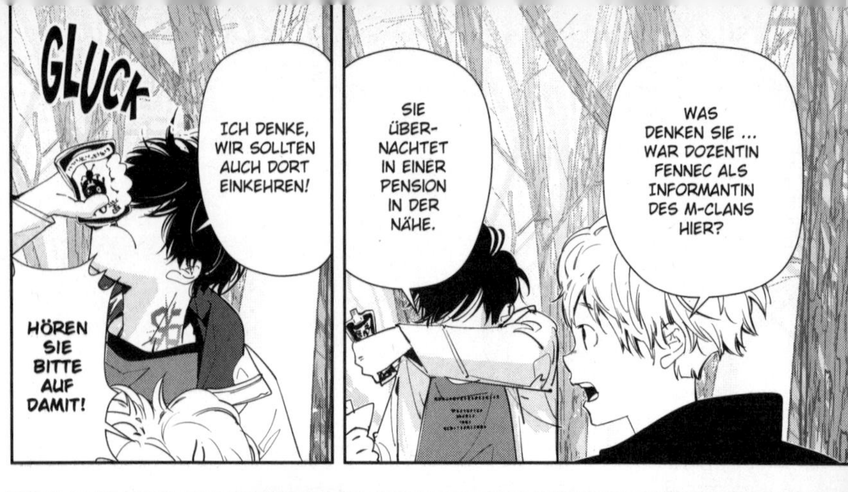
WAS DENKEN SIE … WAR DOZENTIN FENNEC ALS INFORMANTIN DES M-CLANS HIER?
SIE ÜBERNACHTET IN EINER PENSION IN DER NÄHE.
ICH DENKE, WIR SOLLTEN AUCH DORT EINKEHREN!
GLUCK
HÖREN SIE BITTE AUF DAMIT!

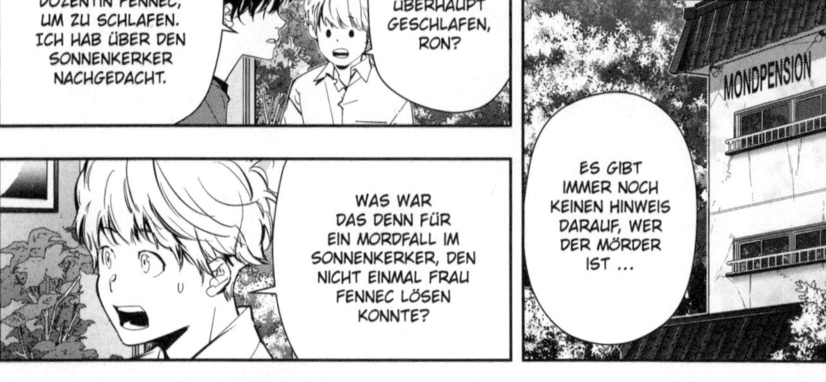
AM NÄCHSTEN TAG.
MONDPENSION
ES GIBT IMMER NOCH KEINEN HINWEIS DARAUF, WER DER MÖRDER IST …
WAS WAR DAS DENN FÜR EIN MORDFALL IM SONNENKERKER, DEN NICHT EINMAL FRAU FENNEC LÖSEN KONNTE?

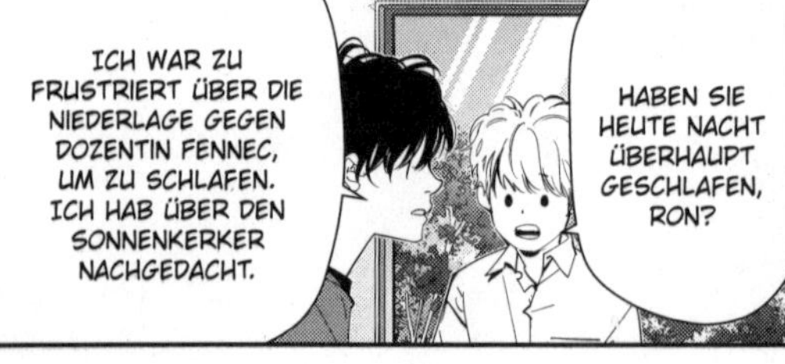
HABEN SIE HEUTE NACHT ÜBERHAUPT GESCHLAFEN, RON?
ICH WAR ZU FRUSTRIERT ÜBER DIE NIEDERLAGE GEGEN DOZENTIN FENNEC, UM ZU SCHLAFEN. ICH HAB ÜBER DEN SONNENKERKER NACHGEDACHT.

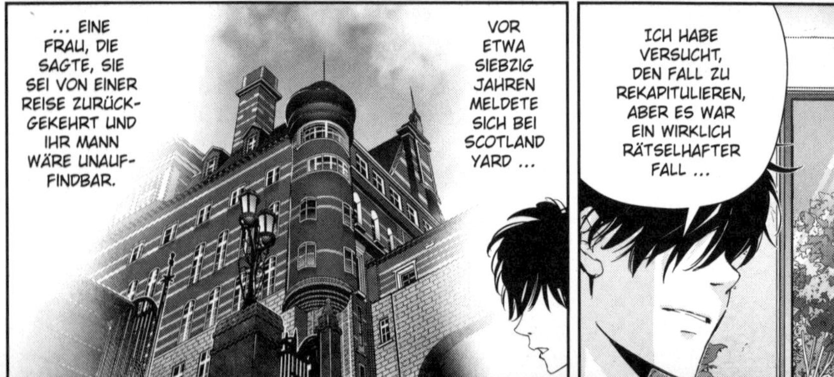
ICH HABE VERSUCHT, DEN FALL ZU REKAPITULIEREN, ABER ES WAR EIN WIRKLICH RÄTSELHAFTER FALL …
VOR ETWA SIEBZIG JAHREN MELDETE SICH BEI SCOTLAND YARD …
… EINE FRAU, DIE SAGTE, SIE SEI VON EINER REISE ZURÜCKGEKEHRT UND IHR MANN WÄRE UNAUFFINDBAR.

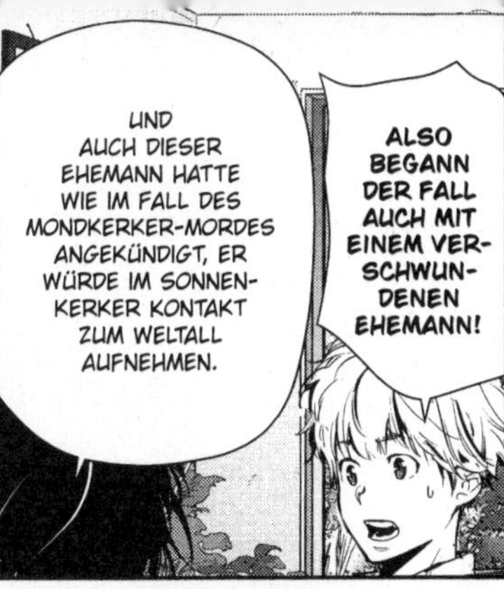
ALSO BEGANN DER FALL AUCH MIT EINEM VERSCHWUNDENEN EHEMANN!
UND AUCH DIESER EHEMANN HATTE WIE IM FALL DES MONDKERKER-MORDES ANGEKÜNDIGT, ER WÜRDE IM SONNENKERKER KONTAKT ZUM WELTALL AUFNEHMEN.

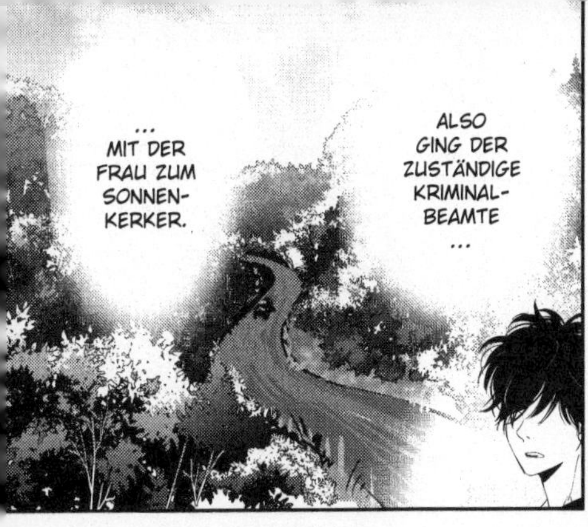
ALSO GING DER ZUSTÄNDIGE KRIMINALBEAMTE …
… MIT DER FRAU ZUM SONNENKERKER.

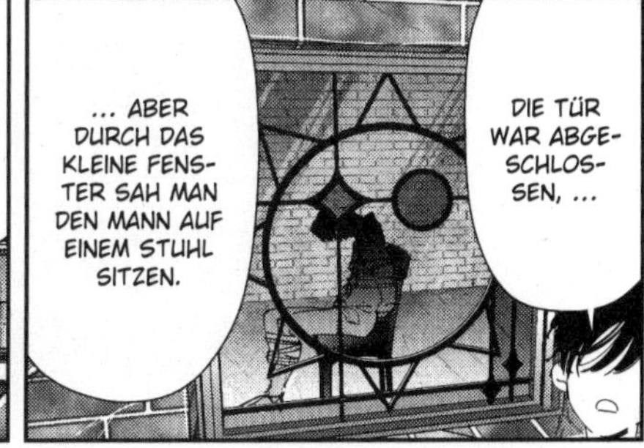
DIE TÜR WAR ABGESCHLOSSEN, …
… ABER DURCH DAS KLEINE FENSTER SAH MAN DEN MANN AUF EINEM STUHL SITZEN.

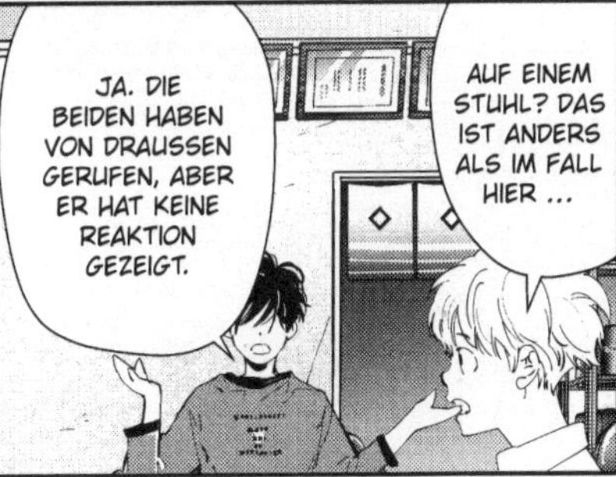
AUF EINEM STUHL? DAS IST ANDERS ALS IM FALL HIER …
JA. DIE BEIDEN HABEN VON DRAUSSEN GERUFEN, ABER ER HAT KEINE REAKTION GEZEIGT.

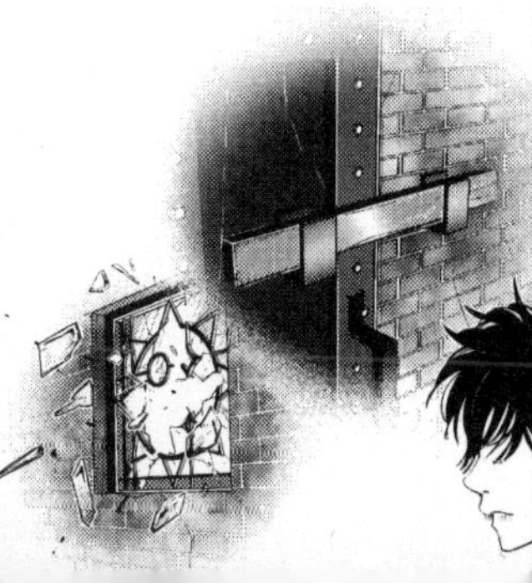
SIE KONNTEN DURCH DAS FENSTER SEHEN, DASS DIE TÜR VON INNEN MIT EINEM ROBUSTEN RIEGEL VERSPERRT WAR, …
… DESHALB SCHLUGEN SIE DAS FENSTER EIN UND KLETTERTEN IN DEN RAUM.

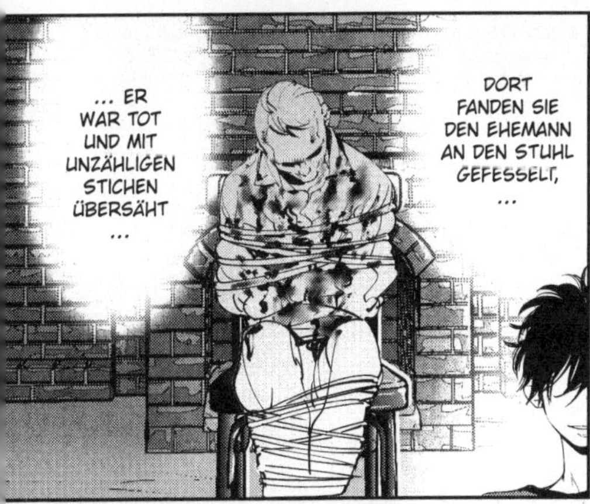
DORT FANDEN SIE DEN EHEMANN AN DEN STUHL GEFESSELT, …
… ER WAR TOT UND MIT UNZÄHLIGEN STICHEN ÜBERSÄHT …

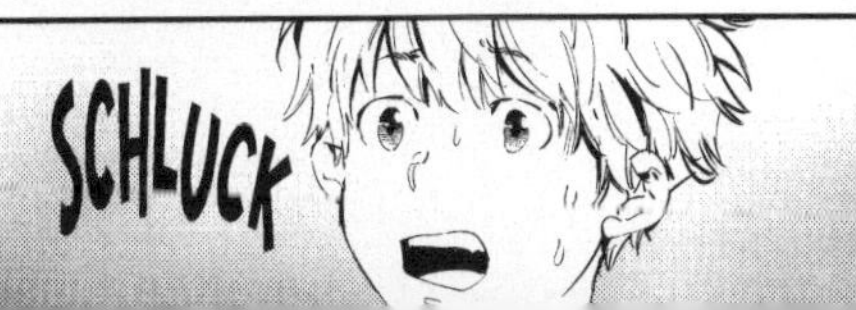
SCHLUCK

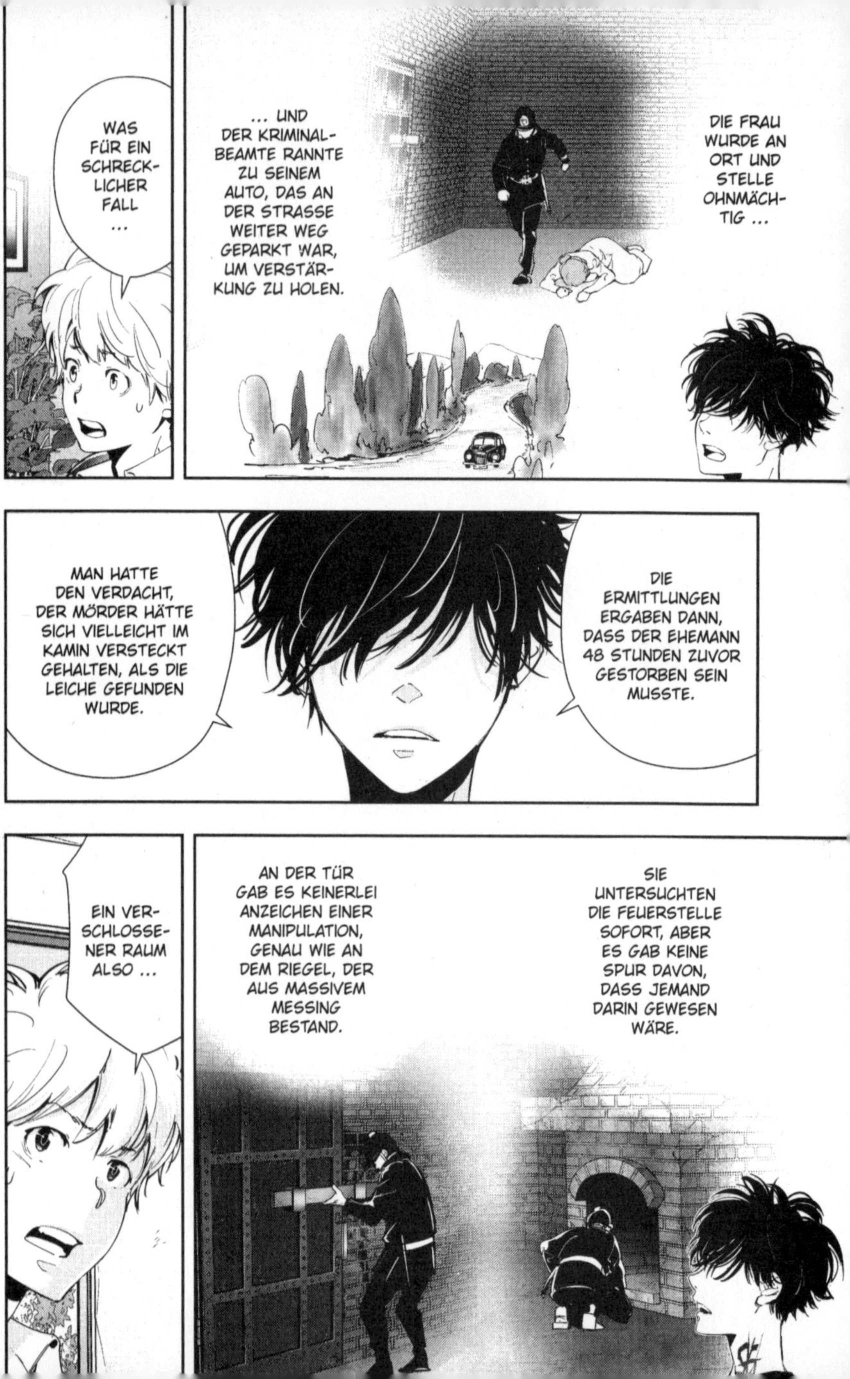

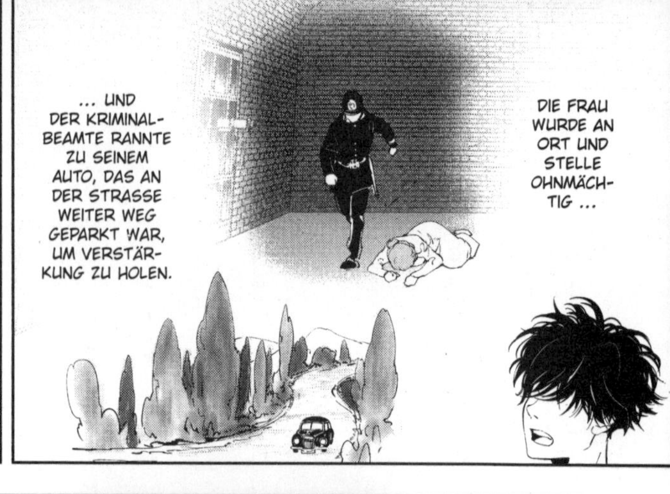

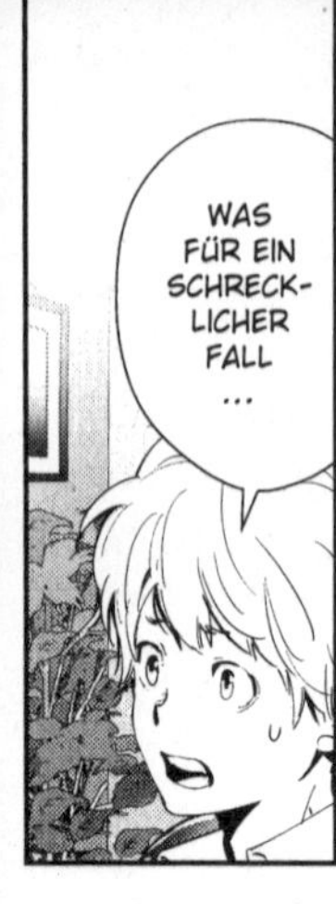

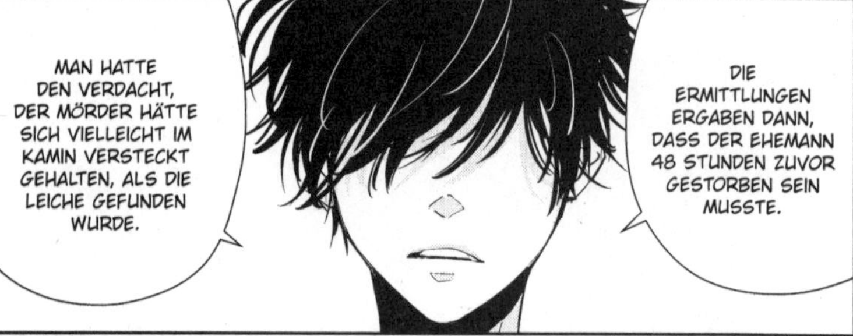

SIE UNTERSUCHTEN DIE FEUERSTELLE SOFORT, ABER ES GAB KEINE SPUR DAVON, DASS JEMAND DARIN GEWESEN WÄRE.

AN DER TÜR GAB ES KEINERLEI ANZEICHEN EINER MANIPULATION, GENAU WIE AN DEM RIEGEL, DER AUS MASSIVEM MESSING BESTAND.

EIN VERSCHLOSSENER RAUM ALSO ...

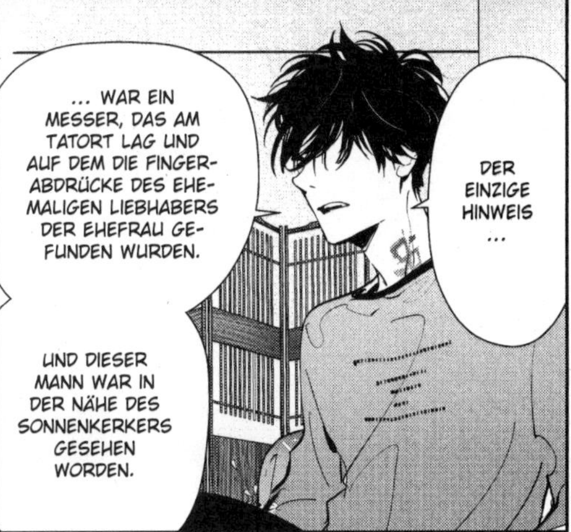
DER EINZIGE HINWEIS …
… WAR EIN MESSER, DAS AM TATORT LAG UND AUF DEM DIE FINGER-ABDRÜCKE DES EHE-MALIGEN LIEBHABERS DER EHEFRAU GE-FUNDEN WURDEN.
UND DIESER MANN WAR IN DER NÄHE DES SONNENKERKERS GESEHEN WORDEN.
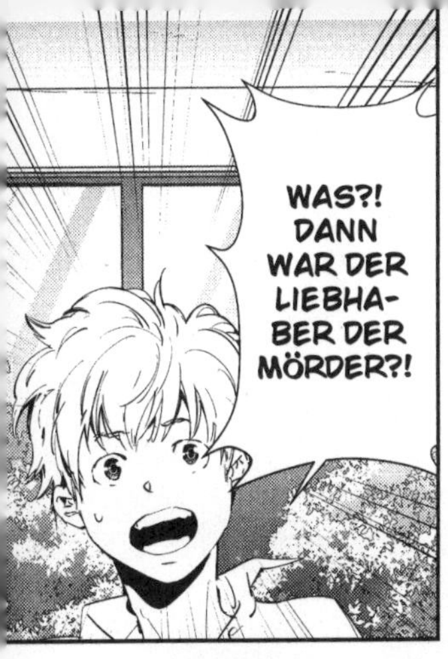
WAS?! DANN WAR DER LIEBHA-BER DER MÖRDER?!
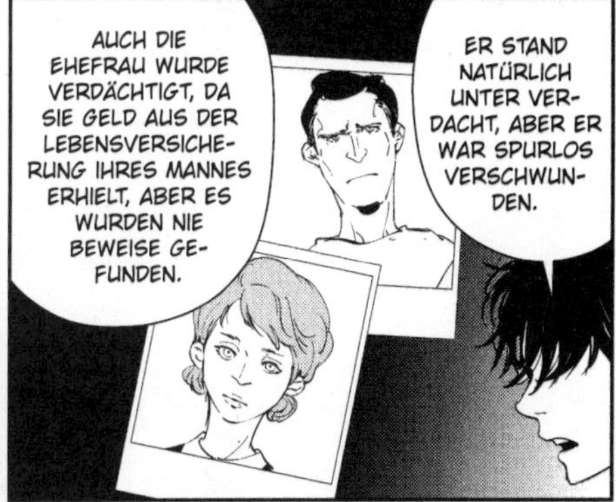
ER STAND NATÜRLICH UNTER VER-DACHT, ABER ER WAR SPURLOS VERSCHWUN-DEN.
AUCH DIE EHEFRAU WURDE VERDÄCHTIGT, DA SIE GELD AUS DER LEBENSVERSICHE-RUNG IHRES MANNES ERHIELT, ABER ES WURDEN NIE BEWEISE GE-FUNDEN.
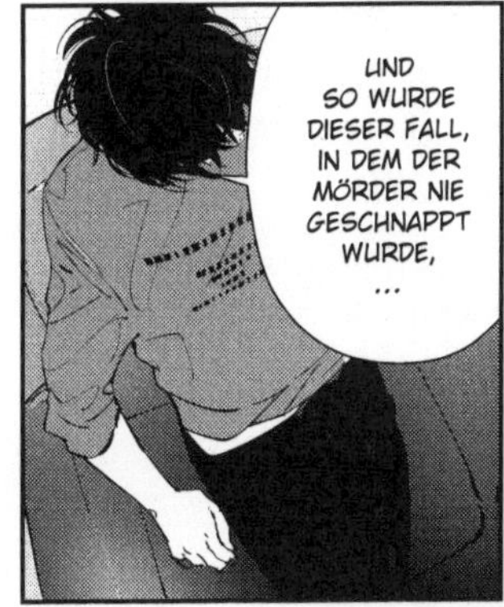
UND SO WURDE DIESER FALL, IN DEM DER MÖRDER NIE GESCHNAPPT WURDE, …
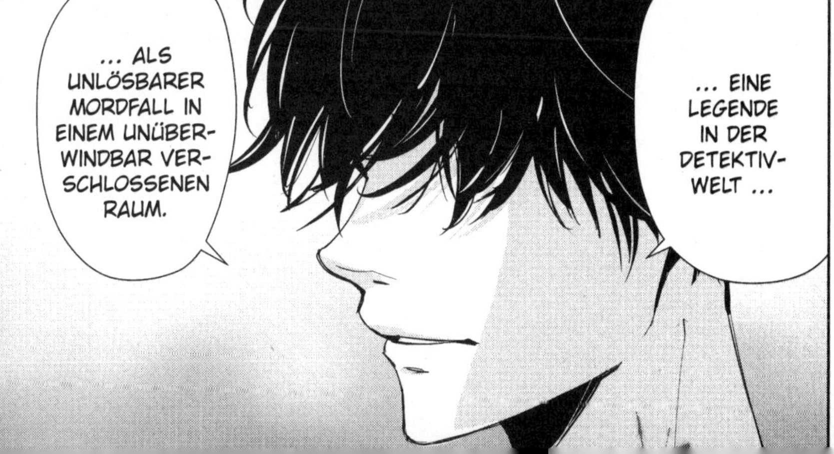
… EINE LEGENDE IN DER DETEKTIV-WELT …
… ALS UNLÖSBARER MORDFALL IN EINEM UNÜBER-WINDBAR VER-SCHLOSSENEN RAUM.

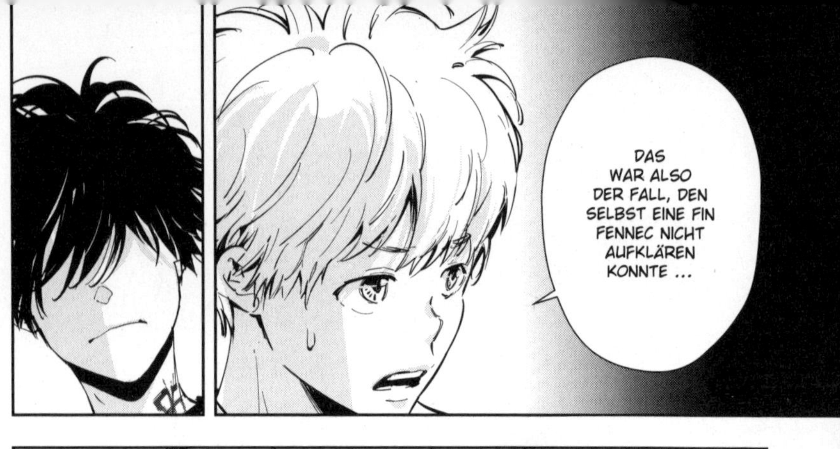
DAS WAR ALSO DER FALL, DEN SELBST EINE FIN FENNEC NICHT AUFKLÄREN KONNTE …

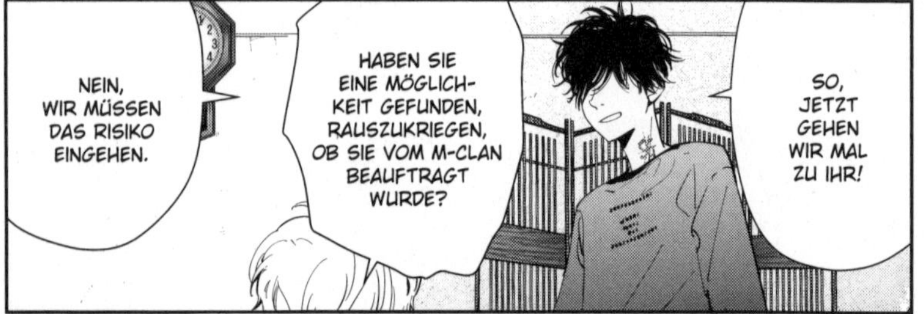
SO, JETZT GEHEN WIR MAL ZU IHR!
HABEN SIE EINE MÖGLICHKEIT GEFUNDEN, RAUSZUKRIEGEN, OB SIE VOM M-CLAN BEAUFTRAGT WURDE?
NEIN, WIR MÜSSEN DAS RISIKO EINGEHEN.

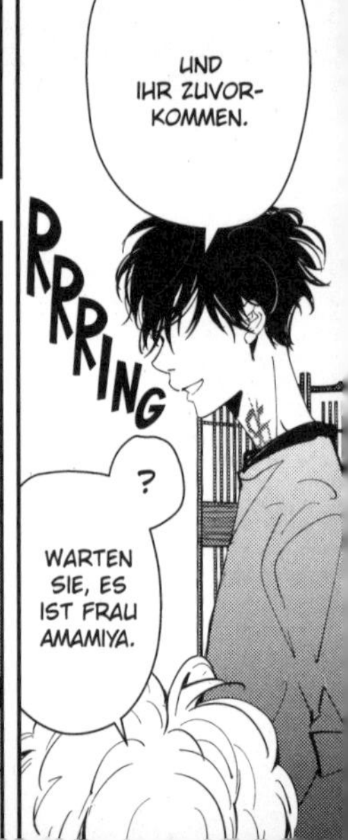
UND IHR ZUVORKOMMEN.
RRRING
?
WARTEN SIE, ES IST FRAU AMAMIYA.

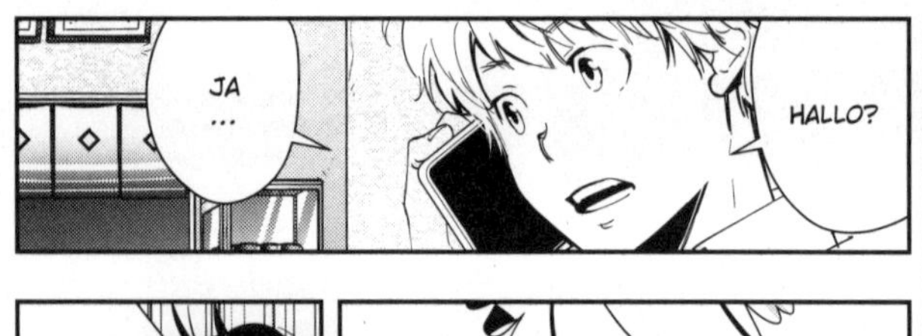
HALLO?
JA …

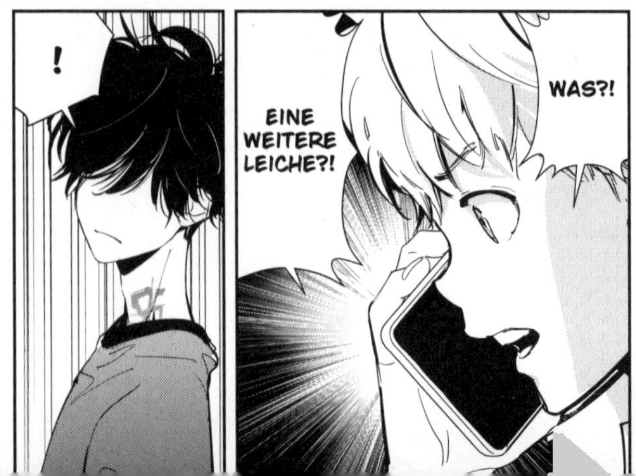
WAS?!
EINE WEITERE LEICHE?!
!

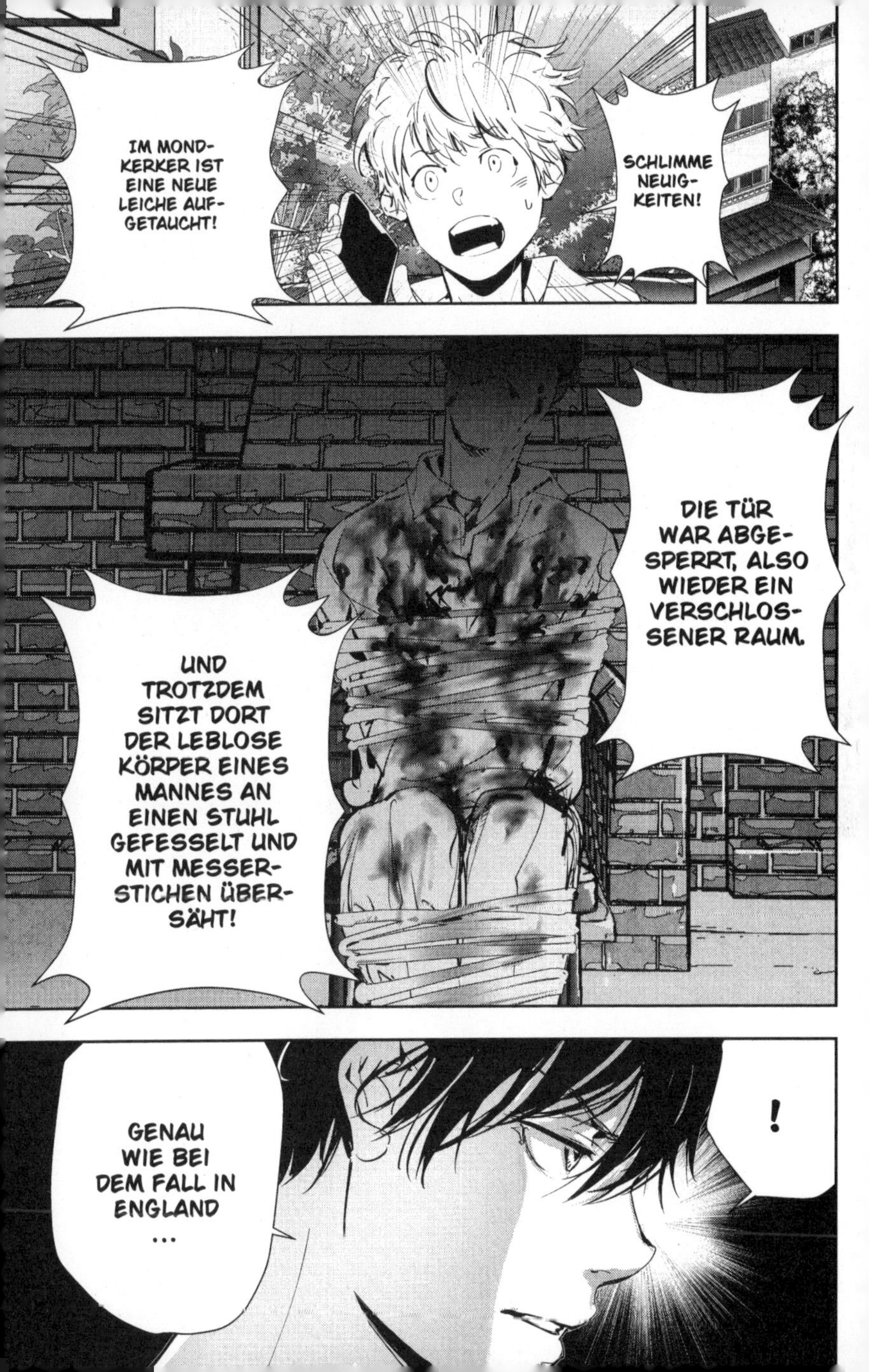

SCHLIMME NEUIGKEITEN!

IM MONDKERKER IST EINE NEUE LEICHE AUFGETAUCHT!

DIE TÜR WAR ABGESPERRT, ALSO WIEDER EIN VERSCHLOSSENER RAUM.

UND TROTZDEM SITZT DORT DER LEBLOSE KÖRPER EINES MANNES AN EINEN STUHL GEFESSELT UND MIT MESSERSTICHEN ÜBERSÄHT!

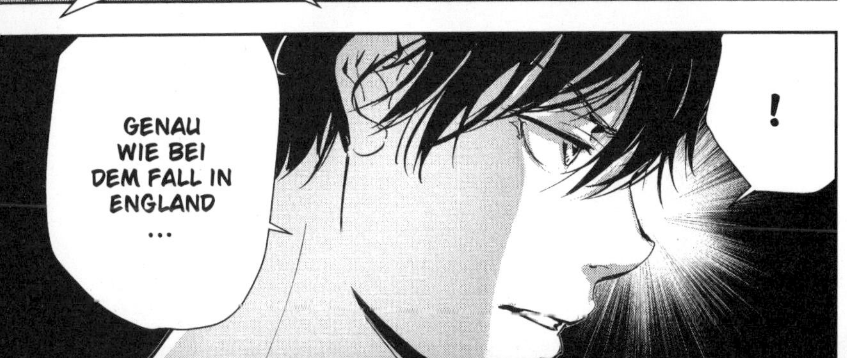

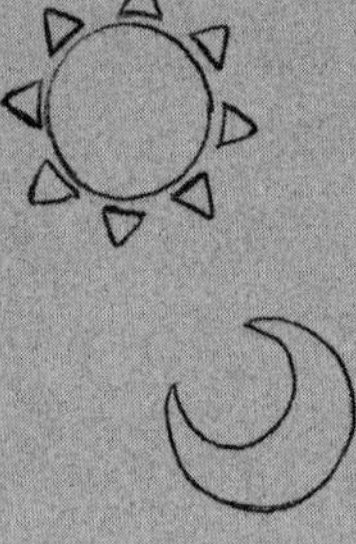

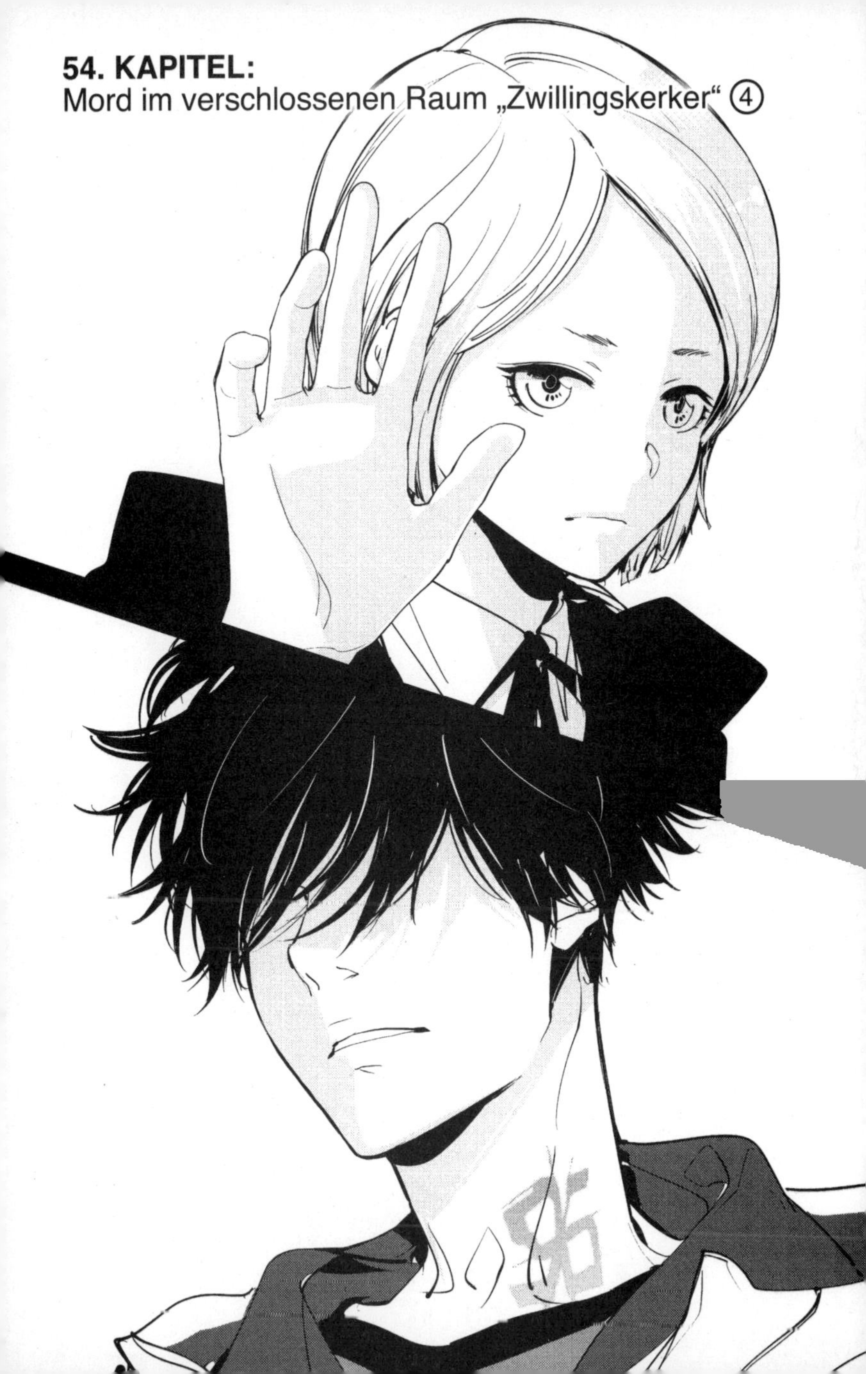
54. KAPITEL:
Mord im verschlossenen Raum „Zwillingskerker“ ④

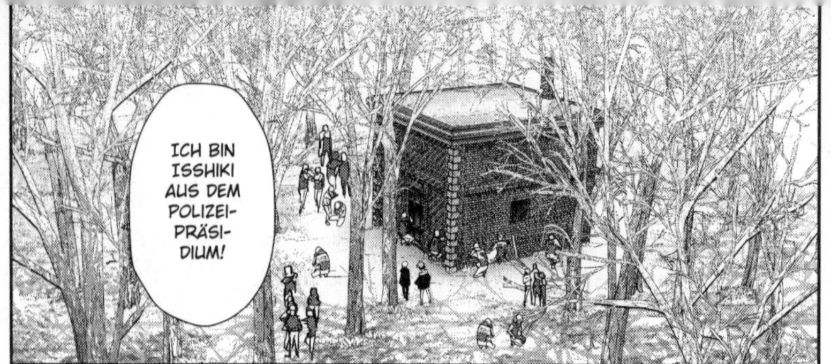
ICH BIN ISSHIKI AUS DEM POLIZEI-PRÄSI-DIUM!

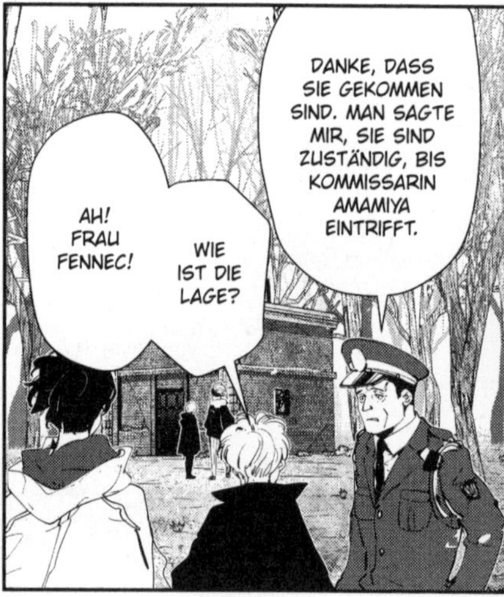
DANKE, DASS SIE GEKOMMEN SIND. MAN SAGTE MIR, SIE SIND ZUSTÄNDIG, BIS KOMMISSARIN AMAMIYA EINTRIFFT.
WIE IST DIE LAGE?
AH! FRAU FENNEC!

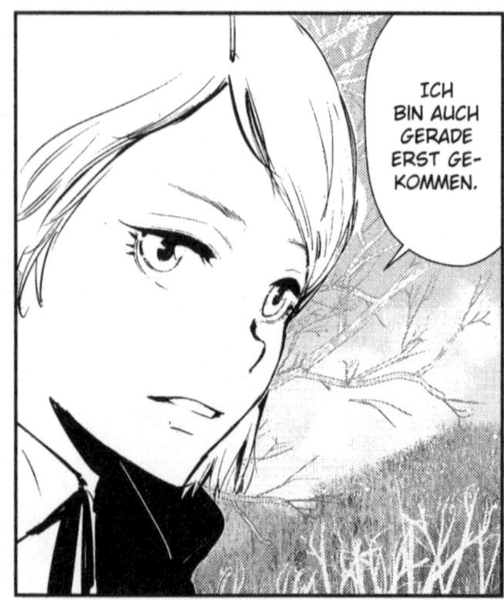
ICH BIN AUCH GERADE ERST GE-KOMMEN.

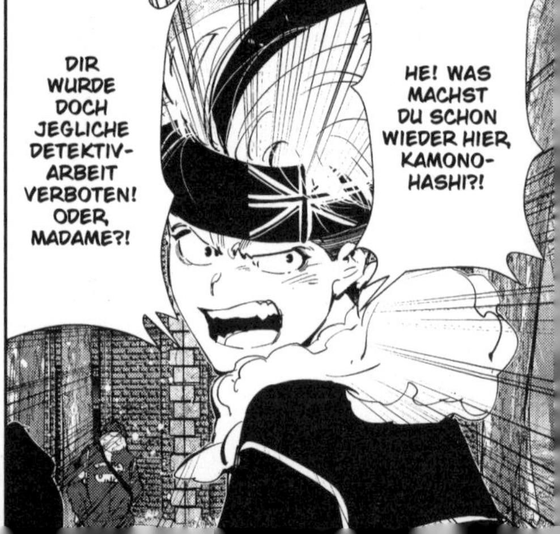
HE! WAS MACHST DU SCHON WIEDER HIER, KAMONO-HASHI?!
DIR WURDE DOCH JEGLICHE DETEKTIV-ARBEIT VERBOTEN! ODER, MADAME?!

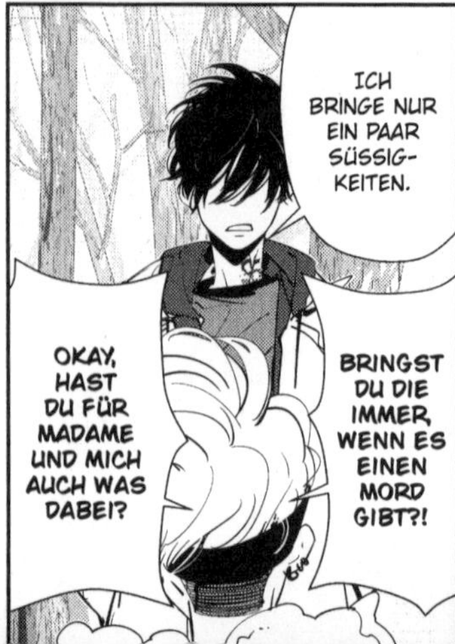
ICH BRINGE NUR EIN PAAR SÜSSIG-KEITEN.
BRINGST DU DIE IMMER, WENN ES EINEN MORD GIBT?!
OKAY, HAST DU FÜR MADAME UND MICH AUCH WAS DABEI?

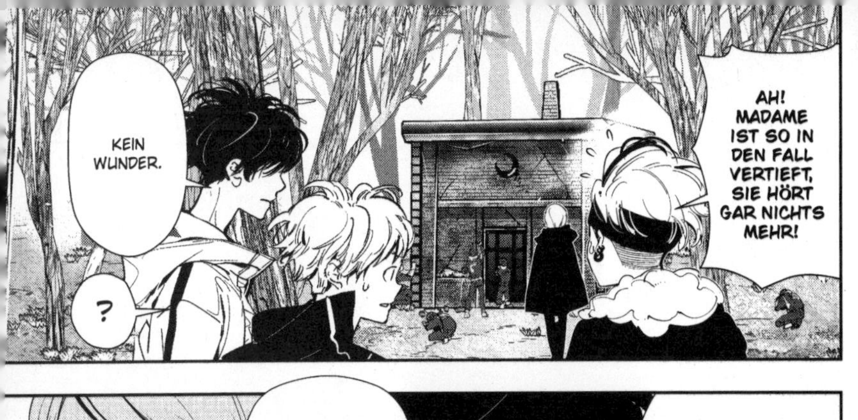

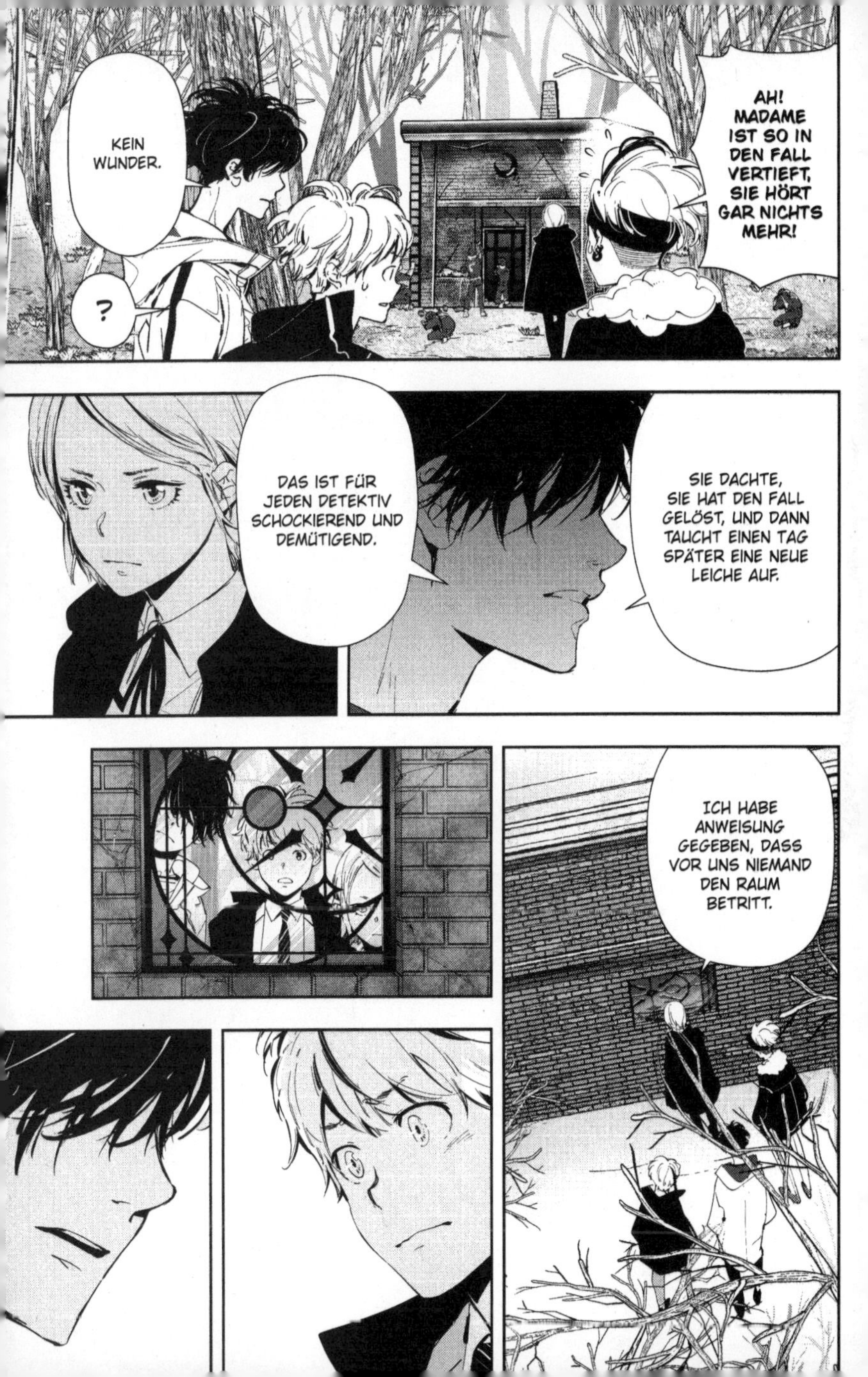

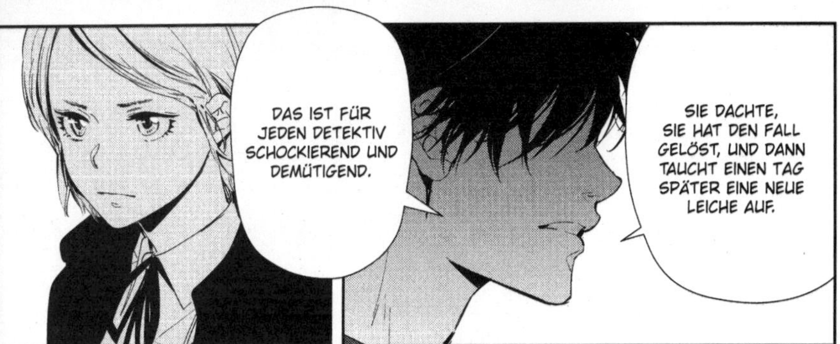

ICH HABE ANWEISUNG GEGEBEN, DASS VOR UNS NIEMAND DEN RAUM BETRITT.

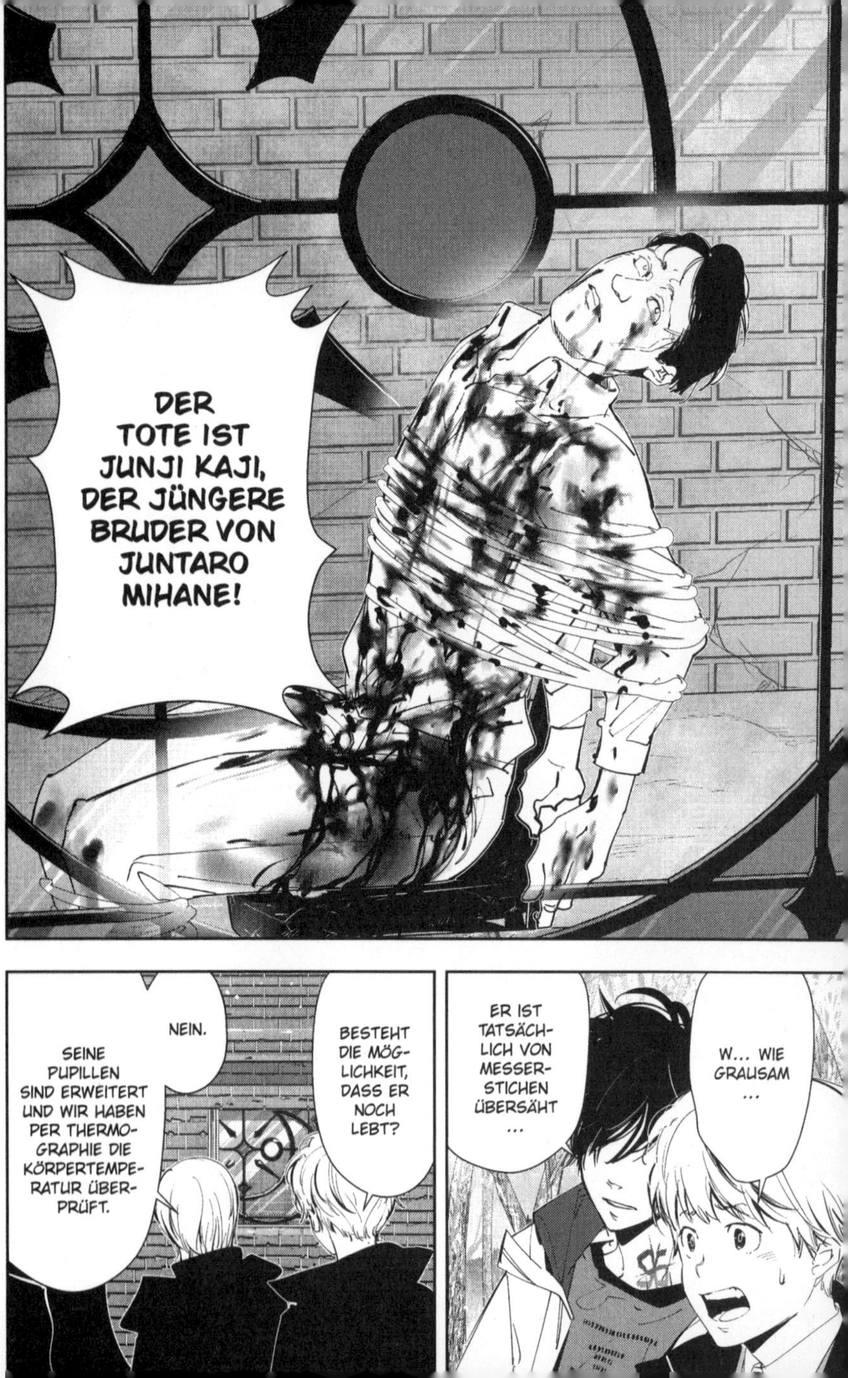

DER TOTE IST JUNJI KAJI, DER JÜNGERE BRUDER VON JUNTARO MIHANE!

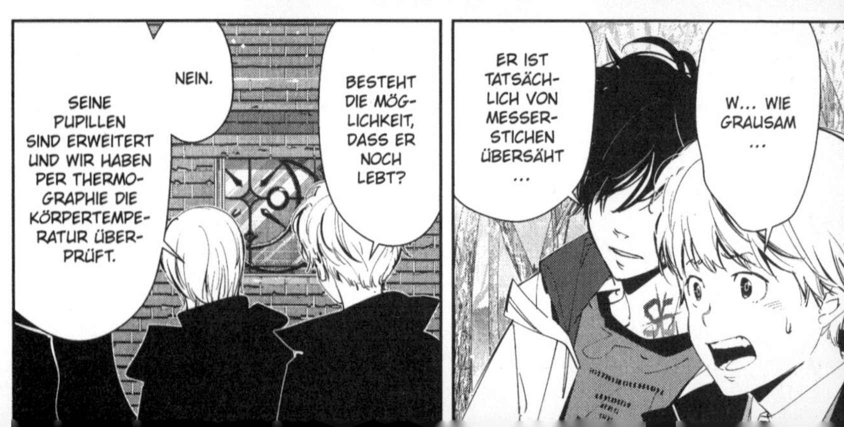

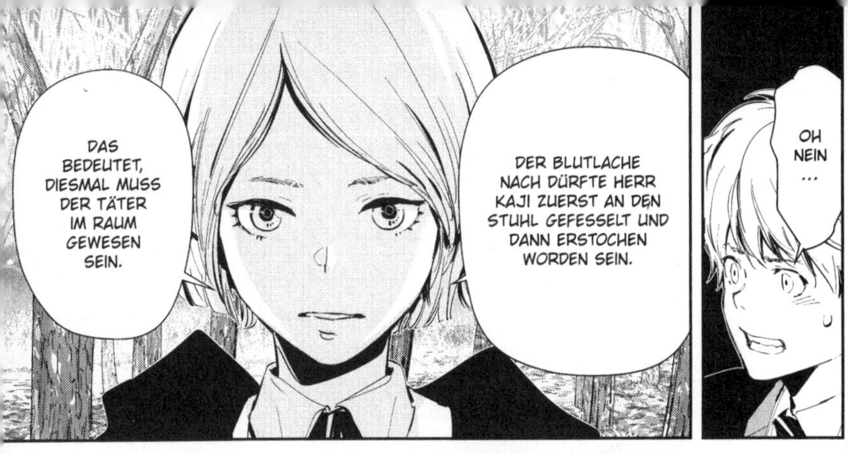
OH NEIN …
DER BLUTLACHE NACH DÜRFTE HERR KAJI ZUERST AN DEN STUHL GEFESSELT UND DANN ERSTOCHEN WORDEN SEIN.
DAS BEDEUTET, DIESMAL MUSS DER TÄTER IM RAUM GEWESEN SEIN.

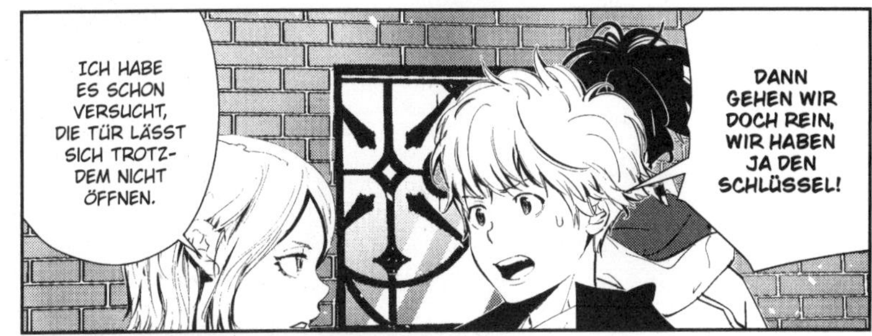
DANN GEHEN WIR DOCH REIN, WIR HABEN JA DEN SCHLÜSSEL!
ICH HABE ES SCHON VERSUCHT, DIE TÜR LÄSST SICH TROTZDEM NICHT ÖFFNEN.

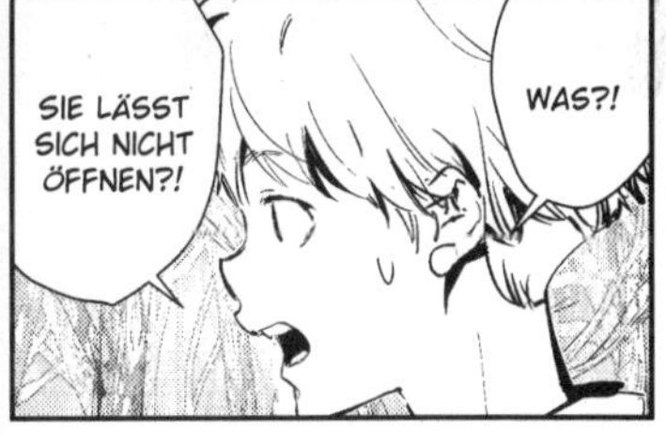
WAS?!
SIE LÄSST SICH NICHT ÖFFNEN?!

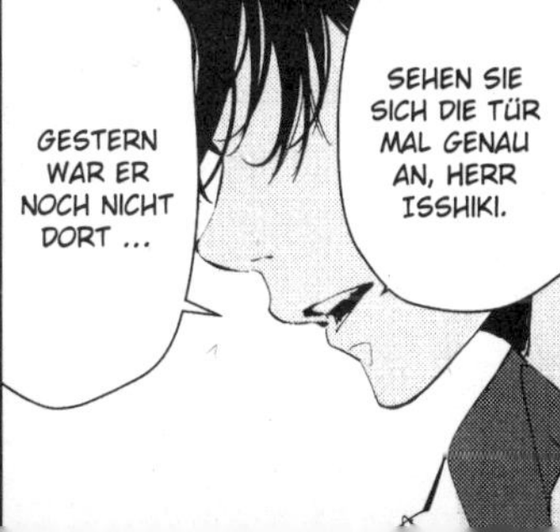
SEHEN SIE SICH DIE TÜR MAL GENAU AN, HERR ISSHIKI.
GESTERN WAR ER NOCH NICHT DORT …

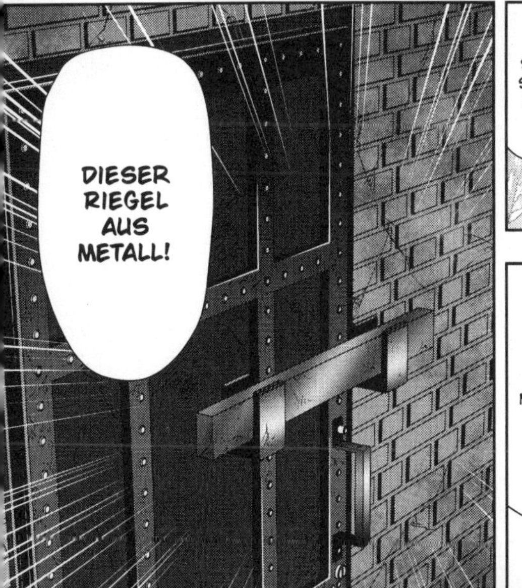
DIESER RIEGEL AUS METALL!

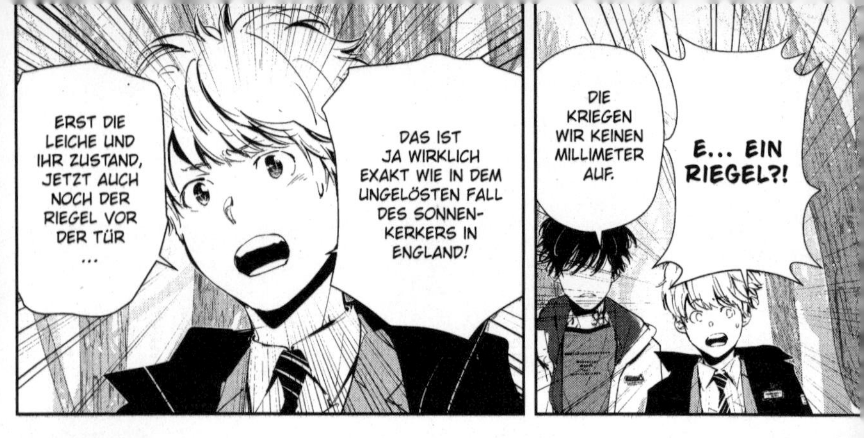
E... EIN RIEGEL?!
DIE KRIEGEN WIR KEINEN MILLIMETER AUF.
DAS IST JA WIRKLICH EXAKT WIE IN DEM UNGELÖSTEN FALL DES SONNENKERKERS IN ENGLAND!
ERST DIE LEICHE UND IHR ZUSTAND, JETZT AUCH NOCH DER RIEGEL VOR DER TÜR ...

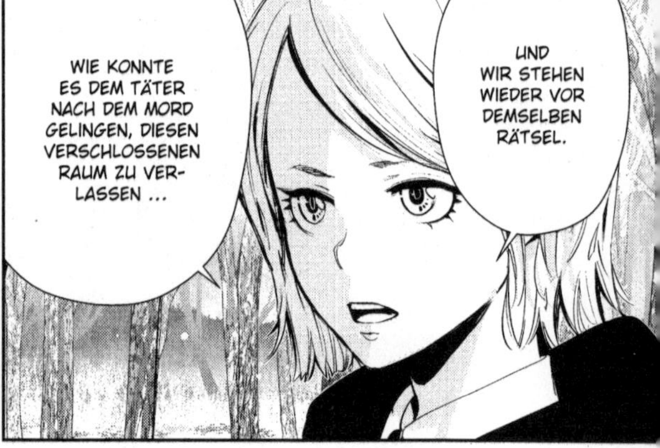
UND WIR STEHEN WIEDER VOR DEMSELBEN RÄTSEL.
WIE KONNTE ES DEM TÄTER NACH DEM MORD GELINGEN, DIESEN VERSCHLOSSENEN RAUM ZU VERLASSEN ...

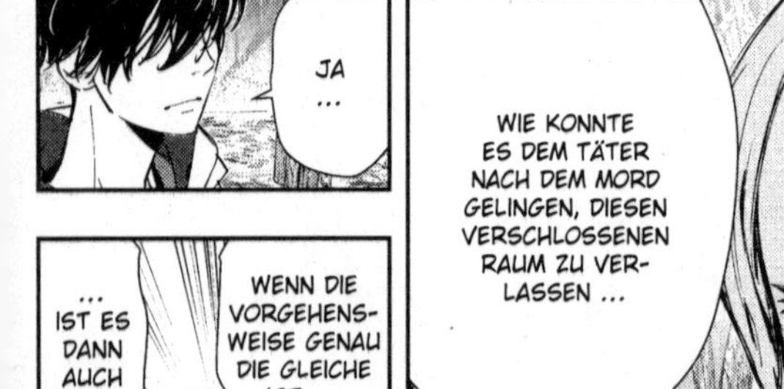
JA ...
WENN DIE VORGEHENSWEISE GENAU DIE GLEICHE IST, ...
... IST ES DANN AUCH EIN UND DERSELBE TÄTER?

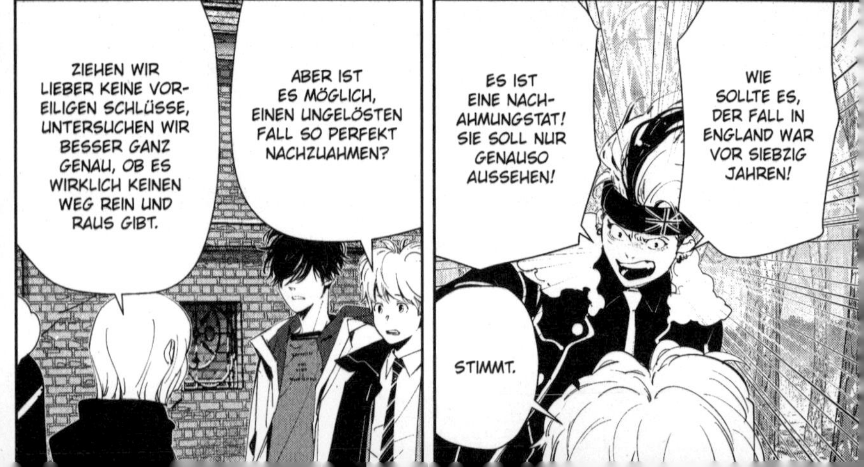
WIE SOLLTE ES, DER FALL IN ENGLAND WAR VOR SIEBZIG JAHREN!
ES IST EINE NACHAHMUNGSTAT! SIE SOLL NUR GENAUSO AUSSEHEN!
STIMMT.
ABER IST ES MÖGLICH, EINEN UNGELÖSTEN FALL SO PERFEKT NACHZUAHMEN?
ZIEHEN WIR LIEBER KEINE VOREILIGEN SCHLÜSSE, UNTERSUCHEN WIR BESSER GANZ GENAU, OB ES WIRKLICH KEINEN WEG REIN UND RAUS GIBT.

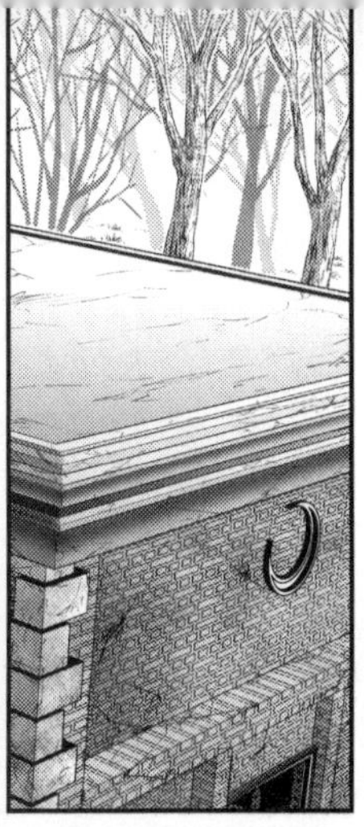
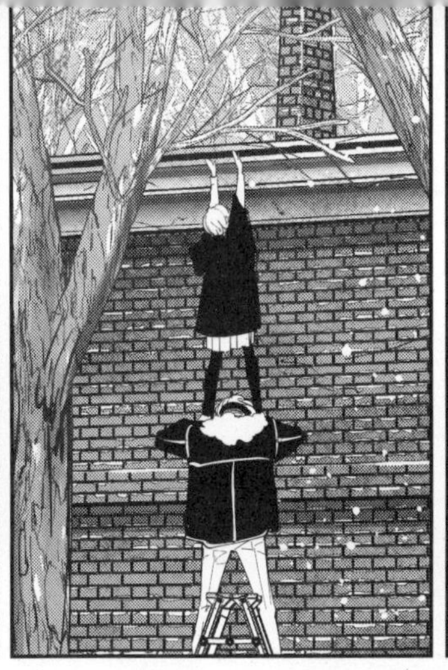
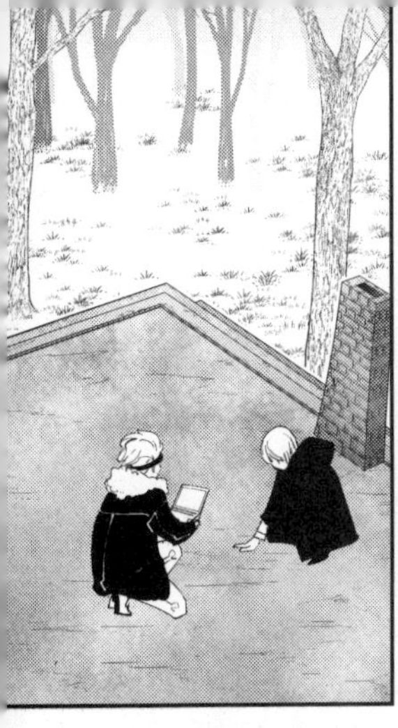
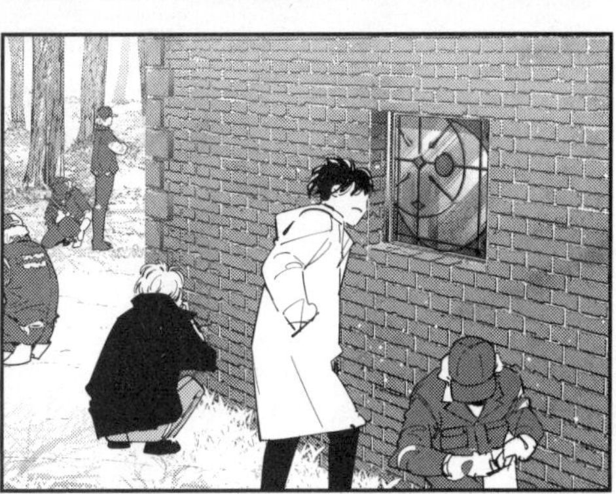
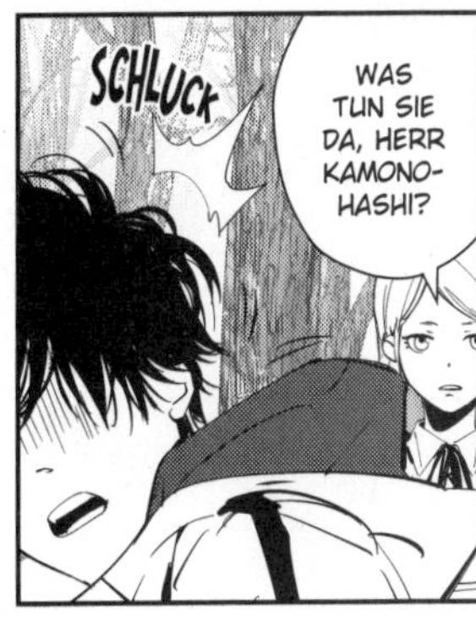
WAS TUN SIE DA, HERR KAMONO-HASHI?
SCHLUCK
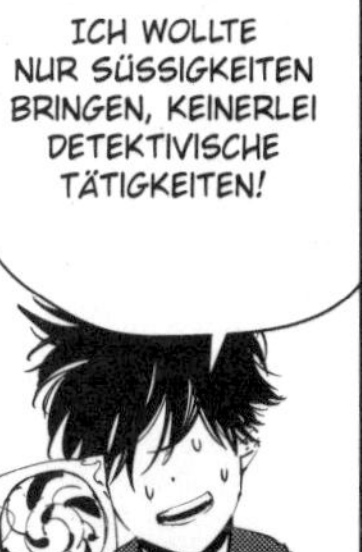
ICH WOLLTE NUR SÜSSIGKEITEN BRINGEN, KEINERLEI DETEKTIVISCHE TÄTIGKEITEN!
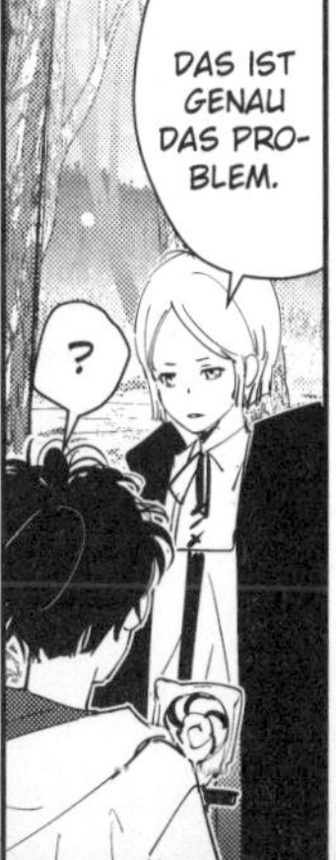
DAS IST GENAU DAS PRO-BLEM.
?
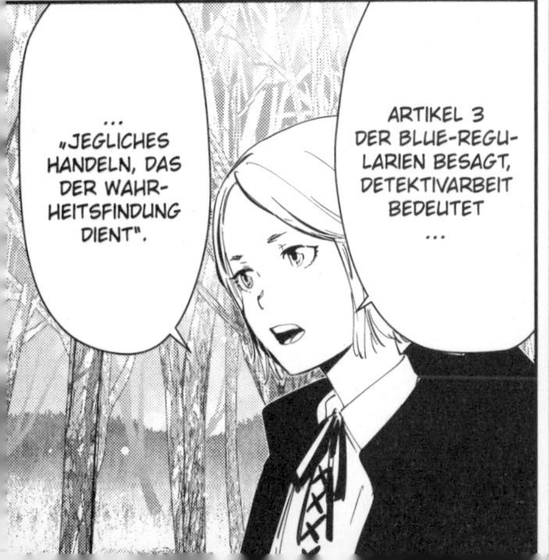
ARTIKEL 3 DER BLUE-REGU-LARIEN BESAGT, DETEKTIVARBEIT BEDEUTET …
… „JEGLICHES HANDELN, DAS DER WAHR-HEITSFINDUNG DIENT".

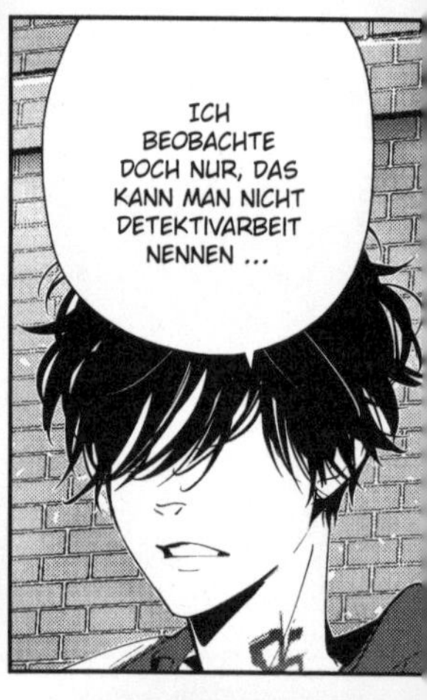
ICH BEOBACHTE DOCH NUR, DAS KANN MAN NICHT DETEKTIVARBEIT NENNEN ...

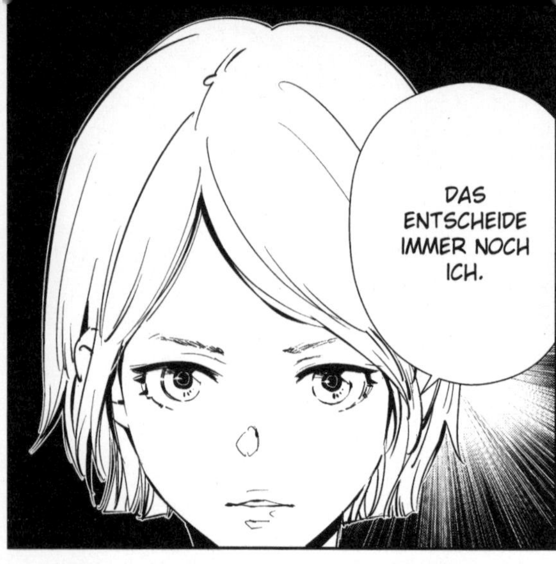
DAS ENTSCHEIDE IMMER NOCH ICH.

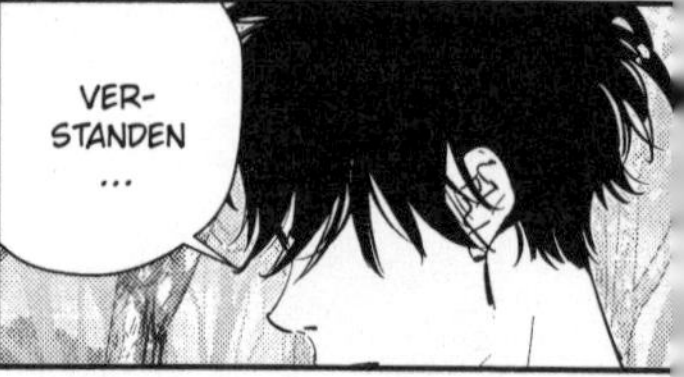
VER-STANDEN ...

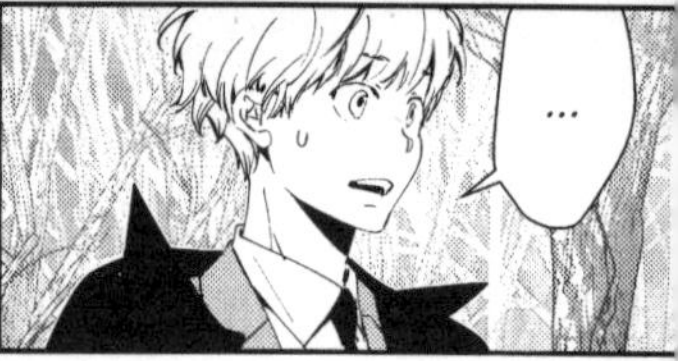
...

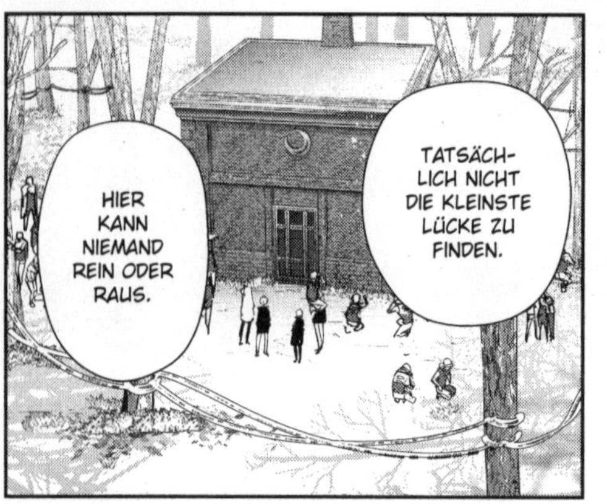
TATSÄCH-LICH NICHT DIE KLEINSTE LÜCKE ZU FINDEN.
HIER KANN NIEMAND REIN ODER RAUS.

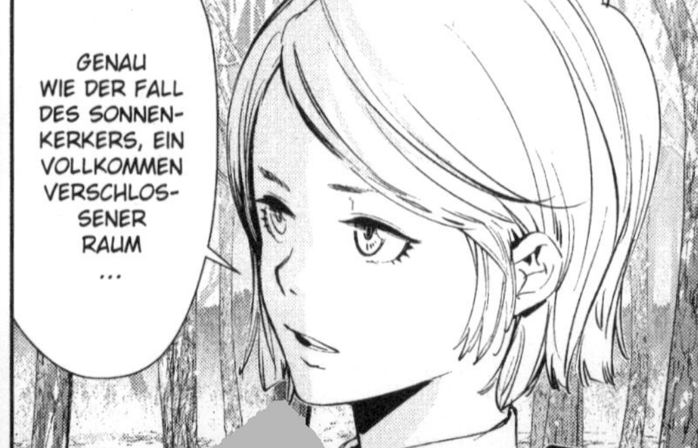
GENAU WIE DER FALL DES SONNEN-KERKERS, EIN VOLLKOMMEN VERSCHLOS-SENER RAUM ...

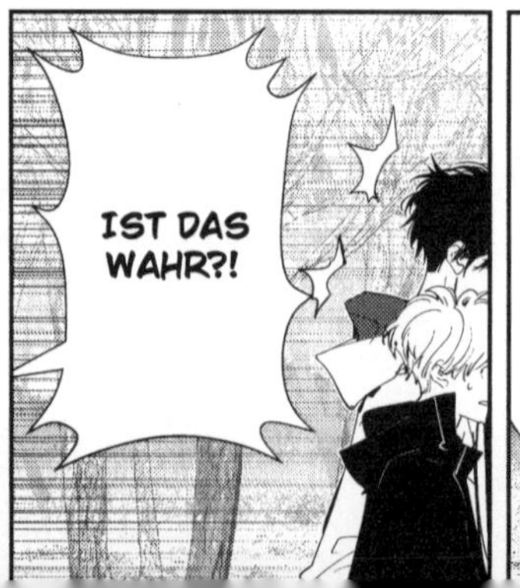
IST DAS WAHR?!

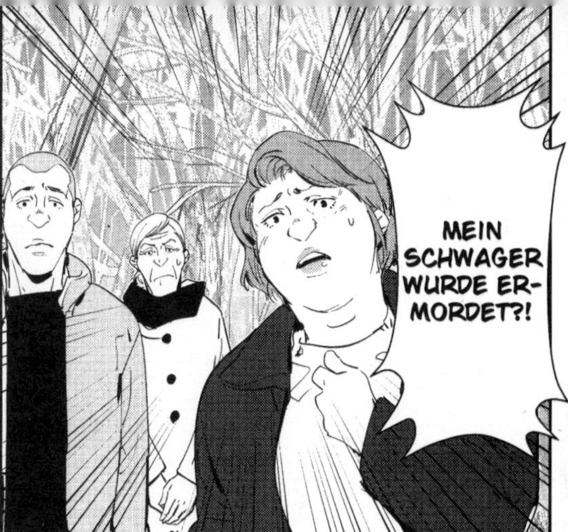

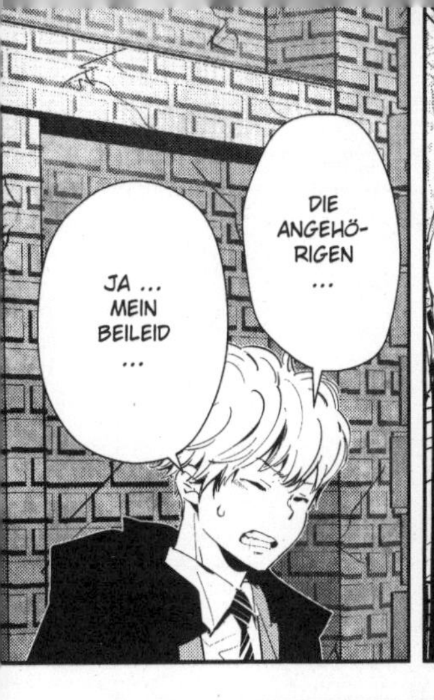

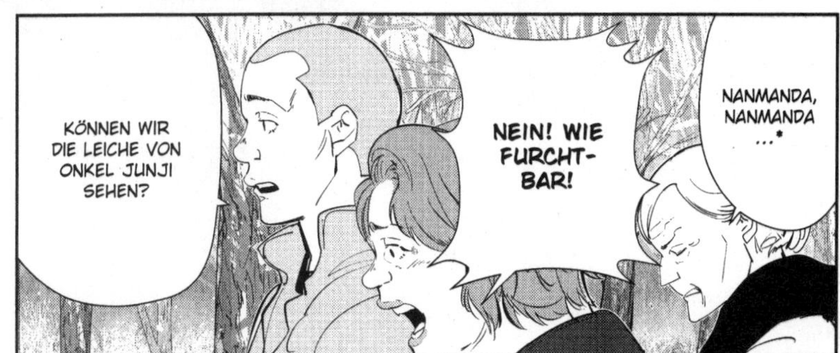

* ANRUFUNG BUDDHAS.

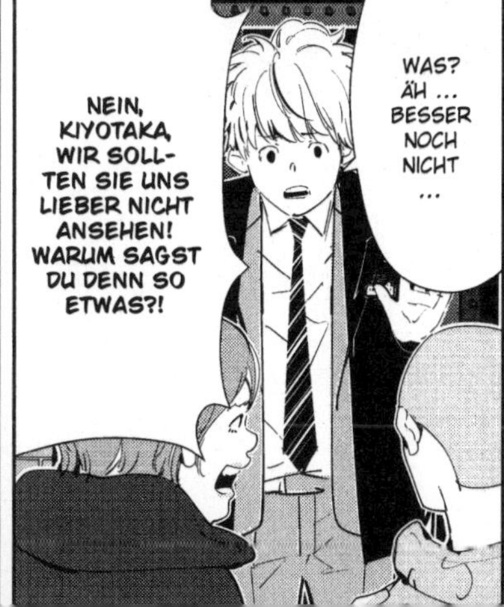

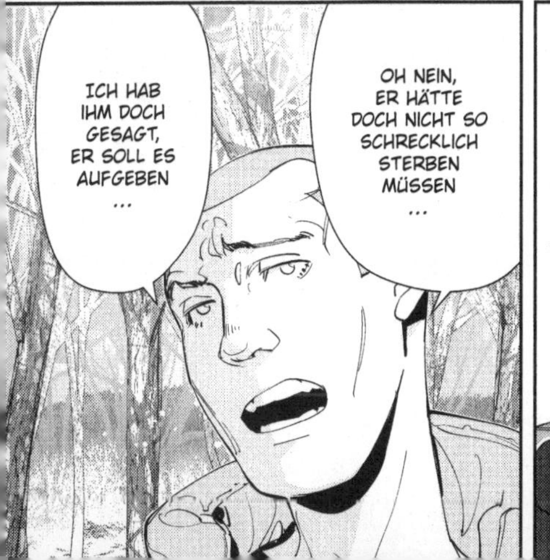

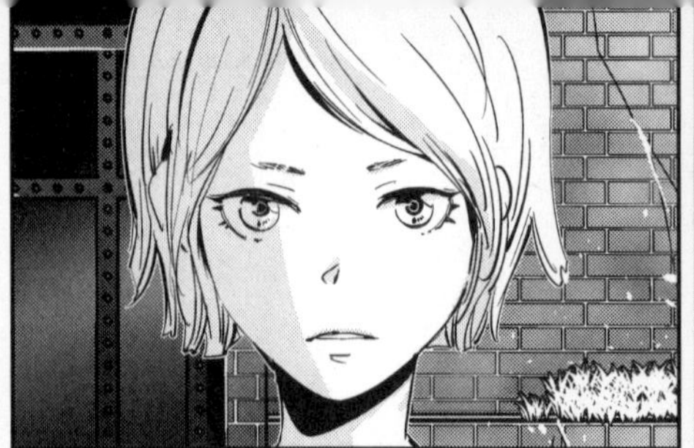
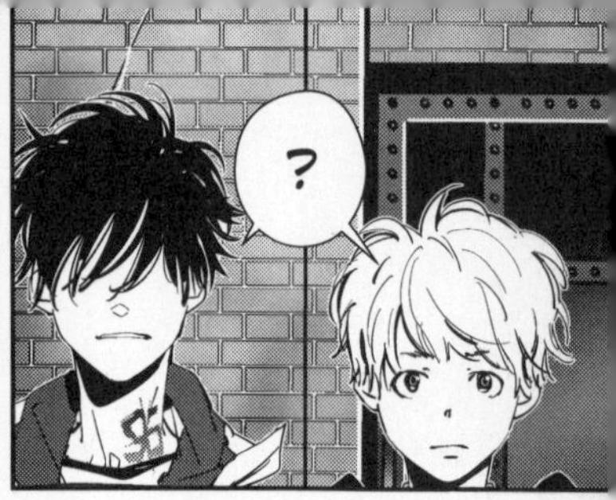
?
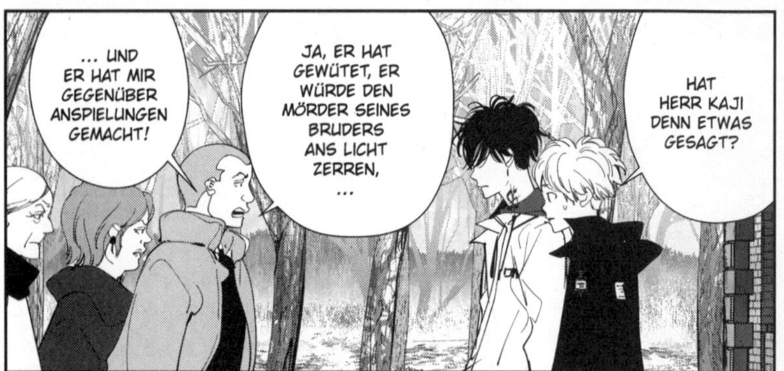
HAT HERR KAJI DENN ETWAS GESAGT?
JA, ER HAT GEWÜTET, ER WÜRDE DEN MÖRDER SEINES BRUDERS ANS LICHT ZERREN, ...
... UND ER HAT MIR GEGENÜBER ANSPIELUNGEN GEMACHT!
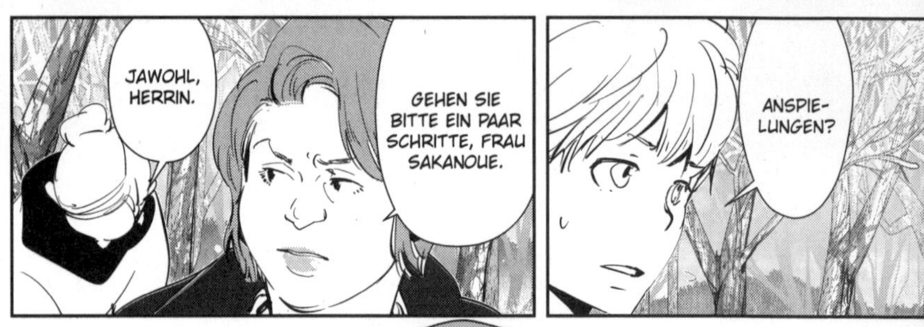
ANSPIE-LUNGEN?
GEHEN SIE BITTE EIN PAAR SCHRITTE, FRAU SAKANOUE.
JAWOHL, HERRIN.
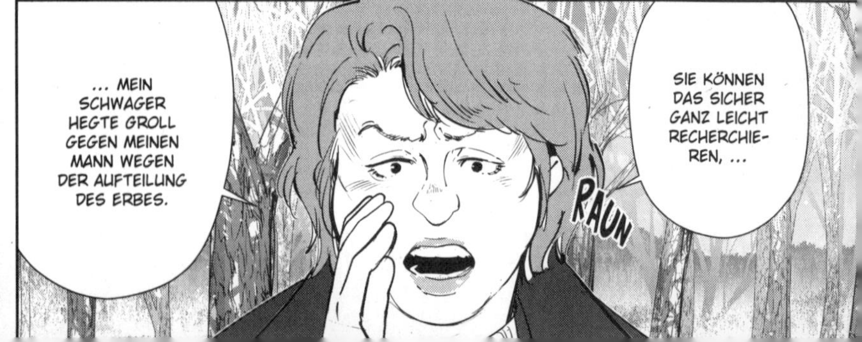
SIE KÖNNEN DAS SICHER GANZ LEICHT RECHERCHIE-REN, ...
RAUN
... MEIN SCHWAGER HEGTE GROLL GEGEN MEINEN MANN WEGEN DER AUFTEILUNG DES ERBES.

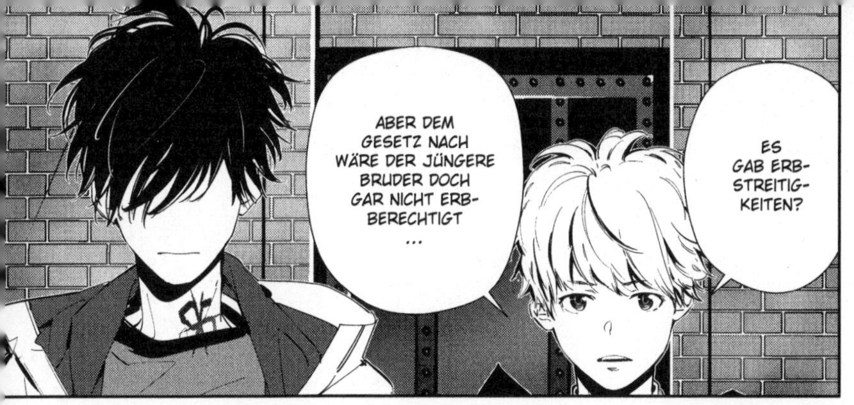

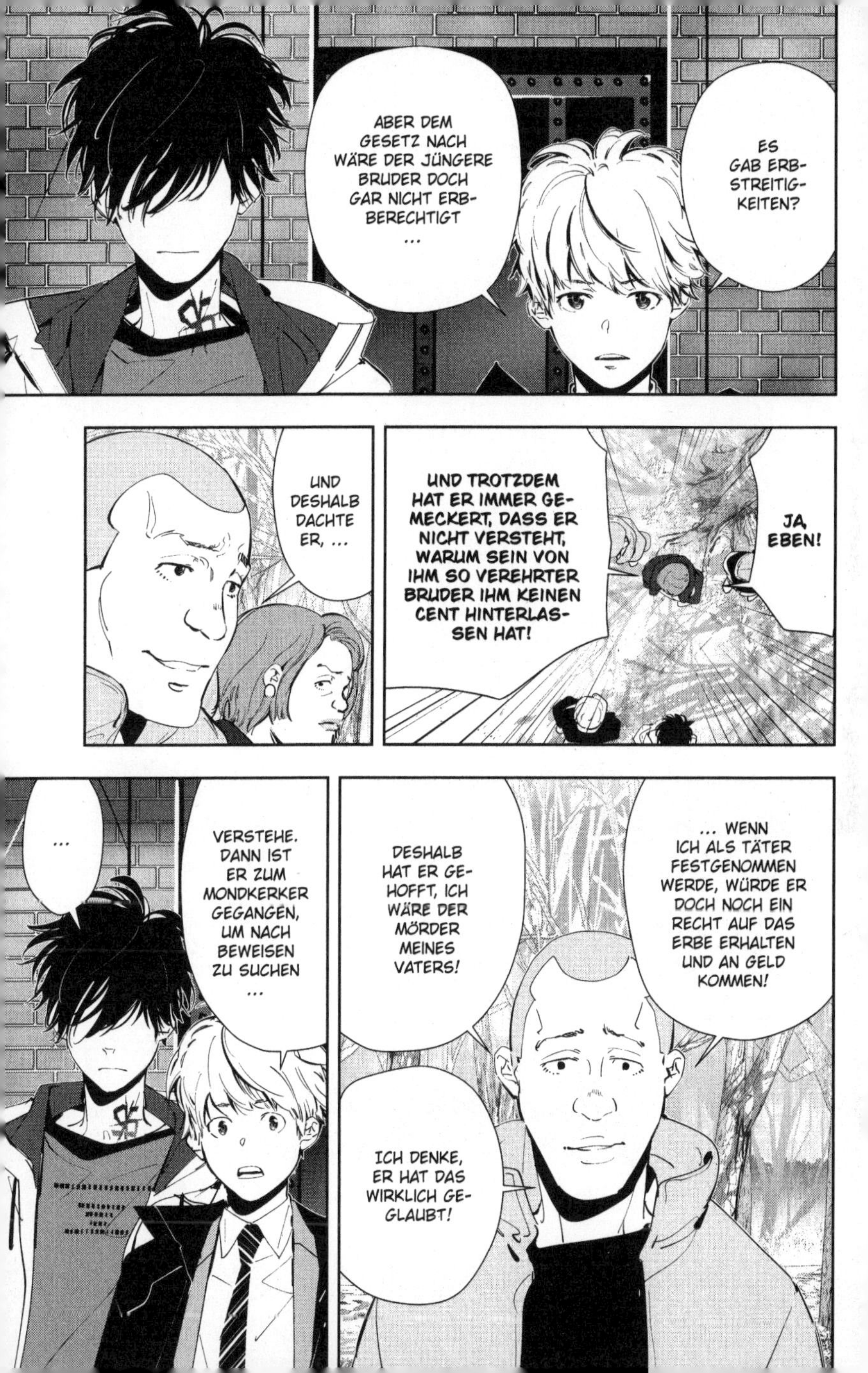

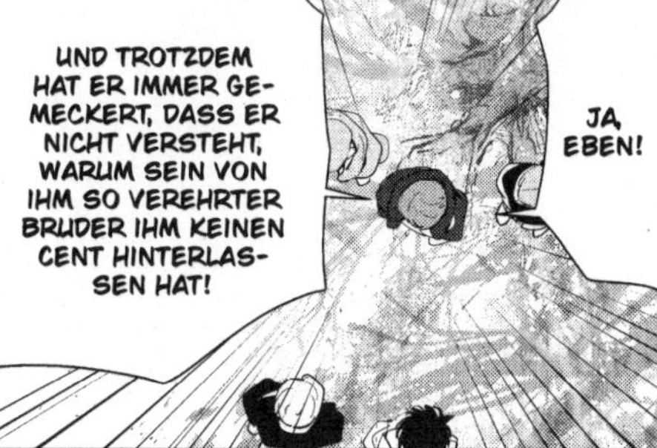

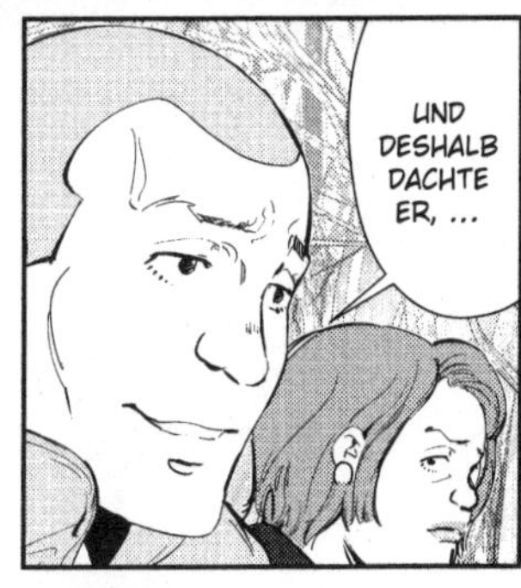

… WENN ICH ALS TÄTER FESTGENOMMEN WERDE, WÜRDE ER DOCH NOCH EIN RECHT AUF DAS ERBE ERHALTEN UND AN GELD KOMMEN!
DESHALB HAT ER GEHOFFT, ICH WÄRE DER MÖRDER MEINES VATERS!
ICH DENKE, ER HAT DAS WIRKLICH GEGLAUBT!
VERSTEHE. DANN IST ER ZUM MONDKERKER GEGANGEN, UM NACH BEWEISEN ZU SUCHEN …
…

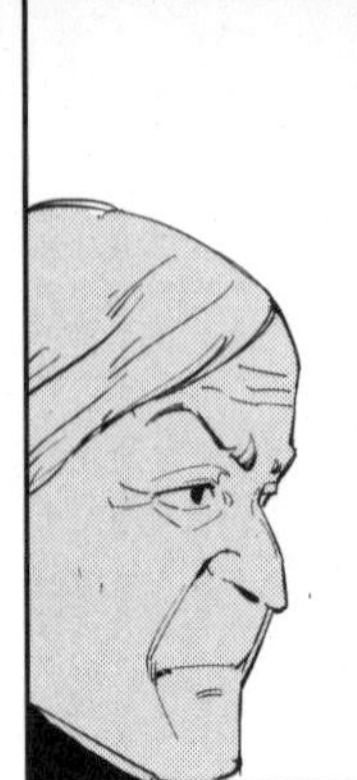
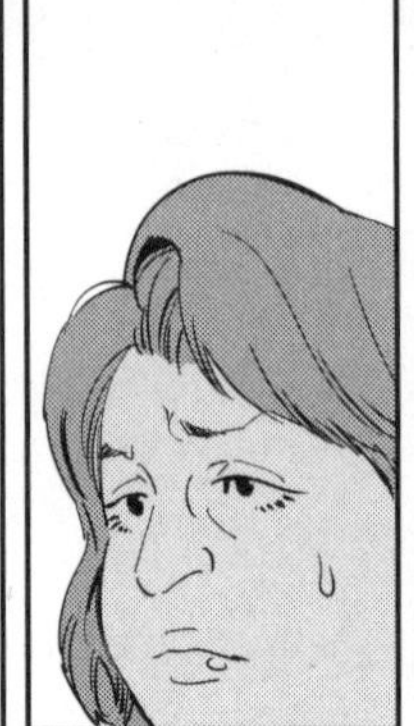
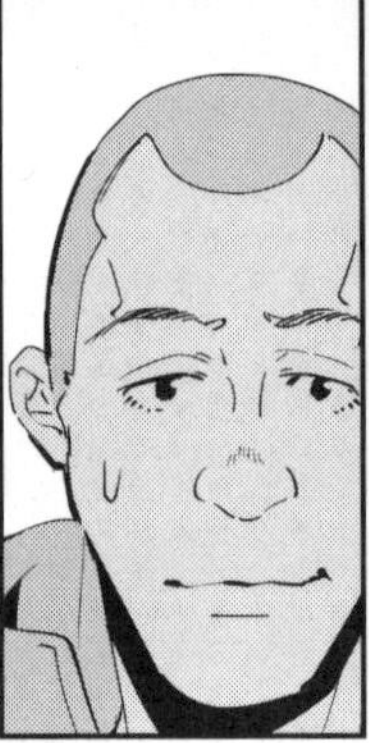
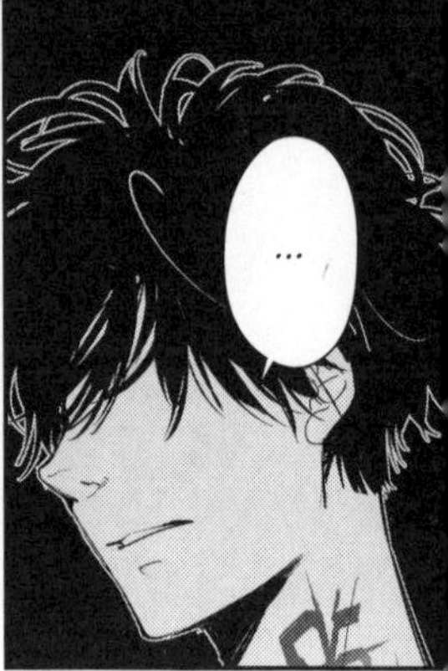
...
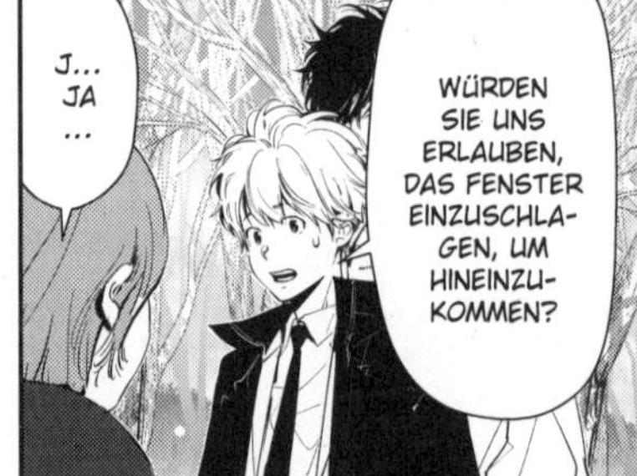
WÜRDEN SIE UNS ERLAUBEN, DAS FENSTER EINZUSCHLAGEN, UM HINEINZUKOMMEN?
J... JA ...
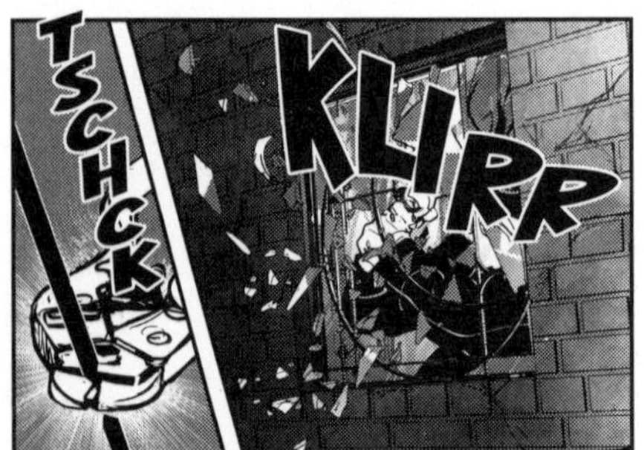
KLIRR
TSCHCK
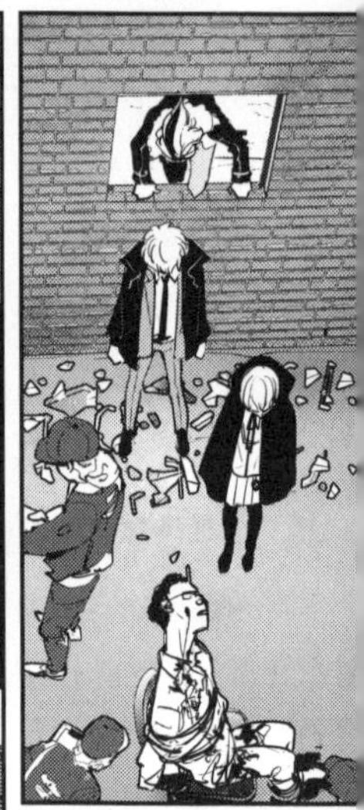
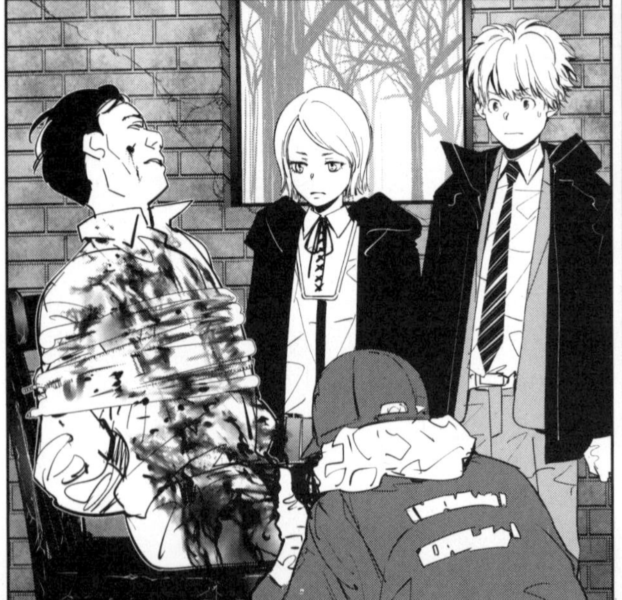

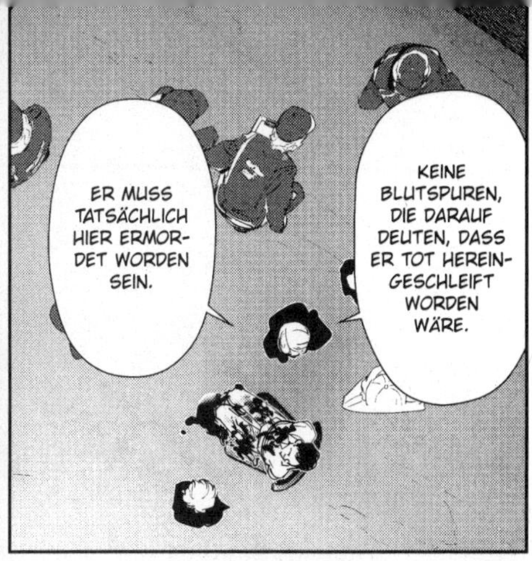
KEINE BLUTSPUREN, DIE DARAUF DEUTEN, DASS ER TOT HEREIN-GESCHLEIFT WORDEN WÄRE.
ER MUSS TATSÄCHLICH HIER ERMOR-DET WORDEN SEIN.

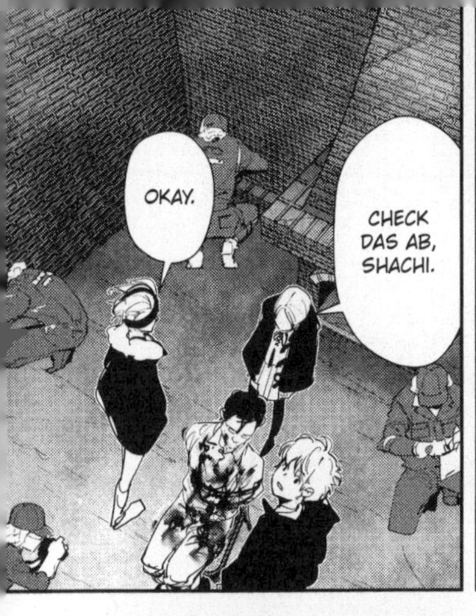
CHECK DAS AB, SHACHI.
OKAY.

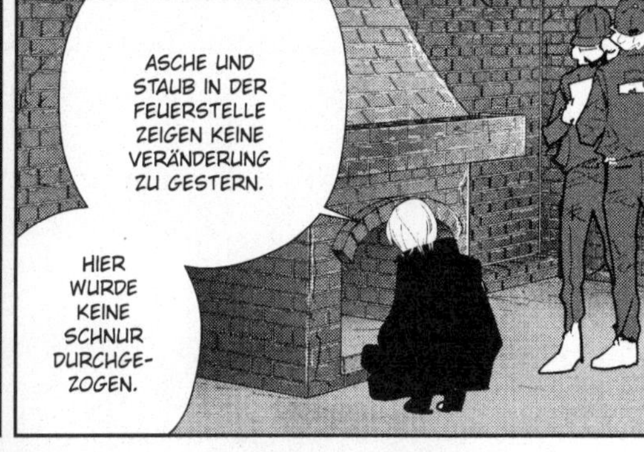
ASCHE UND STAUB IN DER FEUERSTELLE ZEIGEN KEINE VERÄNDERUNG ZU GESTERN.
HIER WURDE KEINE SCHNUR DURCHGE-ZOGEN.

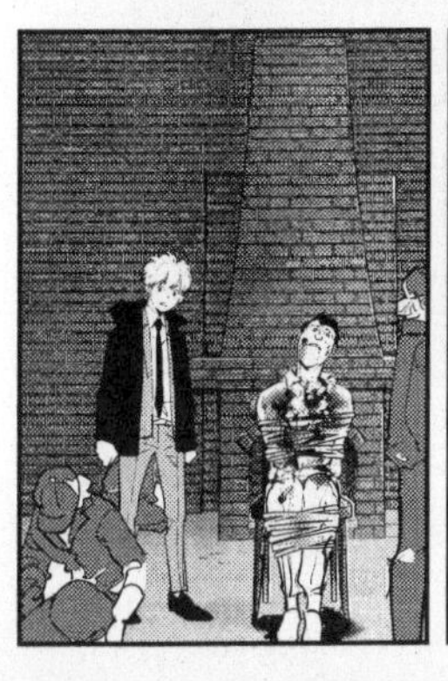

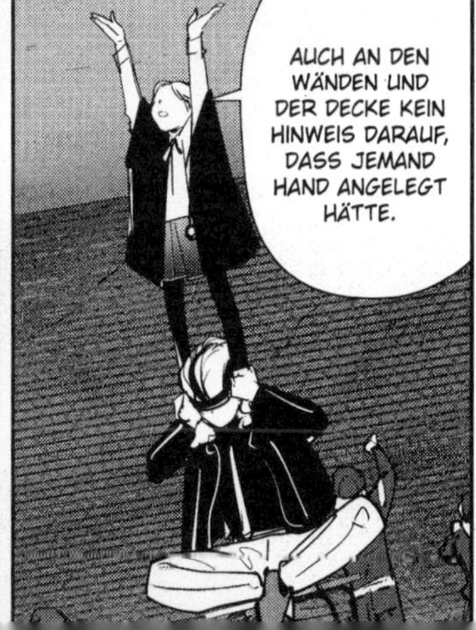
AUCH AN DEN WÄNDEN UND DER DECKE KEIN HINWEIS DARAUF, DASS JEMAND HAND ANGELEGT HÄTTE.

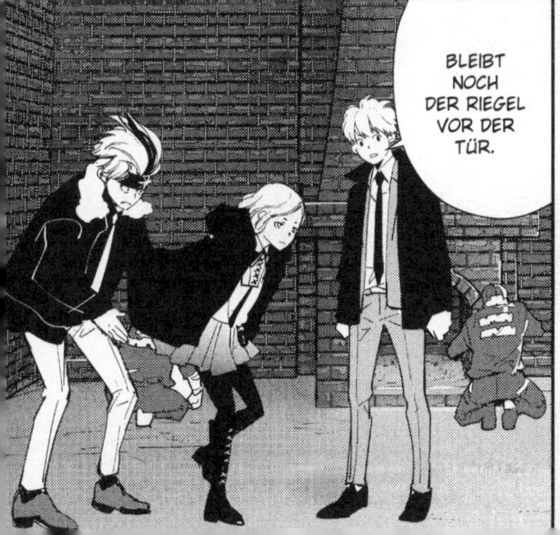
BLEIBT NOCH DER RIEGEL VOR DER TÜR.

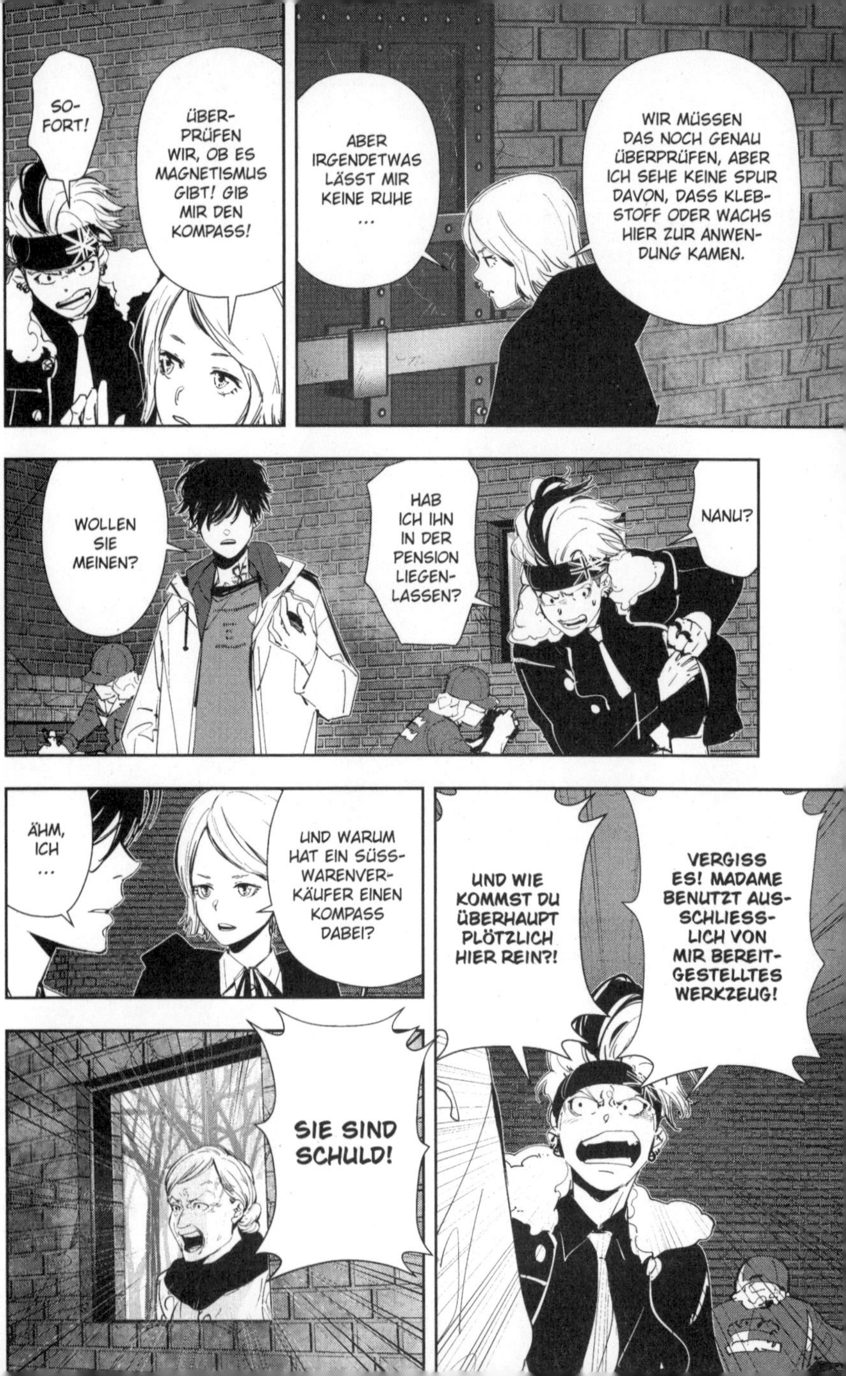

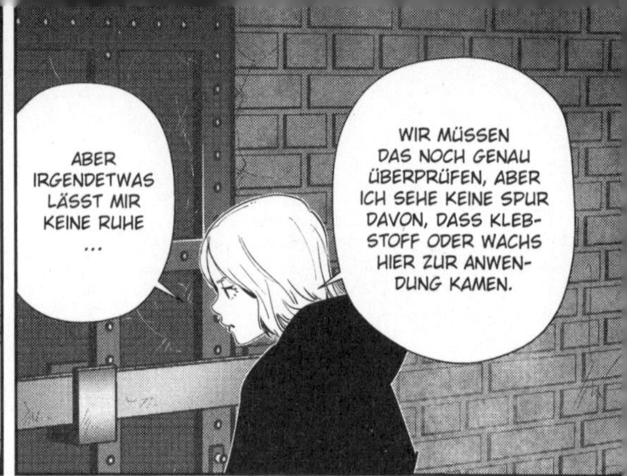
WIR MÜSSEN DAS NOCH GENAU ÜBERPRÜFEN, ABER ICH SEHE KEINE SPUR DAVON, DASS KLEBSTOFF ODER WACHS HIER ZUR ANWENDUNG KAMEN.
ABER IRGENDETWAS LÄSST MIR KEINE RUHE ...

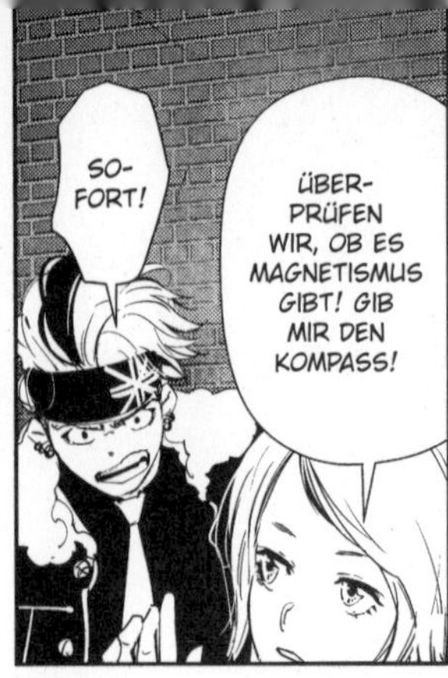
ÜBERPRÜFEN WIR, OB ES MAGNETISMUS GIBT! GIB MIR DEN KOMPASS!
SOFORT!

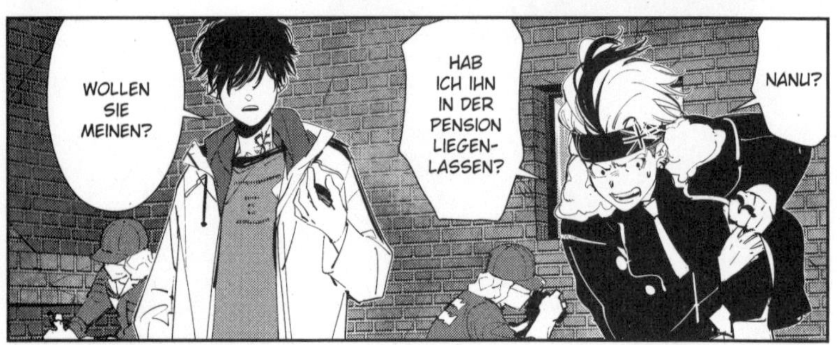
NANU?
HAB ICH IHN IN DER PENSION LIEGENLASSEN?
WOLLEN SIE MEINEN?

VERGISS ES! MADAME BENUTZT AUSSCHLIESSLICH VON MIR BEREITGESTELLTES WERKZEUG!
UND WIE KOMMST DU ÜBERHAUPT PLÖTZLICH HIER REIN?!
UND WARUM HAT EIN SÜSSWARENVERKÄUFER EINEN KOMPASS DABEI?
ÄHM, ICH ...
SIE SIND SCHULD!

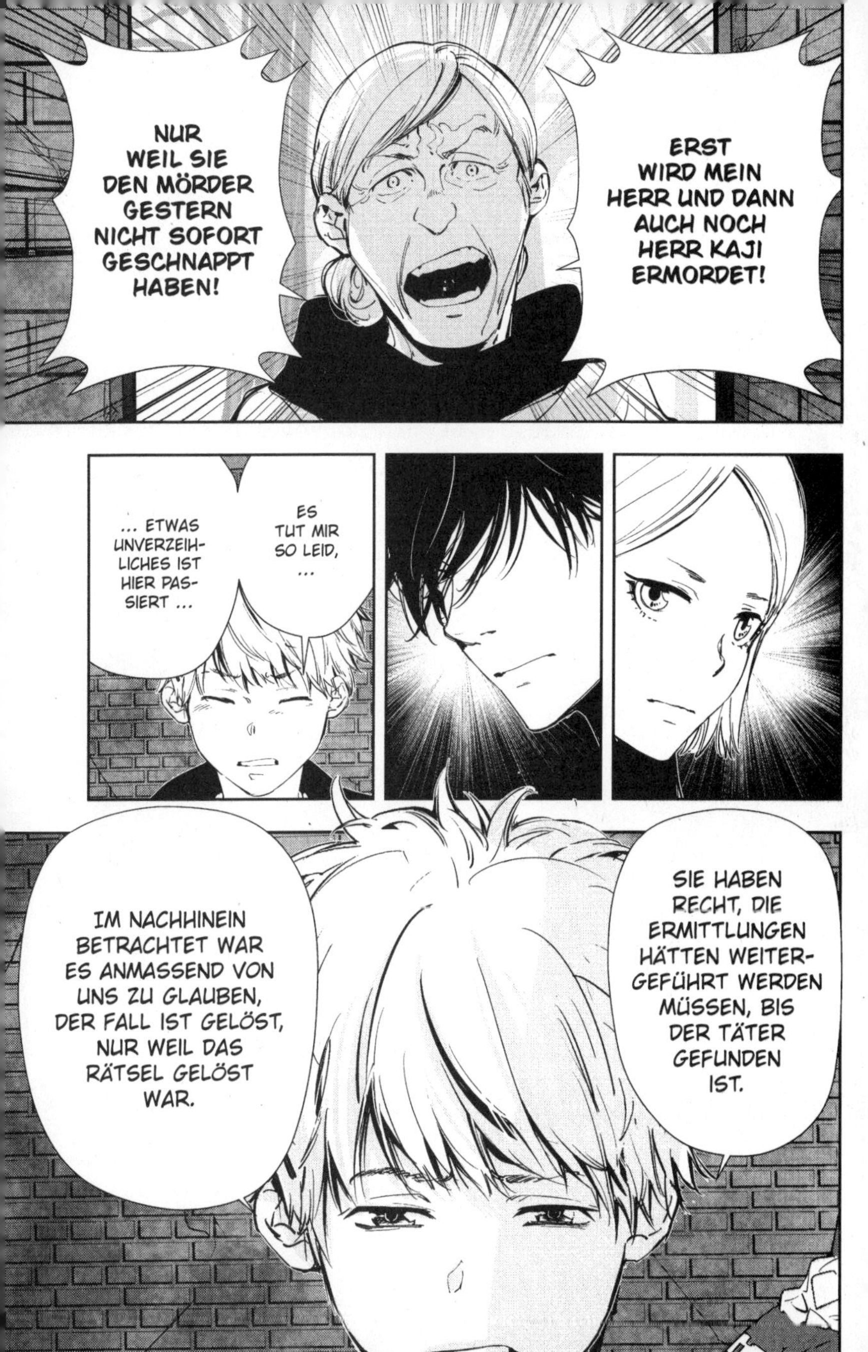

ERST WIRD MEIN HERR UND DANN AUCH NOCH HERR KAJI ERMORDET!
NUR WEIL SIE DEN MÖRDER GESTERN NICHT SOFORT GESCHNAPPT HABEN!
ES TUT MIR SO LEID, ...
... ETWAS UNVERZEIH-LICHES IST HIER PAS-SIERT ...
SIE HABEN RECHT, DIE ERMITTLUNGEN HÄTTEN WEITER-GEFÜHRT WERDEN MÜSSEN, BIS DER TÄTER GEFUNDEN IST.
IM NACHHINEIN BETRACHTET WAR ES ANMASSEND VON UNS ZU GLAUBEN, DER FALL IST GELÖST, NUR WEIL DAS RÄTSEL GELÖST WAR.

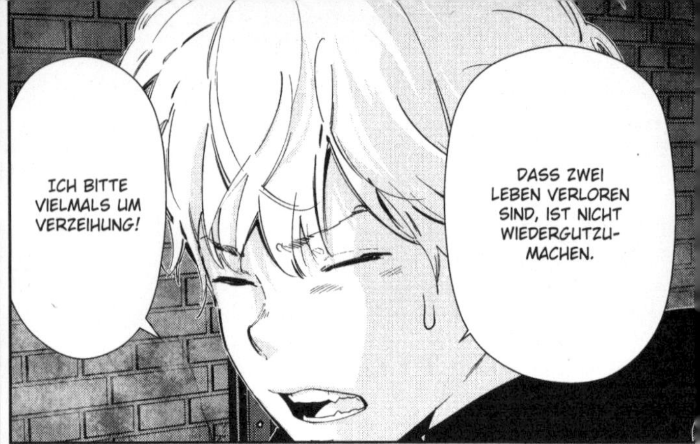
DASS ZWEI LEBEN VERLOREN SIND, IST NICHT WIEDERGUTZU-MACHEN.
ICH BITTE VIELMALS UM VERZEIHUNG!
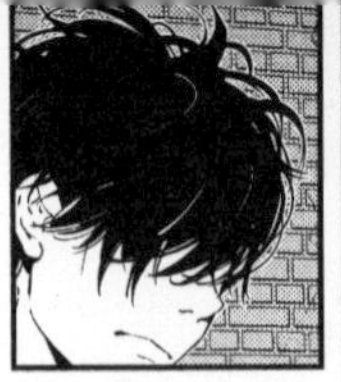
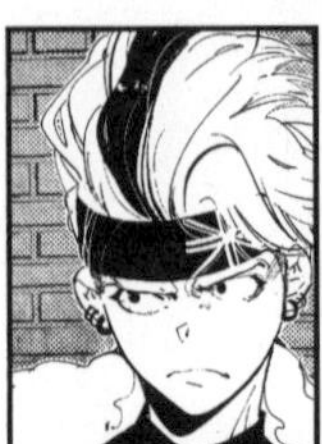
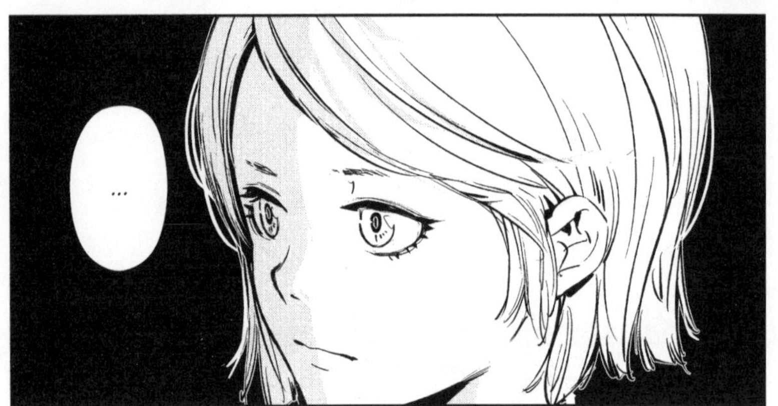
...
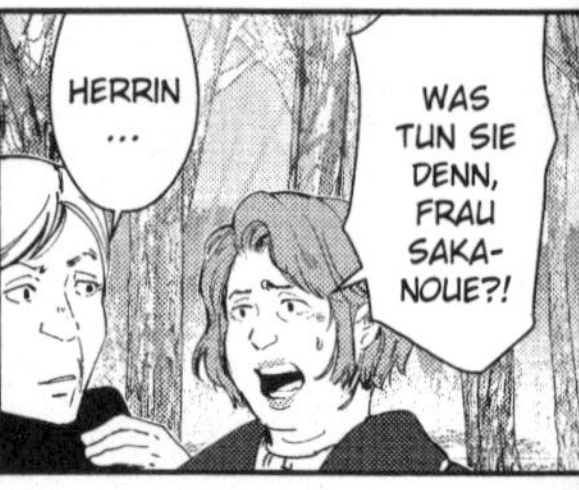
WAS TUN SIE DENN, FRAU SAKA-NOUE?!
HERRIN ...
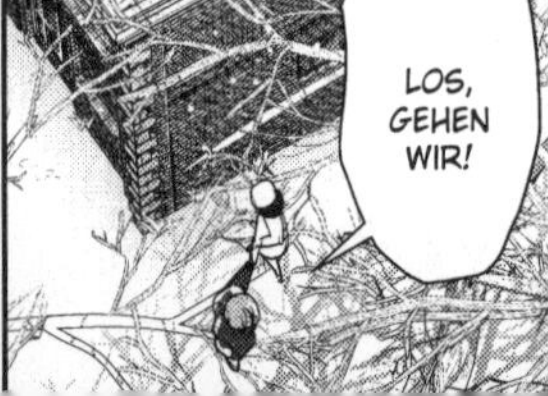
LOS, GEHEN WIR!
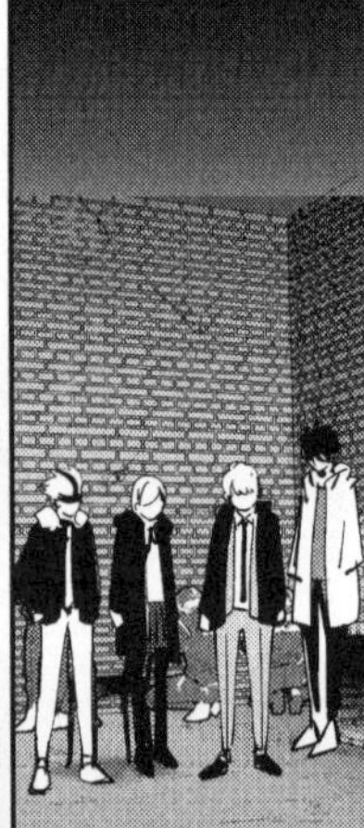
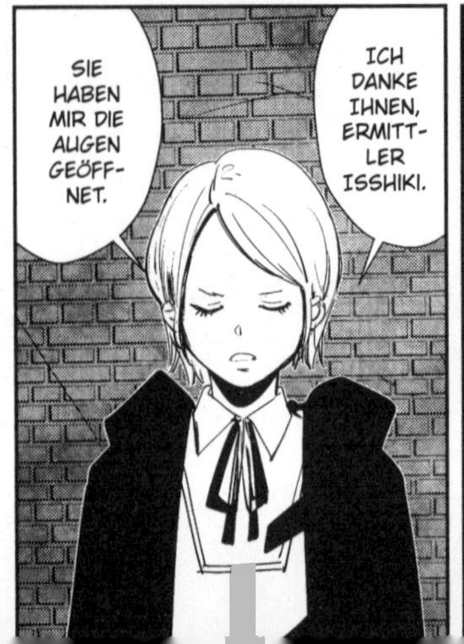
ICH DANKE IHNEN, ERMITT-LER ISSHIKI.
SIE HABEN MIR DIE AUGEN GEÖFF-NET.

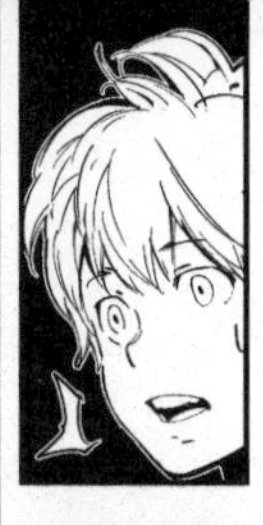
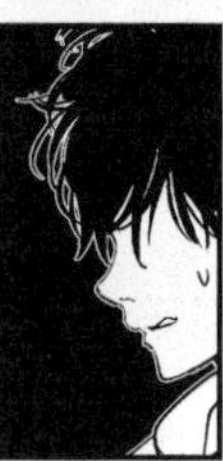
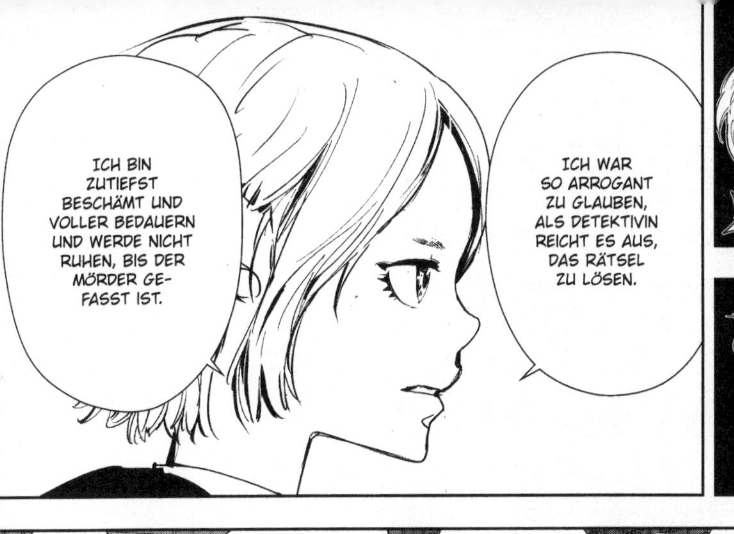
ICH WAR SO ARROGANT ZU GLAUBEN, ALS DETEKTIVIN REICHT ES AUS, DAS RÄTSEL ZU LÖSEN.
ICH BIN ZUTIEFST BESCHÄMT UND VOLLER BEDAUERN UND WERDE NICHT RUHEN, BIS DER MÖRDER GEFASST IST.
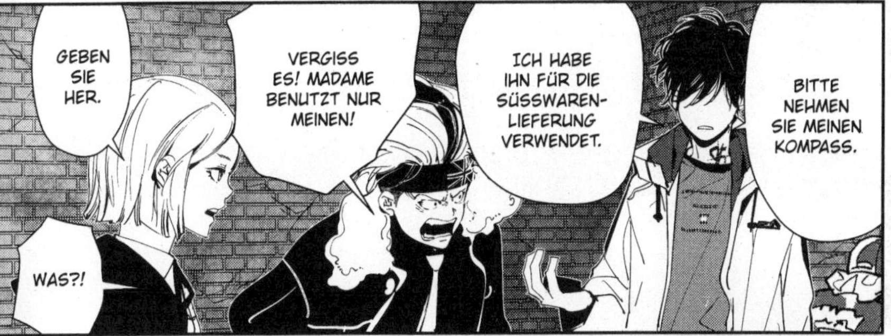
BITTE NEHMEN SIE MEINEN KOMPASS.
ICH HABE IHN FÜR DIE SÜSSWAREN-LIEFERUNG VERWENDET.
VERGISS ES! MADAME BENUTZT NUR MEINEN!
GEBEN SIE HER.
WAS?!
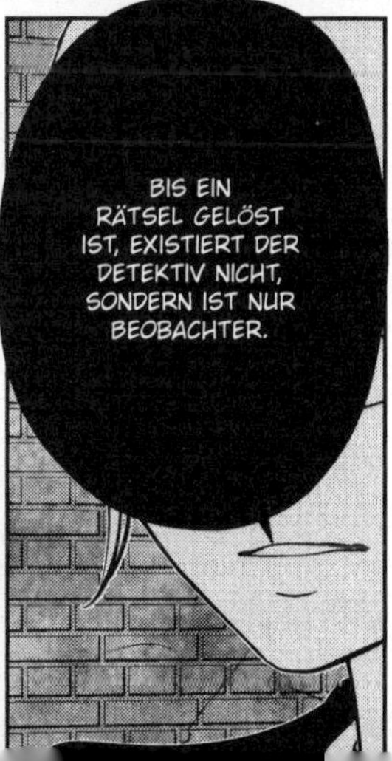
BIS EIN RÄTSEL GELÖST IST, EXISTIERT DER DETEKTIV NICHT, SONDERN IST NUR BEOBACHTER.
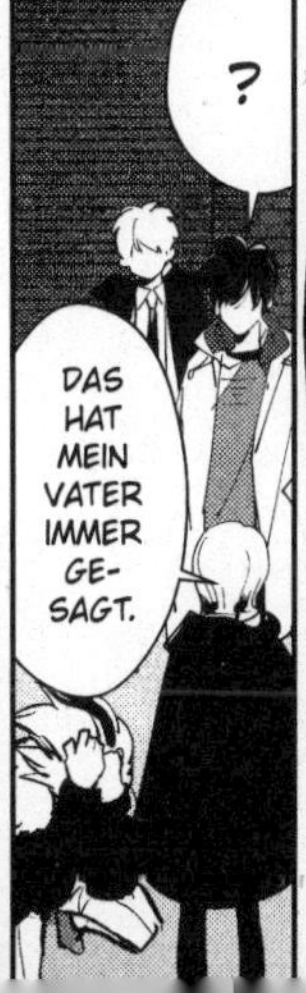
?
DAS HAT MEIN VATER IMMER GESAGT.
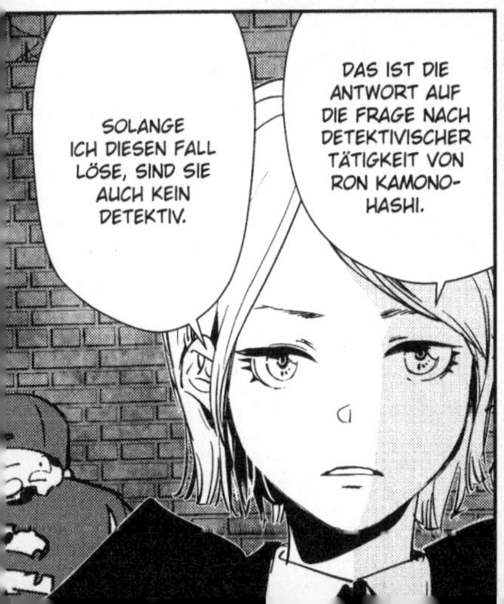
DAS IST DIE ANTWORT AUF DIE FRAGE NACH DETEKTIVISCHER TÄTIGKEIT VON RON KAMONO-HASHI.
SOLANGE ICH DIESEN FALL LÖSE, SIND SIE AUCH KEIN DETEKTIV.

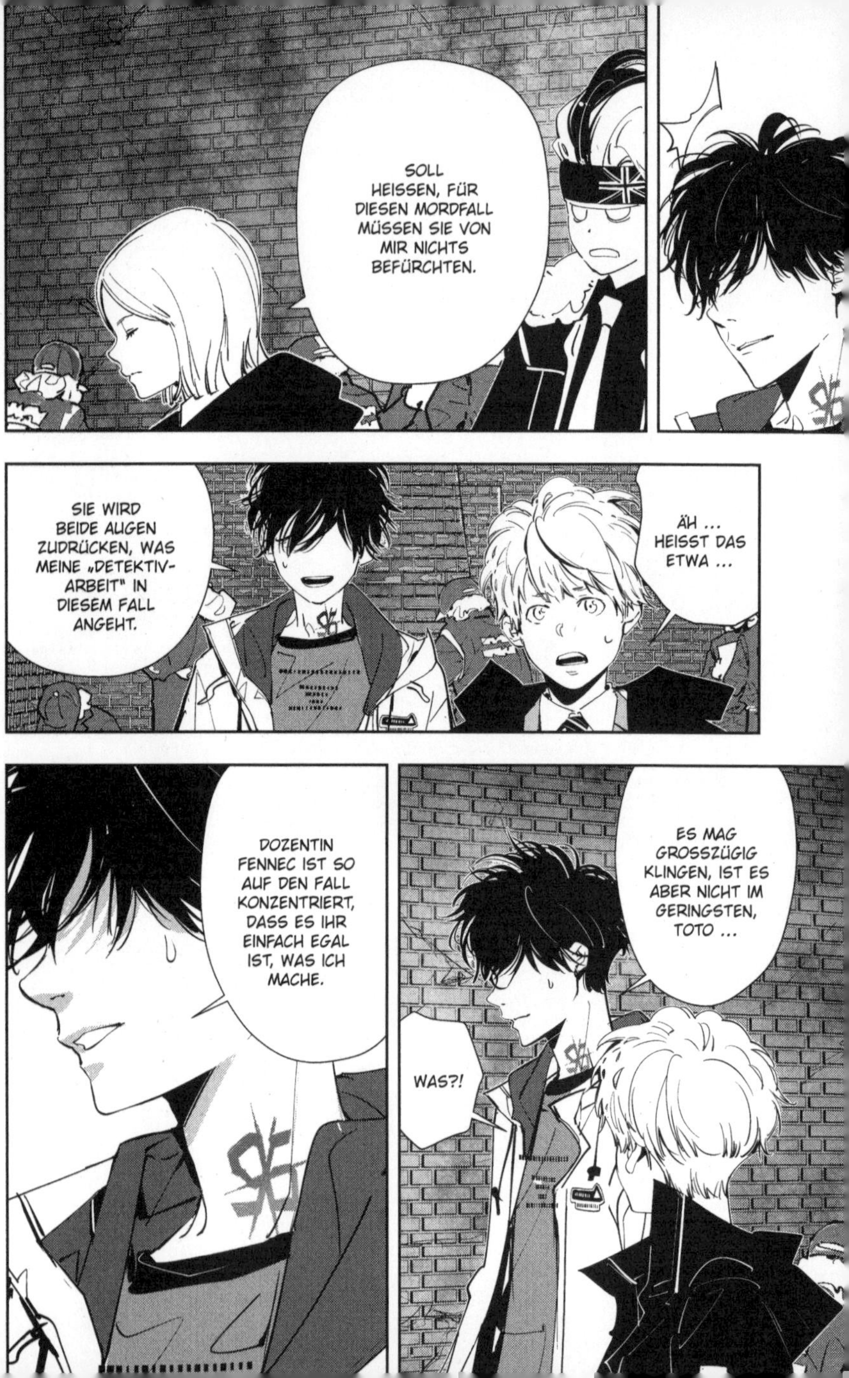

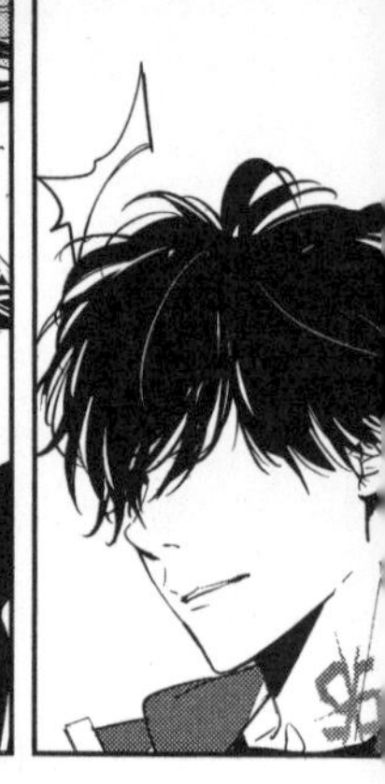

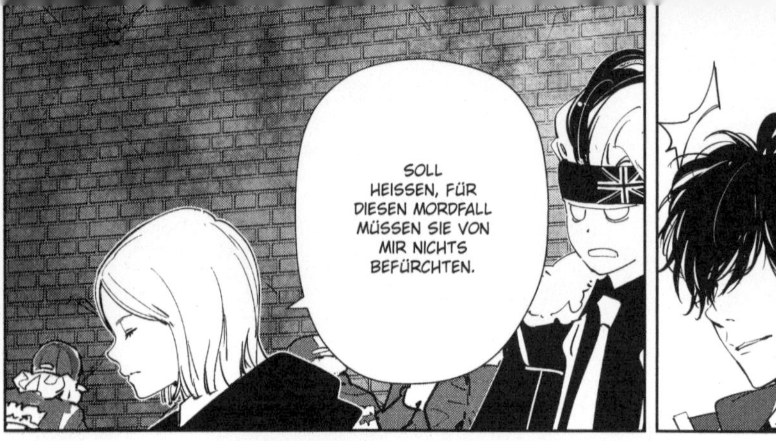

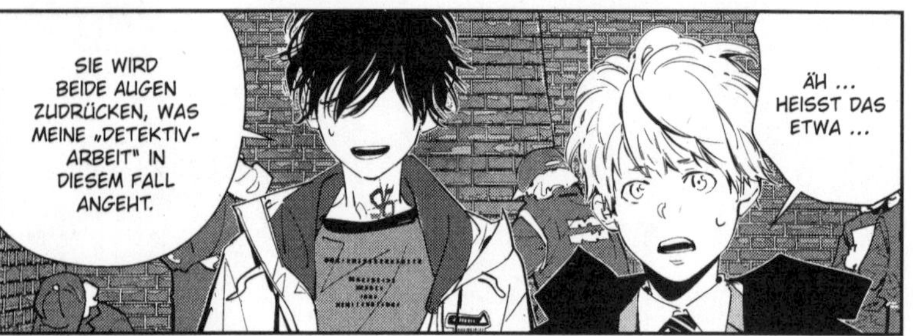

ES MAG GROSSZÜGIG KLINGEN, IST ES ABER NICHT IM GERINGSTEN, TOTO ...

WAS?!

DOZENTIN FENNEC IST SO AUF DEN FALL KONZENTRIERT, DASS ES IHR EINFACH EGAL IST, WAS ICH MACHE.

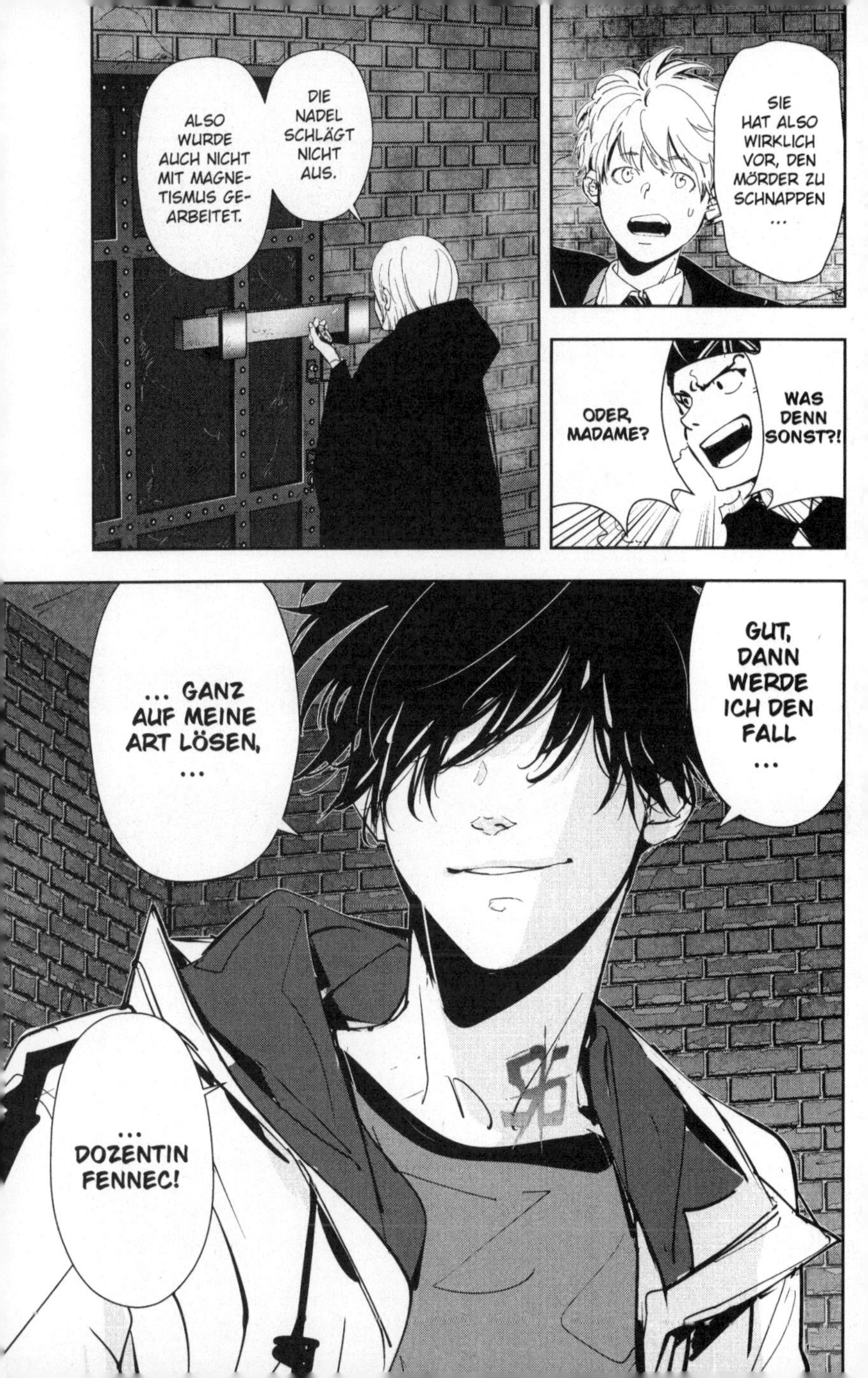

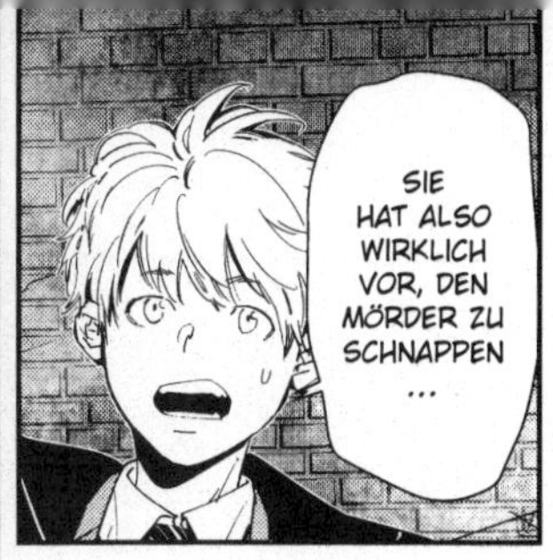
SIE HAT ALSO WIRKLICH VOR, DEN MÖRDER ZU SCHNAPPEN ...

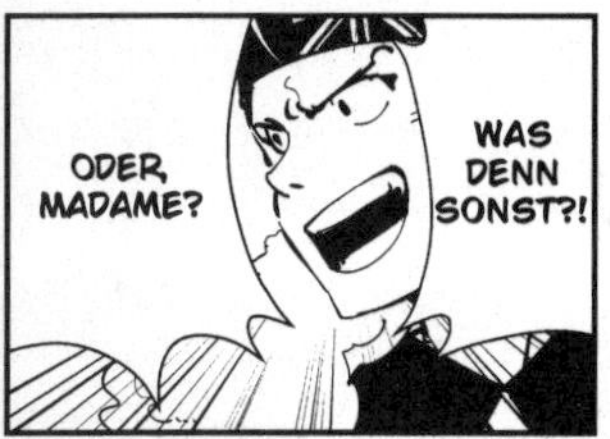
WAS DENN SONST?!
ODER, MADAME?

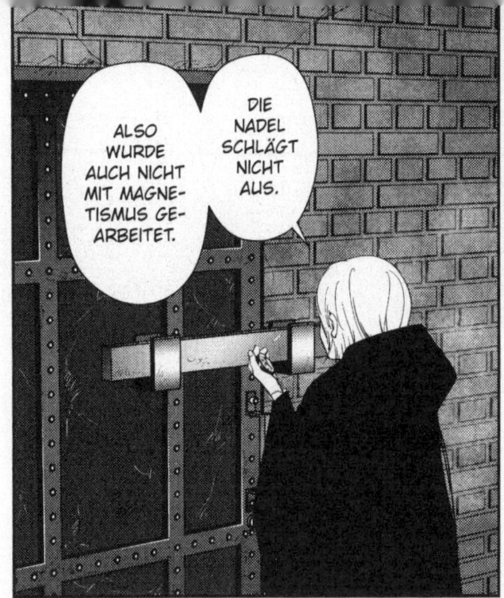
DIE NADEL SCHLÄGT NICHT AUS.
ALSO WURDE AUCH NICHT MIT MAGNETISMUS GEARBEITET.

GUT, DANN WERDE ICH DEN FALL ...
... GANZ AUF MEINE ART LÖSEN, ...
... DOZENTIN FENNEC!

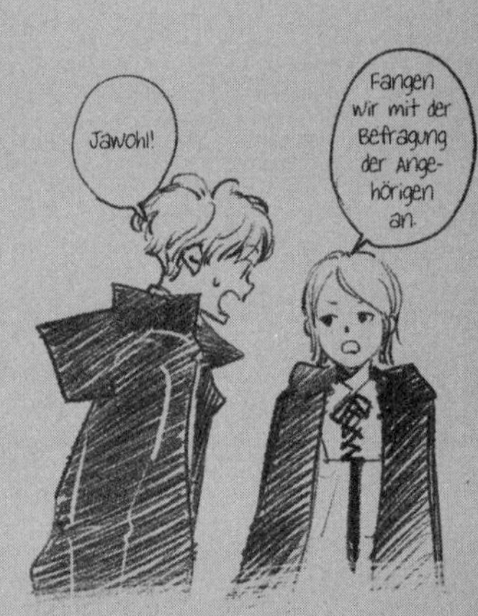
Fangen wir mit der Befragung der Ange-hörigen an.
Jawohl!

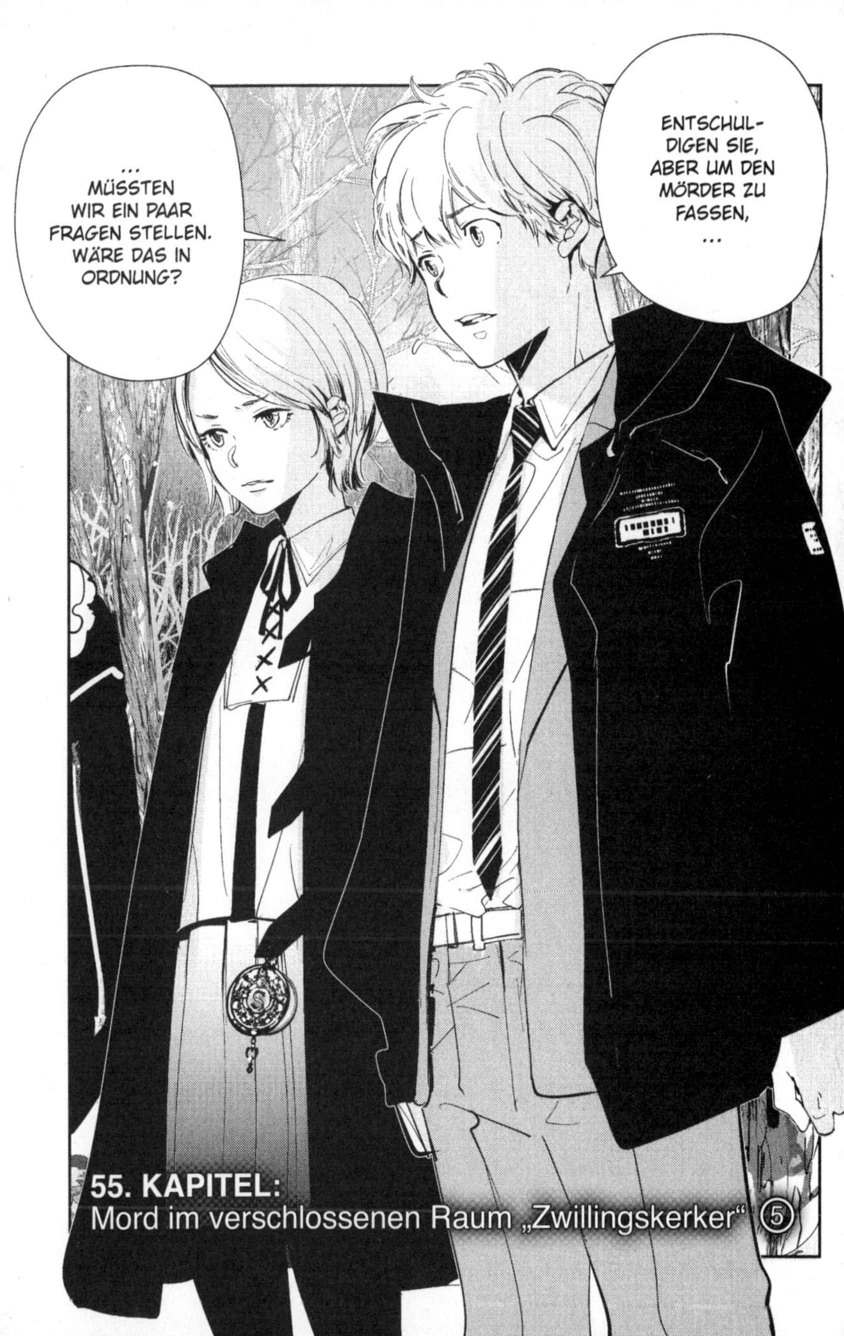
ENTSCHUL-DIGEN SIE, ABER UM DEN MÖRDER ZU FASSEN, ...
... MÜSSTEN WIR EIN PAAR FRAGEN STELLEN. WÄRE DAS IN ORDNUNG?
55. KAPITEL:
Mord im verschlossenen Raum „Zwillingskerker“ ⑤

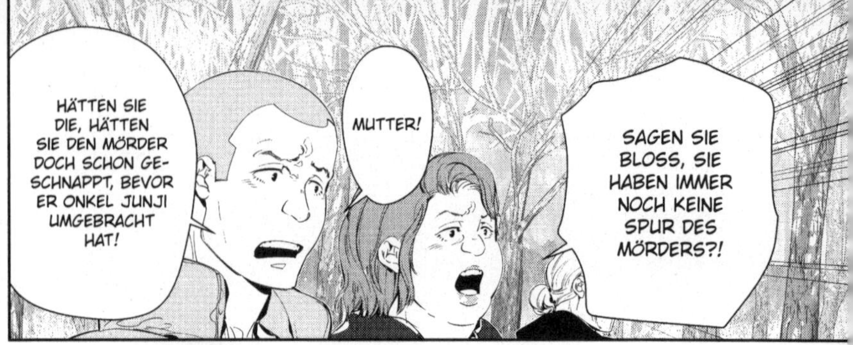
SAGEN SIE BLOSS, SIE HABEN IMMER NOCH KEINE SPUR DES MÖRDERS?!
MUTTER!
HÄTTEN SIE DIE, HÄTTEN SIE DEN MÖRDER DOCH SCHON GESCHNAPPT, BEVOR ER ONKEL JUNJI UMGEBRACHT HAT!

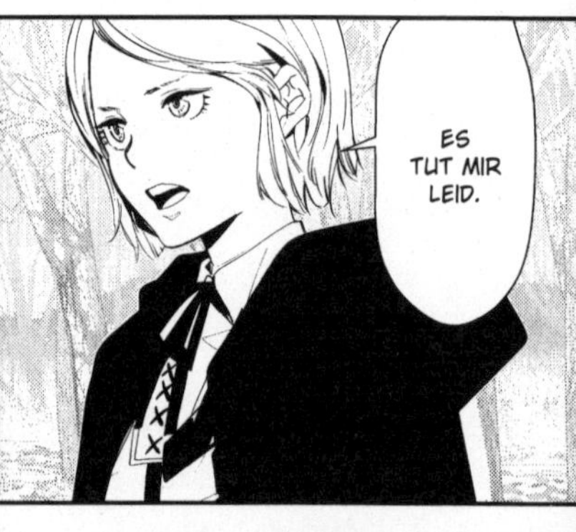
ES TUT MIR LEID.

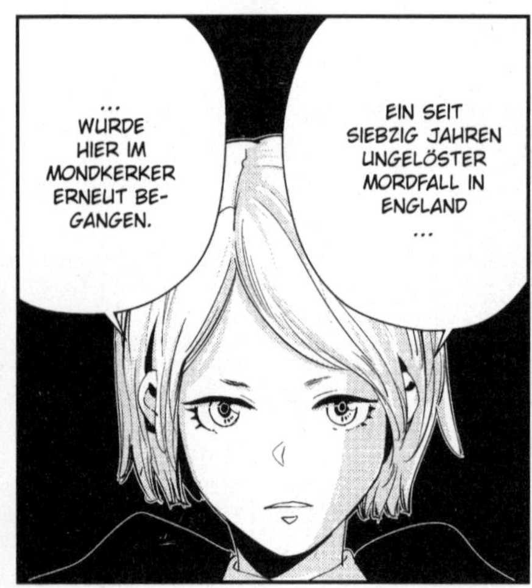
EIN SEIT SIEBZIG JAHREN UNGELÖSTER MORDFALL IN ENGLAND ...
... WURDE HIER IM MONDKERKER ERNEUT BEGANGEN.

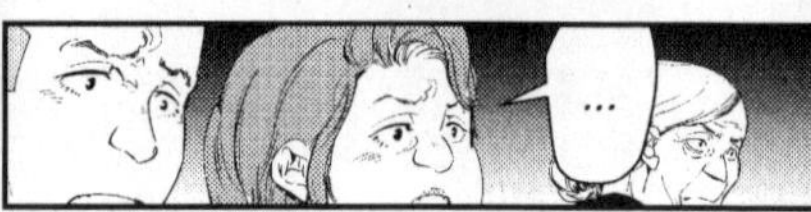
...

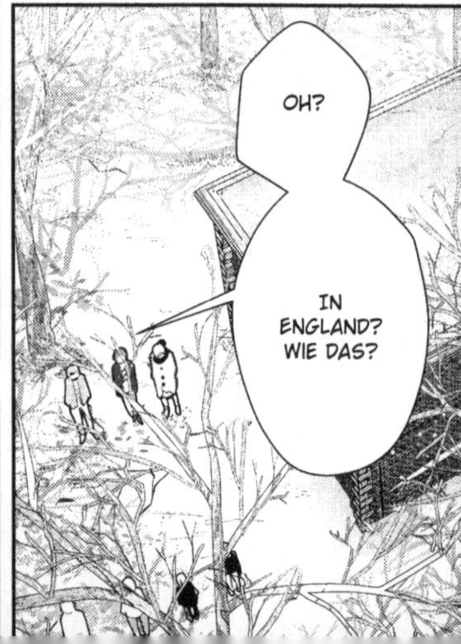
OH?
IN ENGLAND? WIE DAS?

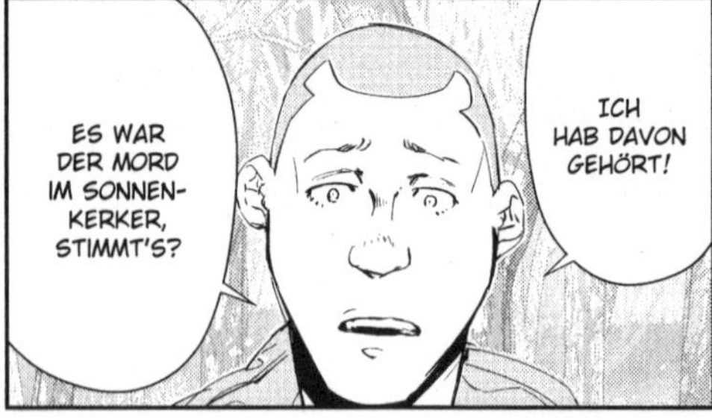
ICH HAB DAVON GEHÖRT!
ES WAR DER MORD IM SONNENKERKER, STIMMT'S?

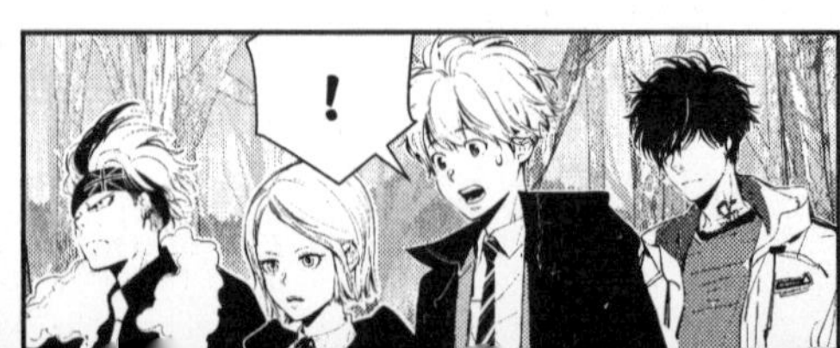
!

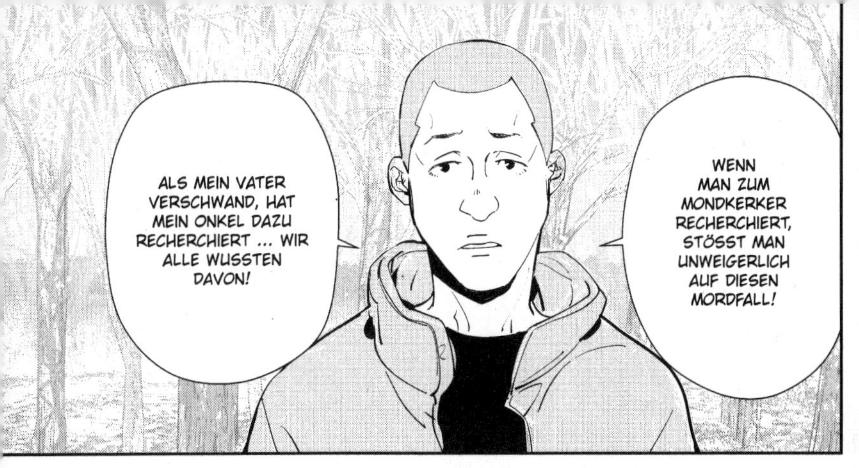
WENN MAN ZUM MONDKERKER RECHERCHIERT, STÖSST MAN UNWEIGERLICH AUF DIESEN MORDFALL!
ALS MEIN VATER VERSCHWAND, HAT MEIN ONKEL DAZU RECHERCHIERT … WIR ALLE WUSSTEN DAVON!

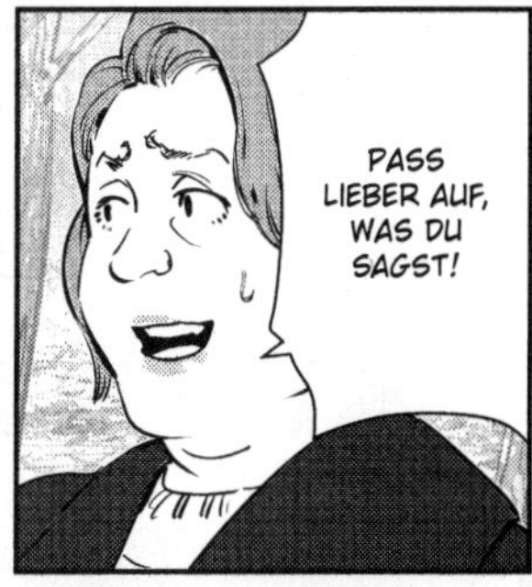
PASS LIEBER AUF, WAS DU SAGST!

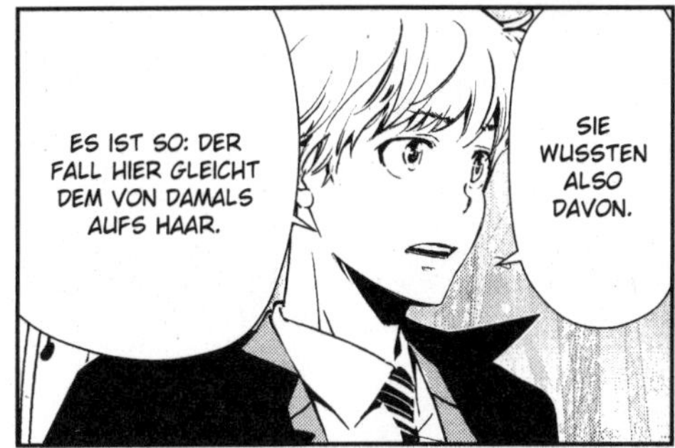
SIE WUSSTEN ALSO DAVON.
ES IST SO: DER FALL HIER GLEICHT DEM VON DAMALS AUFS HAAR.

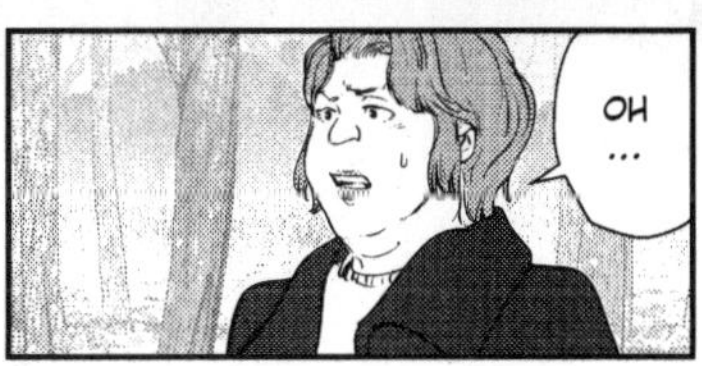
OH …

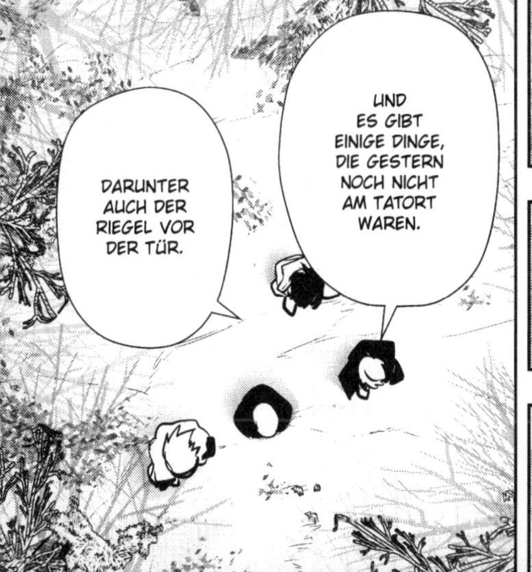
UND ES GIBT EINIGE DINGE, DIE GESTERN NOCH NICHT AM TATORT WAREN.
DARUNTER AUCH DER RIEGEL VOR DER TÜR.

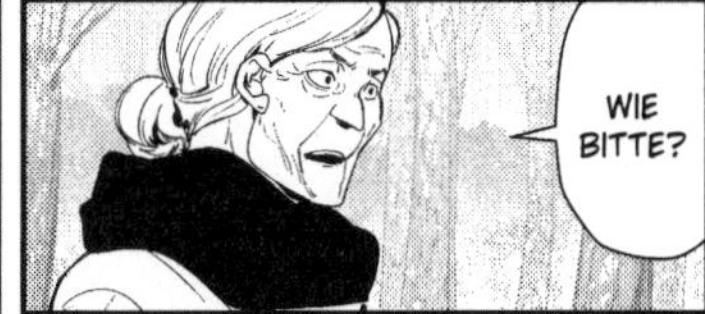
WIE BITTE?

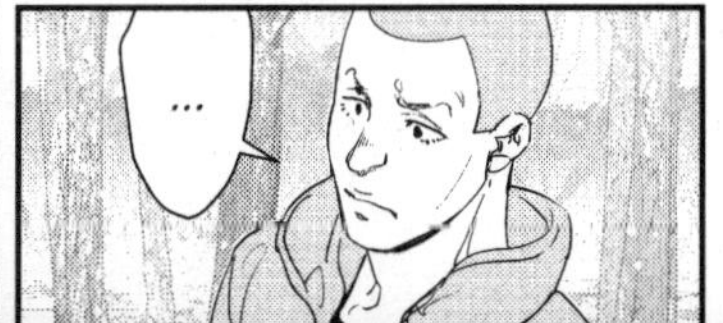
…

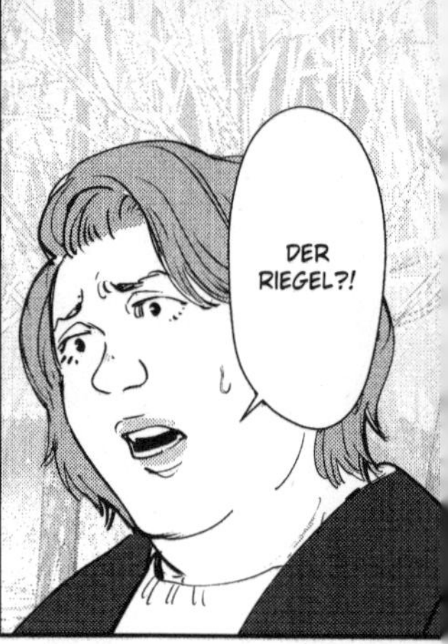
DER RIEGEL?!

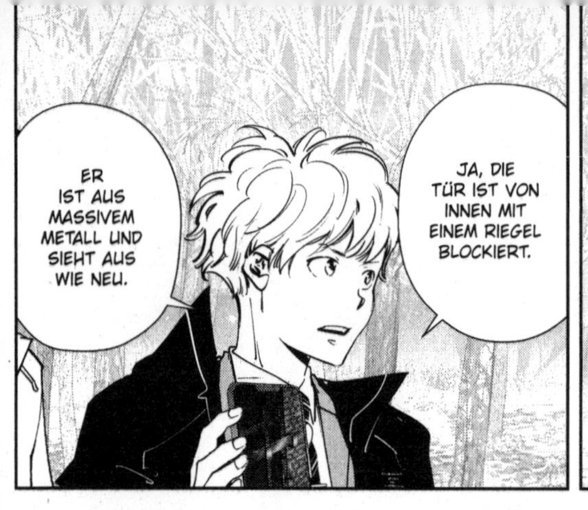
JA, DIE TÜR IST VON INNEN MIT EINEM RIEGEL BLOCKIERT.
ER IST AUS MASSIVEM METALL UND SIEHT AUS WIE NEU.

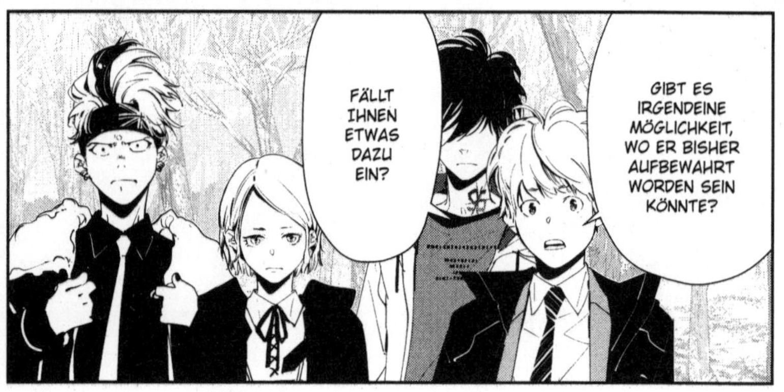
GIBT ES IRGENDEINE MÖGLICHKEIT, WO ER BISHER AUFBEWAHRT WORDEN SEIN KÖNNTE?
FÄLLT IHNEN ETWAS DAZU EIN?

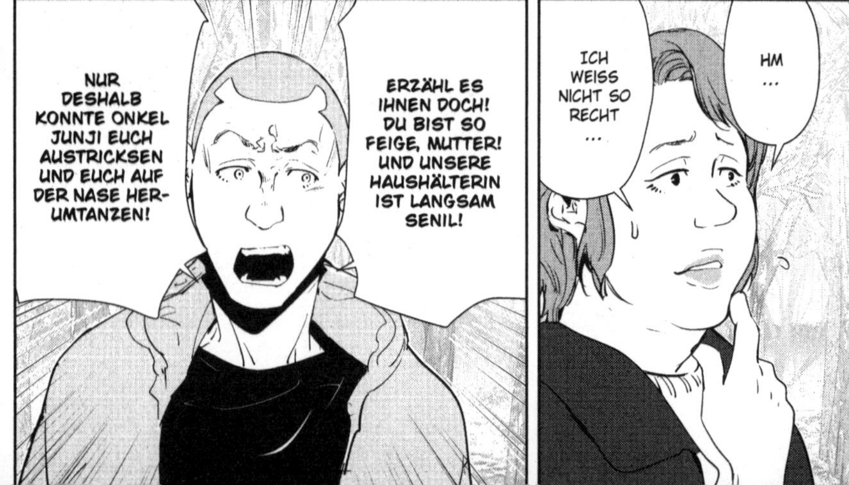
HM ...
ICH WEISS NICHT SO RECHT ...
ERZÄHL ES IHNEN DOCH! DU BIST SO FEIGE, MUTTER! UND UNSERE HAUSHÄLTERIN IST LANGSAM SENIL!
NUR DESHALB KONNTE ONKEL JUNJI EUCH AUSTRICKSEN UND EUCH AUF DER NASE HER-UMTANZEN!

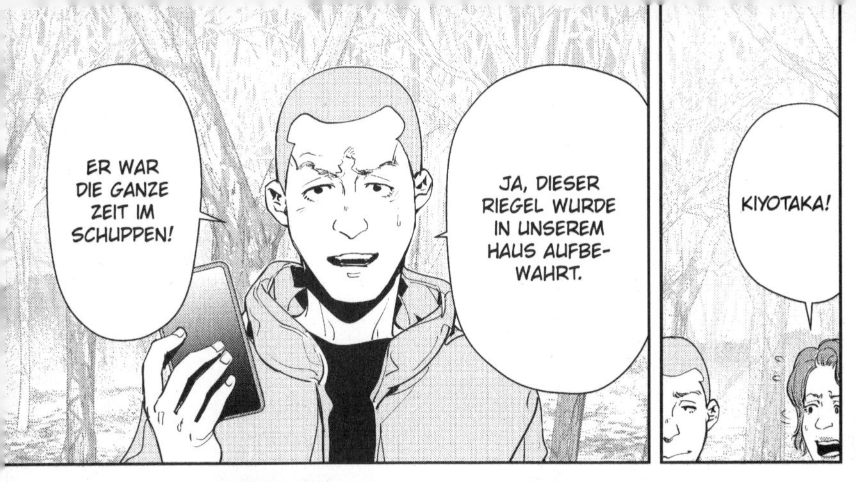

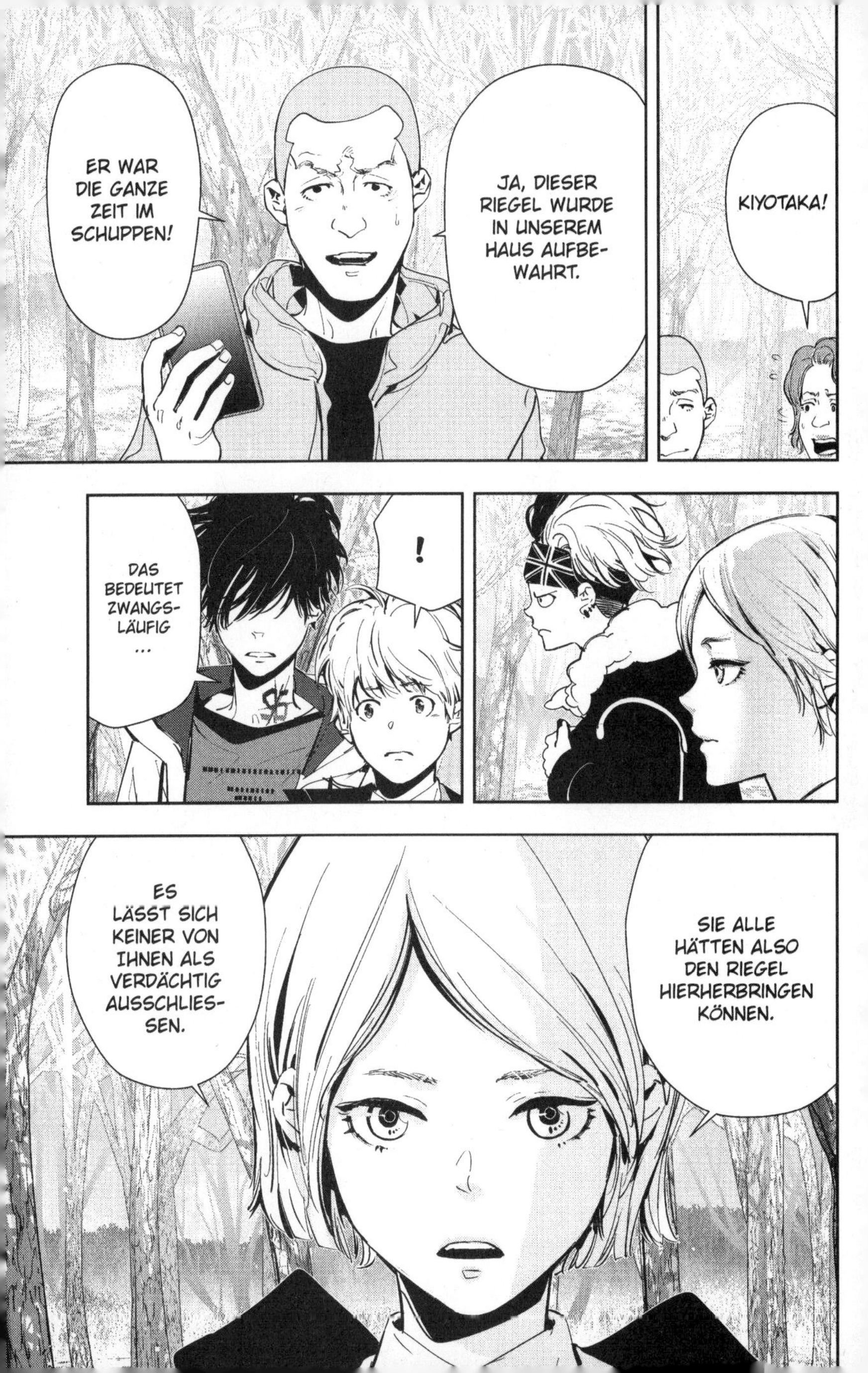

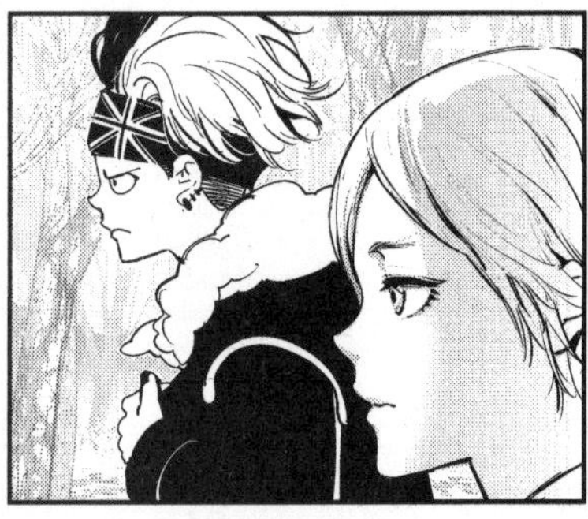

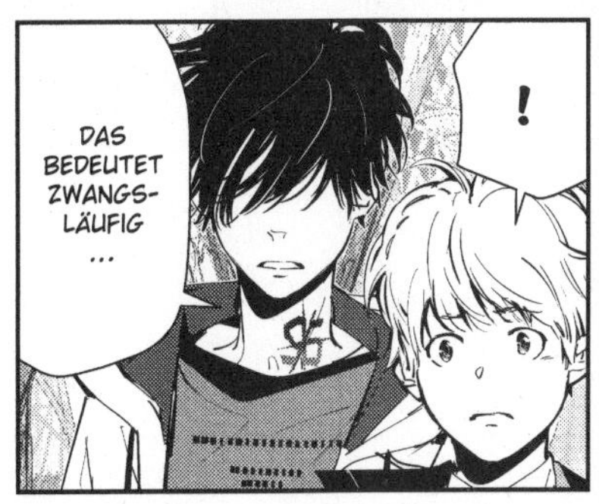

SIE ALLE HÄTTEN ALSO DEN RIEGEL HIERHERBRINGEN KÖNNEN.

ES LÄSST SICH KEINER VON IHNEN ALS VERDÄCHTIG AUSSCHLIES-SEN.

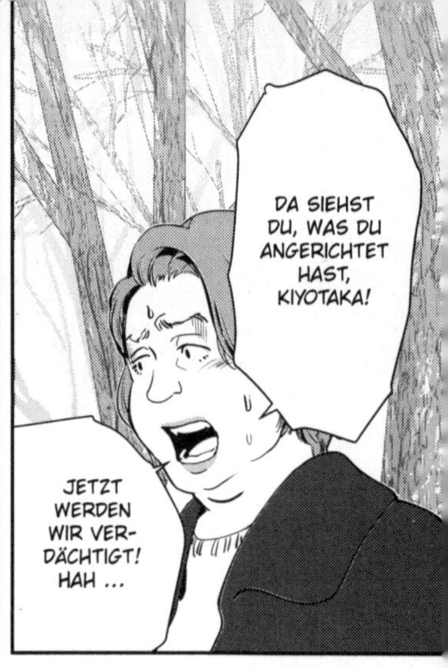
DA SIEHST DU, WAS DU ANGERICHTET HAST, KIYOTAKA!
JETZT WERDEN WIR VER-DÄCHTIGT! HAH ...

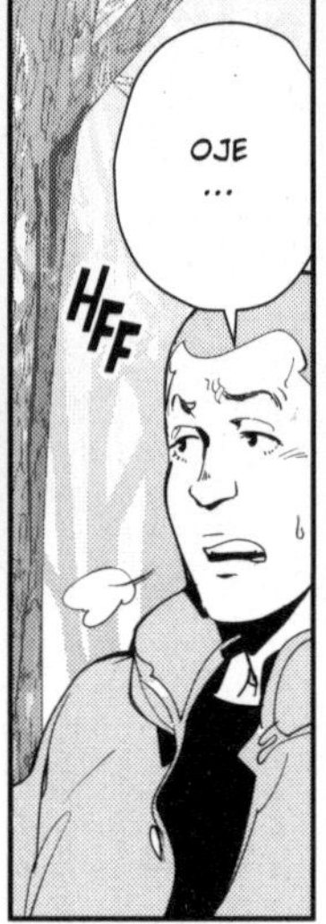
OJE ...
HFF

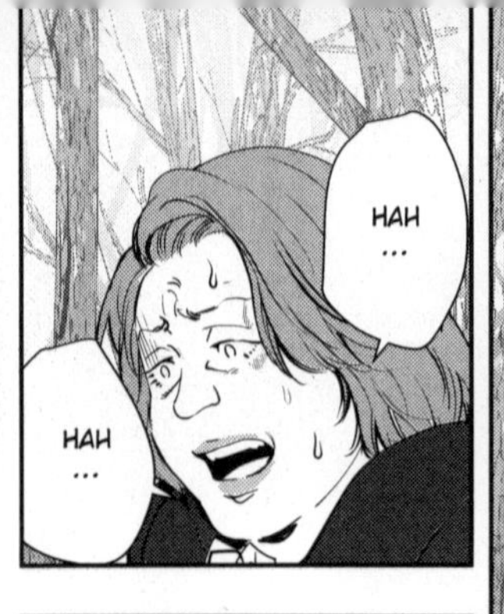
HAH ...
HAH ...

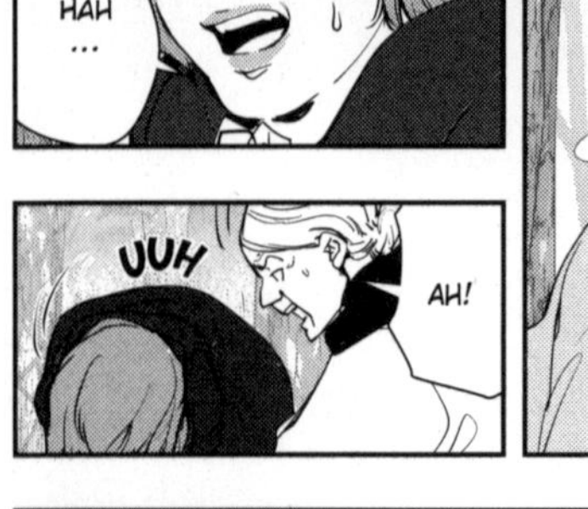
AH!
UUH

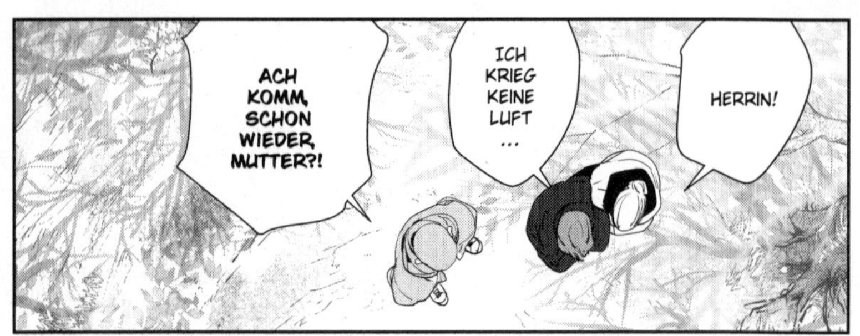
HERRIN!
ICH KRIEG KEINE LUFT ...
ACH KOMM, SCHON WIEDER, MUTTER?!

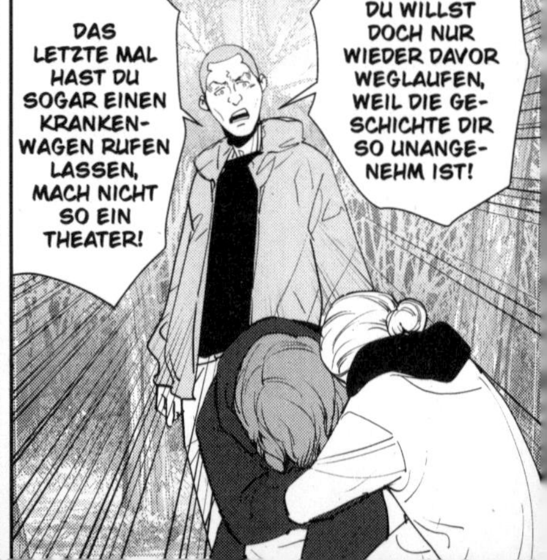
DU WILLST DOCH NUR WIEDER DAVOR WEGLAUFEN, WEIL DIE GE-SCHICHTE DIR SO UNANGE-NEHM IST!
DAS LETZTE MAL HAST DU SOGAR EINEN KRANKEN-WAGEN RUFEN LASSEN, MACH NICHT SO EIN THEATER!

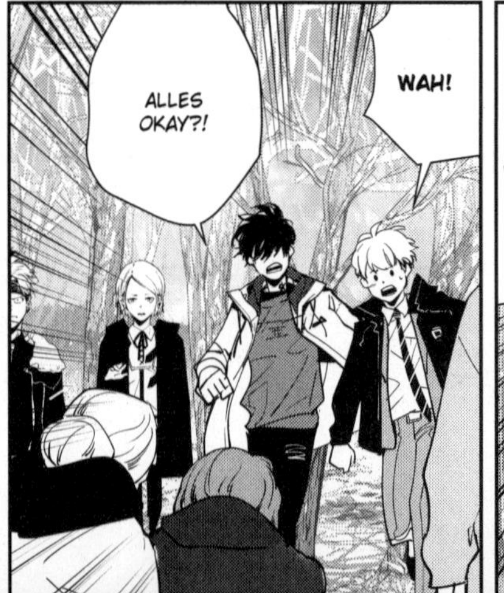
WAH!
ALLES OKAY?!

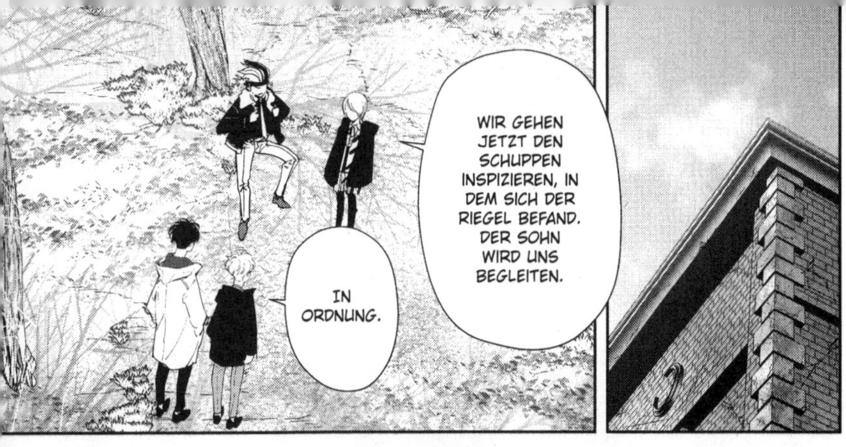
WIR GEHEN JETZT DEN SCHUPPEN INSPIZIEREN, IN DEM SICH DER RIEGEL BEFAND. DER SOHN WIRD UNS BEGLEITEN.
IN ORDNUNG.

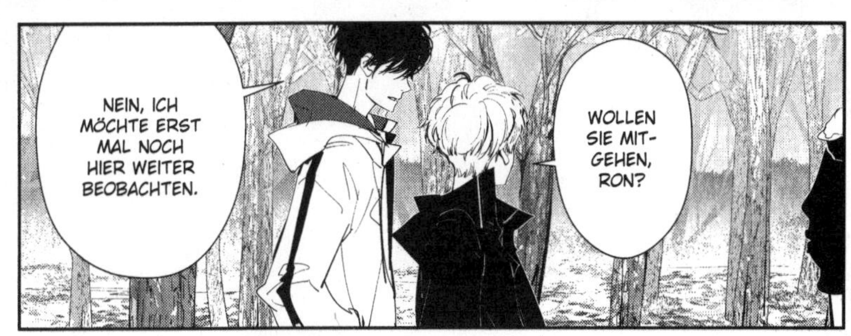
WOLLEN SIE MITGEHEN, RON?
NEIN, ICH MÖCHTE ERST MAL NOCH HIER WEITER BEOBACHTEN.

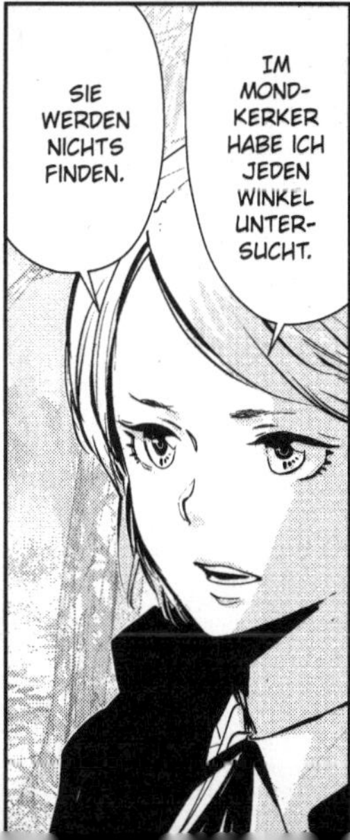
IM MONDKERKER HABE ICH JEDEN WINKEL UNTERSUCHT.
SIE WERDEN NICHTS FINDEN.

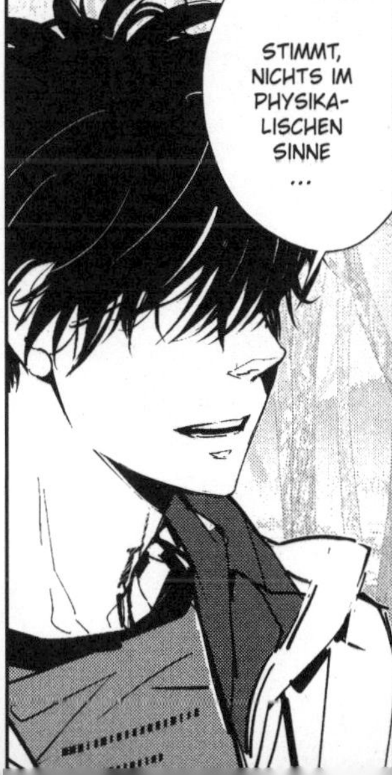
STIMMT, NICHTS IM PHYSIKALISCHEN SINNE ...

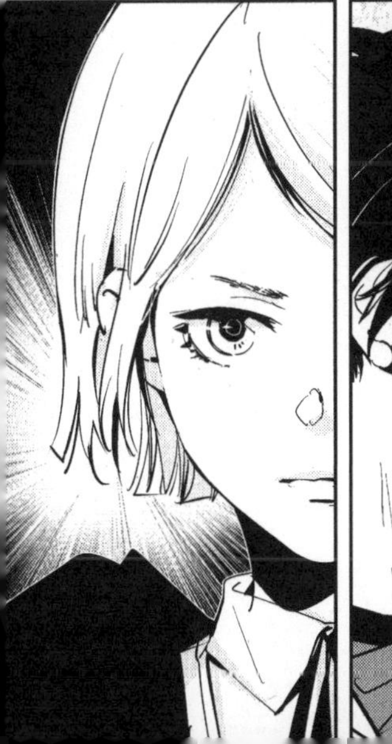

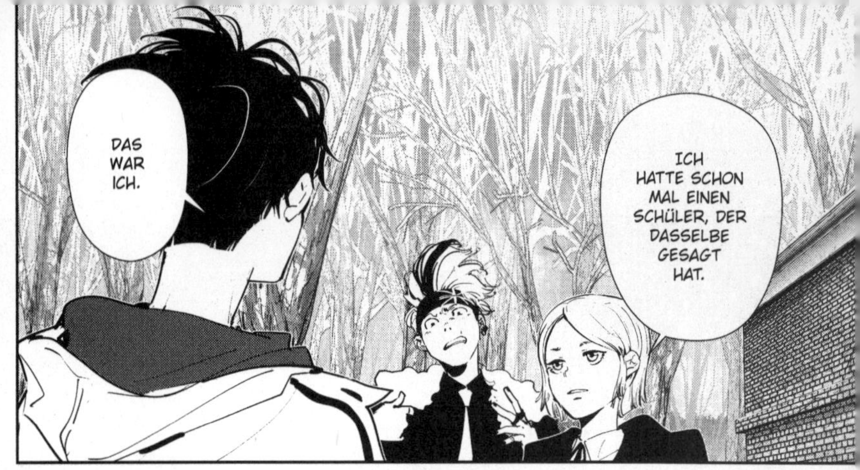
ICH HATTE SCHON MAL EINEN SCHÜLER, DER DASSELBE GESAGT HAT.
DAS WAR ICH.

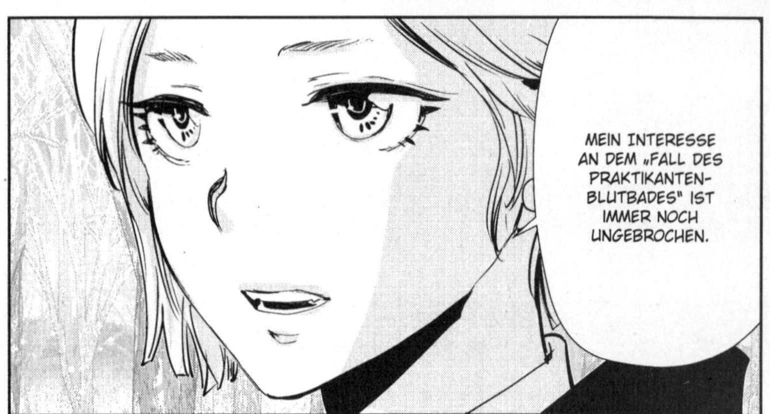
MEIN INTERESSE AN DEM „FALL DES PRAKTIKANTEN-BLUTBADES" IST IMMER NOCH UNGEBROCHEN.

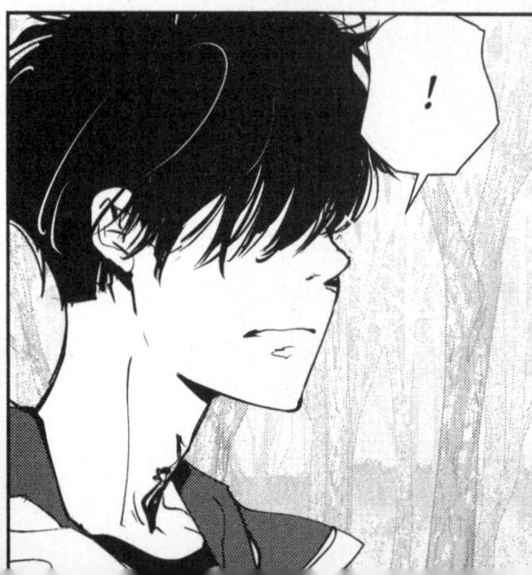
!

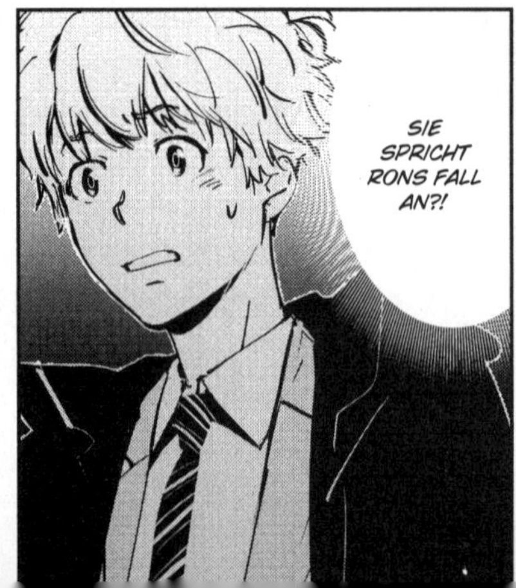
SIE SPRICHT RONS FALL AN?!

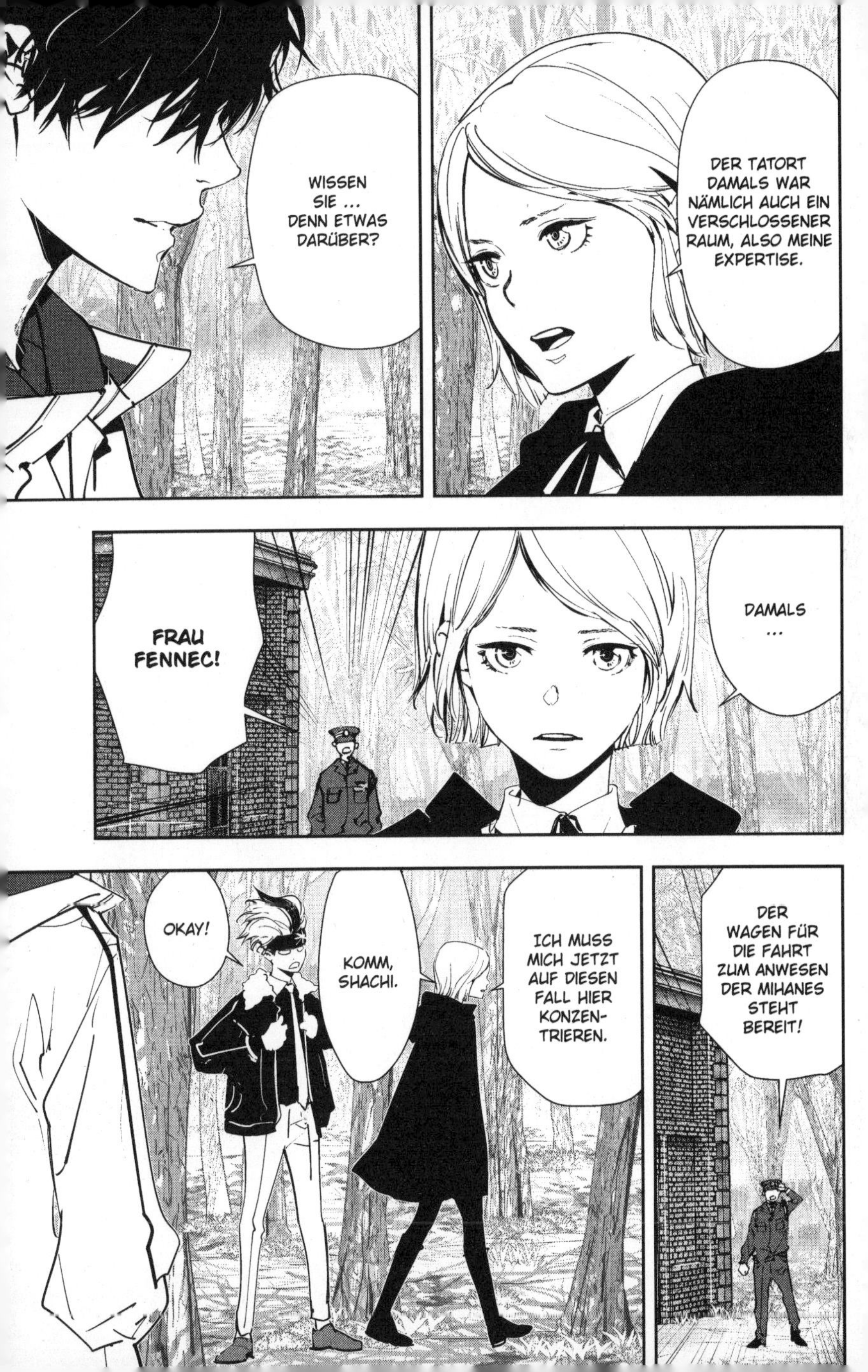

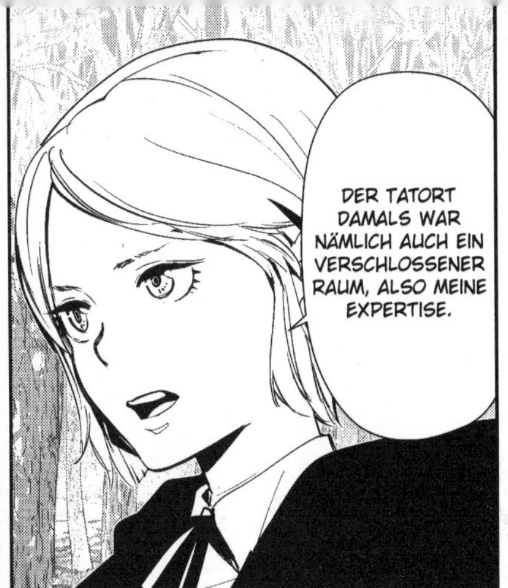
DER TATORT DAMALS WAR NÄMLICH AUCH EIN VERSCHLOSSENER RAUM, ALSO MEINE EXPERTISE.

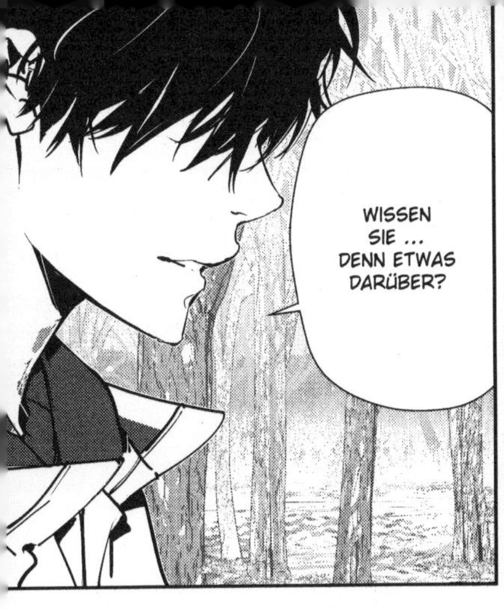
WISSEN SIE ... DENN ETWAS DARÜBER?

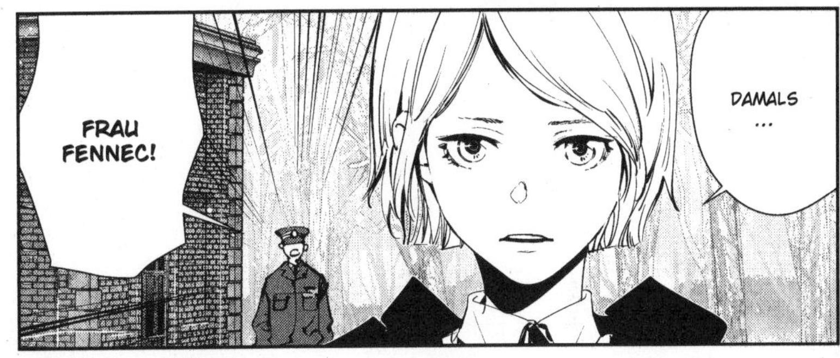
DAMALS ...
FRAU FENNEC!

DER WAGEN FÜR DIE FAHRT ZUM ANWESEN DER MIHANES STEHT BEREIT!
ICH MUSS MICH JETZT AUF DIESEN FALL HIER KONZENTRIEREN.
KOMM, SHACHI.
OKAY!

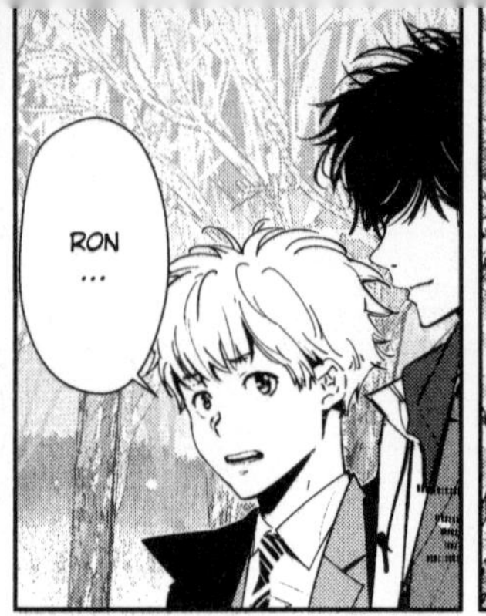
RON
...

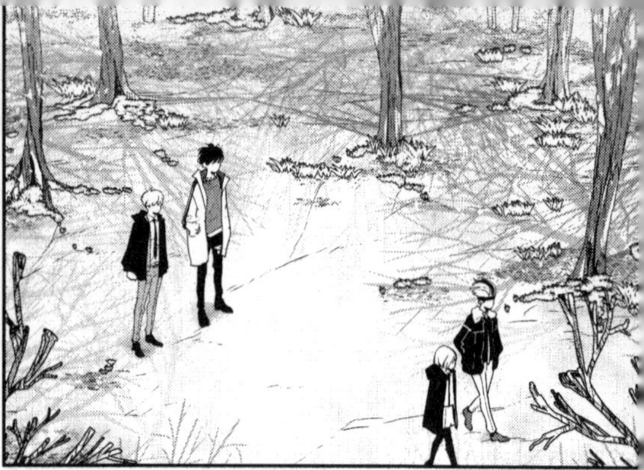

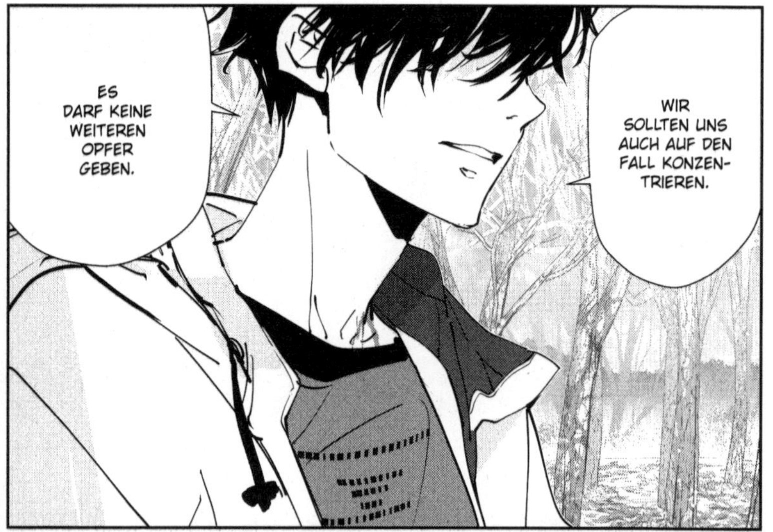
WIR SOLLTEN UNS AUCH AUF DEN FALL KONZEN-TRIEREN.
ES DARF KEINE WEITEREN OPFER GEBEN.

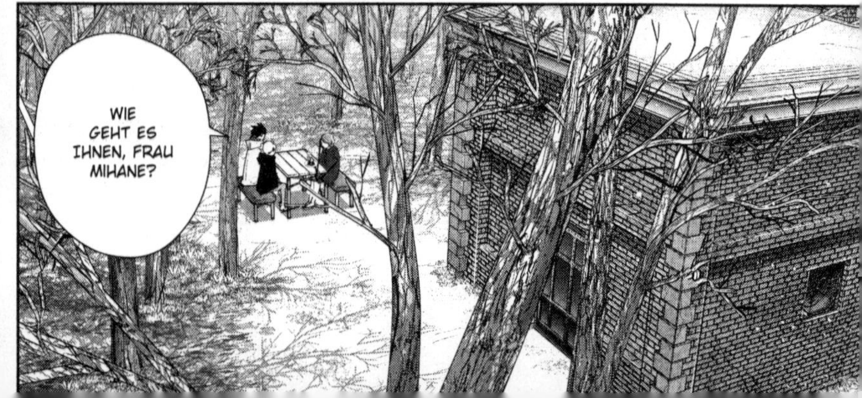
WIE GEHT ES IHNEN, FRAU MIHANE?

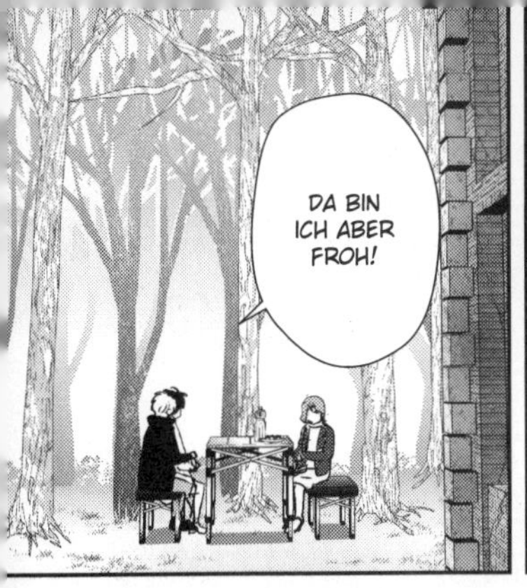
DA BIN ICH ABER FROH!

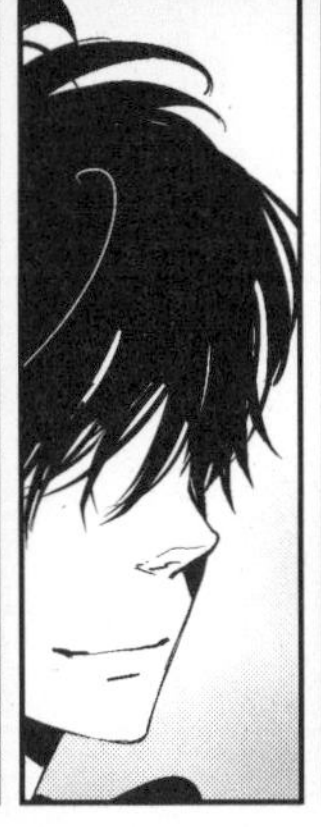

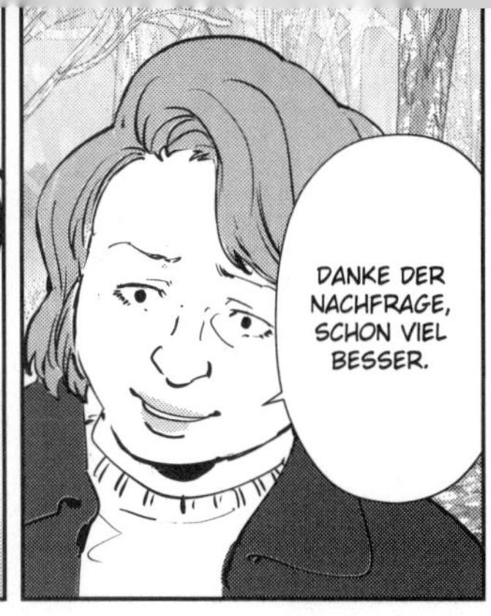
DANKE DER NACHFRAGE, SCHON VIEL BESSER.

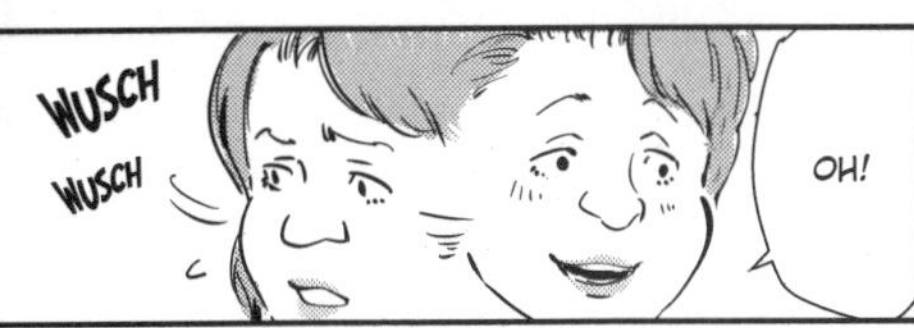
WUSCH
WUSCH
OH!

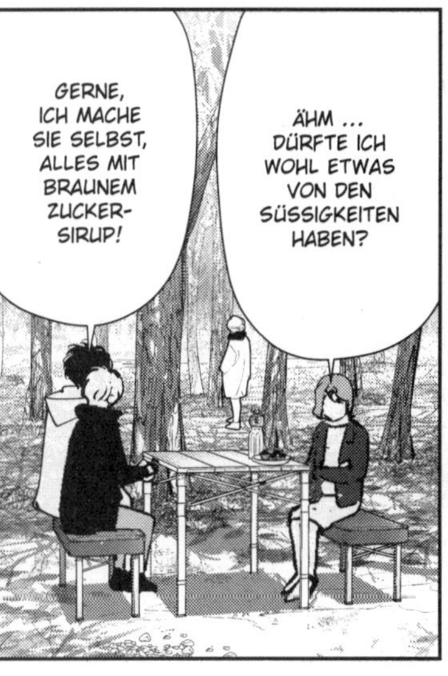
ÄHM … DÜRFTE ICH WOHL ETWAS VON DEN SÜSSIGKEITEN HABEN?
GERNE, ICH MACHE SIE SELBST, ALLES MIT BRAUNEM ZUCKER-SIRUP!

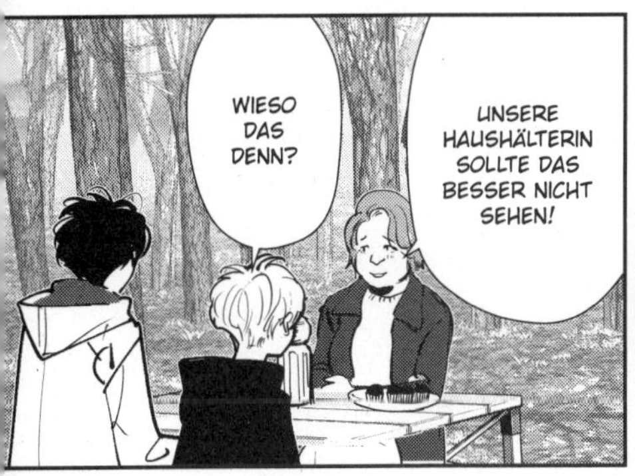
WIESO DAS DENN?
UNSERE HAUSHÄLTERIN SOLLTE DAS BESSER NICHT SEHEN!

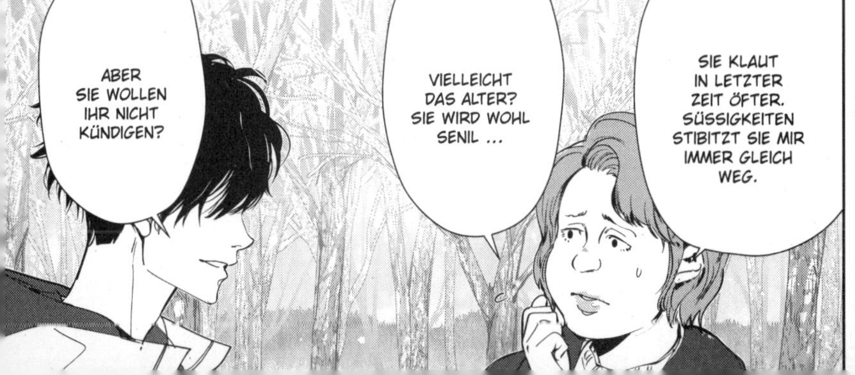
SIE KLAUT IN LETZTER ZEIT ÖFTER. SÜSSIGKEITEN STIBITZT SIE MIR IMMER GLEICH WEG.
VIELLEICHT DAS ALTER? SIE WIRD WOHL SENIL …
ABER SIE WOLLEN IHR NICHT KÜNDIGEN?

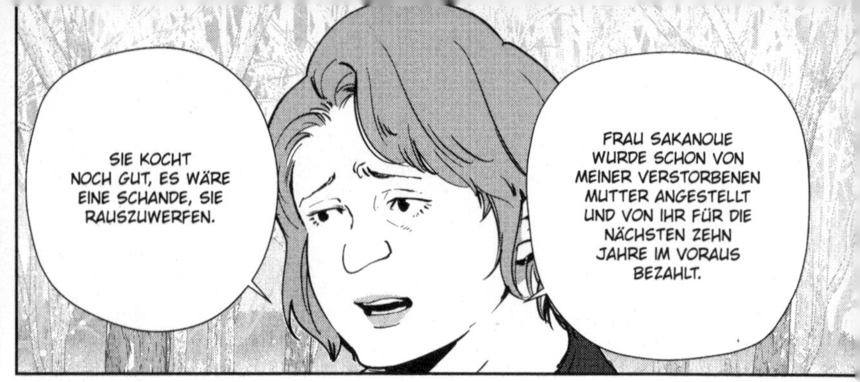
FRAU SAKANOUE WURDE SCHON VON MEINER VERSTORBENEN MUTTER ANGESTELLT UND VON IHR FÜR DIE NÄCHSTEN ZEHN JAHRE IM VORAUS BEZAHLT.
SIE KOCHT NOCH GUT, ES WÄRE EINE SCHANDE, SIE RAUSZUWERFEN.

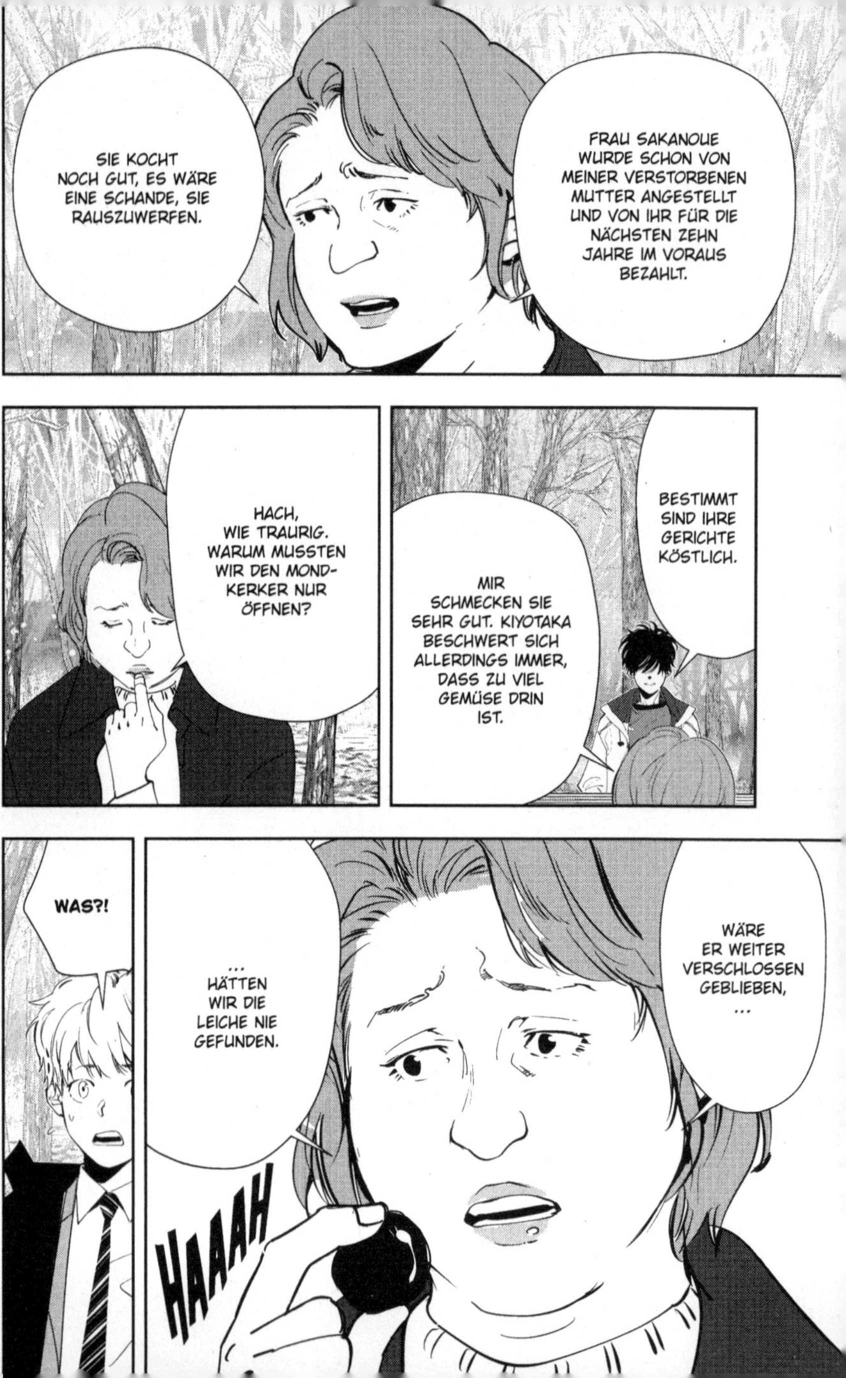

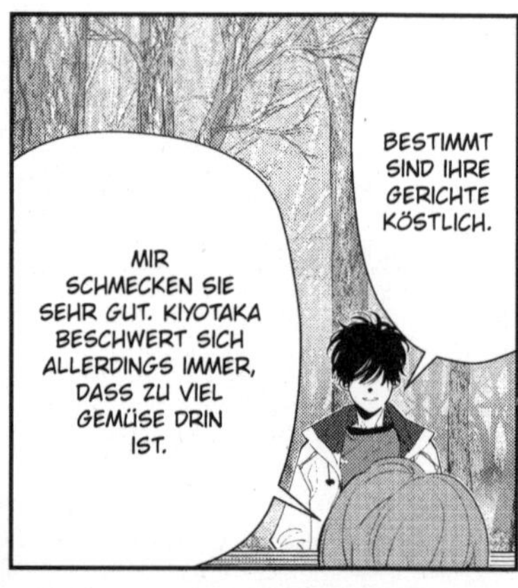
BESTIMMT SIND IHRE GERICHTE KÖSTLICH.
MIR SCHMECKEN SIE SEHR GUT. KIYOTAKA BESCHWERT SICH ALLERDINGS IMMER, DASS ZU VIEL GEMÜSE DRIN IST.

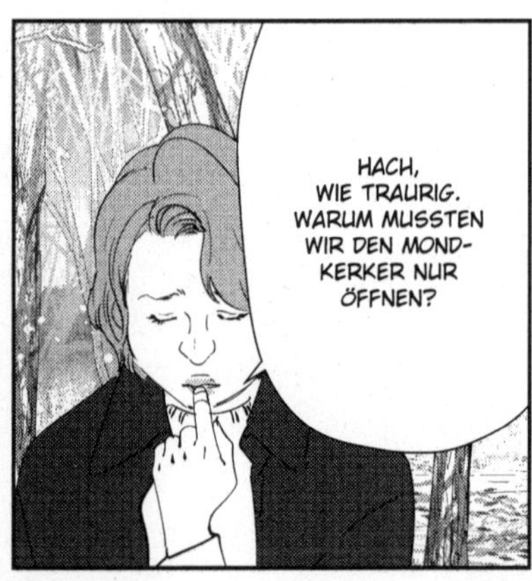
HACH, WIE TRAURIG. WARUM MUSSTEN WIR DEN MOND-KERKER NUR ÖFFNEN?

WÄRE ER WEITER VERSCHLOSSEN GEBLIEBEN, ...
... HÄTTEN WIR DIE LEICHE NIE GEFUNDEN.
HAAAH
WAS?!

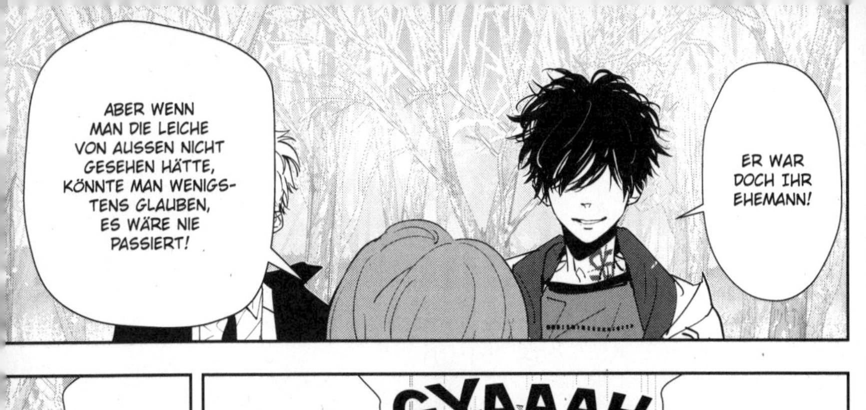

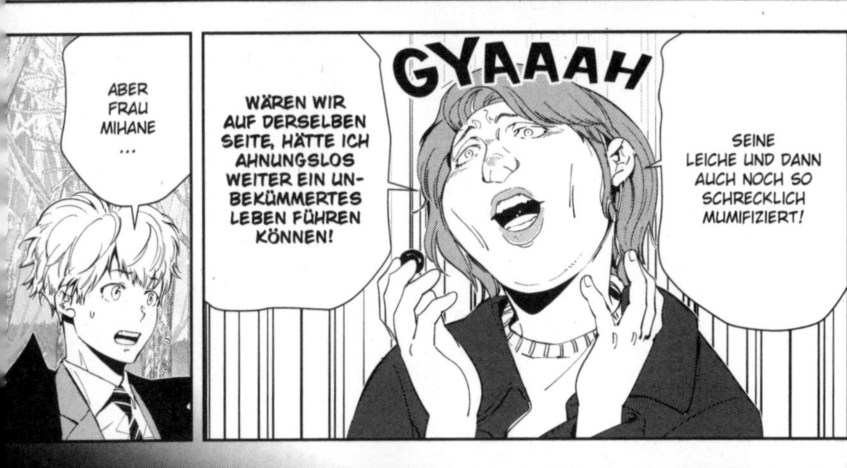

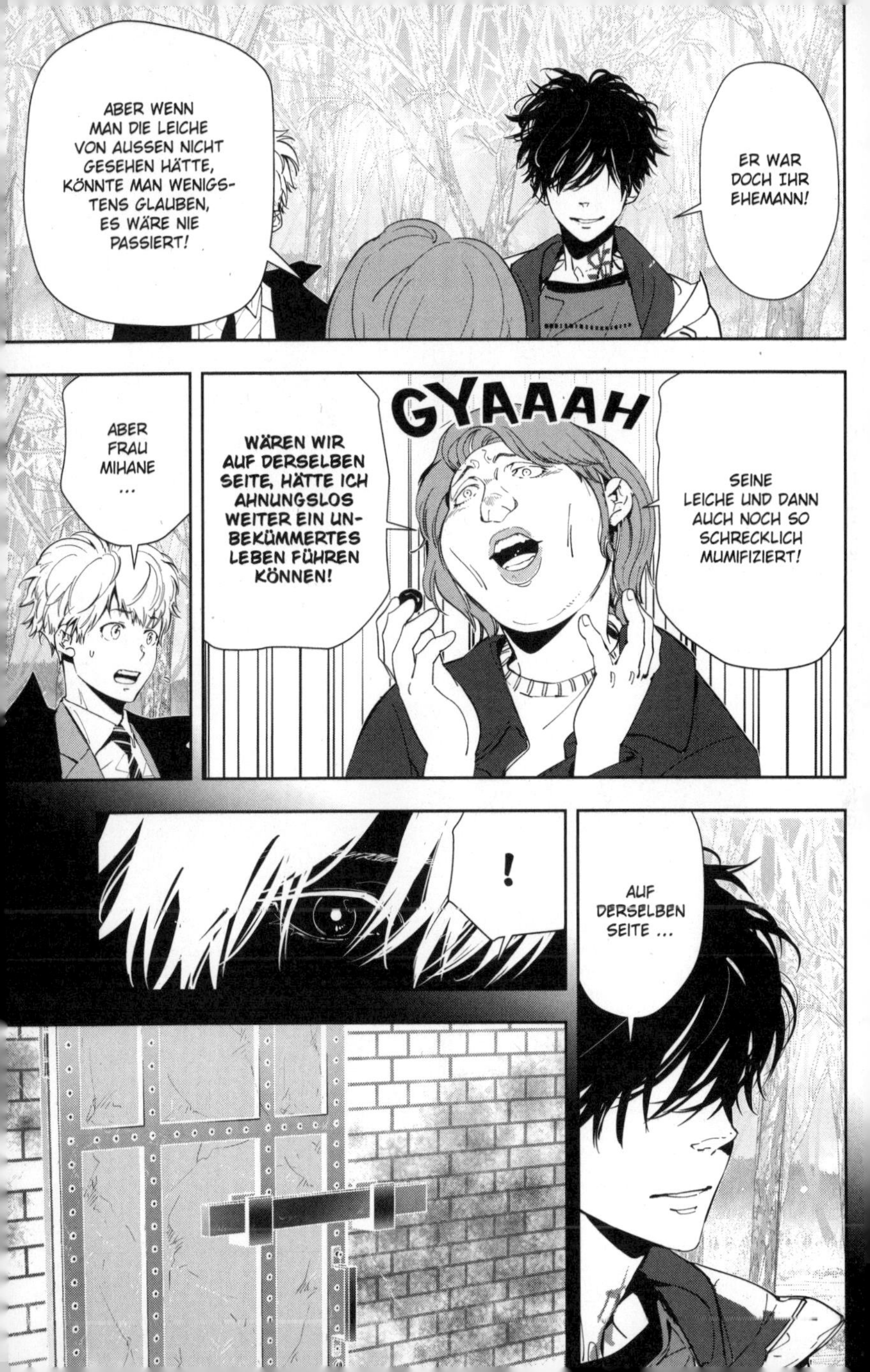

AUF DERSELBEN SEITE ...

!

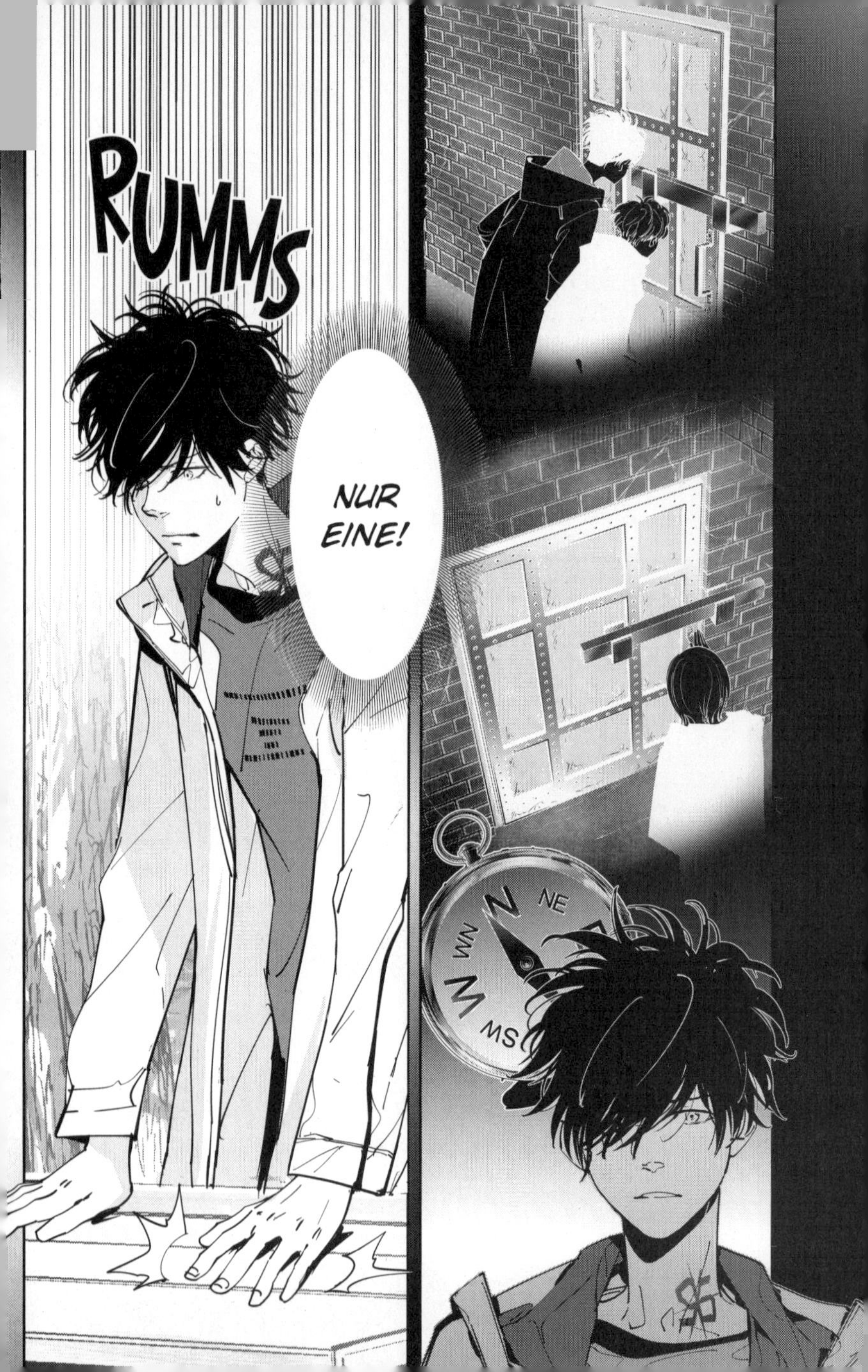
RUMMS
NUR EINE!
N
NE
NW
W
SW

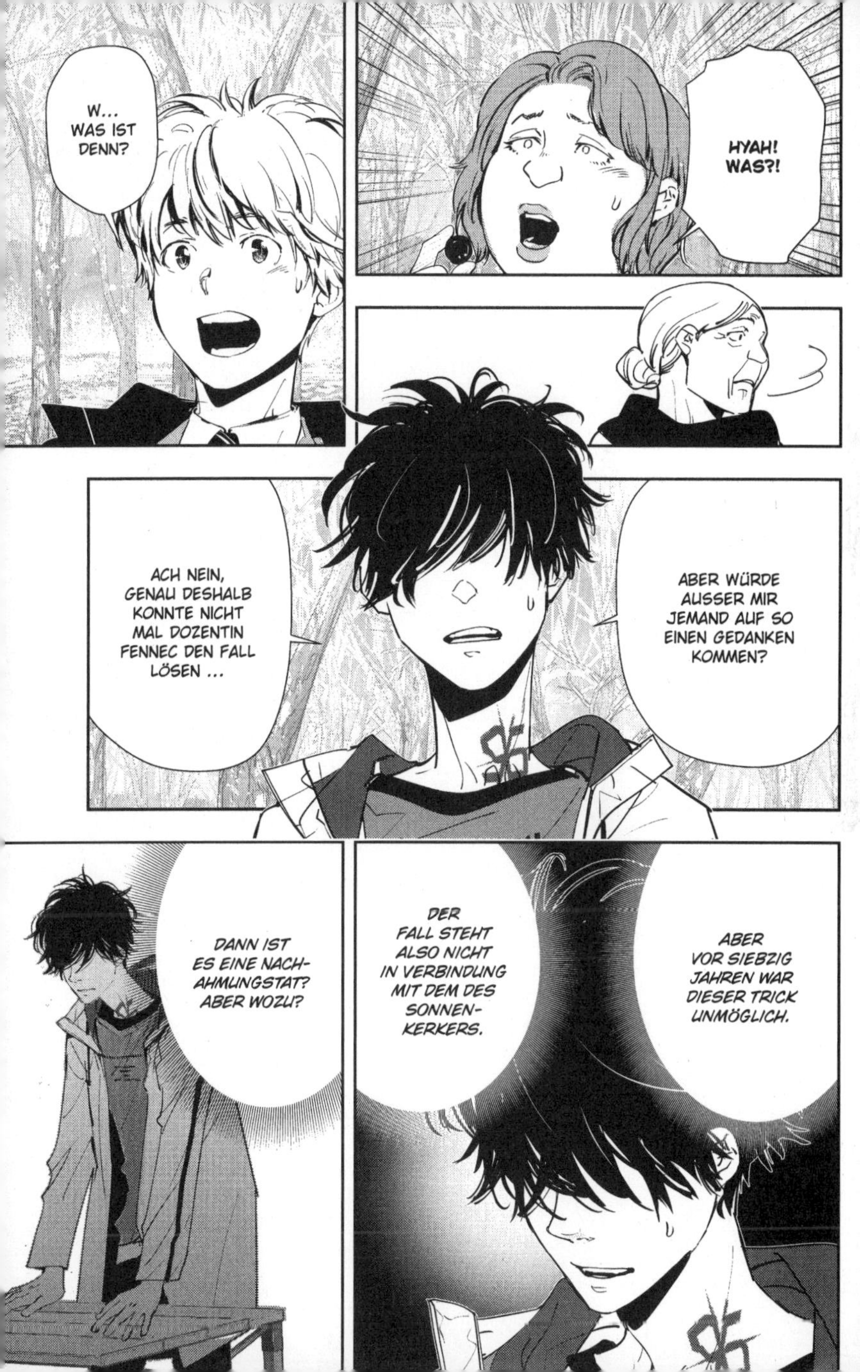
HYAH! WAS?!
W... WAS IST DENN?
ABER WÜRDE AUSSER MIR JEMAND AUF SO EINEN GEDANKEN KOMMEN?
ACH NEIN, GENAU DESHALB KONNTE NICHT MAL DOZENTIN FENNEC DEN FALL LÖSEN ...
ABER VOR SIEBZIG JAHREN WAR DIESER TRICK UNMÖGLICH.
DER FALL STEHT ALSO NICHT IN VERBINDUNG MIT DEM DES SONNEN-KERKERS.
DANN IST ES EINE NACH-AHMUNGSTAT? ABER WOZU?

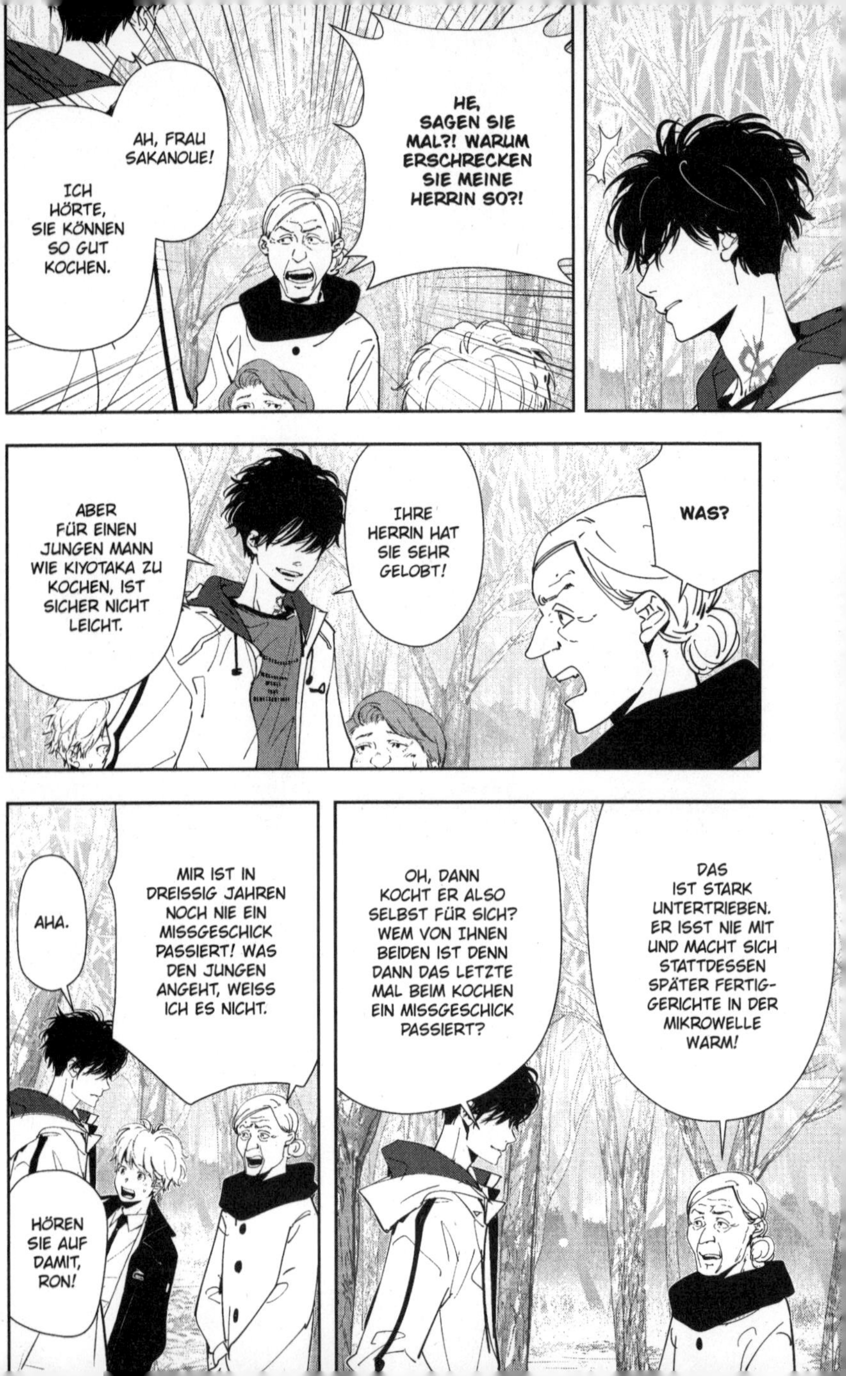

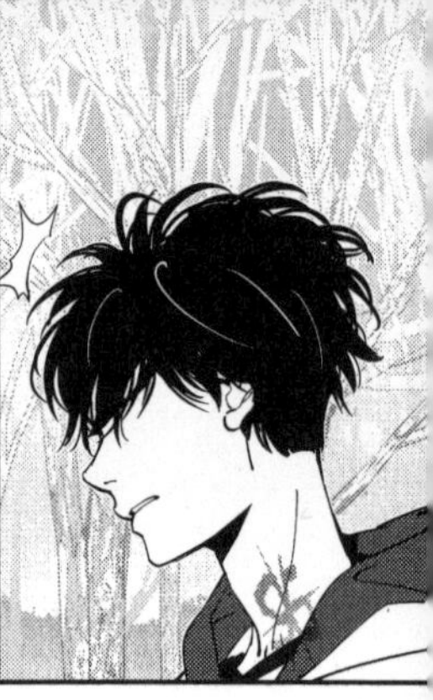

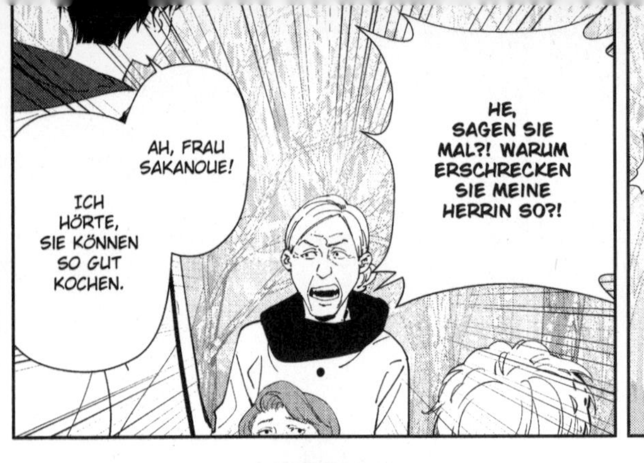

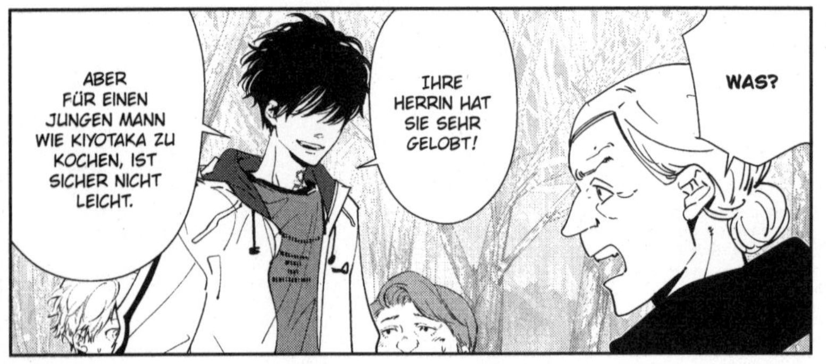

DAS IST STARK UNTERTRIEBEN. ER ISST NIE MIT UND MACHT SICH STATTDESSEN SPÄTER FERTIG-GERICHTE IN DER MIKROWELLE WARM!

OH, DANN KOCHT ER ALSO SELBST FÜR SICH? WEM VON IHNEN BEIDEN IST DENN DANN DAS LETZTE MAL BEIM KOCHEN EIN MISSGESCHICK PASSIERT?

MIR IST IN DREISSIG JAHREN NOCH NIE EIN MISSGESCHICK PASSIERT! WAS DEN JUNGEN ANGEHT, WEISS ICH ES NICHT.

AHA.

HÖREN SIE AUF DAMIT, RON!

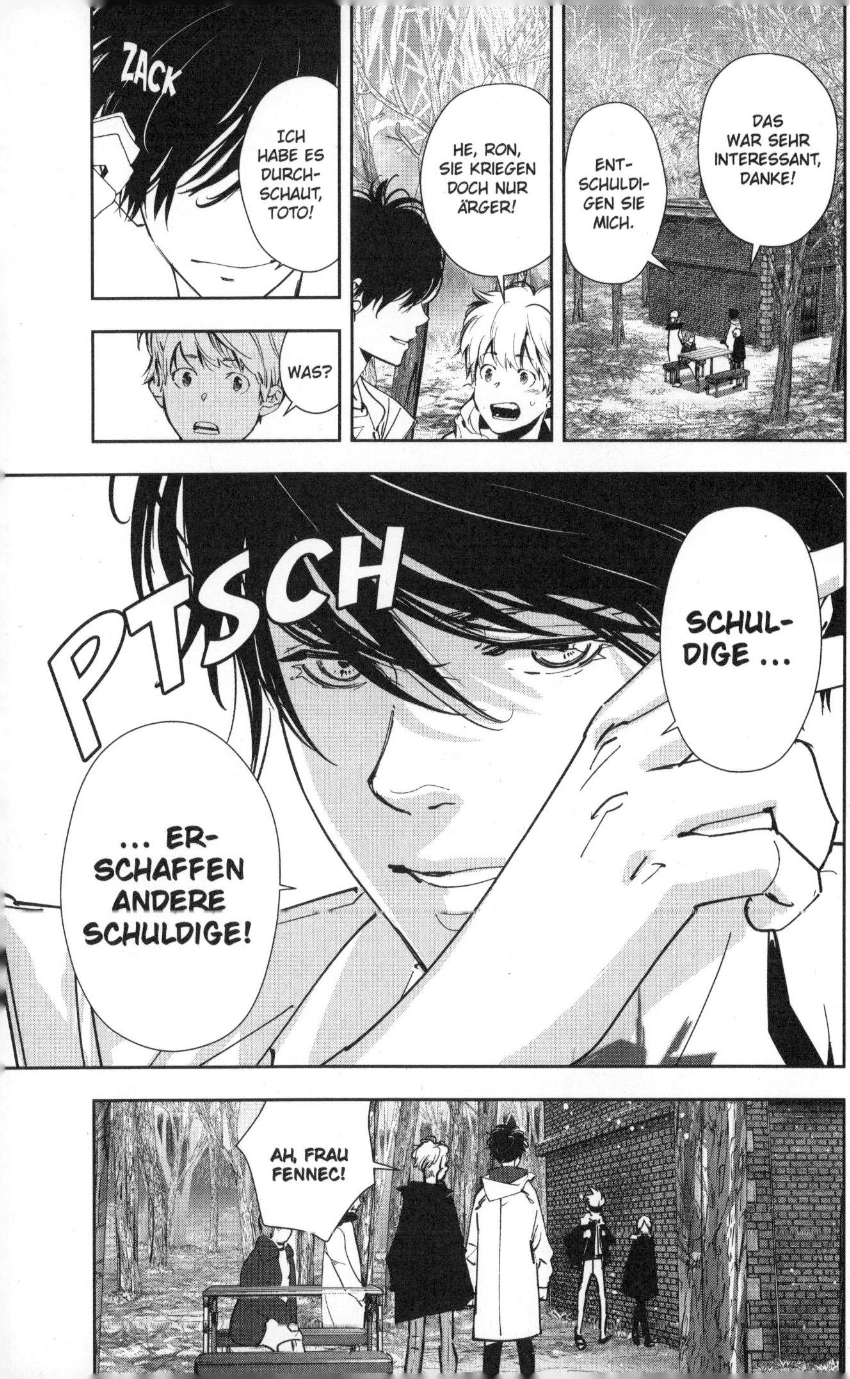

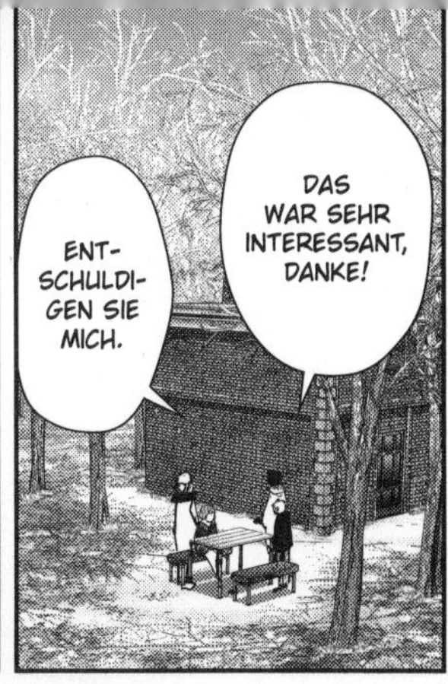

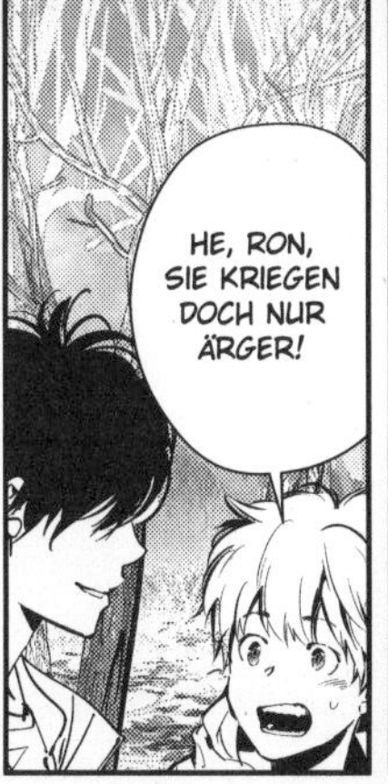

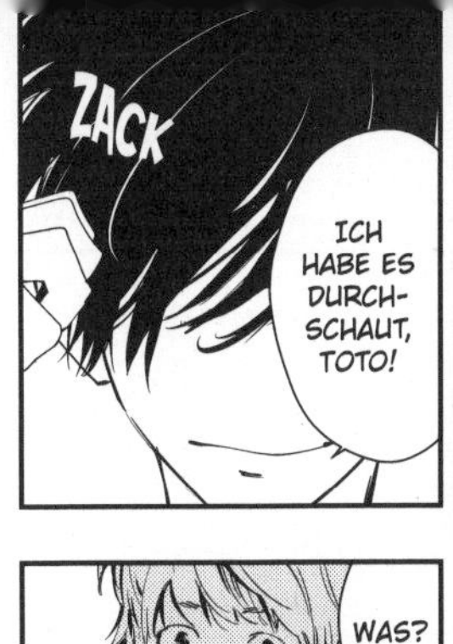

PTSCH

SCHULDIGE ...

... ERSCHAFFEN ANDERE SCHULDIGE!

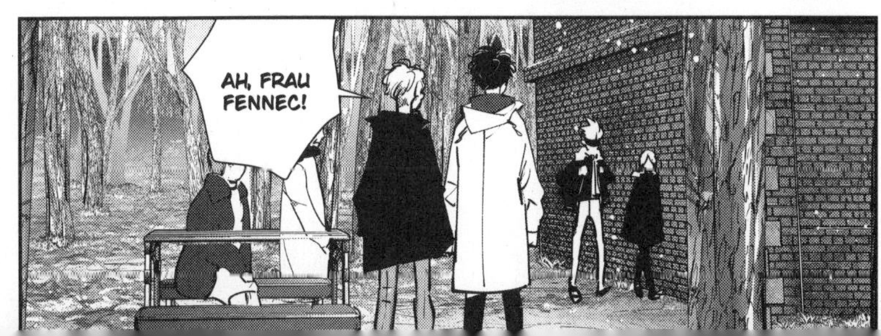

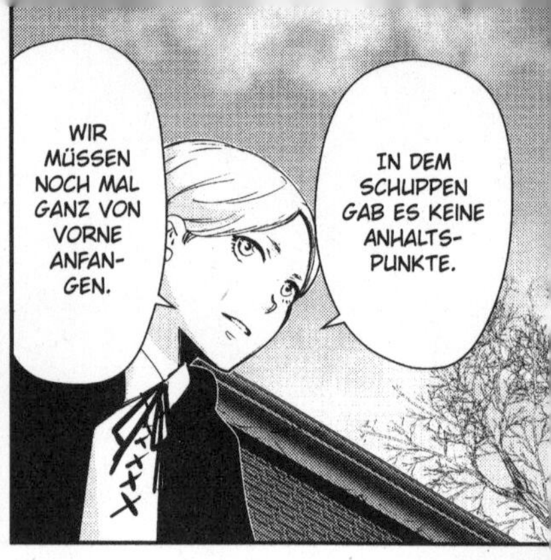
IN DEM SCHUPPEN GAB ES KEINE ANHALTS-PUNKTE.
WIR MÜSSEN NOCH MAL GANZ VON VORNE ANFAN-GEN.
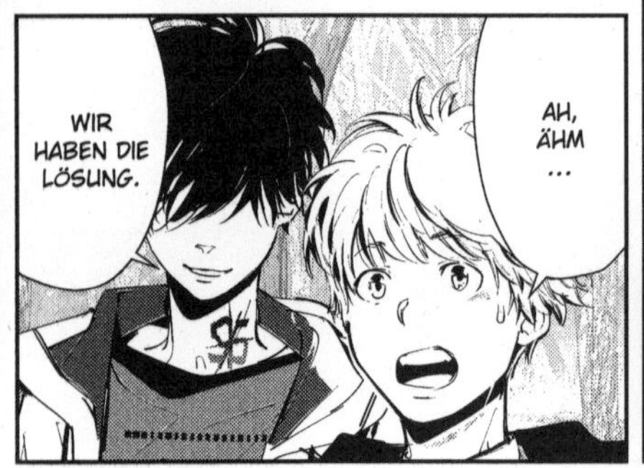
AH, ÄHM ...
WIR HABEN DIE LÖSUNG.
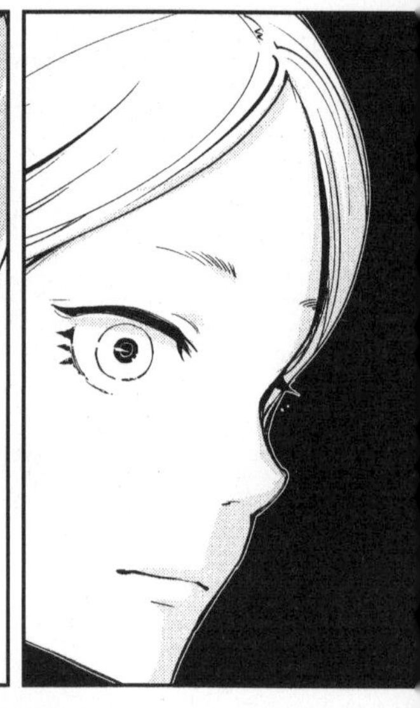
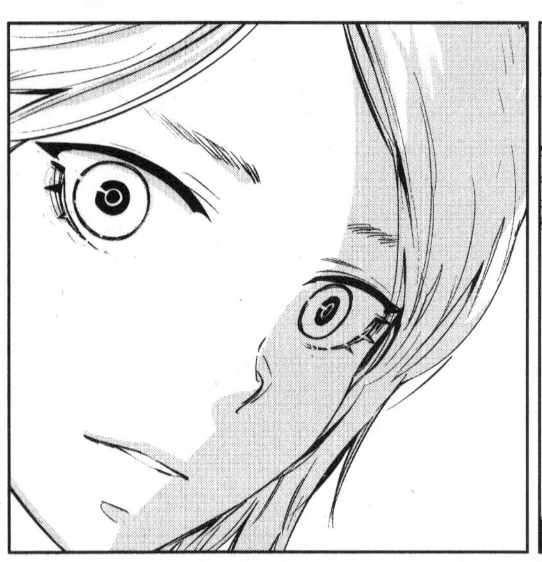
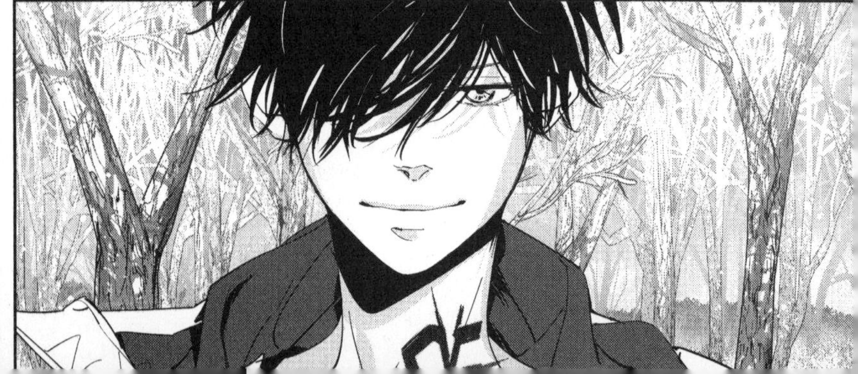

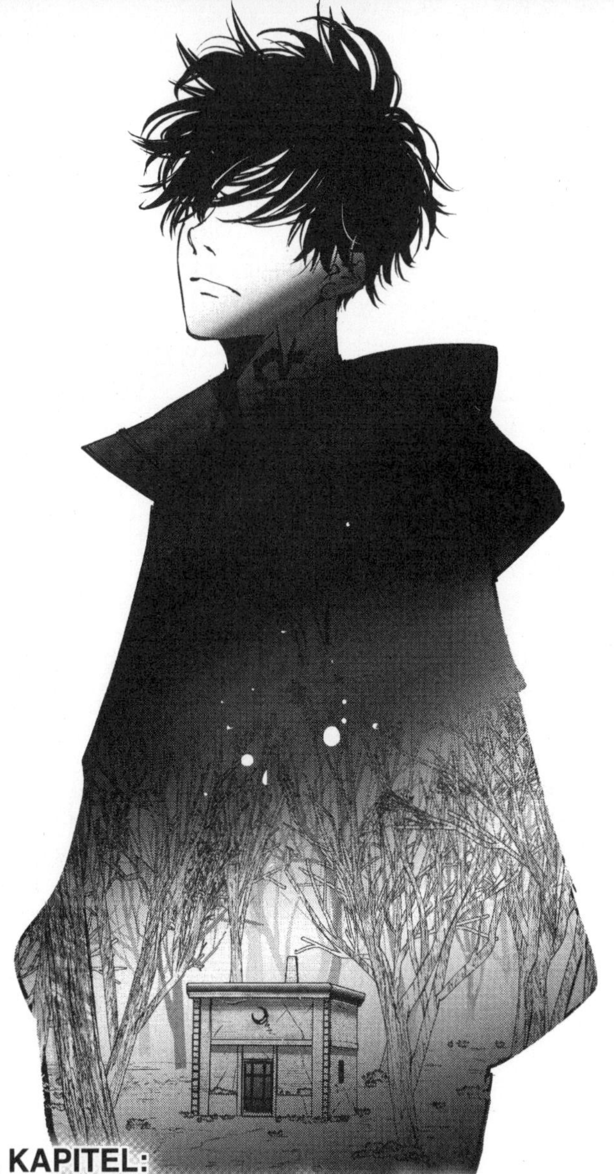

56. KAPITEL:
Mord im verschlossenen Raum „Zwillingskerker“ ⑥

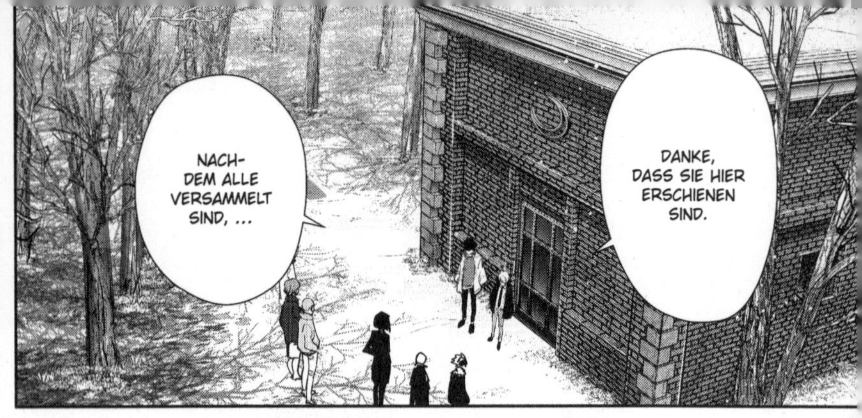
DANKE, DASS SIE HIER ERSCHIENEN SIND.
NACH-DEM ALLE VERSAMMELT SIND, ...

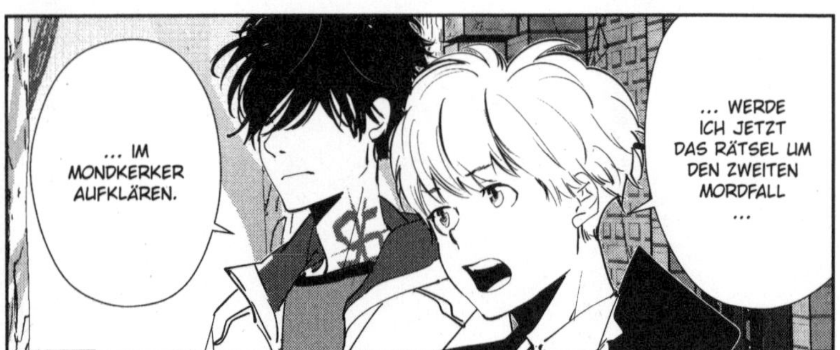
... WERDE ICH JETZT DAS RÄTSEL UM DEN ZWEITEN MORDFALL ...
... IM MONDKERKER AUFKLÄREN.

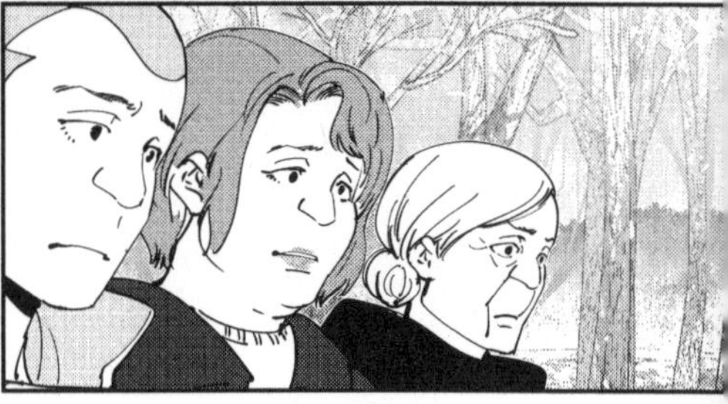

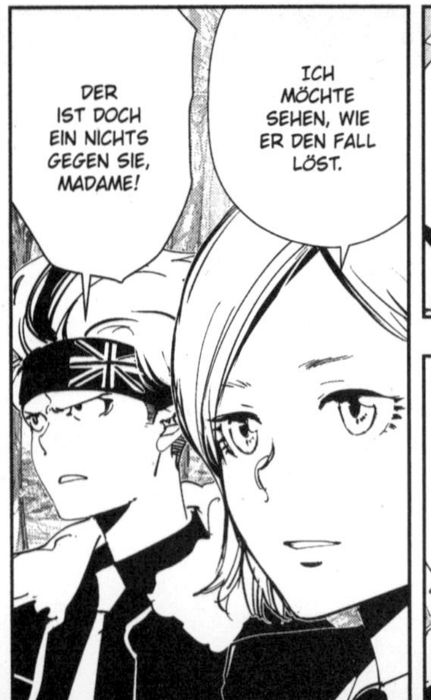
ICH MÖCHTE SEHEN, WIE ER DEN FALL LÖST.
DER IST DOCH EIN NICHTS GEGEN SIE, MADAME!

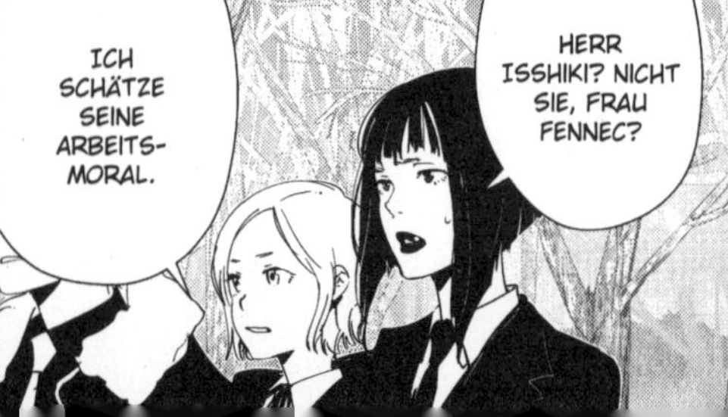
HERR ISSHIKI? NICHT SIE, FRAU FENNEC?
ICH SCHÄTZE SEINE ARBEITS-MORAL.

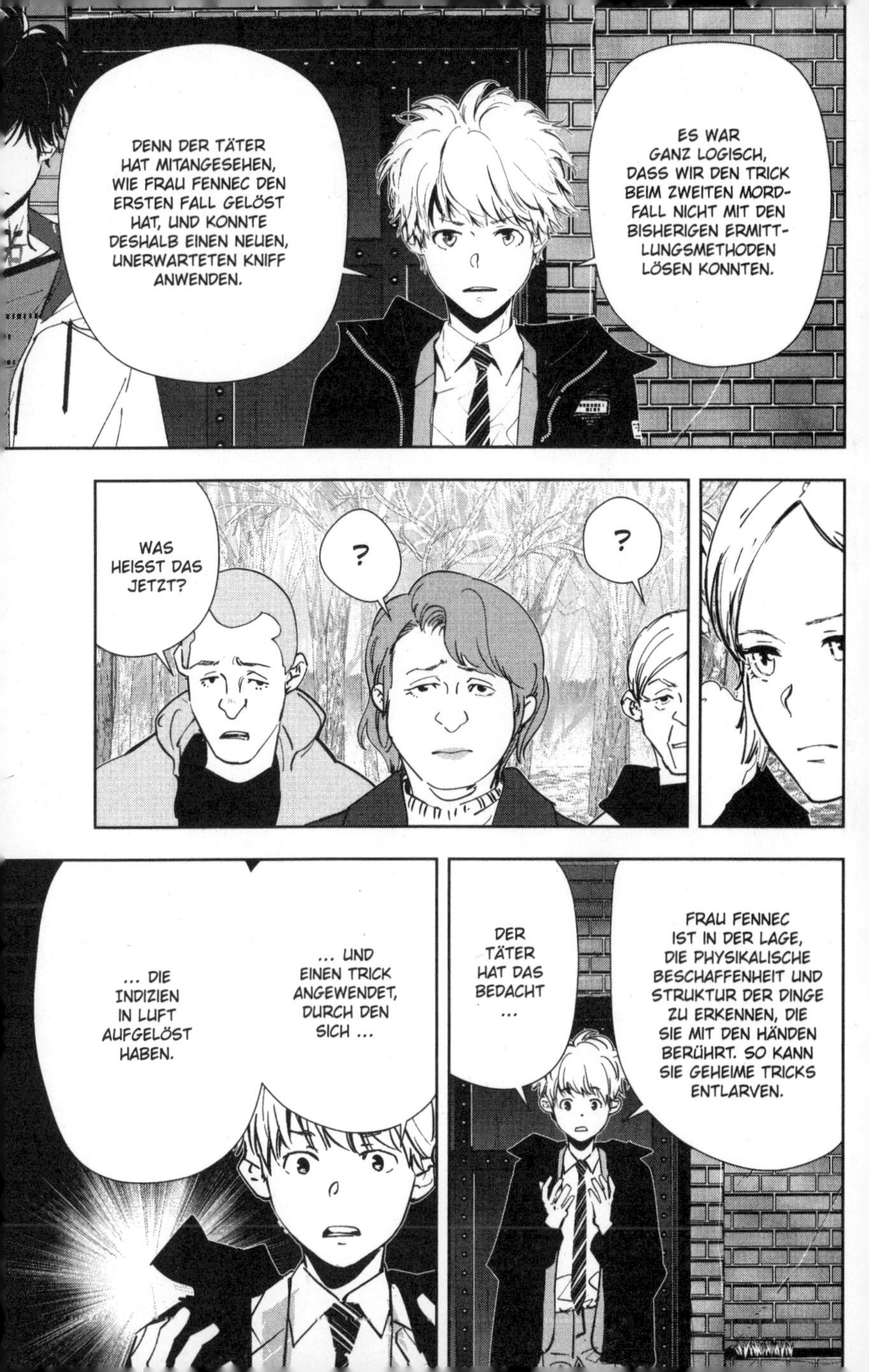

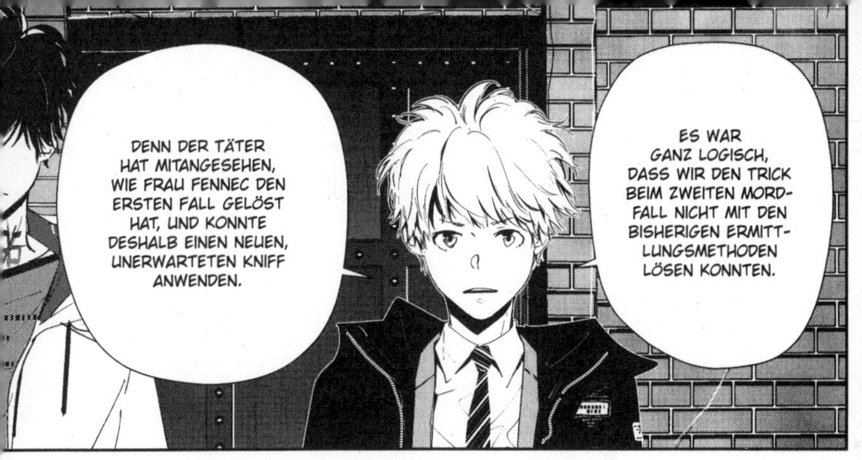

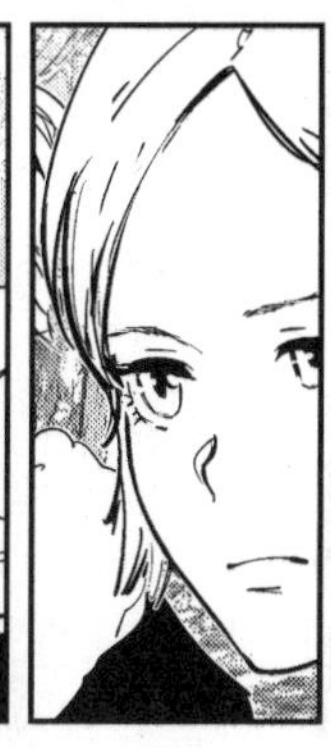

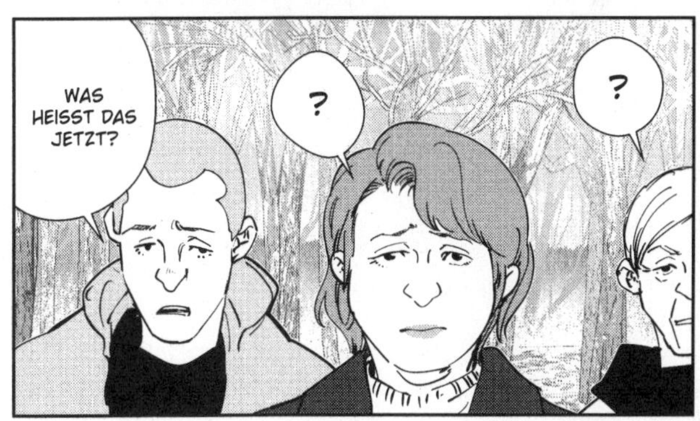

FRAU FENNEC IST IN DER LAGE, DIE PHYSIKALISCHE BESCHAFFENHEIT UND STRUKTUR DER DINGE ZU ERKENNEN, DIE SIE MIT DEN HÄNDEN BERÜHRT. SO KANN SIE GEHEIME TRICKS ENTLARVEN.

DER TÄTER HAT DAS BEDACHT ...

... UND EINEN TRICK ANGEWENDET, DURCH DEN SICH ...

... DIE INDIZIEN IN LUFT AUFGELÖST HABEN.

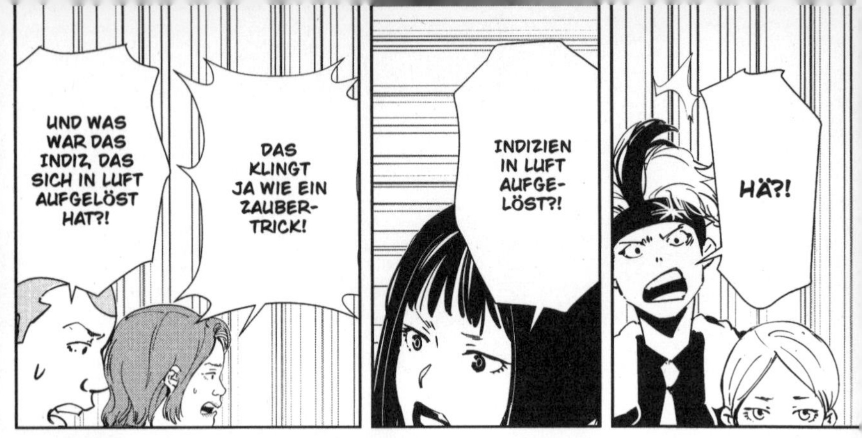
HÄ?!
INDIZIEN IN LUFT AUFGELÖST?!
DAS KLINGT JA WIE EIN ZAUBERTRICK!
UND WAS WAR DAS INDIZ, DAS SICH IN LUFT AUFGELÖST HAT?!

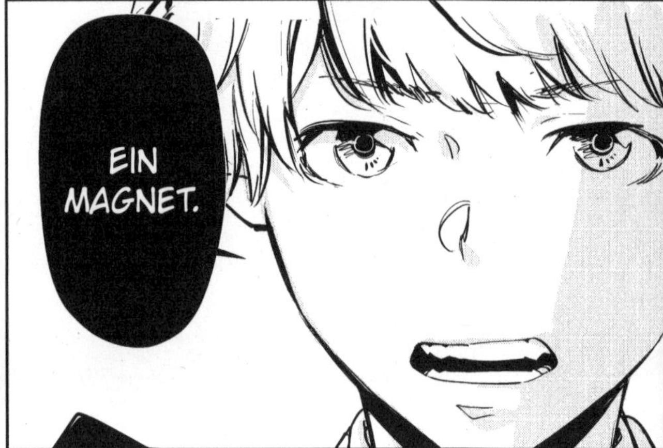
EIN MAGNET.

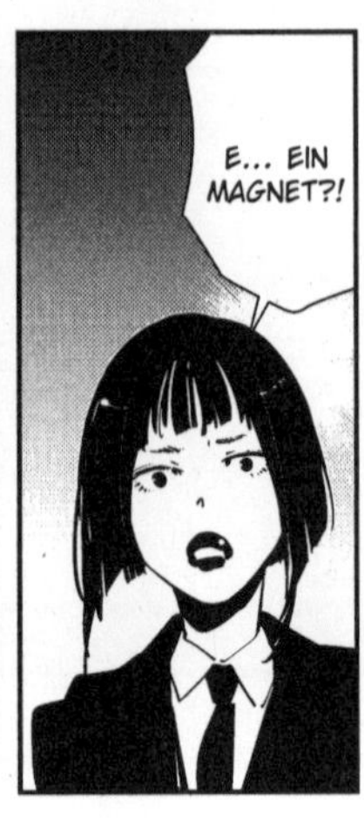
E… EIN MAGNET?!

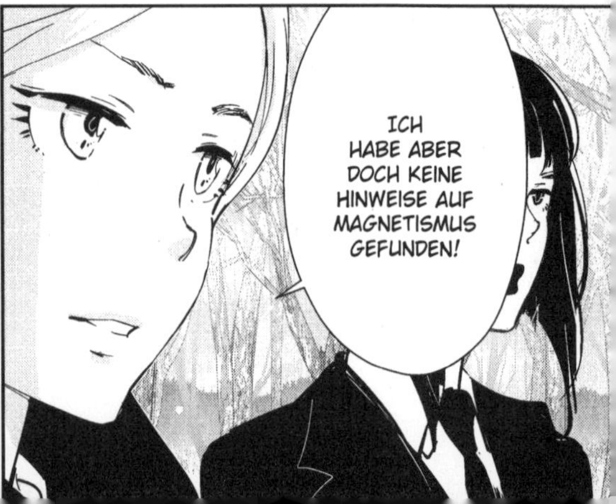
ICH HABE ABER DOCH KEINE HINWEISE AUF MAGNETISMUS GEFUNDEN!

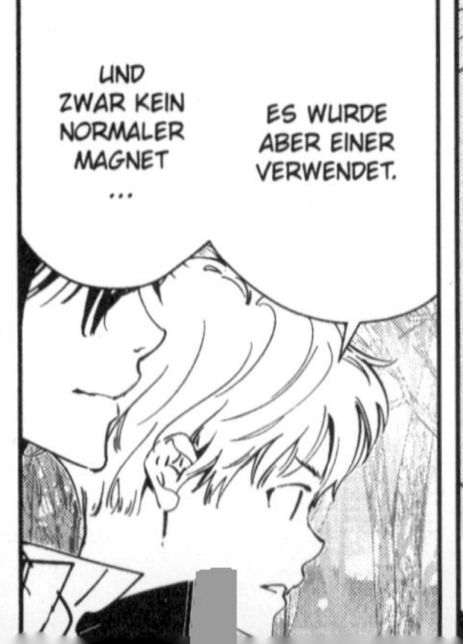
ES WURDE ABER EINER VERWENDET.
UND ZWAR KEIN NORMALER MAGNET …

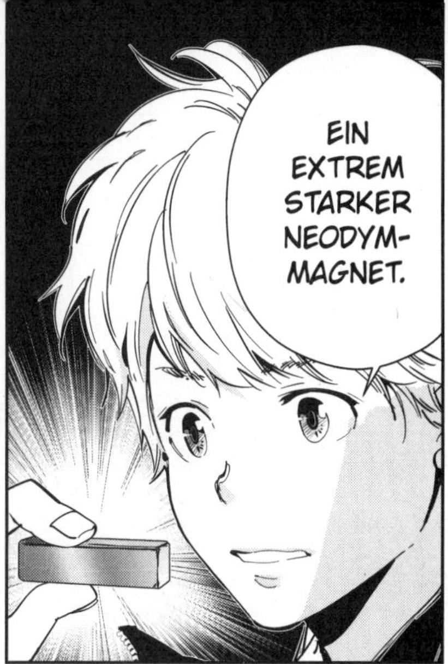
EIN EXTREM STARKER NEODYM-MAGNET.

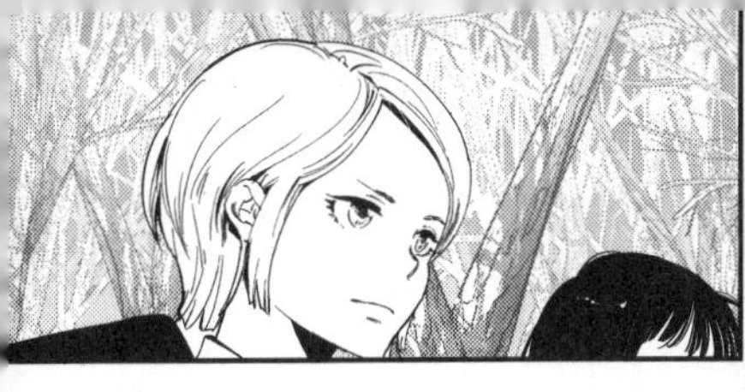

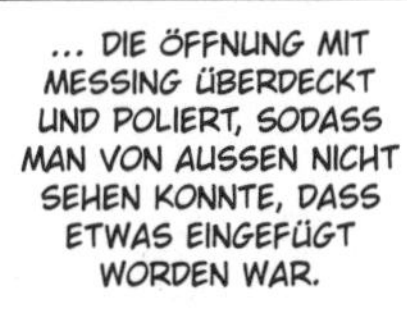
DER TÄTER HAT DEN NEODYM-MAGNETEN IN DEN RIEGEL EINGEBAUT, ...
... DIE ÖFFNUNG MIT MESSING ÜBERDECKT UND POLIERT, SODASS MAN VON AUSSEN NICHT SEHEN KONNTE, DASS ETWAS EINGEFÜGT WORDEN WAR.

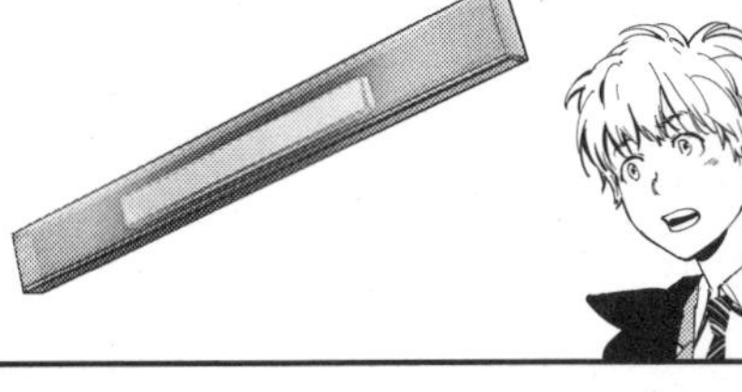

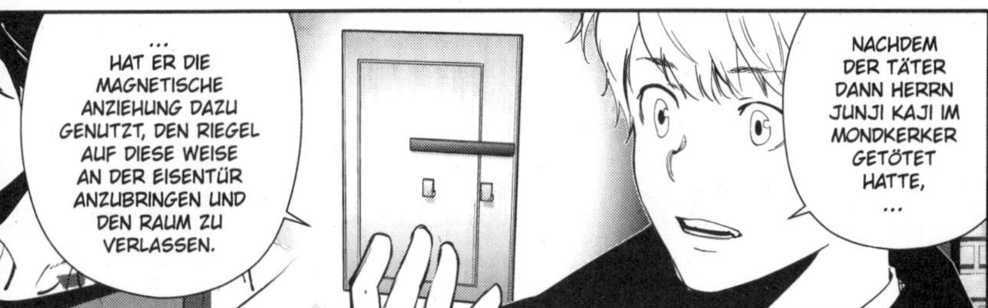
NACHDEM DER TÄTER DANN HERRN JUNJI KAJI IM MONDKERKER GETÖTET HATTE, ...
... HAT ER DIE MAGNETISCHE ANZIEHUNG DAZU GENUTZT, DEN RIEGEL AUF DIESE WEISE AN DER EISENTÜR ANZUBRINGEN UND DEN RAUM ZU VERLASSEN.

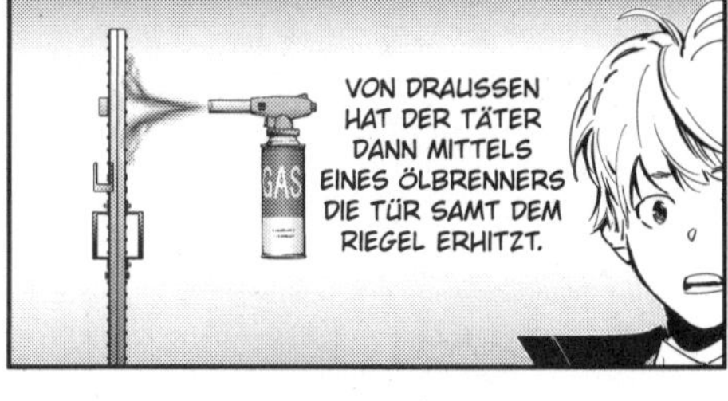
GAS
VON DRAUSSEN HAT DER TÄTER DANN MITTELS EINES ÖLBRENNERS DIE TÜR SAMT DEM RIEGEL ERHITZT.

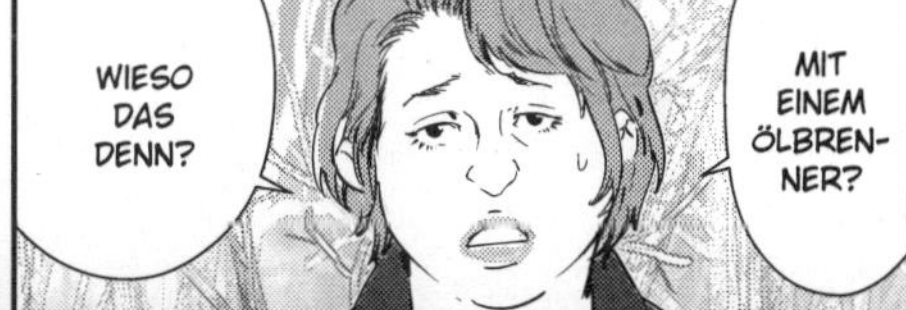
MIT EINEM ÖLBREN-NER?
WIESO DAS DENN?

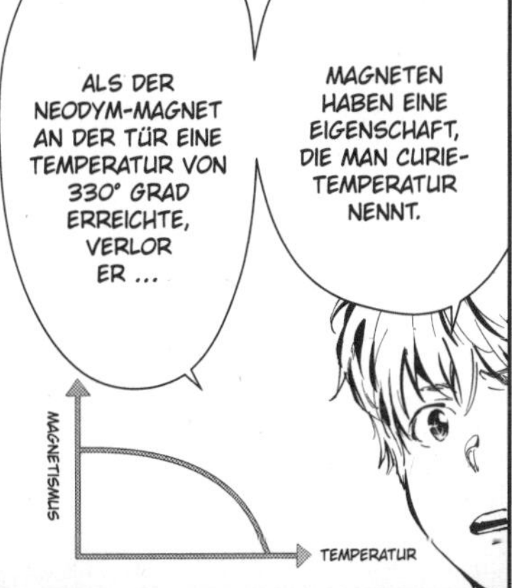
MAGNETEN HABEN EINE EIGENSCHAFT, DIE MAN CURIE-TEMPERATUR NENNT.
ALS DER NEODYM-MAGNET AN DER TÜR EINE TEMPERATUR VON 330° GRAD ERREICHTE, VERLOR ER ...
MAGNETISMUS
TEMPERATUR

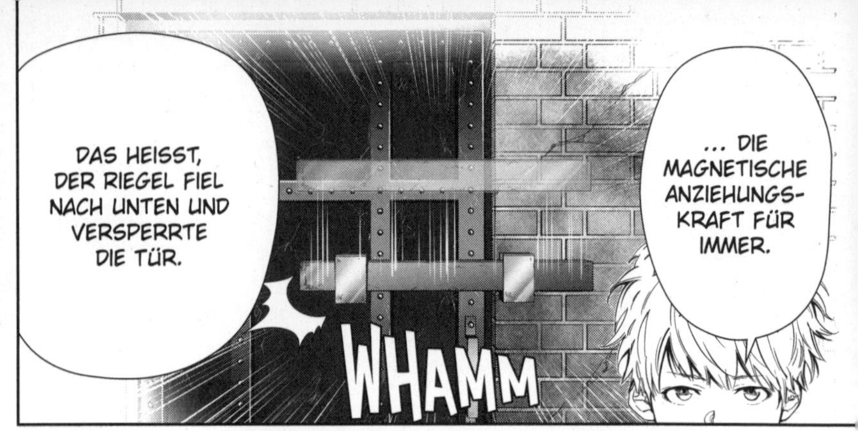
... DIE MAGNETISCHE ANZIEHUNGS-KRAFT FÜR IMMER.
DAS HEISST, DER RIEGEL FIEL NACH UNTEN UND VERSPERRTE DIE TÜR.
WHAMM

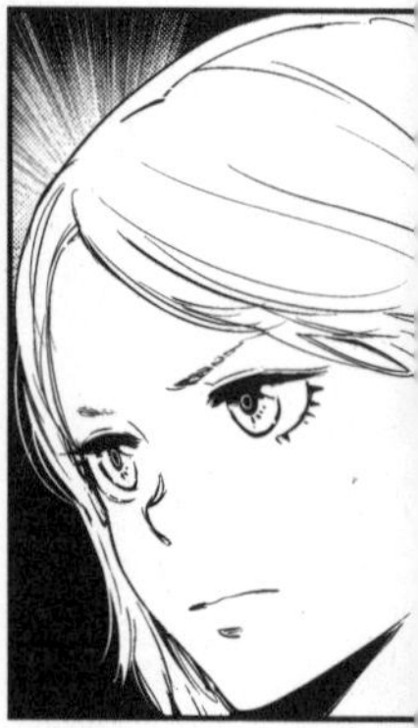
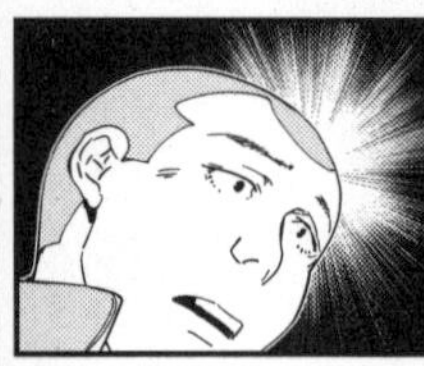
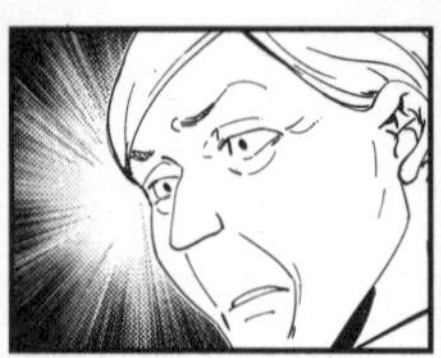
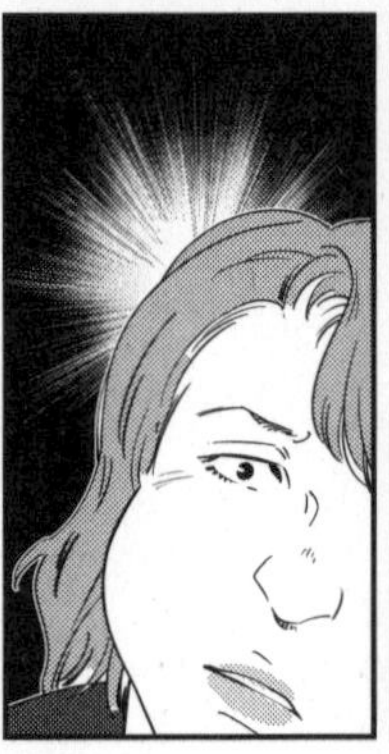
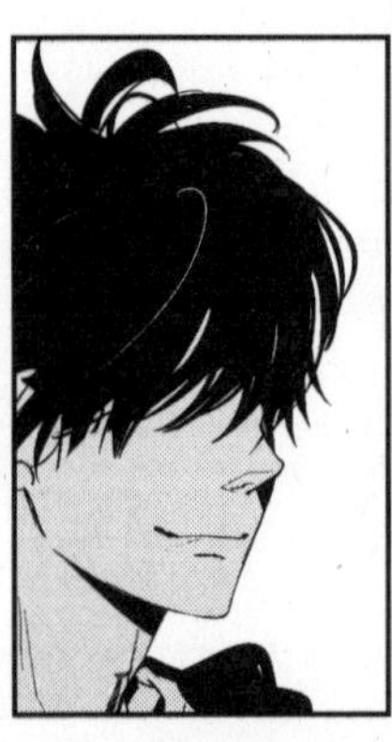

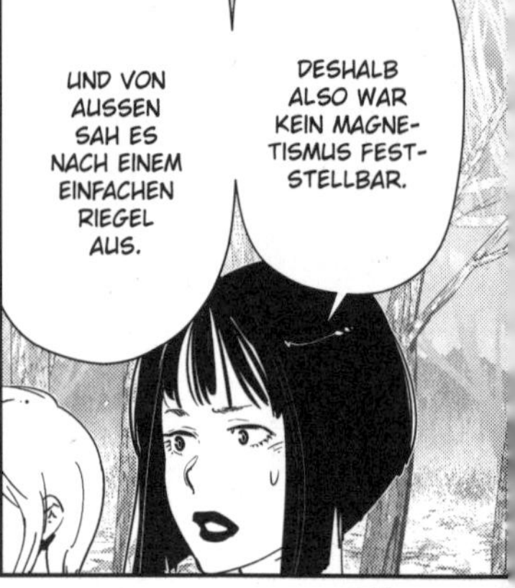
DESHALB ALSO WAR KEIN MAGNE-TISMUS FEST-STELLBAR.
UND VON AUSSEN SAH ES NACH EINEM EINFACHEN RIEGEL AUS.

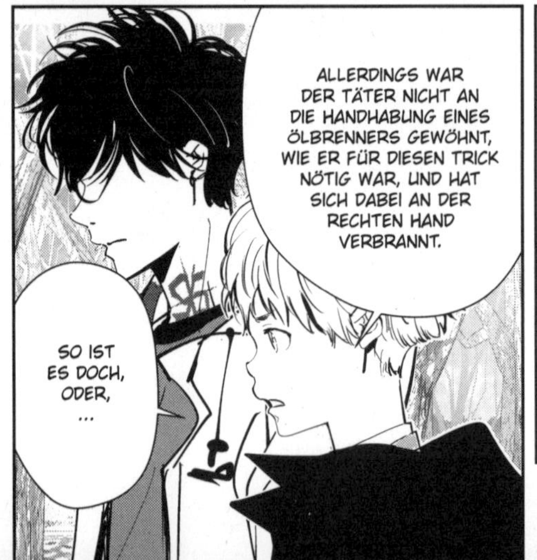
ALLERDINGS WAR DER TÄTER NICHT AN DIE HANDHABUNG EINES ÖLBRENNERS GEWÖHNT, WIE ER FÜR DIESEN TRICK NÖTIG WAR, UND HAT SICH DABEI AN DER RECHTEN HAND VERBRANNT.
SO IST ES DOCH, ODER, ...

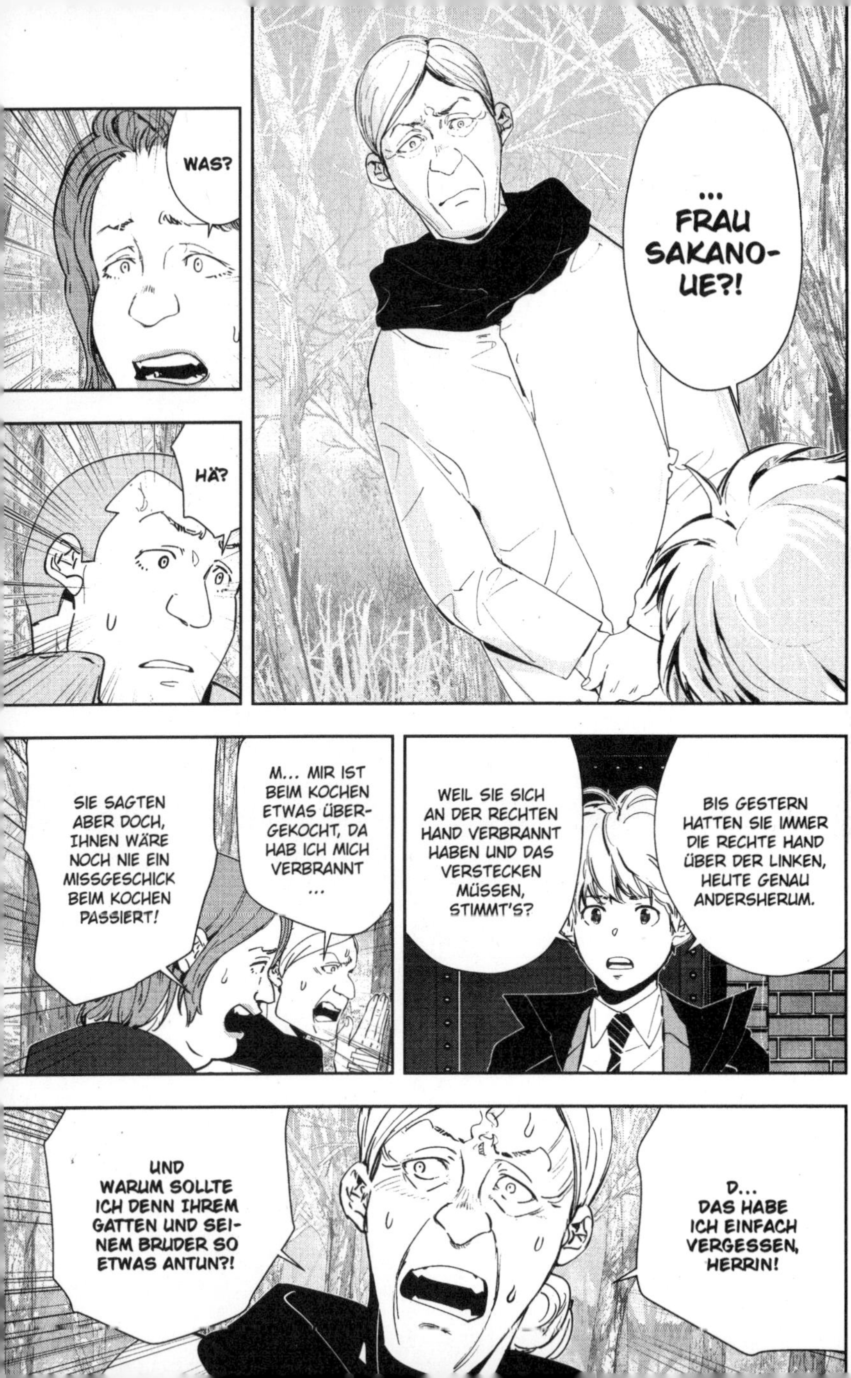

... FRAU SAKANOUE?!
WAS?
HÄ?

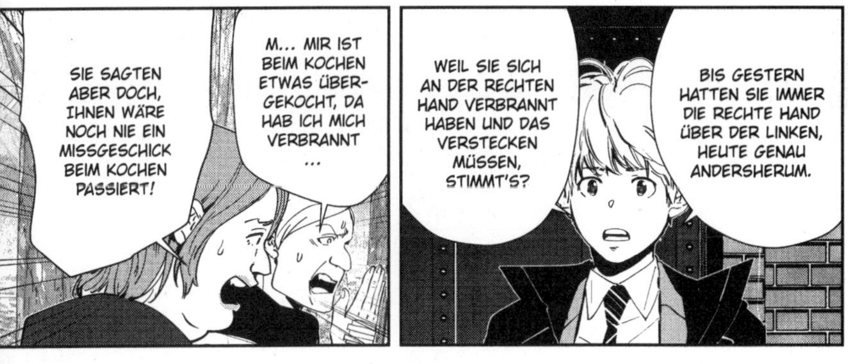

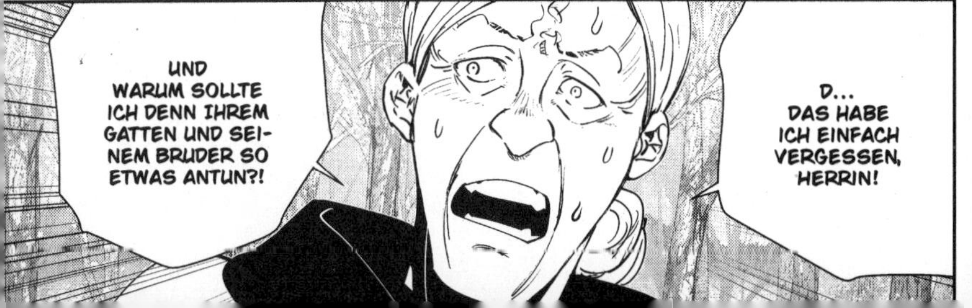

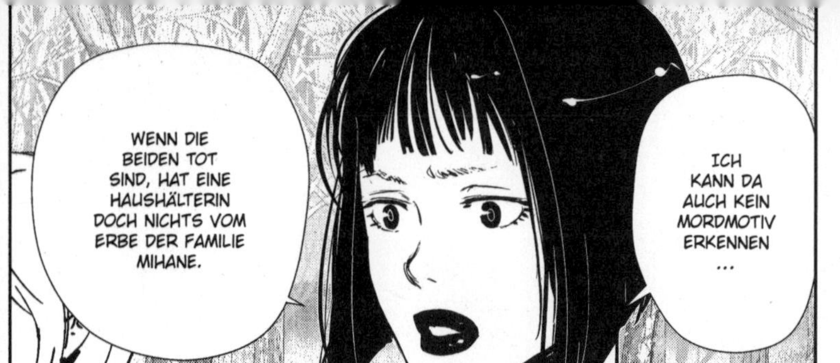
ICH KANN DA AUCH KEIN MORDMOTIV ERKENNEN …
WENN DIE BEIDEN TOT SIND, HAT EINE HAUSHÄLTERIN DOCH NICHTS VOM ERBE DER FAMILIE MIHANE.

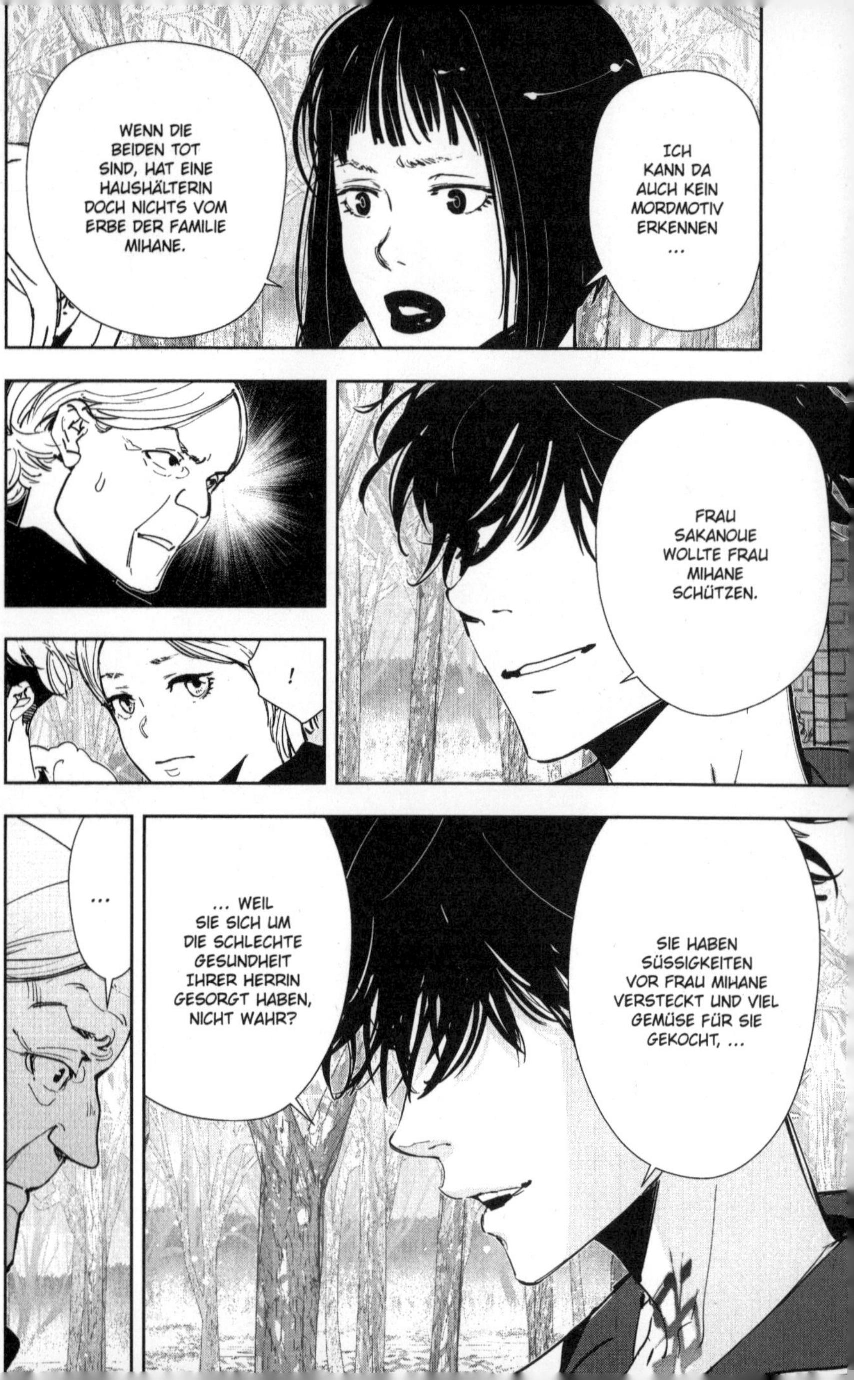

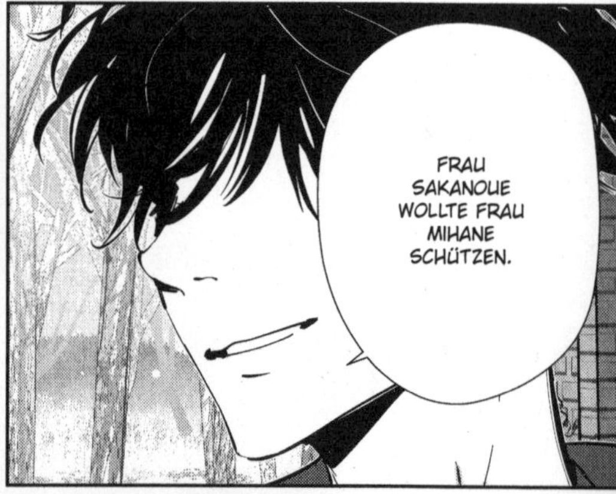
FRAU SAKANOUE WOLLTE FRAU MIHANE SCHÜTZEN.

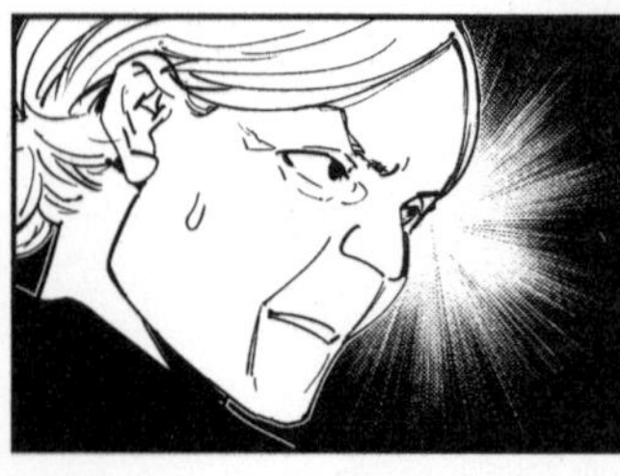

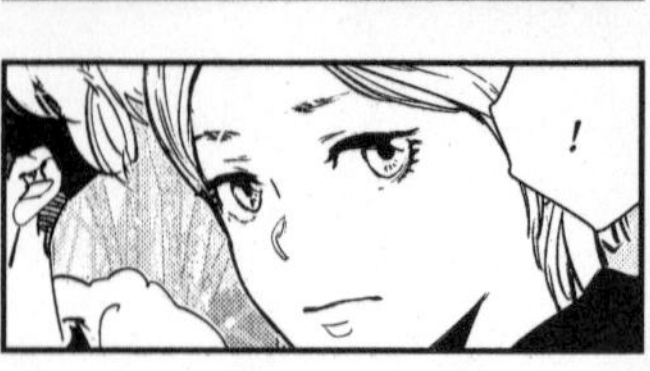
!

SIE HABEN SÜSSIGKEITEN VOR FRAU MIHANE VERSTECKT UND VIEL GEMÜSE FÜR SIE GEKOCHT, …
… WEIL SIE SICH UM DIE SCHLECHTE GESUNDHEIT IHRER HERRIN GESORGT HABEN, NICHT WAHR?
…

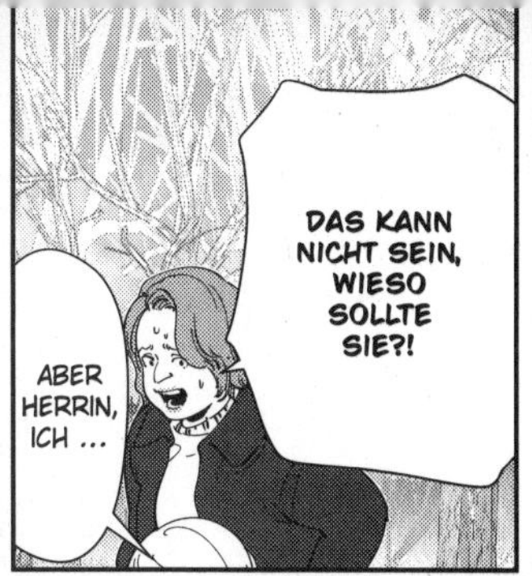
DAS KANN NICHT SEIN, WIESO SOLLTE SIE?!
ABER HERRIN, ICH ...

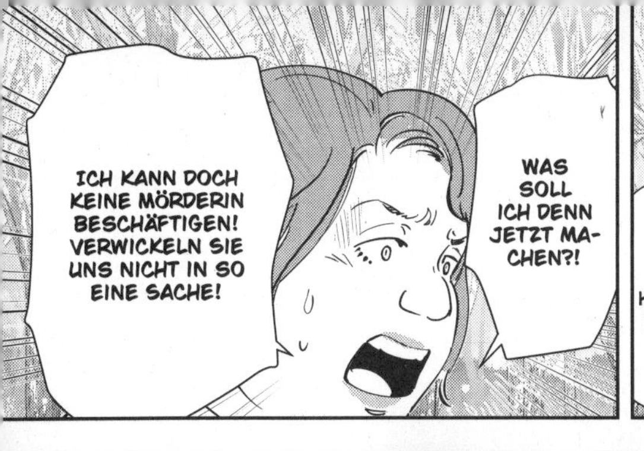
WAS SOLL ICH DENN JETZT MACHEN?!
ICH KANN DOCH KEINE MÖRDERIN BESCHÄFTIGEN! VERWICKELN SIE UNS NICHT IN SO EINE SACHE!

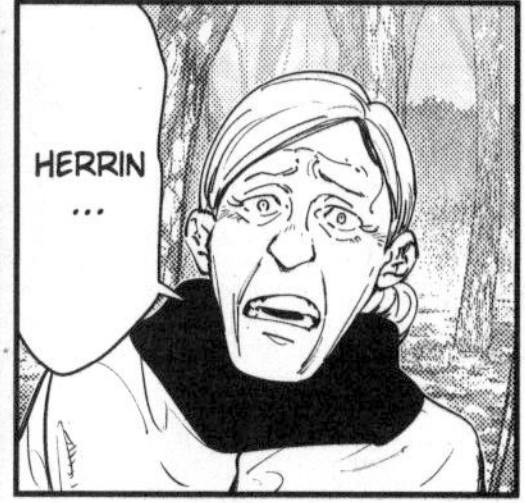
HERRIN ...

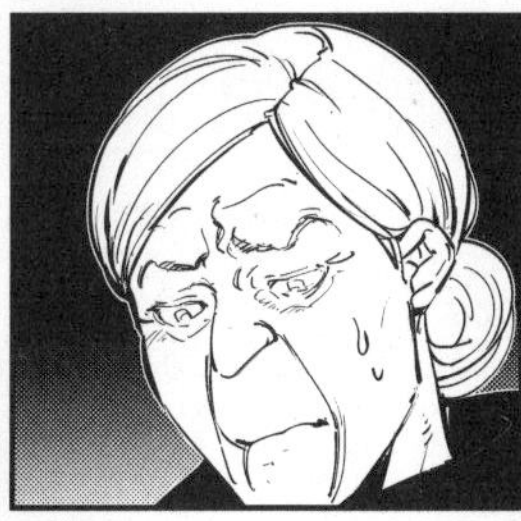

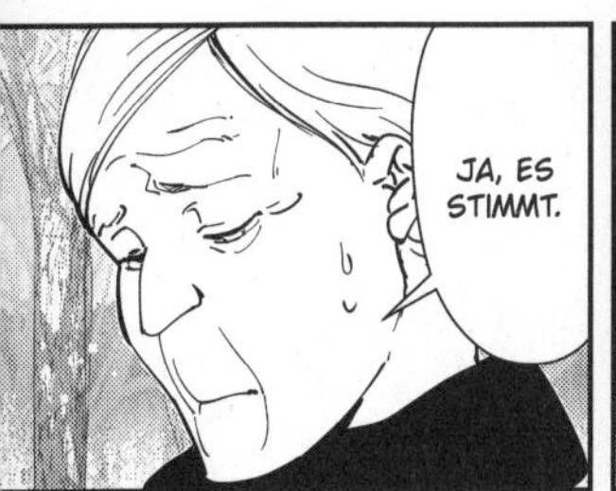
JA, ES STIMMT.

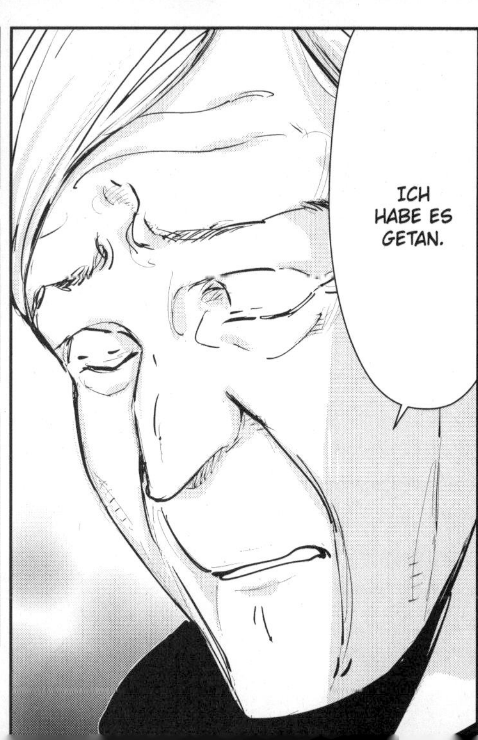
ICH HABE ES GETAN.

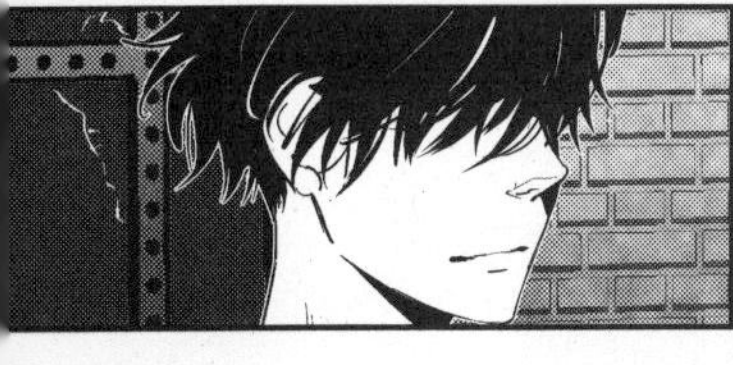

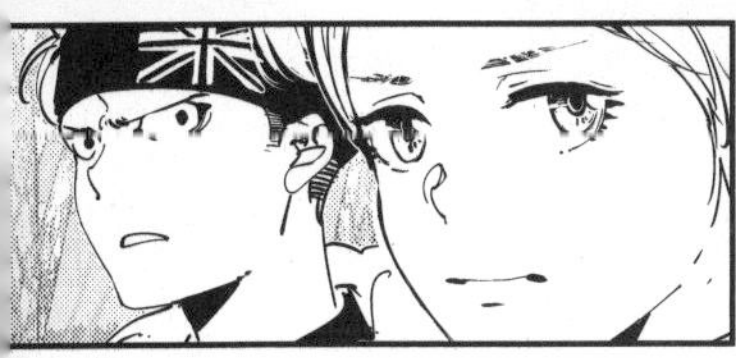

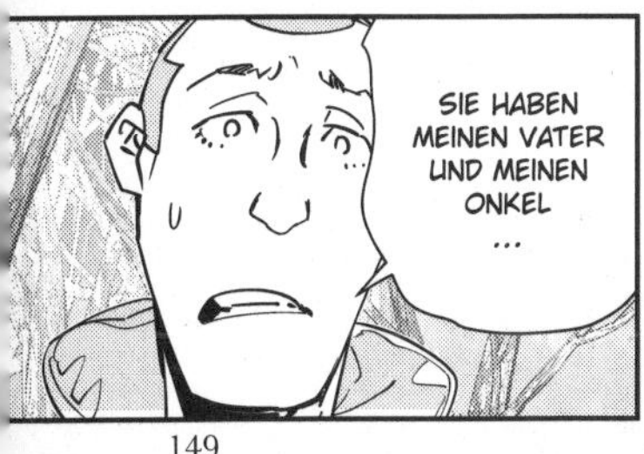
SIE HABEN MEINEN VATER UND MEINEN ONKEL ...

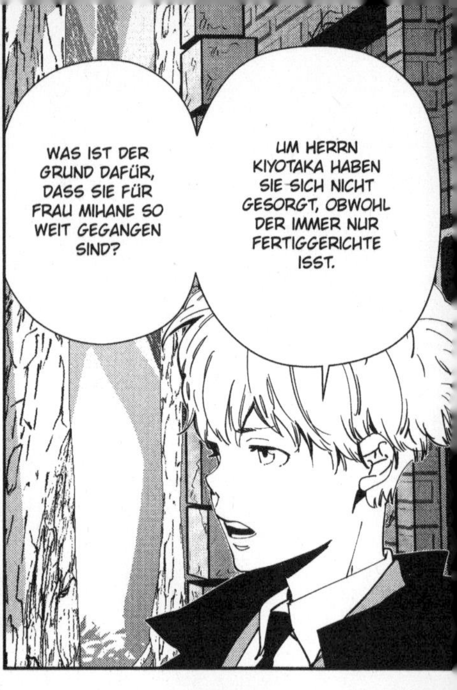
UM HERRN KIYOTAKA HABEN SIE SICH NICHT GESORGT, OBWOHL DER IMMER NUR FERTIGGERICHTE ISST.
WAS IST DER GRUND DAFÜR, DASS SIE FÜR FRAU MIHANE SO WEIT GEGANGEN SIND?

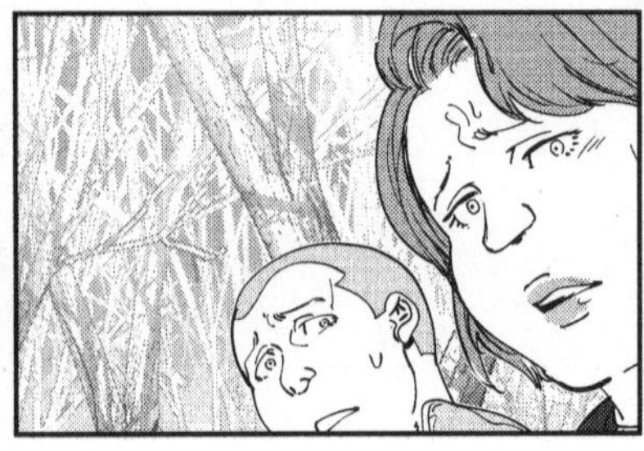

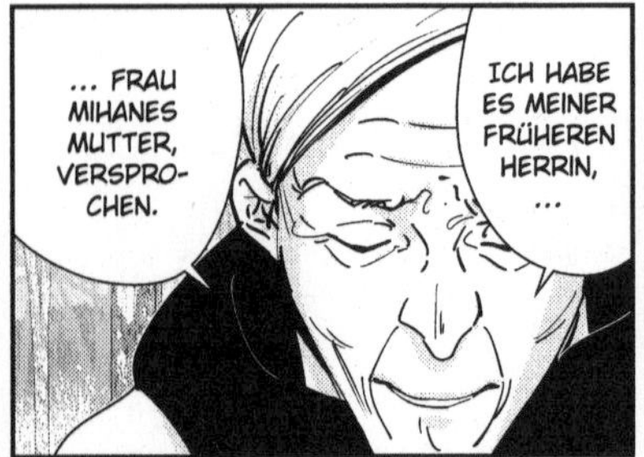
ICH HABE ES MEINER FRÜHEREN HERRIN, …
… FRAU MIHANES MUTTER, VERSPRO-CHEN.

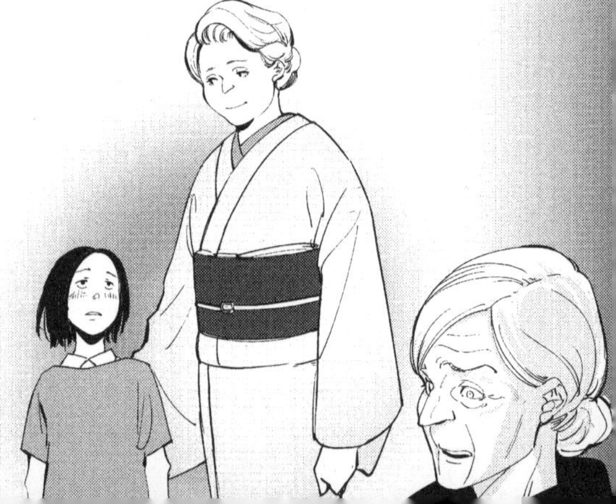
SIE HAT MIR DAS LEBEN GERETTET, ICH MUSSTE ALS KIND AUF DER STRASSE LEBEN …
SIE WAR DAMALS GEGEN YOKOS HEIRAT MIT JUNTARO.
SIE HATTE DEN WAHREN CHARAKTER DIESES MAN-NES DURCH-SCHAUT …

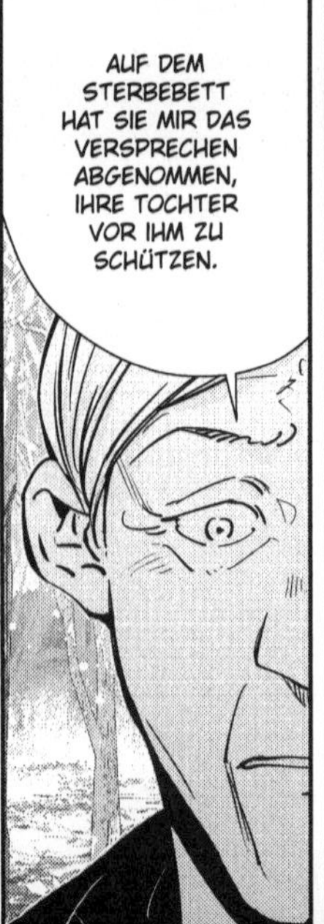
AUF DEM STERBEBETT HAT SIE MIR DAS VERSPRECHEN ABGENOMMEN, IHRE TOCHTER VOR IHM ZU SCHÜTZEN.

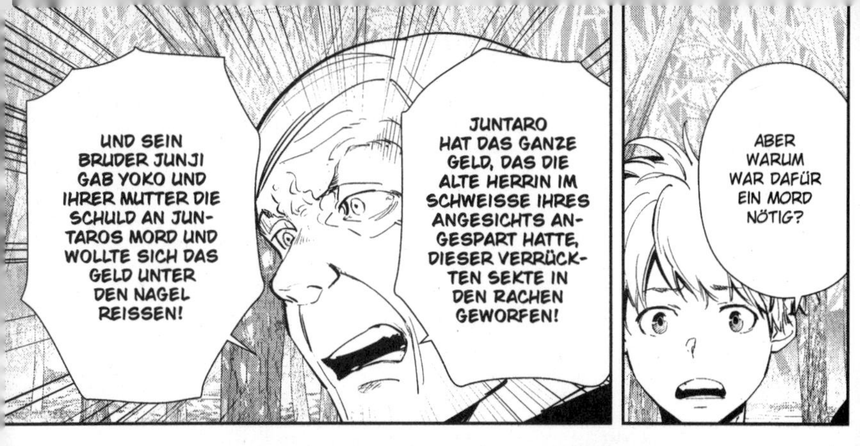
ABER WARUM WAR DAFÜR EIN MORD NÖTIG?
JUNTARO HAT DAS GANZE GELD, DAS DIE ALTE HERRIN IM SCHWEISSE IHRES ANGESICHTS ANGESPART HATTE, DIESER VERRÜCKTEN SEKTE IN DEN RACHEN GEWORFEN!
UND SEIN BRUDER JUNJI GAB YOKO UND IHRER MUTTER DIE SCHULD AN JUNTAROS MORD UND WOLLTE SICH DAS GELD UNTER DEN NAGEL REISSEN!

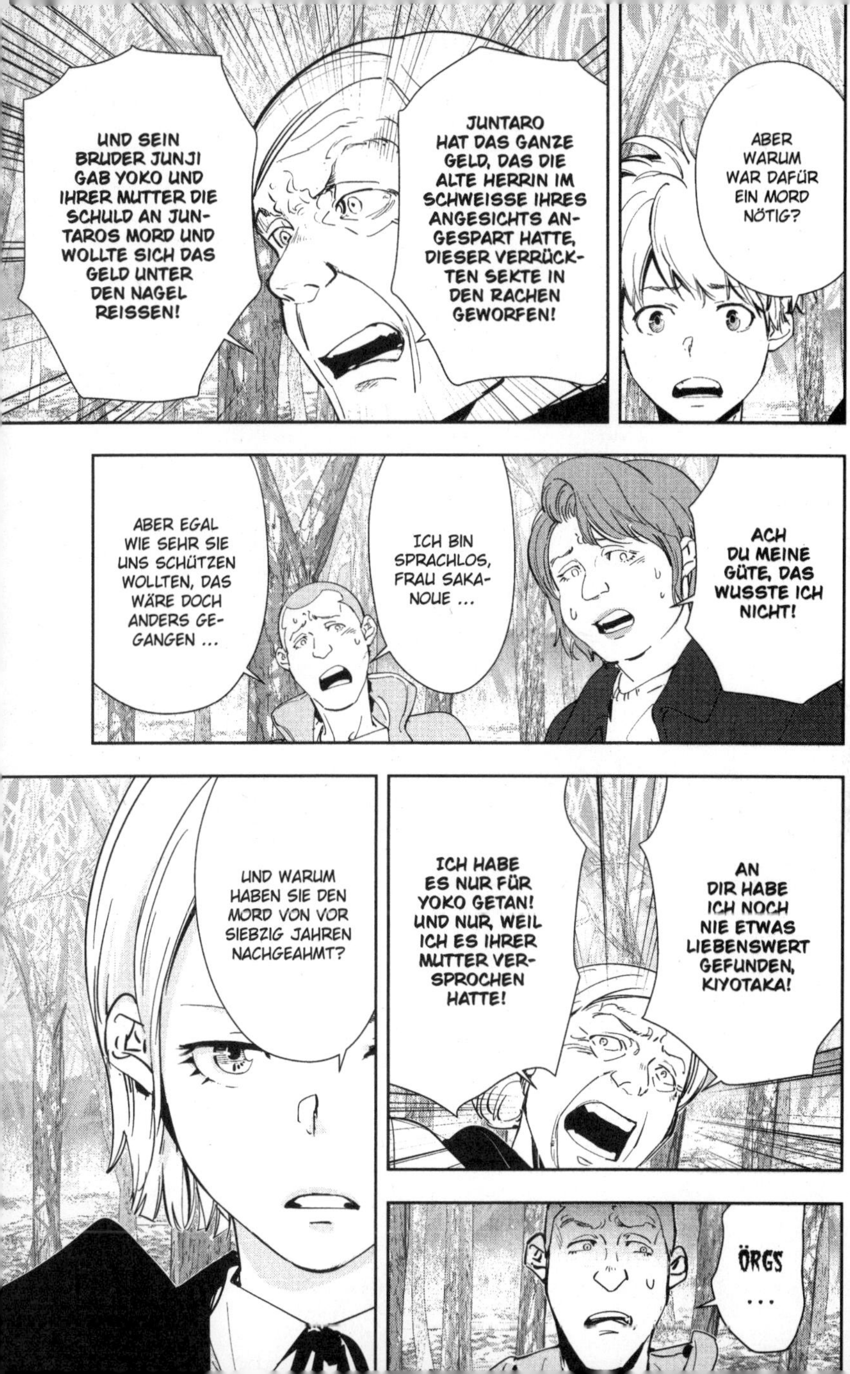

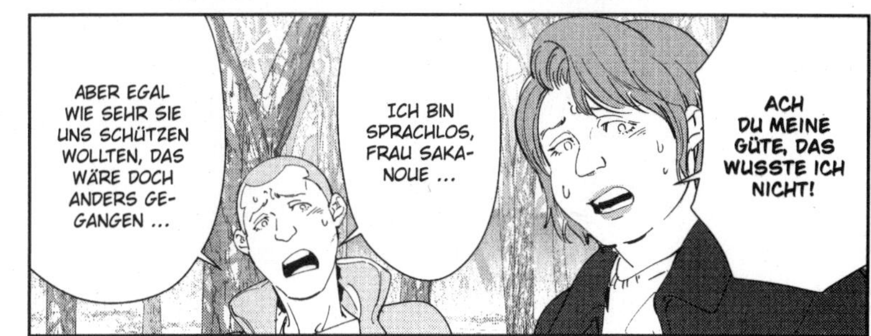
ACH DU MEINE GÜTE, DAS WUSSTE ICH NICHT!
ICH BIN SPRACHLOS, FRAU SAKANOUE …
ABER EGAL WIE SEHR SIE UNS SCHÜTZEN WOLLTEN, DAS WÄRE DOCH ANDERS GEGANGEN …

AN DIR HABE ICH NOCH NIE ETWAS LIEBENSWERT GEFUNDEN, KIYOTAKA!
ICH HABE ES NUR FÜR YOKO GETAN! UND NUR, WEIL ICH ES IHRER MUTTER VERSPROCHEN HATTE!
ÖRGS …
UND WARUM HABEN SIE DEN MORD VON VOR SIEBZIG JAHREN NACHGEAHMT?

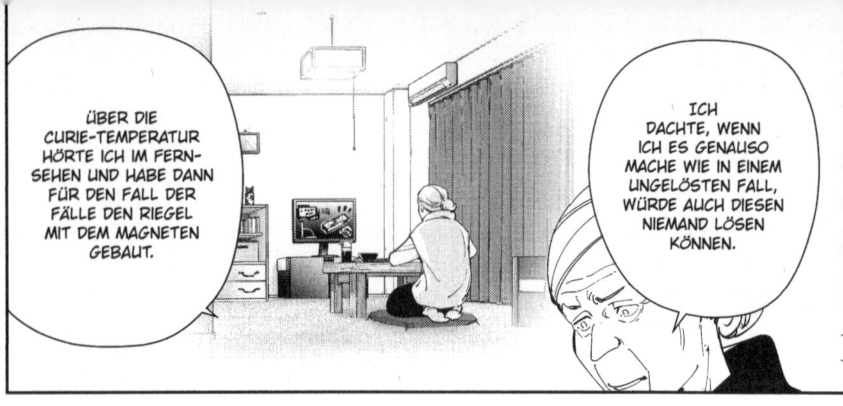

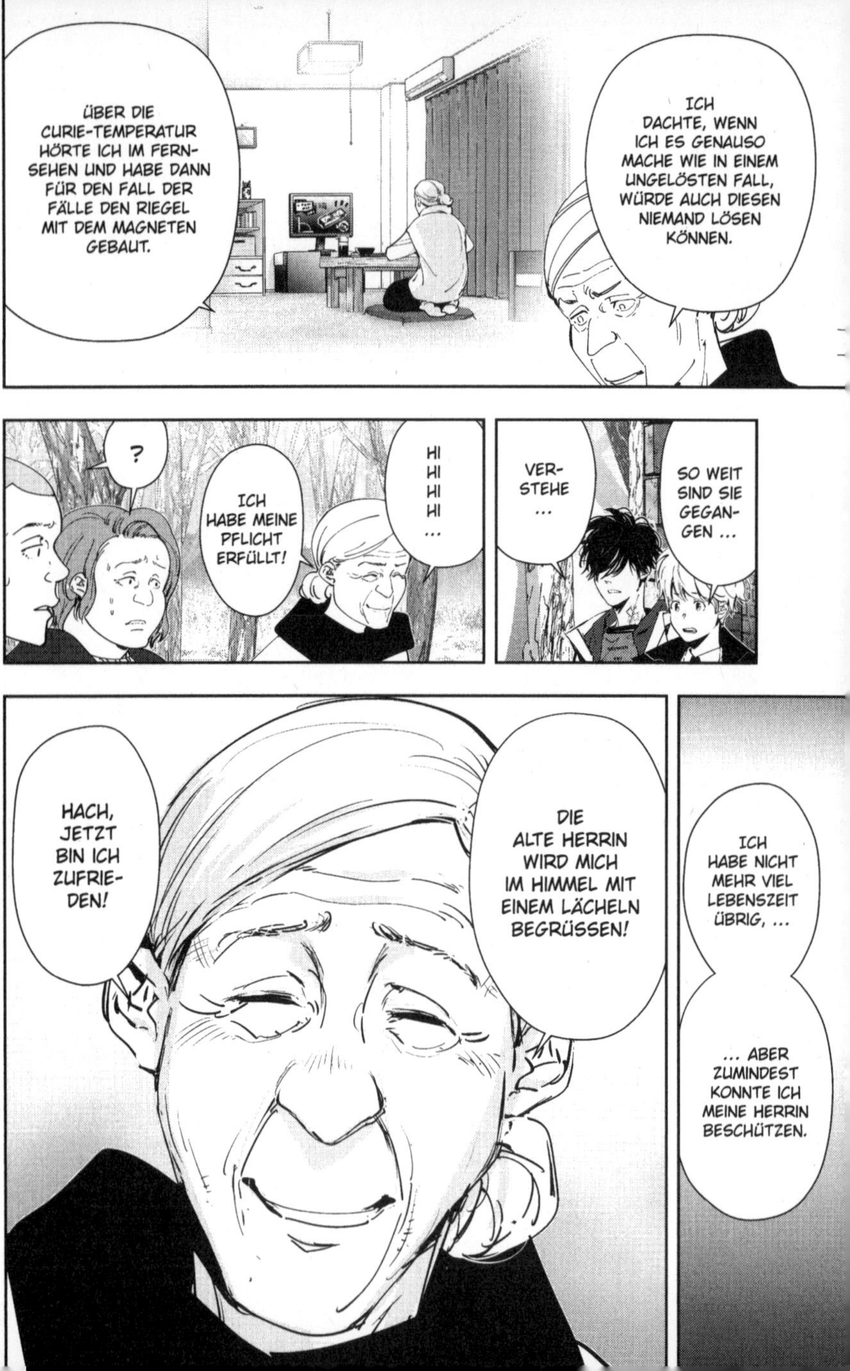

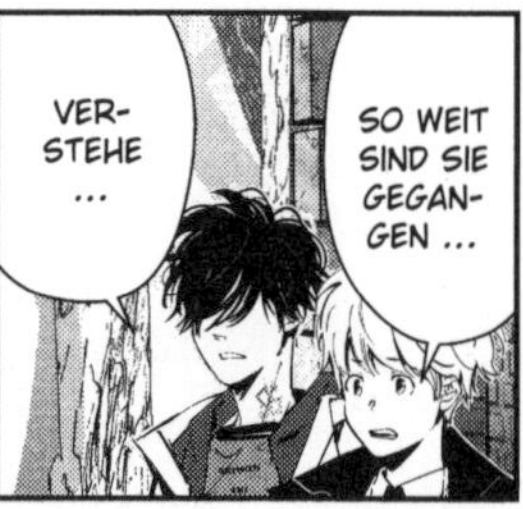

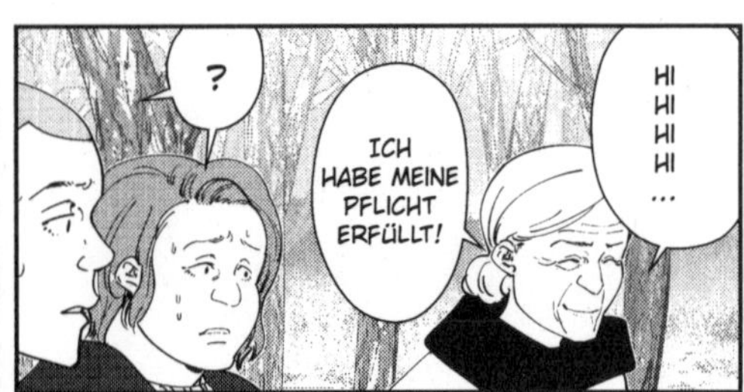

ICH HABE NICHT MEHR VIEL LEBENSZEIT ÜBRIG, ...

... ABER ZUMINDEST KONNTE ICH MEINE HERRIN BESCHÜTZEN.

DIE ALTE HERRIN WIRD MICH IM HIMMEL MIT EINEM LÄCHELN BEGRÜSSEN!

HACH, JETZT BIN ICH ZUFRIE-DEN!

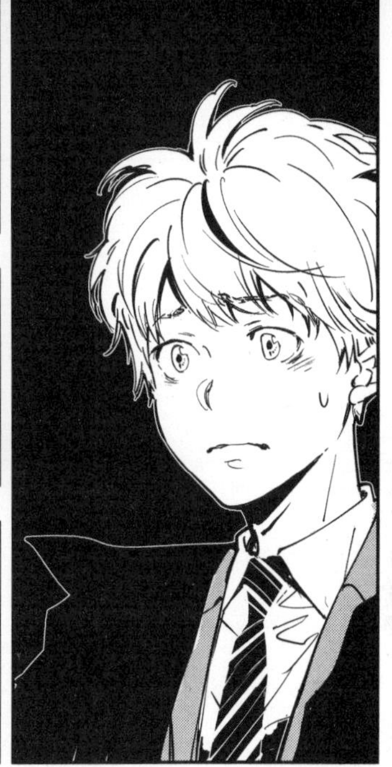

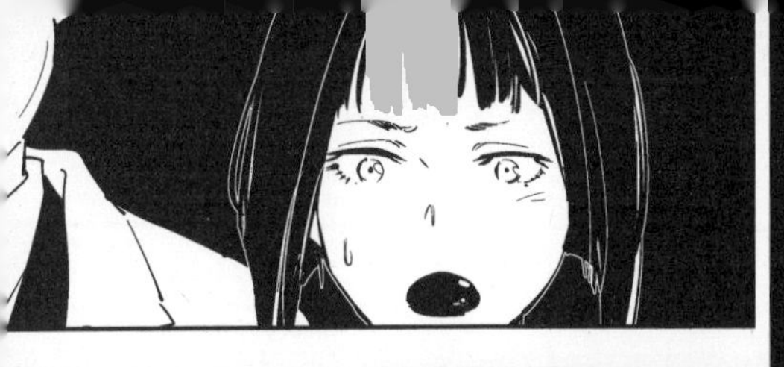

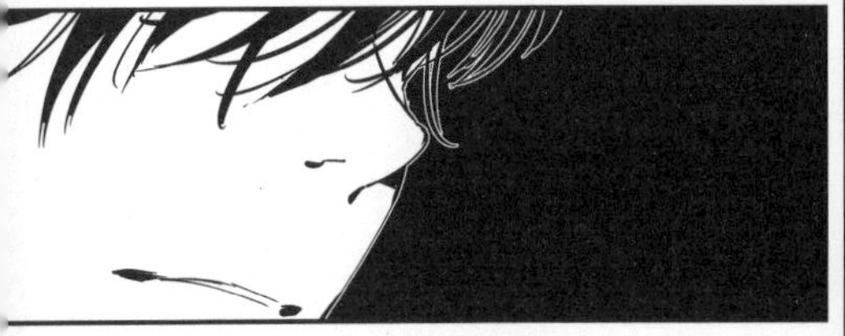

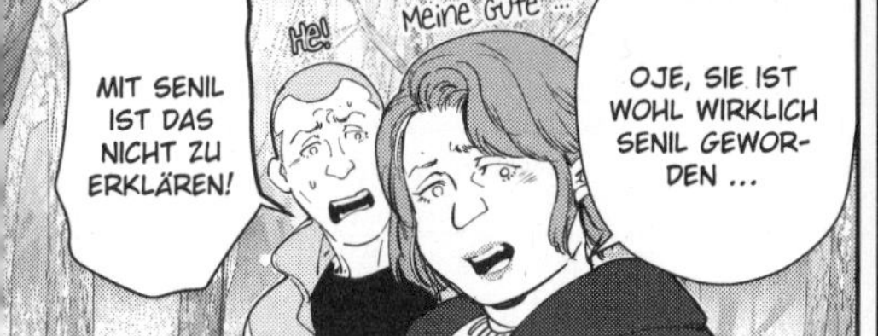
OJE, SIE IST WOHL WIRKLICH SENIL GEWORDEN …
Meine Güte …
He!
MIT SENIL IST DAS NICHT ZU ERKLÄREN!

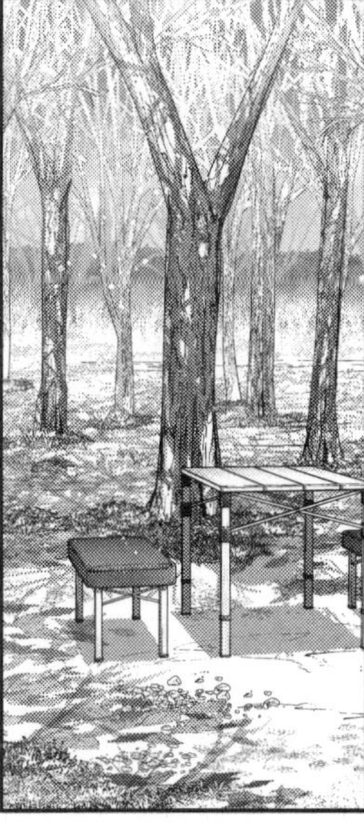

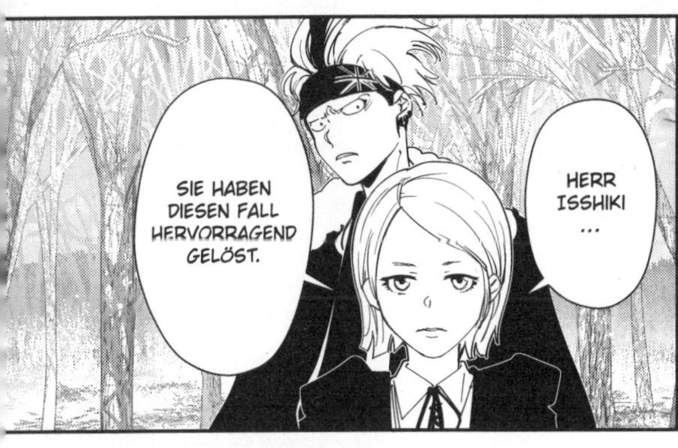
HERR ISSHIKI …
SIE HABEN DIESEN FALL HERVORRAGEND GELÖST.

V… VIELEN DANK.

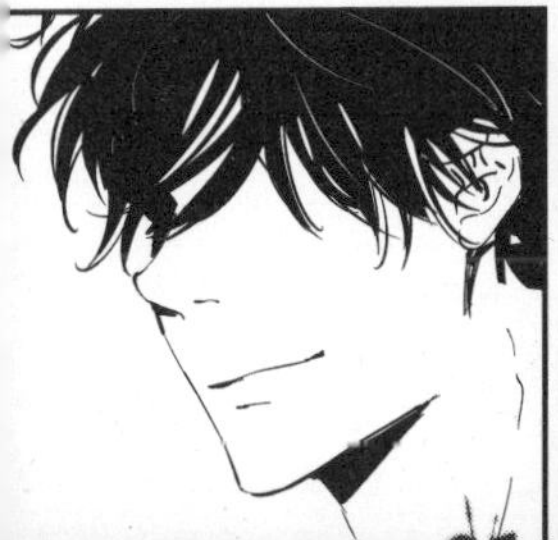

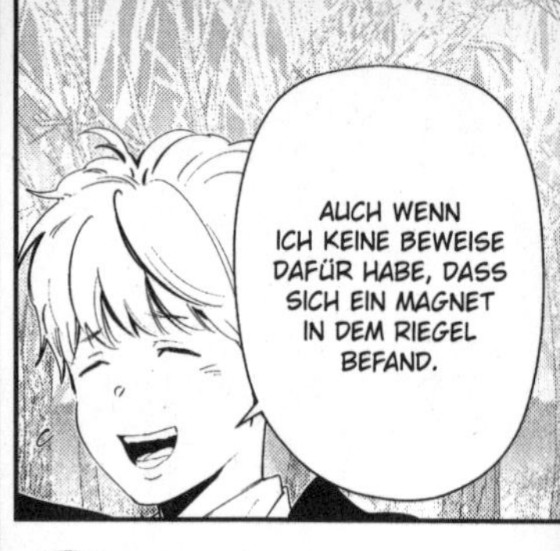
AUCH WENN ICH KEINE BEWEISE DAFÜR HABE, DASS SICH EIN MAGNET IN DEM RIEGEL BEFAND.

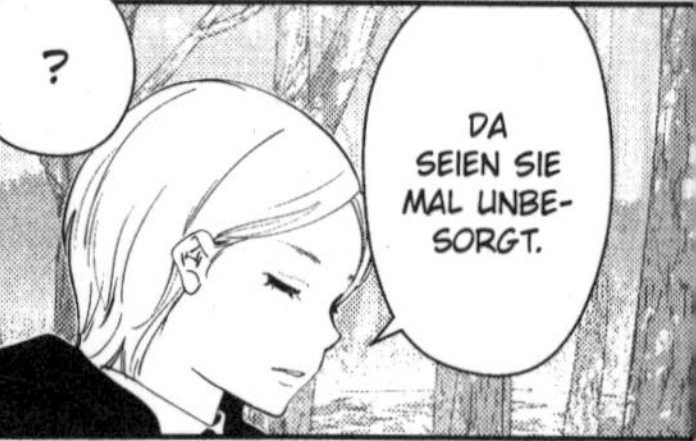
?
DA SEIEN SIE MAL UNBESORGT.

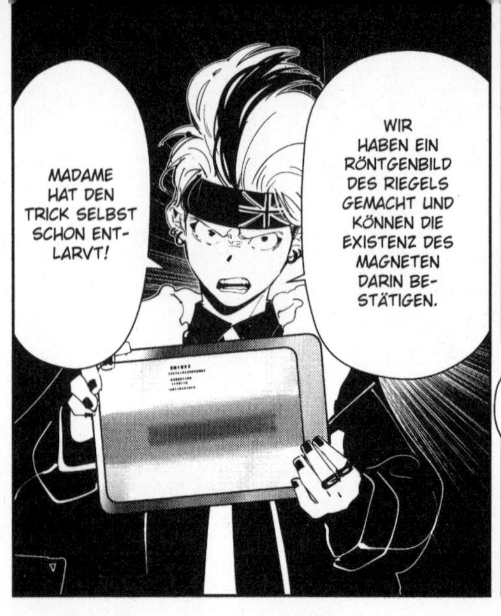
WIR HABEN EIN RÖNTGENBILD DES RIEGELS GEMACHT UND KÖNNEN DIE EXISTENZ DES MAGNETEN DARIN BESTÄTIGEN.
MADAME HAT DEN TRICK SELBST SCHON ENTLARVT!

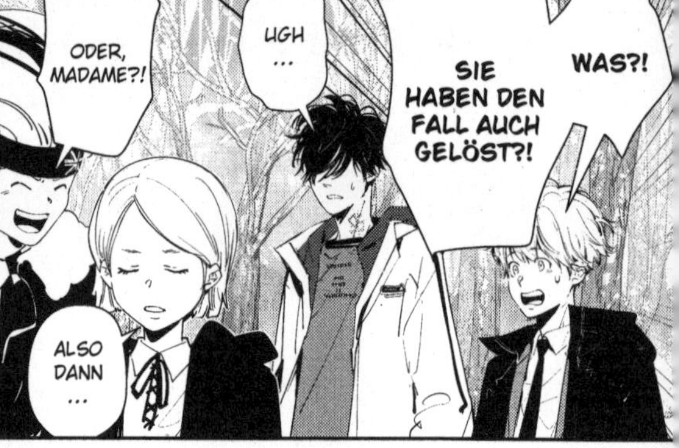
WAS?!
SIE HABEN DEN FALL AUCH GELÖST?!
UGH …
ODER, MADAME?!
ALSO DANN …

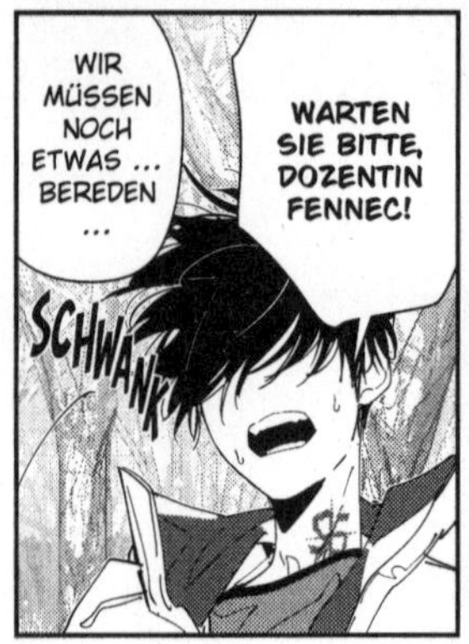
WARTEN SIE BITTE, DOZENTIN FENNEC!
WIR MÜSSEN NOCH ETWAS … BEREDEN …
SCHWANK

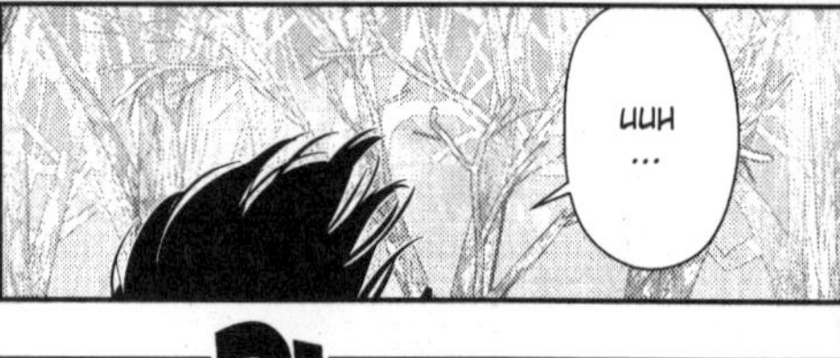
UUH …

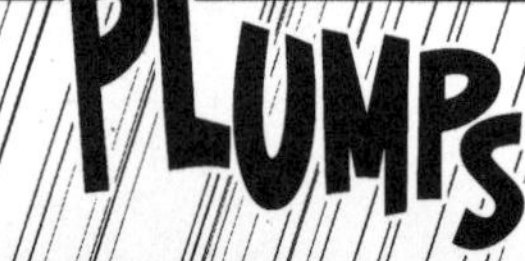
PLUMPS

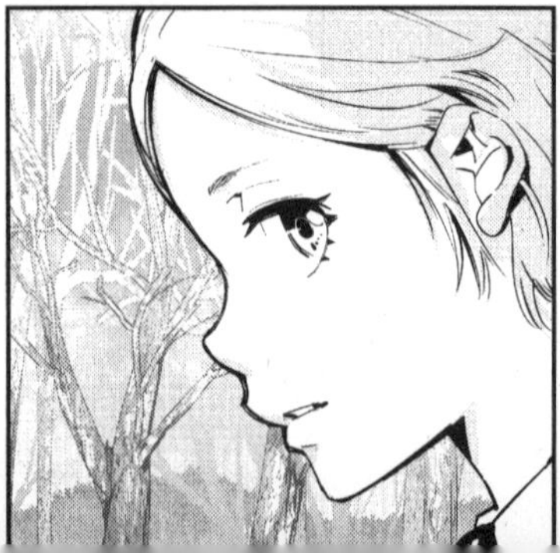

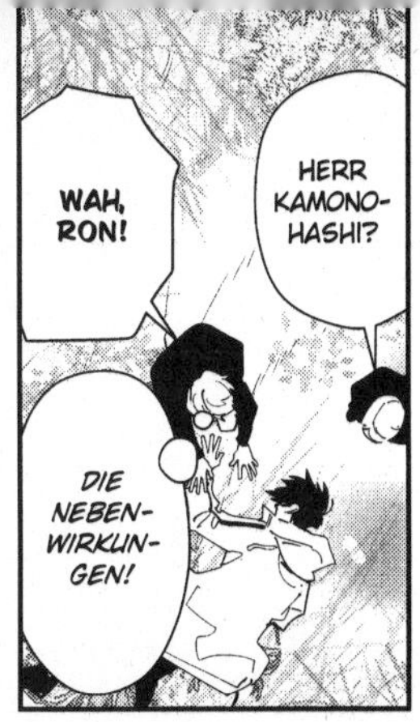
HERR KAMONO-HASHI?
WAH, RON!
DIE NEBEN-WIRKUN-GEN!

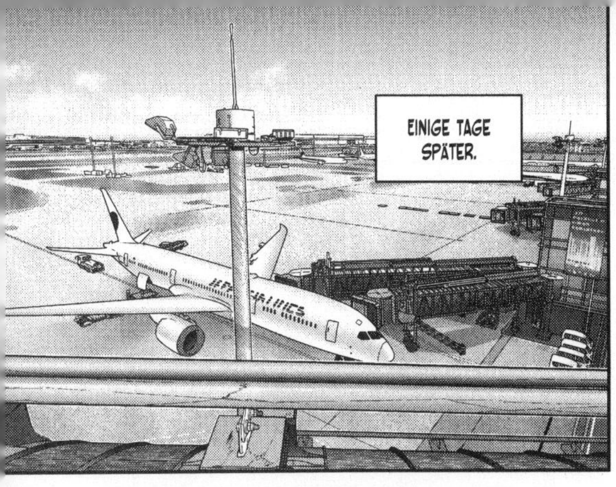
EINIGE TAGE SPÄTER.

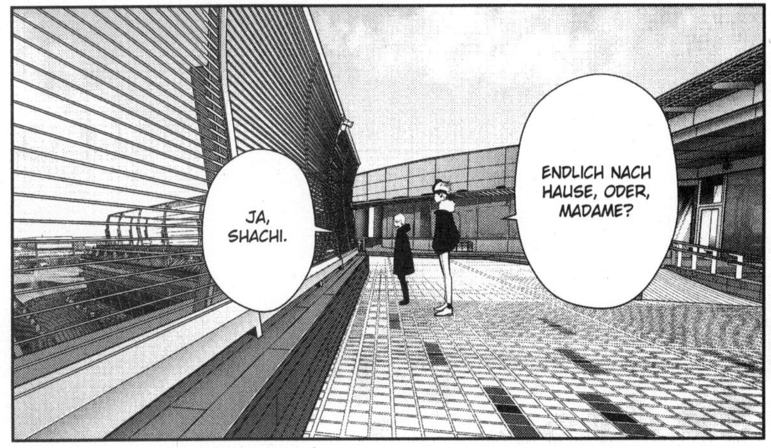
ENDLICH NACH HAUSE, ODER, MADAME?
JA, SHACHI.

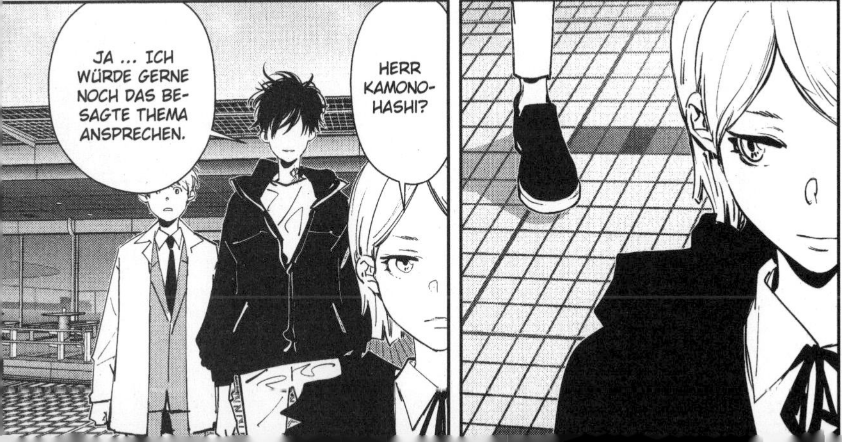
HERR KAMONO-HASHI?
JA ... ICH WÜRDE GERNE NOCH DAS BE-SAGTE THEMA ANSPRECHEN.

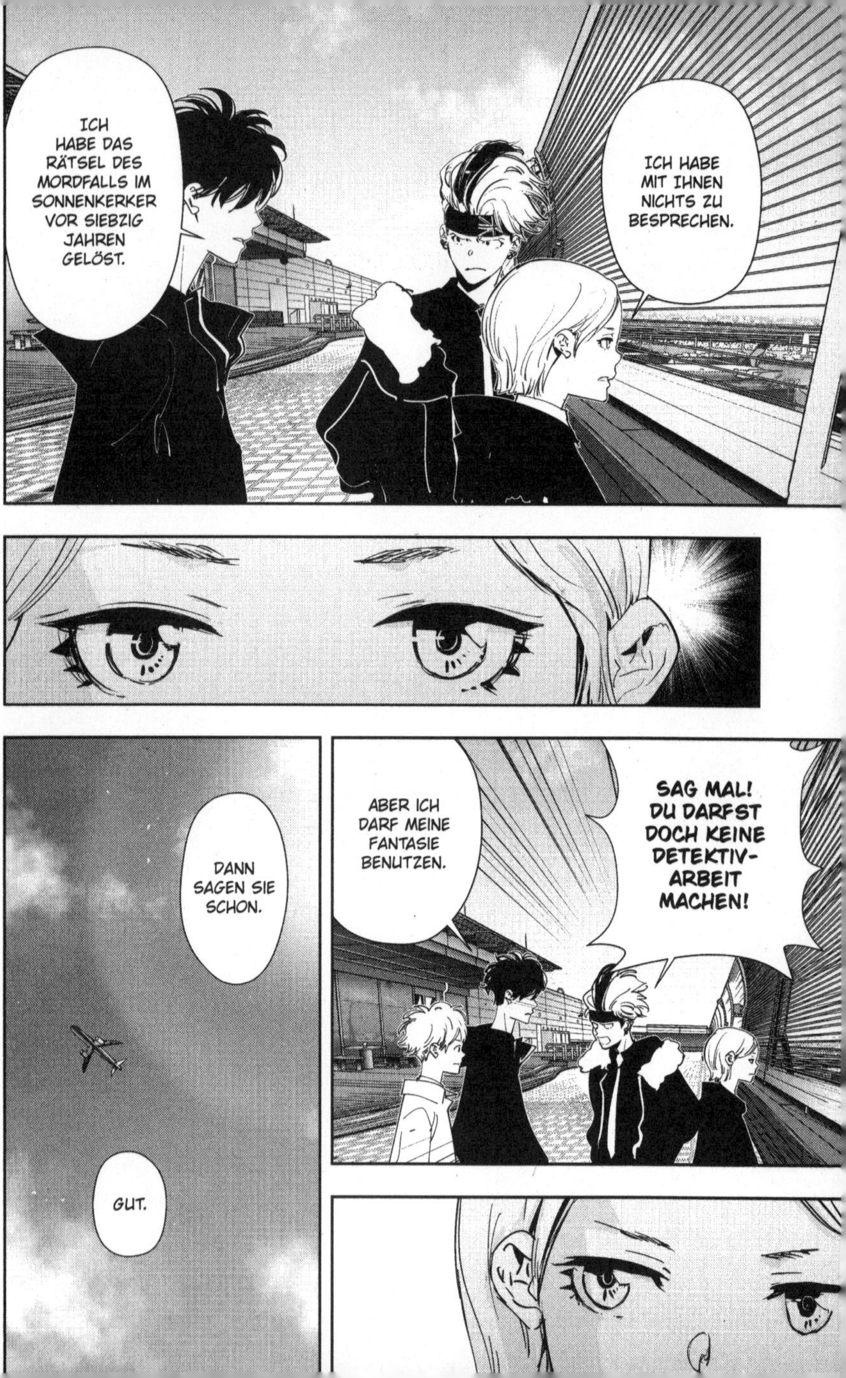

ICH HABE MIT IHNEN NICHTS ZU BESPRECHEN.

ICH HABE DAS RÄTSEL DES MORDFALLS IM SONNENKERKER VOR SIEBZIG JAHREN GELÖST.

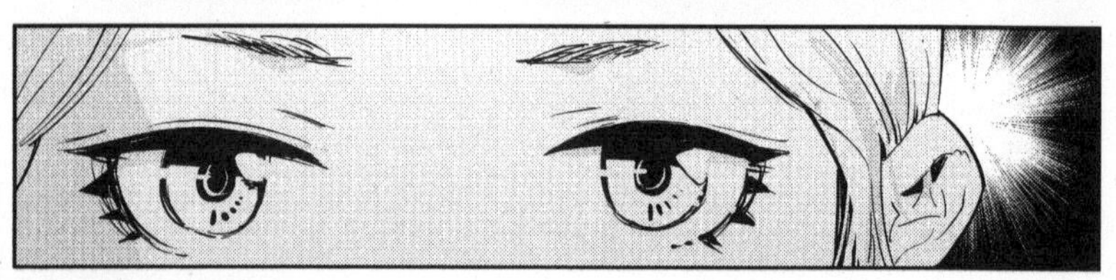

SAG MAL! DU DARFST DOCH KEINE DETEKTIV-ARBEIT MACHEN!

ABER ICH DARF MEINE FANTASIE BENUTZEN.

DANN SAGEN SIE SCHON.

GUT.

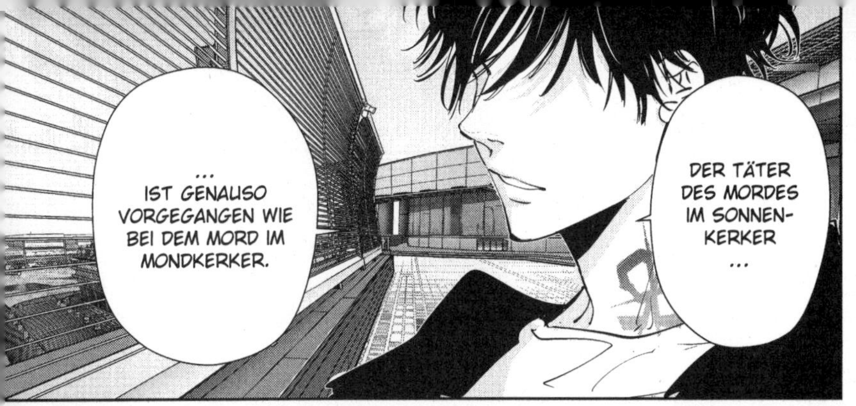
DER TÄTER DES MORDES IM SONNEN-KERKER ...
... IST GENAUSO VORGEGANGEN WIE BEI DEM MORD IM MONDKERKER.

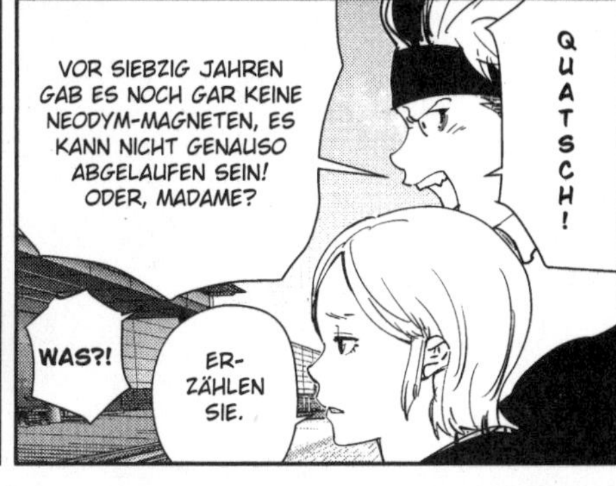
QUATSCH!
VOR SIEBZIG JAHREN GAB ES NOCH GAR KEINE NEODYM-MAGNETEN, ES KANN NICHT GENAUSO ABGELAUFEN SEIN! ODER, MADAME?
ER-ZÄHLEN SIE.
WAS?!

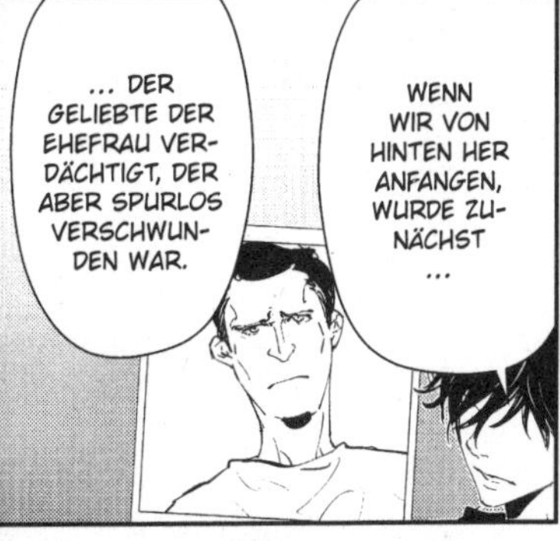
WENN WIR VON HINTEN HER ANFANGEN, WURDE ZU-NÄCHST ...
... DER GELIEBTE DER EHEFRAU VER-DÄCHTIGT, DER ABER SPURLOS VERSCHWUN-DEN WAR.

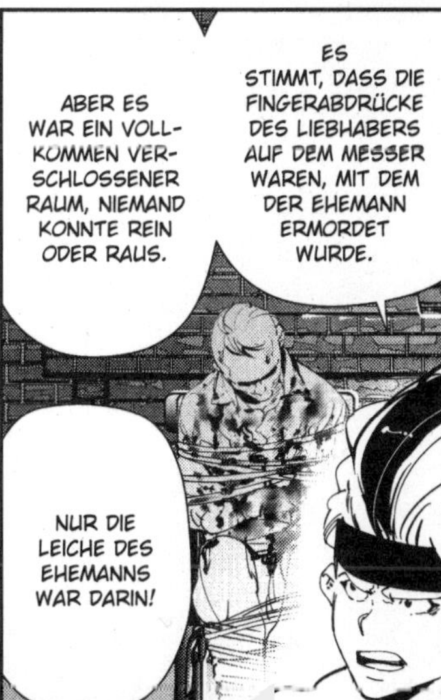
ES STIMMT, DASS DIE FINGERABDRÜCKE DES LIEBHABERS AUF DEM MESSER WAREN, MIT DEM DER EHEMANN ERMORDET WURDE.
ABER ES WAR EIN VOLL-KOMMEN VER-SCHLOSSENER RAUM, NIEMAND KONNTE REIN ODER RAUS.
NUR DIE LEICHE DES EHEMANNS WAR DARIN!

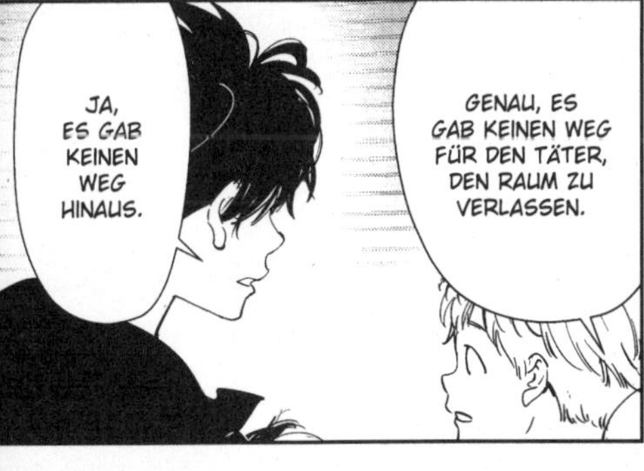
GENAU, ES GAB KEINEN WEG FÜR DEN TÄTER, DEN RAUM ZU VERLASSEN.
JA, ES GAB KEINEN WEG HINAUS.

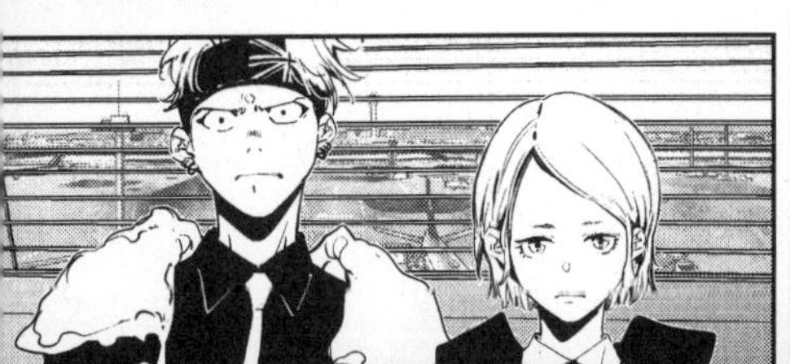

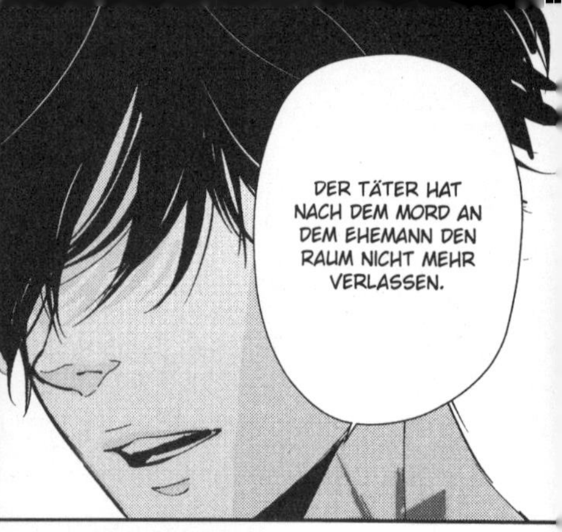
DER TÄTER HAT NACH DEM MORD AN DEM EHEMANN DEN RAUM NICHT MEHR VERLASSEN.

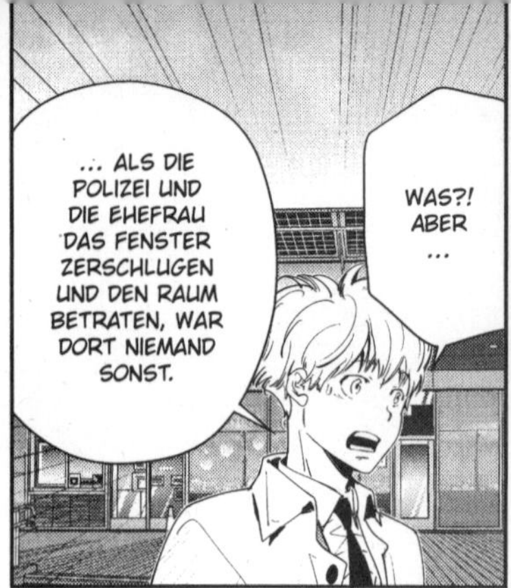
WAS?! ABER ...
... ALS DIE POLIZEI UND DIE EHEFRAU DAS FENSTER ZERSCHLUGEN UND DEN RAUM BETRATEN, WAR DORT NIEMAND SONST.

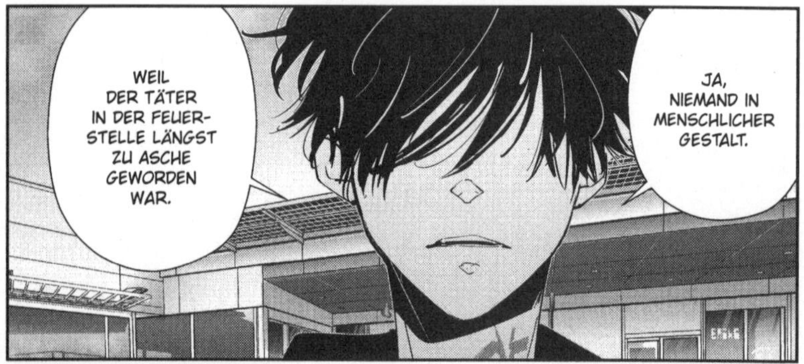
JA, NIEMAND IN MENSCHLICHER GESTALT.
WEIL DER TÄTER IN DER FEUER-STELLE LÄNGST ZU ASCHE GEWORDEN WAR.

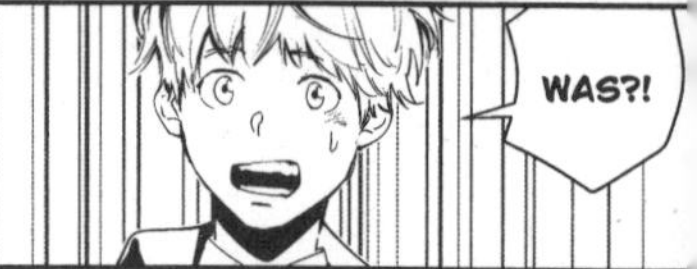
WAS?!

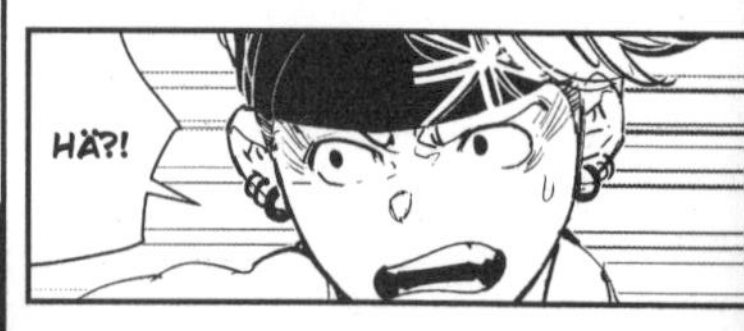
HÄ?!

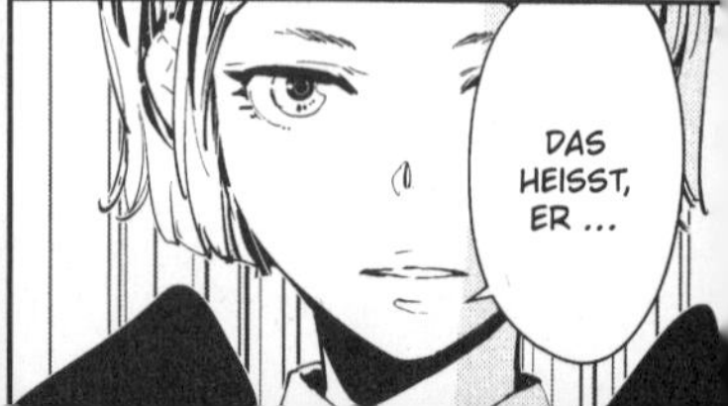
DAS HEISST, ER ...

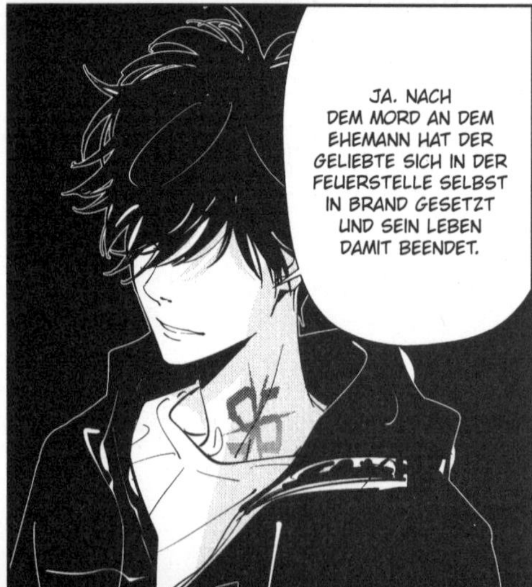
JA. NACH DEM MORD AN DEM EHEMANN HAT DER GELIEBTE SICH IN DER FEUERSTELLE SELBST IN BRAND GESETZT UND SEIN LEBEN DAMIT BEENDET.

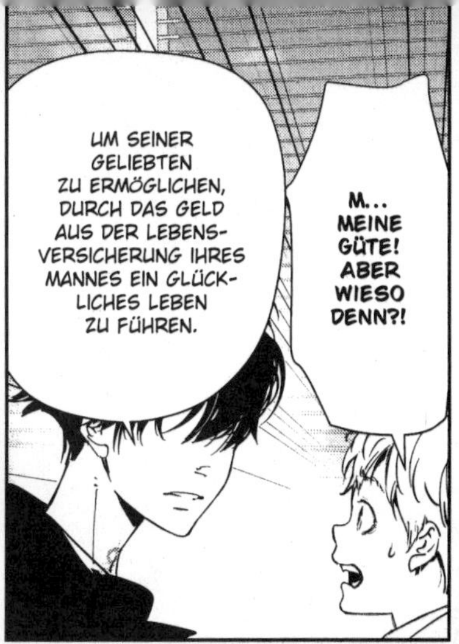
M... MEINE GÜTE! ABER WIESO DENN?!
UM SEINER GELIEBTEN ZU ERMÖGLICHEN, DURCH DAS GELD AUS DER LEBENSVERSICHERUNG IHRES MANNES EIN GLÜCKLICHES LEBEN ZU FÜHREN.

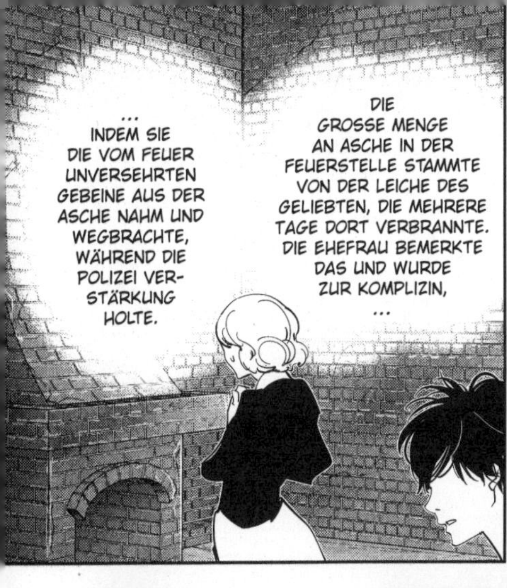
DIE GROSSE MENGE AN ASCHE IN DER FEUERSTELLE STAMMTE VON DER LEICHE DES GELIEBTEN, DIE MEHRERE TAGE DORT VERBRANNTE. DIE EHEFRAU BEMERKTE DAS UND WURDE ZUR KOMPLIZIN, ...
... INDEM SIE DIE VOM FEUER UNVERSEHRTEN GEBEINE AUS DER ASCHE NAHM UND WEGBRACHTE, WÄHREND DIE POLIZEI VERSTÄRKUNG HOLTE.

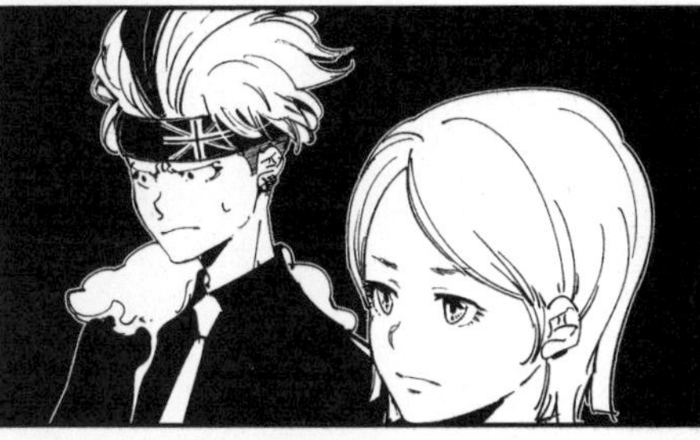

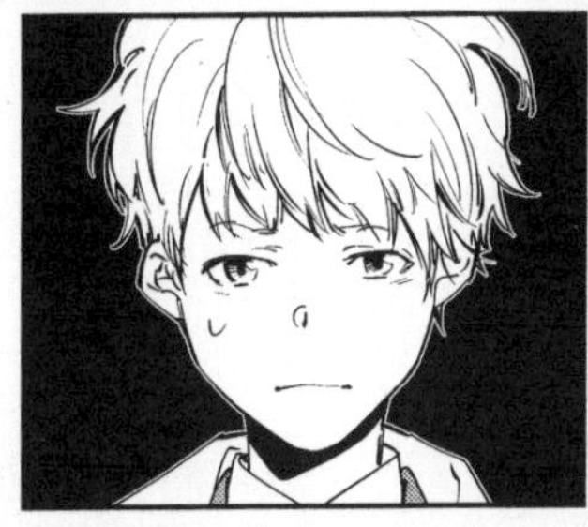

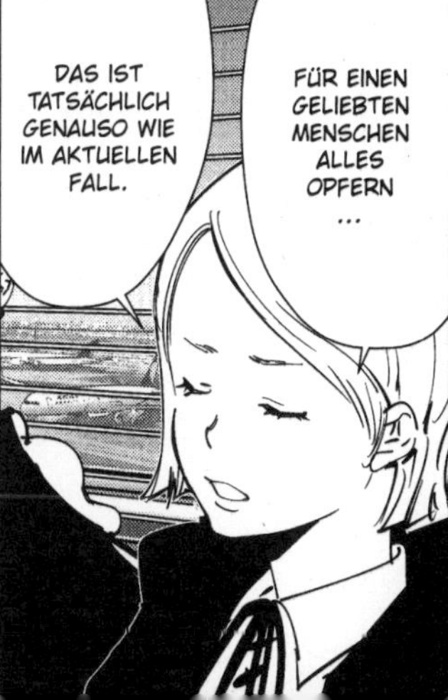
FÜR EINEN GELIEBTEN MENSCHEN ALLES OPFERN ...
DAS IST TATSÄCHLICH GENAUSO WIE IM AKTUELLEN FALL.

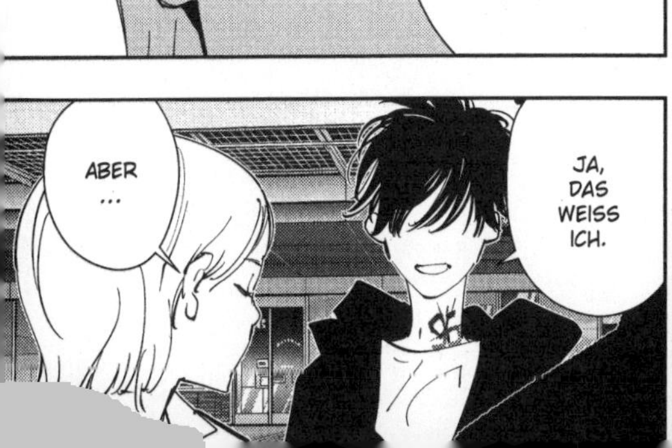
ABER SOLANGE ES KEINE PHYSIKALISCHEN BEWEISE GIBT, KANN ICH DIESE SCHLUSSFOLGERUNGEN NICHT ALS LÖSUNG ANERKENNEN.
JA, DAS WEISS ICH.
ABER ...

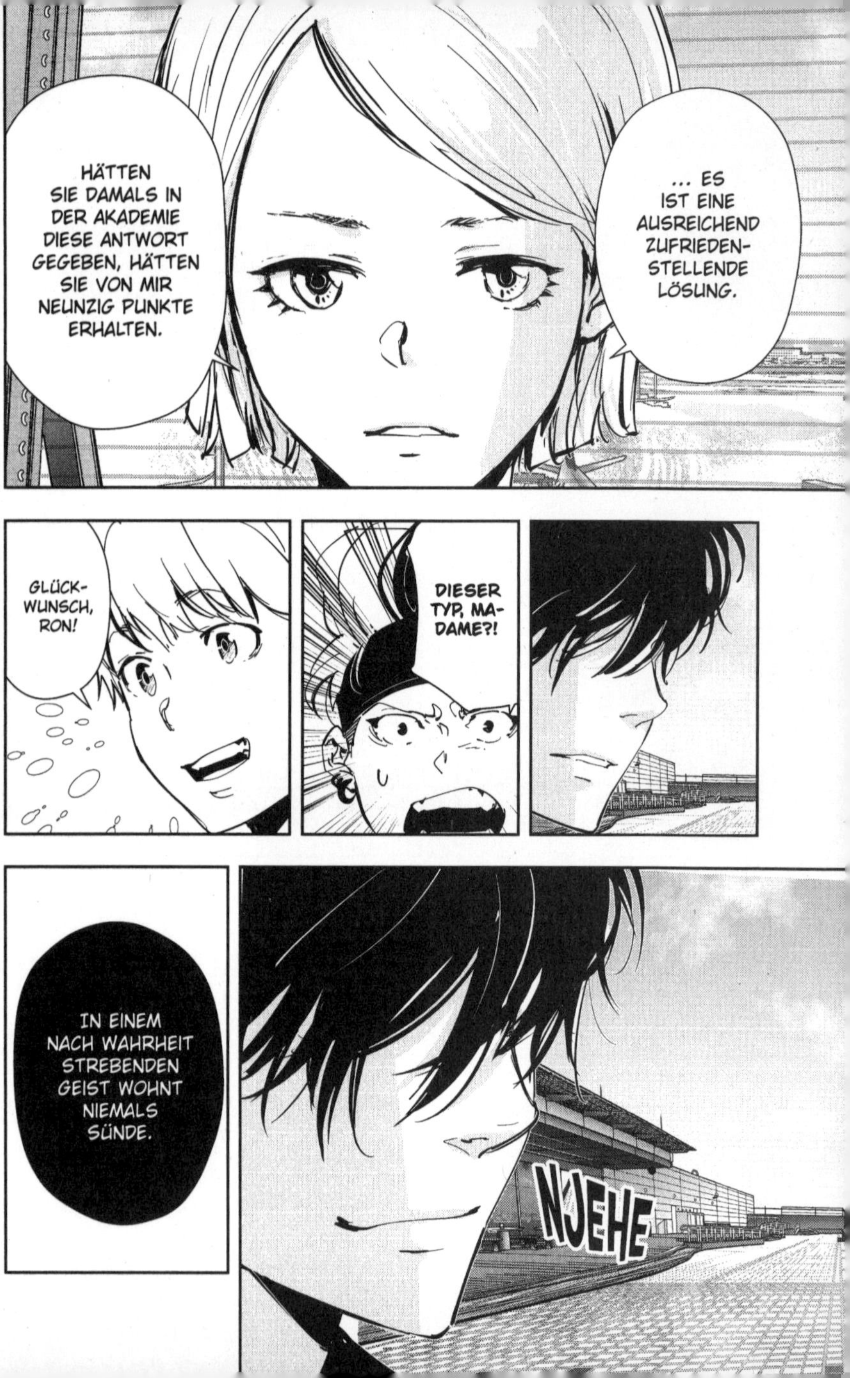

... ES IST EINE AUSREICHEND ZUFRIEDEN-STELLENDE LÖSUNG.
HÄTTEN SIE DAMALS IN DER AKADEMIE DIESE ANTWORT GEGEBEN, HÄTTEN SIE VON MIR NEUNZIG PUNKTE ERHALTEN.

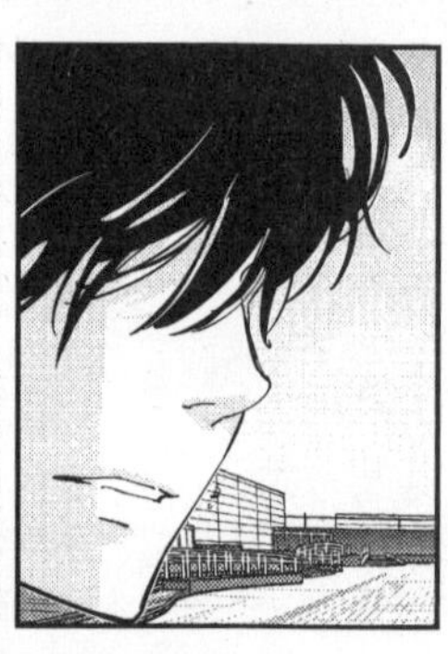

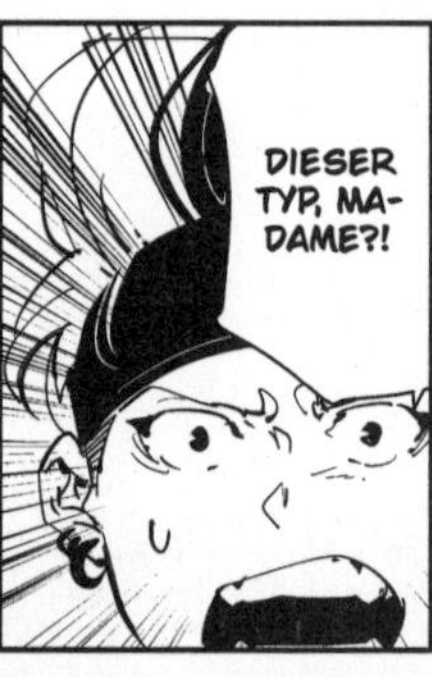

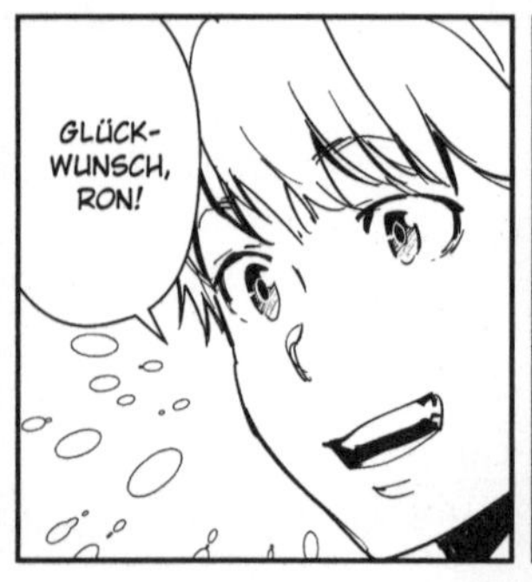

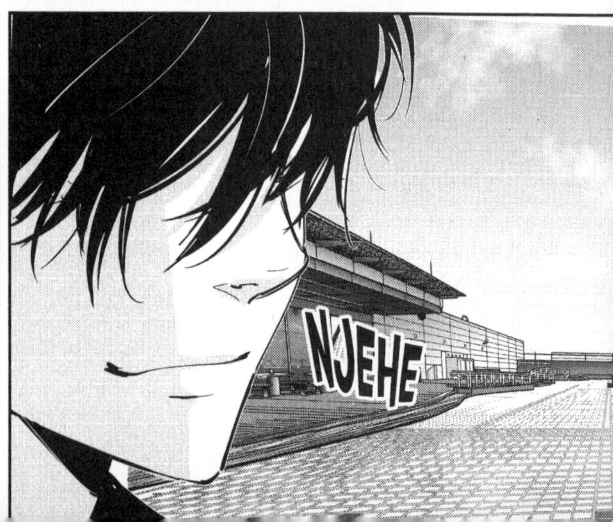

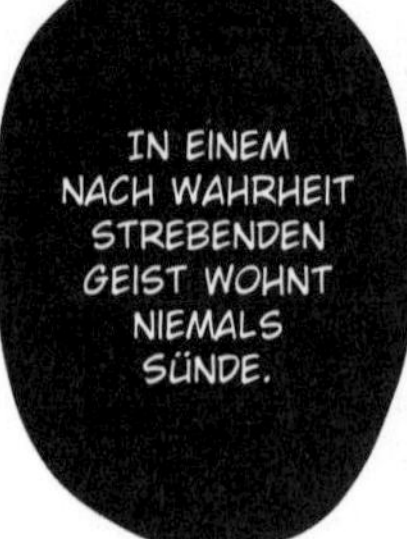

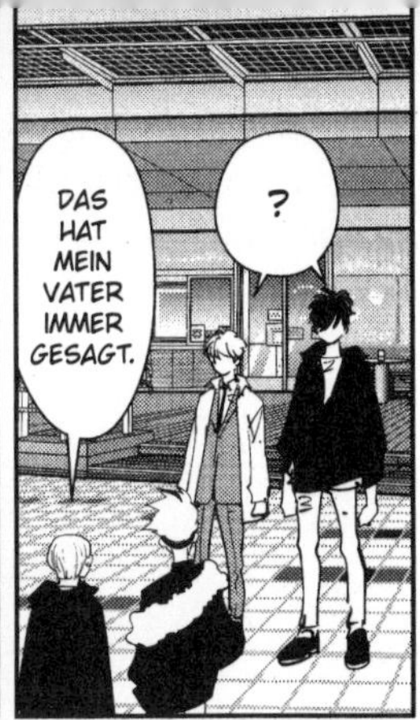
?
DAS HAT MEIN VATER IMMER GESAGT.

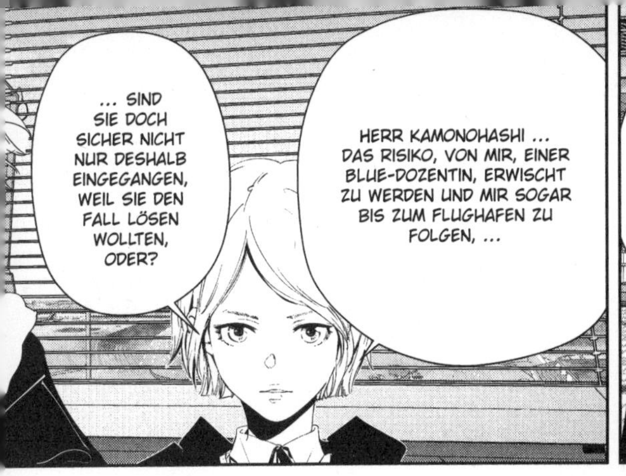
HERR KAMONOHASHI ... DAS RISIKO, VON MIR, EINER BLUE-DOZENTIN, ERWISCHT ZU WERDEN UND MIR SOGAR BIS ZUM FLUGHAFEN ZU FOLGEN, ...
... SIND SIE DOCH SICHER NICHT NUR DESHALB EINGEGANGEN, WEIL SIE DEN FALL LÖSEN WOLLTEN, ODER?

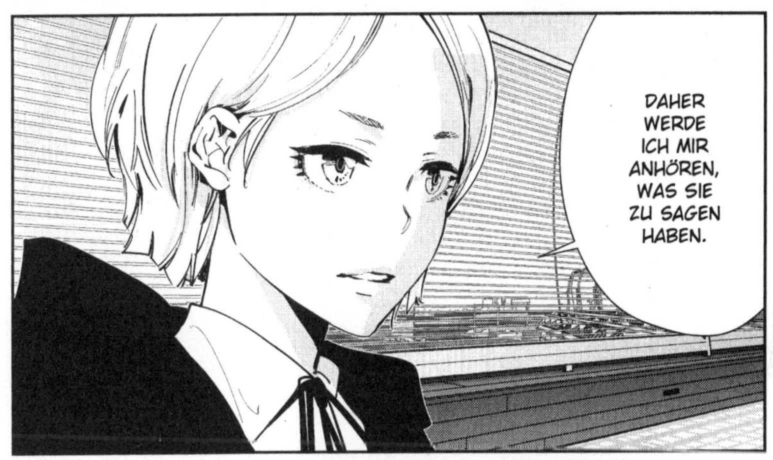
DAHER WERDE ICH MIR ANHÖREN, WAS SIE ZU SAGEN HABEN.

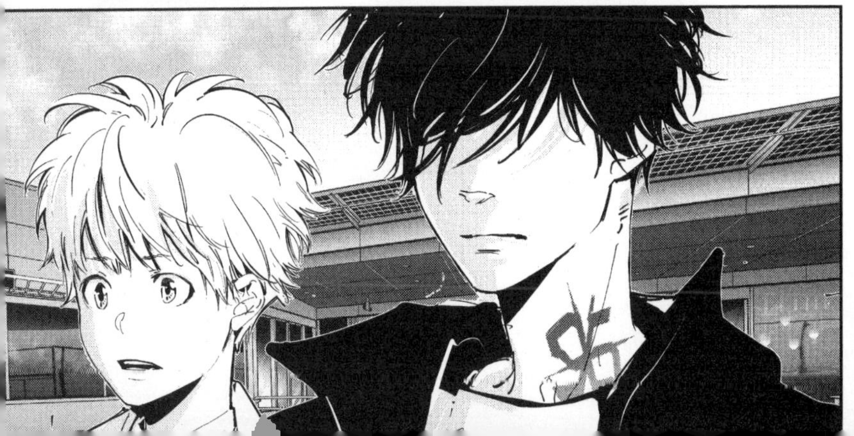

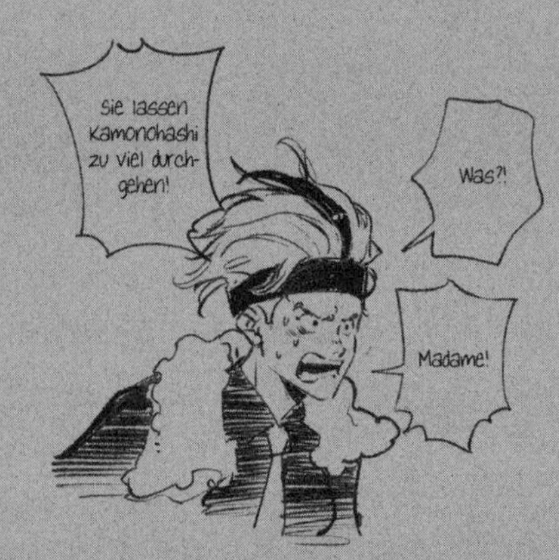
Was?!
Madame!
Sie lassen Kamonohashi zu viel durch-gehen!

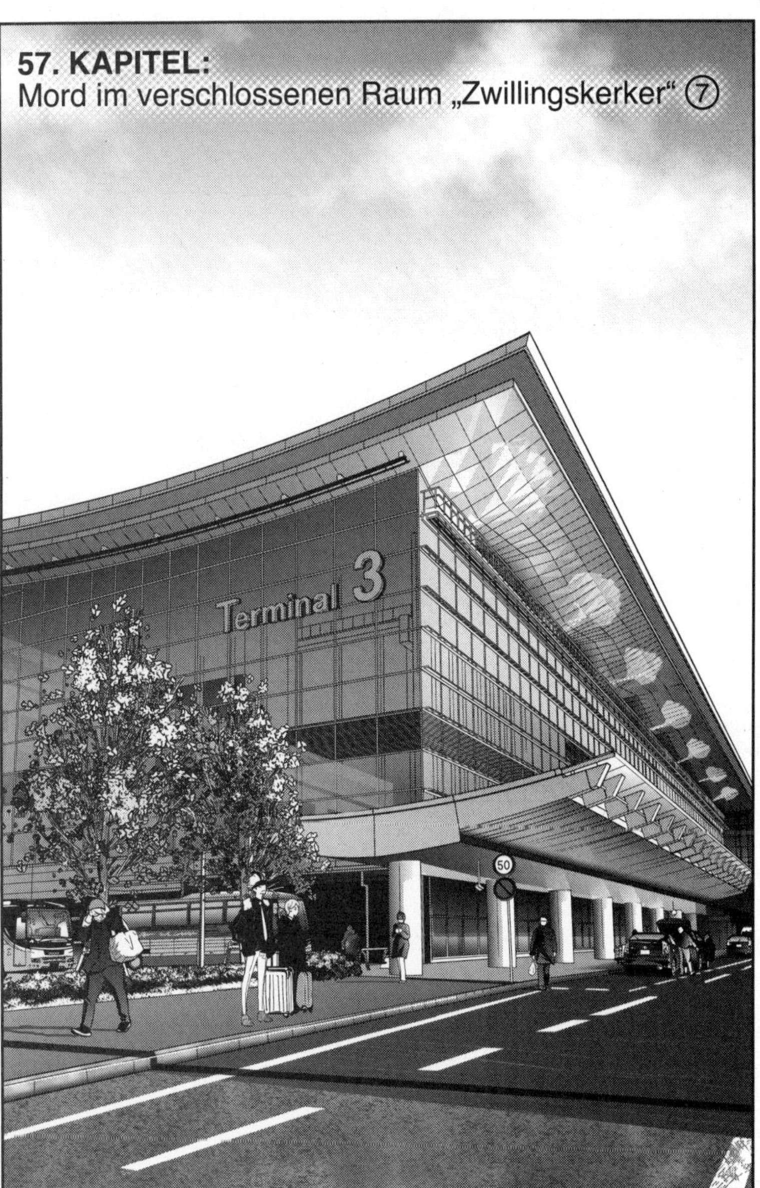
57. KAPITEL:
Mord im verschlossenen Raum „Zwillingskerker“ ⑦
Terminal 3
50

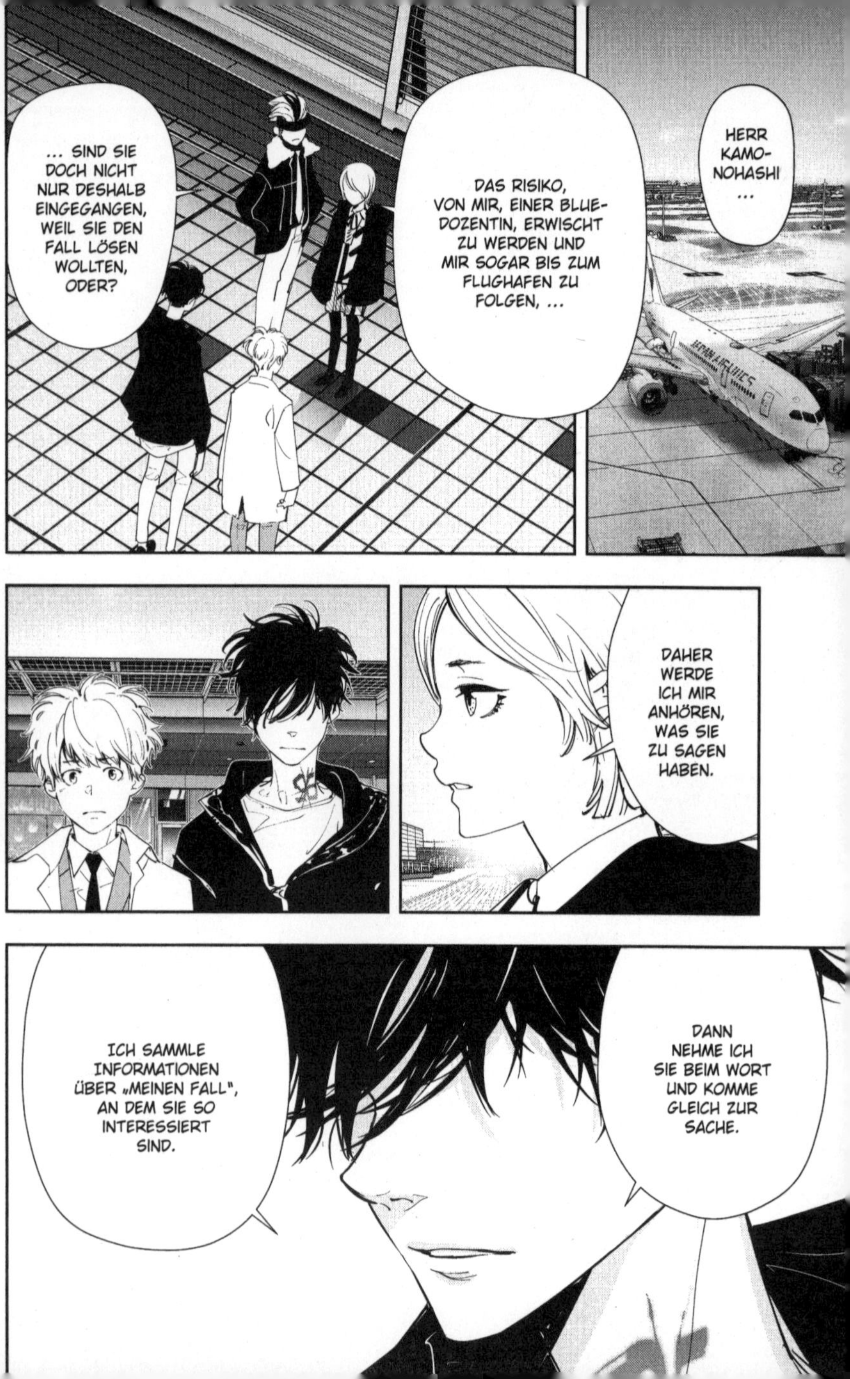

HERR KAMONOHASHI ...
DAS RISIKO, VON MIR, EINER BLUE-DOZENTIN, ERWISCHT ZU WERDEN UND MIR SOGAR BIS ZUM FLUGHAFEN ZU FOLGEN, ...
... SIND SIE DOCH NICHT NUR DESHALB EINGEGANGEN, WEIL SIE DEN FALL LÖSEN WOLLTEN, ODER?

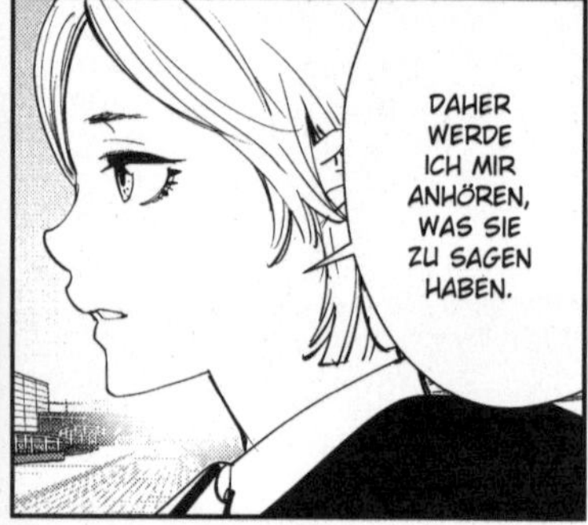

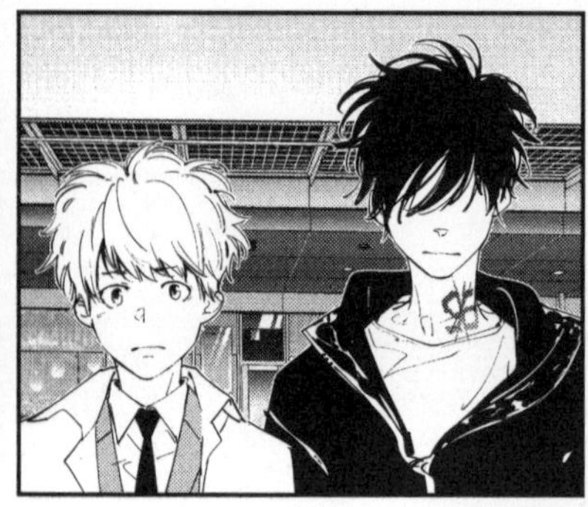

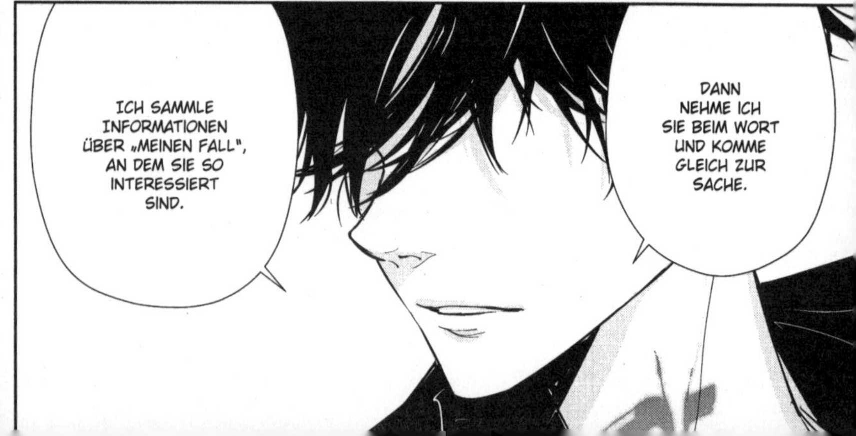

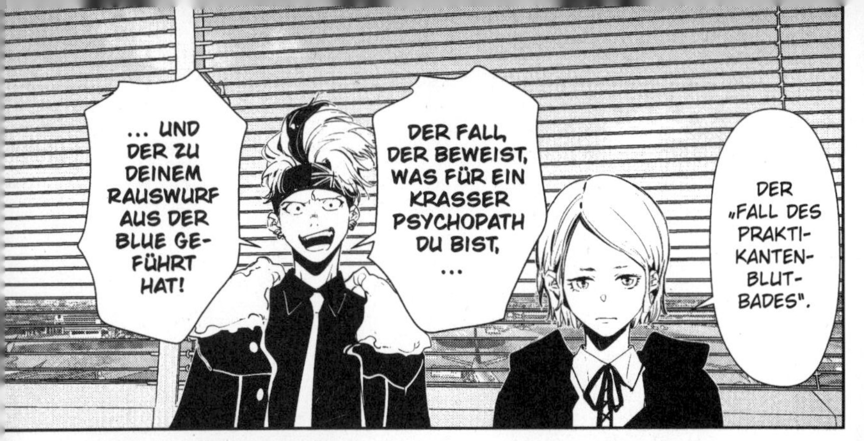

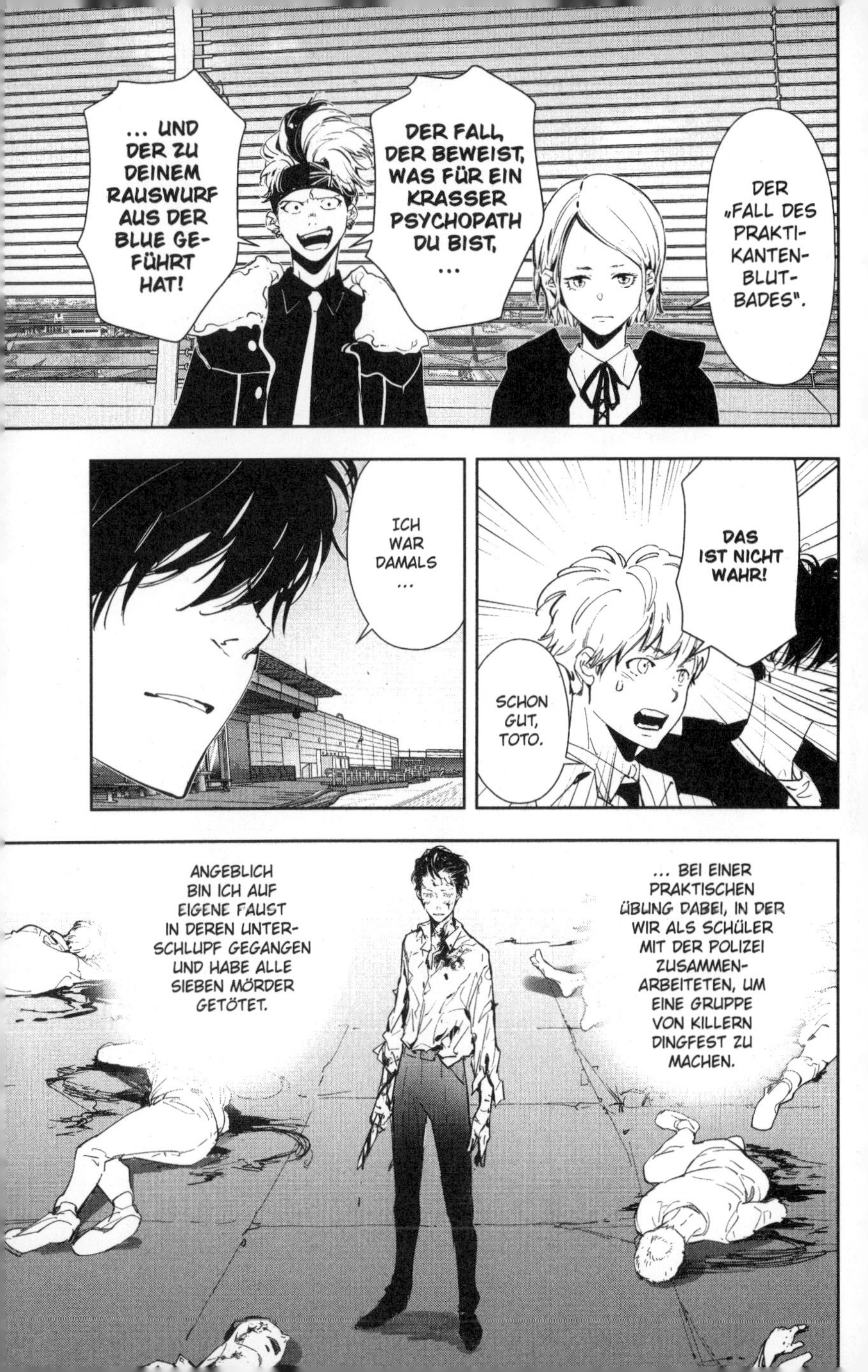

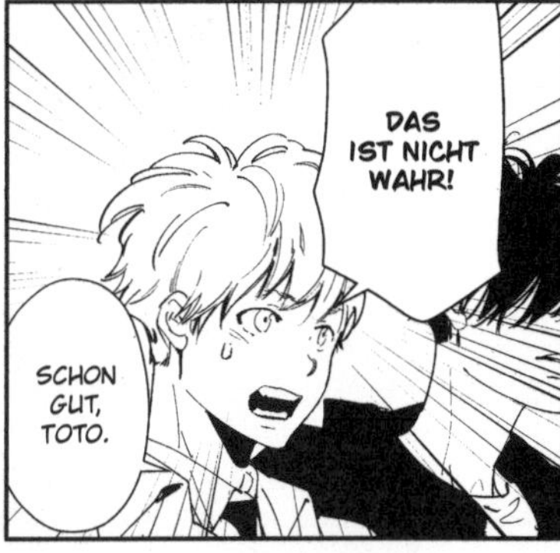

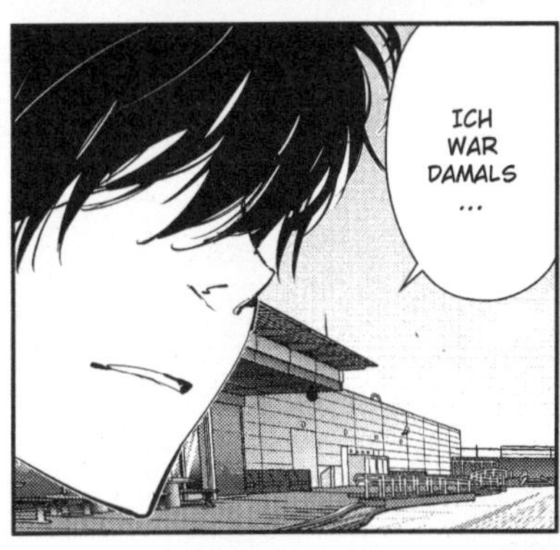

... BEI EINER PRAKTISCHEN ÜBUNG DABEI, IN DER WIR ALS SCHÜLER MIT DER POLIZEI ZUSAMMENARBEITETEN, UM EINE GRUPPE VON KILLERN DINGFEST ZU MACHEN.

ANGEBLICH BIN ICH AUF EIGENE FAUST IN DEREN UNTERSCHLUPF GEGANGEN UND HABE ALLE SIEBEN MÖRDER GETÖTET.

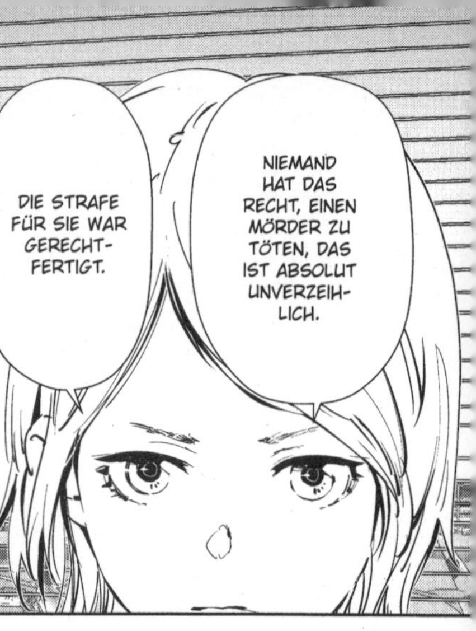
NIEMAND HAT DAS RECHT, EINEN MÖRDER ZU TÖTEN, DAS IST ABSOLUT UNVERZEIHLICH.
DIE STRAFE FÜR SIE WAR GERECHTFERTIGT.

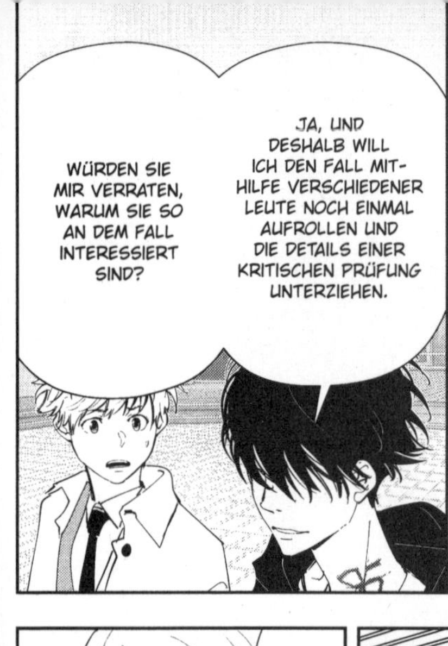
JA, UND DESHALB WILL ICH DEN FALL MITHILFE VERSCHIEDENER LEUTE NOCH EINMAL AUFROLLEN UND DIE DETAILS EINER KRITISCHEN PRÜFUNG UNTERZIEHEN.
WÜRDEN SIE MIR VERRATEN, WARUM SIE SO AN DEM FALL INTERESSIERT SIND?

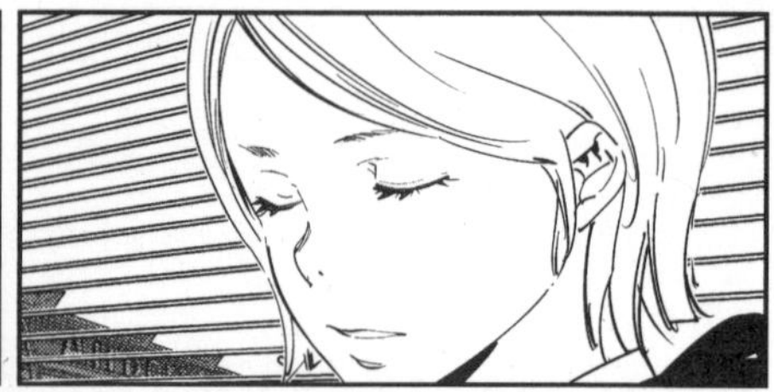

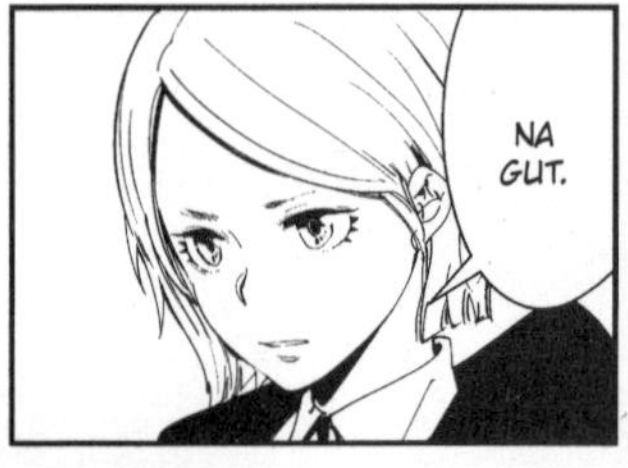
NA GUT.

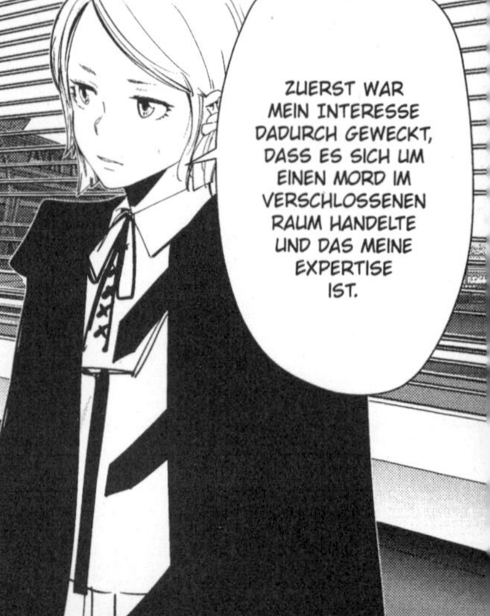
ZUERST WAR MEIN INTERESSE DADURCH GEWECKT, DASS ES SICH UM EINEN MORD IM VERSCHLOSSENEN RAUM HANDELTE UND DAS MEINE EXPERTISE IST.

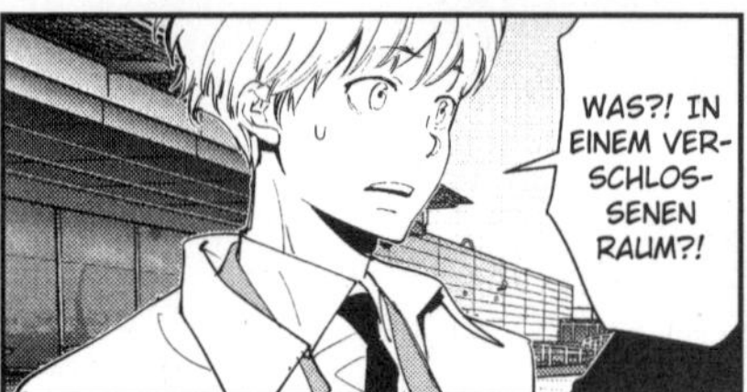
WAS?! IN EINEM VERSCHLOSSENEN RAUM?!

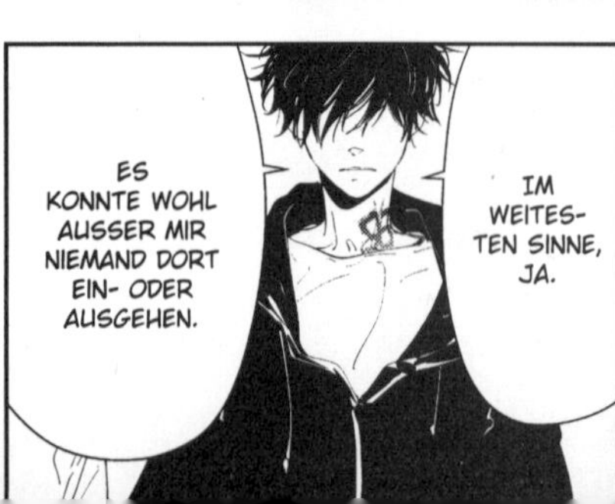
IM WEITESTEN SINNE, JA.
ES KONNTE WOHL AUSSER MIR NIEMAND DORT EIN- ODER AUSGEHEN.

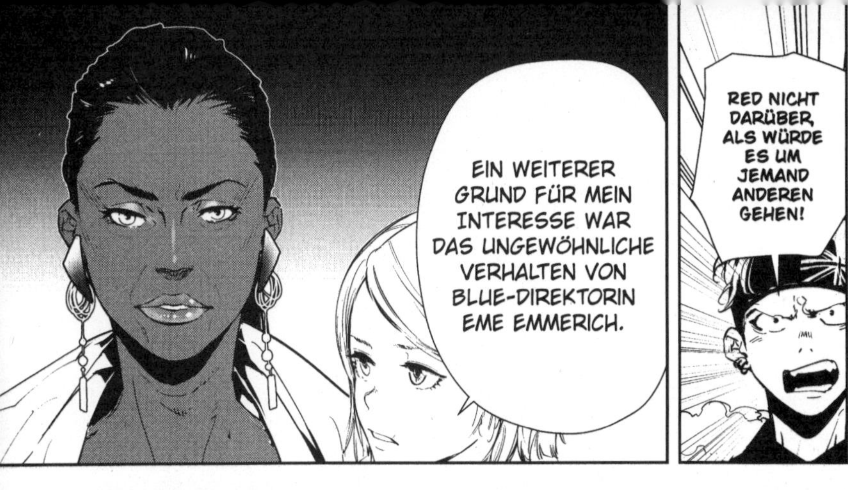
RED NICHT DARÜBER, ALS WÜRDE ES UM JEMAND ANDEREN GEHEN!
EIN WEITERER GRUND FÜR MEIN INTERESSE WAR DAS UNGEWÖHNLICHE VERHALTEN VON BLUE-DIREKTORIN EME EMMERICH.

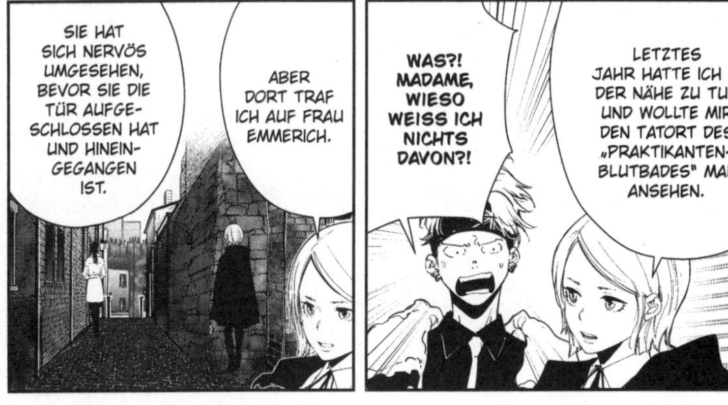
LETZTES JAHR HATTE ICH IN DER NÄHE ZU TUN UND WOLLTE MIR DEN TATORT DES „PRAKTIKANTEN-BLUTBADES" MAL ANSEHEN.
WAS?! MADAME, WIESO WEISS ICH NICHTS DAVON?!
ABER DORT TRAF ICH AUF FRAU EMMERICH.
SIE HAT SICH NERVÖS UMGESEHEN, BEVOR SIE DIE TÜR AUFGE-SCHLOSSEN HAT UND HINEIN-GEGANGEN IST.

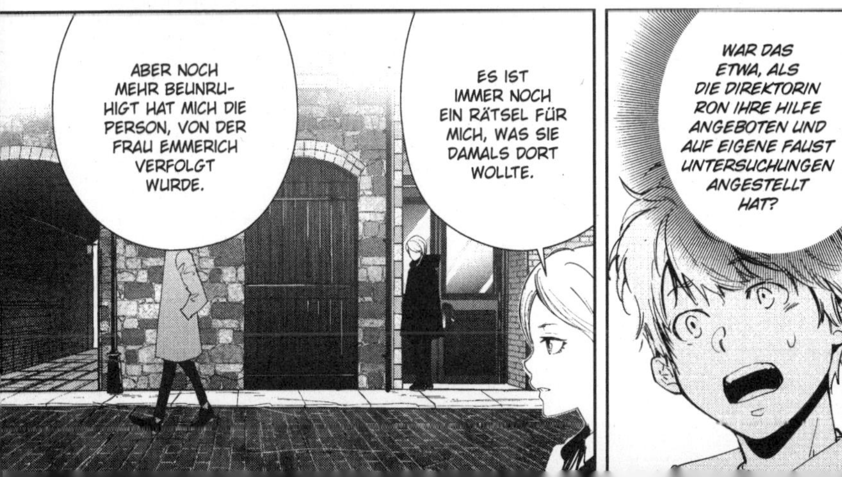
WAR DAS ETWA, ALS DIE DIREKTORIN RON IHRE HILFE ANGEBOTEN UND AUF EIGENE FAUST UNTERSUCHUNGEN ANGESTELLT HAT?
ES IST IMMER NOCH EIN RÄTSEL FÜR MICH, WAS SIE DAMALS DORT WOLLTE.
ABER NOCH MEHR BEUNRU-HIGT HAT MICH DIE PERSON, VON DER FRAU EMMERICH VERFOLGT WURDE.

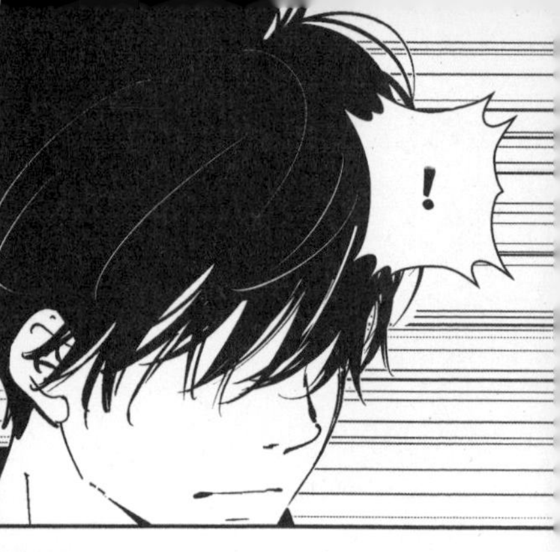
!

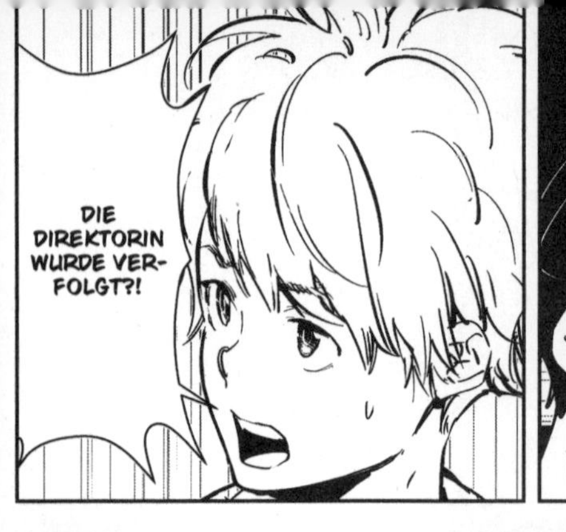
DIE DIREKTORIN WURDE VERFOLGT?!

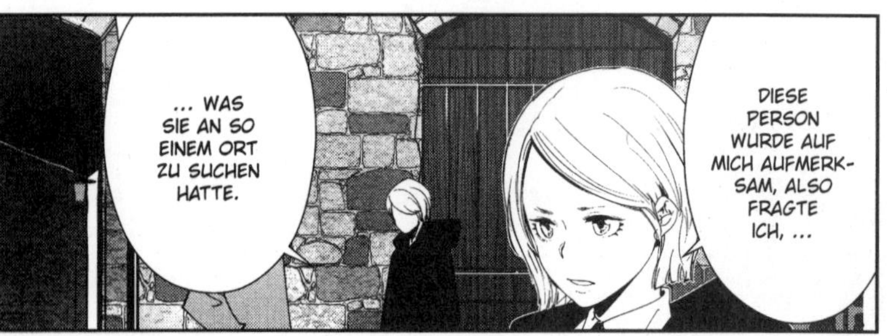
DIESE PERSON WURDE AUF MICH AUFMERKSAM, ALSO FRAGTE ICH, ...
... WAS SIE AN SO EINEM ORT ZU SUCHEN HATTE.

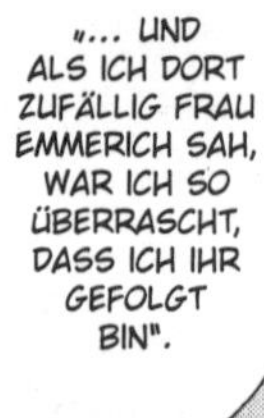
UND BEKAM ZUR ANTWORT: „ICH WOLLTE NUR DEN TATORT EINES FALLES ÜBERPRÜFEN, OB ICH NICHT ETWAS ÜBERSEHEN HABE, ..."
„... UND ALS ICH DORT ZUFÄLLIG FRAU EMMERICH SAH, WAR ICH SO ÜBERRASCHT, DASS ICH IHR GEFOLGT BIN".

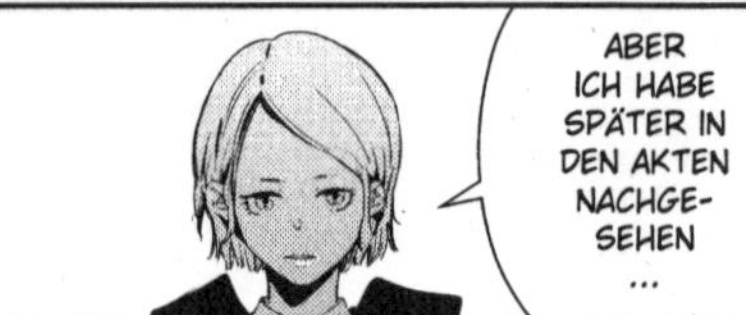
ABER ICH HABE SPÄTER IN DEN AKTEN NACHGESEHEN ...

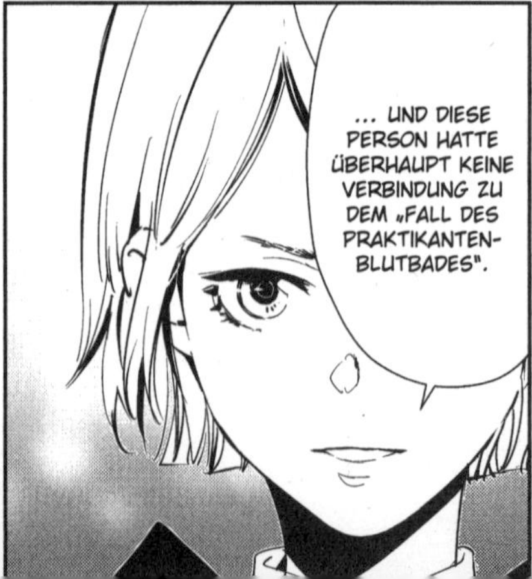
... UND DIESE PERSON HATTE ÜBERHAUPT KEINE VERBINDUNG ZU DEM „FALL DES PRAKTIKANTENBLUTBADES".

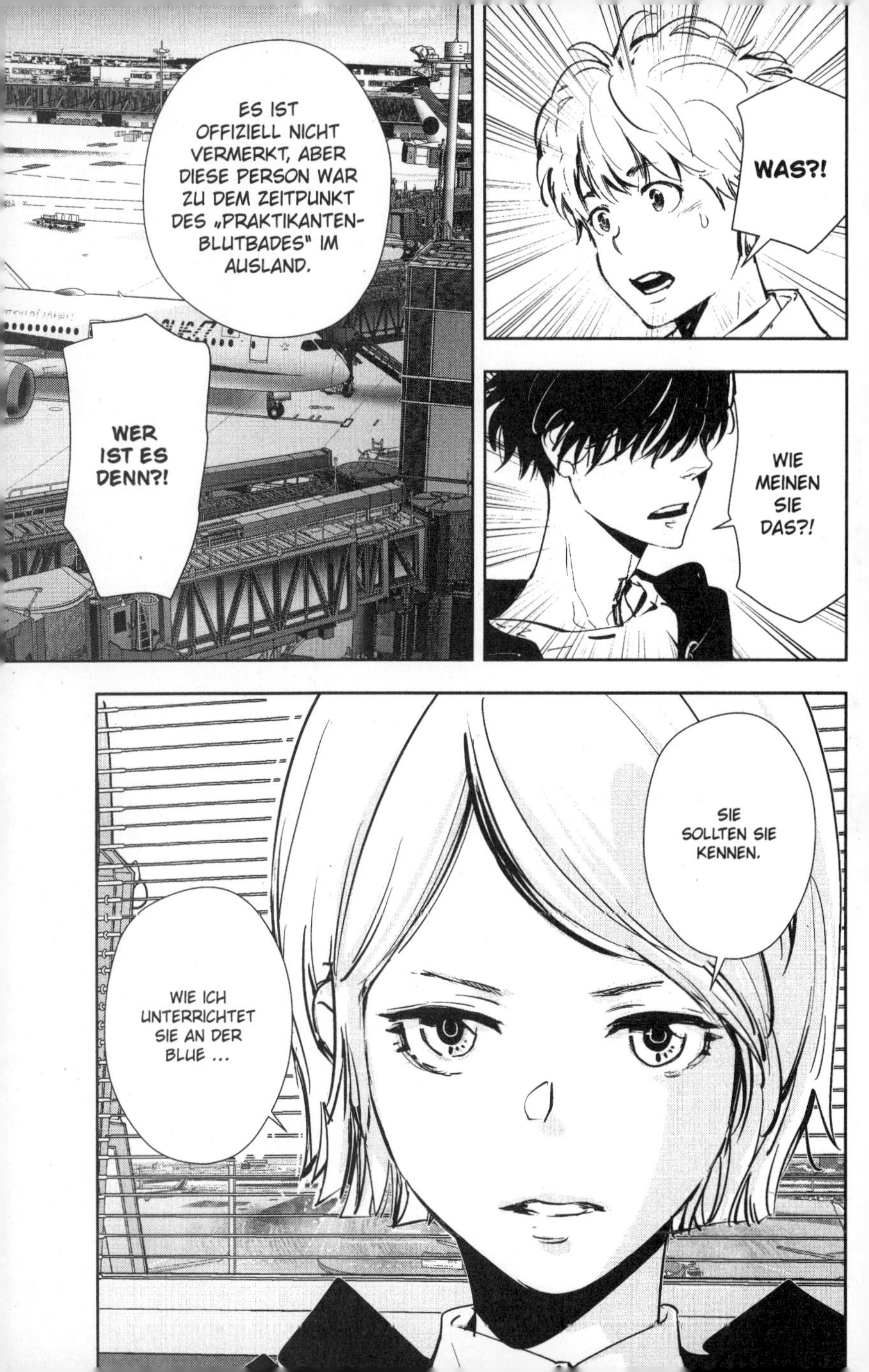

ES IST OFFIZIELL NICHT VERMERKT, ABER DIESE PERSON WAR ZU DEM ZEITPUNKT DES „PRAKTIKANTEN-BLUTBADES" IM AUSLAND.

WAS?!

WIE MEINEN SIE DAS?!

WER IST ES DENN?!

SIE SOLLTEN SIE KENNEN.

WIE ICH UNTERRICHTETE SIE AN DER BLUE …

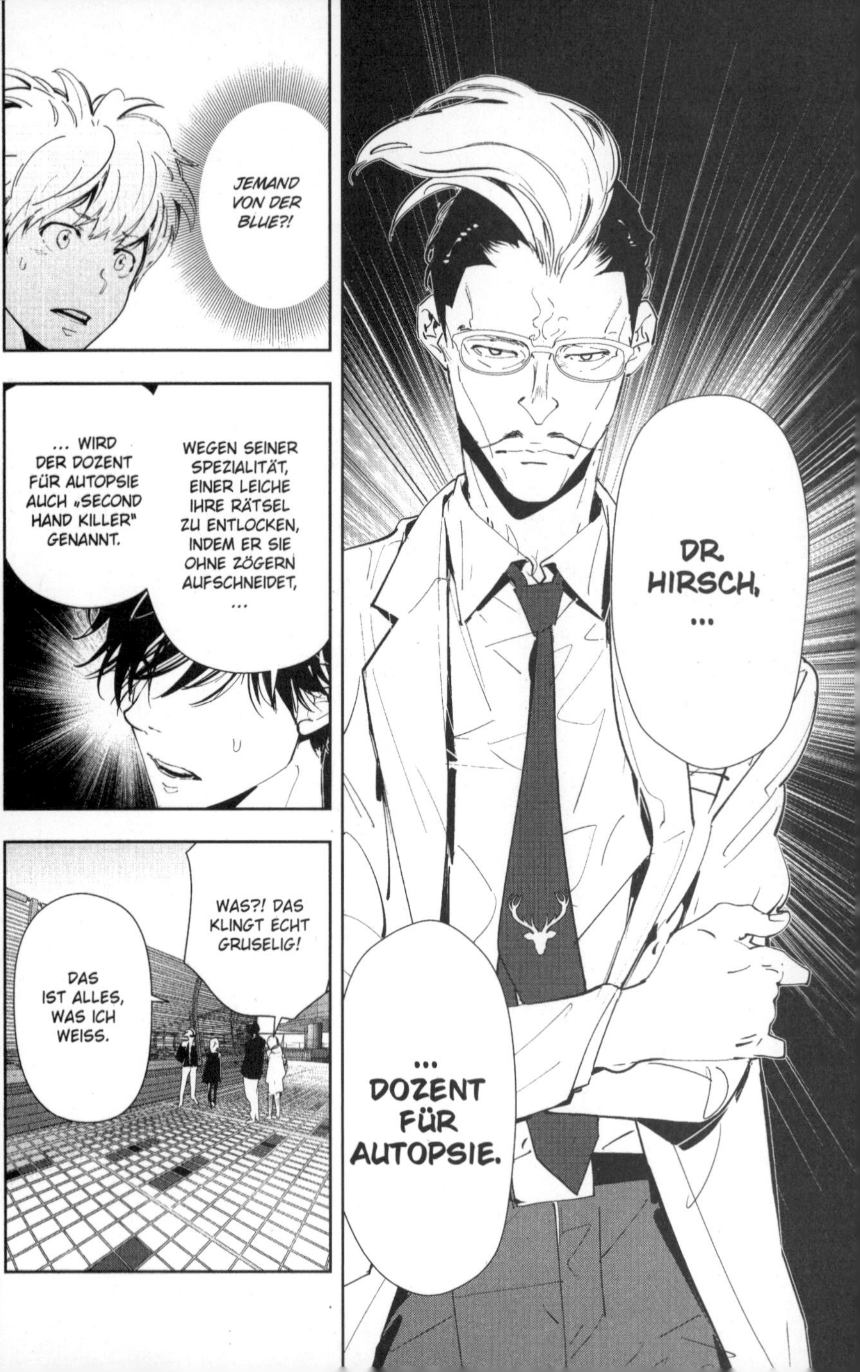

DR. HIRSCH, ...
... DOZENT FÜR AUTOPSIE.

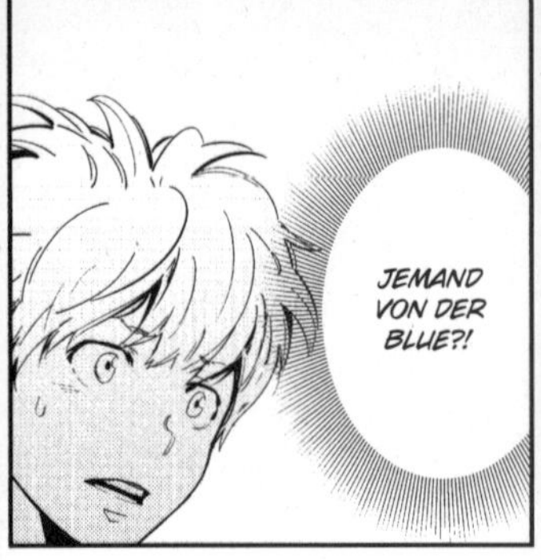

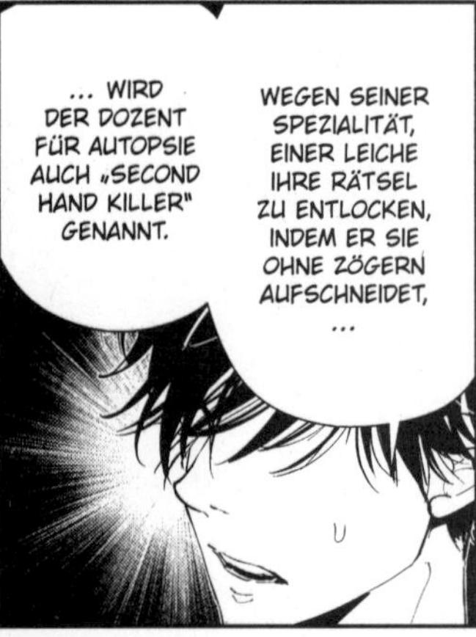

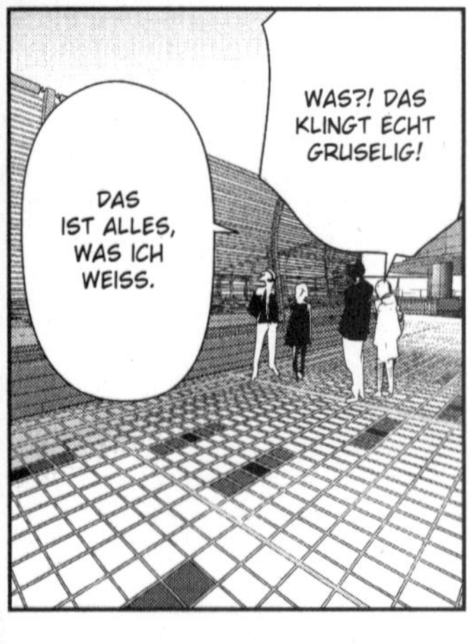

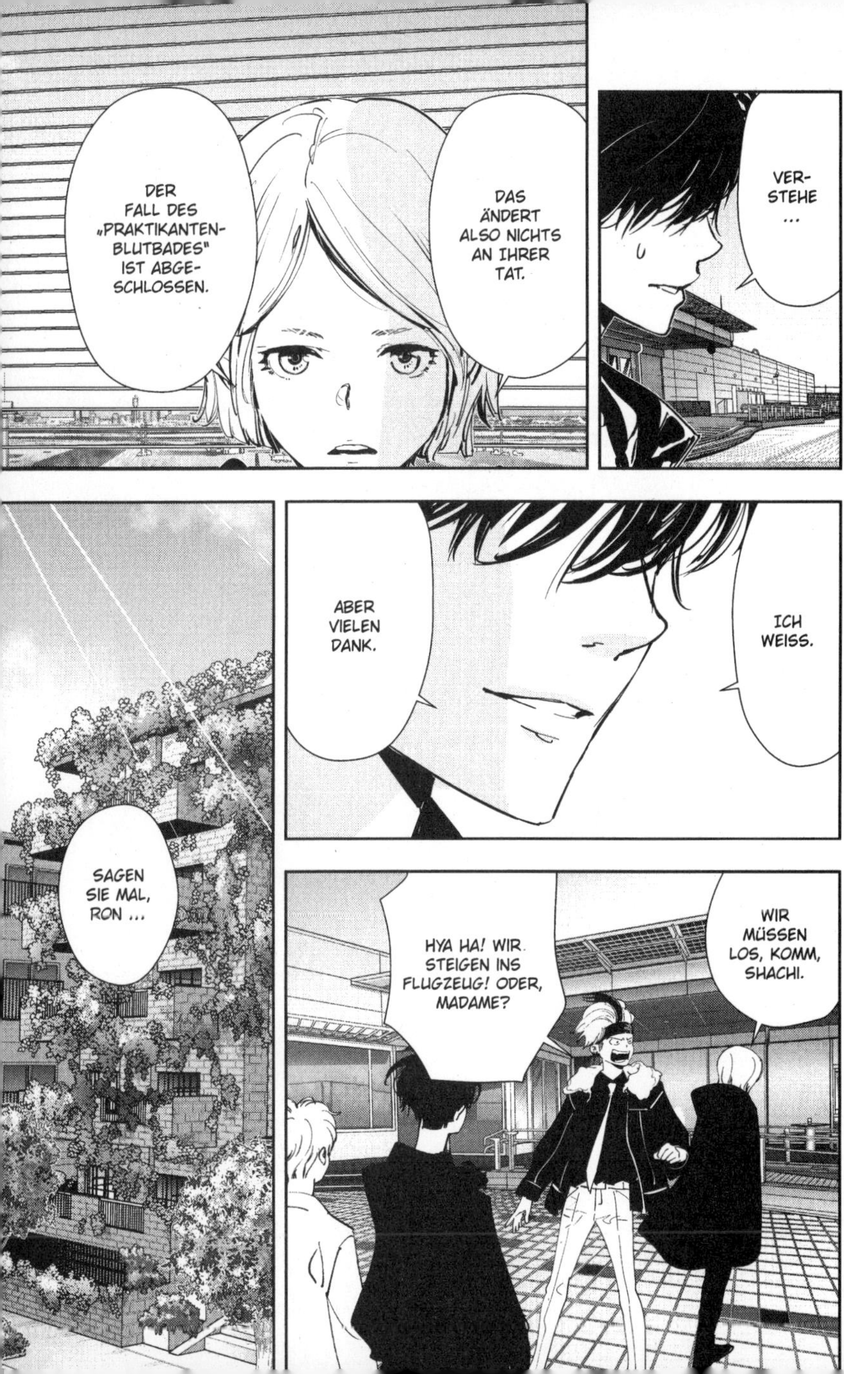

DER FALL DES „PRAKTIKANTEN-BLUTBADES" IST ABGE-SCHLOSSEN.

DAS ÄNDERT ALSO NICHTS AN IHRER TAT.

VER-STEHE ...

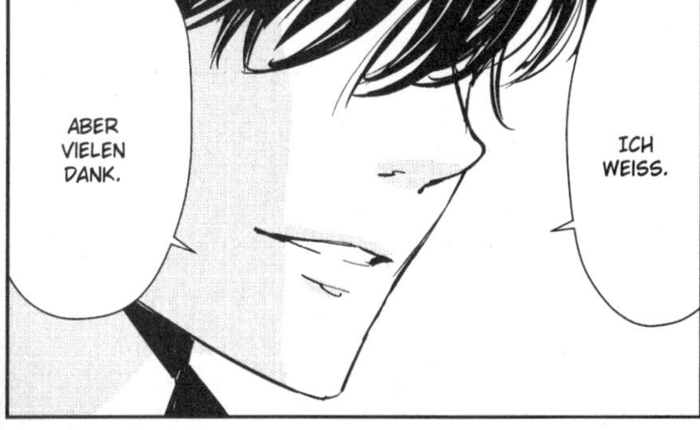

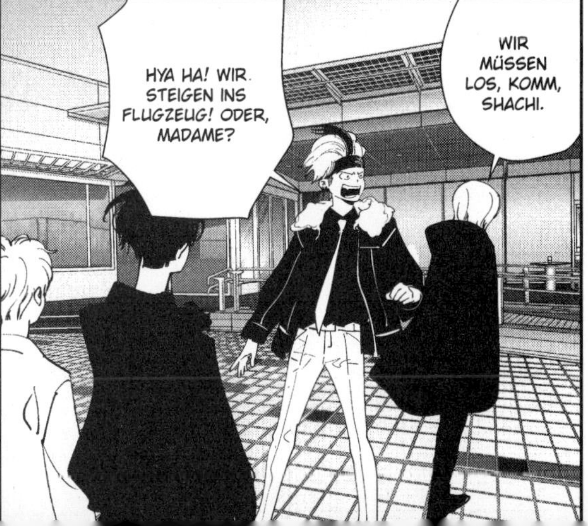

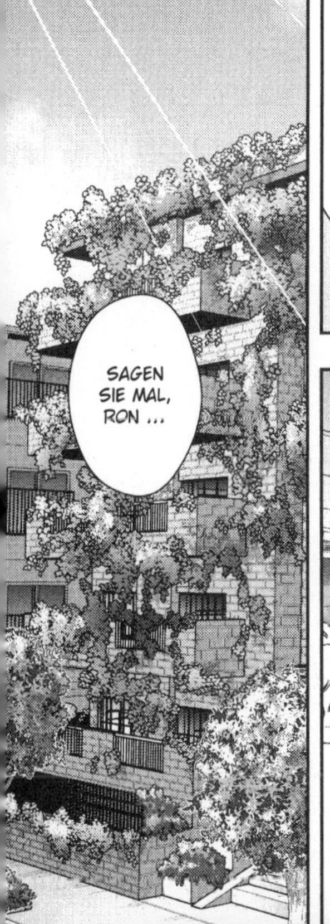

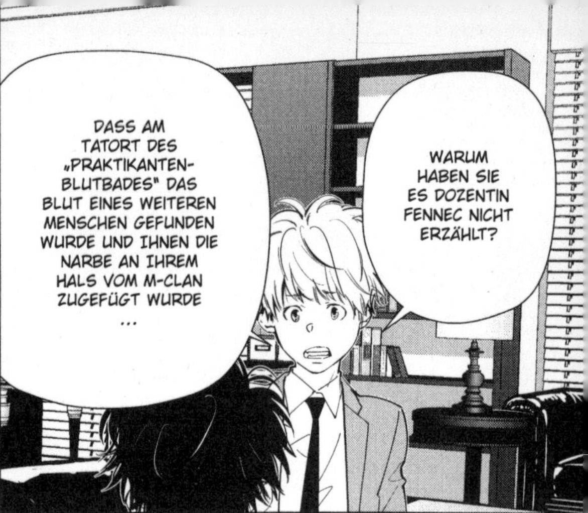
WARUM HABEN SIE ES DOZENTIN FENNEC NICHT ERZÄHLT?
DASS AM TATORT DES „PRAKTIKANTEN-BLUTBADES" DAS BLUT EINES WEITEREN MENSCHEN GEFUNDEN WURDE UND IHNEN DIE NARBE AN IHREM HALS VOM M-CLAN ZUGEFÜGT WURDE ...

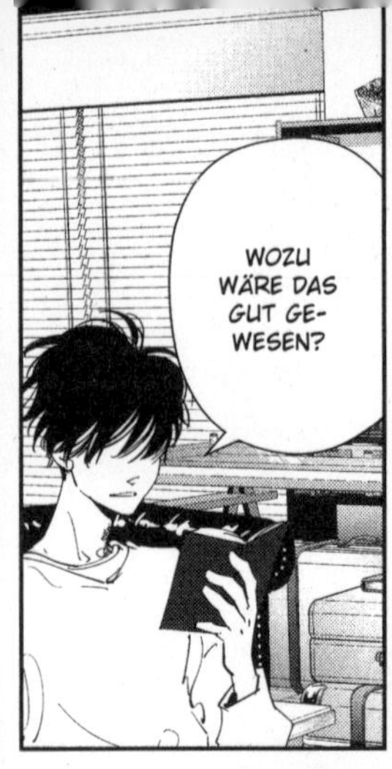
WOZU WÄRE DAS GUT GE-WESEN?

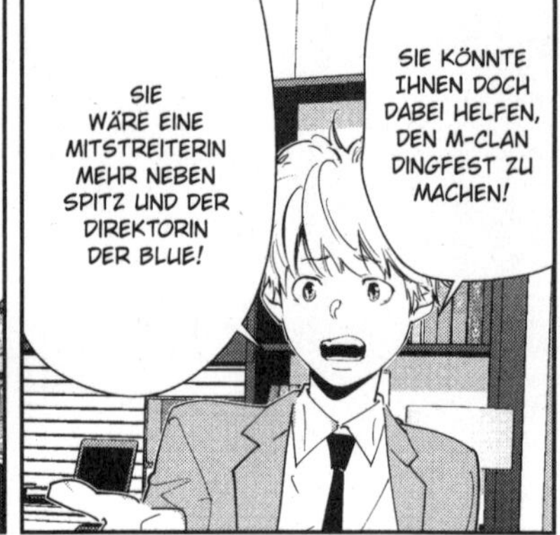
SIE KÖNNTE IHNEN DOCH DABEI HELFEN, DEN M-CLAN DINGFEST ZU MACHEN!
SIE WÄRE EINE MITSTREITERIN MEHR NEBEN SPITZ UND DER DIREKTORIN DER BLUE!

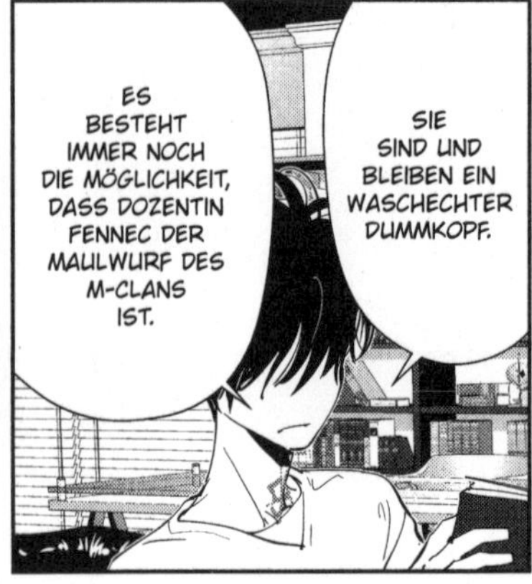
SIE SIND UND BLEIBEN EIN WASCHECHTER DUMMKOPF.
ES BESTEHT IMMER NOCH DIE MÖGLICHKEIT, DASS DOZENTIN FENNEC DER MAULWURF DES M-CLANS IST.

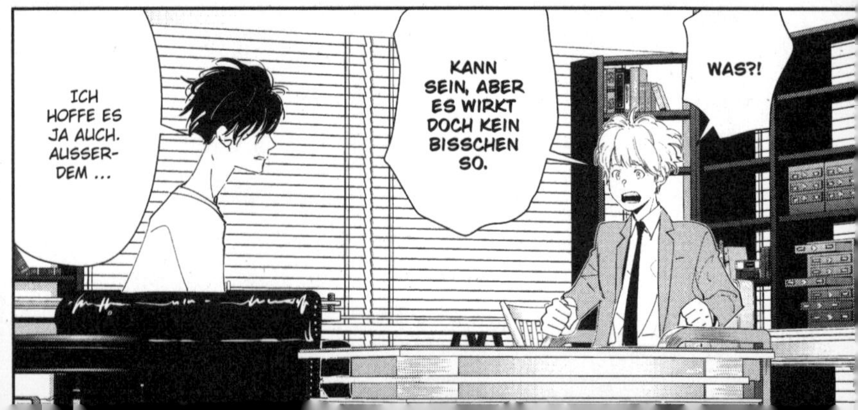
WAS?!
KANN SEIN, ABER ES WIRKT DOCH KEIN BISSCHEN SO.
ICH HOFFE ES JA AUCH. AUSSER-DEM ...

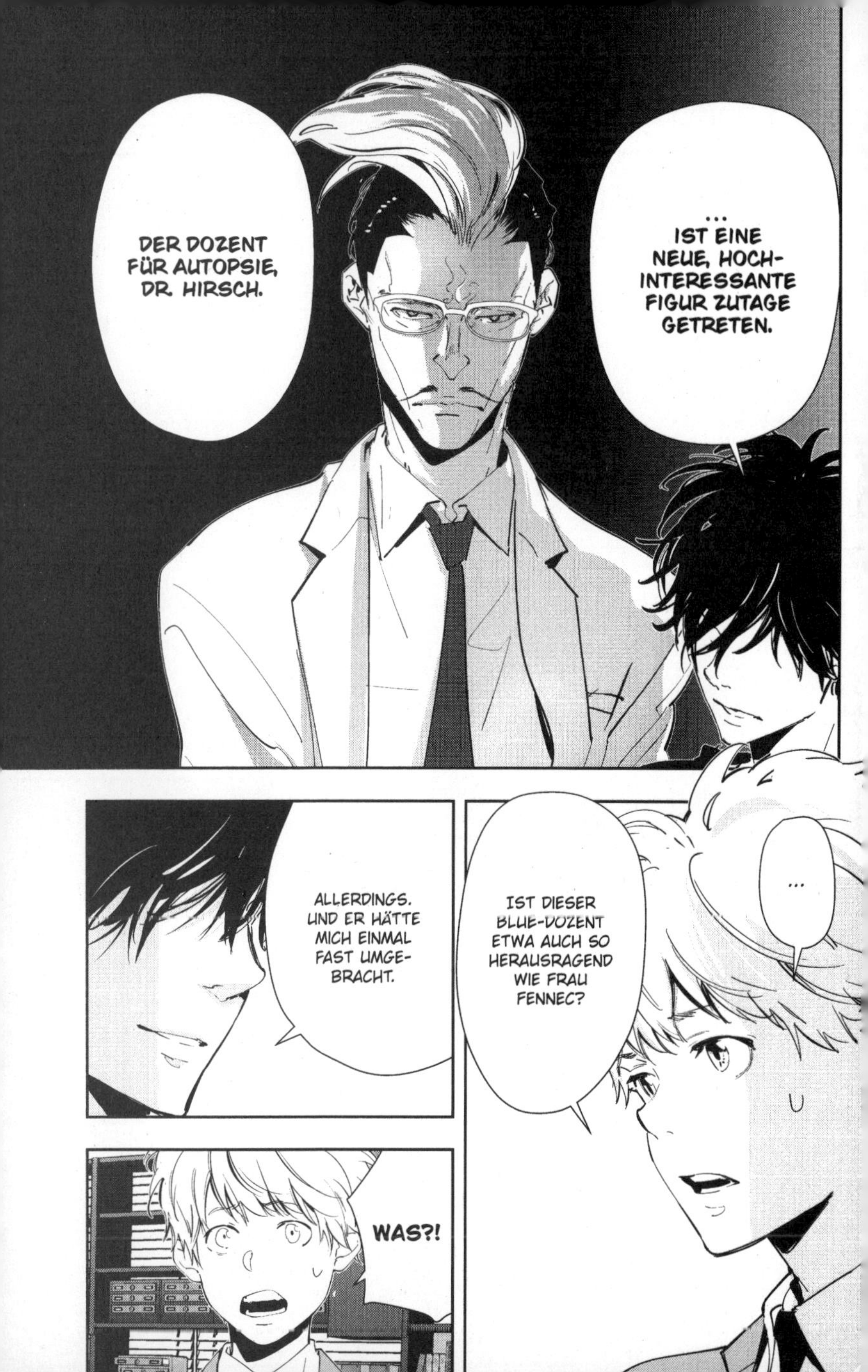
... IST EINE NEUE, HOCH-INTERESSANTE FIGUR ZUTAGE GETRETEN.
DER DOZENT FÜR AUTOPSIE, DR. HIRSCH.
...
IST DIESER BLUE-DOZENT ETWA AUCH SO HERAUSRAGEND WIE FRAU FENNEC?
ALLERDINGS. UND ER HÄTTE MICH EINMAL FAST UMGE-BRACHT.
WAS?!

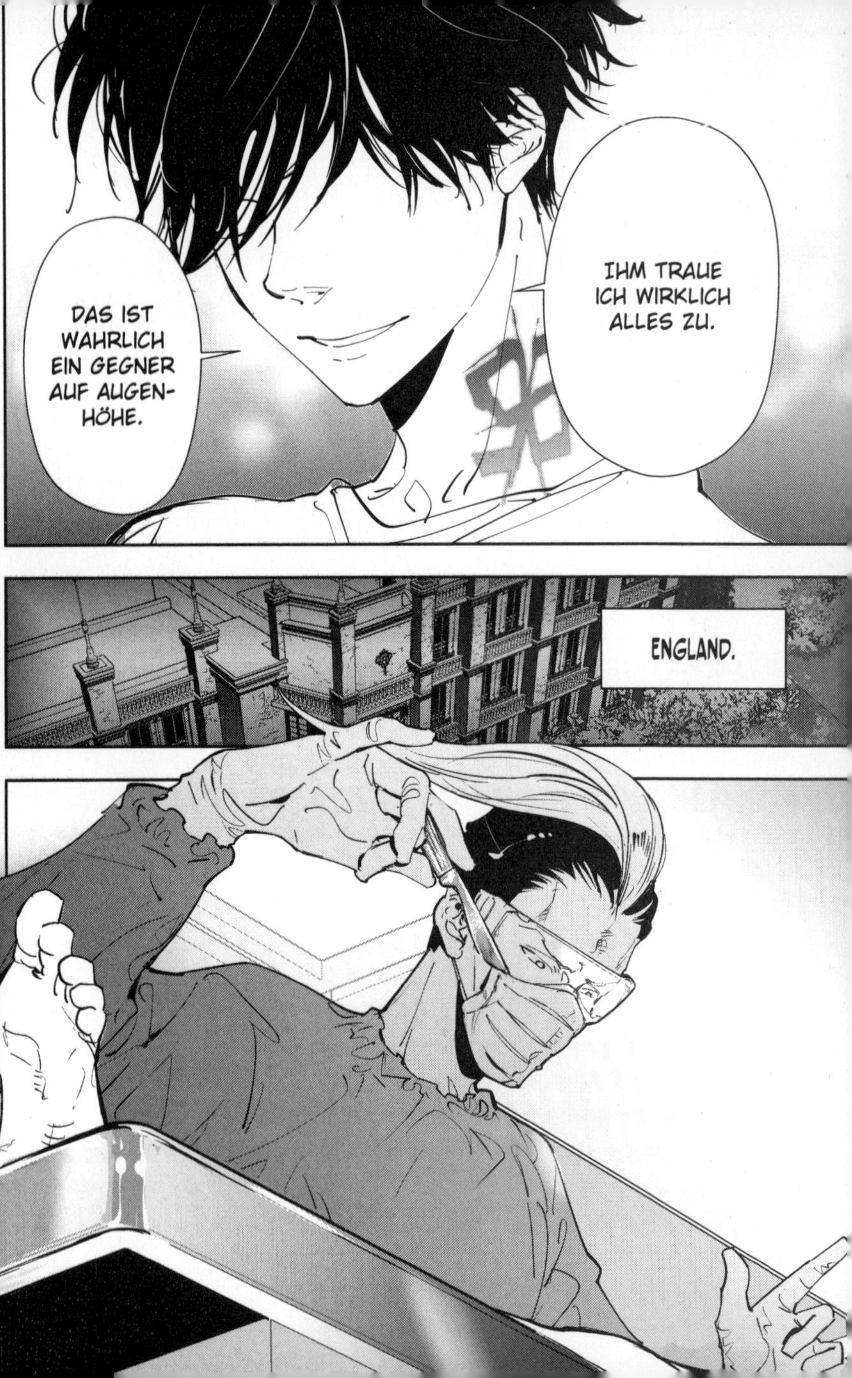

IHM TRAUE ICH WIRKLICH ALLES ZU.

DAS IST WAHRLICH EIN GEGNER AUF AUGENHÖHE.

ENGLAND.

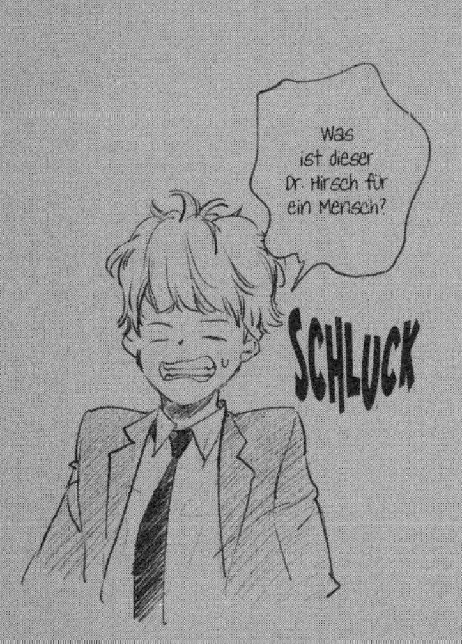
Was ist dieser Dr. Hirsch für ein Mensch?
SCHLUCK

Rätsel zur Aufnahmeprüfung der
Detektiv-Akademie BLUE Lösungsteil

Wenn du die Antwort des Rätsels aus Band 6 nicht gefunden hast, erfährst du hier von Ron und Toto, wie es geht!

SEHEN WIR UNS ZUERST MAL ABBILDUNG 1 AN UND ZÄHLEN DIE ANZAHL DER KÄSTCHEN.

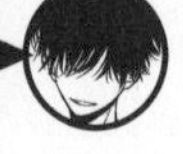

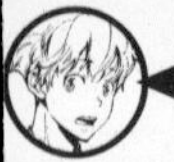

ES SIND JEWEILS FÜNF KÄSTCHEN IN JEDE RICHTUNG, DAZU EIN ZUSÄTZLICHES KÄSTCHEN, ERGIBT 5×5+1=26 KÄSTCHEN.

ANGENOMMEN IN DIE KÄSTCHEN GEHÖREN BUCHSTABEN, WAS HAT GENAU 26 DAVON?

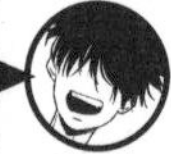

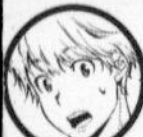

DAS ALPHABET VIELLEICHT?

GENAU! ALS NÄCHSTES ÜBERLEGEN WIR UNS, IN WELCHER REIHENFOLGE DIE BUCHSTABEN STEHEN KÖNNTEN. SCHAUEN SIE SICH ABBILDUNG 1 GENAU AN. SIE SEHEN JA, DASS ES GESTRICHELTE UND DURCHGEZOGENE LINIEN GIBT. WENN WIR DAVON AUSGEHEN, DASS DIE DURCHGEZOGENEN LINIEN EINE MAUER DARSTELLEN UND DIE GESTRICHELTEN LINIEN FREIE BAHN SIGNALISIEREN, DANN ERGIBT DAS EINEN HINWEIS AUF DIE REIHENFOLGE.

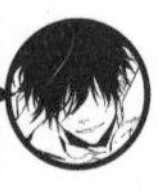

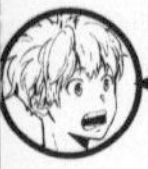

MAL SEHEN ... ACH SO! MAN KANN IN EINEM ZUG VON A BIS Z DURCH DIE KÄSTCHEN DURCHFAHREN!

RICHTIG. SO SEHEN WIR ES IN ABBILDUNG 2. WENN WIR DEN HINWEIS AUS DEN SCHWARZEN BLÖCKEN NEHMEN, ERKENNEN WIR, DASS DIE BUCHSTABEN SPIRALFÖRMIG ANGEORDNET SEIN MÜSSEN. WENN SIE NUN ALLE BUCHSTABEN DES ALPHABETS ENTSPRECHEND ANORDNEN, ERGIBT SICH DIE REIHENFOLGE WIE IN ABBILDUNG 3 ZU SEHEN.

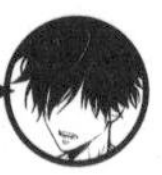

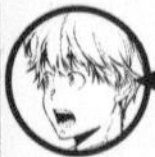

ALS ERSTES EIN B, DANN EIN L... BLACK! „SCHWARZ" IST ALSO DAS LÖSUNGSWORT!

RICHTIG. UND WENN SIE SICH DIE BUCHSTABEN IN DEN KÄSTCHEN MIT DEN FRAGEZEICHEN ANSEHEN, R, E UND D, ERGIBT SICH DAS LÖSUNGSWORT „RED".

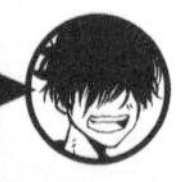

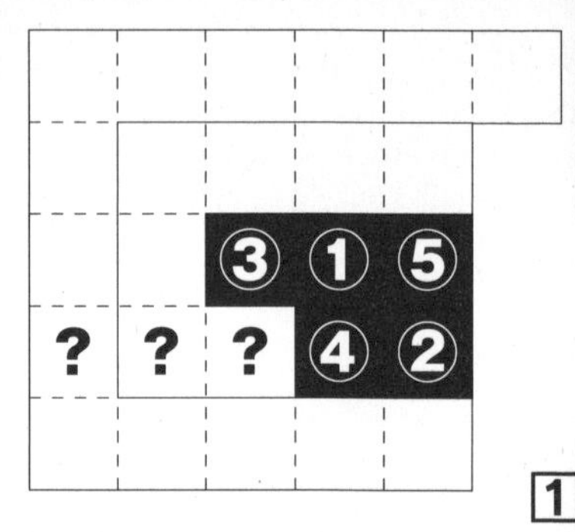

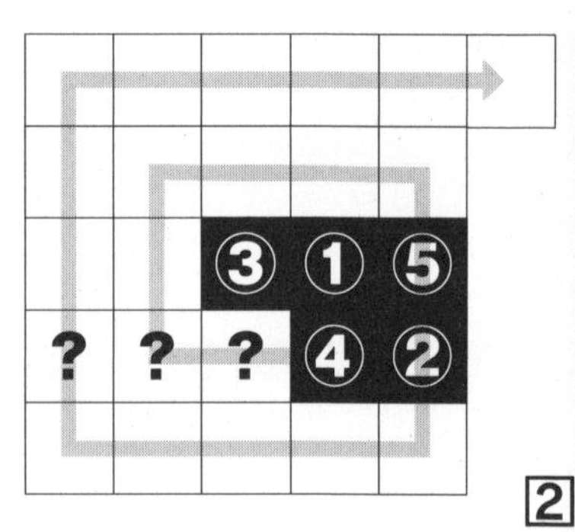

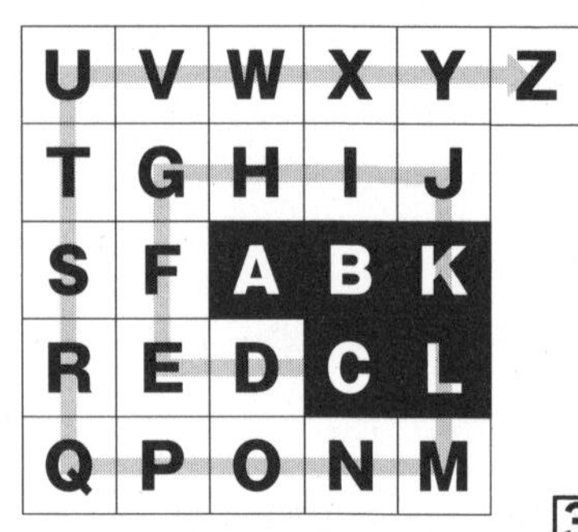

← Auch diesmal gibt es auf Seite 195 wieder ein Rätsel für angehende Detektive, probiert es aus!

58. KAPITEL:
Der verschwundene Chinakohl ①

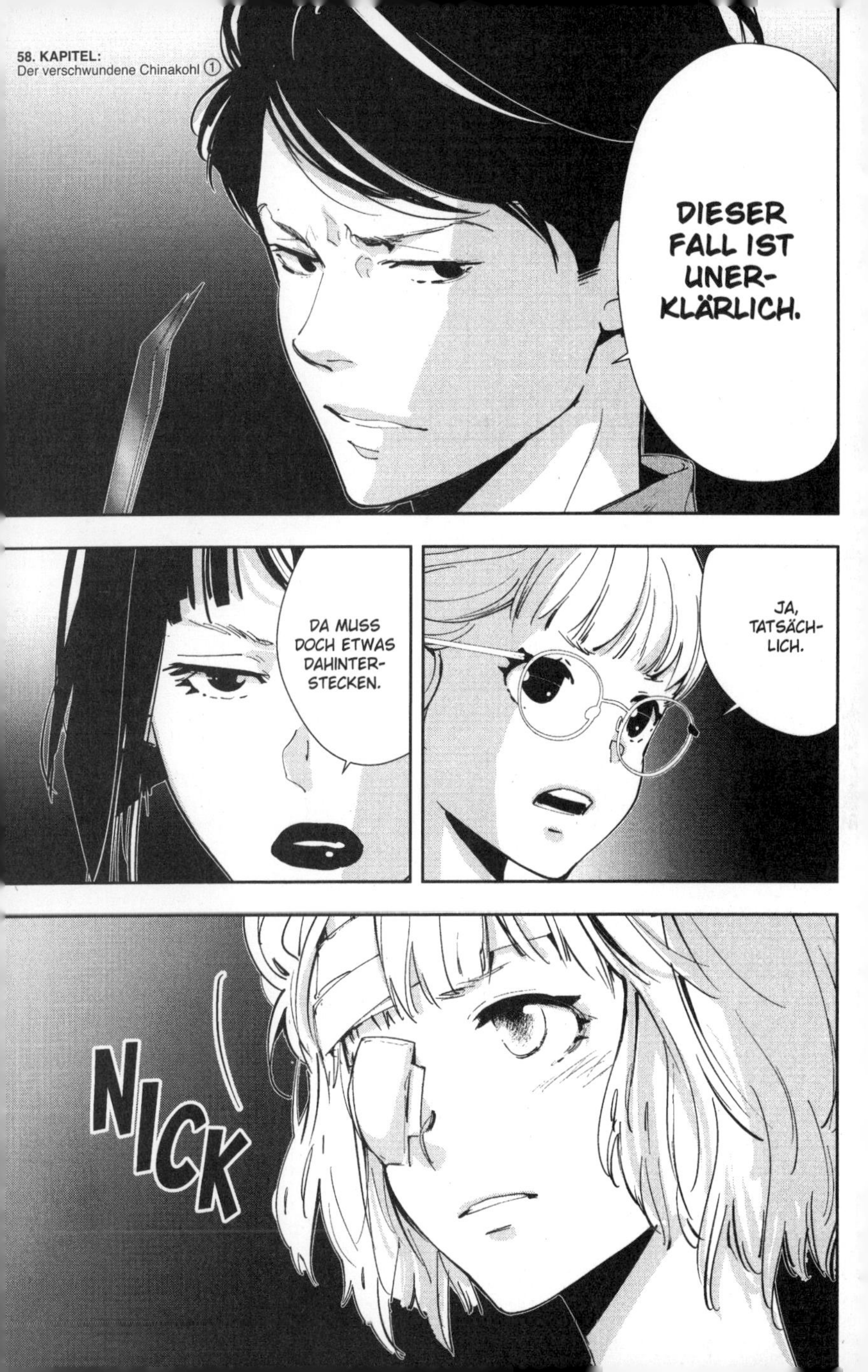

DIESER FALL IST UNER-KLÄRLICH.

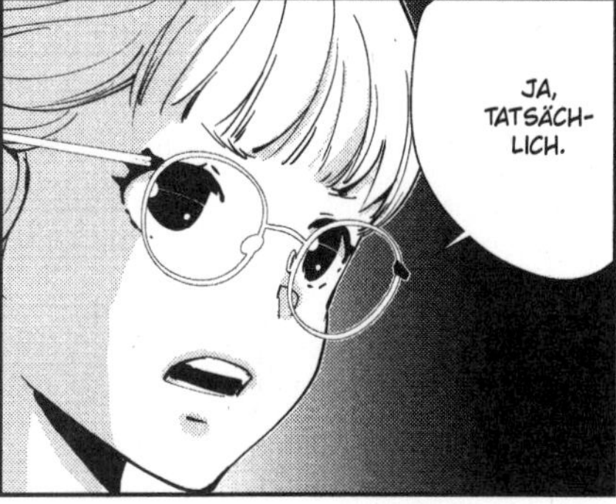

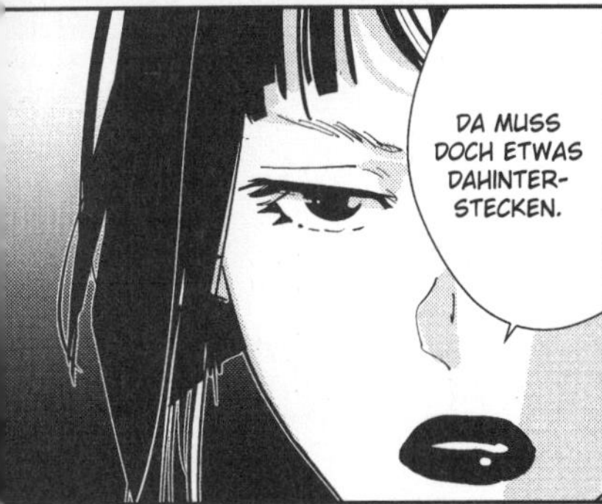

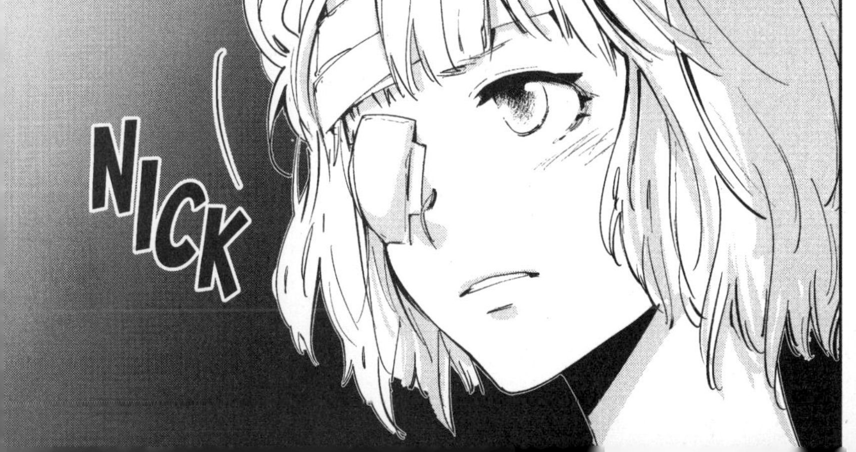

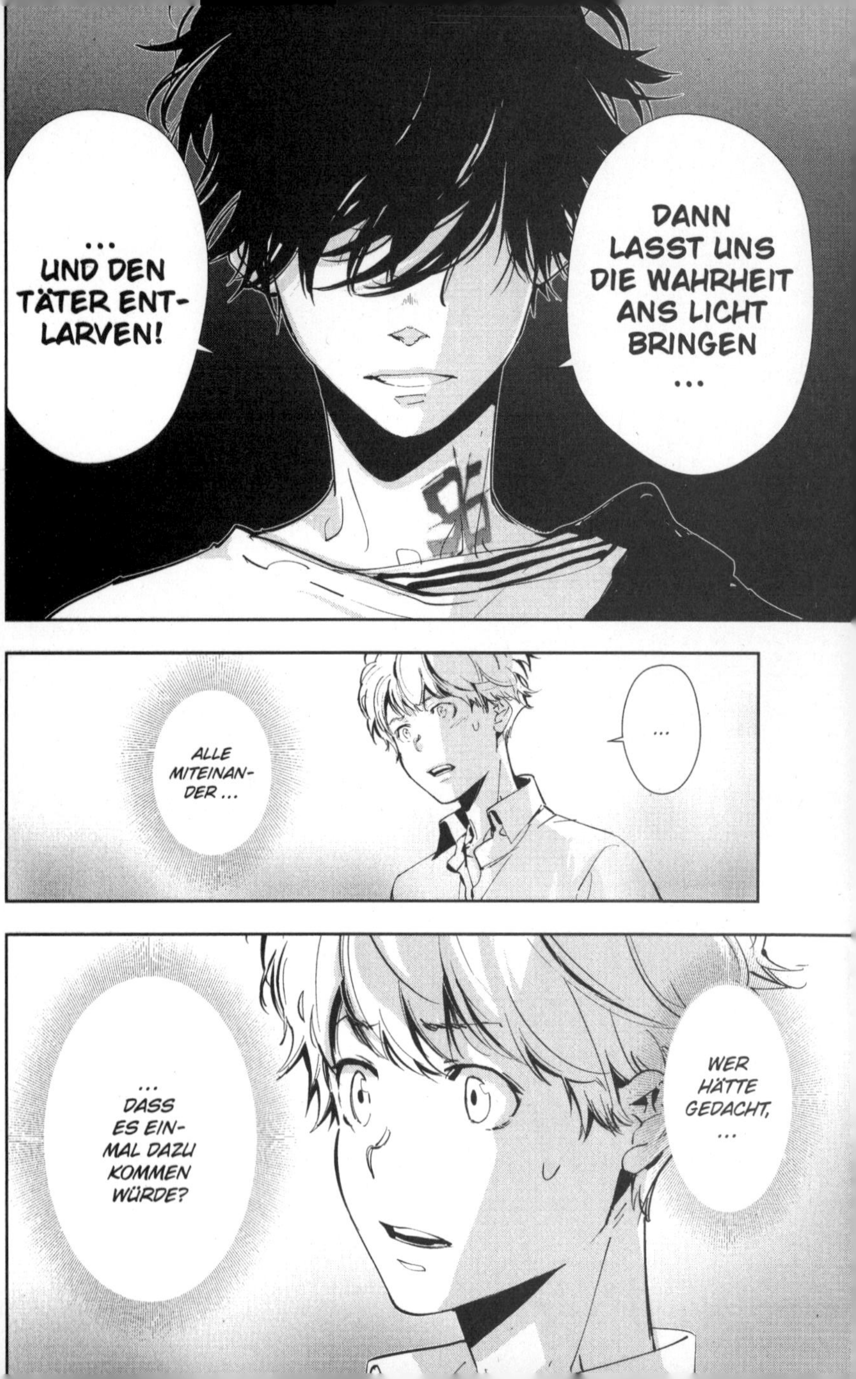

DANN LASST UNS DIE WAHRHEIT ANS LICHT BRINGEN ...

... UND DEN TÄTER ENT-LARVEN!

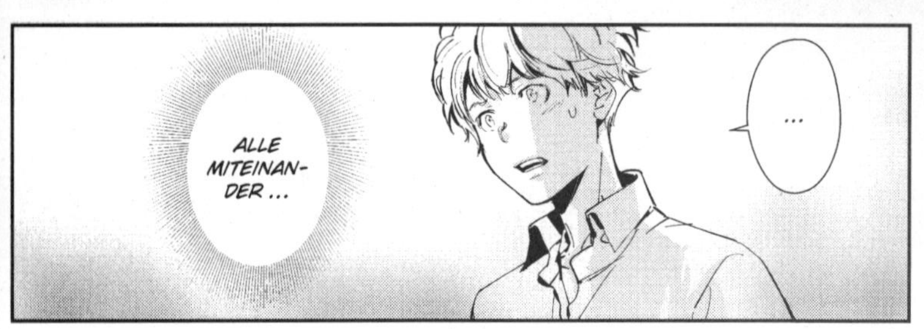

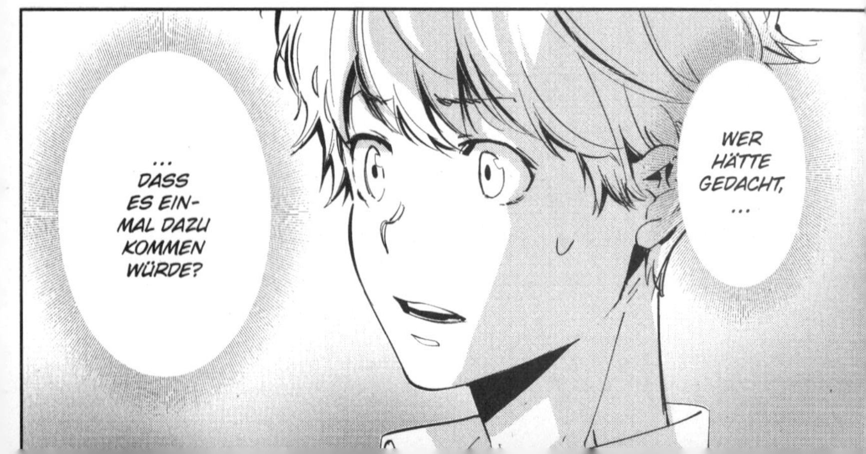

58. KAPITEL:
Der verschwundene Chinakohl ①

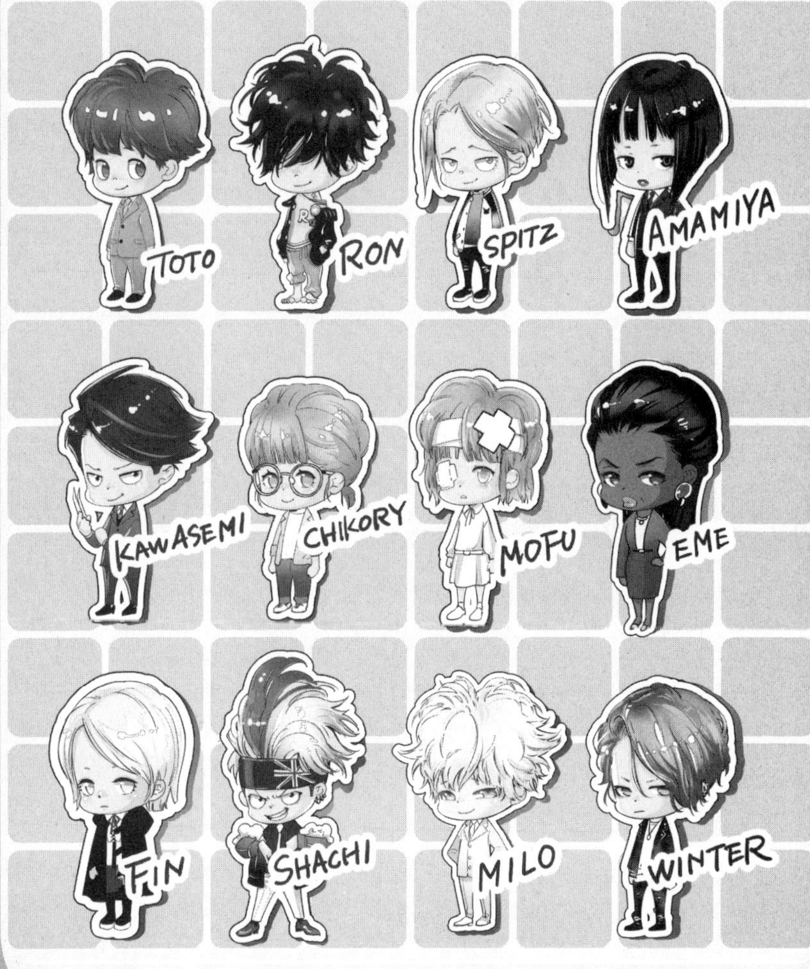

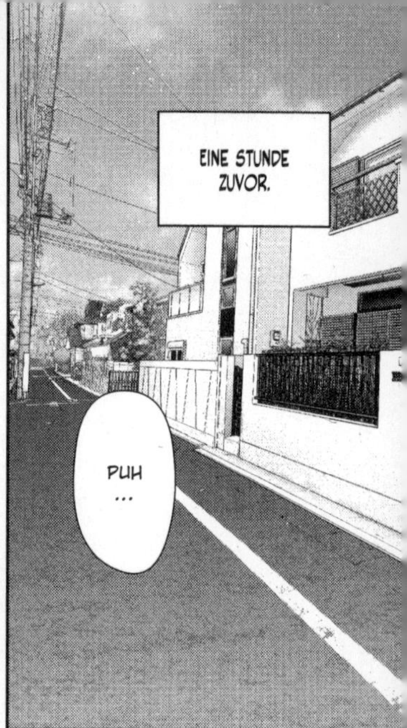
EINE STUNDE ZUVOR.
PUH ...

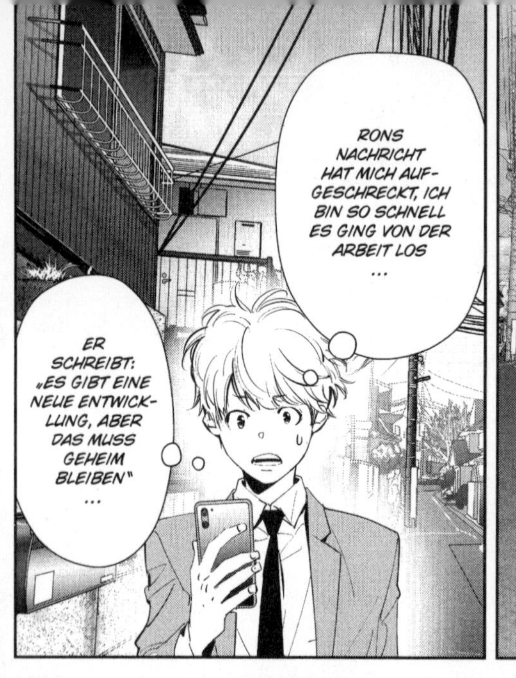
RONS NACHRICHT HAT MICH AUF-GESCHRECKT, ICH BIN SO SCHNELL ES GING VON DER ARBEIT LOS ...
ER SCHREIBT: „ES GIBT EINE NEUE ENTWICK-LUNG, ABER DAS MUSS GEHEIM BLEIBEN" ...

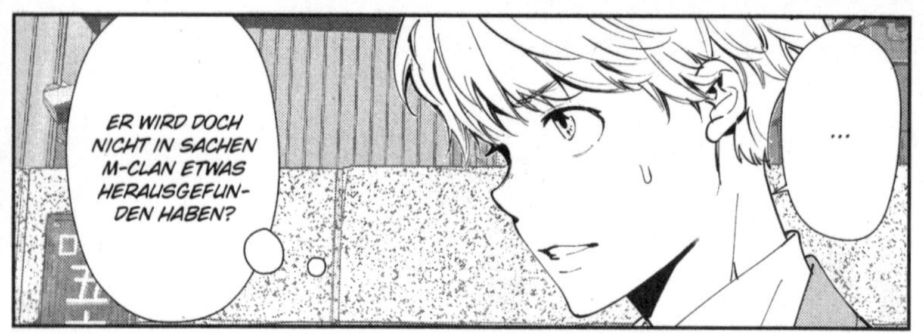
...
ER WIRD DOCH NICHT IN SACHEN M-CLAN ETWAS HERAUSGEFUN-DEN HABEN?

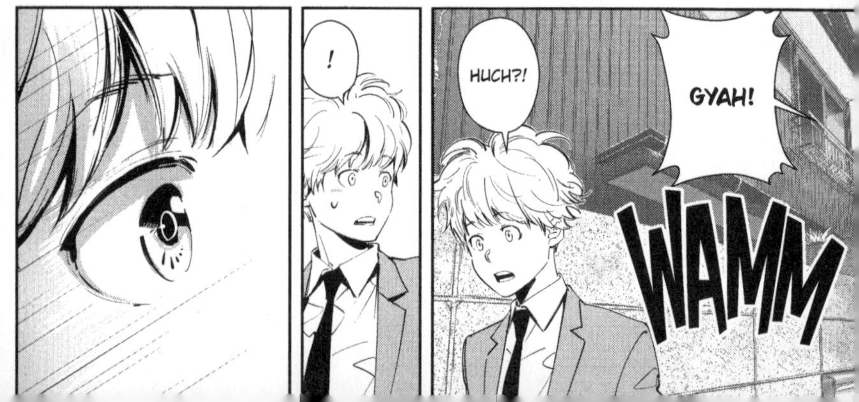
GYAH!
WAMM
HUCH?!
!

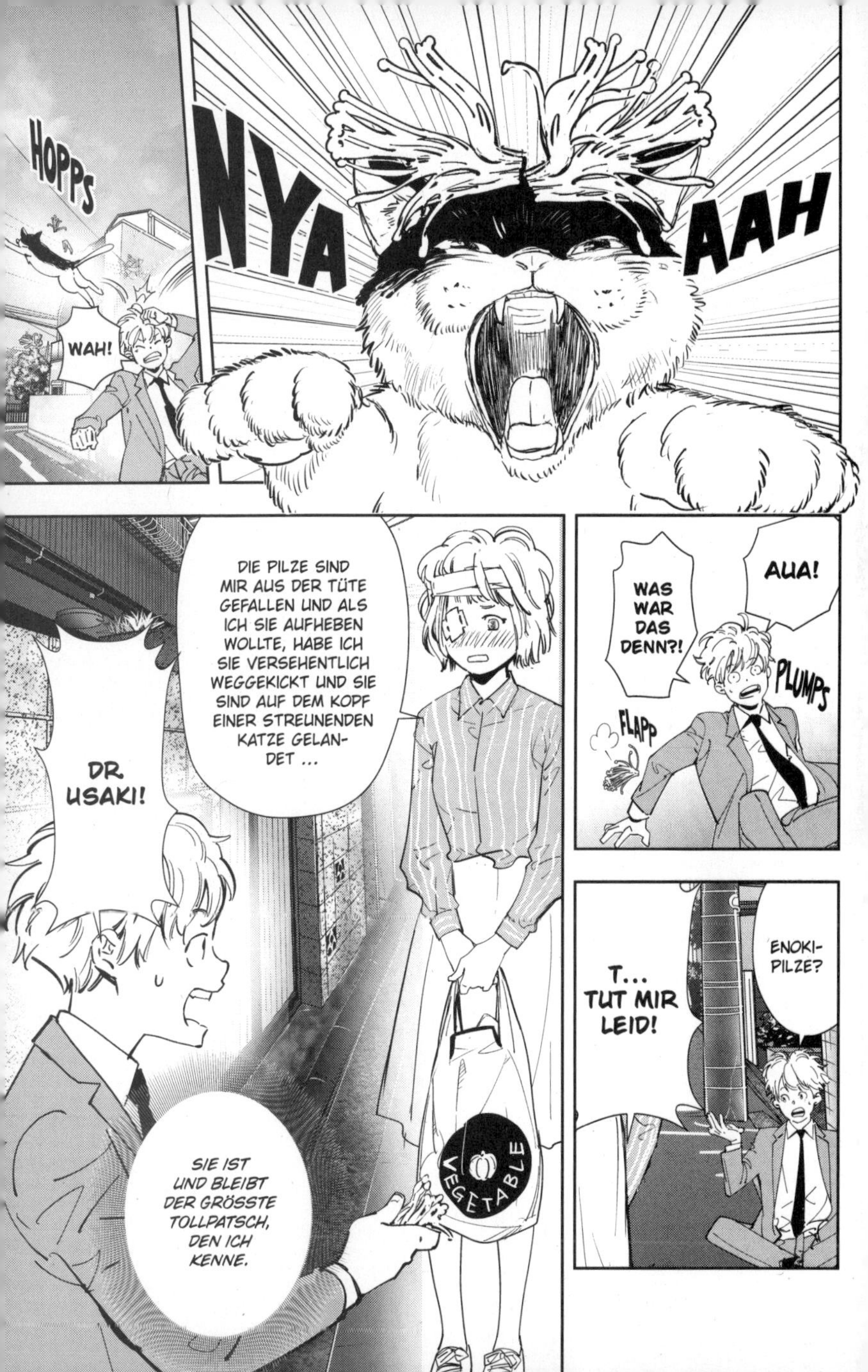
NYA
AAH
HOPPS
WAH!
AUA!
WAS WAR DAS DENN?!
PLUMPS
FLAPP
ENOKI-PILZE?
T… TUT MIR LEID!
DIE PILZE SIND MIR AUS DER TÜTE GEFALLEN UND ALS ICH SIE AUFHEBEN WOLLTE, HABE ICH SIE VERSEHENTLICH WEGGEKICKT UND SIE SIND AUF DEM KOPF EINER STREUNENDEN KATZE GELAN-DET …
DR. USAKI!
SIE IST UND BLEIBT DER GRÖSSTE TOLLPATSCH, DEN ICH KENNE.
VEGETABLE

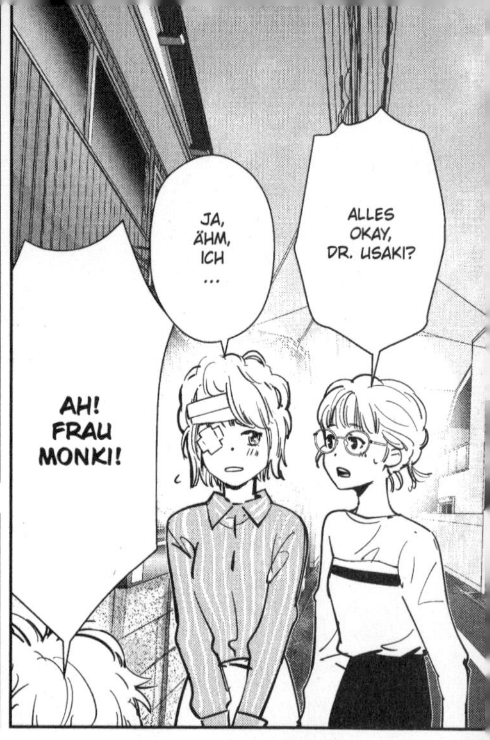
ALLES OKAY, DR. USAKI?
JA, ÄHM, ICH ...
AH! FRAU MONKI!

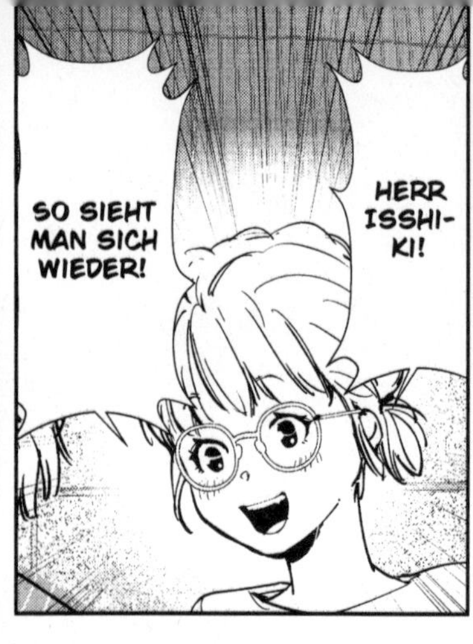
HERR ISSHIKI!
SO SIEHT MAN SICH WIEDER!

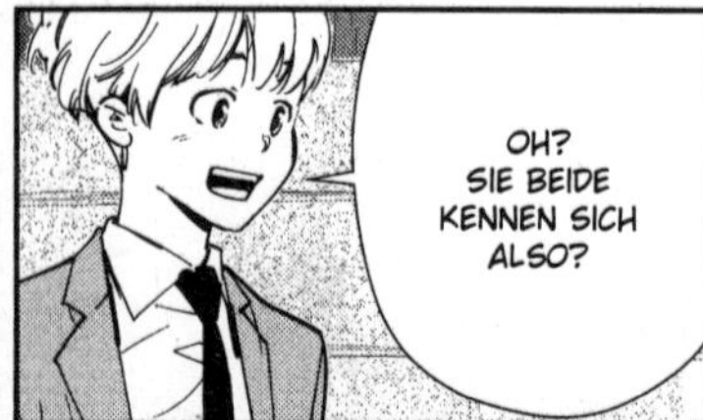
OH? SIE BEIDE KENNEN SICH ALSO?

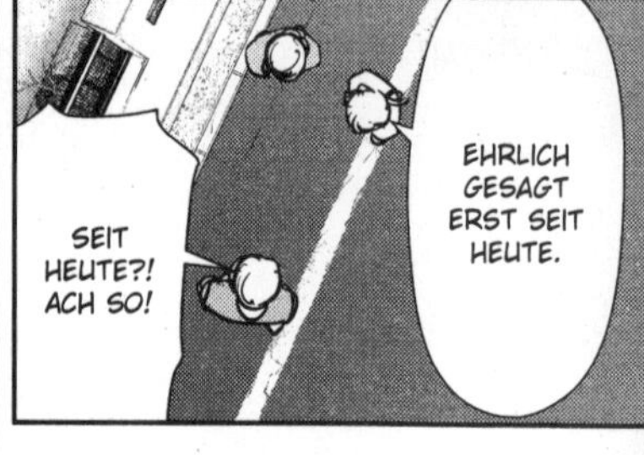
EHRLICH GESAGT ERST SEIT HEUTE.
SEIT HEUTE?! ACH SO!

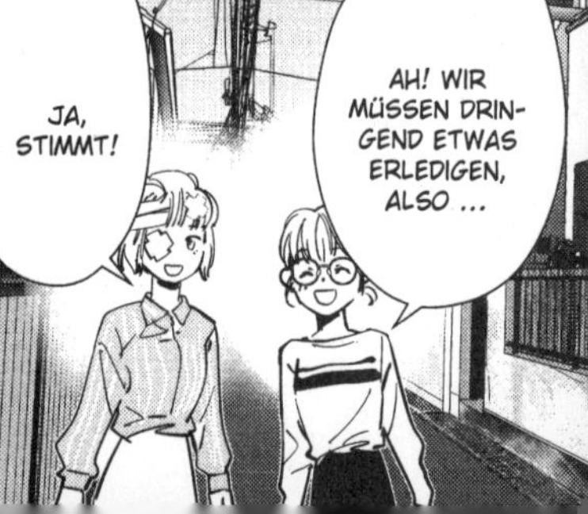
AH! WIR MÜSSEN DRINGEND ETWAS ERLEDIGEN, ALSO ...
JA, STIMMT!

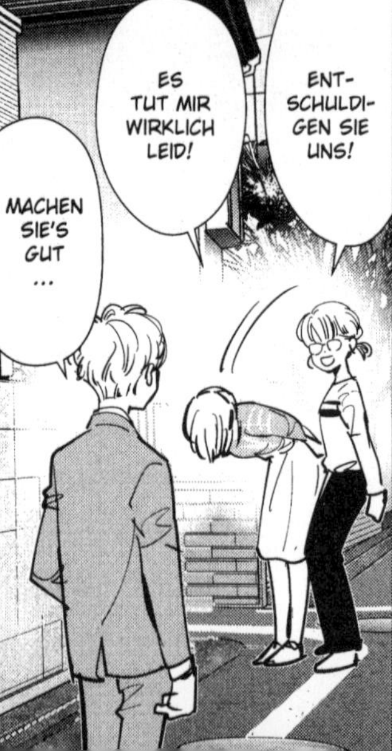
ENTSCHULDIGEN SIE UNS!
ES TUT MIR WIRKLICH LEID!
MACHEN SIE'S GUT ...

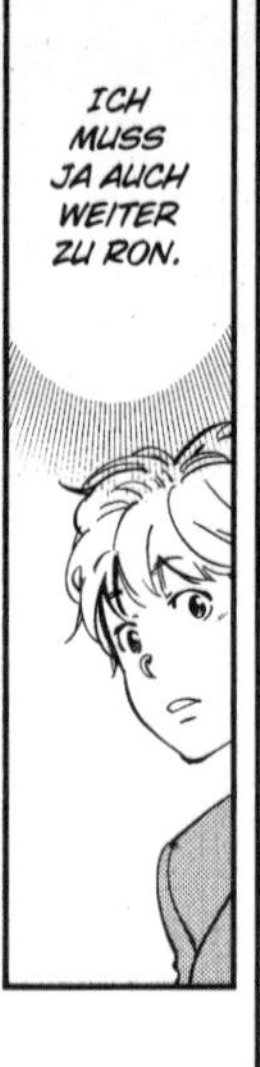
ICH MUSS JA AUCH WEITER ZU RON.

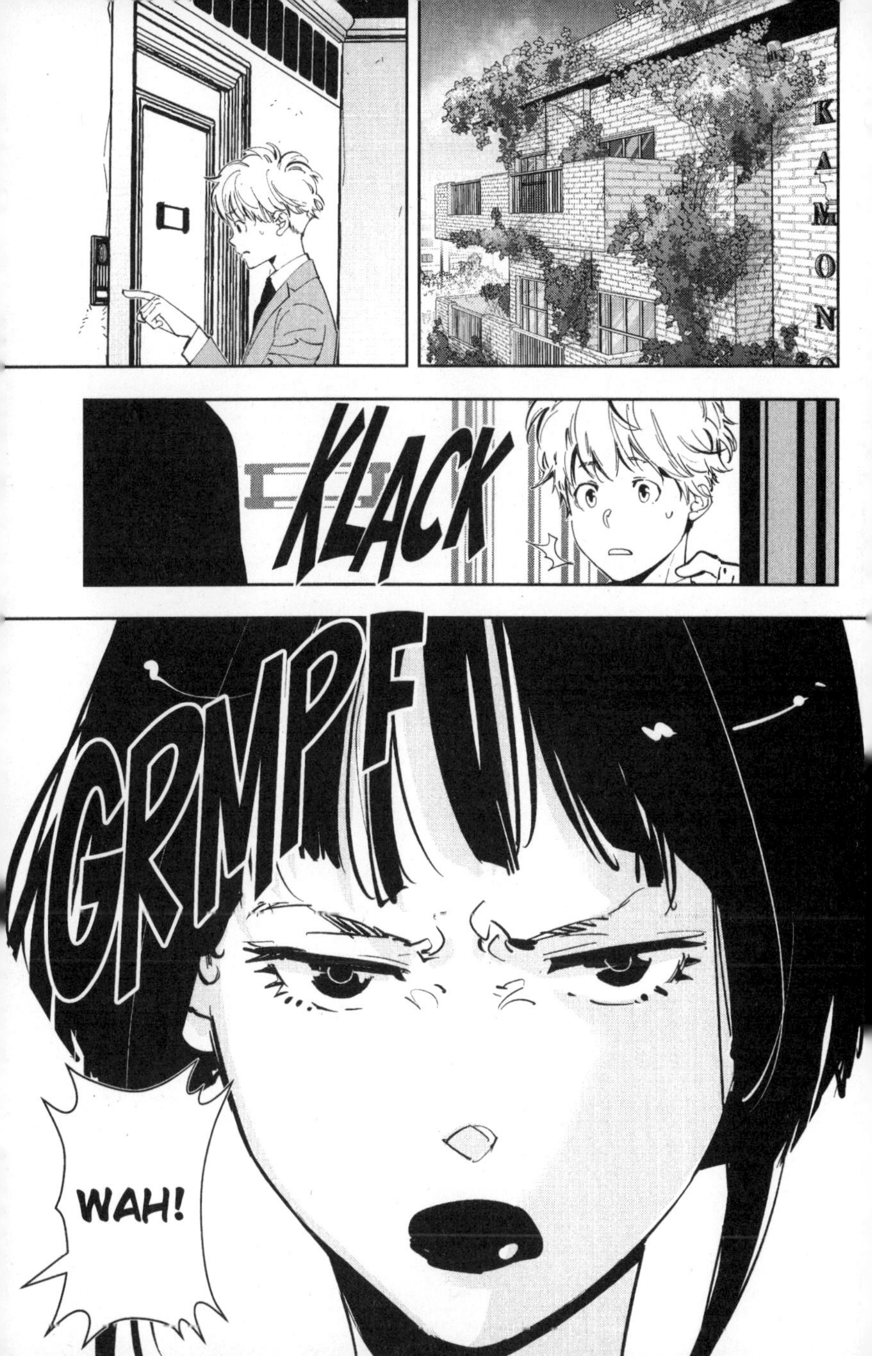
KAMON
KLACK
GRMPF
WAH!

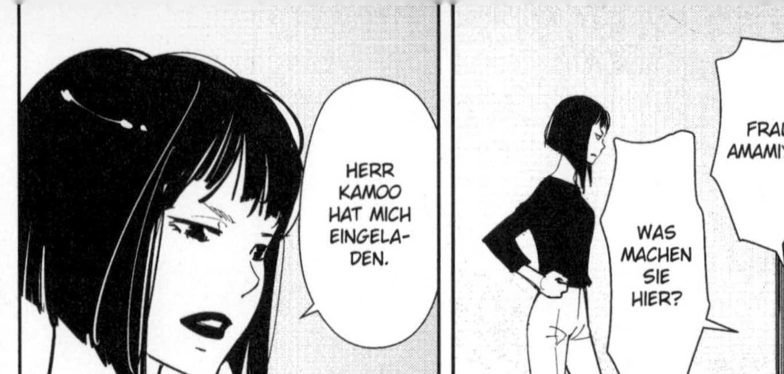
FRAU AMAMIYA?
WAS?
PLUMPS
WAS MACHEN SIE HIER?
HERR KAMOO HAT MICH EINGELA-DEN.

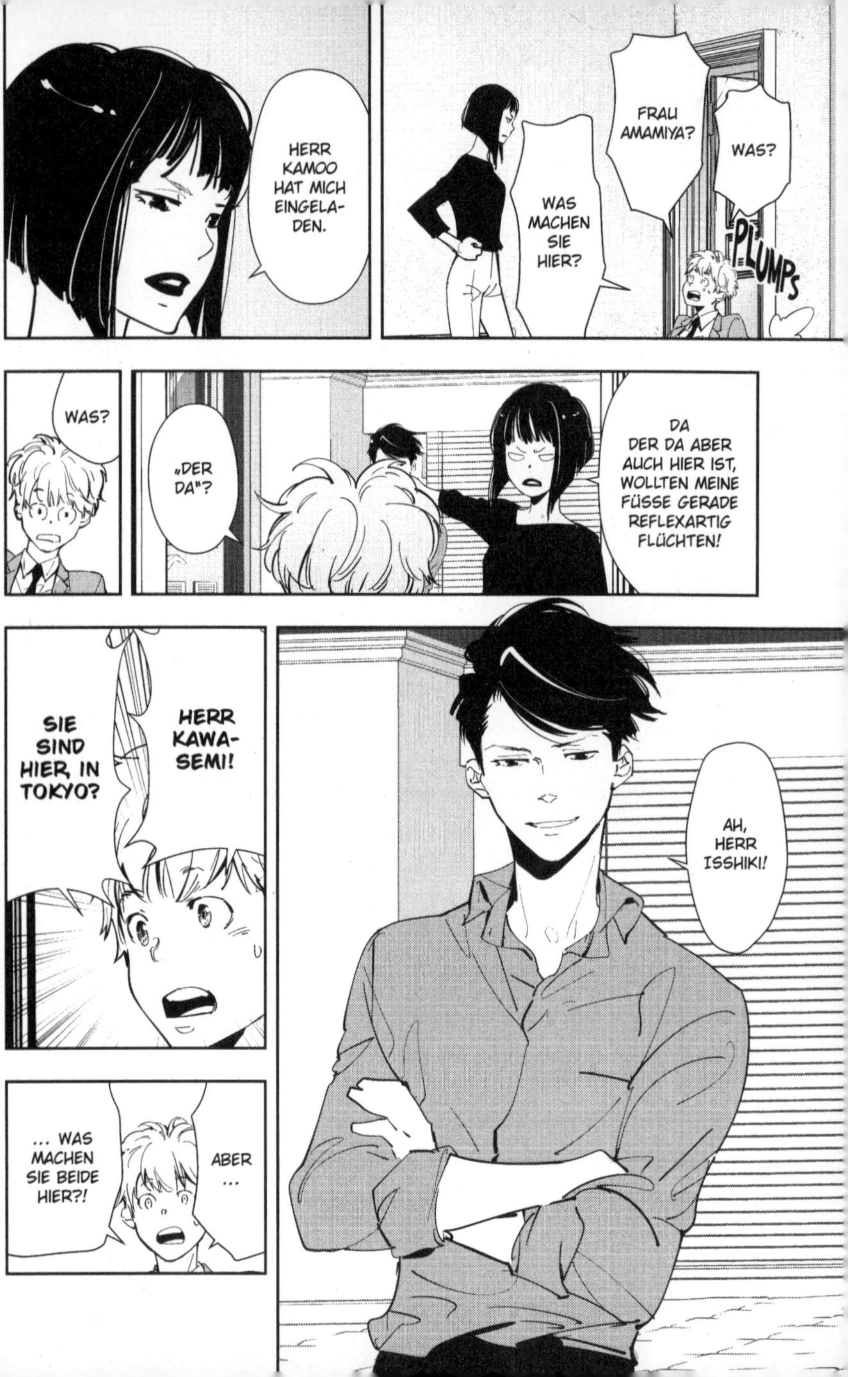

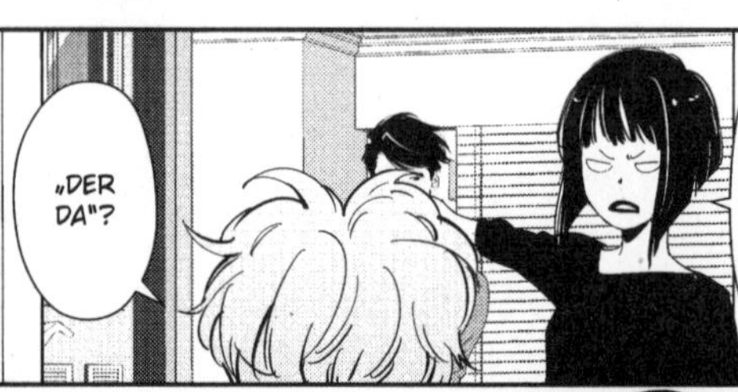
DA DER DA ABER AUCH HIER IST, WOLLTEN MEINE FÜSSE GERADE REFLEXARTIG FLÜCHTEN!
„DER DA"?

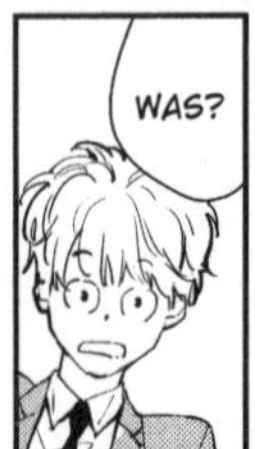
WAS?

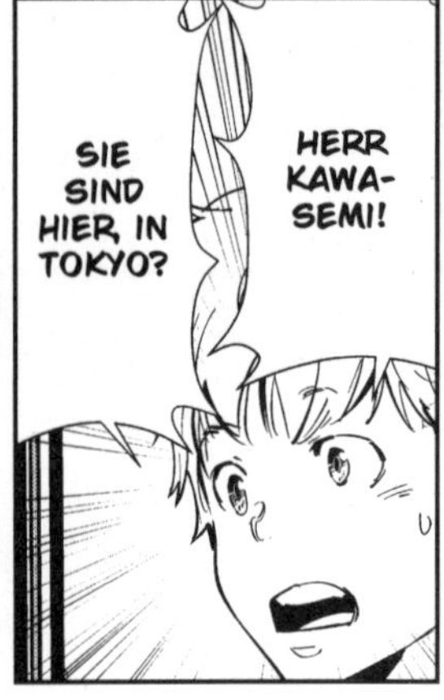
AH, HERR ISSHIKI!
HERR KAWA-SEMI!
SIE SIND HIER, IN TOKYO?

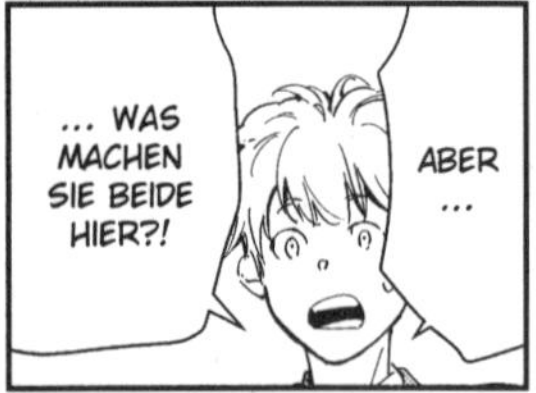
ABER ...
... WAS MACHEN SIE BEIDE HIER?!

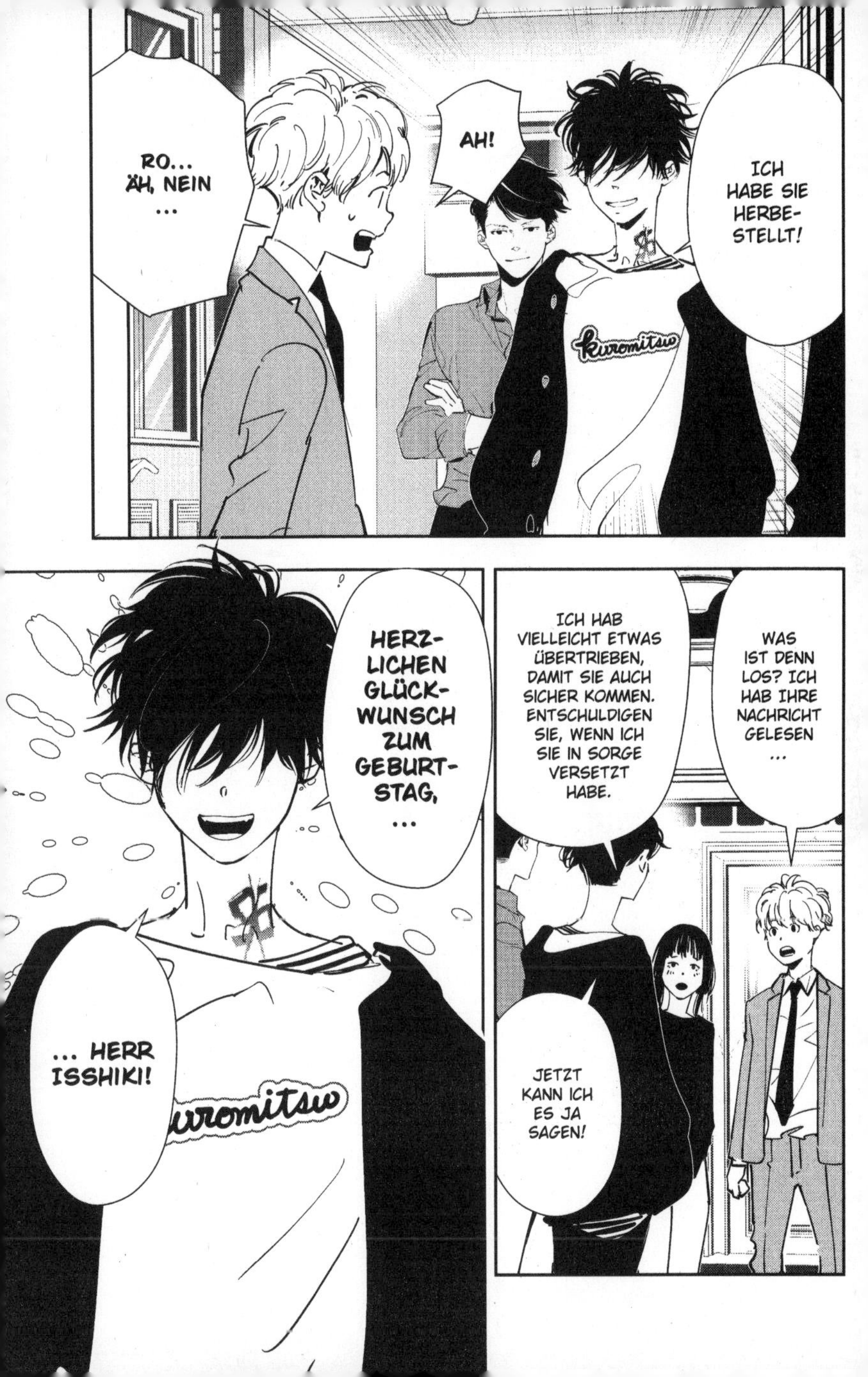

ICH HABE SIE HERBESTELLT!

AH!

RO... ÄH, NEIN ...

WAS IST DENN LOS? ICH HAB IHRE NACHRICHT GELESEN ...

ICH HAB VIELLEICHT ETWAS ÜBERTRIEBEN, DAMIT SIE AUCH SICHER KOMMEN. ENTSCHULDIGEN SIE, WENN ICH SIE IN SORGE VERSETZT HABE.

JETZT KANN ICH ES JA SAGEN!

HERZLICHEN GLÜCKWUNSCH ZUM GEBURTSTAG, ...

... HERR ISSHIKI!

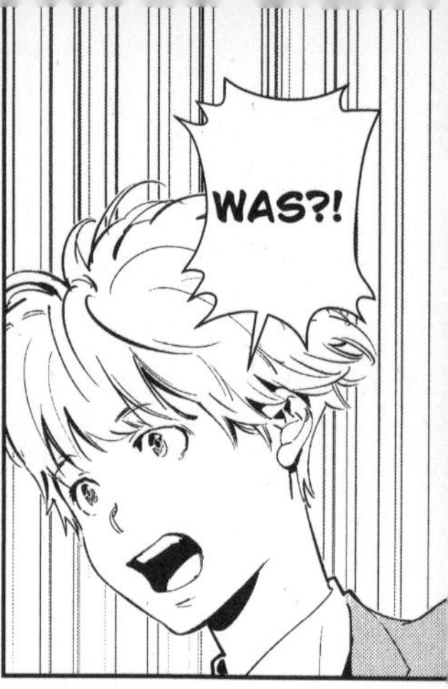
WAS?!
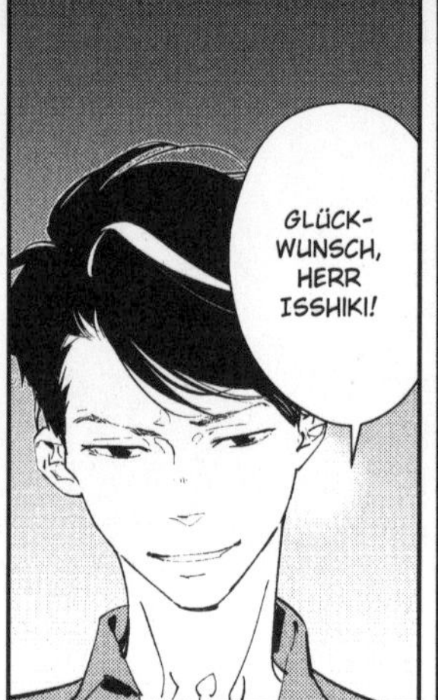
GLÜCK-
WUNSCH,
HERR
ISSHIKI!
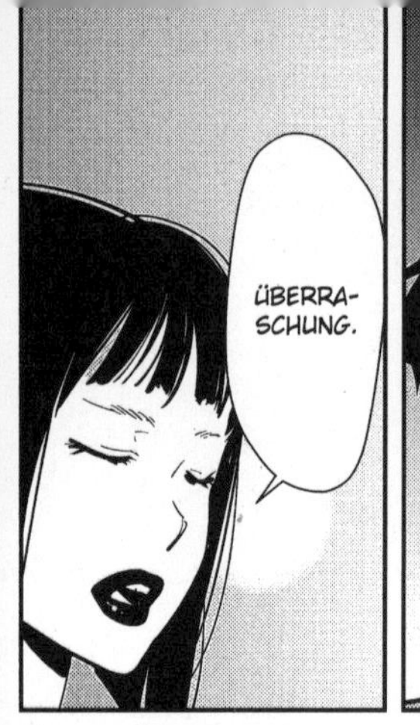
ÜBERRA-
SCHUNG.
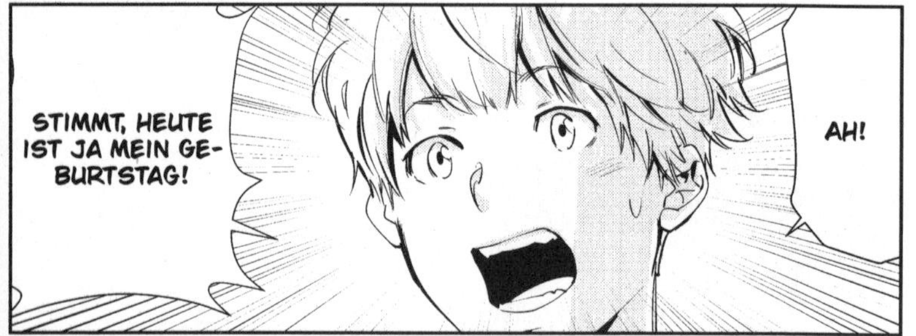
AH!
STIMMT, HEUTE
IST JA MEIN GE-
BURTSTAG!
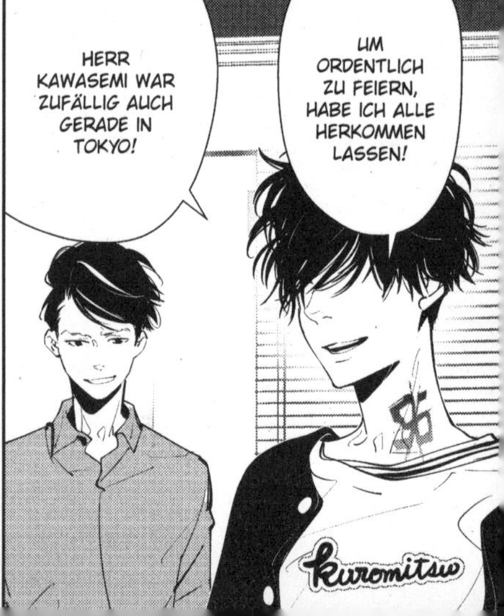
UM
ORDENTLICH
ZU FEIERN,
HABE ICH ALLE
HERKOMMEN
LASSEN!
HERR
KAWASEMI WAR
ZUFÄLLIG AUCH
GERADE IN
TOKYO!
kuromitsu
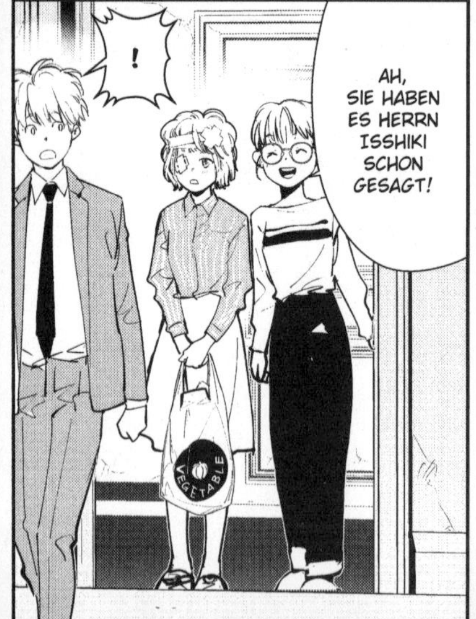
AH,
SIE HABEN
ES HERRN
ISSHIKI
SCHON
GESAGT!
!
VEGETABLE

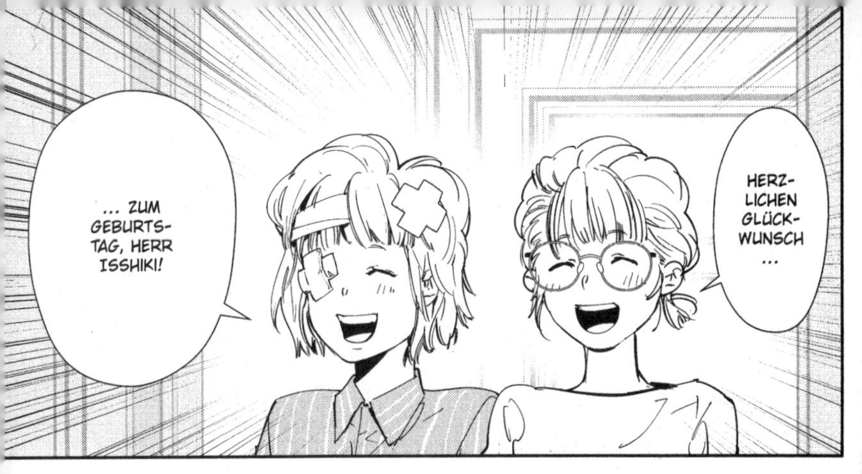
HERZLICHEN GLÜCKWUNSCH ...
... ZUM GEBURTSTAG, HERR ISSHIKI!

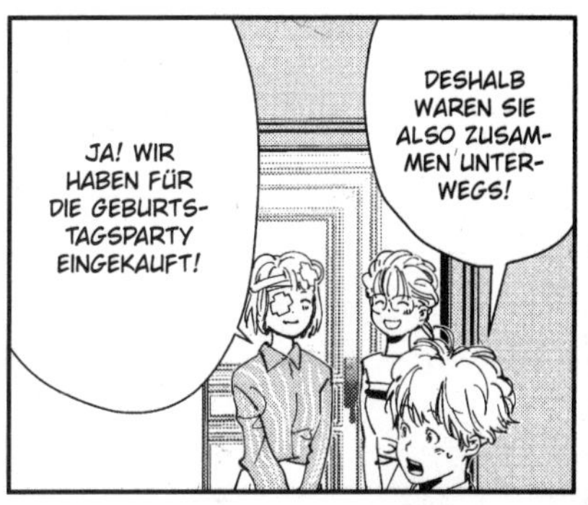
DESHALB WAREN SIE ALSO ZUSAMMEN UNTERWEGS!
JA! WIR HABEN FÜR DIE GEBURTSTAGSPARTY EINGEKAUFT!

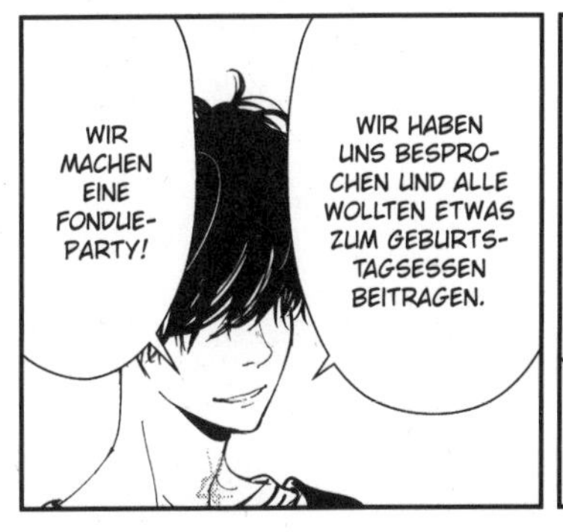
WIR HABEN UNS BESPROCHEN UND ALLE WOLLTEN ETWAS ZUM GEBURTSTAGSESSEN BEITRAGEN.
WIR MACHEN EINE FONDUE-PARTY!

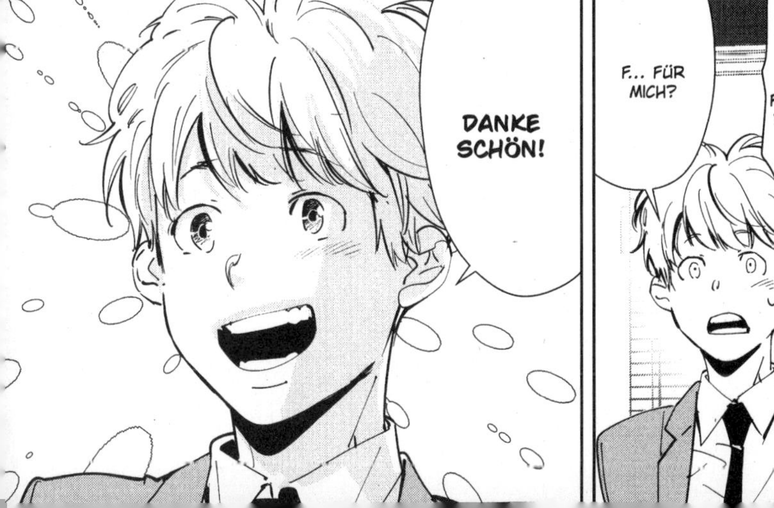
EINE FONDUE-PARTY?
F... FÜR MICH?
DANKE SCHÖN!

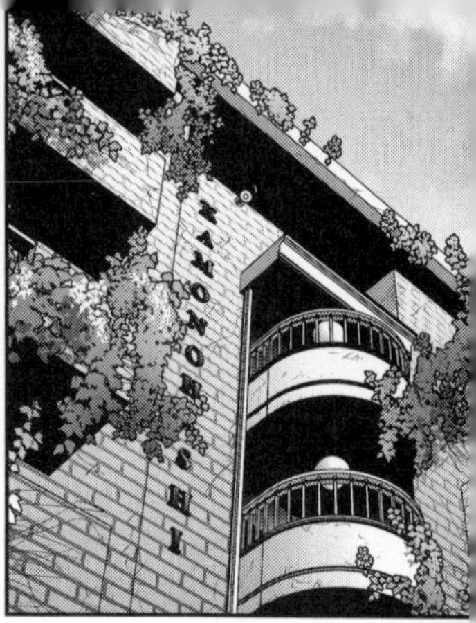
KAMONOHASHI

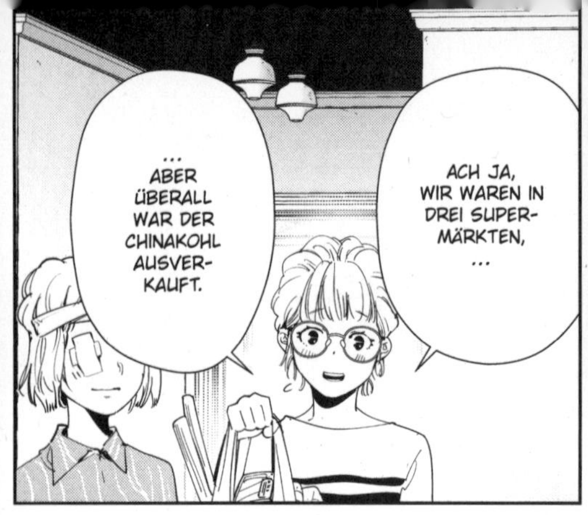
ACH JA, WIR WAREN IN DREI SUPERMÄRKTEN, …
… ABER ÜBERALL WAR DER CHINAKOHL AUSVERKAUFT.

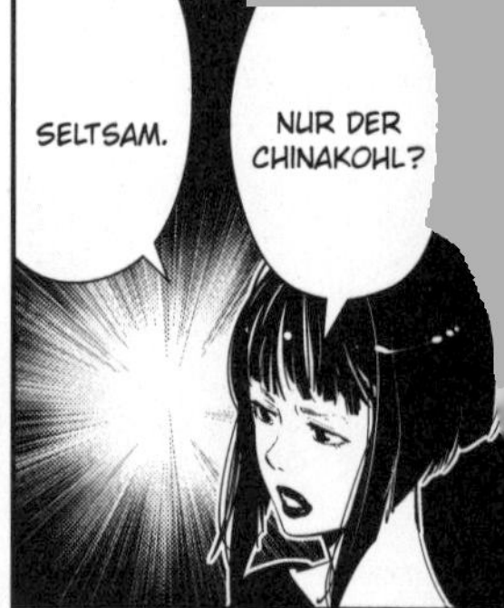
NUR DER CHINAKOHL?
SELTSAM.

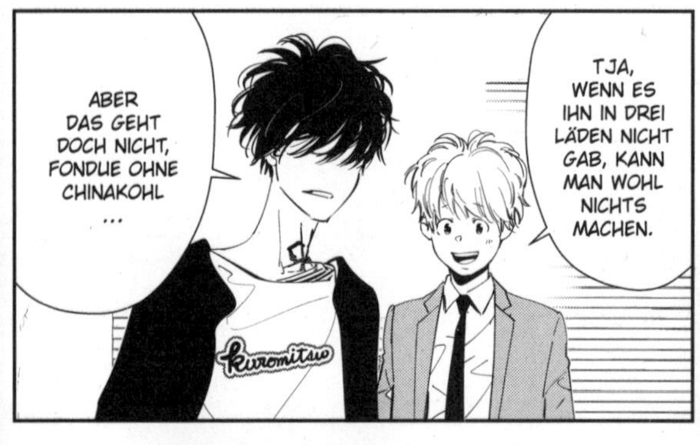
TJA, WENN ES IHN IN DREI LÄDEN NICHT GAB, KANN MAN WOHL NICHTS MACHEN.
ABER DAS GEHT DOCH NICHT, FONDUE OHNE CHINAKOHL …
kuromitsu

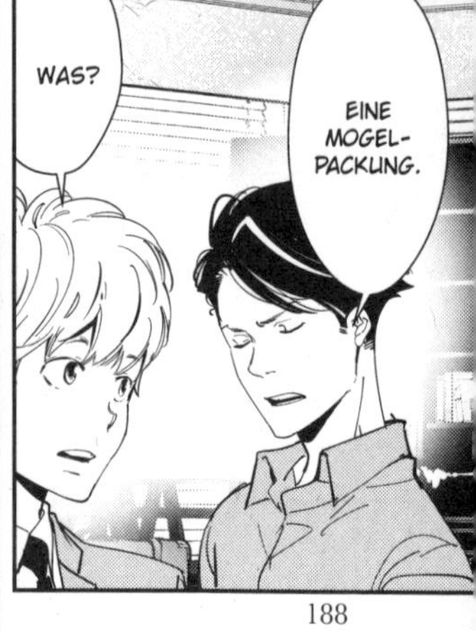
EINE MOGELPACKUNG.
WAS?

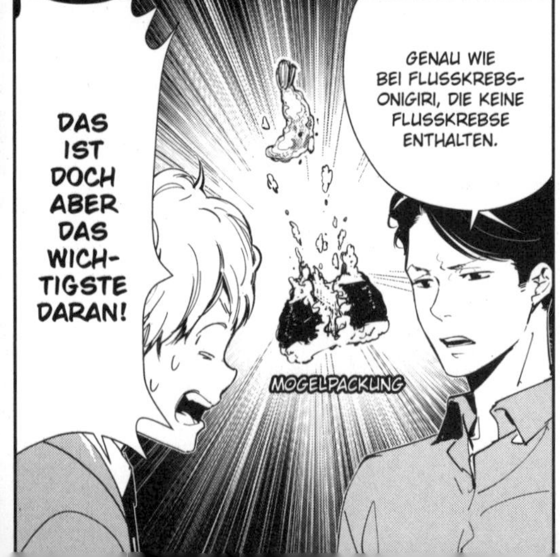
GENAU WIE BEI FLUSSKREBS-ONIGIRI, DIE KEINE FLUSSKREBSE ENTHALTEN.
MOGELPACKUNG
DAS IST DOCH ABER DAS WICHTIGSTE DARAN!

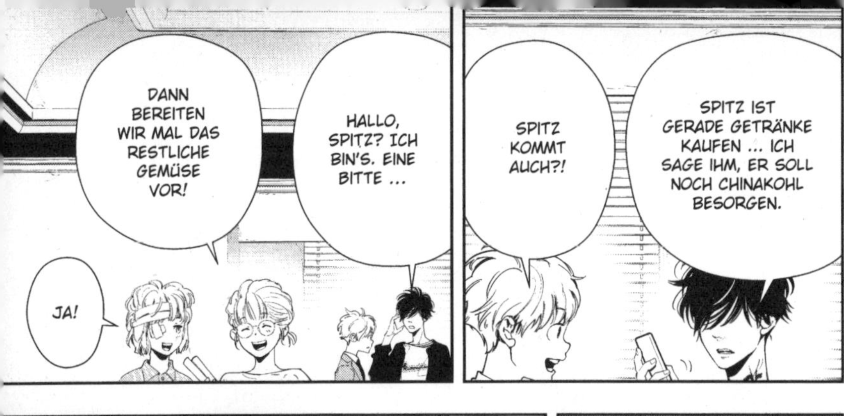
SPITZ IST GERADE GETRÄNKE KAUFEN ... ICH SAGE IHM, ER SOLL NOCH CHINAKOHL BESORGEN.
SPITZ KOMMT AUCH?!
HALLO, SPITZ? ICH BIN'S. EINE BITTE ...
DANN BEREITEN WIR MAL DAS RESTLICHE GEMÜSE VOR!
JA!

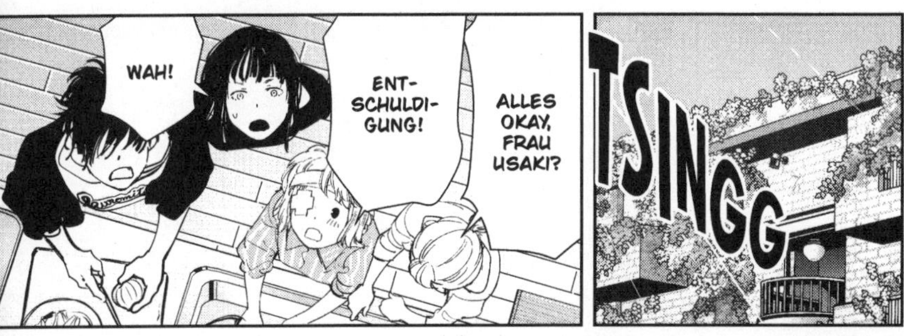
TSINGG
ALLES OKAY, FRAU USAKI?
ENT-SCHULDI-GUNG!
WAH!

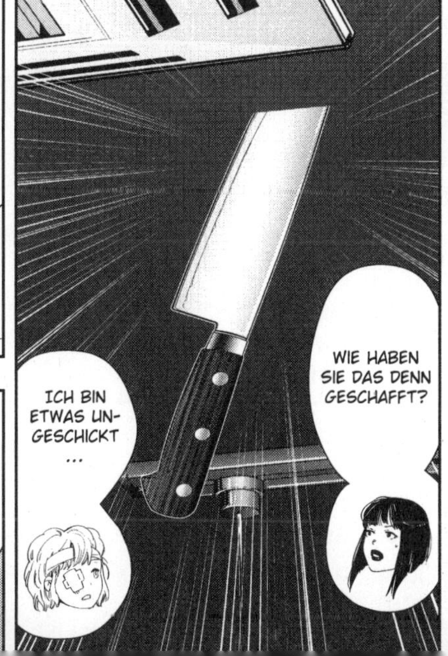
WIE HABEN SIE DAS DENN GESCHAFFT?
ICH BIN ETWAS UN-GESCHICKT ...

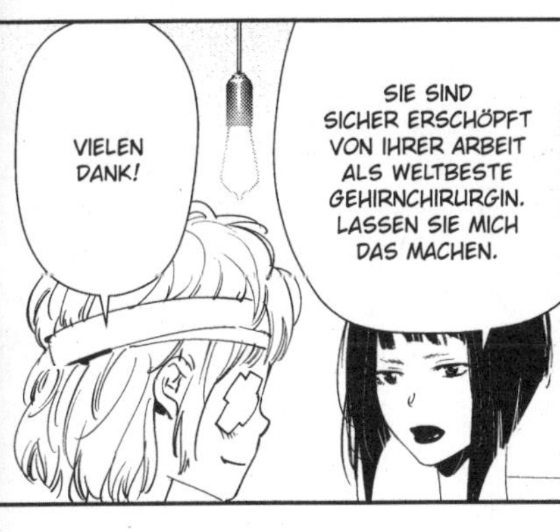
SIE SIND SICHER ERSCHÖPFT VON IHRER ARBEIT ALS WELTBESTE GEHIRNCHIRURGIN. LASSEN SIE MICH DAS MACHEN.
VIELEN DANK!

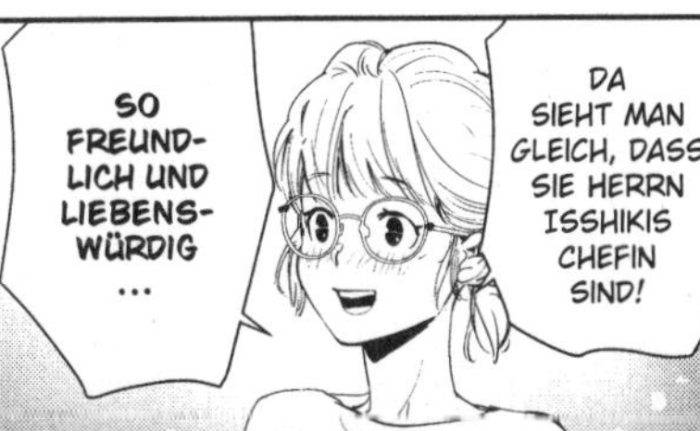
DA SIEHT MAN GLEICH, DASS SIE HERRN ISSHIKIS CHEFIN SIND!
SO FREUND-LICH UND LIEBENS-WÜRDIG ...

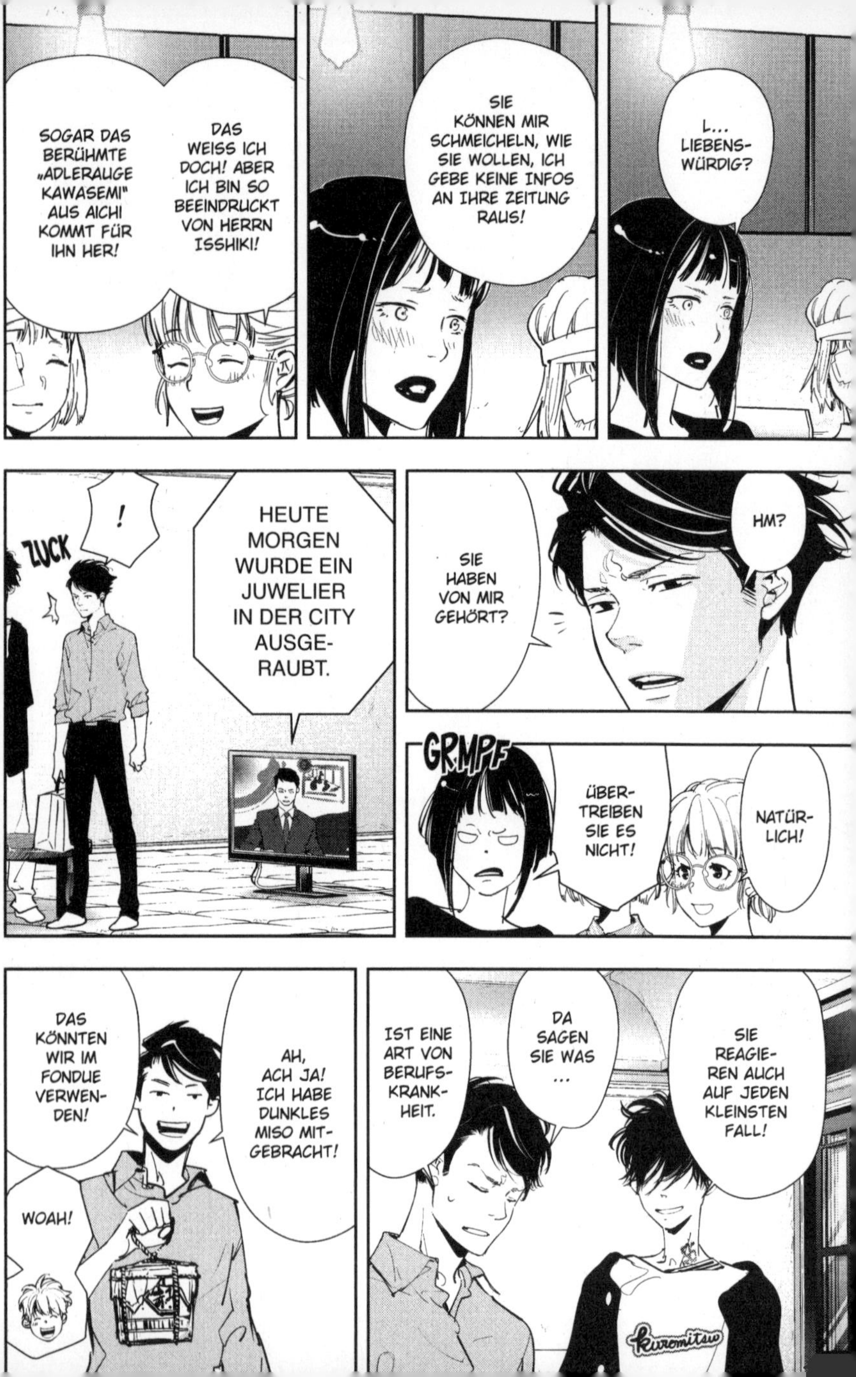

L... LIEBENSWÜRDIG?
SIE KÖNNEN MIR SCHMEICHELN, WIE SIE WOLLEN, ICH GEBE KEINE INFOS AN IHRE ZEITUNG RAUS!
DAS WEISS ICH DOCH! ABER ICH BIN SO BEEINDRUCKT VON HERRN ISSHIKI!
SOGAR DAS BERÜHMTE „ADLERAUGE KAWASEMI" AUS AICHI KOMMT FÜR IHN HER!

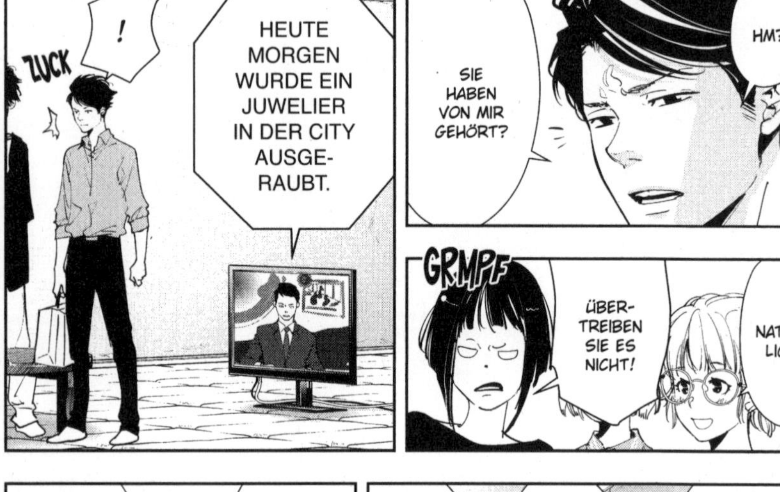

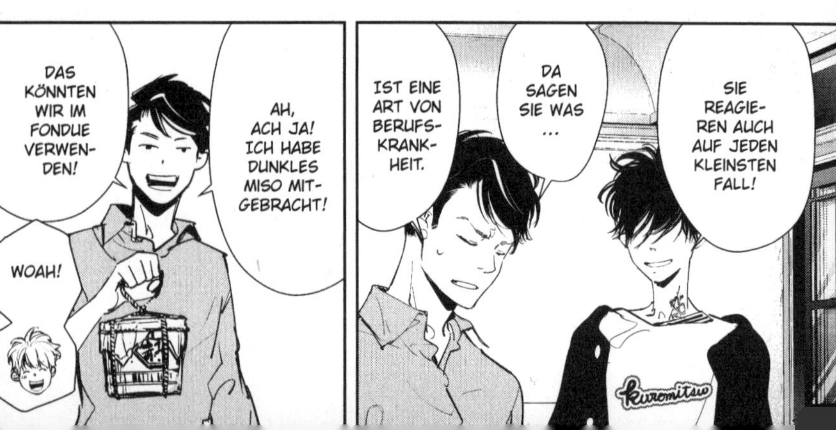

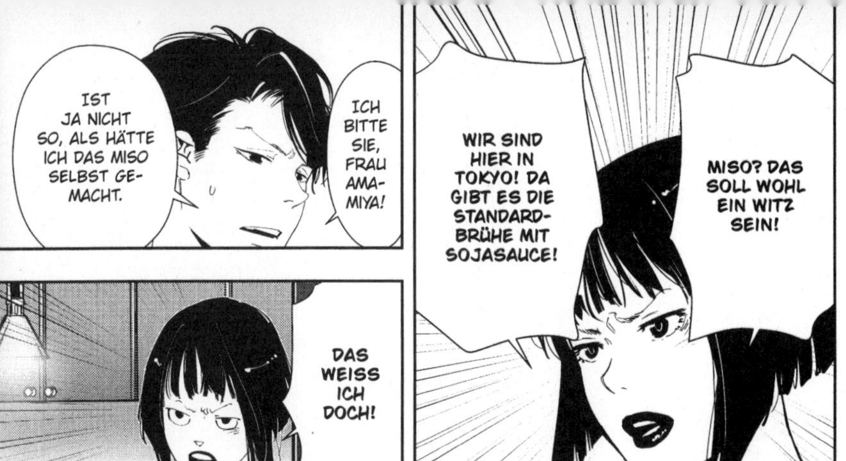
MISO? DAS SOLL WOHL EIN WITZ SEIN!
WIR SIND HIER IN TOKYO! DA GIBT ES DIE STANDARD-BRÜHE MIT SOJASAUCE!
ICH BITTE SIE, FRAU AMAMIYA!
IST JA NICHT SO, ALS HÄTTE ICH DAS MISO SELBST GE-MACHT.
DAS WEISS ICH DOCH!

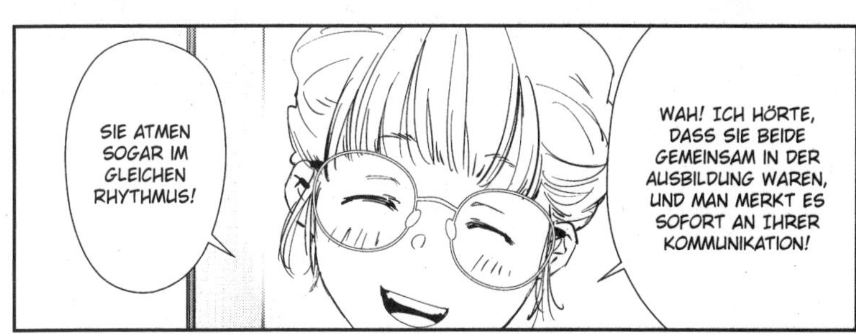
WAH! ICH HÖRTE, DASS SIE BEIDE GEMEINSAM IN DER AUSBILDUNG WAREN, UND MAN MERKT ES SOFORT AN IHRER KOMMUNIKATION!
SIE ATMEN SOGAR IM GLEICHEN RHYTHMUS!

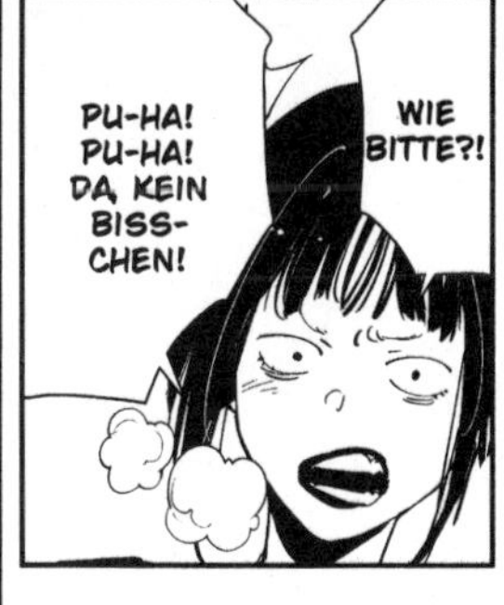
WIE BITTE?!
PU-HA! PU-HA! DA, KEIN BISS-CHEN!

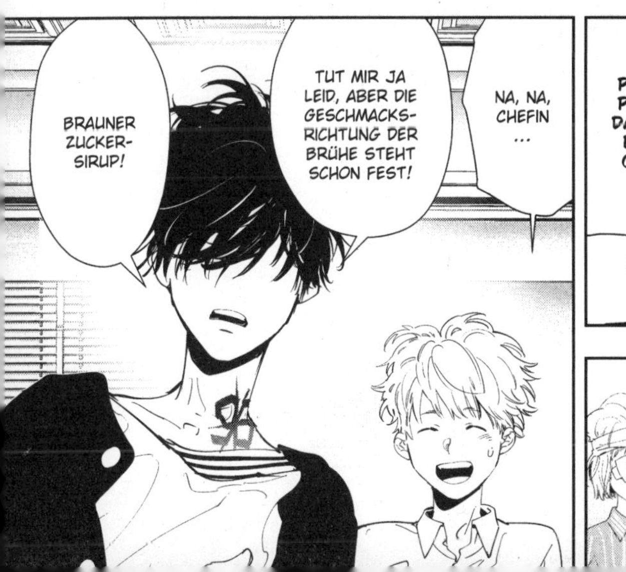
NA, NA, CHEFIN ...
TUT MIR JA LEID, ABER DIE GESCHMACKS-RICHTUNG DER BRÜHE STEHT SCHON FEST!
BRAUNER ZUCKER-SIRUP!

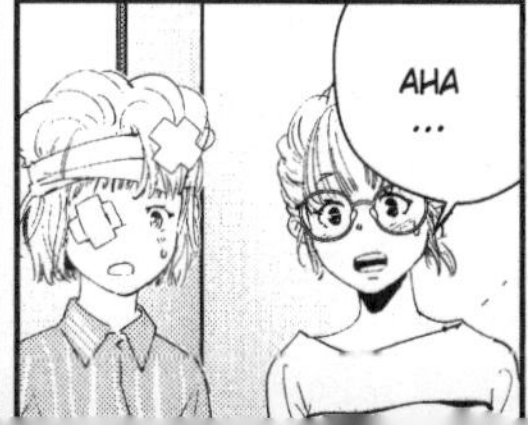
AHA ...

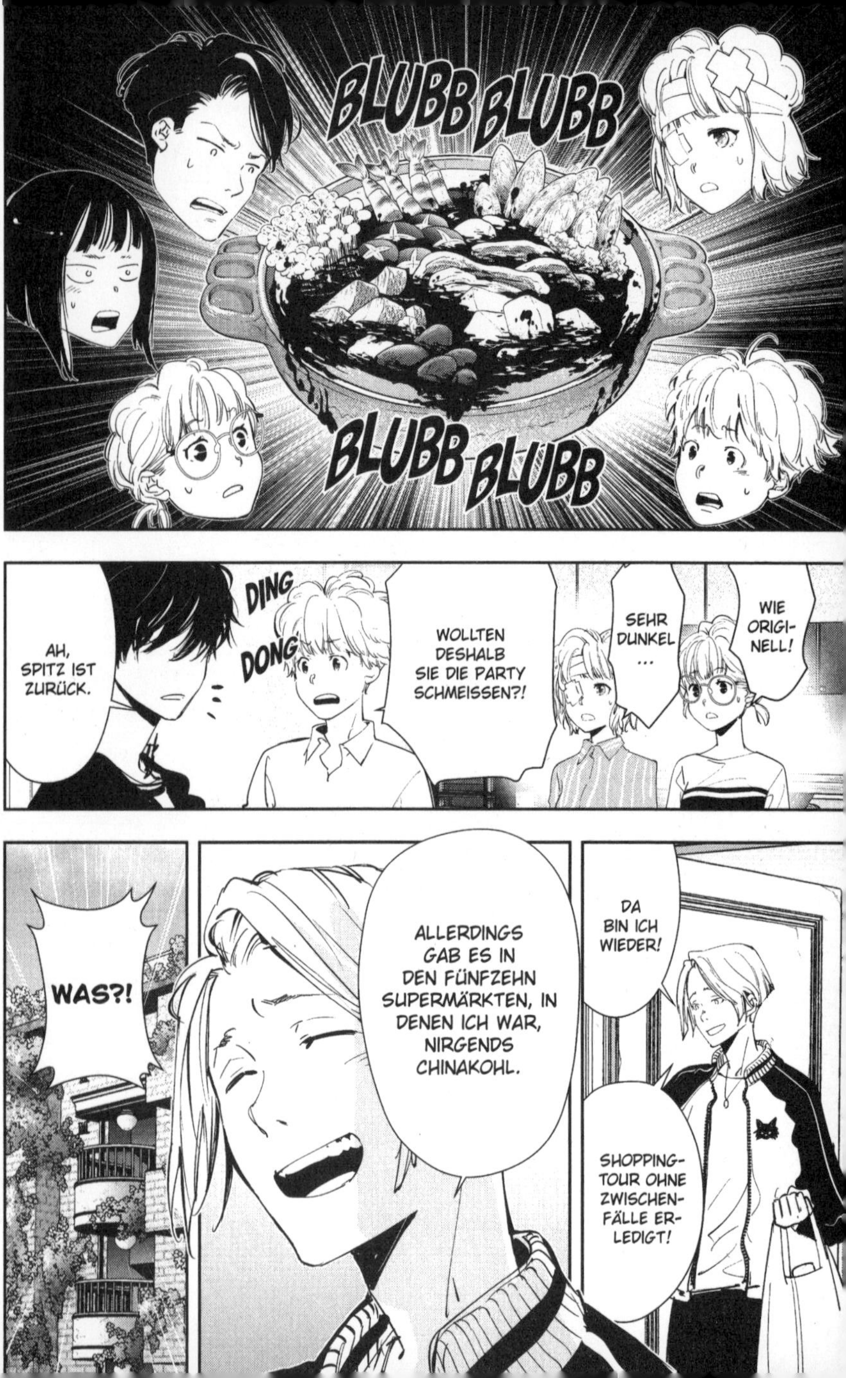

BLUBB BLUBB
BLUBB BLUBB

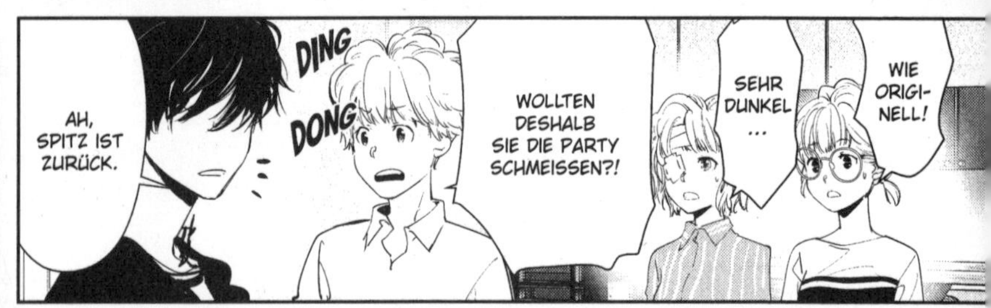

DA BIN ICH WIEDER!
SHOPPING-TOUR OHNE ZWISCHEN-FÄLLE ER-LEDIGT!
ALLERDINGS GAB ES IN DEN FÜNFZEHN SUPERMÄRKTEN, IN DENEN ICH WAR, NIRGENDS CHINAKOHL.
WAS?!

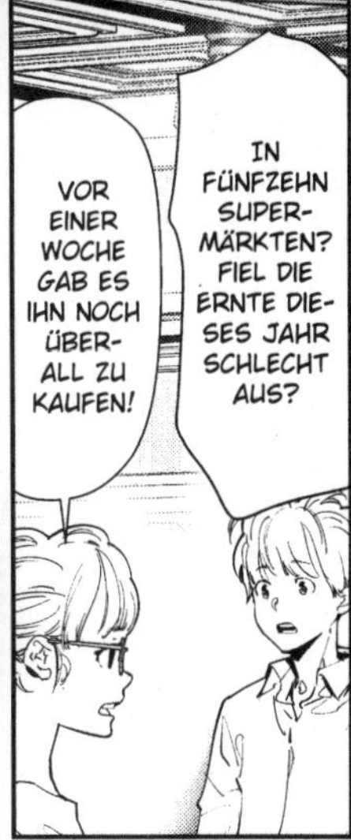
IN FÜNFZEHN SUPERMÄRKTEN? FIEL DIE ERNTE DIESES JAHR SCHLECHT AUS?
VOR EINER WOCHE GAB ES IHN NOCH ÜBERALL ZU KAUFEN!
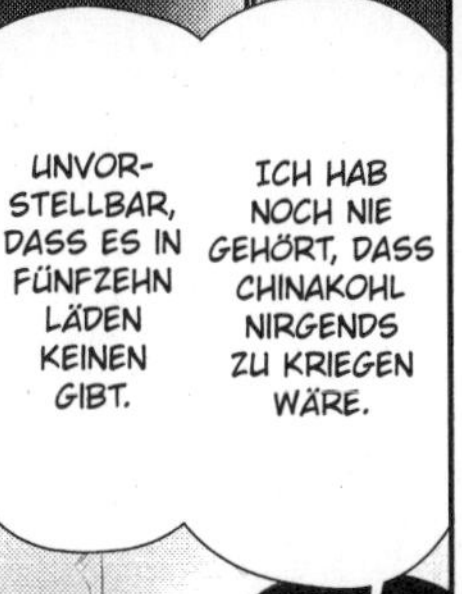
ICH HAB NOCH NIE GEHÖRT, DASS CHINAKOHL NIRGENDS ZU KRIEGEN WÄRE.
UNVORSTELLBAR, DASS ES IN FÜNFZEHN LÄDEN KEINEN GIBT.
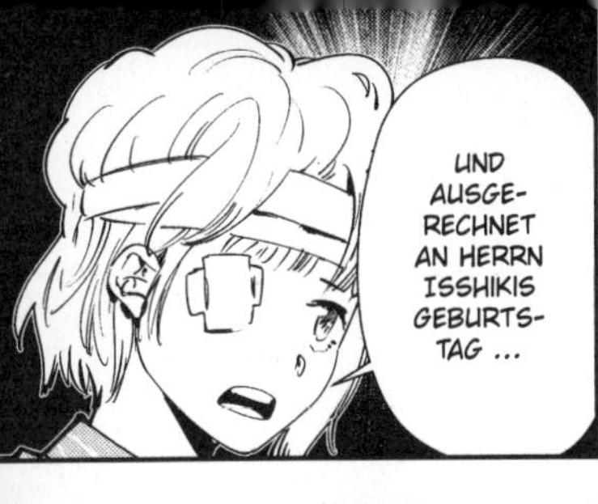
UND AUSGERECHNET AN HERRN ISSHIKIS GEBURTSTAG ...
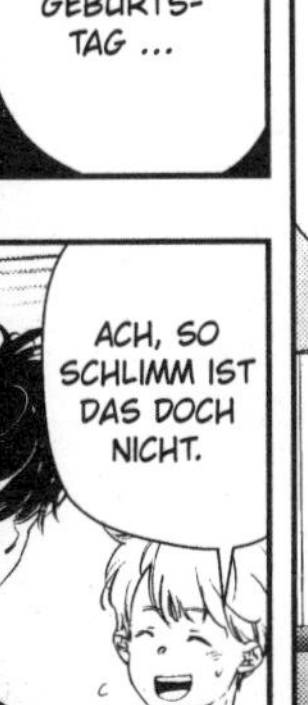
ACH, SO SCHLIMM IST DAS DOCH NICHT.
VON WEGEN! SO KÖNNEN WIR DAS ZUCKERSIRUPFONDUE NICHT VOLLENDEN!
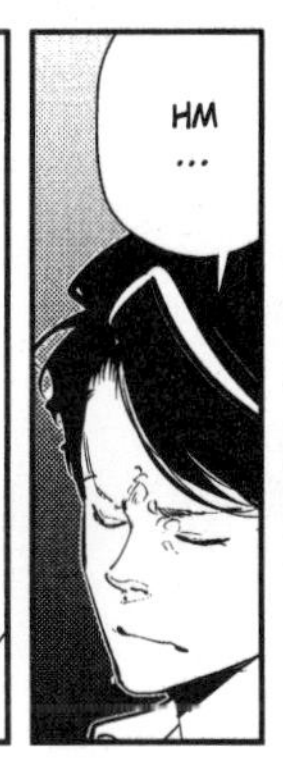
HM ...
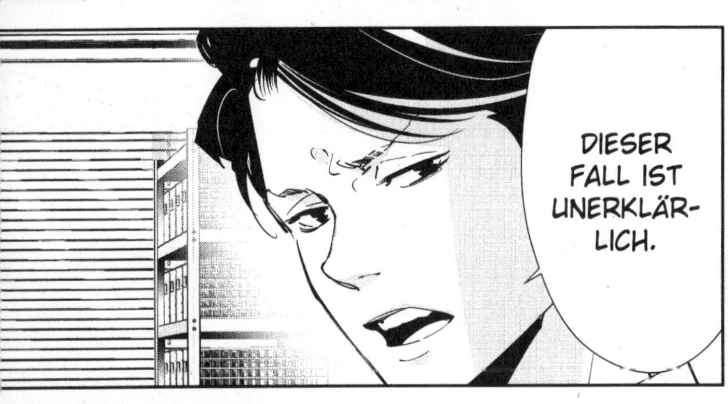
DIESER FALL IST UNERKLÄRLICH.
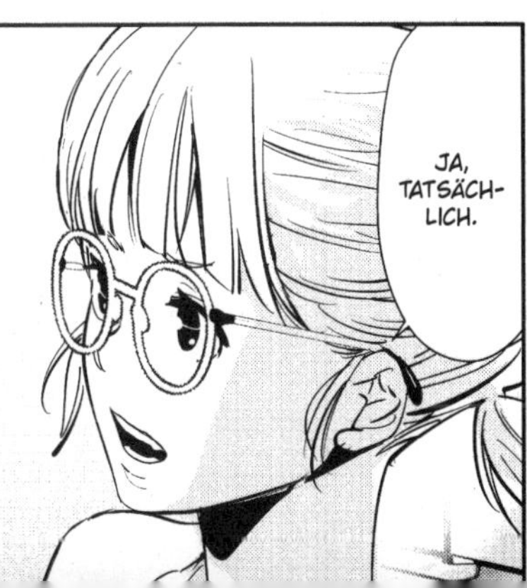
JA, TATSÄCHLICH.
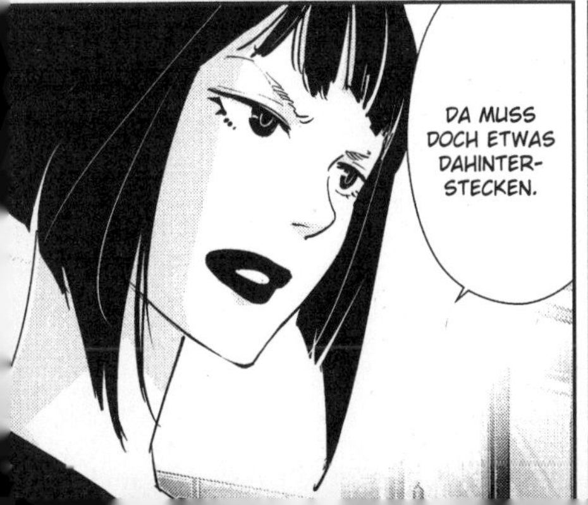
DA MUSS DOCH ETWAS DAHINTERSTECKEN.

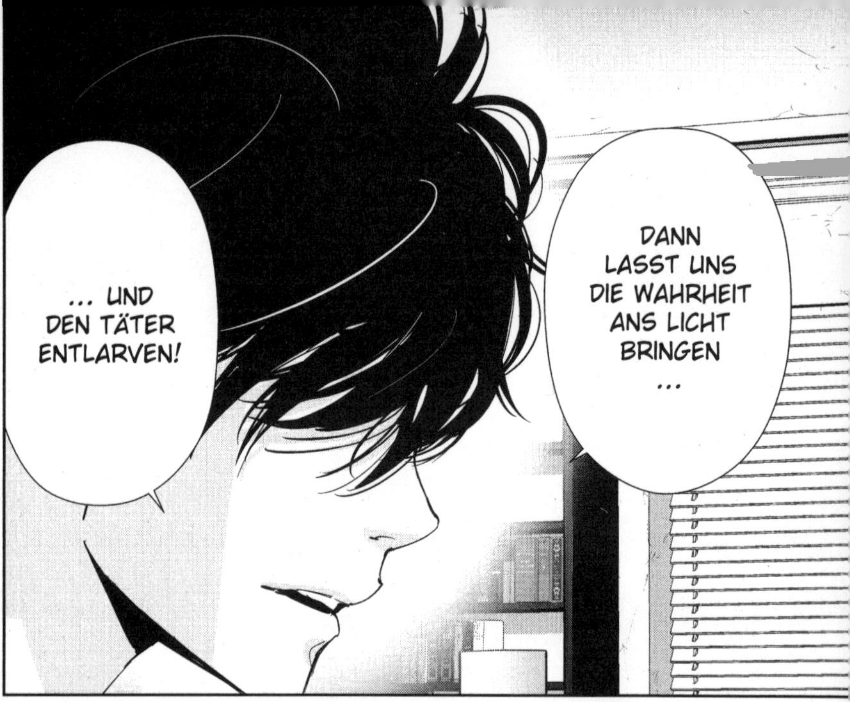

DANN LASST UNS DIE WAHRHEIT ANS LICHT BRINGEN ...

... UND DEN TÄTER ENTLARVEN!

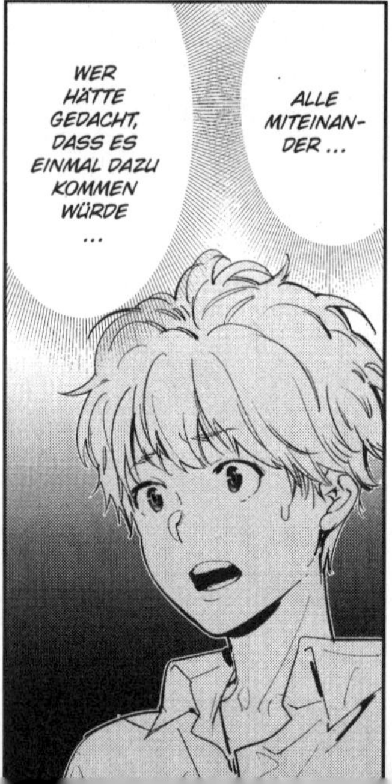

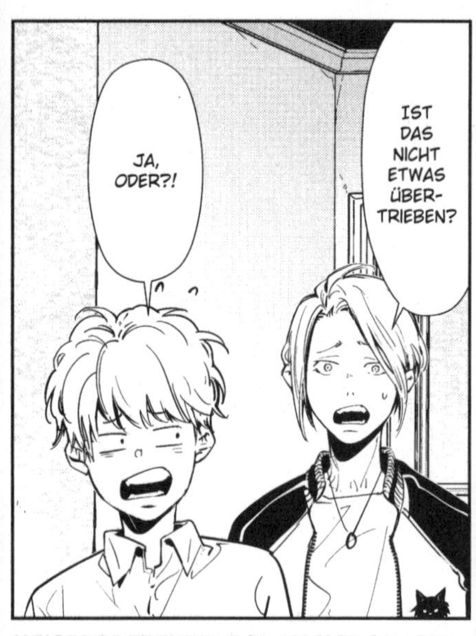

MEISTERDETEKTIV RON KAMONOHASHI
Band 7 – Ende

Exklusiver Zugang! Rätsel zur Aufnahmeprüfung der Detektiv-Akademie BLUE Part 7

Wer das Rätsel lösen kann, erhält eine wertvolle Skizze! Versucht, dieses extrem schwierige Rätsel zu lösen, stellt euch der Herausforderung!

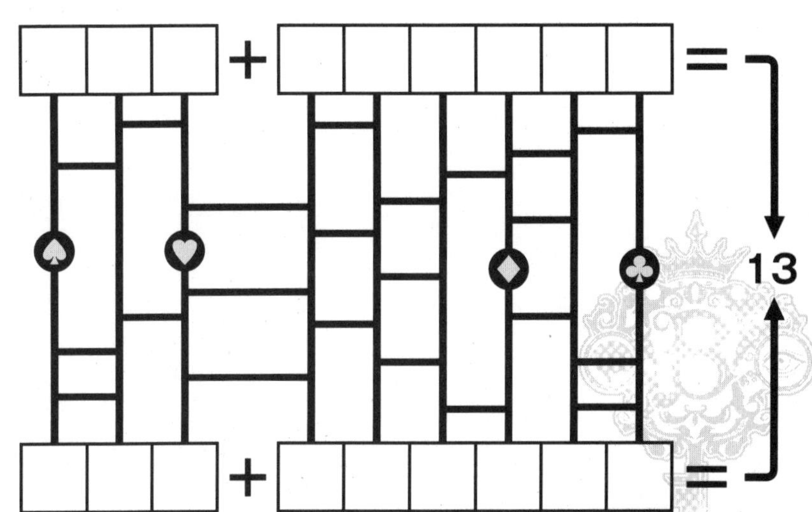

Question FINDE AUF GRUNDLAGE DER ABBILDUNG DIE ANTWORT.

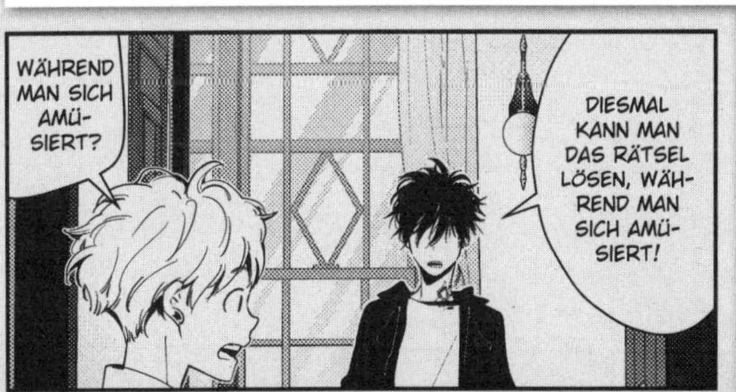

FÜR KANDIDATEN DER AUFNAHMEPRÜFUNG BETRÄGT DIE DURCHSCHNITTLICHE ZEIT FÜR DIE BEANTWORTUNG DREI MINUTEN.

Gebt das Lösungswort „???“ auf der angegebenen Website ein. Als Geschenk erhaltet ihr eine persönlich für euch angefertigte Rohskizze von Akira Amano!

In Band 8 gibt's die Lösung!

https://www.shonenjump.com/p/sp/ron-quiz/part7/

*Ohne Gewähr. Das Gewinnspiel liegt in alleiniger Verantwortung von Shonen Jump.

Frau Usaki, Frau Amamiya und Frau Monki

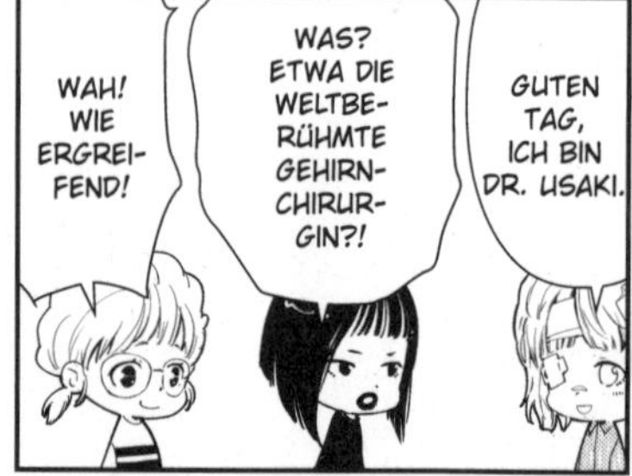

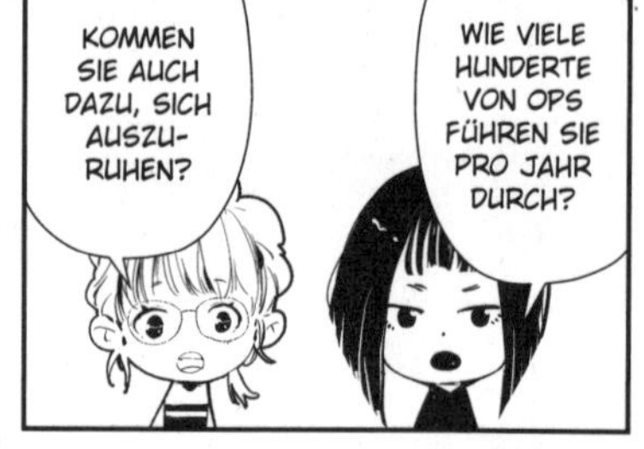

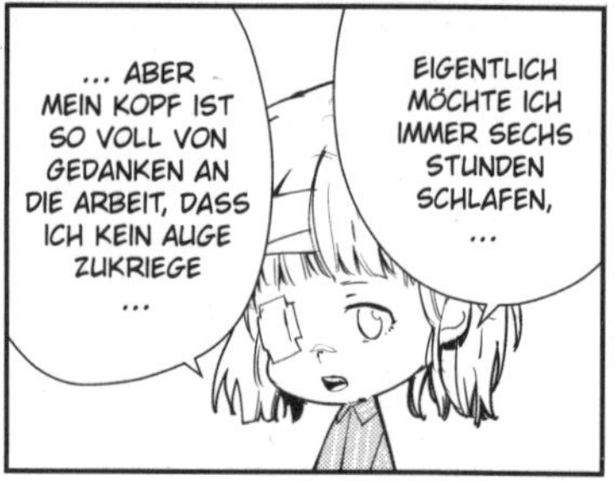

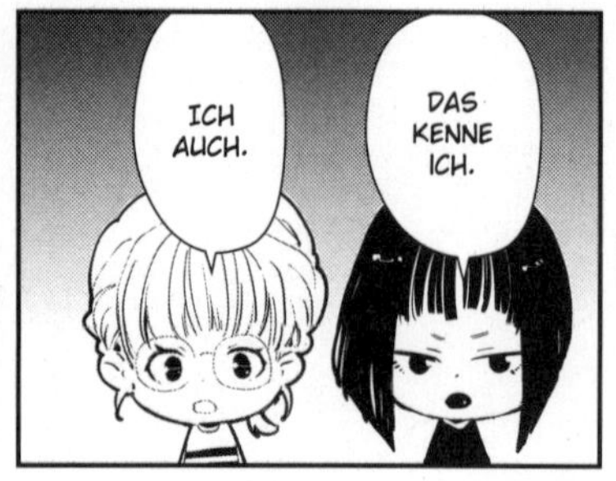

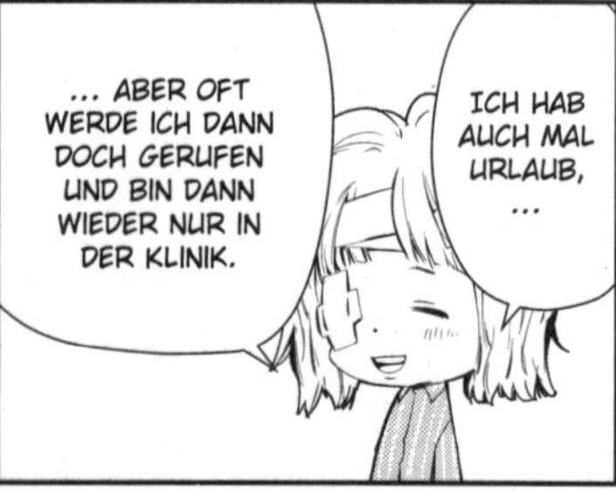

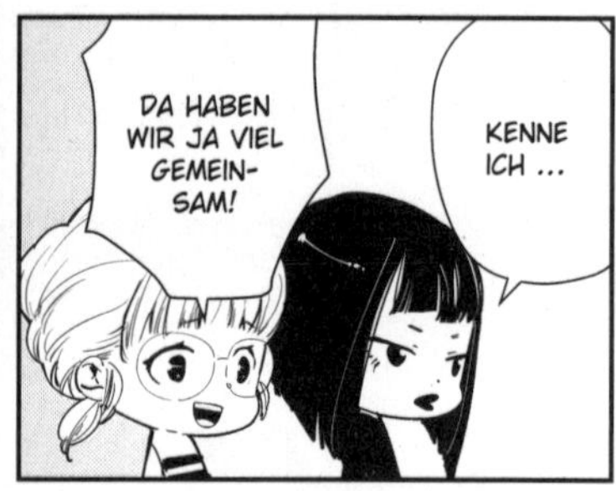

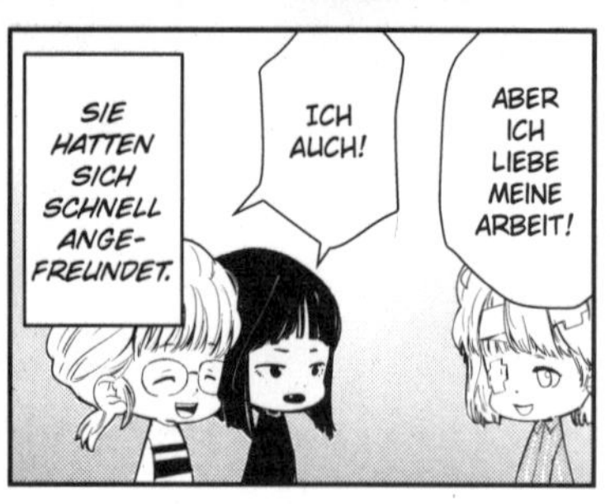

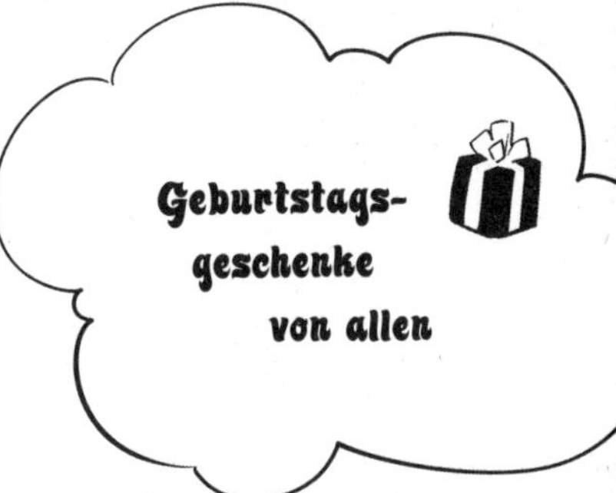
Geburtstags-
geschenke
von allen

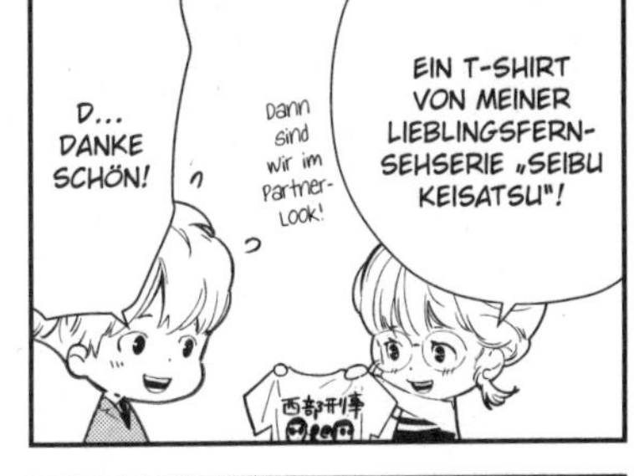
EIN T-SHIRT VON MEINER LIEBLINGSFERN-SEHSERIE „SEIBU KEISATSU"!
Dann sind wir im Partner-Look!
D… DANKE SCHÖN!
西部刑事

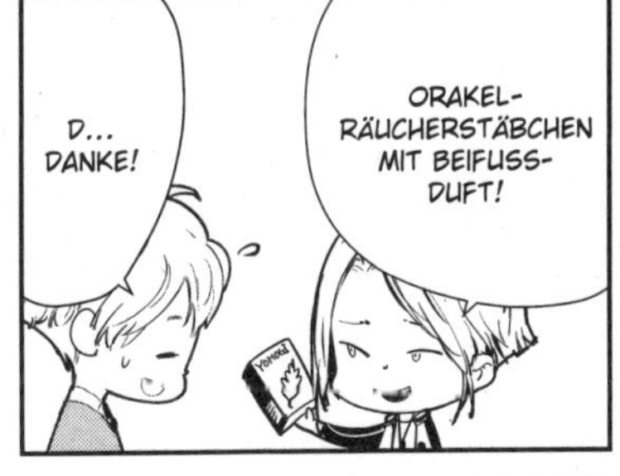
ORAKEL-RÄUCHERSTÄBCHEN MIT BEIFUSS-DUFT!
D… DANKE!

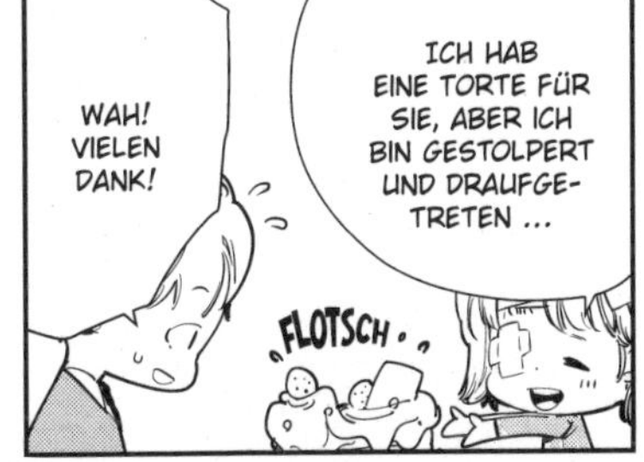
ICH HAB EINE TORTE FÜR SIE, ABER ICH BIN GESTOLPERT UND DRAUFGE-TRETEN …
WAH! VIELEN DANK!
FLOTSCH

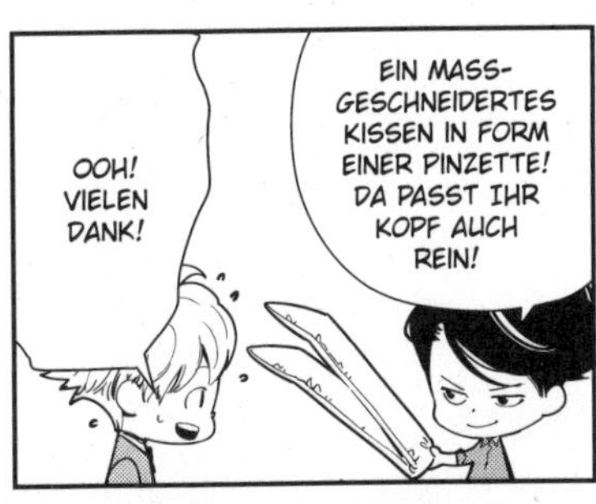
EIN MASS-GESCHNEIDERTES KISSEN IN FORM EINER PINZETTE! DA PASST IHR KOPF AUCH REIN!
OOH! VIELEN DANK!

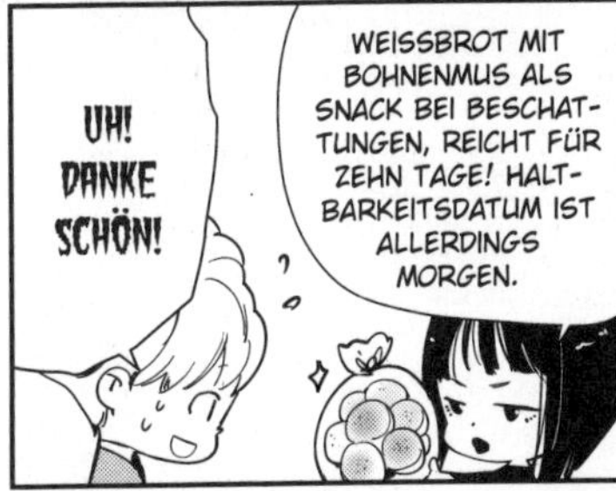
WEISSBROT MIT BOHNENMUS ALS SNACK BEI BESCHAT-TUNGEN, REICHT FÜR ZEHN TAGE! HALT-BARKEITSDATUM IST ALLERDINGS MORGEN.
UH! DANKE SCHÖN!

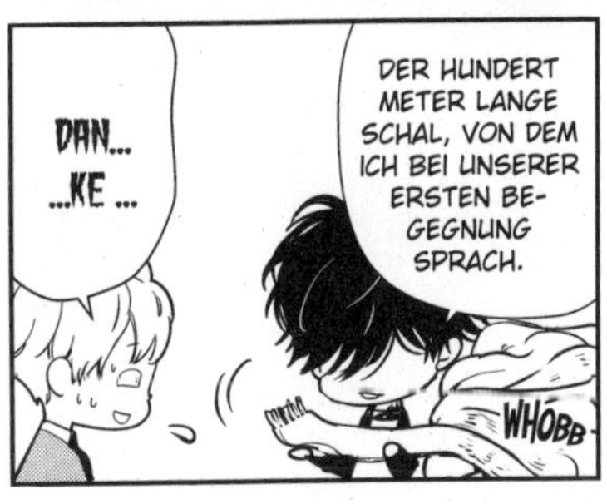
DER HUNDERT METER LANGE SCHAL, VON DEM ICH BEI UNSERER ERSTEN BE-GEGNUNG SPRACH.
DAN… …KE …
WHOBB

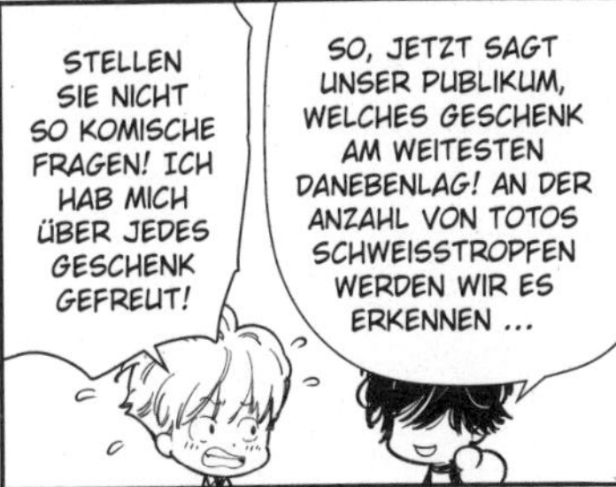
SO, JETZT SAGT UNSER PUBLIKUM, WELCHES GESCHENK AM WEITESTEN DANEBENLAG! AN DER ANZAHL VON TOTOS SCHWEISSTROPFEN WERDEN WIR ES ERKENNEN …
STELLEN SIE NICHT SO KOMISCHE FRAGEN! ICH HAB MICH ÜBER JEDES GESCHENK GEFREUT!

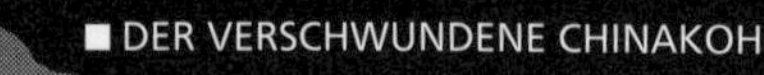

DER FÜR EIN FONDUE **UNERLÄSSLICHE CHINAKOHL** IST ÜBERALL AUS DEN REGALEN **VERSCHWUNDEN!**

WO IST DER CHINAKOHL?!

EIN UNERKLÄRLICHER FALL FORDERT DEN MEISTERDETEKTIV UND DEN MEISTERERMITTLER!

DIE AUFKLÄRUNG DES FALLS

HAPPY BIRTHDAY

■ DER MÖRDER MIT DER UNSICHTBAREN BLUTSCHRIFT

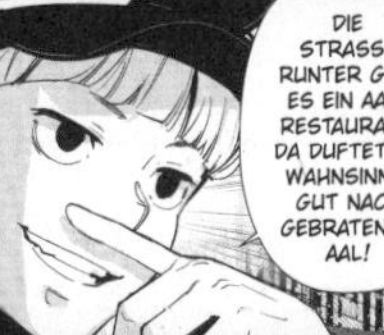

EIN GEMEINDE-DETEKTIV MIT SCHLECHTEM RUF UNTER DEN BEWOHNERN TRITT AUF DEN PLAN UND STELLT VÖLLIG ABSURDE SCHLUSSFOLGERUNGEN AN!

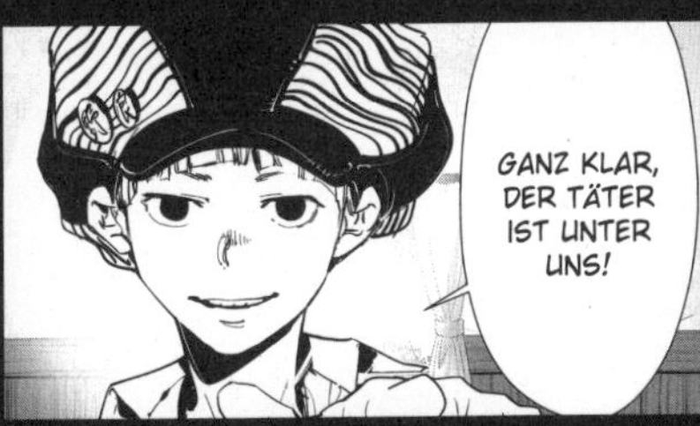

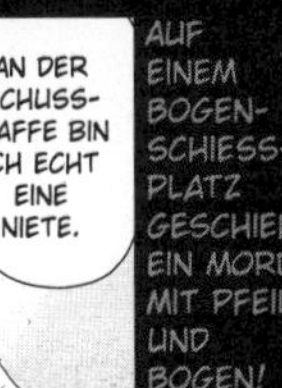

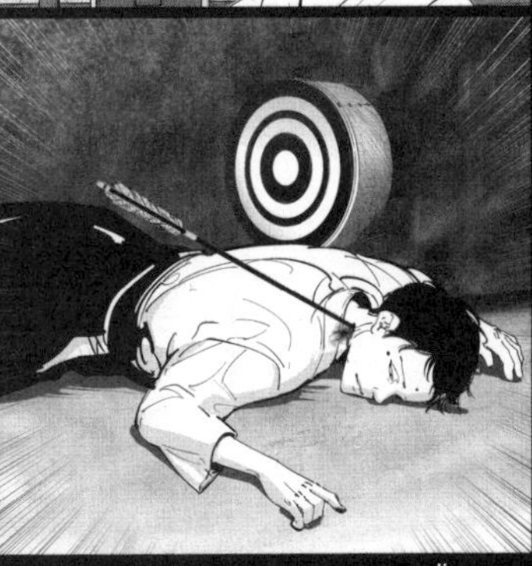

■ DER MORD MIT MÜNZE UND GRAVUR

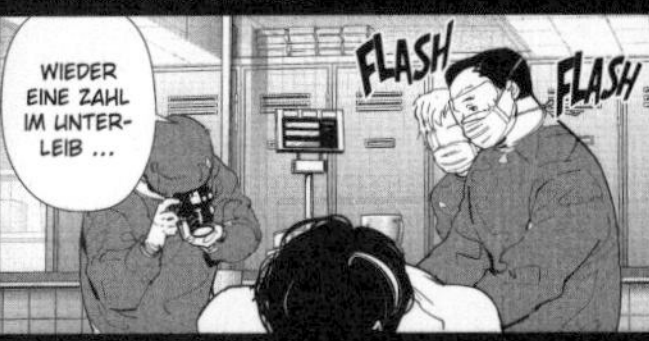

IN DIE KÖRPER DER OPFER SIND ZAHLEN EINGERITZT UND IN IHREM INNEREN FINDEN SICH MÜNZEN!

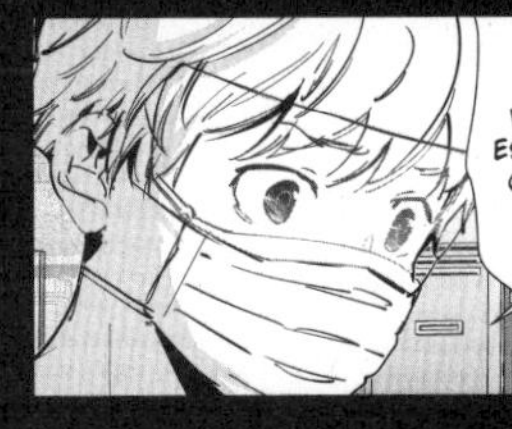

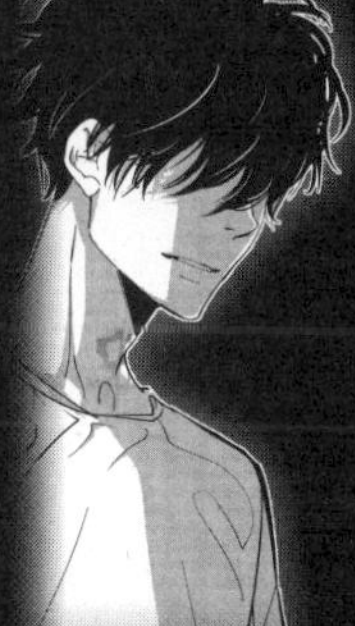

MEISTERDETEKTIV
RON KAMONOHASHI

BIS BALD IN BAND 8!

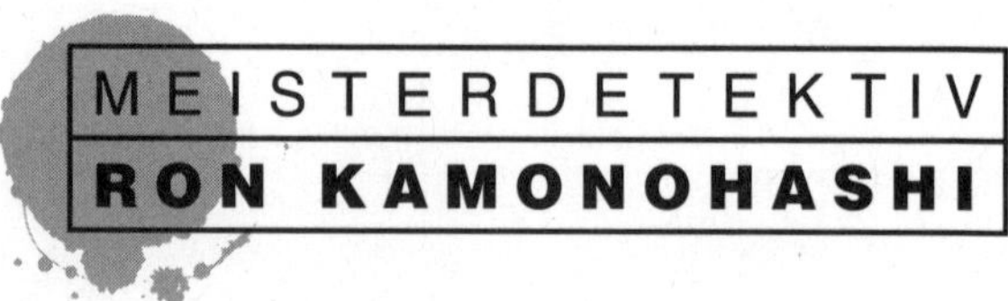

Deutschsprachige Ausgabe / German Edition
© 2023 Crunchyroll SA
CH-1007 Lausanne
1. Auflage

Aus dem Japanischen von Dorothea Überall

Programmleitung: Hideki Iyama / Lizenzkoordination: Ai Kono
Redaktion: Christin Tewes / Herstellung: Sonja Lesch
Deutsche Logo- und Covergestaltung: Ioannis Vassiliadis, Jessy Knipprath
Lettering: Datagrafix Inc.
Druck und Bindung: GGP Media GmbH, Pößneck

ISBN 978-2-88951-697-1